개정판

an Introduction to Coast Guard Science

해양경찰학개론

박주상 김경락 윤성현

박영사

개정판 머리말

"바다는 결코 비에 젖지 않는다."

그동안 독자 여러분들께서 보내준 성원에 힘입어 이번에 개정판을 내놓게 되었다. 이 점 독자 여러분들께 깊은 감사의 말씀을 드린다.

해양경찰의 업무의 특성상 해양경찰학은 법령과 관련된 내용이 많은 비중을 차지하고 있다. 법령은 수시로 바뀌는 특성을 가지고 있는바, 개정된 내용을 책에 신속하게 반영하는 것이 저자의 자세이며 독자들에 대한 의무라고 생각한다. 이런 점에서 3년여 만에 개정판을 출간하게 되어 독자들께 송구한 마음도 함께 전한다.

지난 3년 여간 해양경찰은 내·외부적으로 많은 변화가 있었다. 첫째, 2020년 「해양경찰법」이 시행되어 해양경찰의 조직법적 기본법이 마련되었다. 이를 통해 해양경찰의 책무와 직무의 범위가 보다 명확해 졌으며, 해양경찰위원회가 신설되었고, 해양경찰 자체 청장을 배출하게 되었다.

둘째, 2020년 선박의 안전사고 예방 기능을 강화한 「선박교통관제에 관한 법률」이 시행되었으며, 기존 해양경찰청과 해양수산부에 산재되어 있던 선박교통관제사들의 소속도 해양경찰청으로 일원화 되었다.

셋째, 경검 수사권 개혁을 반영한 개정 「형사소송법」이 2021년 시행되면서 형사사법제도 및 해경의 수사조직에도 일대 변화가 나타났다. 이에 따라 해양경찰청도 기존 수사정보국을 수사국과 국제정보국으로 분리되었으며, 지방해양경찰청에도 수사과와 정보외사과로 개편되었다.

넷째, 인공지능, 로봇기술, 드론, 자율주행선박, 가상현실 등이 주도하는 4차 산업혁명의 발달과 함께, 지금까지 전혀 생각하지도 못했던 COVID-19 팬데믹 사태로 인해 정치, 경제, 사회, 문화, 교육 등 다방면에서 언택트 시대가 도래하고 있다. 이와 같은 변화는 해양경찰의 임무와 역할에서도 적지 않은 변화가 나타나고 있다.

마지막으로, 1983년부터 선발되었던 의무경찰제도가 2023년 폐지될 예정이고 특히 수사 구조 항공 법무 교통관제 등 해양경찰의 전문성 강화에 따라 의경 대체 인력 및 각종 경력채용이 대폭 증가할 것으로 예상된다.

이와 같은 해양경찰 환경의 변화도 이 책의 개정을 필요로 하게 되었다. 이에 개정판에서는 전면개정에 가까운 수정을 하였으며, 각종 법령의 제·개정된 내용을 대폭 반영하였다. 특히, 2018년 제3차 함정요원 특채부터 출제가 시작된 해양경찰학개론 기출문제를 이 책에 모두 반영하였다. 또한 독자들의 편의를 위하여 색인을 새로이 추가하였다.

해양경찰학 분야의 시장이 협소함을 감안하더라도 이 책은 첫 발간할 당시부터 지금까지 수험서 이외에 기본서로서는 독보적인 가치를 가지고 있다. 그러나 출판환경을 감안하여 볼 때, 해양경찰에 대한 소명의식이 없었다면, 척박한 풍토에서 이 책이 집필될 수 없었을 것이다.

모쪼록, 이 책이 대학 강의 교재로서 뿐만 아니라 수험생에게도 좋은 동반자가 될 것으로 믿는다.

끝으로 이 책이 출간되기까지 많은 도움을 주신 박영사의 안종만 회장님, 안상준 대표님, 조성호 이사님을 비롯하여 교정과 편집을 책임져 주신 장유나 과장님과 편집부에도 진심 어린 감사의 말씀을 드린다.

2021년 7월
목포 유달산 기슭에서
공저자 씀

차 례

01

총 론

제1장 해양경찰의 개관 _ 3

제2장 해양경찰의 역사 _ 41

제3장　해양경찰의 법적 토대 _ 73

제4장 해양경찰의 행정관리 _ 259

제5장 외국의 해양경찰제도 _ 340

── 02 ──

각 론

제3장 해양경찰 안전관리론 _ 437

제4장　해양경찰 수사론 _ 499

제6장 해양경찰 외사론 _ 620

01

總論
총론

제1장

해양경찰의 개관

제1절 경찰 개념의 변천

'경찰(警察: Police)'에 대하여 한 마디로 명쾌한 답변을 내놓기는 쉽지 않다. 경찰의 개념을 정립하는데 있어서 국가마다 전통과 사상, 문화 그리고 역사가 각기 다르게 반영되어 형성되었기 때문이다.[1] 그럼에도 불구하고 이를 탐구하는 이유는 경찰 개념의 형성과 변천사에 대한 연구를 통하여 오늘날 경찰의 존재 이유와 경찰이 미래로 나아갈 방향을 설정하는데 기여할 수 있기 때문이다. 나아가 경찰 개념의 정립을 통해 우리는 경찰의 정체성을 확립할 수 있으며, 경찰구성원들에게 경찰의 존재목적과 역할을 인식시켜 정당한 직무수행이 가능하도록 하기 위해서다.[2] 해양경찰도 경찰과 같이 보통경찰기관이기 때문에 우선 경찰의 개념을 대륙법계 국가의 경찰 개념과 영·미법계 국가의 경찰 개념으로 나누어 정립해 볼 필요가 있다.

---

1) 이황우, 「경찰행정학」, 법문사, 2012, 3면.
2) 신현기 외, 「새경찰학개론」, 우공출판사, 2017, 21면.

제1장 해양경찰의 개관 _ 3

Ⅰ. 경찰 개념의 역사적 흐름

1. 대륙법계 국가의 경찰 개념

(1) 고대와 중세 시대

경찰이라는 용어는 라틴어의 'Politia'에서 유래되었다. 이 Politia라는 용어는 도시국가에 대한 일체의 정치를 의미하며, 그 중에서도 특히 국가의 활동을 가리키는 것이었다. 이후 14세기 말 프랑스에서 경찰(la police)이라는 개념은 '국가의 작용·국가의 평온한 질서유지 상태'를 의미하였다. 이때 politia는 14세기 프랑스에서 'Policia' 또는 'Police'라는 단어로 사용되었으며, 이후 15세기 후반 독일로 계수되어 'Polizei'[3]라는 용어가 생겨났다. 이러한 경찰권이 토대가 되어 1530년 독일의 아우구스부르크 제국회의에서 성립된 제국경찰법에 의해 교회행정 권한을 제외한 나머지 일체의 모든 국가행정을 의미한다고 정의했다.[4] 이를 바탕으로 경찰권은 절대주의적 국가권력의 기본적 토대가 되었으며, 나아가 이 공권력을 통해 독일사회의 질서를 유지하게 되었다.

(2) 경찰국가 시대

17세기부터 경찰 개념은 국가작용의 분화로 인해 양적으로 축소되는 현상이 나타났다. 즉, 국가활동이 분업화·전문화됨에 따라 기존의 경찰 개념 속에 있었던 외교·군사·재정·사법작용 등이 경찰 개념에서 분리되었다. 이에 따라 경찰은 사회공공의 안녕과 복지에 직접적으로 관계되는 내무행정에만 국한되게 되었다.[5] 당시의 경찰 개념은 양적으로는 그 범위가 축소되었지만 질적으로는 보다 강화되어 적극적인 복리증진에도 경찰권을 행사하는 경찰국가 시대가 되었다. 특히 왕권신수설과 군주주권론에 바탕을 둔 절대군주체제가 이루어짐에 따라 절대군주가 강력한 경찰권을 바탕으로 통치권의 전반을 행사하는 경

---

3) Polizei라는 용어는 공동체의 양호한 질서상태 또는 공동체의 양호한 질서상태의 창설·유지를 위한 활동을 의미한다.
4) 강용길 외, 「경찰학개론」, 경찰공제회, 2014, 20면.
5) 이황우, 앞의 책, 4면.

찰국가 시대를 맞이하였다.

(3) 자유주의적 법치국가 시대

18세기 중반 계몽주의 사상의 영향으로 자연법사상 및 사회계약설6)에 기초한 국민주권론이 등장하였다. 18세기 후반부터 경찰국가에 대한 반발로 혁명 등이 발생하여 법치국가 시대가 도래하였다. 이에 따라 경찰 분야에서도 적극적인 복지증진이 경찰 업무에서 제외되기 시작하였고, 경찰권의 발동은 소극적인 위험방지로 한정되었다.7)

20세기에 들어서면서 독일의 소극적 경찰 개념 사상은 1931년 프로이센 경찰행정법에 적극적으로 반영되었다. 이후 독일에서는 1933년 나치정권이 등장하여 각 주(Land)에 속해 있던 경찰권을 국가경찰화 하였다. 그러나 제2차 세계대전에서 패망 후 독일은 연합군으로부터 '비경찰화(탈경찰화)'8)를 통해 다시 주경찰체제로 환원되었다.

한편, 프랑스에서는 1795년 '죄와 형벌법전' 제16조에서 '경찰은 공공질서를 유지하고 개인의 자유와 재산 및 안전을 유지하기 위한 기관이다'라고 명시하였다. 1884년 이와 같은 내용이 지방자치법전에 계승되어 제97조에 '자치경찰은 공공의 질서, 안전, 위생을 확보함을 목적으로 한다'고 규정함으로써 경찰의 직무를 소극적 목적에 한정하고 있으나, 역시 위생사무 등 협의의 행정경찰사무가 포함되어 있음을 알 수 있다.9)

---

6) 근대 민주주의는 17~18세기에 들어 절대 왕정에 대항하는 여러 시민세력들이 성장하던 시기에 천부 인권 사상, 사회 계약설, 계몽사상을 사상적 근거로 하여 발생한 시민 혁명으로 인해 확립되어 갔다. 대표적인 사회 계약론자로는 홉스, 로크, 루소가 있다.

7) 1794년 프로이센 일반주(Land)법과 1795년 프랑스 '경죄처벌법전'에 잘 나타나 있다. 하지만 독일의 경우 경찰 개념이 19세기에 다시 강화되는 현상이 나타났다.

8) 비경찰화란 범죄예방과 검거 등 보안경찰 이외에 다른 행정경찰사무, 즉 영업경찰·건축경찰·위생경찰·환경경찰 등의 사무를 다른 행정관청의 사무로 이관하는 것을 말한다. 비경찰화의 대상 사무는 협의의 행정경찰사무이다. 비경찰화는 학자들에 따라 '탈경찰화'라는 용어로 쓰이기도 한다.

9) 강용길 외, 앞의 책, 25면.

크로이츠베르크(Kreuzberg) 판결

경찰국가의 개념은 1882년 크로이츠베르크(Kreuzberg) 판결로 큰 변화를 맞게 된다. 독일의 프로이센 고등행정법원은 베를린 크로이츠베르크 언덕에 있는 전승기념비의 조망권을 위하여, 주변 건축물의 높이를 제한한 베를린 경찰청장의 명령은 적극적인 복지 증진을 목적으로 하는 것이므로 무효라고 선고하였다. 이로써 경찰의 임무가 소극적인 위험방지에 한정되는 계기가 되었다.

2. 영·미법계 국가의 경찰 개념

영·미법계 국가의 경찰 개념은 분권화와 자치치안을 중심으로 발전하였다. 경찰은 자신의 주권자인 시민을 통치하는 대상이 아니며 공공의 안녕과 질서유지라는 목적을 위한 계약당사자로서의 임무를 다해야 한다는 것이다.[10] 특히 영·미법계 경찰의 개념은 주권자인 시민으로부터 자치권을 부여 받은 경찰이 시민의 생명·신체·재산에 대한 안전을 위해 수행하는 역할을 강조하는 차원으로 정착되었다.

영·미법계 경찰 개념에서의 경찰은 사회공공의 질서를 유지하고 범죄와 위해로부터 시민 개개인의 생명과 재산을 보호하며 다양한 공공서비스를 제공해주는 것이다. 이를 위한 경찰목적달성의 수단과 방법은 반드시 권력작용에 국한되지 않고, 계몽하거나 다양한 서비스를 제공하여 봉사하는 것을 포함한다는 점이 강조된다. 이상의 내용에 대하여 이해를 돕기 위해 지금까지 살펴 본 양자를 비교해보면 다음과 같다.

---

10) 신현기 외, 앞의 책, 26면.

표 1-1 ▮ 대륙법계와 영·미법계의 비교

구분	대륙법계	영·미법계
경찰권의 기초	일반통치권	자치권
경찰 개념	·경찰권의 성질 내지 발동범위를 기준으로 형성 ·공권력을 통한 사회공공의 안녕 및 질서유지	·경찰의 역할·기능을 기준으로 형성 ·법집행 및 다양한 서비스 제공을 통한 시민 개개인의 생명 및 재산의 보호
경찰과 시민과의 관계	·경찰권(규제)과 시민권(자유)의 대립 ·시민은 경찰권의 객체(수직적·대립 관계)	·시민으로부터 위임받은 경찰권 ·상호협력·동반자의 관계(수평적 관계)
발전과정	·경찰권 발동범위 축소·제한의 역사 ·경찰권 발동의 조리상 한계이론 형성 (일반조항에 의한 경찰권 발동 억제 목적)	·경찰활동 범위 확대 경향, 적극적인 공공서비스 제공 (Community Policing)
양자의 종합 (현대적 입장)	경찰이란 공공의 안녕과 질서를 유지하기 위한 조직체로서, 주권자인 시민을 위하여 명령·강제 등 권력적 수단이나 수사권한을 동원하여 법을 집행하고, 때로는 서비스를 통하여 적극적으로 봉사하는 임무를 수행하는 활동	

출처: 신현기 외, 앞의 책, 26면.

3. 우리나라 근대 경찰의 역사

일반적으로 우리나라에 근대적 의미의 경찰 개념이 도입된 시기는 갑오개혁[11] 이후로 보고 있다. 청·일 전쟁에서 승리한 일본은 내정개혁의 실시를 조선 정부에 요구하였다. 1894년 일본은 조선에 요구한 내정개혁 중에 '경성(京城) 및 주요 도시에 완전한 경찰을 설치할 것'을 포함하여 2년 이내 실시하도록 요구하

---

11) 갑오개혁(甲午改革)은 1894년 7월 27일부터 약 1년간 조선의 정부에서 이루어진 제도 개혁이다. 10년 전 갑신정변에서 실패한 후, 일본으로 망명했던 개화파들이 청·일전쟁에서 승리한 일본의 위세를 업고 조선으로 돌아와 추진하였던 일본식 개혁이며, 갑오경장(甲午更張)으로도 불린다.

였다. 이러한 일본의 요구에 따라 영의정 김홍집이 총재관이 되어 군국기무처를 신설하고 내정개혁에 착수하였다.

갑오개혁의 실행을 위해 반포된 신관제는 6조(曹)를 기초로 하여 중앙기관을 편성하였으며, 의정부 밑에 8개의 아문[12]을 설치하고, 내무아문의 장관격인 내무대신 밑에 7국과 1청을 두어 경무청이 경찰사무를 관장하도록 하였다.

1894년 7월 14일 우리나라 최초의 경찰조직법인 경무청관제직장(警務廳官制職掌)과 경찰작용법인 행정경찰장정(行政警察章程)이 제정되었다. 경무청관제직장에 따라 좌·우포도청을 합병하고 한성 5부에 경찰업무를 통합하였으며, 내무아문 소속하에 경무청을 창설하여 한성부 내의 일체의 경찰사무를 담당하게 하였다. 또한, 행정경찰장정은 '제1절 총칙, 제2절 총순의 집무장정, 제3절 순검의 직무장정, 제4절 위경죄의 즉결장정, 제5절 순검의 선용장정' 등 5개의 절로 이루어져 있다. 행정경찰장정은 경찰의 목적과 경찰관의 복무요령, 경찰범의 기결 및 순검의 채용방법을 일괄해서 표명한 헌장이라고 할 수 있다. 이는 일본의 행정경찰규칙(1875)과 위경죄즉결례(1885)를 혼합하여 한문으로 옮겨 놓은 것이다.[13]

프랑스법의 경찰권 사상은 독일의 경찰 개념을 정착시키는데 큰 영향을 미쳤으며, 나아가 일본이나 우리나라의 경찰 개념이 형성되는데 중요한 역할을 하였다. 프랑스의 죄와 형벌법전은 1875년 일본의 행정경찰규칙에 많은 영향을 미쳤고, 이를 통해 일본이 프랑스와 독일 등의 대륙법계의 경찰 개념과 제도를 받아들이게 되었고 이것이 1876년 강화도 조약 이후 우리나라에도 영향을 미치게 되었다. 특히 1894년 우리나라의 갑오개혁(갑오경장) 때 행정경찰장정이 제정되는데 중요한 역할을 했다. 제2차 세계대전 이후 우리나라는 해방과 더불어 미국의 영향을 받았다. 즉, 미국의 경찰 개념을 수용한 일본의 1947년 경찰관 등 직무집행법은 우리나라의 1953년 경찰관직무집행법 제정에 큰 영향을 미쳤다.

---

12) 1894년 6월 군국기무처의 의안에 따라 궁내부와 의정부로 나누고 의정부 아래 내무·외무·탁지·법무·학무·공무·군무·농상아문 등 8개 아문을 설치하였다.
13) 강용길 외, 앞의 책, 35면.

우리나라 최초의 경찰 명칭 사용

우리나라에서 경찰이라는 용어가 처음 사용된 것은 조선왕조실록의 공식 기록상 개항되었던 인천항에서 1884년 4월 21일 '화도진별장(花島津別將) 김굉신(金宏臣)을 인천항 경찰관(仁川港 警察官)에 치하하다'와 같이 갑오개혁 보다 10년 정도 앞선 1884년이었다. 경찰업무를 담당하는 관직의 명칭은 처음에는 일본의 영향을 받아 인천, 원산, 부산 등의 개항장에서 '경찰관'이라고 칭하였다가 갑오개혁 이후 '경무관'이라는 명칭으로 바뀌었음을 알 수 있고, 관직명으로 경찰관이라는 명칭 사용의 최초는 개항장에서 비롯되었음을 알 수 있다.[14]

이상의 내용을 살펴보았을 때, 인천항에서 경찰활동의 상당 부분은 해양경찰의 업무를 담당했을 것으로 보여진다.

---

14) 노호래, "해양경찰사 소고: 한말 개항장의 감리서와 경무서를 중심으로", 「한국경찰연구」, 제10권 2호, 2011, 71면.

Ⅰ. 개 념

1. 해양경찰의 정의

해양경찰(KCG: Korea Coast Guard)은 해양주권을 수호하고 해양에서 공공의 안녕과 질서를 유지하며 해양자원과 환경을 보호하기 위해 해양수산부 독립 외청으로 설치·운영되고 있는 중앙행정기관이다.

하지만, 해양경찰에 대한 개념 정의를 명확하게 내리는 것은 쉬운 일이 아니며, 실정법이나 학문적으로 아직까지 명확하게 규정되어 있지 않다. 이에 따라 앞에서 살펴 본 정부조직법 제43조 제2항, 해양경찰법 제14조(직무)[15], 경찰관직무집행법 제2조(경찰관의 직무 범위)[16], 해양경비법 제7조(경비활동의 범위)[17]의 국가경찰공무

---

15) 제14조(직무) ① 해양경찰은 해양에서의 수색·구조·연안안전관리 및 선박교통관제와 경호·경비·대간첩·대테러작전에 관한 직무를 수행한다.
　② 해양경찰은 해양에서 공공의 안녕과 질서유지를 위하여 해양관련 범죄의 예방·진압·수사와 피해자 보호에 관한 직무를 수행한다.
　③ 해양경찰은 해양에서 공공안녕에 대한 위험의 예방과 대응을 위한 정보의 수집·작성·배포에 관한 직무를 수행한다.
　④ 해양경찰은 해양오염 방제 및 예방활동에 관한 직무를 수행한다.
　⑤ 해양경찰은 직무와 관련된 외국 정부기관 및 국제기구와 협력하여야 한다.
16) 제2조(직무의 범위) 경찰관은 다음 각 호의 직무를 수행한다.
　1. 국민의 생명·신체 및 재산의 보호
　2. 범죄의 예방·진압 및 수사
　2의2. 범죄피해자 보호
　3. 경비, 주요 인사(人士) 경호 및 대간첩·대테러 작전 수행
　4. 공공안녕에 대한 위험의 예방과 대응을 위한 정보의 수집·작성 및 배포
　5. 교통 단속과 교통 위해(危害)의 방지
　6. 외국 정부기관 및 국제기구와의 국제협력
　7. 그 밖에 공공의 안녕과 질서 유지
17) 제7조(해양경비활동의 범위) 해양경찰청 소속 경찰공무원(이하 "해양경찰관"이라 한다)은 다음 각 호의 어느 하나에 해당하는 해양경비활동을 수행한다.
　1. 해양 관련 범죄에 대한 예방
　2. 해양오염 방제 및 해양자원 보호에 관한 조치
　3. 해상경호, 대(對)테러 및 대간첩 작전 수행

원의 직무범위 규정에 대한 해석을 통하여 구체화할 수밖에 없으며, 이 경우 일반적으로 정립된 경찰 개념에 근거할 수밖에 없다.[18)]

해양경찰은 해양주권을 수호하고 해양에서 공공의 안녕과 질서를 유지하며 해양자원과 환경을 보호하는 중앙행정기관이다. 초기 해양경찰은 해양경비와 어로보호를 주요 직무로 담당하였으나, 점차 그 영역이 확대되어 오늘날에는 해양주권 수호, 해양경비, 해양안전, 범죄수사, 해양교통안전, 수상레저, 해양오염방지, 환경자원보호, 대민서비스 등에 이르는 매우 다양한 업무를 수행하고 있다.[19)]

이와 같은 해양경찰의 개념은 실질적 의미의 해양경찰과 형식적 의미의 해양경찰로 구분하여 살펴볼 수 있다.

2. 실질적 의미의 해양경찰

실질적 의미의 해양경찰은 해양에서 공공의 안녕과 질서에 대한 위험을 방지하기 위하여 일반통치권에 기하여 국민에게 명령·강제함으로써 국민의 자연적 자유를 제한하는 작용이라고 정의할 수 있다.[20)]

법규에서는 해양경찰이 위험·위해를 예방하고 제거하기 위한 수단적으로서 타인에게 명령·강제할 수 있는 권한을 부여하고 있다. 해양경찰권이 발동되는 위험·위해는 추상적이라기보다는 구체적·직접적이며, 긴박성을 가지고 있을 때 가능한 것이다.

즉, 해양경찰에게 불확실한 장래에 발생할 위험·위해까지 적극적으로 예방·제거할 수 있는 권한까지 부여한다면, 해양경찰 권한의 오·남용 문제가 제기될 수 있으며, 비례원칙에도 위배가 될 것이다. 따라서 해양경찰은 소극적 위험·위해의 방지 및 제거에 개입하게 되며, 그 수단으로 명령·강제할 수 있는 권력적 작용을 기본적으로 갖는다고 보는 것이다.[21)]

4. 해양시설의 보호에 관한 조치
5. 해상항행 보호에 관한 조지
6. 그 밖에 경비수역에서 해양경비를 위한 공공의 안녕과 질서유지
18) 노호래 외, 「해양경찰학개론」, 문두사, 2016, 19면.
19) 해양경찰청, 「해양경찰 60년사」, 해양경찰청, 2013, 15면.
20) 박상희, "해양경찰법제정비의 기본방향", 「국제해양문제연구」, 제18권 제1호, 2007, 82면.
21) 홍정선, 「경찰행정법」, 박영사, 2013, 4면.

여기에서 특히 타인에 대하여 명령·강제할 수 있는 물리적 강제력은 실질적 의미의 경찰을 이해하는데 매우 중요한 의미를 갖는다. 즉, 실질적 의미의 해양경찰이라는 것은 수많은 국가작용들 중에서, 해양경찰이라는 명칭으로 불리는 것과는 관계없이 위해의 방지 및 제거라는 국가목적 달성을 위하여 타인에게 명령·강제 할 수 있는 물리적 강제력을 행사하는 모든 활동을 실질적 의미의 경찰활동으로 보는 것이다.[22] 따라서 여기에는 세관공무원, 어업감독공무원, 선장 및 해원, 선원근로감독관 등과 같이 제반 국가활동 중에서 위해의 방지를 위한 권력작용을 실질적 의미의 해양경찰로 볼 수 있다.

3. 형식적 의미의 해양경찰

형식적 의미의 해양경찰은 앞서 살펴 본 실질적 의미의 성질 또는 수단을 불문하고, 제도적 의미의 해양경찰기관이 관장하는 모든 사무와 관련이 있다. 즉, 해양경찰기관에 분배되어 있는 임무를 달성하기 위해 행해지는 모든 해양경찰의 활동을 의미한다.[23] 이와 같은 점에서 형식적 의미의 해양경찰은 제도적 의미의 해양경찰과 같은 의미를 가진다고 볼 수 있다.

즉, 형식적 의미의 해양경찰은 법적으로 제도화된 해양경찰기관이 수행하는 업무와 관련된 것으로서, 그 내용이 무엇인가를 가리지는 않는다. 실질적 의미의 해양경찰에서 말하는 위험방지와 관련된 권력작용 이외에도 법에서 규정하고 있는 다른 해양경찰활동도 형식적 의미의 해양경찰에 포함된다.[24] 따라서, 현재 법에서 규정하고 있는 해양경비, 해양안전, 범죄수사, 정보활동, 해양경찰의 대국민서비스 등의 사항들도 그 성질을 불문하고 모두 형식적 의미의 해양경찰활동으로 볼 수 있다.

---

22) 최선우, 「경찰학」, 도서출판 그린, 2017, 71면.
23) 순길태, 「해양경찰학개론」, 대영문화사, 2017, 31면.
24) 최선우, 앞의 책 73면.

II. 해양경찰의 종류

1. 해양경찰과 육상경찰

해양경찰과 육상경찰은 관할에 따라 구분되는 개념이다. 해양경찰은 해양에서 경찰에 관한 사무를 관장하며, 경찰청은 육상에서 경찰에 관한 사무를 관장하고 있다. 이는 1991년 이전 해양경찰청이 경찰청에 속해 있을 때에는 문제가 없었으나, 1996년 해양수산부가 신설됨에 따라 해양경찰청이 해양수산부장관 소속으로 이관됨에 따라 관할에 대한 범위를 명확히 할 필요성이 생겼다.[25]

해양경찰청도 경찰청과 마찬가지로 보통경찰관청으로서, 경찰청이 육상에서 모든 경찰사무를 관장하는 것과 같이, 해양경찰청도 해양 관련 행정기관이 관장하는 행정작용에 부수하여 일어나는 질서유지에 관한 사무만을 담당하는 것이 아닌, 해양에서의 경찰 및 오염방제에 대한 업무를 담당하고 있다.[26]

2. 행정해양경찰과 사법해양경찰

행정해양경찰과 사법해양경찰은 해양경찰공무원의 직무를 수행하는 목적에 따라 구분되는 개념이다. 즉, 행정해양경찰은 해양에서의 공공의 안녕과 질서를 유지하는 권력적 작용으로서 실질적 의미의 해양경찰을 의미한다. 이에 반하여 사법해양경찰은 해양에서 범죄를 일으킨 범죄자를 체포해서 처벌하는 권력적 작용으로서 형식적 의미의 해양경찰을 의미한다.

우리나라의 경우는 이론상 행정해양경찰과 사법해양경찰을 구분하지만, 조직상으로는 양자를 구별하지 않고 일반해양경찰기관이 모두 관장하고 있다. 행정해양경찰은 해양경찰작용이기 때문에 행정법규의 적용을 받으며, 사법해양경찰은 형벌권의 작용이므로 형사법의 적용을 받는다.

---

25) 노호래 외, 앞의 책, 20면.
26) 김경락, "육상경찰과 해양경찰의 직무와 관할의 범위에 관한 법적 검토", 「법학논집」, 제33권 3호, 2013, 295-296면.

3. 일반사법해양경찰과 특별사법해양경찰

일반사법해양경찰과 특별사법해양경찰은 직무범위의 차이에 따라 구분되는 개념이다. 해양범죄에 대한 수사기관은 일반사법해양경찰관리와 특별사법해양경찰관리로 구분한다. 해양범죄에 대한 일반사법해양경찰관리는 해양경찰과 검사가 있으며, 특별사법해양경찰관리는 세관공무원, 어업감독공무원, 선장과 해원, 선원 근로감독관, 등대에서 근무하는 국가공무원 등이 있다.

해양경찰은 해양에서 발생하는 모든 범죄에 대한 사법경찰권이 있으며, 해양에서의 특별사법경찰관리는 개별 법령이 정한 한정된 분야에서 사법경찰권을 행사한다.[27]

4. 예방해양경찰과 진압해양경찰

예방해양경찰과 진압해양경찰은 경찰권의 발동 시점을 기준으로 하여 분류한 것이다. 예방해양경찰은 사전에 경찰상의 위해의 발생을 방지하기 위한 작용으로 행정해양경찰보다는 좁은 개념이다. 진압해양경찰은 이미 발생한 경찰상의 위해를 제거하기 위한 권력적 작용을 의미한다.

5. 질서해양경찰과 봉사해양경찰

질서해양경찰과 봉사해양경찰은 경찰활동의 질과 내용을 기준으로 분류한 것이다. 질서해양경찰은 강제력을 수단으로 사회공공의 안녕과 질서유지를 위하여 법집행을 주로 하는 해양경찰활동을 말한다. 봉사해양경찰은 강제력이 아닌 서비스·계명·지도 등을 통하여 해양경찰 직무를 수행하는 경찰활동을 의미한다. 예를 들어, 수난구호, 선박 교통정보의 제공, 항·포구의 순찰활동 등이 이에 해당한다.[28]

---

27) 노호래 외, 앞의 책, 20면.
28) 이황우, 앞의 책, 12면.

6. 평시해양경찰과 비상해양경찰

평시해양경찰과 비상해양경찰은 공공의 안녕과 질서에 대한 위해의 정도, 적용 법규, 위해를 제거할 담당기관을 기준으로 분류한 것이다. 평시해양경찰은 일상적 상태에서 해양경찰기관이 일반경찰법규에 의하여 평시에 행하는 경찰작용을 의미한다. 비상해양경찰은 전국 또는 특정지역에 비상사태가 발생하여 계엄령 또는 위수령이 선포될 경우에 군대가 병력으로 공공의 안녕과 질서를 유지하기 위하여 행정사무의 일환으로 경찰사무를 관장하는 경우를 의미한다. 특정경비해역 및 일반경비해역에서의 통합방위법에 의한 통합방위작전29)은 함대사령관이 수행한다고 규정되어 있고(통합방위법 제15조), 통합방위법 시행령은 특정경비해역 및 일반경비해역에서 함대사령관이 관할해역의 해양경찰공무원을 작전 통제하여 군·경 합동작전을 수행하며, 해안경계 부대의 장은 선박의 입항·출항 신고기관에 근무하는 해양경찰공무원을 작전 통제하여 임무를 수행한다(통합방위법 시행령 제23조)고 규정하고 있다.30)

III. 해양경찰의 임무 및 수단

1. 해양경찰의 기본적 임무

해양경찰의 임무는 행정조직법상의 해양경찰기관을 바탕으로 한 개념이다. 따라서, 해양경찰은 정부조직법 제43조 2항에 해양에서의 경찰 및 오염방제에 관한 사무를 임무로 하고 있다. 더불어 해양경찰법 제14조의 직무를 비롯하여, 해양경비법 제7조의 해양경비활동의 범위, 경찰관직무집행법 제2조의 직무 등에서 그 근거규정을 찾을 수 있다. 즉, 해양에서 국민의 생명·신체 및 재산의 보호이며, 기본적 임무는 해양에서의 위험의 방지, 범죄의 수사, 대국민서비스 그리고 해양오염방제 활동으로 볼 수 있다.

---

29) 통합방위작전이란 통합방위사태가 선포된 지역에서 통합방위본부장, 지역군사령관, 함대사령관 또는 시·도경찰청장(이하 "작전지휘관"이라 한다)이 국가방위요소를 통합하여 지휘·통제하는 방위작전을 의미한다(통합방위법 제2조).
30) 노호래 외, 앞의 책, 22면.

(1) 위험의 방지

1) 공공의 안녕

해양경찰의 위험방지에 대한 보호대상은 해양에서의 공공의 안녕이다. 여기에서 공공의 안녕이란 개념은 법질서, 권리, 각 개인의 법익, 국가 및 공권력 주체의 기관과 집행의 불가침성을 유지되는 상태를 의미한다.[31] 즉, 공공의 안녕이란 법질서의 불가침성, 국가의 존립과 기능성 보장, 개인의 권리와 법익의 불가침성으로 구분해 볼 수 있다.

첫째, 법질서의 불가침성은 공공안녕의 제1요소이며, 공법질서에 대한 위반은 일반적으로 공공의 안녕에 대한 위험에 해당한다. 공법질서를 위반한 경우에는 해양경찰이 직접 개입하게 된다. 공공의 안녕에 대한 침해 여부는 공법질서에 의해 보호받는 법익의 위험 또는 침해가 객관적으로 존재하는지가 문제되며, 주관적 구성요건의 실현, 책임성 및 구체적 가벌성은 요하지 않는다.

반면, 사법규범의 위반은 개인 상호 간의 문제로서 해양경찰의 개입영역이 아니다. 하지만, '잠정적으로 법적 보호가 적시에 이루어지지 않고, 경찰의 원조 없이는 법을 실현시키는 것이 무효화되거나 사실상 어려워질 경우'에만 경찰권이 발동될 수 있다는 것으로, 이를 보충성의 원칙이라고 한다.

복지국가적 행정을 요구하는 오늘날에는 해양경찰 분야에서도 각 개인이 경찰권의 발동을 요구할 수 있는 권리인 경찰개입청구권이 인정되고 있다. 경찰개입청구권은 재량권의 0으로의 수축이론과 반사적 이익의 보호법익화에 따라 인정되고 있다.[32]

둘째, 국가의 존립과 기능성 보장이다. 국가의 존립 보장은 공공의 안녕과 관련하여 해양경찰은 국가의 존립을 보호해야 한다는 의미이다. 군대가 국가의 존립을 보호할 의무가 있듯이, 해양경찰은 사회공공과 관련하여 국가의 존립을 보호할 의무가 있다. 해양경찰은 가벌성의 범위 내에 이르지 아니하였을지라도 국민의 자유나 권리를 침해하지 않는 범위 내에서 수사나 정보·보안·외사활동을 할 수 있다.

---

31) 김창윤, 「경찰학」, 박영사, 2020, 42면.
32) 최응렬 외, 「경찰학개론」, 대영문화사, 2021, 29면.

국가기관의 기능성 보장은 국회·정부·법원·지방자치단체 등 국가기관의 정상적인 기능성을 보호해야 한다는 것이다. 형법은 이를 위하여 공무원의 직무에 관한 죄, 공무방해에 관한 죄 등의 형벌을 통하여 국가기관의 기능성을 보호하고 있다. 따라서 행정관청 또는 해양경찰의 활동에 중대한 방해는 공공의 안녕에 대한 위험으로 간주되어 형법의 범죄구성요건을 충족시킨다. 여기에서 주의할 것은 해양경찰은 위험의 범주를 너무 확대 해석해서는 안 된다. 위험이라고 판단하여 해양경찰이 개입한 경우 오히려 시민들의 자유나 권리를 침해할 가능성이 있기 때문이다.[33]

셋째, 개인의 권리 및 법익의 불가침성이다. 공공의 안녕과 관련하여 해양경찰은 인간의 존엄성, 명예, 생명, 건강, 자유와 같은 개인적 법익뿐만 아니라, 사유재산적 가치 또는 무형의 권리도 보호하여야 한다.

사법적인 문제의 경우에 각 개인은 최종적으로는 법원을 통해 권리와 법익을 보호받을 수 있으며, 위급한 경우에는 가처분과 같은 권리보호 수단을 활동할 수 있다. 개인은 효과적인 보호의 시기를 놓쳐 사법적인 권리가 무효화될 우려가 있을 때에만 해양경찰에 원조를 요청할 수 있다. 이 경우에도 해양경찰의 원조는 잠정적 보호에 국한되어야 하고, 최종적인 보호는 법원에 의해 구제가 되어야 한다. 개인의 법익에 대한 침해가 동시에 형법이나 행정법 등의 공법질서를 침해 받은 상태라면, 해양경찰은 단지 잠정적 조치만 취해서는 아니 되고, 적극적으로 개입해야 하기 때문이다.[34]

2) 공공의 질서

공공의 질서는 시대적으로 지배적인 윤리와 가치관으로 판단하였을 때, 시민으로서 원만한 국가 공동체 생활을 영위하기 위해 준수해야 할 불가결적인 전제조건으로서 개개인의 행동에 대한 불문규율의 총체를 의미한다.

공공의 질서는 불문화 된 사회적 행동규칙과 가치관만을 포괄한다는 점에서 성문의 법규범이 공공의 안녕의 요소를 이루는 것과 다르다. 그러나 오늘날 대부분의 생활 영역에 대한 법적 전면규범화가 지속적으로 증가 추세를 보이고 있다. 그렇기 때문에 공공질서의 사용가능 분야도 점차 축소되고 있다. 따라서, 통치권

---

33) 김창윤, 앞의 책, 42면.
34) 최응렬 외, 앞의 책, 30면.

의 집행을 위한 개인의 근거로서 사용될 수 있어 엄격한 합헌성을 요구한다.

개개 사안에서 공공의 질서라는 개념과 관련하여 해양경찰의 개입 여부의 판단은 경찰권의 재량적 결정에 맡겨진다. 이 경우에도 기본적 인권의 헌법적 보호규정을 준수하는 범위에서 해양경찰관청의 의무에 합당한 재량행사에 따라야 한다.

3) 위   험

위험은 가까운 장래에 공공의 안녕이나 질서에 손해가 나타날 수 있는 가능성이 개개의 경우에 충분히 존재하는 상태를 의미한다. 경찰상 위험이란 개인 및 공동의 법익에 대한 침해의 가능성이 충분히 존재하는 상태를 의미한다.

경찰상 손해는 보호받는 개인 및 공동의 법익에 대한 정상적 상태의 객관적 감소를 의미하며, 특히 보호법익에 대한 현저한 침해행위가 있어야만 한다. 단순한 성가심, 불편함 등은 경찰개입의 대상이 아니다. 그 성가심의 빈도나 기간이 일정 수준에 도달하여 정상적인 일반적 사람의 판단으로 볼 때 손해나 더 나아가서는 위험의 한계를 넘었다고 보여질 때 해양경찰의 개입 여지가 생긴다.

법익의 위험이 인간의 행위에 의한 것인가 또는 단순한 자연력(지진, 홍수 등)의 결과에 의한 것인가는 문제가 되지 않는다. 즉, 해양경찰은 경찰책임자에 의해 야기되지 않는 이러한 위험도 방지해야 할 의무가 있다는 의미이다.

구체적 위험은 개개 사안에 있어 가까운 미래에 손해발생의 충분한 가능성이 존재하는 경우를 의미한다. 경찰개입은 구체적 위험이 존재하는 경우에 가능하지만, 반드시 보호법익에 대한 위험이 필수적으로 존재해야 하는 것은 아니다.

추상적 위험은 구체적 위험의 예상가능성(가설적이고 상상적인 경우)을 의미하는 것으로, 해양경찰의 개입은 추상적 위험이 있을 때에도 가능하다. 해양경찰의 개입은 구체적 위험 또는 적어도 추상적 위험이 있을 때 그리고 법을 위반한 경우 가능하다. 범죄의 예방 분야나 장래의 위험방지를 위한 준비행위는 구체적이 위험이나 추상적 위험의 구성요소에 의해서도 제한되지 않으므로 그런 목적으로 경찰이 활동하는 것은 가능하다.[35]

외관적 위험이란 해양경찰이 의무에 합당한 사려 깊은 상황판단을 하여 개입하였으나, 실제로는 위험이 없는 경우를 의미한다. 외관적 위험의 경우는 적법한

---

35) 해양경찰이 범죄를 감시하는 활동이나 범인 검거를 통해 일반적인 위험을 예방하는 조치 등이 해당된다.

행위이므로 해양경찰에게 민·형사상의 책임을 물을 수 없다. 다만, 경찰개입으로 인한 피해가 공공필요에 의한 특별한 희생에 해당하는 경우 손실보상의 책임이 발생할 수 있다.

위험혐의(嫌疑)는 해양경찰이 의무에 합당한 사려 깊은 상황판단을 할 때 실제로 위험의 가능성은 예측되나 불확실한 경우를 의미한다. 경찰의 위험방지는 위험의 존재 여부가 명백해질 때까지는 예비적 조치에만 국한되어야 하며, 이러한 상황은 위험조사차원의 개입을 정당화시키는 위험혐의의 상황이므로 손해배상이나 손실보상의 청구문제가 발생하지 않는다.

오상위험은 해양경찰에게 있어 위험의 개념은 일종의 예측, 즉 사실에 기인하여 향후 발생한 사건의 진행에 관한 주관적 추정을 포함하지만, 일종의 객관화를 이루는 사전판단을 요한다. 다만, 객관적으로 판단할 때 위험의 외관 또는 혐의가 정당화되지 않음에도 불구하고 해양경찰이 위험의 존재를 잘못 추정했다면, 오상위험이고 이때 해양경찰의 개입이 이루어졌다면 손해배상이나 형사책임 문제가 발생할 수 있다.[36]

(2) 범죄의 수사

1) 성격 및 근거법

범죄의 수사는 사법경찰 작용으로서 수사경찰의 기본 임무이다. 「해양경찰법」과 「경찰관직무집행법」은 각각 범죄의 수사를 해양경찰의 임무(직무)로 규정하고 있다. 또한 「형사소송법」은 수사에 관한 일반법적 성질을 가지는 것으로서, 검사와 사법경찰관은 수사, 공소제기 및 공소유지에 관하여 서로 협력하여야 한다(형사소송법 제195조).

행정에서의 해양경찰권 행사가 편의주의원칙(便宜主義原則)에 따라 '~할 수 있다'고 규정되어 있는 경우가 대부분인 데 비해, 수사에 관해서는 형사법 각조가 '~하여야 한다'고 규정함으로써 법정주의원칙(法定主義原則)을 천명하고 있다. 따라서 해양경찰공무원은 범죄의 진압과 수사를 편의주의에 따라 할 것인가 말 것인가에 대해 결정할 재량이 없으며, 범죄행위가 있으면 친고죄나 반의사불벌죄 등 특별한 경우를 제외하고는 수사를 해야 할 의무가 발생한다.

---

36) 최응렬 외, 앞의 책, 36면.

행정해양경찰 작용	사법해양경찰 작용
- 행정편의주의 원칙(~할 수 있다.) - 기속재량행위(재량권 인정)	- 법정주의 원칙(~하여야 한다.) - 기속행위(재량권 없음)

2) 위험방지와의 관계

해양경찰의 수사 임무와 위험방지 임무는 별개가 아니다. 해양경찰은 범죄의 예방과 제지를 위한 예방적인 위험방지 조치가 가능할 뿐만 아니라(해양경찰법 제14조), 위험이 현실화 될 때, 즉 어떠한 법익에 대한 손해가 이미 발생되어 경찰위반의 상태가 되고, 그것이 형법이나 행정법규에 위배되는 범죄의 구성요건을 충족시키는 경우에는 해양경찰의 수사 대상이 되기 때문에, 양자는 일련의 과정에서 상호 연관되어 있다.

(3) 대민 서비스

최근 해양경찰은 좁은 의미의 소극적인 위험방지를 위한 명령·강제나 범인의 체포·수사와 같은 법집행적인 임무뿐만 아니라, 적극적인 서비스 활동을 통해 국민에게 봉사하는 역할을 수행하고 있다. 이와 같은 급부행정적(給付行政的) 서비스 활동에는 해양교통정보 또는 해상지리정보의 제공이나, 인명구조와 같은 각종 서비스의 제공, 어린이 해양안전교육뿐만 아니라 순찰활동을 통한 범죄의 예방활동 등이 여기에 포함된다.

다만, 급부행정적 서비스 활동은 범죄의 수사에 해당되지는 않는다. 급부행정이란 국가에 정의로운 사회질서를 형성할 권한과 의무가 있다는 사회국가의 원리를 바탕으로 사회구성원의 이익추구 활동을 직접적으로 조장하여 주는 배려적 활동을 의미한다.

(4) 해양오염방제

해양경찰은 해양종사자에 대한 해양환경보호 지도·계몽 등 해양오염 방지를 위한 예방차원의 제반활동과 오염사고 발생시 해상·해안 오염을 신속하게 방제하고 기름·폐기물 투기 등의 해양오염사범을 단속하는 제반활동을 하고 있다.

2. 수　　단

(1) 의　　의

인간의 존엄성과 인권은 누구에게나 중요하다. 따라서 누군가의 고의나 부주의로 공공의 안녕 혹은 질서에 위해가 발생하면 당연히 국가(해양경찰)가 개입하여 제거해야 할 것이다. 이처럼 공공의 안녕, 질서에 위험이 발생하였거나 발생하려는 상황을 '경찰상태'라고 하며, 그러한 상태를 야기한 당사자를 '경찰책임자'라고 한다. 이런 상황에서 경찰이 지향하는 공공의 안녕·질서의 회복 또는 공공의 안녕·질서에 대한 위해의 방지를 '경찰목적'이라고 한다. 경찰목적을 위하여 법률 또는 명령이나 처분을 통하여 개인에게 부과하는 의무를 '경찰의무'라고 한다. 경찰목적을 위해 경찰의무를 부과하려면 이를 위한 행정적 조치가 필요하게 된다. 이때 요구되는 행정절차를 '경찰수단'이라고 총칭한다. 이와 같은 해양경찰의 수단에는 권력적 수단, 범죄수사를 위한 수단, 비권력적 수단 등이 있다.

(2) 권력적 수단

해양경찰은 위험을 방지하거나 경찰위반상태를 제거하기 위하여 국가의 일반통치권에 근거하여 명령·강제함으로써 해양경찰에게 주어진 임무를 수행한다. 이처럼 권력적 수단이란 국민에게 명령·강제를 통해서 위험방지 등과 같은 경찰목적을 달성하고자 하는 것을 의미한다.

해양경찰의 권력적 수단에는 크게 경찰의무를 부과하기 위한 수단으로서 경찰의무 부과수단과 경찰의무의 이행을 확보하기 위한 수단으로서 의무이행 확보수단으로 구분해 볼 수 있다.

해양경찰의 의무를 부과하기 위한 수단으로는 경찰하명, 경찰허가, 경찰면제, 경찰상 사실행위로 구분할 수 있으며, 해양경찰의 의무이행 확보수단에는 경찰강제, 경찰벌, 경찰상 조사 등으로 나눌 수 있다.[37]

(3) 범죄수사를 위한 수단

범죄수사와 관련하여 여러 가지 수단을 마련해 놓고 있다. 실체적 진실의 발

---

37) 김창윤, 앞의 책, 35면.

견과 인권보장의 조화를 위하여 임의수사를 원칙으로 하고, 강제수사는 예외적으로 허용되고 있다(형사소송법 제199조). 또한, 임의수사 또는 강제수사를 할 경우에도 해양경찰공무원은 피의자 또는 다른 사람의 인권을 존중해야 한다(형사소송법 제198조). 그리고 범죄수사에 있어서는 형법 및 형사소송법에 규정된 법령을 충분히 숙지하고 이를 철저하게 준수하는 법정주의의 원칙이 있다.

(4) 비권력적 수단

오늘날 해양경찰활동 중에는 개인의 자유와 권리에 개입하지 않으면서 구체적 수권조항이 없어도 임무에 관한 일반적 수권조항만으로도 행할 수 있는 광범위한 위험방지활동이 관심의 대상이 되고 있다. 서비스 지향적 활동에 속하는 다양한 해양순찰, 일상적인 해상교통의 관리, 정보의 제공, 지리 안내, 행정지도와 해양범죄를 예방하는 활동 등이 있다. 또한 정보경찰이 수행하는 정보의 수집이나 작성·배포활동도 비권력적 활동에 속한다.

Ⅳ. 해양경찰활동의 기초 및 관할

1. 해양경찰활동의 기초

해양경찰권은 협의의 해양경찰권과 광의의 해양경찰권으로 구분할 수 있다. 광의의 경찰권에는 협의의 경찰권과 더불어 수사권, 대국민서비스에 대한 내용도 포함된다.

(1) 협의의 해양경찰권

협의의 해양경찰권이란 사회공공의 안녕과 질서를 유지하기 위하여 일반통치권에 의거 국민에게 명령·강제하는 권한을 의미한다. 따라서 경찰작용은 국가와 국민 사이의 일반통치관계를 전제로 하는 것이다. 그러므로 국회의장의 국회경호권한이나 법원의 법정경찰권은 일반통치권을 전제로 하지 않고 부분사회의 내부질서를 목적으로 하는 경우로 경찰권의 작용이 아니며, 원칙적으로 일반경찰권이 우선한다.

해양경찰권의 발동 요건으로는 ① 공공의 안녕에 대한 위해의 존재, ② 공공의 질서에 대한 위해의 존재, ③ 경찰상 장애의 존재 등이다.

해양경찰권의 상대방으로서 경찰하명 또는 경찰강제의 대상은 법률에 특별한 규정이 없는 한 통치권에 복종하는 모든 자가 대상이 된다. 따라서 자연인이든 법인이든, 내국인이든 외국인이든 상관없이 경찰권에 복종해야 한다.

공공의 안녕과 질서를 유지해야 할 경찰의무를 특정인에 대하여 면제하는 것은 평등의 원칙에 반하므로 허용되지 않는다. 단, 외교사절과 같이 국제법상 특례가 인정되는 경우에는 예외가 인정된다.

다른 행정기관이나 행정주체가 경찰의무를 위반하는 경우 경찰권이 발동될 수 있는가의 문제이다. 이와 관련하여 통설은 행정기관이 통치권을 행사하지 않고, 일반사인과 마찬가지로 사법적 활동을 하는 경우에는 경찰권의 발동이 허용된다고 본다.

(2) 수사권

수사권이란 국가형벌권을 행사하기 위해「형사소송법」에 의거 해양경찰에게 부여된 권한을 말한다. 수사권은 내국인이든 외국이든 상관없이 발동된다. 다만, 외교사절에 대해서는 면책특권이 인정되고, SOFA 협정에 의거 공무집행 중의 미군범죄 등에 대해서는 1차적 재판권을 미군 당국이 가지므로 제한을 받고 있다. 또한 외국 군함 등에 대해서도 국제법적 특권을 인정하고 있다.

대통령과 국회의원에 대해서는 일정한 제한이 있다. 대통령의 형사상 특권과 국회의원의 불체포특권, 국회에서 직무상 행한 발언·표결의 원외면책 등이다.

그리고 협의의 경찰권에 의해서는 일반처분이 가능하고 경찰책임자 이외의 비책임자에게도 권한이 발동될 수 있는 반면, 수사권의 경우에는 피의자나 참고인 등 형사소송법에서 규정된 관계자 이외에는 발동될 수 없다.

2. 해양경찰의 관할

해양경찰관청이 법률상 유효하게 국가행위를 할 수 있는 범위를 해양경찰의 관할이라고 한다.

(1) 사물관할

해양경찰이 처리할 수 있고 또 처리해야 하는 사무내용의 범위를 의미한다. 광의의 해양경찰권이 발동될 수 있는 범위를 설정함으로써 그 범위를 넘는 것에 대해서는 해양경찰권이 개입될 수 없다는 것을 의미한다. 우리나라의 경우 「정부조직법」 제43조 제2항, 「해양경찰법」 제14조, 「경찰관직무집행법」 제2조, 「해양경비법」 제7조에 규정되어 있는 임무가 해양경찰의 사물관할에 속한다. 즉, 해양에서의 공공의 안녕과 질서유지 그리고 위험의 방지 및 수난구호 등과 같은 서비스 영역도 포함된다.

(2) 인적관할

광의의 해양경찰권이 발동될 수 있는 인적범위로서 해양경찰권은 원칙적으로 대한민국 내의 모든 사람에게 적용된다. 다만, 국내법적으로는 대통령, 국회의원, 국제법적으로는 외국의 원수, 외교사절과 주한미군에 대해서는 일정한 제한이 있다.

해양은 영해, 접속수역, 배타적 경제수역 등 국제법적으로 규율을 받는 내용에 따라 각기 구분된다. 또한 선박에 대해서는 영해라 할지라도 무해통항권이 인정되고 국제법적으로 기국주의가 적용되기 때문에 선박에 승선한 선원에 대해서는 해양경찰권 행사에 있어서 일정한 제한이 있다.

(3) 지역관할

해양경찰의 지역관할은 원칙적으로 영해, 접속수역, 배타적 경제수역까지이며, 우리나라 국토의 약 4.5배에 이르는 매우 광범위한 관할을 가지고 있다. 또한, 「수상레저안전법」에 따라 내수면도 해양경찰의 지역관할에 포함된다.

해양에서 영해는 연안국의 주권이 인정되며, 접속수역에서는 관세, 재정, 출입국, 보건·위생에 관한 대한민국의 법규를 위반한 행위의 방지 및 제재 권한이 인정되고 있다. 배타적 경제수역에서는 주권적 권리와 관할권이 인정되는 등 지역적 범위에 따라 해양경찰권이 미치는 권한이 상이하다.

V. 해양경찰의 기본이념

해양경찰의 기본이념이란 조직에서 해양경찰이 추구해야 할 기본가치·방향·규범 및 정신 등을 의미한다. 해양경찰의 기본이념에는 민주주의, 법치주의, 인권존중주의, 정치적 중립주의, 경영주의 등이 있다. 더불어 해양경찰의 본질적 이념으로서 정의와 자유가 주장되고 있으며, 해양경찰의 수단적 이념으로는 민주성, 능률성, 합법성, 인권존중주의, 정치적 중립주의 등이 있다.

1. 민주주의

해양경찰권은 국민에게 있고 모든 해양경찰권은 국민으로부터 나온 것이므로 해양경찰은 국민을 위하여 해양경찰권을 행사하여야 한다(헌법 제1조). 또한 해양경찰공무원은 국민 전체에 대한 봉사자로서 국민에게 책임을 져야 한다(헌법 제7조).

해양경찰의 민주성 확보 방안

첫째, 해양경찰조직 내부의 민주화이다. 해양경찰은 민주적으로 조직되고 관리·운영되어야 한다.

둘째, 해양경찰에 대한 민주적 통제와 참여장치이다. 해양경찰이 민주적이기 위해서는 해양경찰에 대한 민주적 통제와 참여장치가 마련되어야 한다. 이를 위한 장치로서 행정절차법[38)]이 제정되어 있다.

셋째, 해양경찰활동의 공개이다. 해양경찰의 민주화가 촉진되기 위해서는 해양경찰활동이 폐쇄적이어서는 안 되며, 공개적이어야 한다. 이를 보장하기 위한 제도적 장치로서 「공공기관의 정보공개에 관한 법률」[39)]이 제정되어 있다.

넷째, 권한의 적절한 분배이다. 해양경찰공무원 개개인에게 책임에 걸맞은 권한이 주어져야 하고, 중앙과 지방간 그리고 상·하간에 권한의 분배가 적절히 이루어져야 한다.

다섯째, 해양경찰공무원의 민주의식 확립이다. 해양경찰공무원의 민주의식이 확립되어야 하고, 특히 해양경찰 간부에게는 해양경찰조직 전체를 민주적으로 관리·운영하고 통합할 민주적 리더십이 요청된다.[40)]

2. 법치주의

법치주의란 의회에서 제정한 법률에 의거해서 행정이 이루어져야 한다는 원칙이다. 즉, 국민의 자유와 권리를 보호하기 위하여 국가권력의 발동을 법률로 규제함으로써 자의(恣意)를 막으려는 것에 근본적인 취지가 있다. 따라서 해양경찰권의 발동은 사전적으로 법률에 근거하여 법률의 내용에 적합하게 행사되어야 한다. 사후적으로는 해양경찰권의 발동이 법률에 적합했는지를 통제할 수 있는 제도적 장치의 보장이 중요하다.[41)]

해양경찰의 법치주의

첫째, 법률유보의 원칙이다. 해양경찰권의 발동은 법률의 수권, 즉 법적 근거가 있어야 한다. 해양경찰기관은 수권 규정 없는 상태에서 자기의 판단에 따라 독창적으로 행위 할 수 없다. 국민의 자유와 권리를 제한하고 의무를 부과하는 권력적 해양경찰작용은 법치주의의 원리가 강하게 요구된다. 그러나 국민의 자유와 권리를 제한하지 아니하고, 국민에게 의무를 과하지 아니하는 비권력적 해양경찰작용은 해양경찰직무 범위 내에서라면 법률의 개별적 수권규정이 없더라도 행할 수 있다.

둘째, 법률우위의 원칙이다. 해양경찰작용은 법률규정에 위반, 즉 모순·저촉되어서는 안 된다. 법률은 해양경찰기관이 국민에게 법률의 취지에 저촉되는 명령을 할 수 없도록 하는 제약규범으로서의 역할을 한다.[42)]

---

38) 행정절차법은 행정절차에 관한 공통적인 사항을 규정하여 국민의 행정 참여를 도모함으로써 행정의 공정성·투명성 및 신뢰성을 확보하고 국민의 권익을 보호함을 목적으로 한다(행정절차법 제1조).

39) 공공기관의 정보공개에 관한 법률은 공공기관이 보유·관리하는 정보에 대한 국민의 공개 청구 및 공공기관의 공개 의무에 관하여 필요한 사항을 정함으로써 국민의 알권리를 보장하고 국정(國政)에 대한 국민의 참여와 국정 운영의 투명성을 확보함을 목적으로 한다. 그러나 해양경찰활동의 공개는 다른 기본적 인권의 보호 등을 위하여 제한될 수 있다.

40) 이황우, 앞의 책, 34면.

41) 김상호·신현기 외 7인, 「경찰학개론」, 법문사, 2006, 300면.

42) 허경미, 「경찰행정법」, 법문사, 2003, 22면.

3. 인권존중주의

해양경찰은 국민 개개인 인권의 불가침성을 보호해야 할 의무가 있을 뿐만 아니라 해양경찰 자신의 직무수행으로 인한 인권의 침해가 없도록 하여야 한다(헌법 제10조). 특히 인권존중주의는 수사경찰이 피의자 등을 대면하는 과정에서 가장 중요시 된다. 형사소송법은 임의수사를 원칙으로 하고, 강제처분 법정주의를 채택하는 등 인권보장을 위한 다양한 장치를 규정하고 있다.

해양경찰의 인권존중주의

첫째, 국가의 기본권 보장의무이다. 국가는 개인이 가지는 불가침의 기본적 인권을 확인하고 보장할 의무를 진다(헌법 제10조).

둘째, 해양경찰의 국민의 자유와 권리를 존중해야 한다.

셋째, 자유·권리의 본질적 내용에 대한 침해금지이다. 국민의 모든 자유와 권리는 국가의 안전보장·질서유지 또는 공공복리를 위하여 필요한 경우에 한하여 법률로써만 제한할 수 있다. 다만 이 경우에도 자유와 권리의 본질적 내용은 침해할 수 없다(헌법 제7조).

넷째, 해양경찰의 권한 남용 금지이다. 해양경찰은 법률의 규정에 의하여 그 권한을 행사함에 있어, 직무수행에 필요한 최소한도의 범위 내에서 행사하여야 하며 이를 남용하여서는 안 된다(해양경찰법 제3조).

4. 정치적 중립주의

해양경찰권은 국민에게 있고 모든 해양경찰 권력은 국민으로부터 나온 것이므로 해양경찰은 국민을 위하여 해양경찰권을 행사하여야 하고 해양경찰공무원은 국민 전체에 대한 봉사자로서 국민에게 책임을 져야 한다.[43] 따라서 해양경찰은 특정 정당이나 정치단체를 위해 활동하여서는 아니 되며, 오로지 주권자인 전체 국민과 국가의 이익을 위하여 활동하여야 한다(헌법 제7조).

---

43) 우상욱, "경찰의 정치적 중립과 국민적 인식 조사 연구", 경기대학교 박사학위논문, 2016, 14면.

첫째, 정치운동의 금지이다. 공무원은 정당이나 그 밖의 정치단체에 가입할 수 없고, 또한 선거에 있어서 특정정당 또는 특정인의 지지나 반대를 위한 행위를 해서는 안 된다(국가공무원법 제65조).

둘째, 해양경찰공무원의 신분보장에 의한 뒷받침으로 공무원은 형의 선고·징계처분 또는 법정사유에 의하지 아니하고는 그 의사에 반하여 휴직·강임 또는 면직을 당하지 아니한다(국가공무원법 제68조).

5. 경영주의

오늘날 해양경찰은 기존의 능률성이나 효과성의 차원을 넘어 해양경찰경영 차원에서 고객만족을 목표로 고객인 국민의 요구에 대한 대응성과 서비스의 질을 향상시킬 수 있도록 조직을 관리·운영해 나가야 할 것을 강하게 요구받고 있다. 우리 해양경찰이 치안서비스의 제공자로서 조직구조가 합당한 서비스 요구수준에 부합되는지, 인력과 예산 및 장비를 적정한 배분은 이루어지고 있는지, 해양경찰의 임무를 달성하기 위하여 생산성 개념을 공유하고 있는지 등을 분석·평가하고 이를 토대로 개혁해 나가야만 한다.[44]

경영주의의 내용으로 불필요한 부서의 폐지·통합·축소 등 조직의 슬림화, 인력의 재배치, 예산의 적재적소에의 사용, 구성원의 구태의연한 관행과 행태척결 등이 있다.

VI. 해양경찰학의 학문적 정체성

1. 개   념

해양경찰학이란 해양경찰에 관한 학문의 총체, 즉 실정법상의 해양경찰의 조직 및 활동에 관한 학문적 연구 성과의 총체를 뜻하며, 해양경찰학에는 해양경찰

---

44) 우정열, "경찰행정 경영시스템 구축 사례", 한국산업경영시스템학회, 2004, 275면.

철학, 해양경찰사회학, 해양경찰행정학, 해양경찰역사학, 해양경찰법학 등 기타 경험과학적인 분야를 포함한다. 해양경찰학은 해양경찰실무를 학문적으로 이론화하여 실무와 이론이 종합성을 가진 학문이다. 즉 이론이 뒷받침된 실무가 되도록 하는데 진정한 의의가 있으며 해양경찰학이 학문으로서의 독자적 영역을 형성·정착할 수 있다.[45]

2. 학문적 영역

일반적으로 해양경찰학은 해양경찰철학, 해양경찰역사학, 해양경찰법학, 해양경찰행정학, 해양경찰과학 등으로 구분된다.

(1) 해양경찰철학

앞으로 해양경찰이 나가야 할 방향을 논의하는 해양경찰이념론 분야와 해양경찰공무원에게 요구되는 올바른 해양경찰상을 논의하는 해양경찰윤리학 분야 등이 있다.

(2) 해양경찰역사학

우리나라 해양경찰사와 외국의 해양경찰사 및 해양경찰조직과 관련된 제도와 일련의 해양경찰활동 등에 관한 해양경찰사상 등이 있다.

(3) 해양경찰법학

해양경찰법학은 해양경찰조직법과 해양경찰작용법 등이 있다.

(4) 해양경찰행정학

해양경찰행정학은 해양경찰의 조직, 인사, 예산, 관리 등이 있다.

(5) 해양경찰과학

해양경찰과학은 주로 범죄학, 사회학, 심리학, 범죄예방론, 수사학, 정보학 등

---

45) 김상호·신현기 외 7인, 앞의 책, 15-19면.

을 비롯하여 항해학, 기관학, 통신학, 해상교통공학, 해양환경학, 해상기상학 등이 있다.

3. 학문적 동향

우리나라에서 해양경찰학을 학습하고 연구하는 대표적인 곳은 대학이라 할 수 있다. 2017년 11월 현재 전국의 8개 국·공립대학에 해양경찰 관련 학과들이 개설되어 운영되고 있다. 1994년 한국해양대학교 해양경찰학과가 국내에서 최초로 신설되었으며, 이후 1999년 목포해양대학교 해양경찰학전공, 2002년 전남대학교 해양경찰학과, 2005년 경상대학교 해양경찰시스템학과, 2006년 부경대학교 해양경찰학전공, 2007년 강원도립대학 해양경찰과, 2009년 군산대학교 해양경찰학과, 2010년 제주대학교 해양산업경찰학과가 설립되어 운영되고 있다.

학회는 학문과 연구 종사자들이 각자의 연구 성과를 공개 발표하고 과학적인 타당성을 공개하여 검토 및 논의하는 자리이다. 해양환경안전학회, 해사법학회 등 기존에 해양과 관련한 다양한 학회들이 활동하고 있었으며, 2010년 12월에 뜻 있는 해양경찰학자와 해양경찰 실무자들 모여 '한국해양경찰학회'를 창립하였다. 이후 회원들의 깊은 관심과 성원 속에 괄목할 만한 성장을 이루어 나가고 있다. 2015년 한국연구재단의 학술지 평가에서 등재후보학술지로 선정되었으며, 2017년 학술지 평가에서는 등재학술지로 선정되어 최단기간에 우리나라의 대표 학술지로 자리매김 하였다.[46]

VII. 해양경찰 윤리

1. 의   의

(1) 개   념

해양경찰윤리의 개념은 해양경찰철학이라고 하는 개념과 밀접한 연관성을 갖

---

46) 한국해양경찰학회 홈페이지 http://www.maritimepolice.kr/

는다. 해양경찰윤리는 해양경찰과 관련한 정형적인 규범 및 가치들과 관계가 있을 뿐만 아니라 비정형적인 규범 및 가치들에도 관계가 있다.[47]

　해양경찰윤리는 해양경찰의 목표 및 역할과 관련하여 올바른 방향으로 행위를 인도하는 당위적 행동규범이다. 이는 공직윤리의 일부분을 구성하는 동시에 해양경찰업무의 특수성으로 인해 독자적인 영역을 구성하고 있다. 따라서 해양경찰이 직무수행에 있어서 그 전문적 능력에 의하여 최선을 다하며, 국민 전체의 봉사자로서 공공목적을 달성해야 할 자발적 의무 또는 행위규범으로 표현될 수 있다. 이러한 해양경찰윤리는 해양경찰공무원의 자율적 행동윤리를 설정하여 규제해야 하며, 이를 보완하기 위하여 각종 법적규제를 두고 있다.[48]

(2) 부정부패의 유형

1) 미끄러운 경사이론

작은 호의가 나중에 심한 부정부패로 발전할 수 있다고 보는 주장이다. 공짜 커피, 작은 선물 등의 사소한 호의가 나중에는 엄청난 부패로 이어진다는 이론이다.[49]

2) 전체사회 가설

시민사회의 부패를 경찰사회의 부패의 원인으로 보는 것이다. 윌슨은 시카고 경찰의 부패를 '경찰은 시카고 시민에 의해서 부패되었다'고 주장하였다. 경찰의 부패와 관련하여 미끄러운 경사이론과 유사하다.

3) 구조원인 가설

구조원인 가설은 신임경찰이 기존의 부패한 경찰로부터 부패의 사회화를 통하여 동일시 된다는 것이다.

4) 썩은 사과 이론

썩은 사과 한 개가 상자에 있는 모든 사과를 썩게 만드는 것과 같이, 부정부패할 가능성이 있는 경찰과 일부가 조직에 유입되면 전체가 부패될 수 있다는 이

---

47) 이황우 외, 「경찰인사행정론」, 법문사, 2019, 431면.
48) 최응렬, 「경찰조직론」, 박영사, 2015, 289면.
49) 신현기 외, 「경찰학사전」, 법문사, 2012, 218면.

론이다.

5) 카오스 이론

카오스 이론은 나비효과를 의미한다. 나비효과란 브라질에 있는 나비의 날갯짓이 미국 텍사스에 토네이도를 발생시킬 수도 있다는 비유로, 조직 내의 작은 부패가 예측할 수 없는 부패를 만들어낼 수도 있다는 것이다.

2. 해양경찰의 바람직한 지향점

(1) 공공의 신뢰

공공의 신뢰(public trust)란 시민들이 자신의 권리행사를 제한하고 치안을 해양경찰에게 믿고 맡겼다는 것을 인식하고 해양경찰이 거기에 부응하는 것을 의미한다. 해양경찰은 시민의 신뢰에서 자기 권한의 정당성을 가지는 것이며, 시민의 신뢰를 져버리는 것은 해양경찰의 윤리적 요청에 반하는 것이다. 또한 공공의 신뢰는 해양경찰이 직무수행과정에서 엄정한 법집행을 하면서도 시민의 신뢰에 부합하도록 적법절차와 최소한의 물리력을 사용하는 것이다.

(2) 생명과 재산의 안전

해양경찰의 기능은 시민의 생명과 재산의 안전(safety and security)을 위한 법집행이다. 생명과 재산의 안정은 억압적·강제적 수단을 사용하는 해양경찰 활동뿐만 아니라 모든 해양경찰 활동의 기준으로서 의미를 가지며 해양경찰의 활동 영역에서 어떻게 해야 되는지에 대한 방향을 제시해 준다.

해양경찰의 법집행은 그 자체가 목적이 아니라 법집행을 통하여 시민의 생명과 재산을 보호하는 수단적 가치이다. 엄격한 법집행이 시민의 생명과 재산의 안전을 위할 때 그 타당성을 가지며, 오히려 안전에 위협이 될 때는 법집행이 양보해야 된다는 것을 의미한다. 법집행을 양보할 수 없는 상황도 있는 바, 현재적인 위협을 당하고 있는 시민의 생명과 안전이 잠재적인 위협보다 더 우선적이다.

(3) 역할 한계와 팀워크

권력분립 원칙에서 해양경찰은 일반행정기능과 형사사법기능의 일부를 담당하고 있다. 해양경찰의 일반행정기능은 '위험방지의무'로 대표된다. 일반복지행정기능은 정부의 다른 기관에서 수행되고, 경우에 따라 해양경찰은 지원하고 있다. 형사사법기능 중 기소와 재판은 각각 검찰과 법원이 맡고 있고, 범죄에 대한 진압과 수사업무를 해양경찰이 맡고 있다.

협동과 조화는 정부의 각 기관들이 자신의 업무 영역의 한계와 본분을 지킨다는 전제에서 출발해야 한다. 역할한계를 지키지 않을 때, 정부기능의 불협화음이 생기고 이로 인해 시민의 권리가 침해되는 것이다. 역할한계는 해양경찰조직 내부에서도 마찬가지로, 해양경찰활동은 해양경찰조직의 여러 부서가 제 기능을 수행해 줄 때 원활하게 이루어지며 조화를 이룬다.

(4) 공정한 접근

해양경찰활동에 대한 공정한 접근(fair access)은 상대적으로 동등한 서비스에 대한 필요를 가진 개인들이 상대적으로 동등하게 서비스를 받을 기회를 가져야 한다는 것을 의미한다. 그러나 개인들이 가지는 서비스에 대한 필요는 개인의 판단에 의해 이루어지는 것이 아니며, 개인이 원할 때마다 해양경찰서비스를 얻을 수 있는 것을 의미하지도 않는다. 왜냐하면, 해양경찰이 제공하는 서비스는 헌법과 법률에서 규정한 추상적인 업무범위 내이어야 하고, 설령 그 업무범위 내라 할지라도 경찰력이 제한된 관계로 개인이 원할 때마다 서비스를 제공할 수 없기 때문이다.

공정한 접근은 전체시민사회를 위한 사회정의의 기초가 되므로, 시민에게 경찰서비스의 공정한 접근을 보장하는 것은 경찰업무의 윤리적 표준이 된다.

(5) 객 관 성

해양경찰업무는 경찰 개개인의 개성과 감정에 구애됨이 없는 객관성을 요구하는 사회활동이라고 할 수 있다. 시민들은 해양경찰공무원들이 감정적으로 강제력을 사용하지 않기를 기대하며, 그들의 법집행과 관련된 모든 규칙을 준수하면서 객관적인 공적 역할을 하기를 기대한다.

객관성을 상실하는 주된 원인은 해양경찰공무원의 지나친 관여 때문이다. 즉, 지나친 관여는 열정에서 나오는 경향이 있으며, 문제는 이 열정 자체가 해양경찰이라는 직분에 적합한 열정이 되지 않을 때 생기는 것이다. 또한 개인적 편견과 선호가 지나친 관여를 초래하기도 한다.

객관성이 과도하게 나타날 때 냉소주의라는 문제가 발생한다. 냉소주의는 자기의 감정을 자제하는 차원이 아니라, 도움을 요구하는 사람들을 염려하는 마음이 전혀 없는 무관심에 가깝다. 냉소주의는 조직에서 그들의 노력이 헛되거나 자기 일에 보람을 느끼지 못할 때 쉽게 찾아오며, 해양경찰의 존립근거인 헌신적인 봉사와 가능한 한 최선의 봉사요청을 어렵게 만든다.

3. 해양경찰의 윤리강령

(1) 해양경찰헌장

1) 목   적

해양경찰헌장은 21세기 신해양시대에 부응하는 해양경찰의 독자적 위상을 제고하고 있다. 1998년 독립외청 발족 이후 해양경찰 고유의 정신함양, 사명감 고취 및 정통성 확립 등을 통해 새로운 해양경찰상을 정립하고자 하였다. 이후 2021년 해양경찰의 이념과 정신을 강조하고 현재뿐만 아니라 미래세대까지도 아우를 수 있도록 변화된 시대상과 국민의 눈높이에 맞춰 헌장을 개정하였다. 공직자이자 해양경찰로서 올바른 공직가치와 함께 실천 의지를 강조하였다.

2) 구   성

해양경찰이 추구해야할 목표와 태도를 보다 더 명확하게 제시하였다. 해양경찰헌장은 전문과 강령으로 구성되어 있다. 전문에는 국가에 헌신하고 국민에게 봉사하는 공무원 본연의 자세와 해양경찰의 임무와 역할을 강조하였다. 강령에는 조직의 독자적 특성을 강조하여 해양경찰 구성원이 지켜야 할 4가지 실천 목표를 바다의 수호자, 정의의 실현자, 국민의 봉사자, 해양의 전문가로 제시하였다.

해양경찰헌장

우리는 자랑스러운 대한민국 해양경찰이다.
우리는 헌법을 준수하며 국가에 헌신하고 국민에게 봉사한다.
우리는 **해양주권 수호와 해상치안 확립**에 힘쓰며 **안전하고 깨끗한 바다**를 만들기 위해 최선을 다한다.

이에 굳은 각오로 다음을 실천한다.

1. **"바다의 수호자"**로서 국민의 생명과 안전을 지키며 인류의 미래 자산인 해양 보전에 맡은 바 책임을 다한다.
1. **"정의의 실현자"**로서 청렴과 공정을 생활화하며 원칙과 규범을 준수하고 올바르게 법을 집행한다.
1. **"국민의 봉사자"**로서 소통과 배려를 바탕으로 국민이 만족하고 신뢰하는 해양서비스를 제공한다.
1. **"해양의 전문가"**로서 창의적 자세와 도전정신으로 어떠한 어려움도 극복하며 임무를 완수한다.

(2) 해양경찰청 공무원 행동강령

해양경찰청 공무원 행동강령은 「부패방지 및 국민권익위원회의 설치와 운영에 관한 법률」 제8조 및 「공무원 행동강령」 제24조에 따라 해양경찰공무원이 준수하여야 할 윤리적 행동기준을 정함으로써 업무수행의 공정성 및 국민에 대한 책임과 신뢰성을 확보하는 것을 목적으로 한다(해양경찰청 공무원 행동강령 제1조).

Ⅶ. 해양경찰과 육상경찰의 비교

1. 유 사 성

(1) 조직구조의 유사성

해양경찰청은 해양수산부의 독립 외청으로 되어 있으며, 경찰청은 행정안전부의 독립 외청으로 되어 있어 조직편제에 유사성이 있다. 토지관할 측면에서 보면, 해상과 육상이라는 공간적 차이가 있으며, 사물관할 측면에서 보면, 해양오염방제라는 업무를 제외하고 유사한 구조를 가지고 있다. 해양경찰청장과 경찰청장은 모두 치안총감으로서 경찰공무원 신분이며, 차장도 치안정감으로 동일하다.

조직의 부서편성을 보면, 해양경찰청은 1관(기획조정관), 6국(경비국, 구조안전국, 수사국, 국제정보국, 해양오염방제국, 장비기술국), 감사담당관, 스마트해양경찰추진단, 해양경비기획단, 선박교통관제기술개발단, 대변인, 19과, 1실, 1팀 등을 두고 있으며, 부속기관으로 해양경찰교육원, 중앙해양특수구조단, 해양경찰정비창이 있다. 지방행정기관으로 5개의 지방해양경찰청과 19개의 해양경찰서를 두고 있다.[50) 해양경찰서의 예하에 95개소의 파출소와 235개의 출장소를 설치·운영하고 있다.

경찰청은 1본부(국가수사본부), 9국(생활안전국, 교통국, 경비국, 공공안녕정보국, 외사국, 수사국, 형사국, 사이버수사국, 안보수사국), 10관, 32과, 22담당관, 1팀으로 구성되어 있으며, 부속기관으로 경찰대학, 경찰교육원, 중앙경찰학교, 경찰수사연수원 등 4개의 교육기관과 책임운영기관인 경찰병원을 두고 있다. 지방행정기관으로 18개의 지방경찰청과 257개의 경찰서 및 585개의 지구대와 1,437개의 파출소를 설치·운영하고 있다.

(2) 신분의 동일성

해양경찰과 육상경찰은 동일하게 「경찰공무원법」의 적용을 받는 국가직 경찰공무원으로 특정직 공무원에 속한다. 이에 따라 채용, 교육훈련, 승진, 포상, 징계, 전보, 전직, 퇴직 등에 관한 내용의 대부분이 유사하게 적용되고 있다.[51)

해양경찰과 육상경찰은 동일하게 「경찰공제회법」에 의해 공제회원으로서의 권리를 가지며, 퇴직 후에는 「대한민국 재향경우회법」에 의해 경우회 회원으로 활동을 할 수 있다. 또한 해양경찰 및 육상경찰은 공·사상시 국가를 위해 국가유공자와 그 유족에게 합당한 예우를 하고 국가유공자에 준해 군·경 지원 혜택을 받을 수 있는 「국가유공자 등 예우 및 지원에 관한 법률」의 적용을 받는다.

(3) 작용법의 유사성

해양경찰과 육상경찰은 동일하게 「형사소송법」 및 「경찰관직무집행법」을 작용법으로 사용한다. 해양경찰과 육상경찰은 「경찰관직무집행법」에서 규정하고 있는 직무 범위와 개별적 수권 조항 및 일반적 수권 조항에 따라 업무를 수행하고

---

50) 중부지방 해양경찰청에 불법조업 외국어선의 단속, 접적해역 긴급상황시 초동조치, 서해5도 해역 우리 어민 안전조업을 보장하기 위하여 서해5도 특별경비단을 두고 있다.
51) 노호래 외, 앞의 책, 28면.

있다.[52] 이에 따라 범죄의 예방, 위험발생의 방지, 사실의 확인, 장구의 사용, 무기의 사용, 유치장의 설치 등 양 경찰기관이 동일하게 적용받고 있다. 다만, 「경찰관직무집행법」이 해양의 특수성을 반영하지 못하였다는 지적에 따라 「해양경비법」[53]이 제정되었다.

(4) 일반사법경찰권 수행

「형사소송법」 제197조는 "경무관, 총경, 경정, 경감, 경위는 사법경찰관으로서 범죄의 혐의가 있다고 사료하는 때에는 범인, 범죄사실과 증거를 수사하고, 경사, 경장, 순경은 사법경찰리로서 수사의 보조를 하여야 한다."고 규정하고 있다. 이에 따라 해양경찰도 동일한 일반사법경찰권을 보유하여 범죄에 대한 수사와 범인을 체포할 수 있다. 해양경찰공무원은 순경부터 치안총감까지 보통경찰기관으로서 임무를 수행한다.

(5) 제복의 착용과 무기의 휴대

해양경찰과 육상경찰은 동일하게 「경찰공무원법」 제26조에 의해 제복을 착용할 의무가 있으며, 복제에 관한 사항은 해양수산부령과 행정안전부령에 명시되어 있다. 또한, 양 경찰은 직무수행을 위하여 필요하면 무기를 휴대할 수 있다.

(6) 조직의 정체성

육상경찰은 1945년 10월 21일 미군정청에 경무국과 각 도에 경찰부로 창설되었으며, 해양경찰은 1953년 12월 23일 창설 당시 내무부 치안국 소속으로 창설되었다. 해양경찰이 상공부 해무청 소속으로 있었던 약 7년을 제외하고, 1996년까지 동일한 조직에 소속되어 있었다. 또한 해양경찰의 주요 임무가 불법어선 단속, 대간첩작전 수행 등 권력적 작용을 중심으로 경찰과 동일한 임무를 수행함에 따라 정서적·문화적으로 동질성을 가지고 있다.

---

52) 순길태, 앞의 책, 59면.
53) 해양경비법은 2012년 8월 23일에 경비수역에서의 해양안보 확보, 치안질서 유지, 해양수산자원 및 해양시설 보호를 위하여 해양경비에 관한 사항을 규정함으로써 국민의 안전과 공공질서의 유지에 이바지함을 목적으로 제정되었다.

(7) 관할구역의 획정

해양경찰은 지방해양경찰청, 해양경찰서의 관할도 내수면과 해수면으로 설정하고 있다. 내수면의 관할구역은「수상레저안전법」에 명시되어 있다.[54] 육상경찰도 소속기관에 대한 관할구역을 시·도경찰청, 경찰서 관할 등으로 설정하고 있다.[55]

2. 차 별 성

(1) 해양이라는 환경적 특수성

우리나라의 영해와 배타적 경제수역을 포함한 주권해역은 국토면적의 4.5배에 달하며, 총연장 11,542km의 긴 해안선과 3,153개의 도서지역을 보유하고 있다.[56] 태풍, 바람, 안개, 조류 등의 기상환경으로 인하여 바다의 가변성이 커 사건·사고 발생시 대응에 시간이 많이 소요되고 현장보존이 불가능하며, 수색과 구조가 어려운 특성이 있다. 육상의 자동차 속력은 시속 100km이나, 선박 속력은 통상 시속 50km 이하이며, 육상에서의 활동 속력은 기상에 크게 영향을 받지 않으나 해상에서는 태풍·바람·파도의 장벽으로 그 속도가 크게 감소한다. 해상사고는 다수·다량의 인명·재산·화물·오염피해를 동반하고, 육상사고는 사고현장에 보존되나 바다는 바람, 조류, 파도, 해류의 영향으로 급속히 확산·이동되어 광범위하게 퍼진다.[57]

(2) 인접국과의 외교적 분쟁 가능성

UN 해양법은 국제적인 협약이지만 국가간에 해양에 관한 관할문제에서 완벽한 합의가 이루어지지 않았기 때문에 해석이 다를 수 있다. 해양경찰이 관할하는

---

54) 해양경찰청과 그 소속기관 직제 시행규칙 제19조 〈별표 2〉 지방해양경찰관서의 관할구역과 수상레저안전법 시행규칙 제8조 제2항에 따르면 동력수상레저기구 조종면허증 재발급 신청서를 관할해양경찰서장에게 제출하여야 한다.
55) 순길태, 앞의 책, 59면.
56) 조호대, "우리나라 해양경찰의 교육훈련 개선방안에 관한 연구", 한국공안행정학회보 제15호, 2003, 201면.
57) 박주상, "해양경찰의 조직개편에 관한 탐색적 연구", 사회과학연구, 18권 2호, 2011, 155면.

수역은 원칙적으로 영해뿐만 아니라 배타적 경제수역까지 관장하고 있다. 이러한 수역은 외국적 선박이 무해한 범위 내에서 통항할 수 있으며, 해양경찰의 법집행에 따라서 외교적 문제로 비화될 수 있다. 더불어, 밀입국, 해상강도, 해적행위, 불법조업, 해양오염, 인명구조 등과 관련하여 국제적인 분쟁이 발생할 가능성이 크다.

(3) 해양오염방제 업무수행

해양경찰은 「정부조직법」에 근거해 해양에서 발생한 오염의 사전예방 및 방제에 관한 국가긴급방제계획을 수립하여 시행하고 있다. 그리고 해양오염사고로 인하여 긴급방제 그 밖의 조치를 수행하기 위해 해양경찰청에 방제대책본부를, 해양경찰서에 지역방제대책본부를 각각 설치할 수 있다.[58] 이는 순수한 경찰업무라기보다 행정경찰에 가까우며 이 업무를 수행하기 위해 신분상 경찰공무원이 아닌 일반직 공무원이 직제에 편성되어 있다.

(4) 법집행과 서비스의 수단으로서 장비 의존성

해양경찰은 육상과 달리 바다에서 법집행을 한다. 이에 따라 육상과 달리 바다에서는 함정이라는 교통수단이 없다면 업무집행이 어렵다. 해양경찰은 함정을 비롯하여 인명구조정, 항공기 등 장비가 필수적이다. 특히, 함정을 활용하여 법집행을 하기 때문에 자연적 제약을 많이 받을 수 있다.

(5) 기술적 전문성

해양경찰은 함정, 항공기 등 장비에 의존하고 있으며, 이러한 장비의 운용을 위해 항해, 기관, 통신 등 특수 분야의 전문성을 필요로 한다. 이와 같은 이유로 직제상 국 단위의 장비기술국이 편제되어 있으며, 해양경찰청의 부속기관으로 책임운영기관인 해양경찰정비창이 있다.

(6) 자치경찰 전환의 어려움

해양경찰은 육상경찰과 달리 국가경찰기관으로서 자치경찰로 변화될 가능성

---

58) 노호래 외, 앞의 책, 32면.

이 비교적 낮다. 경찰은 자치제도와 연계하여 지역실정에 부합한 업무집행이 바람직 하지만, 해양경찰은 국가안보 및 경비기능의 비중이 크기 때문에 자치경찰의 기능이 요구되지 않는다. 해양경찰을 자치경찰로 변경하자는 의견도 있으나,[59] 미국의 코스트가드, 일본의 해상보안청 등 선진국의 해상치안기관도 자치경찰 기능이 없으며, 우리나라 해양경찰청도 국가경찰기관으로 되어 있다.

---

59) 이상인, "해양경찰의 자치경찰제 도입 가능성 연구", 서울시립대학교 석사학위논문, 2009; 박성수·김우준, "자치경찰제도의 도입에 따른 해양경찰의 역할 변화에 관한 연구", 한국지방자치연구, 제10권 4호, 169-194면.

제2장

해양경찰의 역사

　해양경찰의 역사는 통일신라시대 장보고에 의해 구성된 청해진이 해상 방어를 위해 설치한 수군진(청해진 등)을 통해 오늘날 해양경찰의 뿌리와 관련이 있는 있음을 알 수 있다.[1]

　개항기(1876-1910년)시대에는 개항장이라는 공간적인 특성을 고려할 때, 개항장 경찰이 수행해온 치안유지 활동이 경찰보다는 해양경찰의 요소가 더 많았다고 보여진다.[2] 또한, 일제 강점기에도 부산지역에 수상경찰서가 존재하였다. 하지만, 아직까지도 해양경찰의 역사에 대한 다양한 연구가 이루어지지 않아, 지속적으로 연구가 이루어져야 할 분야이다.

　이 책에서는 광복 이후 우리나라 해양경찰의 역사적 발전과정을 해양경찰조직의 명칭과 신분관계를 고려하여 해양경찰대 창설기, 해양경비대 시기, 신해양경찰대 시기, 해양경찰청 시기, 독립 외청 시기, 국민안전처 해양경비안전본부 시기, 신해양경찰청 시기로 구분하여 살펴보기로 한다.[3]

---

1) 해양경찰교육원, 해양경찰 뿌리 찾기 학술세미나, 2019, 47면.
2) 최선우, "개화기 근대 해양경찰의 등장과 역사적 함의", 한국해양경찰학회보 제4권 2호, 2014, 112면.
3) '해양경찰의 역사'에 대한 내용은 해양경찰청에서 발간한 「해양경찰 60년사」를 참조하여 작성하였다.

표 2-1 | 해양경찰 역사의 개관

구분	정부	기간	소속기관
해양경찰대 창설기	이승만 정부	1945~1955	내무부 치안국 해양경찰대 (1953. 12. 23.)
해양경비대 시기	이승만, 윤보선 정부	1955~1962	상공부 해무청 해양경비대 (1955. 2. 7.)
신해양경찰대 시기	박정희, 최규하, 전두환, 노태우 정부	1962~1991	내무부 치안국 해양경찰대 (1962. 5. 5.) 내무부 해양경찰대 (1978. 8. 9.)
해양경찰청 시기	노태우, 김영삼 정부	1991~1996	경찰청 소속 해양경찰청 (1991. 7. 23.)
독립 외청 시기	김대중, 노무현, 이명박, 박근혜 정부	1996~2014	해양수산부 소속 해양경찰청 (1996. 8. 8.) 국토해양부 소속 해양경찰청 (2008. 2. 29.) 해양수산부 소속 해양경찰청 (2013. 3. 23.)
해양경비 안전본부 시기	박근혜, 문재인 정부	2014. 11. 19.~ 2017. 7. 26.	국무총리 소속 국민안전처 해양경비안전본부 (2014. 11. 19.)
신해양경찰청 시기	문재인 정부	2017. 7. 26.~ 현재	해양수산부 소속 해양경찰청 (2017. 7. 26.)

I. 맥아더라인의 설정

우리나라에서 해양경찰 기능을 수행하는 조직이 나타난 것은 1945년 8월 15일 광복 직후이다. 하지만, 광복 직후의 혼란 속에서 해양경비의 허술한 틈을 타 제주도와 흑산도 등을 중심으로 서·남해 해역의 주요 어장에서 일본의 불법조업 등이 만연하였다. 또한, 밀수 등 해양범죄가 기승을 부리는 등 해양치안상황이 매우 불안하였다.

해방 이후 해양주권과 관련한 최초의 조치는 연합군 최고 사령관 맥아더장군에 의해 1945년 9월 선포 된 "일본의 어업 및 포경업에 인가 된 구역에 관한 각서"이다.

하지만, 맥아더라인은 일본 수산업계의 심각한 반발을 초래하였고, 일본어선은 무단으로 월선하여 우리나라의 주요 어장에서 어자원을 무차별적으로 남획하였다. 당시 우리나라의 해군함정들은 맥아더라인을 월선한 일본어선들을 발견하고도 나포하지 않고 퇴거하도록 경고만 하였으며, 일본의 수산청 소속의 순찰선들도 이러한 행위를 묵인하는 상황이 계속되었다. 이에 이승만 대통령의 불법 월선한 일본어선들을 나포하라는 명령을 내렸고, 이러한 정부의 강경한 조치는 한·일간 논란의 쟁점이 되었다.[4]

맥아더라인(MacArthur Line)

맥아더라인은 연합군이 일본 주변에 선포한 해역제한선(海域制限線)으로, 당초에는 대한민국의 주권선(主權線)이라기보다는 일본에 대한 군사상의 통제선이자 일본어선의 무차별적인 어자원 남획행위를 규제하는 어로제한수역선(漁撈制限水域線)으로 설정되었다. 그러나 사실상 맥아더라인은 우리나라와 일본의 해상경계를 획정하는 선으로서, 해상에서의 국경을 의미하는 선으로 작용하였다. 연합군은 미국 제5함대

사령관 명의의 각서 제80호로 이 제한선을 명문화하여 일본정부에 전달하였는데, 이를 연합군 총사령관인 맥아더 원수의 이름을 따서 맥아더라인이라고 부르게 되었다.

II. 평화선의 설정

1950년 6월 25일 한국전쟁이 발발하면서 해군이 전투작전에 투입됨과 동시에 우리 해역의 해양경비가 느슨해진 틈을 타서 일본어선들의 월선조업은 더욱 심해졌다. 더불어 1951년 9월 8일 샌프란시스코에서 미국과 일본이 평화조약을 조인함에 따라 맥아더라인도 철폐될 것이라는 전망이 나오자 일본어선들의 불법조업은 더욱 심해졌다.

이에 이승만정부에서는 우리 해양의 천연자원 개발과 어업자원을 보존하기 위해 1952년 1월 18일 국무원 고시 제14호로 '인접해양의 주권에 관한 대통령 선언'[5]을 선포하였다. 이와 같은 대통령 선언을 우리 국민들은 '평화선'[6]이라고 불렀으며, 일본인들은 당시 대통령의 이름을 활용해서 '이승만 라인' 또는 '이(李)라인'이라고 불렀다. 이 평화선은 한·일 어업협정이 체결된 1965년 6월까지 우리나라의 해양 주권선으로 사용되었다.

III. 클라크라인의 설정

1952년 4월 25일 맥아더라인이 철폐되었으며, 이후 동년 9월 27일 당시 UN 연합군 총사령관인 클라크(M. W. Clark) 장군이 북한의 해상침투를 저지하고 전시 밀수출·입품의 유통을 봉쇄할 목적으로 우리나라의 연안에 '클라크라인(Clark Line)'이라는 해상방위수역을 선포하였다. 이 클라크라인은 평화선과 거의 비슷한

---

5) 대통령 선언을 통해 우리 정부는 해양자원 보호를 위해 연안으로부터 평균 60마일의 해역을 대한민국의 주권선으로 설정하였다. 이건이 바로 '평화선'이다.
6) 평화선의 연장거리는 975마일과 면적 33만 6,175㎢이르는 광활한 관할수역이었다.

수역선으로 획정되어, 평화선의 설정을 불만스러워하던 일본도 사실상 평화선을 수용할 수밖에 없게 되었다. 이에 따라 일본과의 어로마찰은 표면적으로 해소되었다.

1953년 7월 27일 한국전쟁이 휴전되면서 '클라크라인'도 철폐되자, 일본어선들이 평화선을 끊임없이 침범하였다. 당시 해군은 군 본래의 업무를 벗어나 민간어선을 나포하는 것은 국제법상의 질서에 위배된다는 문제가 있어 당시 이승만 대통령은 해양주권선 경비 임무를 경찰이 담당하라는 지시를 내렸다. 이에 따라 해양경비의 업무가 해군에서 경찰로 이관되었으며, 해양경찰대 설치계획을 수립하고, 조직편성 및 예산조치 등을 추진하게 되었다.

Ⅳ. 해양경찰대의 창설

1. 설립배경

정부는 1953년 10월 5일 해양경찰대 설치계획을 수립하여 조직편성 및 예산 수립 등의 필요한 조치 등을 수립하였다. 그리고 12월 12일에는 평화선을 침범하는 외국어선을 단속하고 어업자원을 보호하는데 목적을 두고 「어업자원보호법」을 제정하였다. 그로부터 이틀 뒤인 12월 14일에는 대통령령 제844호로 「해양경찰대 편성령」[7]을, 16일에는 내무부 훈령 제11호로 「해양경찰대편성령 시행규칙」을 공포하여 해양경찰대의 설치를 명문화 하였다. 이로서 1953년 12월 23일 부산항이 있는 부산시 중구 중앙로 4가 17−9번지 해양경찰대 기지에서 발대식을 갖고 마침내 해양경찰대가 창설되었다. 발대식에는 해양경찰대가 해군으로부터 경비정 6척을 인수하여 해양경비에 활용토록 하는 '경비선 인수인계안'이 조인되었다.

---

7) 해양경찰대편성령에서는 내무부 치안국 경비과 소속으로 해양경찰대를 설치하고, 대장은 경무관급 경찰관으로 보임하며, 기지는 부산시에 둔다는 등의 구체적인 내용을 명료하게 규정하였다.

2. 조   직

초기 해양경찰대는 해양경찰대장, 참모장, 4참모실, 12계, 7기지대로 편성되었다. 해양경찰대장은 경무관으로 보하고, 업무를 분장하기 위하여 참모장, 행정참모실, 작전참모실, 정비참모실, 보급참모실을 두었으며, 참모장과 각 참모들은 총경으로 보했다. 지방조직으로 부산, 인천, 군산, 목포, 포항, 묵호, 제주에 기지대를 설치하였으며 기지대장은 경감으로 보하였다. 이후 참모장을 폐지하고 유선 및 무선경비통신과 전자 관련 사항을 관장하는 통신참모를 신설하였다.

3. 정   원

창설 당시 해양경찰대는 시·도 경찰국에서 차출된 경찰관 60명과 해군에서 차출되어 예비역으로 편입한 후 경찰관으로 임명한 79명을 포함하여 경무관 1명, 총경 5명, 경감 27명, 경위 86명, 경사 288명, 순경 251명 등 전체 정원도 658명에 불과하였다.

4. 장   비

해양경찰대는 해군이 사용하던 181톤급 AMC 소해정 6척을 최초의 장비로 확보하여 본격적인 해양경비활동을 시작하였다.

5. 관   할

1954년 6월 26일 내무부 훈령 제12호 해양경찰대편성령 시행규칙이 개정되면서 연안 3마일 이내의 해역은 육상경찰이 관할하며, 해양경찰대는 연안 3마일 이후부터 인접 해양주권선까지를 관할구역으로 담당하도록 하였다.

Ⅰ. 개편 배경

3면이 바다인 우리나라의 지정학적 특성상 해양경비 외에도 수산자원과 항만, 해운 관련 사항 등 수많은 해양 관련 업무가 산적해 있었다. 정부는 이러한 해양업무가 여러 부처에 흩어져 있어 효과적인 관리가 어려워지고 있다고 판단하였고, 범정부 차원에서 추진 중인 유사기능 통폐합 방침에 맞춰 해양 관련 업무를 통합 일원화하였다. 이에 따라 1955년 2월 7일 「정부조직법」을 개정하여 해양 관련 업무를 담당할 전담조직으로 상공부 산하에 '해무청(海務廳)'을 신설하였다.

Ⅱ. 조   직

1955년 2월 17일 공포된 대통령령 제1010호에서는 수산국 내에 어정과, 어로과, 제조과와 함께 해양경비과를 신설하되, 해양경비과에서는 해양경비원을 두고 '어업자원보호법에 관련되는 해양경비와 항로표지 보호에 관한 사항을 분장한다'고 규정하였다. 이를 위해 해양경비과에 해양경비대를 편성하고 필요한 곳에 해양순찰반을 운영토록 하였다. 이에 따라 해양경찰대는 창설 1년만에 소속부처가 내무부에서 상공부 산하 해무청으로 이관되고, 조직의 명칭도 '해양경비대'로 개칭 변경되는 큰 변화를 맞게 되었다.

Ⅲ. 정   원

해양경비대는 대장을 포함하여 전체 정원을 572명으로 편성하고, 이 중 대장은 3급 갑(甲) 직급인 서기관급의 해양경비과장이 겸임토록 하였다. 이와 함께 해양경찰의 계급도 새로 조정하였는데, 총경, 경감, 경위는 경령·경정·경위로, 경사는 경조장·일등경조·이등경조로, 순경은 해군의 사병계급과 유사한 삼등경조·일등경조·이등경조로 재분류하였다. 1955년 8월 19일 공포된 대통령령 제1083호 '해양경비에 종사하는 공무원의 직종, 정원 및 직무권한에 관한 건'에서는 '해양경비를 담당하는 공무원은 어업자원보호법 제4조(범죄의 수사)에 규정한 사법경찰관리의 직무를 행한다'고 규정하였다.

Ⅳ. 주요 정책

1955년 9월 28일 해무청은 훈령 제1호로 「해양경비대 편성 규정」을 제정하여 상공부 해무청 소속으로 새 출발하는 해양경비대의 조직을 일부 개편하였다. 훈령에서는 5개 참모조직을 중심으로 하는 기존 해양경찰대조직의 근간을 그대로 유지하되, 해양경비과장 산하에 경비대 분실과 감찰계를 신설토록 규정하였다.

1. 해양경비사령부

1956년 7월 23일 해양경비대는 해무청 훈령 제12호에 의거하여 '해양경비사령부'로 조직명칭을 바꾸고 대장을 이사관급의 사령관으로 보임하는 조직개편을 단행하였다. 이는 1955년 12월에 경비 임무 수행 중이던 866정의 대원 4명이 중공무장어선과 교전하다 피랍된 사건을 계기로, 해양경비대의 전력을 강화하려는 목적에서 취해진 조치였다. 군과 경찰의 조직체계 및 운영방식을 혼용하여 운영해 오던 해양경찰은 이를 계기로 사실상 군조직과 유사한 조직형태로 바뀌게 되었다.

해양경비사령부의 조직개편

해양경비사령부로의 조직개편으로 참모장 제도가 다시 부활되고, 참모조직은 행정선임참모실·작전선임참모실·후방선임참모실로 재구성하였다. 본부사령실과 본부통신대를 신설하는 한편, 현장조직도 제1정대사령·제2정대사령·해난구조대사령·항공대사령으로 편제하였다. 또 기존의 7개 기지 가운데 부산기재대를 폐지하고 나머지 6개 기지는 기지사령으로 개칭하였다.

2. 해양경비대 개편

1957년 들어 재정이 부족해진 정부가 범정부 차원에서 대대적인 예산절감 시책을 전개함에 따라, 해양경비사령부 역시 조직을 축소하고 인원을 감축하는 등 조직의 외형을 크게 줄여야 했다. 결국 1957년 11월 6일 '해양경비대' 체제로 복귀되었다. 이때 참모조직도 행정·작전·후방참모로 재조정하고 본부통신대를 통신참모로 전환하는 한편 본부사령실을 폐지하였다. 또 감찰관실을 행정참모실로 흡수하고 해난구조대사령은 폐지하였으며, 기지사령도 원래의 기지대장으로 복원하되 인천, 군산, 포항, 묵호 등 4개 기지대를 추가로 폐지하고 목포, 제주 등 2곳에만 기지대를 남겨두었다. 정부의 예산절감에 따라 근무성적불량자 등을 면직시키고 내무부 전입자를 원대 복귀시키는 등의 방법으로 전체정원이 창설 당시 658명에서 524명으로 감소되었다.

I. 개편 배경

1960년 들어서면서 정부는 행정간소화 및 합리화 정책 등을 통해 강력한 예산 절감 시책을 시작하였다. 이에 따른 결과로 1961년 10월 2일 정부조직법을 개정하여, 해무청을 해체하고 해양경비대를 내무부 치안국 소속으로 다시 이관하고 명칭도 해양경찰대로 복원하였다.

이와 같은 예산 절감 시책에도 해상치안에 대한 문제는 더욱 중요한 현안으로 인식되어 그 기능을 더욱 강화하게 되었으며, 마침내 1962년 4월 3일 법률 제1048호로 「해양경찰대설치법」을 제정·공포하였다. 「해양경찰대설치법」은 창설 이후 10년 가까이 불비한 시설과 장비를 가지고 소속기관마저 오락가락하며 열악하게 운영되던 해양경찰대가 비로소 뿌리를 내리고 안정적으로 임무를 수행토록 하는 계기가 되었다.

「해양경찰대설치법」의 제정

「해양경찰대설치법」에 따르면, 내무부장관 소속하에 해양경찰대를 두고, 해양경찰대가 「어업자원보호법」에 의한 "관할수역 내의 범죄수사와 기타 해양에 있어서의 경찰에 관한 사무를 관장"하도록 규정하였다. 즉, 어업자원 보호에 한정하여 제한된 사법권이 부여되었던 종전과는 달리, 어족자원 보호는 물론 간첩의 해상침투 방지, 밀수·밀항자 단속 등 거의 모든 해상사법권이 부여된 것이다.

II. 조   직

해양경찰대의 대장은 행정부이사관, 부대장은 경무관으로 격상하여 보임하도록 하는 한편, 해양경찰대 하부조직의 직제와 소속 공무원의 직종 및 정원에 관한 사항은 각령으로 정하게 하였다. 새롭게 출발하는 해양경찰대는 군대식 직제에서 벗어나 경찰식 직제로 조직을 재편하였다. 즉, 참모장 제도를 폐지하고 대장 휘하에 경무관급의 부대장을 두도록 하였으며, 산하에는 참모실 대신 경무과, 경비과, 정비과, 통신과 등 4개 과를 설치하였다. 이와 함께 폐지된 5개 기지대를 복원하여 총 7개 기지대를 재가동하였다.

Ⅲ. 정   원

내무부 소속으로 편재됨과 동시에 해양경찰대의 계급체계도 경찰직제에 맞춰 재정비되었으며, 신분도 경찰공무원이 되었다. 경령은 총경으로 경정은 경감으로 경위는 기존과 같이 경위로, 경조장·일등경조·이등경조는 경사로, 그리고 삼등경조·일등수경·이등수경은 순경으로 조정하였다.

Ⅳ. 주요 정책

1. 어로보호본부 설치

우리나라 어선이 북한에 피랍되는 것을 방지하기 위하여 어로보호경비를 강화하게 되었다. 이에 1969년 3월 15일 경기도의 덕적도에 서해어로보호본부를 설치하였고, 동년 11월 1일에는 강원도 속초에 속초어로보호본부를 설치하였다. 속초기지대의 신설로 동해어로보호업무를 지원하게 됨으로써 7개 기지대에서 8개 기지대로 기구가 증설되었다. 동·서해 어로보호본부는 1972년에 이르기까지 서해의 조기 성어기와 동해의 명태 성어기에 한하여 해경, 해군, 수산청의 파견요원으로 구성·운영되어 오다가 1972년 4월 17일 합동부령으로 「선박안전조업규칙」이 제정되면서 속초 및 인천지구대에 어로보호본부를 상설하고 지구해양경찰대장이 어로보호본부장을 겸하게 되었다.

2. 정보수사기능의 강화

기존 경무과, 경비과, 정비과, 통신과 등 4개 과 체제로 운영되던 조직을 1969년 9월 20일 대통령령 제4065호 해양경찰대 직제 개정령에 따라 경비과에 속해 있던 정보수사계를 과로 승격시켰다. 이로써, 정보수사기능을 강화하여 늘어나는 해상범죄의 수사와 해상관계정보활동을 강화하게 되었다.

3. 해양경찰교육대 발족

해양경찰대는 해양이라는 특수한 환경에서 근무하는 해양경찰요원의 전문성을 제고하고 직무능력을 향상시키기 위해 1971년 7월에는 해양경찰교육대를 발족하였다. 해양경찰교육대는 해양경찰요원의 직무수행에 필요한 전문교육과 보수교육 그리고 신규채용자들의 직무교육을 담당하였다.

4. 지구해양경찰대 중심으로 운영체계 개편

1972년 5월 6일에는 해양경찰대 직제를 개정하여 부산지구해양경찰대를 신설하고 기지대를 지구해양경찰대로 개칭하여 경찰기관으로서의 지위를 향상시켰다. 이에 따라 하부조직으로 본대에 5개 과와 9개 지구해양경찰대를 두게 되었다. 지구대에 함정을 배치하여 경비함정 운용체제를 종전의 본부 중심체제에서 지구대 중심체제로 전환, 관할수역 내에서 독자적인 지휘권을 가지고 책임경비를 수행하였다.

5. 치안본부 소속으로 변경

1974년 8월 15일 광복절 기념행사에서 육영수 여사 저격사건이 발생하였고, 이에 따라 경찰력을 강화할 필요성이 제기되어 1974년 12월 24일 내무부 치안국을 치안본부(차관급)로 격상시켰다.

6. 해양오염방제 업무 신설

산업발전으로 국가경제가 크게 성장하면서 환경보전의 필요성이 날로 증가하자 1977년 12월 31일 「해양오염방지법」을 제정하고, 해양오염방지 업무를 담당하게 되는 등 업무량이 증가하자 해양경찰대 직제를 개정하여 조직을 개편하였다. 1978년 8월 9일 해양경찰대 직제에 의하면 본대에 관리부와 경비부, 해양오염관리관실을 신설하였다. 오염관리관 아래에 감시과, 방제과, 시험연구과를 두었으며, 지구대에 해상공해과를 둠으로써 본대에 2부 1실 9개과 지구대에 4개 과를 두어 새로운 조직의 면모를 갖추었다.

7. 본대 청사의 인천 이전

1953년 부산에서 창설된 해양경찰대는 해상경비 전반의 업무를 보다 효율적으로 수행하는 한편, 내무부, 국방부, 수산청 등 관련 중앙기관과 긴밀하고 원활하게 업무협조 체제를 구축하기 위해, 1979년 10월 12일 인천청사로 이전하였다.

8. 1000톤급 경비함정의 취역

1982년 2월 16일 1000톤급의 신조 경비함 낙동강호(1001함)가 첫 취역을 하였다. 당시 44억 4,150만원의 예산이 투입된 1000톤급은 기존에 해양경찰대가 보유하고 있던 경비함보다 월등히 큰 대형함정으로, 해양경찰대에는 최초로 도입되는 대형 신조 함정이었다.

9. 대장 직급을 치안정감으로 승격

1984년에서 1991년의 기간에는 조직의 위상제고를 위해 대장의 직급을 치안감에서 치안정감으로, 경정급 지구대장의 직급을 총경으로 승격되었다.

10. 해양경찰대훈과 해양경찰대가 제정

해양경찰대는 해양경찰대원 모두가 공유하는 공통의 가치관을 정립하고 이를

바탕으로 고유의 조직문화를 구축하기 위하여 1985년 5월 13일에 '해양경찰대훈'
과 '해양경찰대가'를 제정하여 공포되었다.[8]

11. 선박입출항 신고업무 인수

선박에 대한 안전조업·운항지도와 월선, 피랍방지 등 해양경찰업무를 효율적
으로 수행하기 위하여 1986년부터 1989년까지 3차례에 걸쳐, 선박출입항신고기
관 368개소를 연안 경찰서로부터 인수하였다.

---

8) 해양경찰대훈은 해양경찰대원의 사고와 행동의 기준이 될 통일된 가치관을 상징하는 것으로, "굳센
체력과 강인한 정신력으로 조국수호에 신명을 다하는 역사적인 해양경찰이 되자"로 설정되었다. 해양
경찰대가는 미당 서정주 시인이 작사를 맡고 작곡가 김동진 교수가 작곡하였으며, 역동적인 음률이
대원들의 사기를 북돋우고 해양경찰의 역동성을 부각하는 역할을 하였다.

경찰청 소속 해양경찰청 시기(1991~1996)

Ⅰ. 개편 배경

1991년 5월 31일 「경찰법」이 제정됨에 따라 해양경찰청이 경찰청 소속이 되었다. 「경찰법」에서는 경찰청장 소속하에 해양경찰청을, 해양경찰청 산하에 해양경찰서를 둔다고 규정하고 있다. 이 규정에 따라 1991년 7월 23일 대통령령 제13431호로 경찰청과 그 소속기관 등 직제를 제정하여 해양경찰청의 직제를 보다 세부적으로 규정하였다.

Ⅱ. 조   직

기존 내무부 장관 소속의 해양경찰대는 경찰청장 소속 해양경찰청으로 소속기관과 명칭이 변경되었으며, 지구해양경찰대는 해양경찰서로, 지대는 해양경찰지서로 승격되었다. 해양경찰대가 1953년에 창설된 이후 37년 만에 청(廳) 체제로 전환됨에 따라 행정관청으로서의 지위가 부여되었다.

본청에 경무부·경비부·정보수사부·해양오염관리부를 두고, 정비창을 청장 보좌기관으로 소속을 변경하였다. 경무부에 전산담당관을, 경비부에 구난과를 신설하는 등 조직체제를 재정비하였다. 이로써 해양경찰청 본청의 기구조직은 4부 11과 33계 1창 1담당관체제로 개편·조정되었다.

경찰청 소속 해양경찰청 시기의 해양경찰서 조직

각 해양경찰서는 공통적으로 경무과, 경비통신과, 정비보급과, 정보수사과, 해양오염관리과를 두었으며, 부산·목포·제주는 경비과와 통신과를, 부산은 수사과와 정보과를 설치하였다. 총 11개의 해양경찰서와 368개의 선박출입항신고기관, 1개의 해양검문소, 6개의 지서, 그리고 159개의 함정으로 구성되었다.

Ⅲ. 정   원

1993년 '경찰청과 그 소속기관 등 직제'를 개정하여 일반직 공무원 직급별 명칭을 변경하였다. 이때의 정원은 경찰공무원 3,815명, 일반직 156명, 기능직 207명 등 총 4,178명으로 1982년에 비하면 2.2배, 1971년에 비하면 4.3배가 증가하였다.

Ⅳ. 주요 정책

1. 특수해난구조단 발족

1991년 6월 28일 함정에 의한 기존의 인명구조체계로는 구조가 어려운 악천후의 사고나 화재, 폭발, 전복 등 위험성이 높은 사고 발생시 구조를 전담하기 위해 잠수요원 29명으로 구성된 특수해난구조단을 발대하였다.

2. 경남 북부지역의 해상치안 강화

1992년 10월 17일 울산해양경찰서를 신설하여 경남 북부지역의 해상치안과 어민들의 안전조업에 기여하게 되었다. 특히 울산지역은 다수의 정유공장과 석유화학공업단지, 대형 조선소 등이 입주해 있어 대형선박의 통항량이 많은 곳으로 이들 임해중요시설의 보호경비에도 일익을 담당하였다.

3. 유도선 안전관리 업무 인수

1994년 1월 1일 유선 및 도선사업법이 개정됨에 따라 그동안 각 시·도에서 담당하던 유·도선 안전관리 업무를 인수하여 담당하였다. 이에 따라 해양경찰청은 시·도로부터 유선 1,444척, 도선 141척 등 총 1,285척을 인수하여 정식으로 이 업무를 수행하기 시작하였다.

4. 정비창 준공

해양경찰은 함정의 정비·수리조직도 대폭 쇄신하여 해양전문기관으로서 전문성을 제고하였다. 1984년 1월 1일자로 기존의 수리소를 확대 개편하여 수리창을 신설하였으며, 1994년 5월 12일에 부산 다대포에 20,041평 규모의 새 정비창을 준공하였다.

5. 수난구호법의 개정 및 SAR 협약 발효

1961년 법률 제761호로 제정되었던 「수난구호법」이 1994년 12월 22일 범국가적인 차원의 수난구호체계를 구축하고 동시에 SAR협약의 이행에 필요한 사항을 반영하기 위하여 전문이 개정되었으며 1995년 6월 24일 그 시행령도 개정되었다. 이러한 개정을 통하여 '해상에서의 수난구호는 관할해양경찰서장이 행하고, 하천에서의 수난구호는 관할소방서장이 행한다'고 규정하여 모든 해양사고에 대한 구호활동의 책임기관을 해양경찰로 일원화하였다.

6. 해양오염방지법 개정

국내적으로는 선복량[9]의 증가와 씨프린스호 좌초사고 등의 대형 해양오염사고가 빈발하고, 연안해안의 적조현상 등으로 해양오염이 사회적인 문제로 대두됨에 따라 1995년 12월 29일 신속하고 체계적인 방제를 위하여 「해양오염방지법」을 개정하였다. 이때 정부는 해양경찰청, 수산청, 해운항만청 및 각 시·도에 분담되어 있던 해양오염방제 업무의 책임기관을 해양경찰청으로 일원화하는 특단의 조치를 취하였다.

---

9) 선복량(bottoms, 船腹量)은 한 국가 또는 항로 등 특정 범위를 정하여 산출한 선복(船腹, ship's space)의 총량, 즉 적재능력을 말한다. 해상운송 시장에서 해운용역의 공급량을 나타내는 지표의 하나로 사용되며, 일반화물선의 경우 선박이 적재할 수 있는 화물의 최대중량을 말하는 재화중량톤수(載貨重量噸數, Dead Weight Tonnage; DWT)가 주로 사용되며, 컨테이너선의 경우 최대 컨테이너 적재량을 20피트 컨테이너 단위(Twenty foot Equivalent Unit, TEU)로 표시한다(선박항해용어사전, 한국해양대학교).

씨프린스호(140,587톤, 승선원 20명, 선종: 원유운반선)는 1995년 7월 23일 14시 10분경 전남 여천군 남면 소리도 동쪽 8km 지점에 위치한 작도에 충돌하였다. 이날 사고는 태풍 '페이'로 피항하던 중에 일어났으며, 기관 연료유(벙커 C유) 1,400톤 중 약 700톤 정도가 유출된 것으로 추정(700톤은 화재로 소실)하고 있다. 좌초지점으로부터 남북으로 30km, 동서로 15km 범위 내에서 위치한 여천군 남면 연도, 안도, 금오도 영안해상 및 돌산읍 성두, 임포 무슬목 연안까지 부유, 일부 기름띠는 경남 남해군까지 이어진 사고로 전체 승선 인원 20명 중 1명이 실종되었다. 이 사고로 외국의 사례로만 생각하였던 대규모 기름유출사고가 우리나라에서도 발생할 수 있음을 입증시켜, 온 국민에게 기름오염의 심각성을 일깨워줬다. 정부에서도 방제정책의 중요성을 인식하는 계기가 되어 방제업무를 해양경찰청으로 일원화, 국가·지역 방제 실행계획 수립, 과학지원단 제도 도입, 해양경찰 방제능력 확충 및 방제조합 설립, 민간방제능력 확충, 국제협력 체제 구축 등 많은 발전을 가능하게 하는 전환점이 되었다.

7. 낚시어선법 제정

1995년 12월 29일 낚시어선을 이용하는 승객의 안전을 도모하고 낚시어선업의 건전한 발전과 어가(漁家)의 소득증대를 위해 법률 제5078호로 「낚시어선법」을 제정하였다. 낚시어선업은 어선법에 의하여 등록된 어선에 수산동식물을 포획하거나 채취하고자 하는 자를 승선시켜 하천·호소(湖沼) 또는 바다의 낚시장소에 안내하거나 당해 어선의 선상에서 수산동식물을 포획·채취토록 하는 것을 영업으로 하는 사업을 지칭한다. 일반 국민의 레저욕구를 만족시키고 어가(漁家)의 소득 증대를 도모하기 위해 고안된 제도로서 일정한 내수면을 구획하여 시설을 갖춘 낚시터를 경영하는 내수면 어업법에 따른 낚시업과는 구별되며, 「유선 및 도선사업법」의 적용이 배제되는 것이 특징이다.[10]

---

10) 노호래 외, 앞의 책, 48면.

8. 여객선 안전관리

안전 불감증으로 인해 292명이 희생된 서해훼리호 침몰사고를 계기로 1996년 10월 9일부터 해운항만청으로부터 여객선 운항에 대한 안전관리업무를 이관받아 여객선 안전운항지도 및 감독업무를 수행하였다. 또한 2001년 12월 13일부터는 경찰청의 여객선 임검업무가 해양경찰청으로 이관되어 기존의 안전관리업무와 병행하게 됨에 따라 사실상 연안해역에서의 선박안전관리업무를 종합적으로 관장하게 되었다.

서해훼리호 침몰사고

서해훼리호(110톤, 정원 221명, 선종: 여객선)는 1993년 10월 10일 오전 10시 10분, 전북 부안군 위도 앞바다에서 발생한 여객선 침몰사고로 온 국민을 경악케 했다. 서해훼리호의 정원은 221명이었으나 당시 362명이 승선하고 있었다. 사고의 직접적인 원인은 기상 악화였다. 출항 당시 기상은 북서풍이 초당 10~14m로 불고, 파도의 높이가 2~3m로 여객선이 출항해서는 안 되는 악천후였음에도 불구하고 서해훼리호는 무리하게 출항하였다. 사고 소식을 접한 해양경찰청은 58함을 급파한데 이어 인근 해군부대에 협조를 요청하고, 함정 6척과 특수구조단, 헬기 등을 현장에 추가로 급파하여 수색·구조 및 부상자 호송작업을 펼쳤다. 사고현장 인근에서 조업 중이던 어선 50여척도 구조작업에 동참했다. 하지만 70여명을 구조하였을 뿐 292명은 사망하였다. 이 사고는 해양경찰에도 큰 변화를 가져오는 촉매가 되었다. 그전까지 일관된 지휘체계를 갖지 못했던 해상구난체계를 정립하는 계기가 되어 1994년 수난구호법을 개정하고, 해양경찰청장을 중앙구조조정본부장으로 하는 구난체계를 일원화하였다.

9. SAR 통신망 구축사업

SAR(Search And Rescue) 통신망 구축사업은 해난사고 발생시 신속하고 체계적인 조난신호 처리를 위하여 국제해사기구(IMO)에서 채택하여 시행하는 세계 해상조난 및 안전제도(GMDSS: Global Maritime Distress and Safety System)에 규정한 선박조난신호 청취를 위한 '통신장치 설치' 및 해양경찰청과 예하 해양경찰서에 '수색구조용 전산망 구축' 사업이다. 1995년 12월 27일부터 1998년 3월 31일까지 3단계로 나누어 해양경찰청을 '중앙구조본부'로, 부산, 인천, 동해, 목포 제주해양경찰서를 5개 '구조조정본부'로 선정하여 추진하였다.11)

10. 해양경찰헌장 제정

1998년 7월 1일 해양경찰청은 미래지향적인 해양경찰 문화의 정립 및 확산을 위한 노력의 일환으로 해양경찰헌장을 제정하였다. 헌장에는 해양경찰의 기능을 강화하고 해양경찰관의 정신을 명료화하여 새로운 해양경찰상을 정립하고 21세기 해양경찰문화 창달의 구심점으로 삼는다는 취지에서 제정되었다.

---

11) 노호래 외, 앞의 책, 48면.

독립 외청 시기(1996~2014)

I. 개편 배경

　　1994년 UN 해양법 협약 발효 이후 국제적으로 해양의 중요성이 크게 부각되었다. 200해리 배타적 경제수역 선포로 관할수역이 광역화됨에 따라 해양경찰은 광대해진 해역을 관할하게 되었다. 해양경찰이 해양주권 수호 차원에서 관할해야 할 해역의 범위가 어업자원보호선 내측으로 한정되어 있던 것에서 벗어나 배타적 경제수역으로 확대됨으로써 기존보다 5.2배 이상 넓어진 것이다.

　　이에 정부는 16개 부처에 산재해 있던 해양행정체제를 일원화하여 해양관리의 효율성을 높이기 위해 1996년 8월 8일 법률 제5153호로 「정부조직법」을 개정하여 해양수산부를 신설하고, 해양경찰청을 해양수산부 소속의 외청으로 독립하였다.

해양경찰청의 독립 외청 관련법규 정비

　　해양경찰청의 외청 독립과 관련하여 정부는 「정부조직법」에 "해양경찰청의 설치근거로 해양에서의 경찰 및 오염방제에 관한 사무"를 신설하였으며, 「경찰공무원법」 등 18개 경찰법령에 해양경찰청이 중앙행정기관으로서의 권한과 책임을 보유하고 있음을 명시하였다.

II. 조　　직

　　독립 외청으로 승격한 해양경찰청은 달라진 위상에 걸맞도록 조직을 재정비하였다. 특히 대통령령 제15136호로 「해양경찰청과 그 소속기관 직제」가 제정되어 기존의 부(部)에서 국(局)체제로 전환하였다. 이에 따라 경무부는 경무국, 경비부는 경비구난국, 정보수사부는 정보수사국, 해양오염관리부는 해양오염관리국으로 격상되었다.

　　더불어 기동방제관·감사담당관·해사안전과·외사과를 신설하고, 정비보급과를 장비관리과, 시험연구과를 분석과로 명칭을 변경하였고 경비과와 구난과를 통합하여 경비구난과로, 기획감사과를 기획과로 변경하였다. 해양경찰서에는 해상안전과가 신설되었다.

이로써 기존의 4부 1담당관 11과로 되어 있던 기구가 4국 1관 3담당관 12과로 확대 개편되었다. 동시에 해양경찰서는 6~8과 17계 1실 체제로, 정비창은 7과 1단 8계 체제로 확대 개편되었다.

Ⅲ. 정   원

해양경찰청의 정원은 전투경찰 인력을 제외하고도 1997년 3월 4,465명, 1997년 6월 4,667명, 1998년 2월 4,787명, 1998년 12월 4,912명, 그리고 2000년 6월 5,009명, 2001년 7월 5,082명으로 꾸준히 증가하였다.

Ⅳ. 주요 정책

1. 국가방제기본계획의 수립

1989년 미국 알레스카에서 발생한 엑슨 발데즈(Exxon Valdez)호 사고 이후 전 세계적으로 대형 유류오염사고에 대한 공동대응 등 국제적인 협력의 필요성이 대두되었다. 이에 따라 우리나라에서도 1998년 5월부터 해양경찰청을 중심으로 한국해양연구원, 한국해양수산개발원 등 관련 전문가들로 국가방제기본계획 수립에 착수하여 2000년 1월 17일 '국가방제기본계획'을 확정하였다.

엑슨 발데즈호 원유 유출사고

엑슨 발데즈(Exxon Valdez)호는 1989년 3월 23일 21시 12분에 미국 알래스카 주의 발데즈 석유 터미널에서 5,300만 갤런의 원유를 싣고 캘리포니아 주로 출발하였으나, 약 4시간 후 암초에 부딪혀 원유가 유출되는 사고가 발생하였다. 이 사고로 총 적재량의 20%인 1,100만 갤런(24만 배럴)의 기름이 프린스 윌리엄 만에 유출되었다. 현재까지 해상에서 발생한 인위적 환경 파괴 중 최악의 사건으로 기록되고 있다. 사고지점은 헬기와 비행기, 보트로만 접근할 수 있는 프린스 윌리엄 만의 원격지에서 발생하였기 때문에 정부도 기업 측도 대응이 어려웠으며 기존 재해 복구 대책의 대폭적인 재검토 필요성을 느끼게 해준 사고이다.

2. 수상레저활동의 안전 확보

해양경찰청은 2000년 2월 「수상레저안전법」이 시행됨에 따라 수상레저업무를 맡아 수상레저활동의 건전한 발전을 지원하면서 각종 안전사고에 대비한 예방 및 구호활동을 전개하였다. 「수상레저안전법」은 수상레저기구 조종자에 대한 면허제도, 수상레저활동자의 안전준수 의무, 수상레저사업자의 등록제도 등을 도입함으로써 수상레저활동의 안전과 질서를 확보하고 수상레저산업의 건전한 발전을 도모하기 위하여 제정되었다.

3. 해양경찰 로고와 캐릭터 개발

2003년 1월 해양경찰에 대한 국민들의 인지도와 친근감을 제고하고자 해양경찰을 상징하는 로고마크와 캐릭터를 처음으로 개발하여 선포하였다. 특히 캐릭터에는 해우리와 해누리라는 이름을 붙여 누구에게나 쉽고 친근하게 통용될 수 있도록 하였다.

4. 차관급 조직으로 승격

2005년 7월 22일 대통령령으로 '해양경찰청 직제 개정안'이 국무회의를 거쳐 공포·시행됨에 따라 해양경찰청장의 직급이 차관급인 치안총감으로 격상되고, 해양경찰청이 차관급 기관으로 승격되었다. 당시 해양경찰청은 16개 외청 중 인력 3위, 예산 5위의 조직으로 경찰청, 소방방재청 등 국내 치안·재난안전 관리기관과 대등한 위치에서 바다안전망 구축을 위한 교류와 협력이 가능하게 되었다.

5. 해양경찰연구센터 설립

해양경찰청은 21세기 새로운 해양국가시대를 맞아 해양전문기관으로서 역량과 전문성을 확보하기 위해 독자적인 연구기관이 필요하다고 생각하였다. 이에 2005년 12월 12일 기존의 해양환경 시험·연구 기능에 경찰장비 개발 및 해상과학수사·정보지원 기능의 업무를 확대·보강하여 '해양경찰연구개발센터(KCG R&D Center)'를 설립하였다.

6. 동·서·남해 지방해양경찰청 신설

2006년 4월 해역별 특성에 맞는 치안서비스를 제공하고 국내·외의 유관기관과 상호 대등한 교류협력을 위하여 인천·목포·부산·동해 등 4개의 지역에 '지방해양경찰본부'를 신설하고, 동년 12월 1일에 광역해상경비를 한층 강화하기 위해 동해·목포·부산지역본부를 동·서·남해 지방해양경찰청으로 개편하고 인천해양경찰서를 직할서로 두었다.

7. 122해양경찰구조대 운영

2007년 7월 1일에는 전문적인 해양구조활동 및 응급구조서비스를 제공하기 위해 전국의 해양경찰서에 전문잠수요원 및 응급구조요원으로 구성된 '122해양경찰구조대'를 설치하여 연안 해역에서의 사고에 대응하였다.

8. 해양경찰학교 이전

해양경찰학교는 차관급 외청에 걸맞은 교육 인프라를 구축하고 미래지향적인 해양경찰교육 설립의 기반을 조성하기 위하여 2007년 12월 28일에 충남 천안시 동남구 병천면으로 새 캠퍼스를 마련하여 이전하였다.

9. 국토해양부 소속으로 변경

2008년 출범한 이명박 정부에서는 급변하는 국내·외 환경에 신속하고 능동적으로 대처할 수 있는 작고 유능한 정부를 구현하여 공공부문의 효율성을 높인 다는 취지에서 대통령 취임과 동시에 부처 통·폐합 등 정부조직을 대대적으로 개편하였다. 이 과정에서 해양수산부가 폐지되고 그 기능이 신설되는 국토해양부로 통합되었다. 이에 따라 해양경찰청도 국토해양부 소속으로 변경되었다.

10. 해양경찰 복제 개정 및 상징표지 도입

해양경찰청은 오랫동안 경찰청과 동일한 복제를 사용하여 왔다. 그러나 외청 독립 이후 해상치안기관으로서의 업무특성과 근무환경에 맞는 해양경찰 고유의 복제가 필요하다는 의견에 따라, 2008년부터 새 제복을 도입하기 시작하였다. 2009년에는 해양경찰을 상징하는 모든 시각물에서 해양경찰의 이미지를 통합하고 심벌, 전용색상, 로고타입 등의 통일된 디자인체계를 확립함으로써, 현대적 감각에 맞는 세련된 이미지로 고품격 해양경찰 브랜드를 창출하였다.

11. 해양경찰의 날 일자 변경 및 여경의 날 제정

해양경찰은 1998년 이후 해양경찰 창설기념일인 12월 23일을 해양경찰의 날로 지정하여 운용해 왔으나, 2011년부터 배타적 경제수역 발효일인 9월 10일로 변경하여 행사를 진행하고 있다. 이후 2013년에는 해양경찰의 날이 법정기념일로 발전하였다. 또한 2013년 7월 해양경찰청은 1986년 해양경찰 최초로 여경 2명이 임용되었던 5월 1일을 '해양경찰 여경의 날'로 제정하였다.

12. 해양경비법 제정

기존에 제정된 「경찰관직무집행법」에 해양경찰의 업무특성을 반영한 특별법 형태로 만들어진 「해양경비법」이 2012년 2월 22일 공포되었다. 이를 통해 해양경찰공무원의 활동에 필요한 권한을 명문화하고, 해상검문검색제도 도입, 선박 추적·나포, 해상항행 보호조치 등의 내용을 신설하였다. 또한 무기사용에 대한 요건 등을 마련했으며, 사용 가능한 장비·장구를 명시해 해양경찰활동이 엄격한 법적 절차에 따라 집행되도록 하였다.

13. 제주지방해양경찰청 신설

2012년 6월 1일 우리나라 최남단 제주해역의 해양주권 및 해상안전을 강화하고자 '제주지방해양경찰청'을 개청하였다. 제주 남쪽 해역은 천연 해양자원의 보고로 자원 확보를 둘러싼 주변국 간 해양 영토분쟁 가능성이 상존하고 있고, 동·남중국해, 말라카해협, 인도양으로 이어지는 우리나라 수출·입 항로의 주요 길목으로서 매우 중요한 전략적 요충지라 할 수 있다.

14. 독립외청으로 부활

2012년 대통령 후보 박근혜와 문재인이 해양수산부 재설치 및 부활 공약을 내걸었으며, 박근혜 후보가 대통령에 당선되면서 폐지 5년 만에 해양수산부가 부활되었다. 이에 따라 해양경찰청도 다시 해양수산부 산하 독립 외청으로 소속이 변경되었다.

15. 해양경찰교육원 개원

2013년 11월 12일 해양경찰 전문 교육기관인 해양경찰교육원이 국가균형발전을 위한 공공기관 지방 이전 정책에 따라 여수로 이전하였다. 해양경찰교육원은 실습 위주의 최첨단 훈련시설과 4,200톤급 훈련함[12]을 보유한 해양경찰 전용 교육기관으로 신임 경찰관 및 안전, 환경, 수사·정보 등 다양한 분야의 해양 전문가를 양성하고 있다.

16. 연안사고 예방에 관한 법률 제정

2013년 태안에서 사설 해병대캠프의 사고를 계기로 연안에서 발생하는 인명사고를 사전에 예방하여 국민의 생명과 재산을 보호하고 공공의 안전을 확보하기 위해 2014년 8월 22일에 「연안사고 예방에 관한 법률」이 제정되었다.

---

12) 해양경찰교육원의 훈련함인 '바다로(함번 3011호)'는 태평양급 경비함을 기반으로 한 신임 해양경찰 공무원 및 함정 장비 운용자의 체계적인 경비함 운용술 교육을 위해 건조된 대한민국 최초의 해양경찰 훈련함이다. 배수 톤수 4,200톤, 총길이 121m, 폭 16m로 최대속력 18노트로 약 1000여명의 교육생들이 동시에 생활하며 훈련을 받을 수 있다.

국민안전처 해양경비안전본부 시기(2014~2017)

Ⅰ. 개편 배경

2014년 4월 16일 세월호 사고 이후, 박근혜 전 대통령이 5월 19일 세월호 사고에 대한 사과와 후속 조치를 위한 담화문을 발표하였다. 그 내용은 2014년 11월 19일부로 「정부조직법」을 개정하여 해양경찰청은 해체하고 해양경찰의 업무를 신설되는 국민안전처 소속의 해양경비안전본부에서 맡게 한다는 것이다. 하지만 이런 정부조직 개편은 세월호 사고 이후 약 한 달 만에 청와대를 중심으로 만들어졌으며, 정확하고 체계적인 조직진단 없는 사회적 공감대 결여로 정부조직 개편과정 중 부처 이기주의와 정치적 타협에 의해 변형되었으며 조직의 이름까지도 변경되는 결과를 가져왔다.

국민안전처의 가장 큰 특징은 국무총리 소속의 '처(處)' 단위로 조직을 개편한 것인데 이는 정부조직 개편 과정 중 야당에서는 '부(部)' 단위로 조직개편(안)을 주장하였지만 결국 '처(處)' 단위로 개편하였고, 이는 대통령의 책임에 대한 한계를 명확히 하기 위함이 내포되어 있었다.

부(部)와 처(處)의 차이

'부(部)'는 행정각부로 대통령 및 국무총리의 통할 하에 고유의 국가행정사무를 수행하기 위해 기능별 또는 대상별로 설치한 기관이다. 하지만, '처(處)'는 국무총리 소속으로 설치하는 중앙행정기관으로서 여러 부에 관련되는 기능을 통할하는 참모적 업무를 수행하는 기관으로 책임의 한계는 국무총리에게까지 미친다.

Ⅱ. 조   직

국민안전처 소속 해양경비안전본부는 해양에서의 경비·안전·오염방제와 해상에서 발생한 사건의 수사와 정보에 관한 사무를 담당하는 것으로 개편되었다.

특히, 수사와 정보의 기능 중 해상에서 발생한 사건의 경우 초동대처 과정의 문제로 해상에서의 수사권과 정보는 유지하기로 했다.

차관급이었던 치안총감 계급의 해양경찰청장 직제는 없어지면서 해경 최고고위직은 해양경비안전본부장으로 되었다. 외청이 아닌 본부라도 본부장을 1급이아닌 차관급(치안총감)으로 임명하여 조직의 독립을 최대한 보장해주기로 하였으며, 이를 법적으로 보장하기 위해 해양경비안전본부는 국민안전처 장관의 지휘 아래인사와 예산의 독자성을 유지할 수 있는 조직구조로 개편되었다.

해양경비안전본부의 조직

기존 해양경찰청은 본청에 2관 4국 22과를 두고 소속기관인 4개 지방청, 17개 해양경찰서, 해양경찰교육원, 해양경찰연구소, 해양경찰정비창을 직접 지휘하고 통제하는 체계로 이루어져 있었다.

해양경비안전본부로 개편되면서 3국 14과로 변경·축소되었고, 소속기관은 국민안전처 소속기관으로 5개 지방해양경비안전본부(중부지방해양경비안전본부 신설), 17개 해양경비안전서, 해양경비안전교육원(해양경비안전연구센터는 교육원의 부속기관으로 편입), 중앙해양특수구조단(신설)으로 조직이 개편되었다.

III. 주요 정책

1. 수사·정보업무 일부 경찰청 이관

해양경찰 조직체계는 외형적으로는 본부의 국, 과의 감소로 축소되었고 특히, 정보와 수사의 경찰청 이관으로 정보수사국이 '과'단위로 축소되어 인력 감소(정보수사국과 국제협력관 폐지로 정보수사인력 505명을 경찰청으로 정원 이체)를 가져왔다.

2. 해상교통관제업무 이관

2014년 11월 19일 「정부조직법」이 개정되면서 국민안전처가 신설되었고, 기존해양수산부와 해양경찰청으로 이원화돼있던 해상교통관제센터(VTS: Vessel Traffic

Service)가 국민안전처 해양경비안전본부로 소속이 변경되었다. VTS는 1993년 포항항에 해상교통관제시스템 최초 도입 이후 부산 등 15개 항만 및 진도, 여수연안, 통영연안 등 총 18개소에 설치되어 있다.

3. 중앙해양특수구조단 신설

세월호 참사 이후 2014년 12월에 해양경찰의 구조·방재 전문인력 62명을 선발하여 중앙해양특수구조단을 신설하였다. 주요 임무로는 대형·특수해양사고의 구조 및 수중수색과 현장지휘, 중·대형 해양오염사고 발생시 응급방제조치 등이 있다.

4. 중부해양경비안전본부 신설

2014년 11월 28일 중부해양경비안전본부가 신설되어 서해 중부권 해역인 인천, 평택, 태안, 보령까지 4개 지역 해양경비안전서를 관할하였다. 산하에는 해양경비안전센터 24개, 출장소 46개를 운영하며, 해양경찰관 1,717명, 일반직 153명, 의경 501명 등 2,371명이 배치되었다. 보유 장비로는 1,000톤급 이상 경비함 4척 등 함정 68척, 항공기 6대 등이 있다. 이에 따라 해양경비안전본부는 중부해경본부를 포함해 모두 5개의 지방본부를 구축하게 되었다.

5. 복수 치안정감 체제 구축

해양경비안전본부에서는 해양경비안전조정관 1명만이 치안정감 계급을 보유하고 있었으나, 2016년 4월 중부해양경비안전본부장의 계급이 치안감에서 치안정감으로 격상됨에 따라 해양경찰은 창설 63년 만에 복수 치안정감 시대를 맞게 됐다. 해경에게 복수 치안정감 체제가 갖는 의미는 크다. 치안정감 계급이 2명으로 늘어나 복수 경쟁체제가 구축되면서 해양경찰 내부에서 해양경찰의 수장이 나올 확률도 더욱 높아지게 되었다.

6. 세종특별자치시로 본부 이전

국민안전처 해양경비안전본부가 37년간의 인천 시대를 뒤로 하고, 2016년 8월 29일 세종특별자치시로 이전하였다. 동년 4월 22~24일 1단계 이전 때 송도청사 근무 인원 271명 중 102명(38%)이 근무지를 세종으로 옮겼으며, 나머지 인원 169명(62%)이 세종으로 가면서 해경본부는 인천을 완전히 떠나게 되었다.

제7절 신해양경찰청 시기(2017. 7. 26.~현재)

Ⅰ. 개편 배경

문재인 정부가 들어서면서, 2017년 7월 26일 「정부조직법」 개정안이 통과되었다. 이에 따라 행정자치부와 국민안전처가 통합되어 행정안전부가 신설하였다. 또한 해양에서의 경찰 및 오염방제에 관한 사무를 관장하기 위하여 해양경찰청을 해양수산부 산하의 독립 외청으로 부활시켰다. 이로서 세월호 사고 이후 국민안전처 해양경비안전본부에서 2년 8개월만에 다시 해양경찰청이 출범하게 되었다.

Ⅱ. 주요 정책

1. 수사·정보·외사 기능의 강화

해양경찰청 조직 해체 이후 정보수사국은 해양경비안전국 내 해상수사정보과로 축소되었다가 2017년 7월 26일 다시 해양경찰청이 출범하면서 수사정보국으로 복원되었다. 이 과정에서 경찰청으로 이관되었던 수사·정보기능의 정원 505명과 수사·정보 담당 해양경찰공무원 200명(행정직 3명 포함)을 다시 이관받았다. 수사·정보가 '국(局)'단위에서 '과(科)'단위로 축소된 2년 8개월 동안 해양범죄의 검거실적은 1만 9,370건 감소하였다.

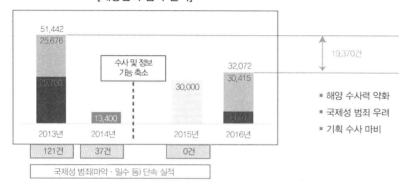

2. 재조해경(再造海警)

　해양경찰은 2018년 3월 15일 조직 재출범 이후 '재조해경 T/F'를 구성, 혁신·소통·구조역량 분과에 전 기능이 참여하여 계획을 수립했다. '재조해경'은 '해양경찰을 처음부터 다시 뜯어 고친다'는 의미로 '조직 체질 개선'에 집중하였다. 세부내용을 보면 크게 '5대 목표, 26개 전략과제, 79개 세부이행과제'로 구성됐다. 체질 개선을 위해서 필요한 핵심요소인 인적 역량개선, 내부 시스템·프로세스 개선, 대·내외 소통 능력 향상을 3대 핵심전략으로 선정하여 추진하고 있다.

3. 해양경찰법 제정 및 자체 청장 임명

　2019년 8월 20일에 해양경찰의 기본법인 「해양경찰법」이 제정되었다. 해양경찰이 해양주권을 수호하고 해양 안전과 치안 확립에 필요한 책임을 다할 수 있도록 해양경찰의 특수하고 다양한 직무를 법적으로 뒷받침할 수 있게 되었다. 국가 해양관리 정책 환경의 변화를 수용하고 미래의 직무수행에 대비할 수 있도록 해양경찰의 책무, 해양경찰위원회의 설치, 해양경찰청의 조직과 직무, 해양안전 확보를 위한 협력과 참여, 해양경찰 직무수행의 기반 조성 등에 관한 법제도적 기반을 마련하였다.

4. 선박교통관제에 관한 법률 제정

2019년 12월 3일에 해양사고 예방과 효율적인 선박교통관리 및 선박에 안전 정보를 제공을 위해 기존 다양한 법률에 산재되어 있는 내용들을 통합하여 「선박 교통관제에 관한 법률」이 제정하였다. 선박운항자에 대한 교육·훈련 내용을 정하고, 선박교통관제 기본계획을 수립·시행하며, 선박교통관제구역의 설정 기준을 정하는 등 법률에서 위임되고 그 시행에 필요한 사항을 규정하고 있다.

5. 형사사법체계 개편에 따라 독립된 수사국 출범

해양경찰은 2021년 1월 14일 형사법 체계 개편에 따라, 정보기능이 분리된 독립된 수사전문조직으로 수사국을 공식 출범하였다. 수사국은 치안감을 국장으로 수사기획과, 수사과, 형사과, 과학수사팀 등 총 3과 1팀으로 전면 개편하여 운영되고 있다. 해양경찰청은 수사의 독립성을 확보하기 위해 해양경찰청장의 개별 사건에 대한 구체적 수사지휘·감독을 원칙적으로 금지하고, 수사사무는 수사부서장이 지휘·감독하게 된다. 더불어 기존의 정보기능은 국제정보국으로 분리되었다.[13]

---

13) 이에 따라, 수사국에는 수사기획과가, 국제정보국에는 보안과가 신설되었다.

제 3 장

해양경찰의 법적 토대

제1절 서   설

Ⅰ. 해양경찰과 법치행정의 원칙

1. 법치행정의 원리

행정작용은 법률에 위반되어서는 아니 되며, 국민의 권리를 제한하거나 의무를 부과하는 경우와 그 밖에 국민생활에 중요한 영향을 미치는 경우에는 법률에 근거하여야 한다(행정기본법 제8조).

(1) 법률의 법규창조력

법률의 법규창조력이란 국민을 구속하는 규범인 법률을 제정하는 것은 국민의 대표기관인 국회만이 할 수 있고, 국회가 만든 법률만이 국민을 구속한다는 것을 말한다. 입법권이 국회에 속한다는 것(헌법 제40조)과 법규명령의 발령에 법률의 근거를 요하는 것(헌법 제75조·제95조)은 법률의 법규창조력을 전제로 한 것이다.[1]

---

1) 홍정선, 「행정법원론」(하), 박영사, 2020, 402면.

⑵ 법률의 우위의 원칙

법률의 우위의 원칙이란 법률은 국가의 행정보다 우위에 있기 때문에 국가의 행정은 법률에 위반되어서는 안 된다는 것을 말한다. 법률에는 국회에서 제정한 형식적 의미의 법률뿐만 아니라 법률의 위임에 따른 법규명령, 행정법의 일반원칙 등이 포함된다.「헌법」제107조 제2항은 "명령·규칙 또는 처분이 헌법이나 법률에 위반되는 여부가 재판의 전제가 된 경우에는 대법원은 이를 최종적으로 심사할 권한을 가진다"고 함으로써 법률의 우위의 원칙에 대해 규정하고 있다.

⑶ 법률의 유보의 원칙

법률의 유보의 원칙이란 국가가 행정권을 행사하기 위해서는 원칙적으로 법률에 근거규정이 있어야 하며(예외적으로 헌법 제75조·제95조에 의해 법규명령에 의한 근거도 가능), 법률에 근거규정이 없는 경우에는 행정권 행사의 필요성이 있더라도 행정권을 발동할 수 없다는 것을 말한다.

법률의 우위의 원칙은 소극적으로 기존 법률의 침해를 금지하는 것이지만, 법률의 유보의 원칙은 적극적으로 행정기관이 행위를 할 수 있게 하는 법적 근거의 문제이다. 또한 법률의 우위의 원칙은 법의 단계질서의 문제이지만, 법률의 유보의 원칙은 입법과 행정 사이의 권한의 문제이다.[2]

2. 법률과 해양경찰활동과의 관계

⑴ 조직규범

해양경찰기관의 활동은 조직규범으로서의 법률에 규정된 권한의 범위 내에서 이루어져야 한다. 해양경찰의 직무는 해양경찰의 조직규범인 해양경찰법 제14조에 규정된 범위 내에서 이루어져야 한다. 조직법상 규정된 직무범위 외의 행위를 한 경우 그것은 직무행위라고 할 수 없고, 그 효과는 국가에 귀속되지 않는다. 이 때 법률은 해양경찰기관의 활동의 조직규범이 된다.

---

2) 홍정선 앞의 책, 403면.

(2) 제약규범

해양경찰기관의 활동은 그것을 제약하는 법률에 위반되어서는 안 된다(법률의 우위의 원칙). 이때 법률은 해양경찰활동의 제약규범이 된다.

(3) 근거규범

해양경찰기관의 활동은 일정한 요건 하에서 수행하도록 수권하는 근거규정이 없으면, 자기의 판단에 따라 독창적으로 행위를 할 수 없다. 이때 법률은 해양경찰활동의 근거규범이 된다(법률유보의 원칙).

Ⅱ. 해양경찰행정법의 법원

1. 성문법원

(1) 헌   법

헌법은 모든 법의 기본법이며 국가를 법적으로 형성하는 최고의 효력을 갖고 있는 법이다. 헌법규정 중 행정조직과 작용에 관한 규정, 법규명령의 근거와 한계 규정, 기본권규정 등은 해양경찰행정법의 법원이 된다. 행정조직법정주의를 규정한 「헌법」 제96조, 국민의 모든 자유와 권리는 국가안전보장 등을 위하여 필요한 경우에 한하여 법률로써 제한할 수 있다고 규정한 「헌법」 제37조 제2항 등은 해양경찰행정법의 법원이 된다.

(2) 법   률

법률이란 헌법에 규정된 절차에 따라 국회에서 제정한 법규범을 말한다. 이를 형식적 의미의 법률이라고 한다. 기본적이거나 중요한 사항은 원칙적으로 법률에 규정하여야 하고, 국민의 모든 사유와 권리는 법률로써 제한할 수 있다(헌법 제37조 제2항).

해양경찰행정법의 법원으로 「해양경찰법」, 「경찰관직무집행법」, 「해양경비법」,

「국가공무원법」, 「경찰공무원법」, 「수상레저안전법」, 「수상에서의 수색·구조 등에 관한 법률」, 「연안사고 예방에 관한 법률」, 「선박교통관제에 관한 법률」, 「해양경찰장비 도입 및 관리에 관한 법률」, 「밀항단속법」, 「국가배상법」 등이 있다.

(3) 국제조약 및 국제법규

국제조약은 조약·협정·협약 등 그 명칭 여하를 불문하고 국가와 국가 사이 또는 국제기구 사이의 법적 구속력 있는 합의를 말하며, 국제법규는 우리나라가 당사국이 아닌 국제조약으로서 국제사회에서 일반적으로 그 규범성이 승인된 것과 국제관습법을 말한다.[3]

헌법에 의하여 체결·공포된 조약과 일반적으로 승인된 국제법규는 국내법과 같은 효력을 가진다(헌법 제6조 제1항). 국제조약 및 국제법규가 국내에서 해양경찰행정법관계에 직접 적용될 수 있는 성질을 갖는 경우에는 국내에서 해양경찰행정법관계에 직접적인 법적 구속력을 갖는다. 예를 들면 범죄인인도조약, 형사사법공조조약, 난민의 지위에 관한 협약, 비자면제협정이 그 예이다. 이 경우 해양경찰행정작용이 그러한 조약에 위반한 경우 그 행정작용은 위법한 것이 된다.[4]

(4) 법규명령(명령)

헌법 제75조는 "대통령은 법률에서 구체적으로 범위를 정하여 위임받은 사항과 법률을 집행하기 위하여 필요한 사항에 관하여 대통령령을 발할 수 있다"고 규정하고, 제95조는 "국무총리 또는 행정각부의 장은 소관사무에 관하여 법률이나 대통령령의 위임 또는 직권으로 총리령 또는 부령을 발할 수 있다"고 규정함으로써 예외적으로 행정입법인 법규명령의 법원성을 인정하고 있다.

법규명령이란 국가행정권이 제정하는 법규를 말한다. 실무에서는 통상 명령이라는 용어를 사용한다. 법규명령은 국가행정권이 제정하는 법인 점에서 의회가 제정하는 법률과 다르다. 법규명령은 국가행정권이 제정하는 법인 점에서 행정입법[5]이라고도 부른다. 대통령이 제정하는 명령을 대통령령, 총리가 발하는 명령을

---

3) 김동희, 「행정법」 I, 박영사, 2018, 45면.
4) 박균성·김재광, 「경찰행정법」, 박영사, 2016, 17면.
5) 통설은 국가행정권에 의한 입법을 다시 법규의 성질을 갖는 법규명령(원칙: 외부적 구속효, 예외: 내부적 구속효)과 법규의 성질을 갖지 않는 행정규칙(원칙: 내부적 구속효, 예외: 외부적 구속효)으로 구분한다.

총리령, 행정각부의 장이 발하는 명령을 부령이라 한다. 입법실제에 있어서 대통령령에는 통상 시행령이라는 이름을 붙이고 총리령과 부령에는 시행규칙이라는 이름을 붙인다.[6]

해양경찰행정법의 법원이 되는 대통령령으로 해양경찰위원회규정, 해양경찰청과 그 소속기관 직제, 해양경찰청 소속 경찰공무원 임용에 관한 규정 등이 있고, (해양수산)부령으로는 해양경찰수사규칙, 해양경찰청과 그 소속기관 직제 시행규칙, 해양경찰청 소속 경찰공무원 복제에 관한 규칙, 해양경찰청 소속 경찰공무원 임용에 관한 규정 시행규칙, 해양경찰청 소속 경찰공무원 특수지근무수당 지급규칙 등이 있다.

(5) 자치법규

지방자치단체는 법령의 범위 안에서 그 사무에 관하여 조례를 제정할 수 있다. 다만, 주민의 권리 제한 또는 의무 부과에 관한 사항이나 벌칙을 정할 때에는 법률의 위임이 있어야 한다(지방자치법 제22조). 지방자치단체의 장은 법령이나 조례가 위임한 범위에서 그 권한에 속하는 사무에 관하여 규칙을 제정할 수 있다(지방자치법 제23조).

2. 불문법원

(1) 관 습 법

관습법이란 사회의 거듭된 관행으로 생성한 사회생활규범이 사회의 법적 확신과 인식에 의하여 법적 규범으로 승인·강행되기에 이른 것을 말하고, 그러한

행정규칙은 행정명령이라고도 한다. 그런데 행정규칙이 법규의 성질을 갖지 않는다는 견해에 대해서는 반론도 있다(홍정선, 「행정법원론」(상), 234~235면). 상급행정기관이 하급행정기관에 대하여 업무처리지침이나 법령의 해석적용에 관한 기준을 정하여서 발하는 이른바 행정규칙은 일반적으로 행정조직 내부에서만 효력을 가질 뿐 대외적인 구속력을 갖는 것은 아니지만, 법령의 규정이 특정행정기관에 그 법령 내용의 구체적 사항을 정할 수 있는 권한을 부여하면서 그 권한행사의 절차나 방법을 특정하고 있지 아니한 관계로 수임행정기관이 행정규칙의 형식으로 그 법령의 내용이 될 사항을 구체적으로 정하고 있다면 그와 같은 행정규칙, 규정은 행정규칙이 갖는 일반적 효력으로서가 아니라, 행정기관에 법령의 구체적 내용을 보충할 권한을 부여한 법령규정의 효력에 의하여 그 내용을 보충하는 기능을 갖게 된다 할 것이므로 이와 같은 행정규칙, 규정은 당해 법령의 위임한계를 벗어나지 아니하는 한 그것들과 결합하여 대외적인 구속력이 있는 법규명령으로서의 효력을 갖게 된다(대법원 2013. 3. 28. 선고 2012도16383 판결).

6) 박균성·김재광, 앞의 책, 190, 193면.

관습법은 법원으로서 법령에 저촉되지 아니하는 한 법칙으로서의 효력이 있는 것이고, 또 사회의 거듭된 관행으로 생성한 어떤 사회생활규범이 법적 규범으로 승인되기에 이르렀다고 하기 위하여는 헌법을 최상위 규범으로 하는 전체 법질서에 반하지 아니하는 것으로서 정당성과 합리성이 있다고 인정될 수 있는 것이어야 하고, 그렇지 아니한 사회생활규범은 비록 그것이 사회의 거듭된 관행으로 생성된 것이라고 할지라도 이를 법적 규범으로 삼아 관습법으로서의 효력을 인정할 수 없다.[7] 관습법은 성문법에 대하여 보충적 효력을 가질 뿐이다.[8]

(2) 판　　례

선례구속성 원칙이 확립되어 있는 영미법계와는 달리 대륙법계는 선례구속원칙이 인정되지 않는다. 따라서 대륙법계에 속하는 우리나라의 판례는 형식적 관점에서는 해양경찰행정법의 법원이 될 수 없다. 그러나 확립된 판례상의 원칙은 잘 변경되지 않고 법원의 하급심은 상급심의 판결을 존중하는 경향이 있어 실질적으로는 효력 있는 법으로서 해양경찰행정법의 법원이 될 수 있다.[9]

(3) 법의 일반원칙(조리)

조리는 사물의 성질, 순서, 도리, 합리성 등의 본질적 법칙을 말한다. 조리는 법규는 아니라고 하여도 모든 법질서가 지향해야 할 윤리적 기초이기 때문에 법에 흠결이 있을 경우에 해양경찰행정법분야에서 중요한 법원이 된다.

법의 일반원칙에는 ① 정당화할 만한 사유가 없는 한 다른 자에 대한 처분보다 불리한 처분을 하여서는 안 된다는 「평등의 원칙」, ② 행정작용에 있어 목적실현을 위한 수단과 당해 목적 사이에는 합리적인 비례관계가 있어야 한다는 「비례의 원칙」, ③ 행정기관의 일정한 언동의 정당성 또는 존속성에 대한 개인의 보호가치 있는 신뢰는 보호해 주어야 한다는 「신뢰보호의 원칙」, ④ 행정권의 행사를 통해 이미 행한 행정결정 또는 행정규칙에 근거하여 미래에 예견되는 행정결

---

7) 대법원 2005. 7. 21. 선고 2002다1178 전원합의체 판결.
8) 가족의례준칙 제13조의 규정과 배치되는 관습법의 효력을 인정하는 것은 관습법의 제정법에 대한 열후적, 보충적 성격에 비추어 민법 제1조의 취지에 어긋나는 것이다(대법원 1983. 6. 14. 선고 80다3231 판결).
9) 김동희, 앞의 책, 51-52면.

정의 체계에 행정청이 구속받는다는 「자기구속의 원칙」, ⑤ 행정작용과 사인이 부담하는 급부는 부당한 내적인 관련을 가져서는 안 되고 또한 부당하게 상호결부되어서도 안 된다는 「부당결부금지의 원칙」, ⑥ 행정청은 직무를 수행함에 있어서 신의에 따라 성실히 하여야 한다는 「신의성실의 원칙」 등이 있다.

법의 일반원칙을 위반한 행위는 당연히 위법한 행위가 된다.[10]

---

10) 김동희, 앞의 책, 56-59면; 홍정선, 「행정법원론」(상), 박영사, 2020, 81, 98, 101면

해양경찰의 조직

I. 해양경찰조직법정주의

　　행정조직에 관한 사항은 기본적으로 법률로 정하여야 한다는 원칙을 행정조직법정주의라고 한다. 헌법 제96조는 "행정각부의 설치·조직과 직무범위는 법률로 정한다"고 규정하여 행정조직법정주의를 채택하고 있다.[11]

　　행정조직법정주의에 근거하여 국가의 행정조직에 관한 기본법으로 정부조직법이 제정되어 있다. 행정조직법정주의는 국가경찰조직인 해양경찰의 영역에서도 당연히 적용되어야 하므로 해양경찰조직에 관한 내용도 법률로 규정되어야 한다. 이를 해양경찰조직법정주의라고 부를 수 있다. 해양경찰의 조직 및 직무와 관련한 법률로는 2021년 현재 「정부조직법」과 「해양경찰법」이 규정되어 있다. 법률 이외에는 대통령령과 해양수산부령으로 해양경찰청과 그 소속기관 직제와 해양경찰청과 그 소속기관 직제 시행규칙이 각각 규정되어 있다.

1. 법　　률

(1) 정부조직법

　　국가의 행정조직에 관한 기본법인 정부조직법 제43조 제2항은 "해양에서의 경찰 및 오염방제에 관한 사무를 관장하기 위하여 해양수산부장관 소속으로 해양경찰청을 둔다"고 하고, 제43조 제3항은 "해양경찰청에 청장 1명과 차장 1명을 두되, 청장 및 차장은 경찰공무원으로 보한다"고 함으로써 해양경찰의 직무범위와 조직에 관하여 규정하고 있다.

(2) 해양경찰법

　　경찰조직법은 경찰의 기본조직과 직무범위, 경찰기관의 설치·폐지·구성·권한 및 경찰기관 상호간의 관계에 대하여 규율하는 것을 그 내용으로 한다. 행정조

---

11) 박균성·김재광, 앞의 책, 97면.

직법정주의에 따라 육상경찰과 관련해서는 「헌법」 제96조에 근거한 국가의 행정조직에 관한 기본법인 「정부조직법」(제34조 제5항: 치안에 관한 사무를 관장하기 위하여 행정안전부장관 소속으로 경찰청을 둔다) 이외에 「정부조직법」 제34조 제6항(경찰청의 조직·직무범위 그 밖에 필요한 사항은 따로 법률로 정한다)에 근거한 경찰조직에 관한 기본법인 「경찰법」(육상경찰에 한해 적용되는 규정이었음)이 1991년 5월 31일에 법률 제4369호로 제정되었고, 최근에는 「국가경찰과 자치경찰의 조직 및 운영에 관한 법률」로 전부개정되어 그 효력을 유지하고 있다.

해양경찰과 관련해서는 최근까지 「정부조직법」 이외에 해양경찰조직에 관한 기본법이 마련되어 있지 않았는데,[12] 2019년 8월 20일에 법률 제16515호로 「해양경찰법」(제1조~제21조)이 제정(시행 2020. 2. 21.)됨[13]으로써 2019년에 이르러서야 해양경찰도 육상경찰과 마찬가지로 독자적인 조직법을 갖게 되었다.[14]

1996년 8월 8일 경찰청에서 분리되어 해양수산부 독립외청이 된 해양경찰의 조직법 제정은 매우 늦은 감이 있지만, 이제라도 독립된 조직에 걸맞은 자체 조직법을 갖게 되었다는 것은 매우 환영할 일이다. 다만 「국가경찰과 자치경찰의 조직 및 운영에 관한 법률」이 경찰청뿐만 아니라 시·도경찰청 및 경찰서에 대해서 규정하고 있는 것과 달리 「해양경찰법」은 해양경찰위원회와 해양경찰청(특히 해양경찰청장)에 관한 내용을 중점적으로 규정하고 지방해양경찰관서에 관한 내용은 전혀 규정하고 있지 않다. 그에 관해서는 여전히 아래의 대통령령인 해양경찰청과 그

---

12) 과거 해양경찰조직에 관한 법률인 해양경찰대설치법(1962. 4. 3. 제정)이 제정된 바 있으나, 1973. 1. 15.에 폐지되었다.

13) 2021년 6월 현재, 해양경찰법을 포함하여 해양경찰청에서 단독으로 소관하는 법률을 제정된 시기별로 보면, ① 수난구호법(1961. 11. 1.) → 세월호 참사 이후 수난구호법에서 법률명칭 변경, 수상에서의 수색·구조 등에 관한 법률(2015.7.24. 법률명칭 변경 및 일부개정)(해상수색 및 구조에 관한 국제협약(SAR) 수용, 한국해양구조협회 관련), ② 수상레저안전법(1999. 2. 8.)(한국수상레저안전협회 관련), ③ 해양경비법(2012. 2. 22.), ④ 연안사고 예방에 관한 법률(2014. 5. 21.)(태안 사설 해병대 캠프 사고로 법률제정), ⑤ 해양경찰법(2019. 8. 20.), ⑥ 선박교통관제에 관한 법률(2019. 12. 3.), ⑦ 해양경찰장비 도입 및 관리에 관한 법률[시행 2022. 4. 14.] [법률 제18064호, 2021. 4. 13., 제정]로 모두 7개가 있다. 이외에도 해양경찰청과 법무부에서 공동으로 소관하는 법률로 밀항단속법이 있고, 해양경찰청과 경찰청에서 공동으로 소관하는 법률로 경찰공무원법과 경범죄처벌법 등이 있다.

14) 이 법은 해양주권을 수호하고 해양 안전과 치안 확립을 위하여 해양경찰의 직무와 민주적이고 효율적인 운영에 필요한 사항을 규정함을 목적으로 한다(해양경찰법 제1조). 국민에게 해양주권 수호의 중요성을 널리 알리고 해양안전 의식을 높이기 위하여 매년 9월 10일을 해양경찰의 날로 하고, 기념행사를 한다(해양경찰법 제4조).

소속기관 직제 및 해양수산부령인 해양경찰청과 그 소속기관 직제 시행규칙에서 규정하고 있다.

2. 대통령령 및 해양수산부령

국가의 행정조직에 관한 기본법인 「정부조직법」과 해양경찰의 조직에 관한 기본법인 「해양경찰법」 이외에 「헌법」 제75조(대통령은 법률에서 구체적으로 범위를 정하여 위임받은 사항과 법률을 집행하기 위하여 필요한 사항에 관하여 대통령령을 발할 수 있다)에 근거한 대통령령인 해양경찰청과 그 소속기관 직제와 헌법 제95조(국무총리 또는 행정각부의 장은 소관사무에 관하여 법률이나 대통령령의 위임 또는 직권으로 총리령 또는 부령을 발할 수 있다)에 근거한 해양수산부령인 해양경찰청과 그 소속기관 직제 시행규칙에서도 해양경찰의 조직과 직무범위에 관하여 상세히 규정하고 있다.

이처럼 「헌법」 제75조와 제95조가 법률 이외에 대통령령과 해양수산부령에서도 해양경찰의 조직과 직무범위에 관하여 규정할 수 있다고 하고, 「정부조직법」 제3조 제1항이 "중앙행정기관에는 소관사무를 수행하기 위하여 필요한 때에는 특히 법률로 정한 경우를 제외하고는 대통령령으로 정하는 바에 따라 지방행정기관을 둘 수 있다"고 하여 조직상 구체적인 사항의 상당부분을 대통령령 및 부령으로 정할 수 있도록 규정함으로 인해, 실제상 행정조직법정주의의 의미는 상당히 퇴색되고 있다.15)

II. 해양경찰기관

1. 해양경찰기관의 의의

(1) 해양경찰기관의 개념

국가는 행정주체로서 공법인에 해당한다. 공법인인 국가가 그 자체로서 국가

---

15) 홍정선, 「경찰행정법」, 박영사, 2013, 96면. 또한 행정규제와 관련해서는 행정규제기본법 제4조 제2항에서 "규제는 법률에 직접 규정하되, 규제의 세부적인 내용은 법률 또는 상위법령(上位法令)에서 구체적으로 범위를 정하여 위임한 바에 따라 대통령령·총리령·부령 또는 조례·규칙으로 정할 수 있다. 다만, 법령에서 전문적·기술적 사항이나 경미한 사항으로서 업무의 성질상 위임이 불가피한 사항에 관하여 구체적으로 범위를 정하여 위임한 경우에는 고시 등으로 정할 수 있다"고 규정하고 있다.

의 행정사무를 직접 담당하거나 수행할 수는 없다. 그렇기 때문에 행정주체인 국가의 행정사무를 현실적으로 담당·수행하기 위하여 국가는 일정한 행정기구를 설치하고, 이로 하여금 국가의 행정사무를 담당·수행하도록 한다. 법률 및 법규명령(이하 법률 및 명령을 포함하여 법령이라고 부른다)에 의하여 부여된 행정기구의 각종 행위의 효과는 행정기구 자신이 아니라 국가에 귀속하게 되는데, 그 행정기구가 행정주체인 국가의 기관이다. 그러한 행정기관 중 해양경찰권한을 행사하거나 해양경찰사무를 수행하는 기관이 해양경찰기관이다.

표 3-1 | 경찰의 종류와 해양경찰기관

일반사법경찰		일반경찰기관		육상경찰기관 해양경찰기관
	보안경찰			
광의의 행정경찰	협의의 행정경찰	특별경찰기관	노동경찰	일반행정기관
			위생경찰	
			어업경찰	
			산림경찰	
			관세경찰	
특별사법경찰			기타	

(2) 해양경찰공무원과의 구별

해양경찰기관은 해양경찰권한을 행사하거나 해양경찰사무를 담당하는 해양경찰조직의 구성단위이다. 해양경찰기관은 그를 구성하는 자연인인 해양경찰공무원과는 구별된다.

해양경찰기관은 행정주체인 국가의 기관으로서 독립적인 법인격을 갖는 권리주체가 아니고, 법령에 의하여 부여된 일정한 권한의 범위 내에서 행정주체인 국가의 기관으로서 그 사무를 담당할 뿐이다. 반면 해양경찰공무원은 독립적인 권리주체로서 국가에 대하여 일정한 권리의무관계를 맺고 있다.[16] 또한 해양경찰기관은 그를 구성하는 자연인인 해양경찰공무원의 변경과 관계없이 통일적인 일체로서 존속한다.[17]

---

16) 김동희, 「행정법」 II, 박영사, 2018, 9면.
17) 박균성·김재광, 앞의 책, 99면.

2. 해양경찰기관의 종류

해양경찰기관에는 ① 해양경찰관청, ② 해양경찰의결기관, ③ 해양경찰자문기관, ④ 해양경찰보조기관, ⑤ 해양경찰보좌기관, ⑥ 해양경찰집행기관, ⑦ 해양경찰부속기관 등이 있다.

(1) 해양경찰관청(의사기관)

1) 해양경찰관청의 개념

해양경찰관청이란 법령상 주어진 권한의 범위 내에서 해양경찰사무에 관한 대외적 구속력 있는 국가의 의사를 결정하고 이를 외부에 대하여 표시하는 권한을 가진 해양경찰기관을 말한다. 해양경찰관청은 해양경찰행정관청 또는 해양경찰행정청[18]으로도 불리어진다. 해양경찰관청으로 해양경찰청장, 지방해양경찰청장, 해양경찰서장 등이 있다.

2) 2017년 7월 26일의 정부조직법 개정 이후 해양경찰관청

2017년 7월 26일의 정부조직법 제43조 제2항 및 제3항의 개정은 해양수산부의 독립외청으로 해양경찰청을 두고, 해양경찰청장을 국가중앙해양경찰관청으로 하였다. 이에 따라 현재 해양경찰관청은 해양경찰청장을 국가중앙해양경찰관청으로 하여 지방해양경찰청장인 국가지방상급해양경찰관청과 해양경찰서장인 국가지방하급해양경찰관청으로 구성되어 있다.

가. 국가중앙해양경찰관청: 해양경찰청장

해양에서의 경찰 및 오염방제에 관한 사무를 관장하기 위하여 해양수산부장관 소속으로 해양경찰청을 둔다(정부조직법 제43조 제2항). 해양경찰청은 해양에서의 경찰 및 오염방제에 관한 사무를 관장한다(해양경찰청과 그 소속기관 직제 제3조). 해양경찰청에 청장 1명을 두되, 청장은 경찰공무원으로 보한다(정부조직법 제43조 제3항). 해양경찰청장은 치안총감으로 보한다(해양경찰법 제11조 제1항).

---

18) 행정청이란 행정에 관한 의사를 결정하여 표시하는 국가 또는 지방자치단체의 기관을 말한다(행정기본법 제2조 제2호).

나. 국가지방상급해양경찰관청: 지방해양경찰청장

해양경찰청장의 관장사무를 분장하기 위하여 해양경찰청장 소속으로 지방해양경찰청을 둔다(해양경찰청과 그 소속기관 직제 제2조 제2항). 지방해양경찰청은 관할 해양에서의 경찰 및 오염방제에 관한 사무를 수행한다(해양경찰청과 그 소속기관 직제 제24조). 지방해양경찰청에 청장 1명을 둔다(해양경찰청과 그 소속기관 직제 제26조 제1항). 중부지방해양경찰청장은 치안정감으로, 서해지방해양경찰청과 남해지방해양경찰청의 청장은 치안감으로, 그 밖의 지방해양경찰청장은 경무관으로 보한다(해양경찰청과 그 소속기관 직제 제26조 제2항).

다. 국가지방하급해양경찰관청: 해양경찰서장

해양경찰청장의 관장사무를 분장하기 위하여 지방해양경찰청장 소속으로 해양경찰서를 둔다(해양경찰청과 그 소속기관 직제 제2조 제2항). 해양경찰서에 서장 1명을 둔다(해양경찰청과 그 소속기관 직제 제30조 제1항). 서장은 총경으로 보한다(해양경찰청과 그 소속기관 직제 제30조 제2항).

(2) **해양경찰의결기관**

해양경찰의결기관이란 행정주체인 국가의 의사를 결정할 권한만 갖고 이를 외부에 표시할 권한은 갖지 못하는 해양경찰기관을 말한다. 의결기관은 행정의사의 공정·신중한 결정을 위하여 설치되는 것으로서, 설치에는 법률의 근거가 있어야 한다.[19] 해양경찰관청은 해양경찰의결기관의 의결에 기속된다. 따라서 의결기관의 의결이 없거나, 그 의결에 반한 해양경찰관청의 의사표시는 하자있는 행위로서 무효가 된다.[20]

해양경찰의결기관으로 해양경찰법 제5조~제10조에 규정된 해양경찰위원회와 경찰공무원법 제32조에 규정된 징계위원회가 있다.

1) 해양경찰위원회

가. 해양경찰위원회의 설치 등

해양경찰행정에 관하여 다음 각 호의 사항을 심의·의결하기 위하여 해양수

---

19) 김동희, 앞의 책(「행정법」 II), 12면.
20) 홍정선, 앞의 책(「행정법원론」(하)), 12면.

산부에 해양경찰위원회를 둔다(해양경찰법 제5조 제1항). 1. 해양경찰청 소관 법령 또는 행정규칙의 제정·개정·폐지, 소관 법령에 따른 기본계획·관리계획 등의 수립 및 이와 관련된 사항 2. 인권보호와 부패방지 및 청렴도 향상에 관한 주요 정책사항 3. 해양경찰청 소속 공무원의 채용·승진 등 인사운영 기준과 교육 및 복지증진에 관한 사항 4. 해양경찰장비·시설의 도입·운영에 관한 사항 5. 그 밖에 주요 정책과 제도 개선 및 업무발전에 관하여 필요하다고 인정되어 위원회 의결로 회의에 부치는 사항

제1항에도 불구하고 해양수산부장관 또는 해양경찰청장은 중요하다고 인정되어 위원회의 심의·의결이 필요한 사항은 회의에 부칠 수 있다(해양경찰법 제5조 제2항). 해양수산부장관은 제1항 또는 제2항에 따라 심의·의결된 내용이 적정하지 아니하다고 판단할 때에는 재의를 요구할 수 있다(해양경찰법 제5조 제3항).

나. 위원회의 구성 및 위원의 임명

위원회는 위원장 1명을 포함한 7명의 위원으로 구성하되, 위원장 및 위원은 비상임으로 한다(해양경찰법 제6조 제1항). 위원 중 2명은 법관의 자격이 있는 사람이어야 한다(해양경찰법 제6조 제2항). 위원은 해양수산부장관의 제청으로 국무총리를 거쳐 대통령이 임명한다. 이 경우 해양수산부장관은 위원 임명을 제청할 때 해양경찰의 정치적 중립이 보장되도록 하여야 한다(해양경찰법 제6조 제3항). 다음 각 호의 어느 하나에 해당하는 사람은 위원이 될 수 없다(해양경찰법 제6조 제4항). 1. 당적을 이탈한 날부터 3년이 지나지 아니한 사람, 2. 선거에 의하여 취임하는 공직에서 퇴직한 날부터 3년이 지나지 아니한 사람, 3. 경찰, 검찰, 국가정보원 직원 또는 군인의 직에서 퇴직한 날부터 3년이 지나지 아니한 사람, 4. 「국가공무원법」 제33조 각 호의 어느 하나에 해당하는 사람

다. 위원의 임기 및 신분보장

위원의 임기는 3년으로 하며, 연임할 수 없다. 이 경우 보궐위원의 임기는 전임자 임기의 남은 기간으로 한다(해양경찰법 제7조 제1항). 위원은 정당에 가입하거나 제6조 제4항 제2호 또는 제3호의 직에 취임 또는 임용되거나 제4호에 해당하게 된 때에는 당연히 퇴직된다(해양경찰법 제7조 제2항). 위원은 중대한 신체상 또는 정신상의 장애로 직무를 수행할 수 없게 된 경우를 제외하고는 그 의사에 반하여 면직되지 아니한다(해양경찰법 제7조 제3항). 위원에 대하여는 「국가공무원법」 제60조(공무

원은 재직 중은 물론 퇴직 후에도 직무상 알게 된 비밀을 엄수하여야 한다) 및 제65조(공무원은 정당이나 그 밖의 정치단체의 결성에 관여하거나 이에 가입할 수 없다 등)를 준용한다(해양경찰법 제7조 제4항).

라. 재의요구

제5조 제3항에 따라 해양수산부장관이 재의를 요구하려고 하는 경우에는 의결한 날부터 10일 이내에 재의요구서를 위원회에 제출하여야 한다(해양경찰법 제8조 제1항). 위원장은 재의요구가 있으면, 그 요구를 받은 날부터 7일 이내에 회의를 소집하여 다시 의결하여야 한다(해양경찰법 제8조 제2항).

마. 의견 청취 등

위원장은 위원회의 심의를 위하여 필요한 경우에는 관계 공무원에게 필요한 사항의 보고 또는 자료의 제출을 요구하거나 관계 전문가로부터 의견을 청취할 수 있다(해양경찰법 제9조 제1항). 제1항에 따라 보고 또는 자료의 제출을 요구받은 관계 공무원은 성실히 이에 응하여야 한다(해양경찰법 제9조 제2항).

바. 위원회의 운영 등

위원회의 사무는 해양경찰청에서 수행한다(해양경찰법 제10조 제1항). 위원회의 회의는 재적위원 과반수의 출석과 출석위원 과반수의 찬성으로 의결한다(해양경찰법 제10조 제2항). 이 법에 규정된 것 외에 위원회의 운영 등에 필요한 사항은 대통령령으로 정한다(해양경찰법 제10조 제3항).

2) 징계위원회

경무관 이상의 경찰공무원에 대한 징계의결은 국가공무원법에 따라 국무총리 소속으로 설치된 징계위원회에서 한다(경찰공무원법 제32조 제1항). 총경 이하의 경찰공무원에 대한 징계의결을 하기 위하여 대통령령으로 정하는 경찰기관 및 해양경찰관서에 경찰공무원 징계위원회를 둔다(경찰공무원법 제32조 제2항). 경찰공무원 징계위원회의 구성·관할·운영, 징계의결의 요구 절차, 그 밖에 필요한 사항은 대통령령으로 정한다(경찰공무원법 제32조 제3항).

(3) 해양경찰자문기관

해양경찰자문기관이란 해양경찰관청의 자문신청이 있는 경우 또는 자문신청 없는 경우라도 자진하여 해양경찰관청에 대하여 의견을 제시하는 것을 그 임무로 하는 해양경찰기관을 말한다. 자문기관의 의견은 해양경찰관청의 의사를 구속하지 않지만, 법률상 자문절차가 규정되어 있는 경우에 이를 거치지 않으면 그 행위는 절차상 하자 있는 행위가 되며, 그 하자는 원칙적으로 취소사유에 해당한다.[21)]

해양경찰자문기관으로 경찰공무원법 제5조와 제6조에 규정된 해양경찰공무원인사위원회와 해양경찰청 정책자문위원회 규칙(해양경찰청훈령)에 규정된 해양경찰청 정책자문위원회가 있다.

(4) 해양경찰보조기관(Line)

해양경찰보조기관이란 해양경찰조직의 내부기관으로서 독자적으로 해양경찰사무에 관한 국가의 의사를 결정·표시하는 권한은 없고, 해양경찰관청의 권한행사를 보조하거나 해양경찰관청의 명을 받아 사무에 종사하는 해양경찰기관을 말한다. 그러나 보조기관도 해양경찰관청으로부터 위임된 권한을 행사하는 경우에는 그 한도에서 해양경찰관청의 지위를 가진다.[22)]

해양경찰보조기관으로 ① 해양경찰청 차장, ② 해양경찰청 각 국의 국장 및 각 과의 과장, ③ 중부·서해·남해지방해양경찰청 안전총괄부장, ④ 지방해양경찰청과 해양경찰서 각 과의 과장, ⑤ 지방해양경찰청 해상교통관제센터장, ⑥ 해양경찰서 파출소와 출장소의 장 등이 있다.[23)]

(5) 해양경찰보좌기관(Staff)

해양경찰보좌기관이란 정책의 기획, 계획의 입안, 연구조사 등을 통하여 해양경찰관청 또는 그 보조기관을 보좌하는 해양경찰기관을 말한다. 보조기관은 해양경찰관청을 보조하면서 행정업무에 직접 참여하지만, 보좌기관은 해양경찰관청 및 그 보조기관을 지원함으로써 행정업무에 간접적으로 참여한다는 점에서 양자

---

21) 김동희, 앞의 책「행정법」II), 11면.
22) 김동희, 위의 책「행정법」II), 11면.
23) 정부조직법 제2조(중앙행정기관의 설치와 조직 등) ③ 중앙행정기관의 보조기관은 이 법과 다른 법률에 특별한 규정이 있는 경우를 제외하고는 차관·차장·실장·국장 및 과장으로 한다. 다만, 실장·국장 및 과장의 명칭은 대통령령으로 정하는 바에 따라 본부장·단장·부장·팀장 등으로 달리 정할 수 있으며, 실장·국장 및 과장의 명칭을 달리 정한 보조기관은 이 법을 적용할 때 실장·국장 및 과장으로 본다.

는 구별된다. 그러나 실제에 있어서는 양자의 구별이 엄격하지 않다.[24]

해양경찰보좌기관으로 ① 해양경찰청장을 보좌하는 대변인, ② 해양경찰청 차장을 보좌하는 기획조정관, 감사담당관, 스마트해양경찰추진단장, 해양경비기획단장, 선박교통관제기술개발단장, ③ 기획조정관을 보좌하는 기획재정담당관, 혁신행정법무담당관, 인사담당관, 교육훈련담당관, ④ 지방해양경찰청장을 보좌하는 청문감사담당관, ⑤ 지방해양경찰청장 또는 지방해양경찰청 안전총괄부장을 보좌하는 종합상황실장, ⑥ 지방해양경찰청장을 보좌하는 직할단(서해5도 특별경비단 및 항공단)의 장과 직할대(특공대)의 장 등이 있다.

(6) 해양경찰집행기관

해양경찰집행기관이란 소속 해양경찰관청의 명을 받아 해양경찰에 관한 국가의 의사를 실력으로써 구체적으로 집행하는 해양경찰기관을 말한다. 해양경찰집행기관은 그 직무의 일반성 여부에 따라 일반해양경찰집행기관과 특별해양경찰집행기관으로 구분할 수 있다.[25]

1) 일반해양경찰집행기관(해양경찰공무원)

가. 구성 및 특징

일반해양경찰집행기관이란 일반적인 해양경찰 업무를 집행하는 해양경찰기관을 말한다. 해양경찰공무원은 각자가 해양경찰집행기관이 된다. 일반해양경찰집행기관을 구성하는 해양경찰청 소속 경찰공무원의 계급은 치안총감·치안정감·치안감·경무관·총경·경정·경감·경위·경사·경장·순경으로 한다(해양경찰법 제13조 제2항). 해양경찰청 소속 공무원의 임용·교육훈련·복무·신분보장 등에 관하여는 해양경찰법에서 특별히 정한 것을 제외하고는 국가공무원법과 경찰공무원법에서 정하는 바에 따른다(해양경찰법 제13조 제3항).

일반해양경찰집행기관인 해양경찰공무원은 법관, 검사, 소방공무원, 교육공무원, 군인 등과 같이 특정직국가공무원(국가공무원법 제2조 제2항 제2호)에 속한다. 해양경찰공무원은 육상경찰공무원과 마찬가지로 경찰공무원법에 따라 제복을 착용히여

---

24) 박균성, 「행정법론」(하), 박영사, 2019, 10면.
25) 박균성·김재광, 앞의 책, 102면.

야 하고, 직무수행을 위하여 필요하면 무기를 휴대할 수 있다(경찰공무원법 제26조).

나. 책　　무

해양경찰은 해양에서 사람의 생명·신체 및 재산을 보호하고, 해양사고에 효율적으로 대응하기 위한 시책을 추진하여야 한다(해양경찰법 제2조 제1항). 해양경찰은 대한민국의 국익을 보호하고 해양영토를 수호하며 해양치안질서 유지를 위하여 필요한 조치와 제도를 마련하여야 한다(해양경찰법 제2조 제2항). 해양경찰은 해양경찰의 정책에 대한 국민의 의견을 존중하고, 민주적이고 투명한 조직운영을 위하여 노력하여야 한다(해양경찰법 제2조 제3항).

다. 권한남용 등의 금지

해양경찰은 그 직무를 수행할 때 국민 전체에 대한 봉사자로서 공정·중립을 지켜야 하고, 헌법과 법률에 따라 국민의 자유와 권리를 존중하며, 부여된 권한을 남용하여서는 아니 된다(해양경찰법 제3조). 해양경찰법은 권한남용 등의 금지규정을 두고 있지만, 벌칙규정은 두고 있지 않다.

라. 직　　무

(가) 관할구역 내에서의 직무활동

일반해양경찰집행기관인 해양경찰공무원은 정부조직법 제43조 제2항에 따라 원칙적으로 관할구역 안의 경찰 및 오염방제에 관한 사무를 담당하나 예외적으로 관할구역이 아닌 곳으로 파견되어 해당 직무를 수행할 수도 있다. 즉 지방해양경찰관서의 장은 돌발사태를 진압하거나 공공질서가 교란되었거나 교란될 우려가 현저한 지역(이하 "특수지구"라 한다)을 경비할 때 그 소관 경찰력으로는 이를 감당하기 곤란하다고 인정할 때에는 응원을 받기 위하여 다른 지방해양경찰관서의 장에게 경찰관 파견을 요구할 수 있다(경찰직무응원법 제1조 제1항). 해양경찰청장은 돌발사태를 진압하거나 특수지구를 경비할 때 긴급한 경우 지방해양경찰관서의 장에게 다른 지방해양경찰관서의 경찰관을 응원하도록 소속 경찰관의 파견을 명할 수 있다(경찰직무응원법 제1조 제2항). 제1조에 따라 파견된 경찰관은 파견받은 지방해양경찰관서의 경찰관으로서 직무를 수행한다(경찰직무응원법 제2조).

(나) 직무의 내용

해양경찰은 해양에서의 수색·구조·연안안전관리 및 선박교통관제와 경호·

경비·대간첩·대테러작전에 관한 직무를 수행한다(해양경찰법 제14조 제1항). 해양경찰은 해양에서 공공안녕에 대한 위험의 예방과 대응을 위한 정보의 수집·작성·배포에 관한 직무를 수행한다(해양경찰법 제14조 제3항). 해양경찰은 해양오염 방제 및 예방활동에 관한 직무를 수행한다(해양경찰법 제14조 제4항). 해양경찰은 직무와 관련된 외국 정부기관 및 국제기구와 협력하여야 한다(해양경찰법 제14조 제5항).

또한 해양경찰은 해양에서 공공의 안녕과 질서유지를 위하여 해양관련 범죄의 예방·진압·수사와 피해자 보호에 관한 직무를 수행한다(해양경찰법 제14조 제2항). 이와 같이 일반해양경찰집행기관인 해양경찰공무원은 보안경찰에 관한 사무[26] 이외에 사법경찰에 관한 사무도 담당하며,[27] 이러한 사무를 담당하는 해양경찰공무원을 사법경찰관리(특히 일반사법경찰관리)라고 한다. 경무관, 총경, 경정, 경감, 경위는 사법경찰관으로서 범죄의 혐의가 있다고 사료하는 때에는 범인, 범죄사실과 증거를 수사한다(형사소송법 제197조 제1항). 경사, 경장, 순경은 사법경찰리로서 수사의 보조를 하여야 한다(형사소송법 제197조 제2항).

해양경찰청 소속 공무원은 상관의 지휘·감독을 받아 직무를 수행하고, 그 직무수행에 관하여 서로 협력하여야 한다(해양경찰법 제15조 제1항). 해양경찰청 소속 공무원은 구체적 수사와 관련된 제1항의 지휘·감독의 적법성 또는 정당성 여부에 대하여 이견이 있는 경우에는 이의를 제기할 수 있다(해양경찰법 제15조 제2항).

2) 특별해양경찰집행기관

특별해양경찰집행기관이란 해양경찰 업무 중에서도 특정한 분야의 해양경찰 업무를 수행하는 해양경찰기관을 말한다. 특별해양경찰집행기관으로는 의무경찰대 설치 및 운영에 관한 법률에 규정된 의무해양경찰대가 있다.[28]

---

26) 보안경찰이란 일반적인 공공의 안녕과 질서의 유지를 위한 행정작용을 말한다. 보안경찰은 '일반적인 공공의 안녕과 질서의 유지' 그 자체가 독립적인 경찰작용을 말한다. 그것은 제도적 의미의 경찰에 의해 이루어진다(홍정선, 앞의 책「행정법원론」(하), 396면).

27) 경찰의 촬영행위는 범죄수사를 위한 증거자료를 확보하기 위한 것일 수도 있고, 집회 및 시위와 관련해서 침해될 수 있는 법익 등을 보호하고 범죄를 예방하여 공공의 안녕과 질서를 유지하기 위한 것일 수도 있다. 양자는 그 목적, 성질, 권한의 법적 근거가 상이하므로, 어느 것에 해당하는지는 행위의 성격과 함께 업무수행자의 의사를 기준으로 판단되어야 한다(헌법재판소 2018. 8. 30. 선고 2014헌마843 결정).

28) 의무경찰대 설치 및 운영에 관한 법률 제1조(설치 및 임무) ① 간첩(무장공비를 포함한다)의 침투거부, 포착, 섬멸, 그 밖의 대간첩작전을 수행하고 치안업무를 보조하기 위하여 해양경찰기관의 장 소

의무해양경찰대는 그 조직과 임무에 있어 군대와 비슷하지만 그 임무가 치안유지의 일환이며, 그 구성원이 군인이 아닌 점에서 군대는 아니다. 또한 의무해양경찰대를 구성하는 의무해양경찰은 일반해양경찰공무원도 아니며, 이들에 대하여는 경찰공무원법 중 일부 규정만이 준용된다(의무경찰대 설치 및 운영에 관한 법률 제4조). 의무해양경찰은 군에서 소정의 군사교육만을 받고 현역복무에 갈음하여 의무경찰대에서 전환복무하는 것이다(병역법 제25조 제1항).[29)]

(7) 해양경찰부속기관

해양경찰부속기관이란 해양경찰기관에 부속하여 이를 지원하는 기관을 말한다. 해양경찰부속기관으로 해양경찰청장의 관장사무를 지원하기 위하여 해양경찰청장 소속으로 해양경찰교육원 및 중앙해양특수구조단을 두고, 해양경찰청 소속의 책임운영기관으로 해양경찰정비창을 두고 있다(해양경찰청과 그 소속기관 직제 제2조 제1항·제3항).

Ⅲ. 해양경찰의 조직별 업무

해양경찰의 조직은 해양경찰청, 5개의 지방해양경찰청, 19개의 해양경찰서, 1개의 특별경비단(서해5도 특별경비단)과 해양경찰청장의 관장사무를 지원하기 위한 해양경찰청장 소속 부속기관인 해양경찰교육원, 중앙해양특수구조단, 해양경찰정비창으로 구성되어 있다.

이하에서는 해양경찰의 각 조직에서 담당하는 업무에 대하여 상세히 살펴보기로 한다.

속으로 의무경찰대를 둔다.
29) 박균성·김재광, 앞의 책, 103-104면.

1. 해양경찰청

해양에서의 경찰 및 오염방제에 관한 사무를 관장하기 위하여 해양수산부장관 소속으로 해양경찰청을 둔다(정부조직법 제43조 제2항). 해양경찰청은 해양에서의 경

---

30) 해양경찰청 홈페이지(www.kcg.go.kr)(2021년 4월 20일 확인).

찰 및 오염방제에 관한 사무를 관장한다(해양경찰청과 그 소속기관 직제 제3조). 해양경찰청은 특별경찰기관인 협의의 행정경찰기관이 아니고, 경찰청과 마찬가지로 일반경찰기관의 하나이다. 그것은 행정안전부 소속의 경찰청이 육상에서의 모든 경찰사무를 관장하는 것과 마찬가지로 해양경찰청은 해양수산부장관이 관장하는 행정작용에 부수하여 일어나는 질서유지에 관한 사무만을 담당하는 것이 아니고, 해양에서의 모든 경찰사무를 담당하며 그 구성원도 경찰청의 구성원과 동일한 경찰공무원법에 따른 경찰공무원이기 때문이다.31)

해양경찰청은 국가중앙 해양경찰관청인 해양경찰청장(해양경찰법 제11조~제12조, 해양경찰청과 그 소속기관 직제 제4조)을 정점으로 하여 해양경찰청 보조기관인 해양경찰청 차장(해양경찰청과 그 소속기관 직제 제5조), 운영지원과장, 경비국장, 구조안전국장, 수사국장, 국제정보국장, 해양오염방제국장, 장비기술국장(해양경찰청과 그 소속기관 직제 제6조)으로 구성되어 있다. 또한 해양경찰청 보좌기관으로 대변인, 기획조정관, 감사담당관(해양경찰청과 그 소속기관 직제 제7조~제9조), 스마트해양경찰추진단장(해양경찰청과 그 소속기관 직제 시행규칙 제4조의2), 해양경비기획단장(해양경찰청과 그 소속기관 직제 시행규칙 제4조의3), 선박교통관제기술개발단장(해양경찰청과 그 소속기관 직제 시행규칙 제4조의4), 기획재정담당관, 혁신행정법무담당관, 인사담당관, 교육훈련담당관(해양경찰청과 그 소속기관 직제 시행규칙 제3조) 등이 있다. 해양경찰청 소속 공무원은 경찰공무원과 일반직공무원으로 구성한다(해양경찰법 제13조 제1항).

---

31) 박균성·김재광, 앞의 책, 102면, 같은 취지: 김동희, 앞의 책(「행정법」II), 201면; 홍정선, 「경찰행정법」, 박영사, 2013, 99면. 이에 반해 해양경찰청은 일반경찰기관이 아니라 특별경찰기관에 속한다는 견해(허경미, 「경찰학」, 박영사, 2021, 93면)도 있다. 해양경찰청이 일반경찰기관인지 특별경찰기관인지에 따라 범죄수사를 담당하는 해양경찰청 소속 공무원이 '일반' 사법경찰관인지 '특별' 사법경찰관인지로 달라지게 된다. 이러한 개념구분이 과거에는 별다른 실익이 없다고 할 수 있었으나, 검·경수사권 조정과 관련하여 최근 개정(2020. 2. 4.)된 형사소송법이 과거와 달리 검사와 '일반' 사법경찰관은 협력관계에 있고(형사소송법 제195조), 검사와 '특별' 사법경찰관은 여전히 지휘·감독관계에 있다(형사소송법 제245조의10)고 규정함으로써 현재는 반드시 행해져야 하는 것으로 변화되었다.

해양경찰청 조직도[32]

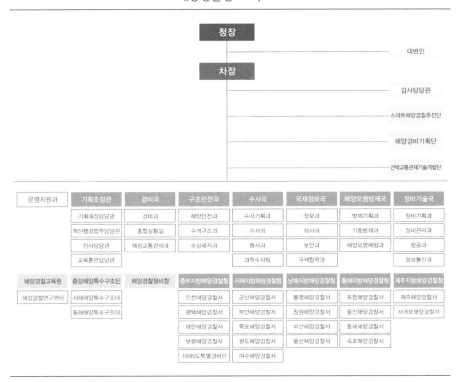

32) 해양경찰청 홈페이지(www.kcg.go.kr)의 조직도(2021년 6월 29일 확인).

(1) 국가중앙해양경찰관청: 해양경찰청장

1) 지   위

해양경찰청에 해양경찰청장을 두며, 해양경찰청장은 치안총감으로 보한다(해양경찰법 제11조 제1항).

2) 임   명

해양경찰청장은 해양경찰위원회의 동의를 받아 해양수산부장관의 제청으로 국무총리를 거쳐 대통령이 임명한다(해양경찰법 제11조 제2항). 해양경찰청장은 경찰청장과 달리 인사청문회를 거치지 않는다. 해양경찰청장의 임기는 2년으로 하고, 중임할 수 없다(해양경찰법 제11조 제4항). 해양경찰청장은 해양경찰에서 15년 이상 경찰공무원으로 재직한 자로서 치안감 이상 경찰공무원으로 재직 중이거나 재직했던 사람 중에서 임명한다(해양경찰법 제12조).[33] 이와 같은 해양경찰법의 제정으로 인해 경찰공무원법 제15조 제1항은 "경찰공무원은 바로 아래 하위계급에 있는 경찰공무원 중에서 근무성적평정, 경력평정, 그 밖의 능력을 실증하여 승진임용한다. 다만, 해양경찰청장을 보하는 경우 치안감을 치안총감으로 승진임용할 수 있다"고 개정되었다.

3) 직　　무

가. 일반적 직무에 대한 지휘·감독

해양경찰청장은 해양경찰에 관한 사무를 총괄하고 소속 공무원 및 각급 해양경찰기관의 장을 지휘·감독한다(해양경찰법 제11조 제3항).

나. 수사에 대한 지휘·감독

해양경찰청장은 해양경찰의 수사에 관한 사무의 경우에는 개별 사건의 수사에 대하여 구체적으로 지휘·감독할 수 없다. 다만, 해양주권을 침해하거나 대형재난의 발생 등 국민의 생명·신체·재산 또는 공공의 안전에 중대한 위험을 초래하는 긴급하고 중요한 사건의 수사[34]에 있어서 해양경찰의 자원을 대규모로 동원

---

33) 해양경찰은 해양과 함정이라는 장소와 수단의 특수성으로 상황에 따른 신속·정확한 지휘판단을 위해서는 장기간의 직무경험으로 축적된 전문성이 필수적이다. 그러나 독립외청(1996년)으로 출범 후 16명의 해양경찰청장 중 14명이 경찰청 출신으로 자체 청장은 2명에 불과하였다. 유사기관인 소방은 자체 청장, 군은 자체 참모총장을 임명하고 있으며 미국과 일본의 해양경찰기관 또한 자체 청장을 임명하여 전문성 및 조직원의 사기를 강화하고 있다. 앞으로 해양경찰청장이 되기 위해서는 해양경찰에서 15년 이상 재직하여야 하는 선제 조건을 충족해야 하므로, 경찰청 치안정감 후보자가 해양경찰청장으로 임명되는 경우는 사실상 불가능하다. 해양경찰청 치안정감이 2명인 체제 하에서 청장 후보군이 협소하다는 현실적인 문제점을 반영하여 후보군을 치안정감(2인)에서 치안감(5명)까지 확대하였으며, 무엇보다도 해양경찰청장에 대한 전문성 요구에 대응하기 위해 전직 치안감 이상까지 후보군을 넓히게 되었다(해양경찰청, 「해양경찰법 해설서」, 2019, 74-75면).

34) 해양경찰법 제11조 제5항 단서에 따른 긴급하고 중요한 사건의 범위 등에 관한 규정 제2조(긴급하고 중요한 사건의 범위) ① 「해양경찰법」(이하 "법"이라 한다) 제11조 제5항 단서에 따른 긴급하고 중요한 사건은 다음 각 호의 어느 하나에 해당하는 사건 및 이와 직접적인 관련이 있는 사건으로 한다. 1. 전시·사변 또는 이에 준하는 국가 비상사태가 발생하거나 발생이 임박하여 전국적인 해양치안 유지가 필요한 사건 2. 해양에서 재난·테러 등이 발생하여 공공의 안전에 대한 급박한 위해나 범죄로 인한 피해의 급속한 확산을 방지하기 위해 신속한 조치가 필요한 사건 3. 국가중요시설의 파괴·기능 마비, 대규모 집단의 폭행·협박·손괴·방화 등에 대하여 해양경찰의 자원을 대규모로 동원할 필요가 있는 사건 4. 해양에서 연쇄적·동시다발적으로 발생하거나 광역화된 범죄에 대하여 경찰력의 집중적

하는 등 통합적으로 현장 대응할 필요가 있다고 판단할 만한 상당한 이유가 있는 때에는 대통령령으로 정하는 해양경찰청 수사업무를 총괄 지휘·감독하는 부서의 장(이하 "수사부서의 장"이라 한다)[35]을 통하여 개별 사건의 수사에 대하여 구체적으로 지휘·감독할 수 있다(해양경찰법 제11조 제5항).

해양경찰청장은 법 제11조 제5항 단서에 따라 수사국장에게 개별 사건의 수사에 대해 구체적으로 지휘를 하는 경우에는 서면으로 해야 한다(해양경찰법 제11조 제5항 단서에 따른 긴급하고 중요한 사건의 범위 등에 관한 규정 제4조 제1항). 해양경찰청장은 제1항에도 불구하고 서면 지휘가 불가능하거나 현저히 곤란한 때에는 구두나 전화 등 서면 외의 방식으로 지휘할 수 있다. 이 경우 사후에 신속하게 서면으로 그 지휘내용을 송부해야 한다(해양경찰법 제11조 제5항 단서에 따른 긴급하고 중요한 사건의 범위 등에 관한 규정 제4조 제2항).

해양경찰청장은 제5항 단서에 따라 개별 사건의 수사에 대한 구체적 지휘·감독을 개시한 때에는 이를 지체 없이 위원회에 보고하여야 한다(해양경찰법 제11조 제6항). 해양경찰청장은 제5항 단서의 사유가 해소된 경우에는 개별 사건의 수사에 대한 구체적 지휘·감독을 중단하여야 한다(해양경찰법 제11조 제7항). 해양경찰청장은 수사부서의 장이 제5항 단서의 사유가 해소되었다고 판단하여 개별 사건의 수사에 대한 구체적 지휘·감독의 중단을 건의하는 경우 특별한 이유가 없으면 이를 승인하여야 한다(해양경찰법 제11조 제8항). 제5항 단서에서 규정하는 긴급하고 중요한 사건의 범위 등 필요한 사항은 대통령령으로 정한다(해양경찰법 제11조 제9항).

다. 해양안전 확보 노력

해양경찰청장은 해운·어로·자원개발·해양과학조사·관광 및 레저 활동 등을 통해 해양을 이용하는 사람의 안전을 보장하고 사고발생에 원활히 대응하기 위하여 적절한 교육·훈련 체계를 마련하여야 한다(해양경찰법 제16조 제1항). 해양경찰청장은 해양안전 확보와 해양사고 대응을 위하여 관련 상황을 파악하고 전파할 수 있

인 배치, 해양경찰 각 기능의 종합적 대응 또는 국가기관·지방자치단체·공공기관과의 공조가 필요한 사건 ② 해양경찰청장은 법 제11조 제5항 단서에 따라 개별 사건의 수사에 대해 구체적으로 지휘·감독을 하려는 경우에는 그 필요성 등을 신중하게 판단해야 한다.

35) 해양경찰법 제11조 제5항 단서에 따른 긴급하고 중요한 사건의 범위 등에 관한 규정 제3조(수사부서의 장) 법 제11조 제5항 단서에서 "대통령령으로 정하는 해양경찰청 수사업무를 총괄 지휘·감독하는 부서의 장"이란 「해양경찰청과 그 소속기관 직제」 제13조 제1항에 따른 수사국장을 말한다.

도록 지휘·통신체계를 마련하여야 한다(해양경찰법 제16조 제2항). 해양경찰청장은 제1
항에 따른 해양안전보장 및 사고대응을 위하여 관련 기술, 해양구조방식 등의 연
구개발 및 제도개선을 위한 시책을 시행하여야 한다(해양경찰법 제16조 제3항).

라. 협력요청 등

해양경찰청장은 국민의 안전을 위협하는 해양재난 또는 해양사고의 대응을
위하여 필요한 경우 관계 행정기관의 장 또는 지방자치단체의 장에게 필요한 협
력을 요청할 수 있다(해양경찰법 제17조 제1항). 해양경찰청장은 해양안전의 확보와 수
색·구조 장비 및 기술의 보강을 위하여 민간단체·기관과의 협력관계를 증진하고
이에 필요한 계획과 시책을 마련하여 추진할 수 있다(해양경찰법 제17조 제2항).

마. 국민참여의 확대를 위한 노력 등

해양경찰청장은 해양경찰행정에 국민의 참여를 확대하기 위하여 다양한 참여
방법과 협력의 기회를 제공하도록 노력하여야 한다(해양경찰법 제18조 제1항). 해양경찰
청장은 제1항에 따른 국민참여를 통해 수렴된 국민과 관계 전문가의 의견을 검토
하여, 해양경찰의 직무수행에 필요한 경우 반영하여야 한다(해양경찰법 제18조 제2항).

바. 직무수행의 전문성 확보를 위한 노력 등

해양경찰청장은 직무수행의 전문성을 확보하기 위하여 교육·훈련체계를 발
전시키고, 우수한 인적자원을 양성하기 위한 노력을 지속하여야 한다(해양경찰법 제
19조 제1항). 해양경찰청장은 외부 전문가 영입을 위하여 「경찰공무원법」에 따른 경
력경쟁채용시험 또는 「국가공무원법」에 따른 개방형직위 등을 활용한 경력경쟁채
용시험 등을 실시할 수 있다(해양경찰법 제19조 제2항).

사. 해양경찰장비의 관리 등

해양경찰청장은 해양경찰의 직무수행에 필요한 함정·항공기 및 공용 또는
개인용 무기·경찰장구와 각종 장비·시설(구조·구난·오염방제장비를 포함한다. 이하 "해양경찰
장비 등"이라 한다)의 도입 및 관리계획을 시행하여야 한다(해양경찰법 제20조 제1항). 해양
경찰청장은 해양경찰장비 등의 도입 및 관리·운영계획을 효과적으로 추진하기
위하여 필요한 재원을 지속적이고 안정적으로 확보할 수 있는 방안을 마련하여야
한다(해양경찰법 제20조 제2항).

아. 연구개발의 지원 등

해양경찰청장은 해양경찰 업무에 필요한 연구·실험·조사·기술개발(이하 "연구개발사업"이라 한다) 및 전문인력 양성 등 소관 분야의 과학기술진흥을 위한 시책을 마련하여 추진하여야 한다(해양경찰법 제21조 제1항). 해양경찰청장은 연구개발사업을 효율적으로 추진하기 위하여 다음 각 호의 어느 하나에 해당하는 기관 또는 단체 등과 협약에 의하여 연구개발사업을 수행하게 할 수 있다(해양경찰법 제21조 제2항). 1. 국공립 연구기관, 2. 「특정연구기관 육성법」 제2조에 따른 특정연구기관, 3. 「과학기술분야 정부출연연구기관 등의 설립·운영 및 육성에 관한 법률」에 따라 설립된 과학기술분야 정부출연연구기관, 4. 「고등교육법」에 따른 대학·산업대학·전문대학 및 기술대학, 5. 「민법」 또는 다른 법률에 따라 설립된 법인으로서 치안분야 연구기관 또는 법인 부설 연구소, 6. 「기초연구진흥 및 기술개발지원에 관한 법률」 제14조의2 제1항에 따라 인정받은 기업부설연구소 또는 기업의 연구개발전담부서, 7. 그 밖에 대통령령으로 정하는 소관 분야 관련 연구·조사·기술개발 등을 수행하는 기관 또는 단체

해양경찰청장은 제2항 각 호의 기관 또는 단체 등이 연구개발사업을 수행하는 데 필요한 경비의 전부 또는 일부를 지원할 수 있다(해양경찰법 제21조 제3항).

(2) 해양경찰청 보조기관

1) 해양경찰청 차장

가. 지   위

해양경찰청에 차장 1명을 두되, 차장은 경찰공무원으로 보한다(정부조직법 제43조 제3항). 해양경찰청 차장은 치안정감으로 보한다(해양경찰청과 그 소속기관 직제 제5조).

나. 직   무

해양경찰청 차장은 기획조정관, 감사담당관, 스마트해양경찰추진단장, 해양경비기획단장, 선박교통관제기술개발단장의 보좌를 받아 행하는 업무와 해양경찰청장에 대한 보좌 및 그 직무에 대한 대행업무를 담당한다.

(가) 기획조정관의 보좌를 받아 행하는 업무

기획조정관은 다음 사항에 관하여 차장을 보좌한다(해양경찰청과 그 소속기관 직제 제

8조 제3항).

1. 주요정책과 업무계획의 수립 및 종합·조정
2. 각종 지시사항 및 국정과제의 점검·관리
3. 청 내 정부혁신 관련 과제 발굴·선정, 추진상황 확인·점검 및 관리
4. 예산 편성·집행 조정 및 재정성과 관리
5. 국유재산관리계획 수립 및 집행
6. 국회 관련 업무의 총괄·조정
6의2. 해양경찰위원회의 간사업무에 관한 사항
7. 행정관리 업무의 총괄·조정
8. 조직진단 및 평가를 통한 조직과 정원의 관리
9. 소관 법제 업무 총괄
10. 소관 행정심판 및 소송 업무, 규제개혁업무 총괄
11. 성과관리 및 행정개선의 총괄·지원
12. 소속 공무원의 임용·상훈 및 그 밖의 인사
13. 소속 공무원의 교육·훈련

(나) 감사담당관의 보좌를 받아 행하는 업무
감사담당관은 다음 사항에 관하여 차장을 보좌한다(해양경찰청과 그 소속기관 직제 제
9조 제2항).

1. 행정감사제도의 운영 및 행정감사계획·부패방지종합대책의 수립·조정
2. 해양경찰청 및 그 소속기관에 대한 감사
3. 해양경찰청 및 그 소속기관에 대한 다른 기관의 감사결과 처리
4. 소속 공무원의 재산등록·선물 신고 및 취업제한에 관한 업무
5. 사정업무 및 징계위원회의 운영
6. 진정·민원 및 비위사실의 조사·처리
7. 해양수색구조 안전성 등에 대한 감사

(다) 스마트해양경찰추진단장의 보좌를 받아 행하는 업무
스마트해양경찰추진단장은 다음 사항에 관하여 차장을 보좌한다(해양경찰청과 그
소속기관 직제 시행규칙 제4조의2 제3항).

1. 해양경찰 분야 첨단 기술 활용 관련 계획의 수립·시행
2. 해양경찰 분야 맞춤형 기술 개발에 관한 연구·기획
3. 아이디어 발굴을 통한 해양경찰 장비 개발에 관한 사항
4. 해양경찰 개인 장비의 현장 적합성 제고에 관한 사항

(라) 해양경비기획단장의 보좌를 받아 행하는 업무

해양경비기획단장은 다음 사항에 관하여 차장을 보좌한다(해양경찰청과 그 소속기관 직제 시행규칙 제4조의3 제3항).

1. 해양경비정보·상황인식 체계 구축에 대한 기획 및 조정
2. 해양경비정보의 수집·분석·활용에 관한 사항
3. 해양경비정보의 수집·공유 관련 기관간 협력에 관한 사항
4. 해양경비정보센터 구축 및 운영에 관한 사항

(마) 선박교통관제기술개발단장의 보좌를 받아 행하는 업무

선박교통관제기술단장은 다음 사항에 관하여 차장을 보좌한다(해양경찰청과 그 소속기관 직제 시행규칙 제4조의4 제3항).

1. 음주운항, 과속, 항로이탈 등 해양사고 위험 탐지 시스템(이하 "음주운항 자동탐지시스템"이라 한다) 개발 및 운영에 관한 계획의 수립·시행
2. 음주운항 자동탐지시스템 활용에 관한 사항
3. 음주운항 자동탐지시스템과 해상교통관제시스템 등과의 연동에 관한 사항

(바) 해양경찰청장에 대한 보좌와 그 직무에 대한 대행업무

국가의 행정조직에 관한 기본법인 정부조직법 제7조 제2항은 "차장은 그 기관의 장을 보좌하여 소관사무를 처리하고 소속공무원을 지휘·감독하며, 그 기관의 장이 사고로 직무를 수행할 수 없으면 그 직무를 대행한다"고 규정하고 있다. 따라서 해양경찰청 차장은 해양경찰청장을 보좌하여 소관사무를 처리하고 소속공무원을 지휘·감독하며, 유사시에 그 직무를 대행한다.

2) 운영지원과장

가. 지   위

해양경찰청에 운영지원과를 둔다(해양경찰청과 그 소속기관 직제 제6조 제1항). 운영지원
과장은 총경으로 보한다(해양경찰청과 그 소속기관 직제 제10조 제1항).

나. 직   무

운영지원과장은 다음 사항을 분장한다(해양경찰청과 그 소속기관 직제 제10조 제2항).

1. 보안·당직·청내안전 및 관인의 관리
2. 소속 공무원의 복무·연금·급여 및 복리후생에 관한 사무
3. 문서의 분류·접수·발송·보존 및 관리, 기록관의 운영·관리
4. 물품의 구매 및 조달
5. 자금의 운용 및 회계
6. 의무경찰의 운영 및 관리
7. 민원의 접수·관리 및 정보공개제도 업무
8. 그 밖에 다른 국 및 담당관의 주관에 속하지 아니하는 업무

3) 경비국장

가. 지   위

해양경찰청에 경비국을 둔다(해양경찰청과 그 소속기관 직제 제6조 제1항). 경비국에 국
장 1명을 둔다(해양경찰청과 그 소속기관 직제 제11조 제1항). 국장은 치안감 또는 경무관으
로 보한다(해양경찰청과 그 소속기관 직제 제11조 제2항).

나. 직   무

국장은 다음 사항을 분장한다(해양경찰청과 그 소속기관 직제 제11조 제3항).

1. 해양경비에 관한 계획의 수립·조정 및 지도
2. 경비함정·항공기 등의 운용 및 지도·감독
3. 동·서해 특정해역에서의 조업 경비
4. 해양에서의 경호, 대테러 예방·진압
5. 통합방위 및 비상대비 업무의 기획 및 지도·감독

6. 해양상황의 처리와 관련된 주요업무계획의 수립·조정 및 지도

7. 해양상황의 접수·처리·전파 및 보고

8. 해상교통관제(VTS) 정책 수립 및 기술개발

9. 해상교통관제센터의 설치·운영

10. 해상교통관제센터의 항만운영 정보 제공

11. 해상교통관제 관련 국제교류·협력

다. 경비국의 구성

경비국에 경비과·종합상황실 및 해상교통관제과를 두되, 경비과장·종합상황실장은 총경으로 보하고, 해상교통관제과장은 서기관 또는 기술서기관으로 보한다(해양경찰청과 그 소속기관 직제 제16조; 해양경찰청과 그 소속기관 직제 시행규칙 제6조 제1항).

4) 구조안전국장

가. 지   위

해양경찰청에 구조안전국을 둔다(해양경찰청과 그 소속기관 직제 제6조 제1항). 구조안전국에 국장 1명을 둔다(해양경찰청과 그 소속기관 직제 제12조 제1항). 국장은 치안감 또는 경무관으로 보한다(해양경찰청과 그 소속기관 직제 제12조 제2항).

나. 직   무

국장은 다음 사항을 분장한다(해양경찰청과 그 소속기관 직제 제12조 제3항).

1. 연안해역 안전관리에 관한 정책의 수립·조정 및 지도

2. 연안해역 안전 관련 법령·제도의 연구·개선

3. 파출소 및 출장소 운영

4. 해수면 유선 및 도선 사업 관련 제도 운영

5. 해수면 유선 및 도선 사업의 면허·신고 및 안전관리

6. 해수욕장 안전관리

7. 어선출입항 신고업무

8. 해양사고 재난 대비·대응

9. 해양에서의 구조·구급 업무

10. 중앙해양특수구조단 운영 지원 및 해양경찰구조대 등 해양구조대 운영 관련 업무

11. 해양안전 관련 민·관·군 구조협력 및 합동 구조 훈련
12. 해양수색구조 관련 국제협력 및 협약 이행
13. 수상레저 안전관리에 관한 정책의 수립·조정 및 지도
14. 수상레저 안전 관련 법령·제도의 연구·개선
15. 수상레저 안전문화의 조성 및 진흥
16. 수상레저 관련 조종면허 및 기구 안전검사·등록 등에 관한 업무
17. 수상레저 사업의 등록 및 안전관리의 감독·지도
18. 수상레저 안전 관련 단체 관리 및 민관 협업체계 구성

다. 구조안전국의 구성

구조안전국에 해양안전과·수색구조과 및 수상레저과를 두며, 각 과장은 총경으로 보한다(해양경찰청과 그 소속기관 직제 제16조; 해양경찰청과 그 소속기관 직제 시행규칙 제7조 제1항).

5) 수사국장

가. 지   위

해양경찰청에 수사국을 둔다(해양경찰청과 그 소속기관 직제 제6조 제1항). 수사국에 국장 1명을 둔다(해양경찰청과 그 소속기관 직제 제13조 제1항). 국장은 치안감 또는 경무관으로 보한다(해양경찰청과 그 소속기관 직제 제13조 제2항).

나. 임용자격

수사부서의 장(이하 수사국장을 말한다)은 「경찰공무원법」 제10조 제3항(경력경쟁채용시험)에도 불구하고 해양경찰청 외부를 대상으로 모집하여 임용할 수 있다. 이 경우 다음 각 호의 자격을 갖춘 사람 중에서 임용한다(해양경찰법 제15조의2 제2항).

1. 10년 이상 해양수사업무에 종사한 사람 중에서 「국가공무원법」 제2조의2에 따른 고위공무원단에 속하는 공무원, 3급 이상 공무원 또는 총경 이상 경찰공무원으로 재직한 경력이 있는 사람
2. 판사·검사 또는 변호사의 직에 10년 이상 있었던 사람
3. 변호사 자격이 있는 사람으로서 국가기관, 지방자치단체, 「공공기관의 운영에 관한 법률」 제4조에 따른 공공기관에서 법률에 관한 사무에 10년 이상 종사한 경력이 있는 사람
4. 대학이나 공인된 연구기관에서 법률학·경찰학·해양경찰학 분야에서 조교

수 이상의 직이나 이에 상당하는 직에 10년 이상 있었던 사람

5. 제1호부터 제4호까지의 경력 기간의 합산이 15년 이상인 사람

다. 임용제한

수사부서의 장을 해양경찰청 외부를 대상으로 모집하여 임용하는 경우 다음 각 호의 어느 하나에 해당하는 사람은 수사부서의 장이 될 수 없다(해양경찰법 제15조의2 제3항).

1. 「경찰공무원법」 제8조 제2항 각 호(임용결격사유)의 결격사유에 해당하는 사람

2. 정당의 당원이거나 당적을 이탈한 날부터 3년이 지나지 아니한 사람

3. 선거에 의하여 취임하는 공직에 있거나 그 공직에서 퇴직한 날부터 3년이 지나지 아니한 사람

4. 제2항 제1호에 해당하는 공무원 또는 제2항 제2호의 판사·검사의 직에서 퇴직한 날부터 1년이 지나지 아니한 사람

5. 제2항 제3호에 해당하는 사람으로서 국가기관 등에서 퇴직한 날부터 1년이 지나지 아니한 사람

라. 임   기

수사부서의 장을 해양경찰청 외부를 대상으로 모집하여 임용하는 경우 「경찰공무원법」 제30조(정년)에도 불구하고 수사부서의 장의 임기는 2년으로 하고 중임할 수 없다. 이 경우 수사부서의 장은 임기가 끝나면 당연히 퇴직한다(해양경찰법 제15조의2 제4항). 수사부서의 장을 해양경찰청 내부를 대상으로 임명하는 경우 수사부서의 장의 임기는 2년으로 한다(해양경찰법 제15조의2 제5항).

마. 직   무

(가) 일반적 직무

국장은 다음 사항을 분장한다(해양경찰청과 그 소속기관 직제 제13조 제3항).

1. 수사업무 및 범죄첩보에 관한 기획·지도 및 조정
2. 범죄통계 및 수사 자료의 분석
3. 해양과학수사업무에 관한 기획·지도 및 조정
4. 삭제
5. 삭제

6. 삭제

7. 범죄의 수사

(나) 수사에 대한 지휘·감독

수사부서의 장은「형사소송법」에 따른 해양경찰의 수사에 관하여 대통령령으로 정하는 바에 따라 해양경찰청 소속 공무원을 지휘·감독한다(해양경찰법 제15조의2 제1항). 수사국장은 법 제15조의2 제1항에 따라「형사소송법」에 따른 해양경찰의 수사에 관하여 각 지방해양경찰청장과 해양경찰서장 및 수사부서 소속 공무원을 지휘·감독한다(해양경찰법 제11조 제5항 단서에 따른 긴급하고 중요한 사건의 범위 등에 관한 규정 제5조 제1항). 수사국장은 법 제15조의2 제1항에 따라 수사지휘를 하는 경우에는 서면으로 해야 한다(해양경찰법 제11조 제5항 단서에 따른 긴급하고 중요한 사건의 범위 등에 관한 규정 제5조 제2항). 수사국장은 제2항에도 불구하고 서면 지휘가 불가능하거나 현저히 곤란한 때에는 구두나 전화 등 서면 외의 방식으로 지휘할 수 있다. 이 경우 사후에 신속하게 서면으로 그 지휘내용을 송부해야 한다(해양경찰법 제11조 제5항 단서에 따른 긴급하고 중요한 사건의 범위 등에 관한 규정 제5조 제3항).

바. 수사국의 구성

수사국에 수사기획과·수사과·형사과 및 과학수사팀을 두며, 수사기획과장·수사과장·형사과장은 총경으로, 과학수사팀장은 경정으로 보한다(해양경찰청과 그 소속기관 직제 제16조; 해양경찰청과 그 소속기관 직제 시행규칙 제8조 제1항).

6) 국제정보국장

가. 지   위

해양경찰청에 국제정보국을 둔다(해양경찰청과 그 소속기관 직제 제6조 제1항). 국제정보국에 국장 1명을 둔다(해양경찰청과 그 소속기관 직제 제13조의2 제1항). 국장은 치안감 또는 경무관으로 보한다(해양경찰청과 그 소속기관 직제 제13조의2 제2항).

나. 직   무

국장은 다음 사항을 분장한다(해양경찰청과 그 소속기관 직제 제13조의2 제3항).

1. 정보업무의 기획·지도 및 조정

2. 정보의 수집·분석 및 배포

3. 보안경찰업무의 기획·지도 및 조정

4. 외사경찰업무의 기획·지도 및 조정

5. 국제사법공조 관련 업무

6. 해양경찰 직무와 관련된 국제협력업무의 기획·지도 및 조정

다. 국제정보국의 구성

국제정보국에 정보과·외사과·보안과 및 국제협력과를 두며, 정보과장·외사과장·보안과장 및 국제협력과장은 총경으로 보한다(해양경찰청과 그 소속기관 직제 제16조; 해양경찰청과 그 소속기관 직제 시행규칙 제8조의2 제1항).

7) 해양오염방제국장

가. 지   위

해양경찰청에 해양오염방제국을 둔다(해양경찰청과 그 소속기관 직제 제6조 제1항). 해양오염방제국에 국장 1명을 둔다(해양경찰청과 그 소속기관 직제 제14조 제1항). 국장은 고위공무원단에 속하는 일반직공무원으로 보하되, 그 직위의 직무등급은 나등급으로 한다(해양경찰청과 그 소속기관 직제 제14조 제2항; 해양경찰청과 그 소속기관 직제 시행규칙 제9조 제1항). 해양경찰청 보조기관 중 해양오염방제국장은 경찰공무원이 아닌 일반직공무원이 그 임무를 수행한다.

나. 직   무

국장은 다음 사항을 분장한다(해양경찰청과 그 소속기관 직제 제14조 제3항).

1. 해양오염 방제 조치

2. 국가긴급방제계획의 수립 및 시행

3. 해양오염 방제자원 확보 및 운영

4. 해양오염 방제를 위한 관계기관 협조

5. 국제기구 및 국가 간 방제지원 협력

6. 해양오염 방제 관련 조사·연구 및 기술개발

7. 방제대책본부의 구성·운영 및 긴급방제 총괄지휘

8. 해양오염 방제매뉴얼 수립 및 조정

9. 방제훈련 계획의 수립 및 조정
10. 기름 및 유해화학물질 사고 대비·대응
11. 오염물질 해양배출신고 처리
12. 방제비용 부담 등에 관한 업무
13. 방제조치에 필요한 전산시스템 구축·운용
14. 지방자치단체의 해안 방제조치 지원에 관한 업무
15. 해양오염 방지를 위한 예방활동 및 지도·점검
16. 선박해양오염·해양시설오염 비상계획서 검인 등에 관한 업무
17. 방제자재·약제 형식승인
18. 오염물질 해양배출행위 조사 및 오염물질의 감식·분석 등에 관한 업무
19. 해양환경공단의 방제사업 중 긴급방제조치에 대한 지도·감독
20. 해양오염방지를 위한 구난조치

다. 해양오염방제국의 구성

해양오염방제국에 방제기획과·기동방제과 및 해양오염예방과를 두며, 방제기획과장은 부이사관 또는 기술서기관으로, 기동방제과장 및 해양오염예방과장은 기술서기관으로 보한다(해양경찰청과 그 소속기관 직제 제16조; 해양경찰청과 그 소속기관 직제 시행규칙 제9조 제2항).

8) 장비기술국장

가. 지   위

해양경찰청에 장비기술국을 둔다(해양경찰청과 그 소속기관 직제 제6조 제1항). 장비기술국에 국장 1명을 둔다(해양경찰청과 그 소속기관 직제 제15조 제1항). 국장은 치안감 또는 경무관으로 보한다(해양경찰청과 그 소속기관 직제 제15조 제2항).

나. 직   무

국장은 다음 사항을 분장한다(해양경찰청과 그 소속기관 직제 제15조 제3항).

1. 해양경찰장비(함정, 항공기, 차량, 무기 등)의 개선 및 획득
2. 해양경찰장비의 정비 및 유지 관리
3. 해양경찰정비창에 대한 지도·감독

4. 물품·무기·탄약·화학 장비 수급관리 및 출납·통제
5. 경찰제복 및 의복의 보급·개선
6. 해양항공 업무 관련 계획의 수립·조정 등에 관한 업무
7. 해양에서의 항공기 사고조사 및 원인분석
8. 정보통신 업무계획의 수립·조정 등에 관한 업무
9. 정보통신 보안업무

다. 장비기술국의 구성

장비기술국에 장비기획과·장비관리과·항공과 및 정보통신과를 두되, 장비기획과장·장비관리과장·항공과장은 총경으로, 정보통신과장은 서기관·기술서기관 또는 총경으로 보한다(해양경찰청과 그 소속기관 직제 제16조; 해양경찰청과 그 소속기관 직제 시행규칙 제10조 제1항).

(3) 해양경찰청 보좌기관

1) 해양경찰청장의 보좌기관: 대변인

가. 지   위

청장 밑에 대변인 1명을 둔다(해양경찰청과 그 소속기관 직제 제6조 제2항). 대변인은 4급(서기관) 또는 총경으로 보한다(해양경찰청과 그 소속기관 직제 제7조 제1항).

나. 직   무

대변인은 다음 사항에 관하여 청장을 보좌한다(해양경찰청과 그 소속기관 직제 제7조 제2항).

1. 주요정책에 관한 대언론 홍보 계획의 수립·조정 및 소속기관의 대언론 정책홍보 지원·조정
2. 보도계획의 수립, 보도자료 작성·배포
3. 인터뷰 등 언론과 관련된 업무
4. 온라인대변인 지정·운영 등 소셜 미디어 정책소통 총괄·점검 및 평가

2) 해양경찰청 차장의 보좌기관

가. 기획조정관

(가) 지   위

차장 밑에 기획조정관 1명을 둔다(해양경찰청과 그 소속기관 직제 제6조 제2항). 기획조정관은 치안감으로 보한다(해양경찰청과 그 소속기관 직제 제8조 제2항).

(나) 직   무

기획조정관은 앞에서 언급한 해양경찰청 차장의 업무를 보좌한다(해양경찰청과 그 소속기관 직제 제8조 제3항).

나. 감사담당관

(가) 지   위

차장 밑에 감사담당관 1명을 둔다(해양경찰청과 그 소속기관 직제 제6조 제2항). 감사담당관은 4급(서기관) 또는 총경으로 보한다(해양경찰청과 그 소속기관 직제 제9조 제2항).

(나) 직   무

감사담당관은 앞에서 언급한 해양경찰청 차장의 업무를 보좌한다(해양경찰청과 그 소속기관 직제 제9조 제2항).

다. 스마트해양경찰추진단장

(가) 지   위

차장 밑에 스마트해양경찰추진단을 둔다(해양경찰청과 그 소속기관 직제 시행규칙 제4조의2 제1항). 스마트해양경찰추진단에 단장 1명을 두며, 단장은 서기관 또는 총경으로 보한다(해양경찰청과 그 소속기관 직제 시행규칙 제4조의2 제2항).

(나) 직   무

스마트해양경찰추진단장은 앞에서 언급한 해양경찰청 차장의 업무를 보좌한다(해양경찰청과 그 소속기관 직제 시행규칙 제4조의2 제3항).

라. 해양경비기획단장

(가) 지   위

차장 밑에 해양경비기획단장을 둔다(해양경찰청과 그 소속기관 직제 시행규칙 제4조의3 제1항). 해양경비기획단장에 단장 1명을 두며, 단장은 총경으로 보한다(해양경찰청과 그 소속기관 직제 시행규칙 제4조의3 제2항).

(나) 직   무

해양경비기획단장은 앞에서 언급한 해양경찰청 차장의 업무를 보좌한다(해양경
찰청과 그 소속기관 직제 시행규칙 제4조의3 제3항).

마. 선박교통관제기술개발단장

(가) 지   위

차장 밑에 선박교통관제기술개발단장을 둔다(해양경찰청과 그 소속기관 직제 시행규칙
제4조의4 제1항). 선박교통관제기술개발단장에 단장 1명을 두며, 단장은 기술서기관
으로 보한다(해양경찰청과 그 소속기관 직제 시행규칙 제4조의4 제2항).

(나) 직   무

선박교통관제기술개발단장은 앞에서 언급한 해양경찰청 차장의 업무를 보좌
한다(해양경찰청과 그 소속기관 직제 시행규칙 제4조의4 제3항).

3) 기획조정관의 보좌기관: 기획재정담당관·혁신행정법무담당관·인사담당관·
   교육훈련담당관

가. 지   위

기획조정관 밑에 기획재정담당관·혁신행정법무담당관, 인사담당관 및 교육
훈련담당관을 두되, 기획재정담당관·혁신행정법무담당관 및 인사담당관은 총경
으로, 교육훈련담당관은 서기관 또는 총경으로 보한다(해양경찰청과 그 소속기관 직제 시행
규칙 제3조 제1항).

나. 직   무

기획재정담당관·혁신행정법무담당관·인사담당관·교육훈련담당관은 주요정책
과 계획의 수립·종합 및 조정, 법령안의 심사 등 법제업무, 소속 공무원의 임용
등 인사관리에 관한 사항, 소속 공무원의 교육훈련과 채용·승진 시험 등의 사항
에 관하여 기획조정관을 보좌한다(해양경찰청과 그 소속기관 직제 시행규칙 제3조 제2항~제5항).

(4) 해양경찰청 부속기관

1) 해양경찰교육원

해양경찰청장의 관장사무를 지원하기 위하여 해양경찰청장 소속으로 해양경

찰교육원을 둔다(해양경찰청과 그 소속기관 직제 제2조 제1항). 해양경찰교육원은 다음 사무를 관장한다(해양경찰청과 그 소속기관 직제 제17조).

1. 소속 공무원(의무경찰을 포함한다)의 교육 및 훈련
2. 해양에서의 경찰 및 오염방제 업무와 관련된 기관·단체가 위탁하는 교육 및 훈련
3. 해양에서의 경찰 및 오염방제 업무에 관한 연구·분석 및 장비·기술 개발

해양경찰교육원 조직도[36]

가. 원 장

(가) 지 위

교육원에 원장 1명을 두며, 원장은 경무관으로 보한다(해양경찰청과 그 소속기관 직제 제18조 제1항).

(나) 직 무

원장은 해양경찰청장의 명을 받아 소관 사무를 총괄하고, 소속 공무원을 지휘·감독한다(해양경찰청과 그 소속기관 직제 제18조 제2항).

나. 각 과의 장 및 센터의 장

해양경찰교육원에 운영지원과·교무과·교수과·직무교육훈련센터 및 학생과

---

36) 해양경찰청 홈페이지(www.kcg.go.kr)의 조직도(2021년 6월 29일 확인).

를 두며, 운영지원과장·교무과장·교수과장 및 직무교육훈련센터장은 총경으로, 학생과장은 경정으로 보한다(해양경찰청과 그 소속기관 직제 제19조; 해양경찰청과 그 소속기관 직제 시행규칙 제11조).

다. 해양경찰연구센터장

(가) 지   위

해양에서의 경찰 및 오염방제 업무에 관한 연구·분석·장비개발 등에 관한 사무를 관장하기 위하여 해양경찰교육원장 소속으로 해양경찰연구센터를 둔다(해양경찰청과 그 소속기관 직제 제20조 제1항). 연구센터에 센터장 1명을 두며, 센터장은 4급(기술서기관)으로 보한다(해양경찰청과 그 소속기관 직제 제20조 제2항). 해양경찰연구센터에 운영지원팀·장비연구팀·화학분석연구팀 및 정책연구팀을 두며, 각 팀장은 공업사무관·보건사무관·환경사무관·해양수산사무관·방재안전사무관·공업연구관·환경연구관·경정 또는 경감으로 보한다(해양경찰청과 그 소속기관 직제 제20조 제4항; 해양경찰청과 그 소속기관 직제 시행규칙 제17조 제2항).

(나) 직   무

센터장은 해양경찰교육원장의 명을 받아 소관사무를 총괄하고, 소속 공무원을 지휘·감독한다(해양경찰청과 그 소속기관 직제 제20조 제3항).

2) 중앙해양특수구조단

해양경찰청장의 관장사무를 지원하기 위하여 해양경찰청장 소속으로 중앙해양특수구조단을 둔다(해양경찰청과 그 소속기관 직제 제2조 제1항). 특수구조단의 소관 사무를 분장하기 위하여 특수구조단장 소속으로 서해해양특수구조대 및 동해해양특수구조대를 둔다(해양경찰청과 그 소속기관 직제 제23조 제1항). 중앙해양특수구조단은 다음 사무를 관장한다(해양경찰청과 그 소속기관 직제 제21조).

1. 대형·특수 해양사고의 구조·수중수색 및 현장지휘
2. 잠수·구조 기법개발·교육·훈련 및 장비관리 등에 관한 업무
3. 인명구조 등 관련 국내외 기관과의 교류 협력
4. 중·대형 해양오염사고 발생 시 현장출동·상황파악 및 응급방제조치
5. 오염물질에 대한 방제기술 습득 및 훈련

가. 단   장

(가) 지   위

특수구조단에 단장 1명을 두며, 단장은 총경으로 보한다(해양경찰청과 그 소속기관 직제 제22조 제1항).

(나) 직   무

단장은 해양경찰청장의 명을 받아 소관사무를 총괄하고, 소속 공무원을 지휘·감독한다(해양경찰청과 그 소속기관 직제 제22조 제2항).

나. 대   장

(가) 지   위

서해해양특수구조대 및 동해해양특수구조대에 대장 각 1명을 두며, 서해해양 특수구조대장은 경정으로, 동해해양특수구조대장은 경감으로 보한다(해양경찰청과 그 소속기관 직제 제23조 제3항).

(나) 직   무

서해해양특수구조대장 및 동해해양특수구조대장은 특수구조단장의 명을 받아 소관 사무를 총괄하고, 소속 공무원을 지휘·감독한다(해양경찰청과 그 소속기관 직제 제23조 제4항). 해양특수구조대장은 다음 사항을 분장한다(해양경찰청과 그 소속기관 직제 시행규칙 제18조 제2항).

1. 관할구역 내 대형·특수 해양사고의 구조·수중수색 및 현장지휘에 관한 사항
2. 소속 인력·특수구조장비의 운용·관리 및 유지에 관한 사항
3. 인명구조 등 관할구역 내 관련 기관과의 교류 협력에 관한 사항
4. 중·대형 해양오염사고 발생 시 현장출동·상황파악 및 응급방제 조치에 관한 사항
5. 오염물질에 대한 방제기술 습득 및 훈련에 관한 사항

다. 중앙해양특수구조단 및 해양특수구조대의 위치

특수구조단 및 해양특수구조대의 위치는 다음과 같고, 그 관할구역은 해양수산부령으로 정한다(해양경찰청과 그 소속기관 직제 제23조 제2항; 해양경찰청과 그 소속기관 직제 시행규칙 제18조 제1항).

표 3-2 ▎중앙해양특수구조단 및 해양특수구조대의 위치 및 관할구역

명칭	위치	관할구역
중앙해양특수구조단	부산광역시 영도구	남해·제주지방해양경찰청의 관할구역
서해해양특수구조대	전라남도 목포시	서해·중부지방해양경찰청의 관할구역
동해해양특수구조대	강원도 동해시	동해지방해양경찰청의 관할구역

3) 해양경찰정비창

해양경찰청장의 관장사무를 지원하기 위하여 「책임운영기관의 설치·운영에 관한 법률」 제4조 제1항 등에 따라 해양경찰청장 소속의 책임운영기관37)으로 해양경찰정비창을 둔다(해양경찰청과 그 소속기관 직제 제2조 제3항). 해양경찰정비창은 함정의 정비 및 수리에 관한 사무를 관장한다(해양경찰청과 그 소속기관 직제 제33조).

해양경찰정비창 조직도38)

37) 책임운영기관이란 정부가 수행하는 사무 중 공공성을 유지하면서도 경쟁 원리에 따라 운영하는 것이 바람직하거나 전문성이 있어 성과관리를 강화할 필요가 있는 사무에 대하여 책임운영기관의 장에게 행정 및 재정상의 자율성을 부여하고 그 운영 성과에 대하여 책임을 지도록 하는 행정기관을 말한다(책임운영기관의 설치·운영에 관한 법률 제2조 제1항).
38) 해양경찰청 홈페이지(www.kcg.go.kr)의 조직도(2021년 6월 29일 확인).

가. 창장의 지위

해양경찰정비창에 창장 1인을 두되, 창장은 임기제공무원으로 보한다(해양경찰청과 그 소속기관 직제 시행규칙 제33조 제1항).

나. 창장의 직무

창장은 해양경찰정비창의 사무를 총괄하고, 소속 공무원을 지휘 감독한다(해양경찰청과 그 소속기관 직제 시행규칙 제33조 제2항).

2. 지방해양경찰청

해양경찰청장의 관장사무를 분장하기 위하여 해양경찰청장 소속으로 지방해양경찰청을 둔다(해양경찰청과 그 소속기관 직제 제2조 제2항). 지방해양경찰청은 관할 해양에서의 경찰 및 오염방제에 관한 사무를 수행한다(해양경찰청과 그 소속기관 직제 제24조).

지방해양경찰청은 국가지방상급해양경찰관청인 지방해양경찰청장(해양경찰청과 그 소속기관 직제 제26조)을 정점으로 하여 지방해양경찰청 보조기관인 안전총괄부장(해양경찰청과 그 소속기관 직제 제28조), 기획운영과장, 경비과장 또는 경비안전과장, 구조안전과장, 수사과장, 정보외사과장, 해양오염방제과장(해양경찰청과 그 소속기관 직제 제27조 제2항; 해양경찰청과 그 소속기관 직제 시행규칙 제20조 제1항·제2항), 해상교통관제센터장(해양경찰청과 그 소속기관 직제 제32조)으로 구성되어 있다. 또한 지방해양경찰청 보좌기관으로 직할단(서해5도 특별경비단 및 항공단)의 장·직할대(특공대)의 장(해양경찰청과 그 소속기관 직제 제29조; 해양경찰청과 그 소속기관 직제 시행규칙 제20조 제3항)과 청문감사담당관 및 종합상황실장 등이 있다(해양경찰청과 그 소속기관 직제 제27조 제2항; 해양경찰청과 그 소속기관 직제 시행규칙 제21조·제22조).

지방해양경찰청은 명칭 및 위치는 다음과 같고, 그 관할구역은 해양수산부령으로 정한다(해양경찰청과 그 소속기관 직제 제25조; 해양경찰청과 그 소속기관 직제 시행규칙 제19조).

5개 지방해양경찰청

중부지방해양경찰청	서해지방해양경찰청	남해지방해양경찰청	동해지방해양경찰청	제주지방해양경찰청
인천해양경찰서	군산해양경찰서	통영해양경찰서	포항해양경찰서	제주해양경찰서
평택해양경찰서	부안해양경찰서	창원해양경찰서	울진해양경찰서	서귀포해양경찰서
태안해양경찰서	목포해양경찰서	부산해양경찰서	동해해양경찰서	
보령해양경찰서	완도해양경찰서	울산해양경찰서	속초해양경찰서	
서해5도특별경비단	여수해양경찰서			

표 3-3ㅣ 지방해양경찰청의 명칭 및 위치[39]

명칭	위치
중부지방해양경찰청	인천광역시 연수구
서해지방해양경찰청	전라남도 목포시
남해지방해양경찰청	부산광역시 동구
동해지방해양경찰청	강원도 동해시
제주지방해양경찰청	제주특별자치도

(1) 국가지방상급해양경찰관청: 지방해양경찰청장

1) 지   위

지방해양경찰청에 청장 1명을 둔다(해양경찰청과 그 소속기관 직제 제26조 제1항). 중부지방해양경찰청장은 치안정감으로, 서해지방해양경찰청과 남해지방해양경찰청의 청장은 치안감으로, 그 밖의 지방해양경찰청장은 경무관으로 보한다(해양경찰청과 그 소속기관 직제 제26조 제2항).

2) 직   무

지방해양경찰청장은 해양경찰청장의 명을 받아 소관사무를 총괄하고, 소속 공무원을 지휘 · 감독한다(해양경찰청과 그 소속기관 직제 제26조 제3항).

---

39) 해양경찰청과 그 소속기관 직제 제25조에 따른 별표 2 참조.

(2) 지방해양경찰청 보조기관

지방해양경찰청	보조기관					
동해·제주 지방해양경찰청	기획운영 과장	경비안전 과장	수사 과장	정보외사 과장	해양오염 방제 과장	해상교통 관제센터장
중부 지방해양경찰청	기획운영 과장	안전총괄부장				해상교통 관제센터장
서해·남해 지방해양경찰청		경비 과장	구조안전 과장	수사 과장	정보외사 과장	해양오염 방제 과장

1) 안전총괄부장

가. 지   위

중부지방해양경찰청, 서해지방해양경찰청 및 남해지방해양경찰청에 각각 안전총괄부를 둔다(해양경찰청과 그 소속기관 직제 제27조 제1항). 이 경우 안전총괄부에 경비과·구조안전과·수사과·정보외사과 및 해양오염방제과를 둔다(해양경찰청과 그 소속기관 직제 시행규칙 제20조 제1항 제2호). 중부지방해양경찰청 안전총괄부, 서해지방해양경찰청 안전총괄부 및 남해지방해양경찰청 안전총괄부에 부장 각 1명을 둔다(해양경찰청과 그 소속기관 직제 제28조 제1항). 부장은 경무관으로 보한다(해양경찰청과 그 소속기관 직제 제28조 제2항).

나. 직   무

부장은 다음 사항을 분장한다(해양경찰청과 그 소속기관 직제 제28조 제3항).

1. 해상경비에 관한 계획의 수립 및 지도
2. 해양에서의 수색·구조업무
3. 파출소·출장소 운영 및 외근업무의 기획·지도
4. 해상교통관제센터 운영 및 관제업무의 지도·감독
5. 수상레저 안전관리

6. 항만 운영 정보 제공 및 연안해역 안전 관리

7. 수사업무와 그 지도 및 조정

8. 정보업무에 관한 지도 및 조정

9. 국제적 범죄 또는 외국인 관련 범죄의 수사지도

10. 해양오염 방제조치 관련 업무

11. 해양오염예방을 위한 지도·점검 및 감시·단속

12. 오염물질 감식 및 분석

13. 해양상황의 접수·처리·전파 및 보고

2) 기획운영과장

가. 지   위

지방해양경찰청에 기획운영과를 둔다(해양경찰청과 그 소속기관 직제 제27조 제2항; 해양
경찰청과 그 소속기관 직제 시행규칙 제20조 제1항). 기획운영과장은 총경으로 보한다(해양경찰청
과 그 소속기관 직제 시행규칙 제20조 제2항).

나. 직   무

기획운영과장은 다음 사항을 분장한다(해양경찰청과 그 소속기관 직제 시행규칙 제24조).

1. 보안업무에 관한 사항

2. 관인 및 관인대장의 관리

3. 기록관 운영 및 기록물 관리에 관한 사항

4. 문서의 분류·접수·발송 등 문서처리

5. 소속 공무원의 복무·인사·교육·상훈 및 복지에 관한 사항

6. 주요 정책과 계획의 수립·조정 및 집행

7. 조직 및 정원의 관리에 관한 사항

8. 혁신 및 성과의 관리에 관한 사항

9. 법제 및 송무 업무

10. 예산의 재배정·집행·회계 및 국유재산 관리에 관한 사항

11. 해양경찰 정책의 홍보에 관한 사항

12. 소속 해양경찰서의 교육·훈련 집행 및 평가에 관한 사무

13. 삭제

14. 통신 및 전산장비의 관리에 관한 사항
15. 해양 체육단의 관리·운영(중부지방해양경찰청에 한정한다)
16. 악대의 운영 및 관리에 관한 사항(중부지방해양경찰청에 한정한다)
17. 그 밖에 지방해양경찰청 내의 다른 과 또는 담당관의 사무에 속하지 아니하는
사항

3) 경비과장

가. 지   위

지방해양경찰청에 경비과를 둔다(해양경찰청과 그 소속기관 직제 제27조 제2항; 해양경찰청과 그 소속기관 직제 시행규칙 제20조 제1항). 경비과장은 총경으로 보한다(해양경찰청과 그 소속기관 직제 시행규칙 제20조 제2항).

나. 직   무

경비과장은 다음 사항을 분장한다(해양경찰청과 그 소속기관 직제 시행규칙 제25조).

1. 해양경비업무의 총괄·조정 및 지휘
2. 소속 해양경찰서 함정의 배치 및 조정에 관한 사항
3. 해상에서의 경비·작전 관련 위기관리 업무에 관한 사항
4. 해상에서의 작전·경호 및 해적대응에 관한 사항
5. 해양에서의 대테러 업무에 관한 사항
6. 대량살상무기 확산방지구상(WMD − PSI)에 따른 해상 승선 및 검색에 관한 사항
7. 특수기동대 운영에 관한 지도 및 감독
8. 해상집회·시위 등 집단사태의 대응에 관한 사항
9. 삭제
10. 특공대·항공단의 교육·훈련 집행 및 평가에 관한 사무
10의2. 특공대의 운영에 관한 지도 및 감독
11. 소속 해상교통관제센터 운영 및 관제업무의 지도·감독
12. 소속 해상교통관제 제도개선 및 지도·감독
13. 소속 해상교통관제 시설의 설계, 구축 및 시설물 관리·운영에 관한 사항
14. 소속 해상교통관제 교육·훈련에 관한 업무
15. 함정 및 차량의 정비·보급에 관한 사항

16. 물품의 수급·보관·출납 및 관리

4) 구조안전과장

가. 지   위

지방해양경찰청에 구조안전과를 둔다(해양경찰청과 그 소속기관 직제 제27조 제2항; 해양경찰청과 그 소속기관 직제 시행규칙 제20조 제1항). 구조안전과장은 총경으로 보한다(해양경찰청과 그 소속기관 직제 시행규칙 제20조 제2항).

나. 직   무

구조안전과장은 다음 사항을 분장한다(해양경찰청과 그 소속기관 직제 시행규칙 제26조).

1. 해양재난의 대비·대응에 관한 사항
2. 해양사고에 따른 수색·구조업무에 관한 사항
3. 해양경찰구조대 운영 등 해양구조대 관련 업무
4. 파출소·출장소 운영 및 방범업무의 지도·감독
5. 선박 입·출항 신고기관의 운영 및 지도에 관한 사항
6. 해수면 유선 및 도선의 안전관리에 관한 사항
7. 「해사안전법」제11조부터 제13조까지의 규정에 따른 교통안전특정해역의 설정 협의 및 관리에 관한 사항
8. 연안해역 안전점검 및 사고예방 활동
9. 수상레저의 안전관리에 관한 사항
10. 수상레저 안전문화의 조성 및 진흥에 관한 사항
11. 해양안전 관련 민·관·군 구조 협력에 관한 사항

5) 경비안전과장

중부·서해 및 남해지방해양경찰청은 경비과·구조안전과를 두고, 동해 및 제주지방해양경찰청은 경비안전과를 둔다(해양경찰청과 그 소속기관 직제 시행규칙 제20조 제1항 제2호·제3호).

가. 지   위

지방해양경찰청에 경비안전과를 둔다(해양경찰청과 그 소속기관 직제 제27조 제2항; 해양

경찰청과 그 소속기관 직제 시행규칙 제20조 제1항). 경비안전과장은 총경으로 보한다(해양경찰청과 그 소속기관 직제 시행규칙 제20조 제2항).

나. 직   무

경비안전과장은 다음 사항을 분장한다(해양경찰청과 그 소속기관 직제 시행규칙 제27조).

1. 해상경비업무의 총괄·조정 및 지휘
2. 소속 해양경찰서 함정의 배치 및 조정에 관한 사항
3. 해양재난의 대비·대응에 관한 사항
4. 해양사고에 따른 수색·구조업무에 관한 사항
5. 해양경찰구조대 운영 등 해양구조대 관련 업무
6. 해상에서의 경비·작전 관련 위기관리 업무에 관한 사항
7. 해상에서의 작전·경호 및 해적대응에 관한 사항
8. 해양에서의 대테러 업무에 관한 사항
9. 대량살상무기 확산방지구상(WMD – PSI)에 따른 해상 승선 및 검색에 관한 사항
10. 특수기동대 운영에 관한 지도 및 감독
11. 해상집회·시위 등 집단사태의 대응에 관한 사항
12. 파출소·출장소 운영 및 방범업무의 지도·감독
13. 선박 출·입항 신고기관의 운영 및 지도에 관한 사항
14. 해수면 유선 및 도선의 안전관리에 관한 사항
15. 「해사안전법」 제11조부터 제13조까지의 규정에 따른 교통안전특정해역의 설정 협의 및 관리에 관한 사항
16. 소속 해상교통관제센터 운영 및 관제업무의 지도·감독
17. 소속 해상교통관제 제도개선 및 지도·감독
18. 소속 해상교통관제 시설의 설계, 구축 및 시설물 관리·운영에 관한 사항
19. 소속 해상교통관제 교육·훈련에 관한 업무
20. 해수욕장 안전관리
21. 연안해역 안전점검 및 사고예방 활동
22. 수상레저의 안전관리에 관한 사항
23. 수상레저안전문화의 조성 및 진흥에 관한 사항
24. 해양안전 관련 민·관·군 구조 협력에 관한 사항
25. 삭제

26. 특공대·항공단의 교육·훈련 집행 및 평가에 관한 사무
27. 특공대의 운영에 관한 지도 및 감독
28. 함정 및 차량의 정비·보급에 관한 사항
29. 물품의 수급·보관·출납 및 관리

6) 수사과장

가. 지　위

지방해양경찰청에 수사과를 둔다(해양경찰청과 그 소속기관 직제 제27조 제2항; 해양경찰청과 그 소속기관 직제 시행규칙 제20조 제1항). 수사과장은 총경으로 보한다(해양경찰청과 그 소속기관 직제 시행규칙 제20조 제2항).

나. 직　무

수사과장은 다음 사항을 분장한다(해양경찰청과 그 소속기관 직제 시행규칙 제28조).

1. 범죄수사의 지도
2. 수사에 관한 민원의 처리
3. 범죄 통계 및 수사자료의 분석
4. 유치장 관리의 지도 및 감독
5. 형사업무와 관련된 사항
6. 광역수사업무와 그 지도 및 조정
7. 형사기동정의 운영에 관한 사항
8. 소속 해양경찰서의 수사 업무에 관한 사항

7) 정보외사과장

가. 지　위

지방해양경찰청에 정보외사과를 둔다(해양경찰청과 그 소속기관 직제 제27조 제2항; 해양경찰청과 그 소속기관 직제 시행규칙 제20조 제1항). 정보외사과장은 총경 또는 경정으로 보한다(해양경찰청과 그 소속기관 직제 시행규칙 제20조 제2항).

나. 직　무

정보외사과장은 다음 사항을 분장한다(해양경찰청과 그 소속기관 직제 시행규칙 제28조의2).

1. 정보업무에 관한 지도 및 조정
2. 공공안녕에 대한 위험의 예방과 대응을 위한 정보의 수집·종합·분석·작성 및 배포
3. 정책정보의 수집·종합·분석·작성 및 배포
4. 해상 집회·시위 등 집단사태의 관리에 관한 지도·조정
5. 외사업무에 관한 지도 및 조정
6. 외사정보의 수집·종합·분석·작성 및 배포
7. 해양치안 관련 국제교류·협력에 관한 사항
8. 보안업무에 관한 지도 및 조정
9. 보안정보의 수집·종합·분석·작성 및 배포
10. 소속 해양경찰서의 정보·외사·보안 업무에 관한 사항

8) 해양오염방제과장

가. 지   위

지방해양경찰청에 해양오염방제과를 둔다(해양경찰청과 그 소속기관 직제 제27조 제2항; 해양경찰청과 그 소속기관 직제 시행규칙 제20조 제1항). 해양오염방제과장은 기술서기관·공업사무관·보건사무관·환경사무관·해양수산사무관 또는 방재안전사무관으로 보한다(해양경찰청과 그 소속기관 직제 시행규칙 제20조 제2항).

나. 직   무

해양오염방제과장은 다음 사항을 분장한다(해양경찰청과 그 소속기관 직제 시행규칙 제29조).

1. 해양오염 방제조치에 관한 사항
2. 지역방제대책본부의 설치·운영
3. 해양오염방제업·유창청소업의 등록 및 지도에 관한 사항
4. 해양시설오염비상계획서 검인 및 안전점검의 지도
5. 지역해양오염방제대책협의회의 구성·운영
6. 지역긴급방제실행계획의 수립 및 실행
7. 오염물질 해양배출신고의 처리에 관한 사항
8. 방제비용에 관한 사항

9. 해양오염방지 및 방제 교육·훈련에 관한 사항

10. 방제장비·자재 및 약제의 긴급동원 및 보급·지원에 관한 사항

11. 기름 및 유해화학물질 사고 대비·대응에 관한 사항

12. 방제 관련 관할해역의 특성정보·자료 수집 및 관리에 관한 사항

13. 해양오염방지를 위한 예방활동 및 지도·점검

14. 오염물질의 해양배출 행위에 대한 조사에 관한 사항

15. 해양오염 예방 및 방제관련 전산시스템 운용

16. 해양환경감시원의 직무에 관한 사항

17. 선박해체 해양오염방지작업계획의 신고에 관한 사항

18. 오염물질의 감식·분석 등에 관한 사항

19. 해양오염방지를 위한 구난조치에 관한 사항

9) 해상교통관제센터장

가. 지   위

지방해양경찰청의 소관 사무를 분장하기 위하여 지방해양경찰청장 소속으로 해상교통관제센터를 둔다(해양경찰청과 그 소속기관 직제 제32조 제1항). 해상교통관제센터는 연안교통관제센터와 항만교통관제센터로 구분한다(해양경찰청과 그 소속기관 직제 제32조 제2항). 해상교통관제센터에 센터장 1명을 두며, 연안교통관제센터장은 5급(방송통신사무관·해양수산사무관) 또는 경정으로, 항만교통관제센터장은 5급(방송통신사무관 또는 해양수산사무관)으로 보한다(해양경찰청과 그 소속기관 직제 제32조 제4항; 해양경찰청과 그 소속기관 직제 시행규칙 제32조 제2항).

나. 직   무

해상교통관제센터장은 다음 사항을 분장한다(해양경찰청과 그 소속기관 직제 시행규칙 제32조 제3항).

1. 해상교통관제센터의 설치·운영에 관한 사항
2. 해상교통관제 시설 설치 및 관리·운영에 관한 사항
3. 해상교통관제절차 위반사항의 처리에 관한 사항
4. 항만운영에 관한 정보 제공에 관한 사항
5. 해상교통관제센터 직원 복무에 관한 사항

6. 해상교통관제업무 절차 홍보·안전교육 및 지도·점검에 관한 사항
7. 해상교통관제센터의 대내외 협력에 관한 사항

다. 해상교통관제센터(Vessel Traffic Service)의 명칭 및 위치

해상교통관제센터의 명칭 및 위치는 해양수산부령으로 정하고, 관할구역 등 그 밖에 필요한 사항은 지방해양경찰청장이 정한다(해양경찰청과 그 소속기관 직제 제32조 제3항). 2021년 4월 현재, 5개의 지방해양경찰청에 20개의 해상교통관제센터가 운영되고 있다.[40] 지방해양경찰청장 소속하에 두는 연안교통관제센터 및 항만교통관제센터의 명칭 및 위치는 다음과 같다(해양경찰청과 그 소속기관 직제 시행규칙 제32조 제1항).

해상교통관제센터 조직도[41]

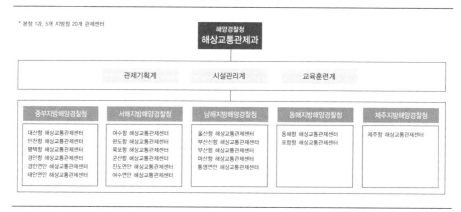

---

40) 해상교통관제센터는 1993년 포항항에 해상교통관제시스템을 최초 도입한 이후 현재 부산항 및 태안 연안 등 전국 20개소에 설치 운영 중이다. 해상교통관제센터는 ① 항만 입·출항 선박 및 연안해역 운항 선박에 대한 해상교통상황 파악 및 정보제공, ② 항로이탈, 위험구역접근, 충돌위험 등으로부터 해양사고 예방하기 위한 선박교통관제, ③ 선박운항현황, 도선, 예인선 운항계획 등 해상교통정보와 항만시설, 정박지 등 항만운영정보 제공, ④ 조류, 조석, 해상기상 등 선박 안전운항을 위한 항행안전 정보 제공, ⑤ 해양사고 및 비상상황 발생시 신속한 초동조치 및 전파 등을 주요업무로 한다(해양경찰청 홈페이지(www.kcg.go.kr)의 VTS 개요 참조(2021년 3월 27일 확인).
41) 해양경찰청 홈페이지(www.kcg.go.kr)의 조직도(2021년 6월 29일 확인).

표 3-4 ㅣ 해상교통관제센터의 명칭 및 위치

구분	소속	명칭	위치
연안 교통 관제 센터	중부지방해양경찰청	경인 연안 해상교통관제센터	인천광역시 중구
		태안 연안 해상교통관제센터	충청남도 서산시
	서해지방해양경찰청	진도 연안 해상교통관제센터	전라남도 진도군
		여수 연안 해상교통관제센터	전라남도 여수시
	남해지방해양경찰청	통영 연안 해상교통관제센터	경상남도 통영시
항만 교통 관제 센터	중부지방해양경찰청	대산항 해상교통관제센터	충청남도 서산시
		평택항 해상교통관제센터	경기도 평택시
		인천항 해상교통관제센터	인천광역시 중구
		경인항 해상교통관제센터	인천광역시 서구
	서해지방해양경찰청	여수항 해상교통관제센터	전라남도 여수시
		완도항 해상교통관제센터	전라남도 완도군
		목포항 해상교통관제센터	전라남도 목포시
		군산항 해상교통관제센터	전라북도 군산시
	남해지방해양경찰청	울산항 해상교통관제센터	울산광역시 남구
		부산항 해상교통관제센터	부산광역시 영도구
		부산신항 해상교통관제센터	경상남도 창원시
		마산항 해상교통관제센터	경상남도 창원시
	동해지방해양경찰청	동해항 해상교통관제센터	강원도 동해시
		포항항 해상교통관제센터	경상북도 포항시
	제주지방해양경찰청	제주항 해상교통관제센터	제주특별자치도

(3) 지방해양경찰청 보좌기관

지방해양경찰청장의 보좌기관	직할단의 장 (항공단장 및 서해5도 특별경비단장)	직할대의 장 (특공대장)	청문감사 담당관	동해·제주 종합상황실장
안전총괄부장의 보좌기관		–		중부·서해· 남해 종합상황실장

1) 지방해양경찰청장의 보좌기관

가. 직할단의 장과 직할대의 장

(가) 지   위

지방해양경찰청장은 해양수산부령으로 정하는 범위에서 그 밑에 각각 직할단과 직할대를 둘 수 있다(해양경찰청과 그 소속기관 직제 제29조 제1항). 지방해양경찰청장 밑에 항공단을 직할단으로 두고, 특공대를 직할대로 둔다(해양경찰청과 그 소속기관 직제 시행규칙 제20조 제3항). 항공단장·특공대장은 경정 또는 경감으로 보한다(해양경찰청과 그 소속기관 직제 시행규칙 제20조 제4항).

(나) 직   무

직할단의 장과 직할대의 장은 특정한 해양경찰사무에 관하여 각각 지방해양경찰청장을 보좌한다(해양경찰청과 그 소속기관 직제 제29조 제2항). 각 직할단(서해5도 특별경비단은 제외한다)의 장 및 직할대의 장의 보좌사무는 해양경찰청장이 정하는 기준에 따라 지방해양경찰청장이 정한다(해양경찰청과 그 소속기관 직제 시행규칙 제20조 제5항).

나. 서해5도 특별경비단장

(가) 지   위

중부지방해양경찰청장 밑에 서해5도[42] 특별경비단을 둔다(해양경찰청과 그 소속기

---

42) 서해5도(백령도, 대청도, 소청도, 연평도, 우도)는 서해 NLL 및 서해5도 접적해역이라는 남북간의 특수한 상황을 이용하여 불법 외국어선 조업이 성행하는 곳이다. 이에 서해5도 특별경비단은 불법으로 조업하는 외국어선 단속, 접적해역에서의 긴급상황 발생시 초동조치, 서해5도 해역에서 조업하는 우리 어민의 안전을 보장하는 것을 중점 업무로 하고 있다(해양경찰청 홈페이지(www.kcg.go.kr)의 서해5도 특별경비단 소개 및 연혁 참조(2021년 3월 27일 확인).

관 직제 시행규칙 제20조 제3항).[43] 서해5도 특별경비단장은 총경으로 보한다(해양경찰청과 그 소속기관 직제 시행규칙 제20조 제4항).

(나) 직   무

서해5도 특별경비단장은 다음 사항에 관하여 중부지방해양경찰청장을 보좌한다(해양경찰청과 그 소속기관 직제 시행규칙 제23조).

1. 불법외국어선 단속, 수사 및 사후처리에 관한 사항
2. 서해5도 해역에서의 경비 및 작전 업무에 관한 사항
3. 서해5도 해역에서의 경비·작전 관련 위기관리 업무에 관한 사항
4. 서해5도 해역에서의 수색 및 구조 업무에 관한 사항

서해5도 특별경비단 조직도[45]

다. 청문감사담당관

(가) 지   위

지방해양경찰청장 밑에 청문감사담당관을 둔다(해양경찰청과 그 소속기관 직제 제27조 제2항; 해양경찰청과 그 소속기관 직제 시행규칙 제20조 제1항). 청문감사담당관은 총경 또는 경

---

43) 중부지방해양경찰청장 밑에는 서해5도 특별경비단 및 항공단을 직할단으로 두고, 특공대를 직할대로 둔다(해양경찰청과 그 소속기관 직제 시행규칙 제20조 제3항).
44) 해양경찰청 홈페이지(www.kcg.go.kr)의 조직도(2021년 6월 29일 확인).

정으로 보한다(해양경찰청과 그 소속기관 직제 시행규칙 제20조 제2항).

(나) 직　　무

청문감사담당관은 다음 사항에 관하여 지방해양경찰청장을 보좌한다(해양경찰청과 그 소속기관 직제 시행규칙 제21조).

1. 지방해양경찰청과 그 소속기관에 대한 감사
2. 지방해양경찰청과 그 소속기관에 대한 다른 기관의 감사결과의 처리
3. 진정 및 비위사항의 조사·처리 등 사정업무에 관한 사항
4. 징계위원회 운영에 관한 사항
5. 청렴도 향상, 부패방지시책, 공무원 행동강령 운영에 관한 사항
6. 소속 공무원의 재산등록 및 심사에 관한 업무
7. 민원실 운영에 관한 사항
8. 그 밖에 지방해양경찰청장이 감사에 관하여 지시한 사항의 처리

2) 지방해양경찰청장 또는 안전총괄부장의 보좌기관: 종합상황실장

가. 지　　위

지방해양경찰청장 밑에 종합상황실장을 둔다(해양경찰청과 그 소속기관 직제 제27조 제2항; 해양경찰청과 그 소속기관 직제 시행규칙 제20조 제1항). 종합상황실장은 경정으로 보한다(해양경찰청과 그 소속기관 직제 시행규칙 제20조 제2항).

나. 직　　무

종합상황실장은 다음 사항에 관하여 지방해양경찰청장을 보좌한다. 다만, 중부·서해 및 남해지방해양경찰청 종합상황실장은 안전총괄부장을 보좌한다(해양경찰청과 그 소속기관 직제 시행규칙 제22조).

1. 해양 경비·재난·치안·오염 상황 등(이하 이 항에서 "해양상황 등"이라 한다)에 대한 접수·처리·전파 및 보고 등 초동조치에 관한 사항
2. 해양상황 등의 피해, 구조 및 대응 현황 등에 대한 파악·기록·통계관리 및 정보분석에 관한 사항
3. 상황관리시스템 구축·운영 및 보안관리에 관한 사항
4. 함정, 항공기 출동상황 관리 및 안전 정보 제공에 관한 사항
5. 소속 해양경찰서의 상황관련 업무조정 등에 관한 사항

3. 해양경찰서

해양경찰청장의 관장사무를 분장하기 위하여 해양경찰청장 소속으로 지방해양경찰청을 두고, 지방해양경찰청장 소속으로 해양경찰서를 둔다(해양경찰청과 그 소속기관 직제 제2조 제2항).

해양경찰서는 국가지방하급해양경찰관청인 해양경찰서장을 정점으로 하여 해양경찰서 보조기관인 기획운영과장, 경비구조과장, 해양안전과장, 수사과장, 정보외사과장, 해양오염방제과장, 장비관리과장(해양경찰청과 그 소속기관 직제 제30조 제4항; 해양경찰청과 그 소속기관 직제 시행규칙 제30조 제1항)과 파출소장 및 (필요한 경우에는) 출장소장(해양경찰청과 그 소속기관 직제 제31조 제1항·제2항)으로 구성되어 있다.[45]

지방해양경찰청에 두는 해양경찰서의 명칭 및 위치는 다음과 같고, 해양경찰서의 하부조직·관할구역, 그 밖에 필요한 사항은 해양수산부령으로 정한다(해양경찰청과 그 소속기관 직제 제30조 제4항; 해양경찰청과 그 소속기관 직제 시행규칙 제19조).

표 3-5 | 5개 지방해양경찰청 소속 19개 해양경찰서의 명칭 및 위치

지방해양경찰청	해양경찰서	위 치
중부지방해양경찰청	인천해양경찰서	인천광역시 중구
	평택해양경찰서	경기도 평택시
	태안해양경찰서	충청남도 태안군
	보령해양경찰서	충청남도 보령시
서해지방해양경찰청	군산해양경찰서	전라북도 군산시
	부안해양경찰서	전라북도 부안군
	목포해양경찰서	전라남도 목포시
	완도해양경찰서	전라남도 완도군
	여수해양경찰서	전라남도 여수시
남해지방해양경찰청	통영해양경찰서	경상남도 통영시
	창원해양경찰서	경상남도 창원시
	부산해양경찰서	부산광역시 영도구
	울산해양경찰서	울산광역시 남구

---

45) 해양경찰청장과 지방해양경찰청장 및 해양경찰서장은 해양경찰관청의 성격을 갖지만, 파출소장과 출장소장은 해양경찰관청으로 보기는 어렵다(홍정선, 앞의 책(「경찰행정법」), 102면).

	포항해양경찰서	경상북도 포항시
동해지방해양경찰청	울진해양경찰서	경상북도 울진군
	동해해양경찰서	강원도 동해시
	속초해양경찰서	강원도 속초시
제주지방해양경찰청	제주해양경찰서	제주특별자치도 제주시
	서귀포해양경찰서	제주특별자치도 서귀포시

(1) 국가지방하급해양경찰관청: 해양경찰서장

1) 지   위

해양경찰서에 서장 1명을 둔다(해양경찰청과 그 소속기관 직제 제30조 제1항). 서장은 총경으로 보한다(해양경찰청과 그 소속기관 직제 제30조 제2항).

2) 직   무

서장은 지방해양경찰청장의 명을 받아 소관사무를 총괄하고, 소속 공무원을 지휘 · 감독한다(해양경찰청과 그 소속기관 직제 제30조 제3항).

(2) 해양경찰서 보조기관

해양경찰서	보조기관							
인천 · 동해 해양경찰서	기획 운영 과장	경비 구조 과장	해양 안전 과장	수사 과장	정보 외사 과장	해양 오염 방제 과장	장비 관리 과장	보안 팀장
태안 · 완도 · 울산 · 포항 · 속초 · 보령 · 부안 · 울진 해양경찰서							장비 관리 팀장	–
기타 해양경찰서							장비 관리 과장	

1) 각 과장 및 팀장

가. 지   위

해양경찰서에 기획운영과 · 경비구조과 · 해양안전과 · 수사과 · 정보외사과 · 해양오염방제과 및 장비관리과를 둔다. 다만, 인천해양경찰서 및 동해해양경찰서에는 기획운영과·경비구조과·해양안전과·수사과·정보외사과·해양오염방제과·장비관리과 및 보안팀을 두고, 태안해양경찰서·완도해양경찰서·울산해양경찰서·포항해양경찰서·속초해양경찰서·보령해양경찰서·부안해양경찰서 및 울진해양경찰서에는 기획운영과·경비구조과·해양안전과·수사과·정보외사과·해양오염방제과 및 장비운영관리팀을 둔다(해양경찰청과 그 소속기관 직제 제30조 제4항; 해양경찰청과 그 소속기관 직제 시행규칙 제30조 제1항). 각 과장 및 팀장은 경정 또는 경감으로 보한다. 다만, 해양오염방제과장은 공업사무관·보건사무관·환경사무관·해양수산사무관·방재안전사무관으로 보한다(해양경찰청과 그 소속기관 직제 시행규칙 제30조 제2항).

나. 직   무

각 과장 및 팀장의 분장사무는 해양경찰청장이 정하는 기준에 따라 지방해양경찰청장이 정한다(해양경찰청과 그 소속기관 직제 시행규칙 제30조 제3항).

2) 파출소장 및 출장소장

지방해양경찰청장은 해양경찰서장의 소관 사무를 분장하기 위하여 해양수산부령으로 정하는 바에 따라 해양경찰서장 소속으로 파출소를 둘 수 있다(해양경찰청과 그 소속기관 직제 제31조 제1항).

지방해양경찰청장은 필요한 경우에는 해양수산부령으로 정하는 바에 따라 해양경찰서장 소속으로 출장소를 둘 수 있다(해양경찰청과 그 소속기관 직제 제31조 제2항). 다음 각 호의 어느 하나에 해당하는 경우에는 출장소를 둘 수 있다(해양경찰청과 그 소속기관 직제 시행규칙 제31조).

1. 도서, 농·어촌 벽지 등 교통·지리적 원격지로 인접 해양경찰관서에서의 출동이 용이하지 아니한 경우
2. 관할구역에 국가중요시설 등 특별한 경계가 요구되는 경우
3. 휴전선 인근 등 보안상 취약지역을 관할하는 경우
4. 제1호부터 제3호까지에서 규정한 사항 외에 치안수요가 특수하여 파출소를 운영하는 것이 적당하지 아니한 경우

파출소 및 출장소의 명칭·위치와 관할구역, 그 밖에 필요한 사항은 지방해양경찰청장이 정한다(해양경찰청과 그 소속기관 직제 제31조 제3항).

Ⅳ. 해양경찰관청의 권한

1. 권한의 의의

(1) 권한의 개념

해양경찰관청의 권한이란 해양경찰관청이 법령상 국가를 위하여 또는 국가의 행위로써 그 의사를 결정하고 표시할 수 있는 능력 또는 사무의 범위를 말한다. 해양경찰관청의 권한에는 해양경찰관청이 가지는 사항적, 지역적, 대인적 권한을 의미하는 일반적 권한인 조직법상의 권한과 해양경찰관청이 국민에 대하여 행사할 수 있는 개별적인 권한인 작용법적 권한이 있다.[46] 조직법상의 권한은 해양경찰관청이 유효하게 직무를 행할 수 있는 범위를 말하고, 작용법적 권한은 해양경찰관청이 국가를 위하여 일정한 행위를 할 수 있는 법적인 힘을 말한다.[47]

(2) 권한의 성질

해양경찰관청의 권한은 그 권한이 부여된 특정의 해양경찰관청만이 행사할 수 있고 다른 해양경찰관청은 행사할 수 없다. 해양경찰관청의 권한행사는 그 권한이 부여된 특정 해양경찰관청의 의무이기도 하다. 주어진 권한이 재량적인 것이라 하여도 재량행사 자체는 있어야 한다는 의미에서 재량권의 행사 역시 의무적이다.[48]

(3) 권한법정주의

해양경찰관청의 권한은 원칙상 법률에 의해 정해져야 한다. 이를 권한법정주의라 한다.[49] 다만, 헌법 제75조 및 제95조의 위임입법허용 규정에 따라 권한의 세부적인 내용은 명령에 위임할 수 있다.[50] 따라서 해양경찰관청은 법령에서 정

---

46) 박균성, 앞의 책, 17면.
47) 김창윤 외 27인 공저, 「경찰학」, 박영사, 2018, 385면.
48) 홍정선, 앞의 책(「행정법원론」(하)), 17면.
49) 박균성·김재광, 앞의 책, 108면.
50) 헌법재판소와 대법원은 모두 법률의 내용을 대통령령, 총리령, 부령 등 법규명령에 위임하는 것뿐만 아니라 불가피한 경우 행정 각부의 장이 정하는 고시와 같은 행정규칙의 형식으로 위임하는 것도 허

한 소관사무의 범위 내에서 조직법상의 권한을 갖는다. 해양경찰관청의 소관사무의 범위는 법률인「정부조직법」과「해양경찰법」, 대통령령인 해양경찰청과 그 소속기관 직제, 해양수산부령인 해양경찰청과 그 소속기관 직제 시행규칙에서 상세히 규정하고 있다. 해양경찰관청의 작용법적 권한(해양경찰권의 발동)은「경찰관직무집행법」,「해양경비법」,「수상레저안전법」등과 같은 각각의 개별 법령에서 규정하고 있다.

2. 권한의 한계

(1) 사항적 또는 사물적 한계

해양경찰관청은 법령에 의해 부여된 일정한 사항에 관한 권한만을 갖는다. 해양경찰관청은 법령에 의하여 자신에게 부여되지 않은 임무에 대하여는 그 권한을 행사할 수 없다. 이를 권한의 사항적 또는 사물적 한계라고 한다. 통상 상호 대립하는 해양경찰관청의 횡적 관계에 있어서, 다른 해양경찰관청의 권한에 속하는 사항을 처리할 수 없는 것을 말한다. 해양경찰관청 사이의 종적 관계에 있어서도 법령에 특별한 규정이 없는 한, 상급해양경찰관청은 하급해양경찰관청의 권한 행사를 지휘·감독할 수는 있으나 그 권한을 대신 행사할 수는 없다.[51]

이 한계의 위반은 해양경찰작용의 위법을 가져온다. 이 한계를 위반하여 권한을 행사한 해양경찰관청의 행위는 원칙적으로 무효가 된다.[52]

> 판례 [권한 없는 자에 의한 처분]
> 운전면허에 대한 정지처분권한은 경찰청장으로부터 경찰서장에게 권한위임된 것이므로 음주운전자를 적발한 단속 경찰관으로서는 관할 경찰서장의 명의로 운전면허정지처분을 대행처리할 수 있을지는 몰라도 자신의 명의로 이를 할 수는 없다 할 것이므로, 단속 경찰관이 자신의 명의로 운전면허행정처분통지서를 작성·교부하여 행한 운전면허정지처분은 비록 그 처분의 내용·사유·근거 등이 기재된 서면을 교부하는 방식으로 행하여졌다고 하더라도 권한 없는 자에 의하여 행하여진 점에서 무효의 처분에 해당한다

용된다고 한다(헌법재판소 2006. 12. 28. 선고 2005헌바59 결정; 대법원 2008. 3. 27. 선고 2006두3742, 3759 판결).

51) 김동희, 앞의 책「행정법」II), 13-14면.
52) 홍정선, 앞의 책「경찰행정법」), 113면.

(대법원 1997. 5. 16. 선고 97누2313 판결).

(2) 지역적 한계

해양경찰관청은 법령에 의해 부여된 자신의 권한을 지역적으로 한정된 공간 내에서만 행사할 수 있다. 이를 권한의 지역적 한계라고 한다. 지역적 한계가 미치는 공간 내지 지역을 관할구역이라고 한다.

지역적 한계는 동급의 해양경찰기관 사이에서 문제된다. 하나의 임무가 다수 해양경찰기관의 관할구역에 걸치는 경우에는 임무의 합목적적인 수행을 위해서 그 임무가 단일하게 수행되는 것이 필요하다. 이러한 경우에는 지역적 권한이 기본적으로 관련 해양경찰기관의 상급기관에 놓인다고 볼 것이다. 그 밖에 법규가 달리 규정하고 있거나 또는 긴급을 요하는 경우에는 관할구역의 제한이 완화된다.[53]

국가중앙해양경찰관청은 해양경찰법 제11조 제3항(해양경찰청장은 해양경찰에 관한 사무를 총괄하고 소속 공무원 및 각급 해양경찰기관의 장을 지휘·감독한다)에 의하여 해양에 관한 한 전국을 관할구역으로 하지만, 지방해양경찰관청은 그 관할구역이 해양경찰청과 그 소속기관 직제 제25조, 제30조 제4항 및 해양경찰청과 그 소속기관 직제 시행규칙 제19조에 의하여 일정한 구역의 해양으로 한정된다.

(3) 대인적 한계

해양경찰관청의 권한이 미치는 인적 범위는 일정한 범위 내로 한정된다. 이를 권한의 대인적 한계라고 한다. 국방부장관은 그 권한을 군인 또는 군무원의 신분을 가진 자에게만 행사할 수 있고, 국립대학교 총장은 그 권한을 해당 대학소속의 교직원과 학생에게만 행사할 수 있는 것과 같이 해양경찰청장은 그 권한을 소속직원에게만 행사할 수 있다.

(4) 형식적 한계

행정관청이 권한을 행사할 때 그 행사에 일정한 행위형식이 정해져 있는 경우가 있다. 이를 권한의 형식적 한계라고 한다. 예컨대 국무총리와 각 부의 장관

---

53) 홍정선 앞의 책「경찰행정법」), 115면.

은 모두 행정입법(법규명령과 행정규칙(행정명령))에 관한 권한을 가지고 있으나, 그 권한은 반드시 총리령과 부령의 형식에 의하여 행사되어야 한다. 각 부의 장관이 아닌 해양경찰청장은 행정입법에 관한 권한이 없어 해양경찰관청의 소관사무에 관한 행정입법은 해양수산부장관의 행정입법의 형식으로 이루어지게 된다. 다만, 법령의 구체적 위임을 받은 경우에는 행정규칙의 형식으로 새로운 법규사항을 정할 수 있다(법령보충적 행정규칙).[54]

3. 권한행사의 효과

(1) 적법한 권한행사의 효과

1) 외부적 효과

해양경찰관청은 독립적인 법인격을 갖지 않고 행정주체인 국가를 대표하는 기관이므로, 해양경찰관청이 그 권한의 범위 내에서 대외적으로 행한 행위는 해양경찰관청 자신이 아니라 행정주체인 국가의 행위로서의 효력을 가진다. 즉 해양경찰관청의 권한행사로 인한 효과는 국가에 귀속하게 될 뿐, 해양경찰관청 자신에게 귀속하게 되는 것은 아니다. 따라서 해양경찰관청의 권한행사의 법적 효력은 해양경찰관청을 구성하는 자연인의 교체 또는 해당 해양경찰관청의 폐지·변경에 영향을 받지 않는다.

2) 내부적 효과

해양경찰관청의 권한은 법령에 의하여 설정되기 때문에 해양경찰관청 상호간에 있어서 활동범위의 한계를 획정한다. 해양경찰관청은 법령에 의하여 부여된 권한의 범위 내에서 활동할 수 있고, 다른 해양경찰관청의 권한에 속하는 행위를 할 수 없다. 이러한 한계는 대등한 해양경찰관청 사이에서는 물론이고 상하관계의 해양경찰관청 사이에서도 그대로 적용된다. 따라서 상급해양경찰관청이라 하여도 법령의 명시적 규정이 없는 한, 하급해양경찰관청의 권한 내에 속하는 행위를 직접 행할 수는 없다.[55]

---

54) 박균성·김재광, 앞의 책, 110면.
55) 김동희, 앞의 책(「행정법」 II), 14-15면; 박균성, 앞의 책, 20면.

(2) 위법한 권한행사의 효과

법령에서 정해진 권한의 한계를 벗어난 해양경찰관청의 권한 외의 행위는 무권한행위에 해당하여 원칙적으로 국가의 행위로서의 효력을 가지지 못한다. 이러한 행위는 주체의 하자(무권한의 하자)가 있는 위법한 행위가 되며 무권한의 하자는 원칙상 무효사유가 된다.[56]

4. 권한행사의 방식

해양경찰관청의 권한은 자기 스스로 법령이 정한 바에 따라 행사하는 것이 원칙이다. 그러나 예외적으로 해양경찰관청의 사고 등의 이유 또는 업무처리의 효율성을 고려하여 다른 해양경찰기관으로 하여금 그 권한을 대신하여 행사하게 하는 경우도 있다. 이를 권한의 대행이라고 하고, 이에는 권한의 대리와 권한의 위임이 있다.

(1) 권한의 대리

1) 의   의

권한의 대리란 피대리관청인 해양경찰관청의 권한의 전부(법정대리) 또는 일부(임의대리)를 다른 해양경찰기관(보조기관 또는 다른 해양경찰관청)이 대리기관으로서 대신 행사하는 것이다. 대리기관의 대리는 피대리관청을 위한 것임을 표시하면서 대리기관 자신의 명의로 행위하고(ex: 해양경찰청장 대리 해양경찰청차장), 그 권한행사의 법적 효과는 피대리관청의 행위로서 발생한다.

이 경우 대리기관은 자신의 명의로 사무처리를 하는 것이나, 그 법적 효과는 피대리관청의 행위로서 발생한다는 점에서 대리관계의 발생에 의하여 법령상의 권한분배에는 영향이 없다.[57] 권한의 대리관계는 해양경찰관청과 보조기관(차장, 국장 등) 사이에서 행하여지는 것이 일반적이다.

---

56) 김동희, 앞의 책「행정법」II), 14면; 박균성·김재광, 앞의 책, 110면.
57) 김동희, 위의 책「행정법」II), 15면.

2) 유사개념과의 구별

가. 권한의 위임과의 구별

권한의 대리와 권한의 위임은 모두 해양경찰관청의 권한을 다른 해양경찰기관이 대신하여 행사한다는 점에서 동일하다.

그러나 이들은 다음과 같은 점에서 구별된다. ① 권한의 대리에 있어서는 해양경찰관청(피대리관청)의 권한의 전부 또는 일부에 대하여 대리가 허용됨에 반해, 권한의 위임에 있어서는 해양경찰관청(위임관청)의 권한의 일부에 대하여 위임이 허용되고 전부에 대한 위임은 허용되지 않는다. ② 권한의 대리는 해양경찰관청(피대리관청)이 그의 권한을 일시적으로 다른 해양경찰기관(대리기관)으로 하여금 대신 행사하게 하는 것일 뿐, 해양경찰관청(피대리관청)의 권한 자체가 대리기관으로 이전되는 것은 아니다(권한의 이전 없는 권한의 대리행사). 이에 반해 권한의 위임은 해양경찰관청(위임관청)의 권한의 일부가 다른 해양경찰기관(수임기관)의 권한으로 실질적[58]으로 이전되는 것이다(권한의 이전 있는 권한의 직접행사). ③ 권한의 대리 중에서 임의(수권)대리는 반드시 법적 근거를 요하지 않는다는 것이 행정법학계의 통설적 입장이다. 이에 반해 권한의 위임은 법령상의 권한분배를 변경하는 것이므로 반드시 법적 근거를 요한다. ④ 권한의 대리에 있어서 대리기관은 피대리관청인 해양경찰관청의 보조기관인 경우(차장, 국장, 안전총괄부장, 과장 등)가 일반적이지만, 권한의 위임에 있어서 수임기관은 위임관청인 해양경찰관청의 하급해양경찰기관, 특히 하급해양경찰관청인 경우가 일반적이다.[59]

나. 권한의 내부위임, 위임전결과의 구별

권한의 대리와 내부위임 및 위임전결[60]은 모두 대외적으로 권한이 이전되지 않는다는 점, 다른 해양경찰기관이 해양경찰관청을 대신하여 권한을 행사하기 위

---

58) 여기서 '실질적으로'란 근거 법률인 모법(수권법)상으로는 여전히 위임관청의 권한이지만, 위임의 법리에 따른 위임입법에 의해 수임기관에게 그 권한이 이전됨을 의미한다(홍정선, 앞의 책「행정법원론」(하), 24면).

59) 김동희, 앞의 책「행정법」 II), 15면; 박균성, 앞의 책, 21면.

60) 행정 효율과 협업 촉진에 관한 규정 제10조(문서의 결재) ② 행정기관의 장은 업무의 내용에 따라 보조기관 또는 보좌기관이나 해당 업무를 담당하는 공무원으로 하여금 위임전결하게 할 수 있으며, 그 위임전결 사항은 해당 기관의 장이 훈령이나 지방자치단체의 규칙으로 정한다.

한 최종적인 결정을 내린다는 점, 그 법적 효과는 피대리관청 또는 위임관청인 해양경찰관청의 행위로서 발생한다는 점에서 동일하다.

그러나 이들은 다음과 같은 점에서 구별된다. ① 권한의 대리는 대외적인 권한행사이므로 그 중 법정대리는 반드시 법령상의 근거규정이 있어야 하지만(법정대리와 달리 임의대리는 법령상의 근거규정이 없어도 된다는 것이 행정법학계의 통설적 입장임), 내부위임 및 위임전결은 행정조직의 내부적인 권한분배이므로 법령상의 근거규정을 필요로 하지 않는다. ② 권한의 대리는 대리기관이 대외적으로 대리행위임을 표시하고 해양경찰관청(피대리관청)의 권한을 자신의 명의로 행사하는 것(ex: 해양경찰청장 대리 해양경찰청차장)이다. 이에 반해 내부위임 및 위임전결은 수임기관이나 전결자가 대외적으로 권한 있는 해양경찰관청과의 관계를 명시함이 없이 내부적·사실상으로 해양경찰관청의 권한을 대신하여 행사하는 데 그치고, 대외적으로는 본래의 권한 있는 해양경찰관청의 명의로 행위를 하는 것이다.[61] 따라서 그 권한행사는 대외적으로 위임관청인 해양경찰관청의 행위로 간주된다.

다. 대결과의 구별

권한의 대리와 대결은 모두 권한이 이전되지 않고, 다른 해양경찰기관이 해양경찰관청을 대신하여 그 권한을 행사를 한다는 점에서 동일하다.

그러나 양자는 다음과 같은 점에서 구별된다. 권한의 대리는 법령에 의하여 부여된 해양경찰관청(피대리관청)의 권한을 대리기관이 자신의 명의로 대신하여 행사하는 대외적 행위이다. 이에 반해 대결은 해양경찰관청이 휴가, 출장, 그 밖의 사유로 권한을 행사할 수 없을 때 그 직무를 대리하는 자가 외부에 표시함이 없이 본래의 권한 있는 해양경찰관청의 명의로 대신하여 권한을 행사(결재)하는 행정조직상의 내부적 행위이다.[62]

대결은 내부적으로라도 권한의 이전이 없고, 결재를 대리하는 것이고, 또한

---

61) 위임전결과 내부위임은 모두 해양경찰관청의 권한이 내부적으로만 이전되는 점에서 동일하지만, 위임전결은 원칙상 결재단계에 있는 해양경찰관청의 보조기관에 대하여 부여되지만, 내부위임은 해양경찰관청의 보조기관뿐만 아니라 하급해양경찰관청에 대하여도 행하여지는 점에서 차이가 있다(박균성·김재광, 앞의 책, 117면).

62) 행정 효율과 협업 촉진에 관한 규정 제10조(문서의 결재) ③ 결재할 수 있는 사람이 휴가, 출장, 그 밖의 사유로 결재할 수 없을 때에는 그 직무를 대리하는 사람이 대결하고 내용이 중요한 문서는 사후에 보고하여야 한다.

대결은 일시적으로만 행하여진다는 점에서 계속적으로 권한이 내부적으로 이전되는 위임전결 및 내부위임과 구별된다.[63]

라. 대표와의 구별

권한의 대리와 대표는 모두 대리 또는 대표되는 기관의 대외적인 권한행사를 대신하며 그 행위의 법적 효과가 그 기관의 행위로서 발생한다는 점에서 동일하다.

그러나 양자는 다음과 같은 점에서 구별된다. 권한의 대리는 피대리관청과 구별되는 대리기관의 행위로서 그 법적 효과가 피대리관청에 귀속될 뿐이다. 이에 반해 대표의 경우는 대표자(예: 대통령, 지방자치단체의 장 등)의 행위가 바로 대표되는 기관(국가 또는 지방자치단체)의 행위가 된다.[64] 대통령의 행위는 대리행위가 아니라 바로 국가의 행위가 된다.

3) 종   류

권한의 대리는 대리권의 발생원인을 기준으로 임의대리와 법정대리로 구분된다.

가. 임의대리

(가) 의   의

임의대리란 피대리관청(해양경찰관청)이 스스로의 의사에 기해 대리기관에게 대리권을 부여(수권행위)함으로써 대리관계가 발생하는 경우를 말한다. 수권대리 또는 위임대리라고도 한다. 대리권을 부여하는 행위(수권행위)는 상대기관의 동의를 요하지 않는 일방적 행위이다.[65]

(나) 법적 근거

임의대리는 이를 인정하는 명문의 규정이 있는 경우도 있지만, 권한의 대리는 권한의 귀속 자체가 변경되는 것은 아니기 때문에 권한의 위임과는 달리 반드시 법적 근거가 있어야 하는 것은 아니다.[66]

---

63) 박균성·김재광, 앞의 책, 117면.
64) 박균성, 앞의 책, 20면.
65) 홍정선, 앞의 책「행정법원론」(하), 21면.
66) 김동희, 앞의 책, 17면; 홍정선, 위의 책「행정법원론」(하), 21면.

(다) 대리권의 범위와 제한

가) 일반적 제한

대리권의 수권은 일반적·포괄적 권한에 한해서만 인정된다. 따라서 법령에서 개별적으로 특정되어 부여된 피대리관청(해양경찰관청)의 권한은 반드시 해당 해양경찰관청이 스스로 행할 것이 요구되므로 그 수권은 허용되지 않는다.

나) 권한의 일부

해양경찰관청에게 법령에 의하여 권한을 부여한 입법취지를 고려하면, 수권은 피대리관청(해양경찰관청)의 권한의 일부에 한하여 가능하며 권한의 전부를 대리시킬 수는 없다.[67]

나. 법정대리

(가) 의   의

법정대리란 법정사실이 발생하였을 때(해양경찰관청의 사고가 있는 경우) 직무상 공백이 생기지 않도록 하기 위하여 법령에 정해진 바에 따라 발생하는 대리관계를 말한다.[68] 법정대리는 임의대리와 달리 피대리관청(해양경찰관청)의 수권행위를 필요로 하지 않는다. 대리기관은 해양경찰관청의 보조기관이 되는 것이 일반적이나 다른 해양경찰관청이 되는 경우도 있다.[69]

(나) 법적 근거

직무대리규정 제4조 제1항은 "기관장에게 사고가 발생한 경우에는 부기관장이 기관장의 직무대리를 한다"고 함으로써 법정대리에 관한 일반법적 근거규정을 두고 있고, 정부조직법 제7조 제2항은 "차관 또는 차장은 그 기관의 장을 보좌하여 소관사무를 처리하고 소속공무원을 지휘·감독하며, 그 기관의 장이 사고로 직무를 수행할 수 없으면 그 직무를 대행한다"고 함으로써 법정대리에 관한 개별법적 근거규정을 두고 있다.

---

67) 박균성, 앞의 책, 22면.
68) 직무대리규정 제2조 제1호는 "직무대리란 기관장, 부기관장이나 그 밖의 공무원에게 사고가 발생한 경우에 직무상 공백이 생기지 아니하도록 해당 공무원의 직무를 대신 수행하는 것을 말한다"고 규정하고 있다. 동 규정상의 직무대리는 법정대리이다(박균성·김재광, 앞의 책, 113면).
69) 김동희, 앞의 책「행정법」II), 18면.

(다) 종   류

가) 협의의 법정대리

협의의 법정대리란 직무대리규정 제4조 제1항과 정부조직법 제7조 제2항이 규정한 바와 같이 법정사실이 발생하였을 때 별도의 지정 없이 법령에서 미리 규정한 특정한 대리기관에게 대리권이 부여되는 대리를 말한다. 정부조직법 제7조 제2항에 따라 해양경찰청 차장은 해양경찰청장의 유사시에 그 직무를 대행하게 되는데, 이러한 경우가 협의의 법정대리에 해당한다.

나) 지정대리

정부조직법 제22조는 "국무총리가 사고로 직무를 수행할 수 없는 경우에는 기획재정부장관이 겸임하는 부총리 … 국무총리와 부총리가 모두 사고로 직무를 수행할 수 없는 경우에는 대통령의 지명이 있으면 그 지명을 받은 국무위원이 … 그 직무를 대행한다"고 규정하고 있다. 이와 같이 법정사실이 발생하였을 때 일정한 자가 다른 일정한 기관을 대리기관으로 지정함으로써 비로소 법령에서 정해진 바에 따라 대리관계가 발생하는 경우를 지정대리라 한다. 지정대리는 피대리관청이 존재하고, 다만 일시적인 사고로 직무를 수행할 수 없는 경우에 행하여지는 것이 일반적이다.

(라) 대리권의 범위

법정대리는 피대리관청의 사고로 인하여 이루어지는 것이므로 특별한 규정이 없는 한, 대리권은 피대리관청의 권한 전부에 미친다.

4) 대리권행사의 법적 효과

대리기관은 피대리관청(해양경찰관청)의 권한 범위 내에서 피대리관청을 대신하여 자신의 이름으로 행사할 수 있고, 이때 대리관계를 표시하여야 하며 대리기관의 대리행위는 대리기관이 아닌 피대리관청의 행위로서 효과가 발생한다. 대리기관의 행위는 피대리관청이 직접 행한 것과 동일하다. 따라서 행정소송의 피고는 대리기관이 아닌 피대리관청이다.

5) 피대리관청과 대리기관과의 책임관계

가. 대리기관 구성원의 책임

대리기관은 자신이 행한 대리행위에 대하여 스스로 책임을 부담한다. 따라서 대리기관의 구성을 이루는 자연인은 대리행위의 잘못이 있는 경우 공무원법상, 민사상, 형사상의 모든 책임을 부담한다.[70]

나. 피대리관청 구성원의 책임

임의대리의 경우 피대리관청(해양경찰관청)의 수권으로써 피대리관청과 대리기관 사이에 대리관계가 형성된다. 따라서 피대리관청은 대리기관에 대한 지휘·감독권을 가지며, 대리기관의 권한행사에 대하여 그 지휘·감독상의 책임을 진다.

이에 반해 법정대리는 대리관계가 피대리관청의 스스로의 의사에 기해 이루어진 것이 아니라, 법령에 의하여 강제된 것이기 때문에 피대리관청은 대리기관의 권한행사에 대하여 그 지휘·감독상의 책임을 지지 않는다. 그러나 피대리관청의 해외출장이나 보행곤란과 같은 사고를 이유로 하는 대리관계에 있어서는 피대리관청은 전화 기타 통신수단으로 지시할 수 있고, 또한 피대리관청의 의사능력·행위능력은 온전할 것이므로, 이러한 경우 피대리관청의 지휘·감독권은 유보되어 있다고 보아야 한다.[71]

6) 대리권의 소멸

임의대리의 대리권은 수권행위의 철회가 있는 때 소멸하고, 법정대리의 대리권은 대리권을 발생하게 한 법정사실의 소멸이 있는 때 소멸한다.

7) 무권한자에 의한 대리행위의 효력

대리권이 처음부터 없는 자 또는 대리권이 있지만 부여된 권한 외의 사항에 관하여 대리행위를 한 경우 그 행위는 무권한자의 행위로서 원칙상 무효이다.

8) 복대리

임의대리는 명문의 규정이 있는 경우를 제외하고는 피대리관청의 권한의 일부에 대하여만 대리관계가 인정되는 것이고, 그 수권은 대리자의 구체적 사정을 고려하여 행하여진다는 점을 고려할 때, 복대리는 원칙적으로 허용되지 않는다. 이에 대하여 법정대리는 대리자의 구체적 사정과는 무관하게 법정사실의 발생에 따라 당연히 대리관계가 성립되고, 그 대리권은 피대리관청의 권한의 전부에 미

---

70) 김남진·김연태, 「행정법」 II, 법문사, 2013, 22면.
71) 김동희, 앞의 책(「행정법」 II), 19면.

치며, 대리자는 대리행위에 대하여 스스로 책임을 지게 된다는 점을 고려할 때, 대리자는 그 대리권의 일부에 대한 복대리자를 선임할 수도 있다.[72]

(2) 권한의 위임

1) 의 의

권한의 위임이란 해양경찰관청이 그의 권한의 일부를 스스로 행사하지 않고 법령에 근거하여 다른 해양경찰기관(일반적으로 하급해양경찰관청)에게 맡겨 그 수임기관의 명의와 권한 및 책임으로 행사하게 하는 것을 말한다.

2) 유사개념과의 구별

가. 권한의 대리와의 구별

이에 관하여는 전술한 바와 같다.

나. 권한의 내부위임·(위임)전결·대결과의 구별

① 권한의 위임은 대외적으로 권한이 이전이 있지만, 내부위임·(위임)전결·대결은 대외적으로 권한의 이전이 없고 일정한 사항의 권한을 내부적으로 대신 행사한다는 점에서 구별된다. 따라서 권한의 위임은 반드시 법적 근거가 있어야 가능하지만, 내부위임·(위임)전결·대결은 법적 근거가 없어도 가능하다. ② 권한의 위임은 수임기관이 자신의 명의와 책임으로써 그 권한을 행사한다. 이에 반해 내부위임·(위임)전결·대결은 권한의 귀속 자체가 변경되는 것이 아니므로 수임기관은 위임관청의 명의와 책임으로써 그 권한을 행사할 수 있을 뿐 자신의 명의로 이를 행할 수 없다. 수임기관이 자신의 명의로 권한행사를 하였다면 그것은 권한 없는 자에 의하여 행하여진 행위로서 원칙적으로 무효이다.[73] ③ 행정소송이 제기되었을 때 권한의 위임의 경우 수임기관이 피고가 되지만, 내부위임·(위임)전결·대결의 경우에는 위임관청이 피고가 된다.

다. 권한의 이양과의 구별

권한의 위임과 권한의 이양은 모두 대외적·대내적으로 행정기관 간에서 권

---

72) 김동희, 앞의 책(「행정법」 II), 19면.
73) 대법원 1986. 12. 9. 선고 86누569 판결.

한의 이전이 있다는 점에서 동일한 측면이 있다. 그러나 양자는 다음과 같은 점에서 구별된다. 권한의 위임은 위임관청의 권한을 규정하는 법령은 변경하지 않고 별도의 위임근거규정에 의하여 위임관청의 권한(권한행사의 권한·의무·책임)을 수임기관의 권한으로 잠정적으로 이전시키는 것을 말한다. 이에 반해 권한의 이양은 권한을 규정하는 관계 법령 자체를 개정하여 위임기관의 권한을 수임기관의 고유한 권한으로 확정적으로 이전시키는 것을 말한다. 따라서 모법인 수권규범의 변경이 없는 권한의 위임은 언제나 권한의 회수가 가능하지만, 수권규범의 변경으로 발생한 권한의 이양은 법령의 개정이 없는 한 권한의 회수가 불가능하다.

3) 위임의 근거

행정권한의 위임은 행정관청이 법률에 따라 특정한 권한을 다른 행정관청에 이전하여 수임관청의 권한으로 행사하도록 하는 것이어서 권한의 법적인 귀속을 변경하는 것이므로 법률의 위임을 허용하고 있는 경우에 한하여 인정된다.[74] 정부조직법 제6조 제1항은 "행정기관은 법령으로 정하는 바에 따라 그 소관사무의 일부를 보조기관 또는 하급행정기관에 위임하거나 다른 행정기관·지방자치단체 또는 그 기관에 위탁 또는 위임할 수 있다"고 규정함으로써 권한의 위임에 관한 일반법적 근거규정을 두고 있다.[75]

4) 위임의 형태

가. 지휘·감독하에 있는 행정기관에 대한 위임: 협의의 권한의 위임

이러한 형태의 위임이 전통적이고 보편적인 형태이다. 이러한 형태의 위임은 수임기관의 동의 없이 위임관청의 일방적 위임행위에 의하여 성립한다.[76] 위임관청은 수임관청에 대하여 지휘감독권을 가지며 수임사무에 대하여도 상급기관으로서 지휘감독할 수 있다.

나. 지휘·감독하에 있지 않은 행정기관에 대한 위임: 권한의 위탁

이러한 위임에는 대등한 행정기관에 대한 위임 또는 자기의 감독 하에 있지

---

74) 대법원 1992. 4. 24. 선고 91누5792 판결.
75) 대법원 1990. 2. 27. 선고 89누5287 판결.
76) 행정권한의 위임 및 위탁에 관한 규정 제2조(정의) 1. 위임이란 법률에 규정된 행정기관의 장의 권한 중 일부를 그 보조기관 또는 하급행정기관의 장이나 지방자치단체의 장에게 맡겨 그의 권한과 책임 아래 행사하도록 하는 것을 말한다.

않은 하급행정기관에 대한 위임이 있다. 과거와 달리 오늘날은 이러한 형태의 위임도 수임기관의 동의 없이 법령에 의하여 이루어진다.[77)]

5) 위임의 한계

가. 일부위임

위임은 해양경찰관청의 권한의 일부에 한하여 가능하며 권한의 전부 또는 주요 부분의 위임은 허용되지 않는다. 권한의 전부 또는 주요 부분의 위임을 허용하게 되면 위임관청의 권한이 없게 되는 결과가 되어 권한분배의 원칙에 반하기 때문이다.[78)]

나. 재위임

정부조직법 제6조 제1항은 "위임 또는 위탁을 받은 기관은 특히 필요한 경우에는 법령으로 정하는 바에 따라 위임 또는 위탁을 받은 사무의 일부를 보조기관 또는 하급행정기관에 재위임할 수 있다"고 규정함으로써 재위임을 허용하고 있다.

6) 수임사무처리비용의 부담

가. 원   칙

행정기관의 장은 행정권한을 위임 및 위탁할 때에는 위임 및 위탁하기 전에 수임기관의 수임능력 여부를 점검하고, 필요한 인력 및 예산을 이관하여야 한다(행정권한의 위임 및 위탁에 관한 규정 제3조 제2항).

나. 예   외

국가가 스스로 하여야 할 사무를 지방자치단체나 그 기관에 위임하여 수행하는 경우 그 경비는 국가가 전부를 그 지방자치단체에 교부하여야 한다(지방재정법 제21조 제2항).

7) 위임의 효과

가. 수임기관의 지위

보조기관은 위임받은 사항에 대하여는 그 범위에서 행정기관으로서 그 사무

---

77) 김동희, 앞의 책(「행정법」II), 23면.
78) 김동희, 위의 책(「행정법」II), 22면.

를 수행한다(정부조직법 제6조 제2항). 수임 및 수탁사무의 처리에 관한 책임은 수임 및 수탁기관에 있다(행정권한의 위임 및 위탁에 관한 규정 제8조 제1항). 수임 및 수탁사무에 관한 권한을 행사할 때에는 수임 및 수탁기관의 명의로 하여야 한다(행정권한의 위임 및 위탁에 관한 규정 제8조 제2항). 따라서 취소소송 등 항고소송의 피고도 수임기관이 된다.[79]

나. 위임관청의 권한

위임 및 위탁기관의 장은 그에 대한 감독책임을 진다(행정권한의 위임 및 위탁에 관한 규정 제8조 제1항). 위임 및 위탁기관은 수임 및 수탁기관의 수임 및 수탁사무 처리에 대하여 지휘·감독하고, 그 처리가 위법하거나 부당하다고 인정될 때에는 이를 취소하거나 정지시킬 수 있다(행정권한의 위임 및 위탁에 관한 규정 제6조). 수임 및 수탁사무의 처리에 관하여 위임 및 위탁기관은 수임 및 수탁기관에 대하여 사전승인을 받거나 협의를 할 것을 요구할 수 없다(행정권한의 위임 및 위탁에 관한 규정 제7조). 위임 및 위탁기관은 위임 및 위탁사무 처리의 적정성을 확보하기 위하여 필요한 경우에는 수임 및 수탁기관의 수임 및 수탁사무 처리 상황을 수시로 감사할 수 있다(행정권한의 위임 및 위탁에 관한 규정 제9조).

8) 위임의 종료

위임이 종료되면 위임된 권한은 다시 위임관청의 권한으로 된다. 권한의 위임은 법령 또는 위임관청의 의사표시에 의하여 위임이 해제되거나 위임기한이 경과되는 등의 이유로 종료된다.

V. 해양경찰관청 상호간의 관계

1. 상·하급해양경찰관청 간의 관계

(1) 권한의 지휘·감독관계

상급해양경찰관청은 하급해양경찰관청을 지휘·감독하는 관계에 있다. 상급해양경찰관청이 갖는 모든 지휘·감독수단에 대한 개별적인 법적 근거는 필요하

---

79) 대법원 1994. 6. 14. 선고 94누1197 판결.

지 않으나, 적어도 상급해양경찰관청이 하급해양경찰관청의 행정작용에 대하여 일반적으로 지휘·감독권을 행사할 수 있다는 감독권 자체에 대한 법적 근거는 필요하다. 현행법령상 근거로는 해양경찰법 제11조 제3항(해양경찰청장은 해양경찰에 관한 사무를 총괄하고 소속 공무원 및 각급 해양경찰기관의 장을 지휘·감독한다)과 해양경찰청과 그 소속기관 직제 제26조 제3항(지방해양경찰청장은 해양경찰청장의 명을 받아 소관사무를 총괄하고, 소속 공무원을 지휘·감독한다) 및 제30조 제3항(서장은 지방해양경찰청장의 명을 받아 소관사무를 총괄하고, 소속 공무원을 지휘·감독한다)이 있다.

상급해양경찰관청이 지휘·감독권을 행사하는 방법에는 다음과 같은 것들이 있다.

1) 예방적 감독

가. 감 시 권

상급해양경찰관청은 하급해양경찰관청이 행하는 사무처리상황을 파악하기 위하여 사무처리의 내용에 대하여 정기적으로 또는 수시로 보고를 요구하거나, 서류 또는 장부를 검사하고 사무를 감사할 수 있다. 이를 감시권이라고 한다.

감시권을 행사하기 위해서 특별한 법적 근거가 있어야 하는 것은 아니다. 감시권의 행사는 사후교정적 감독수단인 경우도 있지만, 사전예방적 감독수단으로서 행하여지는 것이 일반적이다.

나. 훈 령 권

(가) 의   의

훈령이란 상급해양경찰관청이 하급해양경찰관청 또는 보조기관의 권한행사를 일반적으로 지휘하기 위하여 사전에 발하는 명령을 말한다. 훈령을 발할 수 있는 권한을 훈령권이라고 한다. 훈령은 사후교정적 감독수단인 경우도 있지만, 사전예방적 감독수단으로서 행하여지는 것이 일반적이다.

(나) 직무명령과의 구별

가) 훈령은 상급해양경찰관청이 하급해양경찰관청에 발하는 명령이라는 점에서 상급공무원이 부하공무원에게 발하는 명령인 직무명령(국가공무원법 제57조: 공무원은 직무를 수행할 때 소속 상관의 직무상 명령에 복종하여야 한다)과는 구별된다. 다만 해양경찰공무원이 해양경찰기관의 지위에 있는 경우 그가 훈령에 따라 권한을 행사해야 하는

것은 해양경찰공무원 개인의 의무이기도 하기 때문에 훈령은 동시에 직무명령으로서의 기능을 가질 수도 있다.

나) 훈령은 해양경찰관청에 대한 명령이므로 상급기관구성자의 변경에도 불구하고 효력을 가지나, 직무명령은 특정한 공무원 개인에 대하여 발령되므로 그 공무원의 변경·교체가 있으면 당연히 그 효력이 소멸된다.

다) 훈령은 하급해양경찰관청의 소관사무에 대한 권한행사와 관련하여 발령되나, 직무명령은 해양경찰공무원의 직무수행과 관련되는 한 공무원 개인의 일상생활상의 행위와도 관련되어 발령될 수 있다.[80]

(다) 법적 근거

훈령을 발하기 위해서 특별한 법적 근거가 필요한 것은 아니고, 지휘·감독권의 당연한 결과로서 발할 수 있다.

(라) 법적 성질 및 구속력

가) 내부적 구속력

훈령은 해양경찰조직 내부에서의 해양경찰작용으로 하급해양경찰관청에 대한 지시 또는 명령의 성질을 가지며 하급해양경찰관청을 구속한다. 훈령은 하급해양경찰관청의 권한행사를 지휘하는 것을 내용으로 하고, 법령상의 특별한 규정이 있지 않는 한 하급해양경찰관청의 권한을 대신하여 행사하는 것을 내용으로 할수는 없다.[81]

나) 외부적 구속력

훈령은 행정조직 내부에서 발하여지는 행정규칙[82]으로서 원칙적으로 법규성이 인정되지 않는다. 따라서 훈령은 일반국민을 구속할 수는 없으며, 하급해양경찰관청이 그에 위반하더라도 명령복종의무 위반으로 징계사유는 될지라도 그 위반행위가 위법한 것으로는 되지 않는다.[83]

---

80) 홍정선, 앞의 책(「행정법원론」(하)), 33면.
81) 김동희, 앞의 책(「행정법」 II), 27면.
82) 행정규칙은 원칙적으로 행정 외부의 국민에게는 영향을 직접 미치지 않는 행정내부의 사무처리 등을 위한 지침으로서 훈령, 내규, 예규, 고시 등의 명칭으로 불리는 것이다(정재황, 「신헌법입문」 제4판, 박영사, 2014, 652면). 법규명령인 부령은 행정각부의 장만이 제정할 수 있지만(헌법 제95조), 행정규칙은 행정각부의 장이 아닌 행정기관도 제정할 수 있다(김하열, 「헌법강의」 제2판, 박영사, 2020, 871면).

판례 [대외적 구속력이 없는 훈령]

① 훈령이란 행정조직내부에 있어서 그 권한의 행사를 지휘감독하기 위하여 발하는 행정명령으로서 훈령, 예규, 통첩, 지시, 고시, 각서 등 그 사용명칭 여하에 불구하고 공법상의 법률관계내부에서 준거할 준칙 등을 정하는데 그치고 대외적으로는 아무런 구속력도 가지는 것이 아니다(대법원 1983. 6. 14. 선고 83누54 판결).

② 국민의 권익보호를 위한 행정절차에 관한 훈령(1989.11.17. 국무총리훈령 제235호)은 상급행정기관이 하급행정기관에 대하여 발하는 일반적인 행정명령으로서 행정기관 내부에서만 구속력이 있을 뿐 대외적인 구속력을 가지는 것이 아니다(대법원 1994. 8. 9. 선고 94누3414 판결).

그러나 예외적으로 훈령을 포함한 행정규칙의 법규성이 인정되는 경우가 있다.

판례 [대외적 구속력이 있는 훈령]

법령의 직접적인 위임에 따라 위임행정기관이 그 법령을 시행하는데 필요한 구체적 사항을 정한 것이면, 그 제정형식은 비록 법규명령이 아닌 고시, 훈령, 예규 등과 같은 행정규칙이더라도 그것이 상위법령의 위임한계를 벗어나지 아니하는 한, 상위법령과 결합하여 대외적인 구속력을 갖는 법규명령으로서 기능하게 된다고 보아야 할 것이다(헌법재판소 1992. 6. 26. 선고 91헌마25 결정).

(마) 종   류

훈령의 종류에는 협의의 훈령(상급해양경찰관청이 하급해양경찰관청에 대하여 장기간에 걸쳐 그 권한의 행사를 일반적으로 지시하기 위하여 발하는 명령)·지시(상급해양경찰관청이 하급해양경찰관청의 문의에 의하여 하급해양경찰관청에 개별적·구체적으로 발하는 명령)·예규(행정사무의 통일을 기하기 위하여 반복적 행정사무의 처리기준을 제시하기 위하여 발하는 명령)·일일명령(당직·출장·시간외근무·휴가 등 일일업무에 관하여 발하는 명령)이 있다(행정효율과 협업촉진에 관한 규정 제4조 제2호).[84]

---

83) 김동희, 앞의 책「행정법」II), 27면; 박균성·김재광, 앞의 책, 125면.
84) 김남진·김연태, 앞의 책, 36면.

(바) 요   건

가) 형식적 요건

훈령의 주체	훈령권을 가진 상급해양경찰관청
훈령의 상대방	훈령권 있는 관청의 지휘를 받을 수 있는 하급해양경찰관청
훈령사항	하급해양경찰관청의 권한 내의 사항
	하급해양경찰관청의 독립적인 권한에 속하지 않는 사항

나) 실질적 요건

적법성 여부	적법·타당·공익성 요구
가능성 여부	가능·명백성 요구

(사) 형   식

훈령은 특별한 형식을 요하지 않는다. 따라서 문서 또는 구두 등 어느 형식으로도 이루어질 수 있다.

(아) 경   합

내용적으로 서로 모순되는 둘 이상의 상급해양경찰관청의 훈령이 경합하는 경우에 원칙적으로 하급해양경찰관청은 주관상급해양경찰관청의 훈령에 따라야 한다. 서로 모순되는 훈령을 발한 상급해양경찰관청이 모두 주관상급해양경찰관청인 경우에는 행정조직의 계층적 질서를 존중하기 위하여 직근상급해양경찰관청의 훈령에 따라야 한다. 주관상급해양경찰관청이 명확하지 않거나 모두 주관상급해양경찰관청이 아닌 경우에는 주관쟁의결정의 방법에 의해 해결하여야 한다.

다. 승 인 권

하급해양경찰관청이 특정한 권한을 행사하는 경우에 미리 상급해양경찰관청으로부터 승인을 받아야 하는 경우가 있다. 이때 상급해양경찰관청은 하급해양경찰관청에 대하여 승인권을 갖는다. 이러한 승인권의 행사는 예방적 감독수단의 하나이다.

일반적으로 승인은 하급해양경찰관청이 권한을 행사하기 전에 반드시 필요한 것은 아니다. 다만, 하급해양경찰관청이 권한을 행사하기 전에 미리 승인을 받도록 법령에 규정되어 있는 경우 승인을 받지 않은 상태에서 한 행위는 무효가 된다. 승인은 행정조직상 내부행위에 해당하므로 그것이 거부되었다고 해서 하급해양경찰관청이 소송을 제기할 수는 없다.

라. 주관쟁의결정권

하급해양경찰관청 상호간에 권한에 관한 다툼이 있는 경우 상급해양경찰관청이 권한 있는 기관을 결정하는 권한을 갖는다. 이를 주관쟁의결정권이라고 한다. 주관쟁의결정권의 행사는 예방적 감독수단으로서 행하여진다.

주관쟁의의 방식에 대하여 행정절차법 제6조 제2항은 "행정청의 관할이 분명하지 아니한 경우에는 해당 행정청을 공통으로 감독하는 상급 행정청이 그 관할을 결정하며, 공통으로 감독하는 상급 행정청이 없는 경우에는 각 상급 행정청이 협의하여 그 관할을 결정한다"고 규정하고 있다. 만약 상급행정청의 협의가 이루어지지 않은 경우에는 행정각부간의 주관쟁의로써 국무회의의 심의를 거쳐 대통령이 결정한다(헌법 제89조 제10호).

2) 교정적 감독: 취소·정지권

상급해양경찰관청은 하급해양경찰관청의 위법·부당한 행위를 취소하거나 정지할 수 있는 권한을 갖는다. 이를 취소·정지권이라고 한다. 취소·정지권은 상급해양경찰관청이 직권으로 행사할 수도 있고, 당사자의 행정심판 기타의 불복신청에 의하여 행사할 수도 있다. 취소·정지권의 행사는 교정적 감독수단으로서 행하여진다.

취소·정지권에 대한 법령상의 근거규정이 있는 경우에 상급해양경찰관청이 그 권한을 행사할 수 있다는 것은 당연하다. 그러나 법령상의 명시적인 근거규정이 없는 경우에 취소·정지권이 지휘감독권에 포함된다고 보아 행사가 가능한지에 대하여는 긍정하는 견해와 부정하는 견해가 대립하고 있다.

(2) 권한의 대행관계

하급해양경찰관청이 상급해양경찰관청의 권한을 대신 행사하는 관계를 권한의 대행관계라고 한다. 권한의 대행관계는 권한의 대리관계와 권한의 위임관계가 있다. 이는 이미 살펴본 바와 같다. 권한의 대행관계는 반드시 상·하급행정관청간의 문제만은 아니다.

2. 대등해양경찰관청 간의 관계

(1) 권한의 상호존중관계

대등한 해양경찰관청 사이에서는 서로 다른 해양경찰관청의 권한을 존중하여야 하며 그것을 침범하지 못한다. 해양경찰관청이 그 권한 내에서 행한 행위는 무효가 아닌 한 공정력이 인정되어 다른 해양경찰관청은 이에 구속된다.

(2) 권한의 상호협력관계

1) 협   의

어떠한 사항이 둘 이상의 대등한 해양경찰관청의 사무 또는 권한과 관련 있는 경우 그 사항은 관계된 해양경찰관청 사이의 협의에 의하여 결정되고 처리하게 된다.

2) 사무의 촉탁(위탁)

권한위임의 한 종류로서 대등한 해양경찰관청 사이에서 어느 하나의 해양경찰관청의 직무상 필요한 사무가 다른 해양경찰관청의 관할에 속할 때 그 해양경찰관청에 사무처리를 촉탁(위탁)하는 것을 말한다. 사무의 촉탁(위탁)은 법령의 근거를 요한다. 위탁을 받은 해양경찰관청은 위탁을 거부할 수 없다.[85]

3) 해양경찰응원

대등한 해양경찰관청 사이에서 어느 하나의 해양경찰관청이 직무수행의 어려움이 있을 때 다른 해양경찰관청에 인적·물적 협력을 요구할 수 있고, 협력의 요청을 받은 해양경찰관청은 이에 따른 협력을 제공하는 경우가 있다. 이를 해양경찰응원이라고 한다. 경찰행정응원에 관한 일반법으로 행정절차법(제8조: 행정청은 다음 각 호의 어느 하나에 해당하는 경우에는 다른 행정청에 행정응원을 요청할 수 있다. 1. 법령 등의 이유로 독자적인 직무 수행이 어려운 경우, 2. 인원·장비의 부족 등 사실상의 이유로 독자적인 직무 수행이 어려운 경우 등)이 있고, 경찰행정응원에 관한 특별법으로 경찰직무응원법이 있다. 또한 해양에서의 해양경찰 행정응원에 관한 기본법으로 수상에서의 수색·구조 등에 관한 법률이 있다. 따라서 수난구호협력기관의 장은 수난구호활동을 위하여 구조본부의

---

85) 홍정선, 앞의 책(「경찰행정법」), 121면.

장 또는 소방관서의 장으로부터 필요한 지원과 협조 요청이 있을 경우 특별한 사정이 없으면 이에 응하여야 한다(수상에서의 수색·구조 등에 관한 법률 제14조 제1항).

VI. 해양경찰집행기관의 신분

1. 해양경찰공무원 제도

(1) 해양경찰공무원의 의의

국가공무원법상 해양경찰공무원은 경력직공무원으로서 법관, 검사, 소방공무원, 교육공무원, 군인 등과 함께 특정직공무원으로 분류된다(국가공무원법 제2조 제2항 제2호). 헌법 제7조 제1항은 "공무원은 국민전체에 대한 봉사자이며, 국민에 대하여 책임을 진다"고 규정하고 있다. 따라서 해양경찰공무원이란 국민전체에 대한 봉사자로서 해양에서의 경찰 및 오염방제에 관한 사무에 대한 책임을 지는 공무원이라고 정의할 수 있다.[86]

(2) 해양경찰공무원의 종류

육상경찰공무원이 국가경찰사무를 담당하는 경찰공무원과 자치경찰사무를 담당하는 경찰공무원 및 제주특별자치도에 설치된 자치경찰공무원으로 이루어진 것에 반해, 해양경찰공무원은 업무의 특성상 국가해양경찰사무를 담당하는 경찰공무원으로만 이루어져 있다.

(3) 해양경찰공무원의 계급

해양경찰청 소속 경찰공무원의 계급은 치안총감·치안정감·치안감·경무관·총경·경정·경감·경위·경사·경장·순경으로 한다(해양경찰법 제13조 제2항).

---

86) 현재 해양경찰은 경찰공무원의 신분을 가지고 있지만, 과거 상공부 해무청 소속일 때에는 경찰공무원이 아닌 해양경비원 신분을 가지고 있었다. 사전적으로 경찰은 "국가 사회의 공공질서와 안녕을 보장하고 국민의 안전과 재산을 보호하는 일 또는 그 일을 하는 조직, 국민의 생명·신체·재산을 보호하고 범죄의 예방과 수사, 피의자의 체포, 공안의 유지 따위를 담당한다"는 의미를 가지고 있다(네이버 국어사전).

⑷ 해양경찰공무원의 임용 및 신분 등에 관계된 법령

1) 일반법: 국가공무원법

해양경찰공무원은 경찰공무원으로서 임용 및 신분 등과 관련하여 육상경찰공무원 및 일반직 공무원과 마찬가지로 국가공무원법의 적용을 받는다.

2) 특 별 법

가. 경찰공무원법

경찰공무원은 일반직공무원과 비교하였을 때 직무 및 근무 조건 등의 특수성을 가지고 있다. 따라서 경찰공무원에 대해서는 주로 국가공무원법에 대하여 특별법적 지위를 갖는 경찰공무원법(제1조: 이 법은 경찰공무원의 책임 및 직무의 중요성과 신분 및 근무조건의 특수성에 비추어 그 임용, 교육훈련, 복무, 신분보장 등에 관하여 「국가공무원법」에 대한 특례를 규정함을 목적으로 한다)에서 임용, 교육훈련, 복무, 신분보장 등에 관하여 규정하고 있다. 경찰공무원법은 육상경찰공무원뿐만 아니라 해양경찰공무원에게도 동일하게 적용된다.

나. 해양경찰법

해양경찰법 제13조 제3항도 "해양경찰청 소속 공무원의 임용·교육훈련·복무·신분보장 등에 관하여는 이 법에서 특별히 정한 것을 제외하고는 「국가공무원법」과 「경찰공무원법」에서 정하는 바에 따른다"고 규정하고 있다.

3) 기타 명령

이 밖에도 경찰공무원 복무규정, 경찰공무원 징계령, 해양경찰청 소속 경찰공무원 임용에 관한 규정, 해양경찰청 소속 경찰공무원 임용에 관한 규정 시행규칙 등에서 해양경찰공무원에 대한 임용과 신분 등에 관하여 규정하고 있다.

2. 해양경찰공무원의 임용

⑴ 임용의 의의

1) 임용의 개념

"임용"이란 신규채용·승진·전보·파견·휴직·직위해제·정직·강등·복직·면직·해임 및 파면을 말한다(경찰공무원법 제2조). 특정인에게 공무원의 신분을 부여하여 공무원관계를 발생시키는 행위를 말하는 임명과 달리, 임용은 공무원관계를 발생·변경·소멸시키는 모든 행위, 즉 공무원관계를 처음 발생시키는 신규채용, 공무원관계의 변동인 승진임용, 전직, 전보, 겸임, 파견, 강임, 휴직, 직위해제, 정직, 강등 및 복직과 공무원관계를 소멸시키는 면직, 해임, 파면행위를 모두 포함하는 것이다.[87]

2) 임용주체로서의 국가

가. 임명권자 및 임용권자

(가) 해양경찰청장의 임명

해양경찰청장은 해양경찰위원회의 동의를 받아 해양수산부장관의 제청으로 국무총리를 거쳐 대통령이 임명한다(해양경찰법 제11조 제2항). 경찰청장과 달리 해양경찰청장은 인사청문회의 대상이 아니다.

(나) 총경 이상의 해양경찰공무원의 임용

총경 이상 경찰공무원은 해양경찰청장의 추천을 받아 해양수산부장관의 제청으로 국무총리를 거쳐 대통령이 임용한다. 다만, 총경의 전보, 휴직, 직위해제, 강등, 정직 및 복직은 해양경찰청장이 한다(경찰공무원법 제7조 제1항).

(다) 경정 이하의 해양경찰공무원의 임용

가) 원　　칙

경정 이하의 경찰공무원은 해양경찰청장이 임용한다. 다만, 경정으로의 신규채용, 승진임용 및 면직은 해양경찰청장의 제청으로 국무총리를 거쳐 대통령이 한다(경찰공무원법 제7조 제2항).

나) 임용권한의 위임

해양경찰청장은 대통령령으로 정하는 바에 따라 경찰공무원의 임용에 관한 권한의 일부를 소속 기관의 장, 지방해양경찰관서의 장에게 위임할 수 있다(경찰공무원법 제7조 제4항). 해양경찰청장은 경찰공무원법 제7조 제4항에 따라 중앙해양특수구조단·해양경찰교육원·해양경찰정비창 및 지방해양경찰청(이하 "소속기관 등"이라 한다)의 장에게 다음 각 호의 구분에 따른 권한을 위임할 수 있다(해양경찰청 소속 경찰공

---

87) 김동희, 앞의 책「행정법」II), 141면.

무원 임용에 관한 규정 제4조 제1항). 1. 중앙해양특수구조단장: 중앙해양특수구조단 소속 경찰공무원 중 경감 이하의 전보권 및 경사 이하의 승진임용·파견·휴직·직위해제 및 복직에 관한 권한 2. 해양경찰교육원장 또는 지방해양경찰청장: 해양경찰교육원 또는 지방해양경찰청 소속 경찰공무원 중 경정의 전보·파견·휴직·직위해제 및 복직에 관한 권한과 경감 이하의 임용권 3. 해양경찰정비창장: 해양경찰정비창 소속 경찰공무원 중 경정의 전보권과 경감 이하의 임용권

제1항에 따라 임용권을 위임받은 소속기관 등의 장은 소속 경찰공무원을 승진임용할 때에는 미리 해양경찰청장에게 보고해야 한다(해양경찰청 소속 경찰공무원 임용에 관한 규정 제4조 제2항). 제1항에도 불구하고 해양경찰청장은 정원의 조정, 신규채용, 인사교류 및 파견을 위해 필요한 경우에는 직접 임용할 수 있다(해양경찰청 소속 경찰공무원 임용에 관한 규정 제4조 제3항).

해양경찰교육원장은 해양경찰연구센터장에게 다음 각 호의 권한을 다시 위임할 수 있다. 이 경우 임용권을 재위임 받은 해양경찰연구센터장은 제2호에 따라 그 소속 경사 이하 경찰공무원을 승진임용하려면 미리 해양경찰교육원장에게 보고해야 한다(해양경찰청 소속 경찰공무원 임용에 관한 규정 제4조 제4항). 1. 해양경찰연구센터 소속 경찰공무원 중 경감 이하의 전보권 2. 해양경찰연구센터 소속 경찰공무원 중 경사 이하의 승진임용·파견·휴직·직위해제 및 복직에 관한 권한

지방해양경찰청장은 해양경찰서장에게 다음 각 호의 권한을 다시 위임할 수 있다. 이 경우 임용권을 재위임 받은 해양경찰서장은 제2호에 따라 그 소속 경사 이하 경찰공무원을 승진임용하려면 미리 지방해양경찰청장에게 보고해야 한다(해양경찰청 소속 경찰공무원 임용에 관한 규정 제4조 제5항). 1. 해양경찰서 소속 경찰공무원 중 경감 이하의 전보권 2. 해양경찰서 소속 경찰공무원 중 경사 이하의 승진임용·파견·휴직·직위해제 및 복직에 관한 권한

나. 해양경찰공무원인사위원회

경찰공무원의 인사에 관한 중요 사항에 대하여 해양경찰청장의 자문에 응하게 하기 위하여 해양경찰청에 경찰공무원인사위원회를 둔다(경찰공무원법 제5조 제1항). 인사위원회의 구성 및 운영에 필요한 사항은 대통령령으로 정한다(경찰공무원법 제5조 제2항).

(가) 인사위원회의 기능

인사위원회는 다음 각 호의 사항을 심의한다(경찰공무원법 제6조). 1. 경찰공무원의 인사행정에 관한 방침과 기준 및 기본계획, 2. 경찰공무원의 인사에 관한 법령의 제정·개정 또는 폐지에 관한 사항, 3. 그 밖에 해양경찰청장이 인사위원회의 회의에 부치는 사항

(나) 인사위원회의 구성

법 제5조에 따른 경찰공무원인사위원회는 위원장을 포함하여 5명 이상 7명 이하의 위원으로 구성한다(해양경찰청 소속 경찰공무원 임용에 관한 규정 제9조 제1항). 인사위원회의 위원장과 위원은 해양경찰청 소속 경찰공무원 중에서 해양경찰청장이 임명한다(해양경찰청 소속 경찰공무원 임용에 관한 규정 제9조 제2항).

(다) 위원장의 직무

위원장은 인사위원회를 대표하며, 인사위원회의 사무를 총괄한다(해양경찰청 소속 경찰공무원 임용에 관한 규정 제10조 제1항). 위원장이 부득이한 사유로 직무를 수행할 수 없을 때에는 위원 중에서 최상위계급 또는 선임인 경찰공무원이 그 직무를 대행한다(해양경찰청 소속 경찰공무원 임용에 관한 규정 제10조 제2항).

(라) 회 의

위원장은 인사위원회의 회의를 소집하고 그 의장이 된다(해양경찰청 소속 경찰공무원 임용에 관한 규정 제11조 제1항). 회의는 재적위원 과반수의 찬성으로 의결한다(해양경찰청 소속 경찰공무원 임용에 관한 규정 제11조 제2항).

(마) 간 사

인사위원회에 2명 이하의 간사를 둔다(해양경찰청 소속 경찰공무원 임용에 관한 규정 제12조 제1항). 간사는 해양경찰청 소속 경찰공무원 중에서 해양경찰청장이 지명한다(해양경찰청 소속 경찰공무원 임용에 관한 규정 제12조 제2항). 간사는 위원장의 지시에 따라 인사위원회의 사무를 처리한다(해양경찰청 소속 경찰공무원 임용에 관한 규정 제12조 제3항).

(바) 심의사항의 보고

위원장은 인사위원회에서 심의된 사항을 지체 없이 해양경찰청장에게 보고해야 한다(해양경찰청 소속 경찰공무원 임용에 관한 규정 제13조).

(사) 운영세칙

이 영에서 규정한 사항 외에 인사위원회의 운영에 필요한 사항은 인사위원회의 의결을 거쳐 위원장이 정한다(해양경찰청 소속 경찰공무원 임용에 관한 규정 제14조).

3) 임용상대방으로서의 해양경찰공무원

경찰공무원법은 해양경찰공무원이 될 자격을 다음과 같이 규정하고 있다. 경찰공무원은 신체 및 사상이 건전하고 품행이 방정한 사람 중에서 임용한다(경찰공무원법 제8조 제1항). 다만 다음 각 호의 어느 하나에 해당하는 사람은 경찰공무원으로 임용될 수 없다(경찰공무원법 제8조 제2항).

가. 해양경찰공무원의 임용결격사유

1. 대한민국 국적을 가지지 아니한 사람, 2. 「국적법」 제11조의2 제1항에 따른 복수국적자, 3. 피성년후견인 또는 피한정후견인, 4. 파산선고를 받고 복권되지 아니한 사람, 5. 자격정지 이상의 형[88]을 선고[89]받은 사람, 6. 자격정지 이상의 형의 선고유예를 선고받고 그 유예기간 중에 있는 사람, 7. 공무원으로 재직기간 중 직무와 관련하여 「형법」 제355조(횡령·배임죄) 및 제356조(업무상횡령·배임죄)에 규정된 죄를 범한 사람으로서 300만원 이상의 벌금형을 선고받고 그 형이 확정된 후 2년이 지나지 아니한 사람, 8. 「성폭력범죄의 처벌 등에 관한 특례법」 제2조에 규정된 죄를 범한 사람으로서 100만원 이상의 벌금형을 선고받고 그 형이 확정된 후 3년이 지나지 아니한 사람, 9. 미성년자에 대한 다음 각 목의 어느 하나에 해당하는 죄를 저질러 형 또는 치료감호가 확정된 사람(집행유예를 선고받은 후 그 집행유예기간이 경과한 사람을 포함한다) 가. 「성폭력범죄의 처벌 등에 관한 특례법」 제2조에 따른 성폭력범죄, 나. 「아동·청소년의 성보호에 관한 법률」 제2조 제2호에 따른 아동·

---

88) 형법 제41조(형의 종류) 형의 종류는 다음과 같다. 1. 사형, 2. 징역, 3. 금고, 4. 자격상실, 5. 자격정지, 6. 벌금, 7. 구류, 8. 과료, 9. 몰수

89) 집행유예의 판결은 형을 선고하면서 그 집행만을 일정기간 유예하는 것이므로 형선고의 판결에 속한다(이은모·김정환, 「형사소송법」, 734면). 또한 형의 집행유예를 선고받은 사람이 그 선고가 실효 또는 취소됨이 없이 정해진 유예기간을 무사히 경과하여 형의 선고가 효력을 잃게 되었더라도, 이는 형의 선고의 법적 효과가 없어질 뿐이고 형의 선고가 있었다는 기왕의 사실 자체까지 없어지는 것은 아니므로(대법원 2012. 6. 28. 선고 2011도10570 판결), 자격정지 이상의 형을 선고받고 집행이 유예된 사람이 그 유예기간을 무사히 경과하였어도 그 사람은 여전히 '자격정지 이상의 형을 선고받은 사람'에 해당한다.

청소년대상 성범죄, 10. 징계에 의하여 파면 또는 해임처분을 받은 사람

나. 임용 결격사유 유무의 판단시점

공무원관계는 채용후보자 명부에 등록한 때가 아니라 국가의 임용이 있는 때에 설정되는 것이므로 공무원임용결격사유가 있는지의 여부는 채용후보자 명부에 등록한 때가 아닌 임용당시에 시행되던 법률을 기준으로 하여 판단하여야 한다.[90]

다. 임용 결격자에 대한 임용행위의 효력

경찰공무원법에 규정되어 있는 경찰관임용 결격사유는 경찰관으로 임용되기 위한 절대적인 소극적 요건으로서 임용 당시 경찰관임용 결격사유가 있었다면 비록 임용권자(국가)의 과실에 의하여 임용결격자임을 밝혀내지 못하였다 하더라도 그 임용행위는 당연무효로 보아야 한다.[91] 따라서 공무원연금법이나 근로기준법에 의한 퇴직금은 적법한 공무원으로서의 신분취득 또는 근로고용관계가 성립되어 근무하다가 퇴직하는 경우에 지급되는 것이고, 당연무효인 임용결격자에 대한 임용행위에 의하여서는 공무원의 신분을 취득하거나 근로고용관계가 성립될 수 없는 것이므로 임용결격자가 공무원으로 임용되어 사실상 근무하여 왔다고 하더라도 그러한 피임용자는 위 법률소정의 퇴직금청구를 할 수 없다.[92]

4) 임용의 효력발생시기

경찰공무원은 해양수산부령으로 정하는 임용장이나 임용통지서에 적힌 날짜에 임용된 것으로 보며, 임용일자를 소급해서는 안 된다(해양경찰청 소속 경찰공무원 임용에 관한 규정 제5조 제1항). 사망으로 인한 면직은 사망한 다음 날에 면직된 것으로 본다(해양경찰청 소속 경찰공무원 임용에 관한 규정 제5조 제2항). 임용일자는 그 임용장이 임용대상자에게 송달되는 기간 및 사무인계에 필요한 기간을 고려하여 정해야 한다(해양경찰청 소속 경찰공무원 임용에 관한 규정 제5조 제3항).

5) 해양경찰공무원의 경과

경찰공무원은 그 직무의 종류에 따라 경과에 의하여 구분할 수 있다(경찰공무원법 제4조 제1항). 경과의 구분에 필요한 사항은 대통령령으로 정한다(경찰공무원법 제4조

---

90) 대법원 1987. 4. 14. 선고 86누459 판결.
91) 대법원 2005. 7. 28. 선고 2003두469 판결.
92) 대법원 1987. 4. 14. 선고 86누459 판결.

제2항). 총경 이하 경찰공무원에게 부여하는 경과는 다음 각 호와 같다. 다만, 제2호부터 제5호까지의 경과는 경정 이하 경찰공무원에게만 부여한다(해양경찰청 소속 경찰공무원 임용에 관한 규정 제3조; 해양경찰청 소속 경찰공무원 임용에 관한 규정 시행규칙 제2조).

표 3-6 ┃ 해양경찰공무원의 경과별 직무의 종류

해양경과(제1호)	홍보·기획·국제협력·감사·운영지원·경비·해상교통관제·해양안전·수색구조·수상레저·정보·장비기술·해양오염방제나 그 밖에 수사경과, 항공경과, 정보통신경과 및 특임경과에 속하지 않은 직무
수사경과(제2호)	범죄수사에 관한 직무
항공경과(제3호)	경찰항공기의 운영·관리에 관한 직무
정보통신경과(제4호)	경찰정보통신·전산의 운영·관리에 관한 직무
특임경과(제5호)	특공, 구조 또는 응급구조에 관한 직무

임용권자 또는 임용제청권자는 경찰공무원을 신규채용할 때에 경과를 부여해야 한다(해양경찰청 소속 경찰공무원 임용에 관한 규정 제3조 제2항). 신규채용된 경찰공무원에게 임용예정직위의 업무와 관련된 경과를 부여한다(해양경찰청 소속 경찰공무원 임용에 관한 규정 시행규칙 제3조).

6) 해양경찰공무원의 전과

전과는 해양경과에서 수사경과, 항공경과, 정보통신경과 또는 특임경과로의 전과만 인정한다. 다만, 정원 감축 등 해양경찰청장이 정하는 사유가 있는 경우 수사경과, 항공경과, 정보통신경과 또는 특임경과에서 해양경과로의 전과를 인정할 수 있다(해양경찰청 소속 경찰공무원 임용에 관한 규정 시행규칙 제4조 제1항). 제1항에도 불구하고 경과가 신설 또는 폐지되는 경우에는 다음 각 호에 따른 전과를 인정할 수 있다(해양경찰청 소속 경찰공무원 임용에 관한 규정 시행규칙 제4조 제2항). 1. 경과가 신설되는 경우: 해양경과, 수사경과, 항공경과, 정보통신경과 또는 특임경과에서 신설되는 경과로의 전과, 2. 경과가 폐지되는 경우: 폐지되는 경과에서 해양경과, 수사경과, 항공경과, 정보통신경과 또는 특임경과로의 전과

(2) 해양경찰공무원관계의 발생

1) 해양경찰공무원의 신규채용

가. 공개경쟁시험을 통한 채용

경정 및 순경의 신규채용은 공개경쟁시험으로 한다(경찰공무원법 제10조 제1항). 경위의 신규채용은 경찰대학을 졸업한 사람 및 대통령령으로 정하는 자격을 갖추고 공개경쟁시험으로 선발된 사람(이하 "경찰간부후보생"이라 한다)으로서 교육훈련을 마치고 정하여진 시험에 합격한 사람 중에서 한다(경찰공무원법 제10조 제2항). 경찰공무원의 신규채용시험 및 승진시험과 경찰간부후보생 선발시험은 해양경찰청장이 실시한다. 다만, 해양경찰청장이 필요하다고 인정할 때에는 대통령령으로 정하는 바에 따라 그 권한의 일부를 소속 기관의 장, 지방해양경찰관서의 장에게 위임할 수 있다(경찰공무원법 제20조 제1항).

나. 경력경쟁채용시험을 통한 채용

임용예정직에 상응하는 근무실적 또는 연구실적이 있거나 전문지식을 가진 사람을 임용하는 경우 또는 외국어에 능통한 사람을 임용하는 경우 등에 해당할 때에는 경력 등 응시요건을 정하여 같은 사유에 해당하는 다수인을 대상으로 경쟁의 방법으로 채용하는 시험(이하 "경력경쟁채용시험"이라 한다)으로 경찰공무원을 신규채용할 수 있다. 다만, 다수인을 대상으로 시험을 실시하는 것이 적당하지 아니하여 대통령령으로 정하는 경우에는 다수인을 대상으로 하지 아니한 시험으로 경찰공무원을 채용할 수 있다(경찰공무원법 제10조 제3항).

다. 부정행위자에 대한 조치

경찰공무원 채용시험 또는 경찰간부후보생 공개경쟁선발시험에서 다른 응시자의 답안지를 보거나 본인의 답안지를 보여 주는 행위 등을 한 사람에 대해서는 해당 시험을 정지 또는 무효로 하거나 합격을 취소하고, 그 처분이 있은 날부터 5년간 이 영에 따른 경찰공무원 채용시험 및 경찰간부후보생 공개경쟁선발시험에 응시할 수 없게 한다(해양경찰청 소속 경찰공무원 임용에 관한 규정 제38조 제1항).

2) 신규채용시험의 합격

가. 채용후보자 명부의 등록 및 등재

경찰공무원법 제10조 제1항·제2항에 따른 공개경쟁채용시험, 경찰간부후보생 공개경쟁선발시험 및 경력경쟁채용시험 등에 합격한 사람은 해양수산부령으로 정하는 바에 따라 임용권자 또는 임용제청권자에게 채용후보자 등록을 해야 한다(해양경찰청 소속 경찰공무원 임용에 관한 규정 제17조 제1항). 제1항에 따른 채용후보자 등록을 하지 않은 사람은 경찰공무원으로 임용될 의사가 없는 것으로 본다(해양경찰청 소속 경찰공무원 임용에 관한 규정 제17조 제2항). 해양경찰청장(제7조 제3항 및 제4항에 따라 임용권을 위임받은 자를 포함한다)은 신규채용시험에 합격한 사람(경찰대학을 졸업한 사람과 경찰간부후보생을 포함한다)을 대통령령으로 정하는 바에 따라 성적 순위에 따라 채용후보자 명부에 등재하여야 한다(경찰공무원법 제12조 제1항).

나. 신규채용의 순서

경찰공무원의 신규채용은 제1항에 따른 채용후보자 명부의 등재 순위에 따른다. 다만, 채용후보자가 경찰교육기관에서 신임교육을 받은 경우에는 그 교육성적 순위에 따른다(경찰공무원법 제12조 제2항).

다. 채용후보자 명부의 유효기간

제1항에 따른 채용후보자 명부의 유효기간은 2년의 범위에서 대통령령으로 정한다. 다만, 해양경찰청장은 필요에 따라 1년의 범위에서 그 기간을 연장할 수 있다(경찰공무원법 제12조 제3항). 신규채용시험에 합격한 사람이 채용후보자 명부에 등재된 이후 그 유효기간 내에 「병역법」에 따른 병역 복무를 위하여 군에 입대한 경우(대학생 군사훈련 과정 이수자를 포함한다)의 의무복무 기간은 제3항에 따른 기간에 넣어 계산하지 아니한다(경찰공무원법 제12조 제4항). 임용권자 또는 임용제청권자는 채용후보자 명부에 등재된 채용후보자가 학업을 계속하는 경우 또는 6개월 이상의 장기요양이 필요한 질병이 있는 경우 등에 해당할 때에는 채용후보자 명부의 유효기간의 범위에서 기간을 정하여 임용 또는 임용제청을 유예할 수 있다. 다만, 유예기간 중이라도 그 사유가 소멸한 경우에는 임용 또는 임용제청을 할 수 있다(해양경찰청 소속 경찰공무원 임용에 관한 규정 제18조의2 제1항). 해양경찰청장은 채용후보자 명부의 유효기간을 연장하기로 결정한 경우에는 그 사실을 공고하여야 한다(경찰공무원법

제12조 제5항).

라. 채용후보자의 자격상실

채용후보자가 다음 각 호의 어느 하나에 해당하는 경우에는 채용후보자로서의 자격을 상실한다(해양경찰청 소속 경찰공무원 임용에 관한 규정 제19조). 1. 채용후보자가 임용 또는 임용제청에 응하지 않은 경우, 2. 채용후보자로서 받아야 할 교육훈련에 응하지 않은 경우, 3. 채용후보자로서 받은 교육훈련 성적이 수료점수에 미달되는 경우, 4. 채용후보자로서 교육훈련을 받는 중에 퇴학처분을 받은 경우. 다만, 질병 등 교육훈련을 계속할 수 없는 불가피한 사정으로 퇴학처분을 받은 경우는 제외한다.

3) 해양경찰공무원의 시보임용

가. 시보임용경찰공무원 또는 시보임용예정자의 교육훈련

임용권자 또는 임용제청권자는 시보임용경찰공무원 또는 시보임용예정자에게 일정 기간 교육훈련(실무수습을 포함한다)을 시킬 수 있다. 이 경우 시보임용예정자에게 교육훈련을 받는 기간 동안 예산의 범위에서 임용예정계급의 1호봉에 해당하는 봉급의 80퍼센트에 해당하는 금액 등을 지급할 수 있다(해양경찰청 소속 경찰공무원 임용에 관한 규정 제21조 제1항).

나. 시보임용의 배제

임용권자 또는 임용제청권자는 시보임용예정자가 제1항에 따른 교육훈련성적이 만점의 60퍼센트 미만이거나 생활기록이 매우 불량한 경우에는 시보임용을 하지 않을 수 있다(해양경찰청 소속 경찰공무원 임용에 관한 규정 제21조 제2항).

다. 시보기간

경정 이하의 경찰공무원을 신규 채용할 때에는 1년간 시보로 임용하고, 그 기간이 만료된 다음 날에 정규 경찰공무원으로 임용한다(경찰공무원법 제13조 제1항). 휴직기간, 직위해제기간 및 징계에 의한 정직처분 또는 감봉처분을 받은 기간은 제1항에 따른 시보임용기간에 산입하지 아니한다(경찰공무원법 제13조 제2항).

라. 시보임용을 거치지 않는 자

다음 각 호의 어느 하나에 해당하는 경우에는 시보임용을 거치지 아니한다(경찰공무원법 제13조 제4항). 1. 경찰대학을 졸업한 사람 또는 경찰간부후보생으로서 정하여진 교육을 마친 사람을 경위로 임용하는 경우, 2. 경찰공무원으로서 대통령령으로 정하는 상위계급으로의 승진에 필요한 자격 요건을 갖추고 임용예정 계급에 상응하는 공개경쟁 채용시험에 합격한 사람을 해당 계급의 경찰공무원으로 임용하는 경우, 3. 퇴직한 경찰공무원으로서 퇴직 시에 재직하였던 계급의 채용시험에 합격한 사람을 재임용하는 경우, 4. 자치경찰공무원을 그 계급에 상응하는 경찰공무원으로 임용하는 경우

마. 시보임용기간 중의 면직

임용권자 또는 임용제청권자는 시보임용경찰공무원이 다음 각 호의 어느 하나에 해당하여 정규 경찰공무원으로 임용하는 것이 부적당하다고 인정되는 경우에는 제3항에 따른 정규임용심사위원회의 심사를 거쳐 해당 시보임용경찰공무원을 면직시키거나 면직을 제청할 수 있다(해양경찰청 소속 경찰공무원 임용에 관한 규정 제20조 제2항). 1. 징계사유에 해당하는 경우, 2. 교육훈련성적이 만점의 60퍼센트 미만이거나 생활기록이 매우 불량한 경우 3. 근무성적 제2평정요소의 평정점이 만점의 50퍼센트 미만인 경우

바. 정규임용심사위원회

시보임용경찰공무원을 정규 경찰공무원으로 임용하는 경우 그 적격 여부를 심사하게 하기 위해 임용권자 또는 임용제청권자 소속으로 정규임용심사위원회를 둔다(해양경찰청 소속 경찰공무원 임용에 관한 규정 제20조 제3항). 정규임용심사위원회는 위원장 1명을 포함하여 5명 이상 7명 이하의 위원으로 구성한다(해양경찰청 소속 경찰공무원 임용에 관한 규정 시행규칙 제25조 제1항).

(3) 해양경찰공무원관계의 변경

1) 승   진

승진이란 하위계급의 경찰공무원이 상위계급으로 임용되는 것을 말한다. 승진에는 일반승진(시험승진, 심사승진), 근속승진, 특별승진이 있다.

가. 일반승진

(가) 시험승진 · 심사승진

경찰공무원은 바로 아래 하위계급에 있는 경찰공무원 중에서 근무성적평정, 경력평정, 그 밖의 능력을 실증하여 승진임용한다. 다만, 해양경찰청장을 보하는 경우 치안감을 치안총감으로 승진임용할 수 있다(경찰공무원법 제15조 제1항). 경무관 이하 계급으로의 승진은 승진심사에 의하여 한다. 다만, 경정 이하 계급으로의 승진은 대통령령으로 정하는 비율에 따라 승진시험과 승진심사를 병행할 수 있다(경찰공무원법 제15조 제2항).

(나) 승진소요 최저근무연수

경찰공무원의 승진에 필요한 계급별 최저근무연수, 승진 제한에 관한 사항, 그 밖에 승진에 관하여 필요한 사항은 대통령령으로 정한다(경찰공무원법 제15조 제4항). 경찰공무원이 승진하려면 다음 각 호의 구분에 따른 기간 동안 해당 계급에 재직해야 한다(해양경찰청 소속 경찰공무원 임용에 관한 규정 제53조 제1항). 1. 총경: 4년 이상, 2. 경정 및 경감: 3년 이상, 3. 경위 및 경사: 2년 이상, 4. 경장 및 순경: 1년 이상

휴직기간, 직위해제기간, 징계처분기간 및 승진임용 제한기간은 제1항 각 호의 기간에 포함하지 않는다(해양경찰청 소속 경찰공무원 임용에 관한 규정 제53조 제2항).

나. 근속승진

해양경찰청장은 제15조 제2항에도 불구하고 해당 계급에서 다음 각 호의 기간 동안 재직한 사람을 경장, 경사, 경위, 경감으로 각각 근속승진임용할 수 있다. 다만, 인사교류 경력이 있거나 주요 업무의 추진 실적이 우수한 공무원 등 경찰행정 발전에 기여한 공이 크다고 인정되는 경우에는 대통령령으로 정하는 바에 따라 그 기간을 단축할 수 있다(경찰공무원법 제16조 제1항). 1. 순경을 경장으로 근속승진임용하려는 경우: 해당 계급에서 4년 이상 근속자, 2. 경장을 경사로 근속승진임용하려는 경우: 해당 계급에서 5년 이상 근속자, 3. 경사를 경위로 근속승진임용하려는 경우: 해당 계급에서 6년 6개월 이상 근속자, 4. 경위를 경감으로 근속승진임용하려는 경우: 해당 계급에서 8년 이상 근속자

다. 특별승진

경찰공무원으로서 직무수행 능력이 탁월하여 행정 발전에 큰 공헌을 한 자,

재직 중 공적이 특히 뚜렷한 자가 명예퇴직 할 때, 전사하거나 순직한 사람, 직무수행 중 현저한 공적을 세운 사람 등에 대하여는 1계급 특별승진시킬 수 있다. 다만, 경위 이하의 경찰공무원으로서 모든 경찰공무원의 귀감이 되는 공을 세우고 전사하거나 순직한 사람에 대하여는 2계급 특별승진 시킬 수 있다(경찰공무원법 제19조 제1항).

라. 승진임용 예정인원

계급별로 전체 승진임용 예정 인원에서 특별승진임용 예정 인원을 뺀 인원의 60퍼센트(경정·경감 계급으로의 승진의 경우에는 70퍼센트)를 심사승진임용 예정 인원으로 하고, 나머지 40퍼센트(경정·경감 계급으로의 승진의 경우에는 30퍼센트)를 시험승진임용 예정 인원으로 한다. 다만, 특수분야의 승진임용 예정 인원을 정하는 경우에는 심사승진임용 예정 인원과 시험승진임용 예정 인원의 비율을 본문과 다르게 정할 수 있다(해양경찰청 소속 경찰공무원 임용에 관한 규정 제52조 제4항 제1호).[93]

2) 대우공무원의 선발

임용권자 또는 임용제청권자는 소속 경찰공무원 중 해당 계급에서 제53조에 따른 승진소요 최저근무연수 이상 근무하고 승진임용 제한 사유가 없는 근무실적 우수자를 바로 위 계급의 대우공무원(이하 "대우공무원"이라 한다)으로 선발할 수 있다(해양경찰청 소속 경찰공무원 임용에 관한 규정 제93조 제1항). 대우공무원 선발에 필요한 사항은 해양수산부령으로 정한다(해양경찰청 소속 경찰공무원 임용에 관한 규정 제93조 제2항).

영 제93조 제1항에 따른 대우공무원으로 선발되기 위해서는 영 제53조 제1항에 따른 승진소요 최저근무연수를 경과한 총경 이하 경찰공무원으로서 해당 계급에서 다음 각 호의 구분에 따른 기간 동안 근무해야 한다. 다만, 「적극행정 운영규정」 제14조 제1항에 따라 적극행정 우수경찰공무원으로 선발된 경우에는 근무기간을 1년까지 줄일 수 있다(해양경찰청 소속 경찰공무원 임용에 관한 규정 시행규칙 제73조 제1항). 1. 총경·경정: 7년 이상, 2. 경감 이하: 5년 이상

임용권자 또는 임용제청권자는 매월 말 5일 전까지 대우공무원 발령일을 기준으로 대우공무원 선발요건을 충족하는 대상자를 결정하고, 그 다음 달 1일에

---

93) 해양경찰청 소속 경찰공무원 임용에 관한 규정[시행 2022. 1. 1.][대통령령 제31419호, 2021. 1. 26., 일부개정].

일괄하여 대우공무원으로 발령해야 한다(해양경찰청 소속 경찰공무원 임용에 관한 규정 시행규칙 제74조).

대우공무원에게는 「공무원수당 등에 관한 규정」에서 정하는 바에 따라 수당을 지급할 수 있다(해양경찰청 소속 경찰공무원 임용에 관한 규정 제93조 제3항). 대우공무원이 징계 또는 직위해제 처분을 받거나 휴직하더라도 대우공무원수당은 계속 지급한다. 다만, 「공무원수당 등에 관한 규정」에서 정하는 바에 따라 대우공무원수당을 줄여서 지급한다(해양경찰청 소속 경찰공무원 임용에 관한 규정 시행규칙 제75조 제2항).

3) 전보·휴직·복직

가. 전　　보

(가) 의　　의

전보란 경찰공무원의 동일 직위 및 자격 내에서의 근무기관이나 부서를 달리하는 임용을 말한다(경찰공무원법 제2조 제2호). 예를 들어 A 과장에서 B 과장으로, A 해양경찰서장에서 B 해양경찰서장으로 보하는 것과 같이 동일 직급 내에서의 보직 변경을 말한다.

(나) 정기적 실시

임용권자 또는 임용제청권자는 장기근무 또는 잦은 전보로 인한 업무 능률 저하를 방지하기 위해 특별한 사정이 없으면 정기적으로 전보를 실시해야 한다(해양경찰청 소속 경찰공무원 임용에 관한 규정 제42조).

(다) 제　　한

임용권자 또는 임용제청권자는 소속 경찰공무원이 해당 직위에 임용된 날부터 1년 이내(감사업무를 담당하는 경찰공무원의 경우에는 2년 이내)에 다른 직위에 전보할 수 없다. 다만, 승진임용된 경찰공무원을 전보하는 경우, 징계처분을 받은 경우, 형사사건에 관련되어 수사기관에서 조사를 받고 있는 경우 등에 해당할 때에는 전보할 수 있다(해양경찰청 소속 경찰공무원 임용에 관한 규정 제43조).

나. 휴　　식

(가) 의　　의

휴직이란 경찰공무원의 신분을 보유하면서 일시적으로 직무에 종사하지 못하게 하는 것을 말한다. 경찰공무원법에는 휴직에 관한 규정이 없다. 해양경찰공무원도 국가공무원이므로 휴직에 관해서는 국가공무원법의 관련 규정이 적용된다.

(나) 종   류

휴직에는 직권휴직과 의원휴직이 있다.

가) 직권휴직

직권휴직과 관련해서는 공무원이 다음 각 호의 어느 하나에 해당하면 임용권자는 본인의 의사에도 불구하고 휴직을 명하여야 한다(국가공무원법 제71조 제1항). 1. 신체·정신상의 장애로 장기 요양이 필요할 때, 2. 삭제, 3.「병역법」에 따른 병역 복무를 마치기 위하여 징집 또는 소집된 때, 4. 천재지변이나 전시·사변, 그 밖의 사유로 생사 또는 소재가 불명확하게 된 때, 5. 그 밖에 법률의 규정에 따른 의무를 수행하기 위하여 직무를 이탈하게 된 때, 6.「공무원의 노동조합 설립 및 운영 등에 관한 법률」제7조에 따라 노동조합 전임자로 종사하게 된 때

나) 의원휴직

의원휴직과 관련해서는 임용권자는 공무원이 다음 각 호의 어느 하나에 해당하는 사유로 휴직을 원하면 휴직을 명할 수 있다. 다만, 제4호의 경우에는 대통령령으로 정하는 특별한 사정이 없으면 휴직을 명하여야 한다(국가공무원법 제71조 제2항). 1. 국제기구, 외국 기관, 국내외의 대학·연구기관, 다른 국가기관 또는 대통령령으로 정하는 민간기업, 그 밖의 기관에 임시로 채용될 때, 2. 국외 유학을 하게 된 때, 3. 중앙인사관장기관의 장이 지정하는 연구기관이나 교육기관 등에서 연수하게 된 때, 4. 만 8세 이하 또는 초등학교 2학년 이하의 자녀를 양육하기 위하여 필요하거나 여성공무원이 임신 또는 출산하게 된 때, 5. 조부모, 부모(배우자의 부모를 포함한다), 배우자, 자녀 또는 손자녀를 부양하거나 돌보기 위하여 필요한 경우. 다만, 조부모나 손자녀의 돌봄을 위하여 휴직할 수 있는 경우는 본인 외에 돌볼 사람이 없는 등 대통령령 등으로 정하는 요건을 갖춘 경우로 한정한다.94) 6. 외국에서 근무·유학 또는 연수하게 되는 배우자를 동반하게 된 때, 7. 대통령령 등으로 정하는 기간 동안 재직한 공무원이 직무 관련 연구과제 수행 또는 자기개발을 위하여 학습·연구 등을 하게 된 때

---

94) [시행 2021. 12. 9.] [법률 제18237호, 2021. 6. 8., 일부개정].

(다) 효   력

휴직 중인 공무원은 신분은 보유하나 직무에 종사하지 못한다(국가공무원법 제73조 제1항).

다. 복   직

(가) 의   의

복직이란 휴직·직위해제 또는 정직(강등에 따른 정직을 포함한다) 중에 있는 경찰공무원을 직위에 복귀시키는 것을 말한다(경찰공무원법 제2조 제3호).

(나) 복귀신고

휴직 기간 중 그 사유가 없어지면 30일 이내에 임용권자 또는 임용제청권자에게 신고하여야 하며, 임용권자는 지체 없이 복직을 명하여야 한다(국가공무원법 제73조 제2항). 휴직 기간이 끝난 공무원이 30일 이내에 복귀 신고를 하면 당연히 복직된다(국가공무원법 제73조 제3항).

4) 직위해제·정직·강등

가. 직위해제

(가) 의   의

직위해제란 경찰공무원 본인에게 직위를 계속 보유하게 할 수 없는 일정한 귀책사유가 있는 경우에 경찰공무원의 신분은 그대로 유지하면서 직위를 부여하지 않는 처분을 말한다. 휴직과는 달리 본인의 무능력 등으로 인한 제재적 의미를 가지는 보직의 해제이다.[95] 경찰공무원법에는 직위해제에 관한 규정이 없다. 따라서 해양경찰공무원의 직위해제에 관해서는 국가공무원법의 관련 규정이 적용된다. 직위해제가 제재적 의미를 가지고 있기는 하지만, 징계처분의 일종은 아니다.[96]

(나) 사   유

임용권자는 다음 각 호의 어느 하나에 해당하는 자에게는 직위를 부여하지 아니할 수 있다(국가공무원법 제73조의3 제1항).

1. 삭제, 2. 직무수행 능력이 부족하거나 근무성적이 극히 나쁜 자, 3. 파면·

---

95) 김동희, 앞의 책(「행정법」 II), 149면.
96) 대법원 1983. 10. 25. 선고 83누184 판결.

해임·강등 또는 정직에 해당하는 징계 의결이 요구 중인 자, 4. 형사 사건으로 기소된 자(약식명령이 청구된 자는 제외한다), 5. 고위공무원단에 속하는 일반직공무원으로서 제70조의2 제1항 제2호부터 제5호까지의 사유로 적격심사를 요구받은 자, 6. 금품비위, 성범죄 등 대통령령으로 정하는 비위행위로 인하여 감사원 및 검찰·경찰 등 수사기관에서 조사나 수사 중인 자로서 비위의 정도가 중대하고 이로 인하여 정상적인 업무수행을 기대하기 현저히 어려운 자

> **판례** [직위해제와 징계처분의 성질]
> [1] 구 국가공무원법상 직위해제는 일반적으로 공무원이 직무수행능력이 부족하거나 근무성적이 극히 불량한 경우, 공무원에 대한 징계절차가 진행 중인 경우, 공무원이 형사사건으로 기소된 경우 등에 있어서 당해 공무원이 장래에 있어서 계속 직무를 담당하게 될 경우 예상되는 업무상의 장애 등을 예방하기 위하여 일시적으로 당해 공무원에게 직위를 부여하지 아니함으로써 직무에 종사하지 못하도록 하는 잠정적인 조치로서의 보직의 해제를 의미하므로 과거의 공무원의 비위행위에 대하여 기업질서 유지를 목적으로 행하여지는 징벌적 제재로서의 징계와는 그 성질이 다르다. [2] 철도차량의 중수선업무를 담당하는 공무원이 정비창 내에서 직원에게 주류를 판매한 행위는 구 국가공무원법상의 징계사유에 해당함은 별문제로 하고 국가공무원법 제73조의2 제1항 제2호 소정의 직위해제사유인 '직무수행능력이 부족하거나 근무성적이 극히 불량한 자'에 해당한다고는 볼 수 없다(대법원 2003. 10. 10. 선고 2003두5945 판결).

(다) 효   과

직위가 해제되면 직위가 해제된 기간 동안 직무에 종사할 수 없고, 출근할 의무도 없다. 임용권자는 제1항 제2호에 따라 직위해제된 자에게 3개월의 범위에서 대기를 명한다(국가공무원법 제73조의3 제3항). 임용권자 또는 임용제청권자는 제3항에 따라 대기 명령을 받은 자에게 능력 회복이나 근무성적의 향상을 위한 교육훈련 또는 특별한 연구과제의 부여 등 필요한 조치를 하여야 한다(국가공무원법 제73조의3 제4항). 임용권자는 공무원이 제73조의3 제3항에 따라 대기 명령을 받은 자가 그 기간에 능력 또는 근무성적의 향상을 기대하기 어렵다고 인정된 때 직권으로 면직시킬 수 있다(국가공무원법 제70조 제1항 제5호).

판례 [직위해제와 징계처분의 병과]

직위해제처분은 공무원에 대하여 불이익한 처분이긴 하나 징계처분과 같은 성질의 처분이라고는 볼 수 없으므로 동일한 사유에 대한 직위해제처분이 있은 후 다시 해임처분이 있었다 하여 일사부재리의 법리에 어긋난다고 할 수 없다(대법원 1984. 2. 28. 선고 83누4891 판결).

(라) 사유의 소멸

제1항에 따라 직위를 부여하지 아니한 경우에 그 사유가 소멸되면 임용권자는 지체 없이 직위를 부여하여야 한다(국가공무원법 제73조의3 제2항).

나. 정   직

(가) 의   의

정직이란 경찰공무원의 신분은 보유하나 일정 기간 동안 직무에 종사하지 못하게 하는 것을 말한다. 경찰공무원법에는 정직에 관한 규정이 없다. 따라서 경찰공무원의 정직에 관해서는 국가공무원법의 관련 규정이 적용된다. 정직은 국가공무원법 제79조에서 규정한 징계처분의 한 종류라는 점에서 징계처분이 아닌 휴직이나 직위해제와는 그 성질이 다르다.

(나) 효   과

정직은 1개월 이상 3개월 이하의 기간으로 하고, 정직 처분을 받은 자는 그 기간 중 공무원의 신분은 보유하나 직무에 종사하지 못하며 보수는 전액을 감한다(국가공무원법 제80조 제3항).

다. 강   등

경찰공무원법에는 강등에 관한 규정이 없다. 따라서 경찰공무원의 강등에 관해서는 국가공무원법의 관련 규정이 적용된다. 강등은 1계급 아래로 직급을 내리고 공무원신분은 보유하나 3개월간 직무에 종사하지 못하며 그 기간 중 보수는 전액을 감한다(국가공무원법 제80조 제1항). 국가공무원에게 적용되는 강등과 유사한 개념인 강임[97]은 육상경찰공무원뿐만 아니라 해양경찰공무원에게도 적용되시 않는

---

97) 강임이란 같은 직렬 내에서 하위 직급에 임명하거나 하위 직급이 없어 다른 직렬의 하위 직급으로 임명하거나 고위공무원단에 속하는 일반직공무원을 고위공무원단 직위가 아닌 하위 직위에 임명하는 것을 말한다(국가공무원법 제5조 제4호).

다(국가공무원법 제73조의4; 경찰공무원법 제36조 제1항). 강등은 국가공무원법상 징계처분의 하나라는 점에서 강임과 구별된다.

표 3-7 ┃ 직위해제·정직·강등의 비교

유형	성질	처분의 내용		
직위해제	징계처분 아님	3개월의 범위에서 대기		
정직	징계처분임	1개월 이상 3개월 이하의 기간 직무에 종사하지 못함		보수 전액 감함
강등		1계급 아래로 직급을 내림	3개월간 직무에 종사하지 못함	

(4) 해양경찰공무원관계의 소멸

1) 당연퇴직

가. 의   의

당연퇴직이란 임용권자의 별도의 처분 없이 법이 정한 일정한 사유의 발생에 의하여 당연히 공무원관계가 소멸하는 것을 말한다.

나. 임용결격사유로 인한 당연퇴직

(가) 결격사유의 발생

경찰공무원이 제8조 제2항 각 호(1. 대한민국 국적을 가지지 아니한 사람, 2. 「국적법」 제11조의2 제1항에 따른 복수국적자, 3. 피성년후견인 또는 피한정후견인, 4. 파산선고를 받고 복권되지 아니한 사람, 5. 자격정지 이상의 형을 선고받은 사람, 6. 자격정지 이상의 형의 선고유예를 선고받고 그 유예기간 중에 있는 사람, 7. 공무원으로 재직기간 중 직무와 관련하여 「형법」 제355조 및 제356조에 규정된 죄를 범한 자로서 300만원 이상의 벌금형을 선고받고 그 형이 확정된 후 2년이 지나지 아니한 사람, 8. 「성폭력범죄의 처벌 등에 관한 특례법」 제2조에 규정된 죄를 범한 사람으로서 100만원 이상의 벌금형을 선고받고 그 형이 확정된 후 3년이 지나지 아니한 사람, 9. 미성년자에 대한 다음 각 목의 어느 하나에 해당하는 죄를 저질러 형 또는 치료감호가 확정된 사람(집행유예를 선고받은 후 그 집행유예기간이 경과한 사람을 포함한다) 가. 「성폭력범죄의 처벌 등에 관한 특례법」 제2조에 따른 성폭력범죄, 나. 「아동·청소년의 성보호에 관한 법률」 제2조 제2호에 따른 아동·청소년대상 성범죄, 10. 징계에 의하여 파면 또는 해임처분을 받은 사람)의 어느 하나에 해당하게 된 경우에는 당연히 퇴직한다(경찰공무원법 제27조 본문).

다만, 제8조 제2항 제4호는 파산선고를 받은 사람으로서 「채무자 회생 및 파산에 관한 법률」에 따라 신청기한 내에 면책신청을 하지 아니하였거나 면책불허가 결정 또는 면책 취소가 확정된 경우만 해당하고, 제8조 제2항 제6호는 「형법」 제129조부터 제132조까지, 「성폭력범죄의 처벌 등에 관한 특례법」 제2조, 「아동·청소년의 성보호에 관한 법률」 제2조 제2호 및 직무와 관련하여 「형법」 제355조 또는 제356조에 규정된 죄를 범한 사람으로서 자격정지 이상의 형의 선고유예를 받은 경우만 해당한다(경찰공무원법 제27조 단서).

> **판례** [선고유예기간의 경과]
> 경찰공무원이 재직 중 자격정지 이상의 형의 선고유예를 받음으로써 임용결격사유에 해당하게 되면, 임용권자의 별도의 행위(공무원의 신분을 상실시키는 행위)를 기다리지 아니하고 그 선고유예 판결의 확정일에 당연히 경찰공무원의 신분을 상실(당연퇴직)하게 되는 것이고, 나중에 선고유예기간(2년)이 경과하였다고 하더라도 이미 발생한 당연퇴직의 효력이 소멸되어 경찰공무원의 신분이 회복되는 것은 아니다(대법원 1997. 7. 8. 선고 96누4275 판결).

(나) 효   과

당연퇴직의 사유가 발생하면 해당 경찰공무원의 공무원관계는 당연히 소멸되고, 당연퇴직된 자는 그 시점부터 더 이상 공무원이 아니다. 당연퇴직은 결격사유가 있을 때 법률상 당연히 퇴직하는 것이지 공무원관계를 소멸시키기 위한 별도의 행정처분을 요하는 것이 아니며, 당연퇴직의 인사발령은 법률상 당연히 발생하는 퇴직사유를 공적으로 확인하여 알려주는 이른바 관념의 통지에 불과하다.[98]

> **판례** [당연퇴직의 취지]
> 일정한 유죄판결을 받은 자 등을 국가공무원(경찰공무원 포함)에 임용될 수 없도록 정함과 동시에 국가공무원(경찰공무원 포함)으로 임용된 후에 임용결격자에 해당하게 된 자가 당연퇴직되도록 정하고 있는 것은 그러한 자로 하여금 국가의 공무를 집행하도록 허용한다면 그 공무는 물론 국가의 공무 일반에 대한 국민의 신뢰가 손상될 우려가 있으므로 그러한 자를 공무의 집행에서 배제함으로써 공무에 대한 국민의 신뢰를

---

98) 대법원 1995. 11. 14. 선고 95누2036 판결.

확보하려는 것을 목적으로 하는 것이다(대법원 1997. 7. 8. 선고 96누4275 판결).

다. 정년으로 인한 당연퇴직

(가) 법정 정년

경찰공무원의 정년에는 연령정년과 계급정년이 있다. 경찰공무원은 그 정년이 된 날이 1월에서 6월 사이에 있으면 6월 30일에 당연퇴직하고, 7월에서 12월 사이에 있으면 12월 31일에 당연퇴직한다(경찰공무원법 제30조 제5항).

경찰공무원의 정년은 다음과 같다(경찰공무원법 제30조 제1항).

1. 연령정년	60세	
2. 계급정년	치안감	4년
	경무관	6년
	총경	11년
	경정	14년

특별한 경우에는 2년 또는 4년의 범위에서 계급정년을 연장할 수 있다(경찰공무원법 제30조 제3항·제4항). 계급정년과 달리 연령정년은 연장할 수 없다.

(나) 효   과

경찰공무원이 정년에 달하면 그 사실에 대한 효과로서 공무담임권이 소멸되어 당연히 퇴직되고 따로 그에 대한 행정처분이 행하여져야 비로소 퇴직되는 것은 아니다.[99]

2) 면   직

면직이란 임용권자의 일정한 처분에 의하여 경찰공무원의 지위를 상실시키는 것을 말한다. 면직에는 의원면직과 일방적(강제) 면직이 있다.

가. 의원면직

(가) 의   의

의원면직이란 경찰공무원 자신의 사의표시에 의하여 임용권자가 경찰공무원의 공무원관계를 소멸시키는 처분을 말한다.

___

99) 대법원 1983. 2. 8. 선고 81누263 판결.

(나) 유효한 사의표시

사의표시는 해당 경찰공무원의 자발적인 의사표시일 것을 요한다. 따라서 조사기관에 소환당하여 구타당하리라는 공포심에서 조사관의 요구를 거절치 못하고 작성교부한 사직서는 본인의 진정한 의사에 의하여 작성한 것이라 할 수 없으므로 그 사직원에 따른 면직처분은 위법이다.[100] 반면 사직서의 제출이 감사기관이나 상급관청 등의 강박에 의한 경우에는 그 정도가 의사결정의 자유를 박탈할 정도에 이른 것이라면 그 의사표시가 무효로 될 것이고 그렇지 않고 의사결정의 자유를 제한하는 정도에 그친 경우라면 그 성질에 반하지 아니하는 한 의사표시에 관한 민법 제110조의 규정을 준용하여 그 효력을 따져보아야 할 것이다.[101]

공무원이 사직의 의사표시를 하여 의원면직처분을 하는 경우 그 사직의 의사표시는 그 법률관계의 특수성에 비추어 외부적·객관적으로 표시된 바를 존중하여야 할 것이므로, 비록 사직원제출자의 내심의 의사가 사직할 뜻이 아니었다고 하더라도 진의 아닌 의사표시에 관한 민법 제107조는 그 성질상 사직의 의사표시와 같은 사인의 공법행위에는 준용되지 아니하므로 그 의사가 외부에 표시된 이상 그 의사는 표시된 대로 효력을 발한다.[102]

(다) 임용권자의 사직원 수리

경찰공무원의 사의표시가 있은 후, 임용권자의 사직원 수리가 있어야 면직처분이 이루어진다. 따라서 사의표시를 한 후 임용권자가 사직원을 수리할 때까지는 경찰공무원의 신분이 존속되고, 해당 경찰공무원은 여전히 해양경찰로서의 책임과 의무를 부담해야 한다. 임용권자가 언제까지 사직원을 수리를 해야 하는가에 대해서는 규정되어 있지 않다.

> **판례** [사직원 수리 전 무단이탈]
> 순경이 전투경찰대 근무발령을 받고도 3일간 지연부임하였을 뿐더러 지연부임한 당일 가정사정을 이유로 제출한 사직원이 수리되기 전에 귀가하여 무단이탈한 행위에 대하여 파면처분한 것을 정당한 것으로 본 사례(대법원 1971. 3. 23. 선고 71누7 판결).

---

100) 대법원 1968. 3. 19. 선고 67누164 판결.
101) 대법원 1997. 12. 12. 선고 97누13962 판결.
102) 대법원 1997. 12. 12. 선고 97누13962 판결.

(라) 명예퇴직

명예퇴직제도는 정년 이전에 퇴직하는 공무원에게 정년 이전의 퇴직으로 받게 되는 불이익, 즉 계속 근로로 받을 수 있는 수입의 상실이나 새로운 직업을 얻기 위한 비용지출 등에 대한 보상으로 명예퇴직수당을 지급함으로써 정년 이전의 퇴직을 유도하여 조직의 신진대사를 촉진하려는 제도이다.[103] 명예퇴직은 의원면직에 속한다. 공무원으로 20년 이상 근속한 자가 정년 전에 스스로 퇴직하면 예산의 범위에서 명예퇴직 수당을 지급할 수 있다(국가공무원법 제74조의2 제1항).

나. 일방적 면직

일방적 면직이란 경찰공무원 본인의 의사와 관계없이 임용권자의 일방적 의사에 의하여 경찰공무원의 공무원관계를 소멸시키는 처분을 말한다. 강제면직이라고도 한다. 일방적 면직에는 징계면직과 직권면직이 있다.

(가) 징계면직

징계면직이란 경찰공무원이 공무원법상 요구되는 의무를 위반하였을 때 경찰공무원의 신분을 박탈하는 징계처분으로서 내려지는 파면과 해임을 말한다. 파면과 해임은 모두 경찰공무원의 신분을 박탈하는 징계처분인 점에서는 동일하지만 공직에의 취임제한, 퇴직급여 및 퇴직수당급여의 제한 등 그 부수적인 효과가 다르다.[104]

(나) 직권면직

가) 의 의

직권면직이란 법령에 규정된 일정한 사유에 해당하는 경우에 경찰공무원 본인의 의사와 관계없이 임용권자가 직권으로 경찰공무원의 신분을 박탈하는 처분을 말한다. 직권면직은 징계면직과 달리 징계처분이 아니다.

나) 사 유

임용권자는 경찰공무원이 다음 각 호의 어느 하나에 해당될 때에는 직권으로 면직시킬 수 있다(경찰공무원법 제28조 제1항). 1. 「국가공무원법」 제70조 제1항 제3호부터 제5호(3. 직제와 정원의 개폐 또는 예산의 감소 등에 따라 폐직 또는 과원이 되었을 때, 4. 휴직 기간

---

103) 대법원 2001. 11. 9. 선고 2000두2389 판결.
104) 박균성·김재광, 앞의 책, 145면.

이 끝나거나 휴직 사유가 소멸된 후에도 직무에 복귀하지 아니하거나 직무를 감당할 수 없을 때, 5. 제73조의3 제3항에 따라 대기 명령을 받은 자가 그 기간에 능력 또는 근무성적의 향상을 기대하기 어렵다고 인정된 때)까지의 규정 중 어느 하나에 해당될 때, 2. 경찰공무원으로는 부적합할 정도로 직무 수행능력이나 성실성이 현저하게 결여된 사람으로서 대통령령으로 정하는 사유에 해당된다고 인정될 때, 3. 직무를 수행하는 데에 위험을 일으킬 우려가 있을 정도의 성격적 또는 도덕적 결함이 있는 사람으로서 대통령령으로 정하는 사유에 해당된다고 인정될 때, 4. 해당 경과에서 직무를 수행하는 데 필요한 자격증의 효력이 상실되거나 면허가 취소되어 담당 직무를 수행할 수 없게 되었을 때

다) 징계위원회의 동의

경찰공무원법 제28조 제1항 제2호·제3호 또는「국가공무원법」제70조 제1항 제5호의 사유로 면직시키는 경우에는 제32조에 따른 징계위원회의 동의를 받아야 한다(경찰공무원법 제28조 제2항).

3. 해양경찰공무원의 권리

(1) 신분상의 권리

1) 신분보유권

공무원의 신분과 정치적 중립성은 법률이 정하는 바에 의하여 보장된다(헌법 제7조 제2항). 공무원은 형의 선고, 징계처분 또는 이 법에서 정하는 사유에 따르지 아니하고는 본인의 의사에 반하여 휴직·강임 또는 면직을 당하지 아니한다. 다만, 치안총감과 치안정감에 대해서는 본문을 적용하지 아니한다(국가공무원법 제68조; 경찰공무원법 제36조 제1항). 또한 시보임용기간 중에 있는 경찰공무원이 근무성적 또는 교육훈련성적이 불량할 때에는「국가공무원법」제68조에도 불구하고 면직시키거나 면직을 제청할 수 있다(경찰공무원법 제13조 제3항).

2) 직위보유권

임용권자나 임용제청권자는 법령으로 따로 정하는 경우 외에는 소속 공무원의 직급과 직류를 고려하여 그 직급에 상응하는 일정한 직위를 부여하여야 한다(국가공무원법 제32조의5 제1항).

3) 직무집행권

경찰공무원은 법령에 의하여 정해진 그 직위에 속하는 직무를 집행할 권리를 갖는다. 임용권자나 상급해양경찰공무원이라 하여도 하급해양경찰공무원의 정당한 직무집행을 부당한 방법으로 방해하였을 때는 형법상 직권남용죄(형법 제123조) 또는 공무집행방해죄(형법 제136조)가 성립할 수 있다.

4) 무기휴대 및 사용권

경찰공무원은 직무 수행을 위하여 필요하면 무기를 휴대할 수 있다(경찰공무원법 제26조 제2항). 이러한 경찰공무원법의 규정 취지는 경찰공무원이 직무수행을 위하여 필요하다고 인정되는 경우에 한하여 무기를 휴대할 수 있다는 것뿐이지, 경찰관이라 하여 허가 없이 개인적으로 총포 등을 구입하여 소지하는 것을 허용하는 것은 아니다.[105]

경찰관은 범인의 체포, 범인의 도주 방지, 자신이나 다른 사람의 생명·신체의 방어 및 보호, 공무집행에 대한 항거의 제지를 위하여 필요하다고 인정되는 상당한 이유가 있을 때에는 그 사태를 합리적으로 판단하여 필요한 한도에서 무기를 사용할 수 있다(경찰관직무집행법 제10조의4 제1항).

5) 처분사유설명서를 교부받을 권리

공무원에 대하여 징계처분 등을 할 때나 휴직·직위해제 또는 면직처분을 할 때에는 그 처분권자 또는 처분제청권자는 처분사유를 적은 설명서를 교부하여야 한다. 다만, 본인의 원에 따른 휴직 또는 면직처분은 그러하지 아니하다(국가공무원법 제75조 제1항). 처분권자는 피해자가 요청하는 경우 「성폭력범죄의 처벌 등에 관한 특례법」 제2조에 따른 성폭력범죄 및 「양성평등기본법」 제3조 제2호에 따른 성희롱에 해당하는 사유로 처분사유 설명서를 교부할 때에는 그 징계처분결과를 피해자에게 함께 통보하여야 한다(국가공무원법 제75조 제2항).

6) 인사상담 및 고충심사청구권

공무원은 인사·조직·처우 등 각종 직무 조건과 그 밖에 신상 문제와 관련한 고충에 대하여 상담을 신청하거나 심사를 청구할 수 있으며, 누구나 기관 내 성폭

---

105) 대법원 1996. 7. 30. 선고 95도2408 판결.

력 범죄 또는 성희롱 발생 사실을 알게 된 경우 이를 신고할 수 있다. 이 경우 상 담 신청이나 심사 청구 또는 신고를 이유로 불이익한 처분이나 대우를 받지 아니 한다(국가공무원법 제76조의2 제1항).

경찰공무원의 인사상담 및 고충을 심사하기 위하여 경찰청, 해양경찰청, 대통 령령으로 정하는 지방해양경찰관서에 경찰공무원 고충심사위원회를 둔다(경찰공무원 법 제31조 제1항). 경찰공무원 고충심사위원회의 심사를 거친 재심청구와 경정 이상의 경찰공무원의 인사상담 및 고충심사는 「국가공무원법」에 따라 설치된 중앙고충심 사위원회에서 한다(경찰공무원법 제31조 제2항). 경찰공무원 고충심사위원회의 구성, 심 사 절차 및 운영에 필요한 사항은 대통령령으로 정한다(경찰공무원법 제31조 제3항).

> **판례** [고충심사결정의 성격]
> 고충심사제도는 공무원으로서의 권익을 보장하고 적정한 근무환경을 조성하여 주기 위 하여 근무조건 또는 인사관리 기타 신상문제에 대하여 법률적인 쟁송의 절차에 의하여 서가 아니라 사실상의 절차에 의하여 그 시정과 개선책을 청구하여 줄 것을 임용권자 에게 청구할 수 있도록 한 제도로서, 고충심사결정 자체에 의하여는 어떠한 법률관계 의 변동이나 이익의 침해가 직접적으로 생기는 것은 아니므로 고충심사의 결정은 행정 상 쟁송의 대상이 되는 행정처분이라고 할 수 없다(대법원 1987. 12. 8. 선고 87누657 판결).

7) 소청제기권·행정소송제기권

이에 대한 자세한 내용은 「6. 불이익처분에 대한 구제」에서 서술하기로 한다.

(2) 재산상 권리

1) 보수청구권

공무원의 퇴직, 장해 또는 사망에 대하여 적절한 급여를 지급하고 후생복지 를 지원함으로써 공무원 또는 그 유족의 생활안정과 복지 향상에 이바지하기 위 해 「공무원연금법」이 제정되어 있다(공무원연금법 제1조). 경찰공무원은 국가에 대하여 보수를 청구할 권리를 갖는다. 보수란 봉급과 그 밖의 각종 수당을 합산한 금액을 말한다. 다만, 연봉제 적용대상 공무원은 연봉과 그 밖의 각종 수당을 합산한 금 액을 말한다(공무원보수규정 제4조 제1호). 공무원의 보수는 직무의 곤란성과 책임의 정도에 맞도록 계급별·직위별 또는 직무등급별로 정한다(국가공무원법 제46조 제1항).

2) 연금수급권

공무원의 퇴직, 장해 또는 사망에 대하여 적절한 급여를 지급하고 후생복지를 지원함으로써 공무원 또는 그 유족의 생활안정과 복지 향상에 이바지하기 위해 공무원연금법이 제정되어 있다(공무원연금법 제1조). 공무원이 질병·부상·폐질·퇴직·사망 또는 재해를 입으면 본인이나 유족에게 법률로 정하는 바에 따라 적절한 급여를 지급한다(국가공무원법 제77조 제1항).

3) 보훈을 받을 권리

경찰공무원으로서 전투나 그 밖의 직무 수행 또는 교육훈련 중 사망한 사람(공무상 질병으로 사망한 사람을 포함한다) 및 부상(공무상의 질병을 포함한다)을 입고 퇴직한 사람과 그 유족 또는 가족은 「국가유공자 등 예우 및 지원에 관한 법률」 또는 「보훈보상대상자 지원에 관한 법률」에 따라 예우 또는 지원을 받는다(경찰공무원법 제16조).

4) 실비변상청구권

공무원은 보수 외에 대통령령 등으로 정하는 바에 따라 직무 수행에 필요한 실비 변상을 받을 수 있다(국가공무원법 제48조 제1항). 이에 따라 경찰공무원은 공무원여비규정(대통령령)에 따라 국내 또는 국외 출장시의 운임·일비·숙박비·식비 등을 지급받는다.

5) 보상청구권

공무원이 소속 기관장의 허가를 받아 본래의 업무 수행에 지장이 없는 범위에서 담당 직무 외의 특수한 연구과제를 위탁받아 처리하면 그 보상을 지급받을 수 있다(국가공무원법 제48조 제2항).

4. 해양경찰공무원의 의무

(1) 해양경찰관련 법령상 의무

1) 해양경찰법상 의무

해양경찰은 그 직무를 수행할 때 국민 전체에 대한 봉사자로서 공정·중립을 지켜야 하고, 헌법과 법률에 따라 국민의 자유와 권리를 존중하며, 부여된 권한을 남용하여서는 아니 된다(해양경찰법 제3조).

2) 경찰공무원법상 의무

가. 정치관여 금지의무

경찰공무원은 정당이나 정치단체에 가입하거나 정치활동에 관여하는 행위를 하여서는 아니 된다(경찰공무원법 제23조 제1항).

나. 거짓보고 등의 금지의무

경찰공무원은 직무에 관하여 거짓으로 보고나 통보를 하여서는 아니 된다(경찰공무원법 제24조 제1항). 경찰공무원은 직무를 게을리하거나 유기해서는 아니 된다(경찰공무원법 제24조 제2항).

다. 지휘권 남용 등의 금지의무

전시·사변, 그 밖에 이에 준하는 비상사태이거나 작전수행 중인 경우 또는 많은 인명 손상이나 국가재산 손실의 우려가 있는 위급한 사태가 발생한 경우, 경찰공무원을 지휘·감독하는 사람은 정당한 사유 없이 그 직무 수행을 거부 또는 유기하거나 경찰공무원을 지정된 근무지에서 진출·퇴각 또는 이탈하게 하여서는 아니 된다(경찰공무원법 제25조).

라. 복제 및 무기휴대 의무

경찰공무원은 제복을 착용하여야 한다(경찰공무원법 제26조 제1항). 해양경찰청 및 그 소속기관의 경찰공무원은 이 규칙에서 정하는 바에 따라 해양경찰청 소속 경찰공무원의 제복을 착용하여야 한다(해양경찰청 소속 경찰공무원 복제에 관한 규칙 제2조 제1항). 해양경찰청 소속 경찰공무원은 복장과 용모를 단정히 하고, 항상 품위를 유지하여야 한다(해양경찰청 소속 경찰공무원 복제에 관한 규칙 제2조 제2항). 경찰공무원은 직무 수행을 위하여 필요하면 무기를 휴대할 수 있다(경찰공무원법 제26조 제2항).

3) 경찰공무원 복무규정(대통령령)상 의무

가. 지정장소 외에서의 직무수행금지의무

경찰공무원은 상사의 허가를 받거나 그 명령에 의한 경우를 제외하고는 직무와 관계없는 장소에서 직무수행을 하여서는 아니 된다(경찰공무원복무규정 제8조).

나. 근무시간 중 음주금지의무

경찰공무원은 근무시간 중 음주를 하여서는 아니 된다. 다만, 특별한 사정이 있는 경우에는 예외로 하되, 이 경우 주기가 있는 상태에서 직무를 수행하여서는 아니 된다(경찰공무원복무규정 제9조).

다. 민사분쟁에의 부당개입금지의무

경찰공무원은 직위 또는 직권을 이용하여 부당하게 타인의 민사분쟁에 개입하여서는 아니 된다(경찰공무원복무규정 제10조).

라. 상관에 대한 신고의무

경찰공무원은 신규채용·승진·전보·파견·출장·연가·교육훈련기관에의 입교 기타 신분관계 또는 근무관계 또는 근무관계의 변동이 있는 때에는 소속상관에게 신고를 하여야 한다(경찰공무원복무규정 제11조).

마. 보고 및 통보의무

경찰공무원은 치안상 필요한 상황의 보고 및 통보를 신속·정확·간결하게 하여야 한다(경찰공무원복무규정 제12조).

바. 여행의 제한의무

경찰공무원은 휴무일 또는 근무시간외에 2시간 이내에 직무에 복귀하기 어려운 지역으로 여행을 하고자 할 때에는 소속 경찰기관의 장에게 신고를 하여야 한다. 다만, 치안상 특별한 사정이 있어 해양경찰청장 또는 경찰기관의 장이 지정하는 기간 중에는 소속경찰기관의 장의 허가를 받아야 한다(경찰공무원복무규정 제13조).

사. 비상대기의무

경찰기관의 장은 비상사태에 대처하기 위하여 필요하다고 인정할 때에는 소속경찰공무원을 긴급히 소집하거나 일정한 장소에 대기하게 할 수 있다(경찰공무원복무규정 제14조 제1항).

(2) 국가공무원법상 의무

1) 일반적 의무

가. 선서의무

공무원은 취임할 때에 소속 기관장 앞에서 대통령령 등으로 정하는 바에 따라 선서하여야 한다. 다만, 불가피한 사유가 있으면 취임 후에 선서하게 할 수 있다(국가공무원법 제55조).

나. 성실의무

모든 공무원은 성실히 직무를 수행하여야 한다(국가공무원법 제56조). 성실의무는 공무원의 가장 기본적이고 중요한 의무로서 최대한으로 공공의 이익을 도모하고 그 불이익을 방지하기 위하여 전인격과 양심을 바쳐서 성실히 직무를 수행하여야 하는 것을 내용으로 한다.[106] 국가공무원법상 공무원의 성실의무는 경우에 따라 근무시간 외에 근무지 밖에까지 미칠 수도 있다.[107]

> **판례** [금품수수 후 훈방]
> 순경이 순찰근무지정을 받고 순찰 중 야간에 좌측 전조등을 켜지 아니한 채 운행하던 봉고차를 적발하고서도 금 5,000원을 받고서는 위 차량의 운전자를 훈방하였다면, 이는 공무원으로서의 성실의무, 청렴의무에 위반한 것이라 할 것이어서 국가공무원법 제78조 제1항 제2호에 해당하는 징계사유가 된다 할 것이고 또한 위 징계사유의 내용에 비추어 보면 정상을 감안하여도 해임처분이 재량권을 일탈하였거나 남용한 것이라고는 볼 수 없다(대법원 1987. 10. 26. 선고 87누740 판결).

다. 청렴의무

공무원은 직무와 관련하여 직접적이든 간접적이든 사례·증여 또는 향응을 주거나 받을 수 없다(국가공무원법 제61조 제1항). 공무원은 직무상의 관계가 있든 없든 그 소속 상관에게 증여하거나 소속 공무원으로부터 증여를 받아서는 아니 된다(국

---

106) 대법원 2017. 11. 9. 선고 2017두47472 판결.
107) 대법원 1997. 2. 11. 선고 96누2125 판결.

가공무원법 제61조 제2항). 청렴의무위반은 징계사유가 될 뿐만 아니라, 형법상 수뢰죄·증뢰죄(형법 제129조~135조)에도 해당할 수 있다.

> **판례** [금품수수행위]
> 경찰공무원으로서 부정한 청탁과 관련하여 공여되는 뇌물임을 알면서도 금품을 공여·수수하는 데 중개역할을 하였을 뿐 아니라 그 금품의 일부를 자신이 취득하고 그 처도 같은 명목으로 거액의 금원을 수령한 경우(이는 경찰공무원으로서 성실의무 및 청렴의무에 크게 위배되는 행위라고 보지 않을 수 없고, 그 비위의 정도에 비추어 볼 때 원고가 장기간 경찰공무원으로 근무하면서 수십 회에 걸쳐 표창, 기장을 받았다거나 위 금원수수가 원고의 직무행위와 관련된 것이 아니고 그 후 피해를 변상하고 합의한 점 등 기록에 나타난 제반사정을 참작하더라도 피고의 이 사건 처분이 지나치게 가혹하여) 그에 대한 파면처분이 재량권의 범위를 일탈한 것으로 단정할 수 없다고 한 사례 (대법원 1994. 6. 10. 선고 94누4622 판결).

라. 품위유지의무

공무원은 직무의 내외를 불문하고 그 품위가 손상되는 행위를 하여서는 아니 된다(국가공무원법 제63조). 국민으로부터 널리 공무를 수탁하여 국민 전체를 위해 근무하는 공무원의 지위를 고려할 때 공무원의 품위손상행위는 본인은 물론 공직사회에 대한 국민의 신뢰를 실추시킬 우려가 있으므로 국가공무원법 제63조는 공무원에게 직무와 관련된 부분은 물론 사적인 부분에 있어서도 건실한 생활을 할 것을 요구하는 품위유지의무를 규정하고 있고, 여기에서 품위라 함은 주권자인 국민의 수임자로서의 직책을 맡아 수행해 나가기에 손색이 없는 인품을 말한다.[108]

> **판례** [강간치상행위]
> 근무 중 근무장소를 벗어나 인근 유원지에 가서 동료 여직원의 의사에 반하여 성관계를 요구하다가 그 직원에게 상해를 입히고 강간치상죄로 형사소추까지 당하게 된 경우, 당해 공무원의 이러한 행위는 사회통념상 비난받을 만한 행위로서 공직의 신용을 손상시키는 것이므로 지방공무원법 제69조 제1항 제3호 소정의 품위손상행위에 해당한다고 본 사례(대법원 1998. 2. 27. 선고 97누18172 판결).

---

108) 대법원 1998. 2. 27. 선고 97누18172 판결.

2) 직무상 의무

가. 법령준수의무

모든 공무원은 법령을 준수하여야 한다(국가공무원법 제56조). 여기서 법령이란 행정법의 법원의 되는 모든 법을 말한다. 여기에는 법규명령 외에 행정규칙도 포함된다.[109]

나. 복종의 의무

공무원은 직무를 수행할 때 소속 상관의 직무상 명령에 복종하여야 한다(국가공무원법 제57조). 상급자가 하급자에게 발하는 직무상의 명령이 유효하게 성립하기 위하여는 상급자가 하급자의 직무범위 내에 속하는 사항에 대하여 발하는 명령이어야 한다.[110] 또한 상관의 명령은 적법한 명령이어야 한다. 상관의 위법한 명령에 따른 하급자는 그 결과에 대한 책임을 지게 된다.

> **판례** [상관의 위법한 명령]
> 공무원이 그 직무를 수행함에 있어 상관은 하관에 대하여 범죄행위 등 위법한 행위를 하도록 명령할 직권이 없는 것이고, 하관은 소속상관의 적법한 명령에 복종할 의무는 있으나 그 명령이 참고인으로 소환된 사람에게 가혹행위를 가하라는 등과 같이 명백한 위법 내지 불법한 명령인 때에는 이는 벌써 직무상의 지시명령이라 할 수 없으므로 이에 따라야 할 의무는 없다(대법원 1988. 2. 23. 선고 87도2358 판결).

다. 직장이탈금지의무

공무원은 소속 상관의 허가 또는 정당한 사유가 없으면 직장을 이탈하지 못한다(국가공무원법 제58조 제1항).

> **판례** [사직원 수리 전 직장이탈]
> 경찰서 수사과 형사계 반장인 원고의 부하직원에 대한 뇌물수수사건의 검찰 수사과정에서 뇌물을 받은 사람이 원고라는 제공자의 진술에 따라 원고에게까지 수사가 확대되

---

109) 홍정선, 앞의 책(「경찰행정법」), 176면.
110) 대법원 2001. 8. 24. 선고 2000두7704 판결.

자, 원고가 수사를 피하기 위하여 사직원을 제출하였으나 수리도 되지 아니한 상태에서 소속상관의 허가없이 3개월여 동안 직장을 이탈하고 출근하지 아니하여 뇌물수수 등의 죄로 지명수배된 경우, 원고의 위와 같은 행위는 국가공무원법상의 직장이탈이어서 같은 법 제78조 제1항 제1호에 해당한다는 이유로 원고에 대하여 한 파면처분에 재량권을 남용 또는 일탈한 위법이 없다(대법원 1991. 11. 12. 선고 91누3666 판결).

라. 친절공정의 의무

공무원은 국민 전체의 봉사자로서 친절하고 공정하게 직무를 수행하여야 한다(국가공무원법 제59조).

마. 종교중립의 의무

공무원은 종교에 따른 차별 없이 직무를 수행하여야 한다(국가공무원법 제59조의2 제1항). 공무원은 소속 상관이 제1항에 위배되는 직무상 명령을 한 경우에는 이에 따르지 아니할 수 있다(국가공무원법 제59조의2 제2항).

바. 비밀엄수의 의무

공무원은 재직 중은 물론 퇴직 후에도 직무상 알게 된 비밀을 엄수하여야 한다(국가공무원법 제60조). 국가공무원법상 직무상 비밀이라 함은 국가 공무의 민주적, 능률적 운영을 확보하여야 한다는 이념에 비추어 볼 때 당해 사실이 일반에 알려질 경우 그러한 행정의 목적을 해할 우려가 있는지 여부를 기준으로 판단하여야 하며, 구체적으로는 행정기관이 비밀이라고 형식적으로 정한 것에 따를 것이 아니라 실질적으로 비밀로서 보호할 가치가 있는지, 즉 그것이 통상의 지식과 경험을 가진 다수인에게 알려지지 아니한 비밀성을 가졌는지, 또한 정부나 국민의 이익 또는 행정목적 달성을 위하여 비밀로서 보호할 필요성이 있는지 등이 객관적으로 검토되어야 한다.[111]

비밀엄수의무에 대한 위반은 징계사유에 해당할 뿐만 아니라, 상황에 따라서는 형법상 피의사실공표죄(형법 제126조) 또는 공무상비밀누설죄(형법 제127조)에도 해당할 수 있다.

---

111) 대법원 1996. 10. 11. 선고 94누7171 판결.

사. 영예의 제한

공무원이 외국 정부로부터 영예나 증여를 받을 경우에는 대통령의 허가를 받아야 한다(국가공무원법 제62조). 이 제도의 취지는 해당 영예 또는 증여는 공무원이 개인으로서가 아니라 국가의 공무원의 지위에서 받는 것이므로, 그것이 우리나라의 국익에 저촉되는지 여부 등 그 적정성을 심사하기 위한 것이다.[112)]

아. 영리 업무 및 겸직 금지의무

공무원은 공무 외에 영리를 목적으로 하는 업무에 종사하지 못하며 소속 기관장의 허가 없이 다른 직무를 겸할 수 없다(국가공무원법 제64조 제1항).

> 판례 [공무원의 임대행위]
> 공무원으로서 겸직이 금지되는 영리업무는 영리적인 업무를 공무원이 스스로 경영하여 영리를 추구함이 현저한 업무를 의미하고 공무원이 여관을 매수하여 임대하는 행위는 영리업무에 종사하는 경우라고 할 수 없다(대법원 1982. 9. 14. 선고 82누46 판결).

자. 정치운동의 금지의무

공무원의 신분과 정치적 중립성은 법률이 정하는 바에 의하여 보장된다(헌법 제7조 제2항).

(가) 정당가입 등의 금지

공무원은 정당이나 그 밖의 정치단체의 결성에 관여하거나 이에 가입할 수 없다(국가공무원법 제65조 제1항).

(나) 선거운동금지

공무원은 선거에서 특정 정당 또는 특정인을 지지 또는 반대하기 위한 다음의 행위를 하여서는 아니 된다(국가공무원법 제65조 제2항). 1. 투표를 하거나 하지 아니하도록 권유 운동을 하는 것, 2. 서명 운동을 기도·주재하거나 권유하는 것, 3. 문서나 도서를 공공시설 등에 게시하거나 게시하게 하는 것, 4. 기부금을 모집 또는 모집하게 하거나, 공공자금을 이용 또는 이용하게 하는 것, 5. 타인에게 정당

---

112) 김동희, 앞의 책(「행정법」II), 169면.

이나 그 밖의 정치단체에 가입하게 하거나 가입하지 아니하도록 권유 운동을 하는 것

(다) 다른 공무원에 대한 정치적 운동금지

공무원은 다른 공무원에게 제1항과 제2항에 위배되는 행위를 하도록 요구하거나, 정치적 행위에 대한 보상 또는 보복으로서 이익 또는 불이익을 약속하여서는 아니 된다(국가공무원법 제65조 제3항).

(라) 벌   칙

국가공무원법 제65조에 대한 위반은 징계사유에 해당할 뿐만 아니라, 제84조 제1항(제65조를 위반한 자는 3년 이하의 징역과 3년 이하의 자격정지에 처한다)에 따라 형사책임도 지게 된다.

차. 집단행위의 금지

공무원은 노동운동이나 그 밖에 공무 외의 일을 위한 집단 행위를 하여서는 아니 된다(국가공무원법 제66조 제1항).

> **판례** [집단행위의 의미]
> [1] 국가공무원법 제66조의 '공무 이외의 일을 위한 집단적 행위'는 공무가 아닌 어떤 일을 위하여 공무원들이 하는 모든 집단적 행위를 의미하는 것은 아니고 언론, 출판, 집회, 결사의 자유를 보장하고 있는 헌법 제21조 제1항, 헌법상의 원리, 국가공무원법의 취지, 국가공무원법상의 성실의무 및 직무전념의무 등을 종합적으로 고려하여 '공익에 반하는 목적을 위하여 직무전념의무를 해태하는 등의 영향을 가져오는 집단적 행위'라고 축소 해석하여야 한다. [2] 국가공무원인 피고인이 공무원노동조합 결성을 위한 준비행위로서의 성격을 가지는 집회에 참석한 것이 국가공무원법 제66조에서 금지한 노동운동에 해당한다고 한 사례(대법원 2005. 4. 15. 선고 2003도2960 판결).

5. 해양경찰공무원의 책임

해양경찰공무원의 책임에는 해양경찰공무원으로서의 의무를 위반한 경우에 공무원관계 내부에서 지는 징계책임과 (국가나 지방자치단체에 대한) 변상책임이 있다. 더 나아가 해양경찰공무원으로서의 의무위반행위가 동시에 형법을 위반한 경우에

지는 형사책임과 위법하게 타인의 권리를 침해하여 손해를 발생시킨 경우에 지게되는 민사책임이 있다.

(1) 징계책임

1) 징계의 의의

가. 징계의 개념

징계란 해양경찰공무원이 국가공무원으로서 부담하는 의무를 위반한 경우에 공무원관계의 질서유지를 위하여 국가가 사용자로서의 지위에서 국가공무원법에 따라 해당 해양경찰공무원에게 가하는 행정적 제재를 말한다. 의무위반에 대하여 가해지는 행정적 제재로서의 벌을 징계벌이라 하고, 징계벌을 받아야 할 책임을 징계책임이라고 한다.

나. 법적 근거

징계벌에 관한 법령상 근거로는 국가공무원법, 경찰공무원법, 경찰공무원징계령(육상경찰공무원, 해양경찰공무원 모두 적용) 등이 있다.

다. 징계벌과 형벌

징계벌과 형벌은 공무원의 (공무원법상 또는 형법상) 의무위반 행위에 대하여 부과하는 불이익한 제재라는 점에서 동일하지만, 양자는 다음과 같은 점에서 차이가 있다.

(가) 징계벌과 형벌의 비교[113]

① 형벌은 국가와 일반사회공공의 질서유지를 목적으로 하지만, 징계벌은 경찰행정조직 내부에서 공무원법관계의 질서유지를 목적으로 한다.

② 형벌은 일반국민을 대상으로 하지만, 징계벌은 공무원을 대상으로 한다.

③ 형벌은 공무원의 퇴직 여하와 관계없이 부과할 수 있지만, 징계벌은 공무원법상의 의무위반에 대하여 과하는 제재이므로 퇴직 후에는 부과할 수 없다.

④ 형벌은 신분상 이익뿐만 아니라 생명, 신체적 자유, 재산상 이익의 박탈

---

113) 이하 김동희, 앞의 책「행정법」II), 176면; 홍정선, 「신경찰행정법입문」, 박영사, 2021, 91면.

또는 제한을 내용으로 하지만, 징계벌은 공무원의 신분, 신분상 이익의 일부 또는 전부의 박탈을 그 내용으로 한다.

(나) 징계벌과 형벌의 병과여부

검찰·경찰, 그 밖의 수사기관에서 수사 중인 사건에 대하여는 수사개시 통보를 받은 날부터 징계 의결의 요구나 그 밖의 징계 절차를 진행하지 아니할 수 있다(국가공무원법 제83조 제2항). 해양경찰공무원의 의무위반행위가 공무원법상의 의무위반과 형법상의 의무위반에 모두 해당하는 경우, 현행법은 형사소추선행의 원칙을 취하지는 않지만[114] 통상적으로 형사재판에 따른 형사책임이 먼저 결정된 후 징계절차가 개시된다. 이때 형벌과 징계벌을 병과할 수 있다. 헌법 제13조 제1항은 "동일한 범죄에 대하여 거듭 처벌받지 아니한다"는 일사부재리의 원칙을 규정하고 있지만, 징계벌과 형벌은 그 목적·내용·성질 등을 달리하기 때문에 양자를 병과하더라도 일사부재리의 원칙에 반하지 않는다.

> **판례** [징계벌과 형벌]
> 같은 사건으로 무죄판결을 받았다고 하더라도 징계사유의 인정에는 영향이 없다(대법원 1967. 2. 7. 선고 66누168 판결).

(다) 징계벌의 일사부재리

헌법 제13조 제1항의 일사부재리의 원칙은 징계벌에도 적용된다. 따라서 동일한 징계원인을 이유로 하여 거듭 징계처분을 과할 수는 없다. 다만 직위해제처분은 국가공무원법 제79조에서 규정한 징계의 종류(파면·해임·강등·정직·감봉·견책)에 해당하지 않으므로 직위해제처분이 행해진 후 다시 그 사유로 징계처분을 과하는 것은 가능하다.

> **판례** [직위해제처분 후 징계처분]
> 직위해제처분이 공무원에 대한 불이익한 처분이긴 하나 징계처분과 같은 성질의 처분이라 할 수 없으므로 동일한 사유로 직위해제 처분을 하고 다시 감봉처분을 하였다 하여 일사부재리원칙에 위배된다 할 수 없다(대법원 1983. 10. 25. 선고 83누184 판결).

---

114) 김동희, 앞의 책「행정법」II), 176면.

2) 징계사유

가. 징계사유의 유형

공무원이 다음 각 호의 어느 하나에 해당하면 징계 의결을 요구하여야 하고 그 징계 의결의 결과에 따라 징계처분을 하여야 한다(국가공무원법 제78조 제1항).

1. 이 법 및 이 법에 따른 명령을 위반한 경우
2. 직무상의 의무(다른 법령에서 공무원의 신분으로 인하여 부과된 의무를 포함한다)를 위반하거나 직무를 태만히 한 때
3. 직무의 내외를 불문하고 그 체면 또는 위신을 손상하는 행위를 한 때

나. 징계사유에 해당하는 행위의 성질

징계벌은 의무위반이라는 객관적 사실에 대하여 과하는 제재이므로, 징계사유에 해당하는 행위에 반드시 고의 또는 과실이 있을 것을 요하지 않는다. 그렇다고 공무원의 무과실 책임을 의미하는 것은 아니다. 징계사유가 만약 불가항력에 기인하는 것이라면 공무원의 책임은 면제될 수밖에 없을 것이다.[115] 또한 상관이 감독의무를 태만히 한 경우에는 상관은 부하 공무원의 의무위반에 대한 감독상의 책임을 면하지 못한다.

다. 징계사유의 발생시점

징계사유는 원칙적으로 해양경찰공무원 임용이후 재직 중에 발생한 것이어야 한다. 다만, 임용 전의 특정한 행위로 인하여 임용 후에도 계속하여 공무원의 품위가 손상되는 경우에는 임용 후의 의무위반이라는 사실에 기하여 징계처분을 할 수 있다.[116]

> **판례** [임용 전의 행위로 인한 징계]
> 원고가 장학사 또는 공립학교 교사로 임용해 달라는 등의 인사청탁과 함께 금 1,000만원을 제3자를 통하여 서울시 교육감에게 전달함으로써 뇌물을 공여하였고, 그 후 공립학교 교사로 임용되어 재직 중 검찰에 의하여 위 뇌물공여죄로 수사를 받다가 기소되기에 이르렀으며 그와 같은 사실이 언론기관을 통하여 널리 알려졌다면, 비록 위와

---

115) 홍정선, 앞의 책「경찰행정법」, 191면.
116) 김동희, 앞의 책「행정법」II, 177면.

같은 뇌물을 공여한 행위는 공립학교 교사로 임용되기 전이었더라도 그 때문에 임용 후의 공립학교 교사로서의 체면과 위신이 크게 손상되었다고 하지 않을 수 없으므로 이를 징계사유로 삼은 것은 정당하다(대법원 1990. 5. 22. 선고 89누7368 판결).

3) 징계의 종류

징계는 파면·해임·강등·정직·감봉·견책으로 구분한다(국가공무원법 제79조). 파면, 해임, 강등 및 정직은 중징계에 해당하고, 감봉 및 견책은 경징계에 해당한다(경찰공무원징계령 제2조).

가. 중 징 계

(가) 파면과 해임

파면과 해임은 모두 공무원의 신분을 박탈하여 공무원관계를 배제하는 징계처분이라는 점에서 동일하다. 그러나 ① 파면은 파면처분을 받은 때부터 5년, 해임은 해임처분을 받은 때부터 3년이 지나야만 다시 공무원에 임용될 수 있다는 점(국가공무원법 제33조 제7호·제8호), ② 파면은 퇴직급여 및 퇴직수당을 줄여 지급하지만, 해임은 그렇지 않다는 점(공무원연금법 제65조 제1항)에서 구별된다. 다만 금품 및 향응 수수, 공금의 횡령·유용으로 징계에 의하여 해임된 경우에는 파면의 경우와 같다(공무원연금법 제65조 제1항 제3호).

(나) 강   등

강등은 1계급 아래로 직급을 내리고 공무원신분은 보유하나 3개월간 직무에 종사하지 못하며 그 기간 중 보수는 전액을 감한다(국가공무원법 제80조 제1항).

(다) 정   직

정직은 1개월 이상 3개월 이하의 기간으로 하고, 정직 처분을 받은 자는 그 기간 중 공무원의 신분은 보유하나 직무에 종사하지 못하며 보수는 전액을 감한다(국가공무원법 제80조 제3항).

나. 경 징 계

(가) 감   봉

감봉은 1개월 이상 3개월 이하의 기간 동안 보수의 3분의 1을 감한다(국가공무원법 제80조 제4항).

(나) 견　　책

견책은 전과에 대하여 훈계하고 회개하게 한다(국가공무원법 제80조 제5항).

4) 징계권자와 징계위원회

가. 징계권자(징계처분권자)

징계권자란 자기 명의로 징계처분을 하는 자를 말한다. 해양경찰공무원의 징계는 징계위원회의 의결을 거쳐 징계위원회가 설치된 소속 기관의 장이 하되, 「국가공무원법」에 따라 국무총리 소속으로 설치된 징계위원회에서 의결한 징계는 해양경찰청장이 한다(경찰공무원법 제33조 본문).

다만, 파면·해임·강등 및 정직은 징계위원회의 의결을 거쳐 해당 경찰공무원의 임용권자가 하되, 경무관 이상의 강등 및 정직과 경정 이상의 파면 및 해임은 해양경찰청장의 제청으로 해양수산부장관과 국무총리를 거쳐 대통령이 하고, 총경 및 경정의 강등 및 정직은 해양경찰청장이 한다(경찰공무원법 제33조 단서).

해양경찰공무원의 징계권자						
	파면	해임	강등	정직	감봉	견책
경무관 이상	대통령				해양경찰청장	
총경·경정	대통령		해양경찰청장			
경감 이하	해양경찰청장				소속 기관의 장	

나. 징계위원회(징계의결권자)

(가) 국무총리 소속하의 중앙징계위원회

경무관 이상의 경찰공무원에 대한 징계의결은 「국가공무원법」에 따라 국무총리 소속으로 설치된 징계위원회에서 한다(경찰공무원법 제32조 제1항).

(나) 해양경찰공무원 중앙징계위원회

총경 이하의 경찰공무원에 대한 징계의결을 하기 위하여 대통령령으로 정하는 해양경찰관서에 경찰공무원 징계위원회를 둔다(경찰공무원법 제32조 제2항).

경찰공무원 징계위원회는 경찰공무원 중앙징계위원회와 경찰공무원 보통징계위원회로 구분한다(경찰공무원징계령 제3조 제1항). 중앙징계위원회는 해양경찰청에 둔다(경찰공무원징계령 제3조 제2항). 중앙징계위원회는 총경 및 경정에 대한 징계사건을 심의·의결한다(경찰공무원징계령 제4조 제1항).

　　(다) 해양경찰공무원 보통징계위원회

　　보통징계위원회는 해양경찰청, 지방해양경찰청, 해양경찰교육원, 해양경찰서, 해양경찰정비창, 경비함정 및 해양경찰청장이 지정하는 경감 이상의 경찰공무원을 장으로 하는 기관에 둔다(경찰공무원징계령 제3조 제2항). 보통징계위원회는 해당 징계위원회가 설치된 경찰기관 소속 경감 이하 경찰공무원에 대한 징계 등 사건을 심의·의결한다(경찰공무원징계령 제4조 제2항).

　5) 징계절차

　　경찰공무원 징계위원회의 구성·관할·운영, 징계의결의 요구 절차, 그 밖에 필요한 사항은 대통령령으로 정한다(경찰공무원법 제32조 제3항).

　가. (징계요구권자에 의한) 징계의결의 요구

　　경찰기관의 장은 소속 경찰공무원이 다음 각 호의 어느 하나에 해당할 때에는 지체 없이 관할 징계위원회를 구성하여 징계 등 의결을 요구하여야 한다(경찰공무원징계령 제9조 제1항). 1. 「국가공무원법」 제78조 제1항 제1호부터 제3호(1. 이 법 및 이 법에 따른 명령을 위반한 경우, 2. 직무상의 의무(다른 법령에서 공무원의 신분으로 인하여 부과된 의무를 포함한다)를 위반하거나 직무를 태만히 한 때, 3. 직무의 내외를 불문하고 그 체면 또는 위신을 손상하는 행위를 한 때)까지의 어느 하나에 해당하는 사유가 있다고 인정할 때, 2. 제2항에 다른 징계 등 의결 요구 신청을 받았을 때

　　경찰기관의 장은 그 소속 경찰공무원에 대한 징계 등 사건이 상급 경찰기관에 설치된 징계위원회의 관할에 속한 경우에는 그 상급 경찰기관의 장에게 징계의결서 등을 첨부하여 징계 등 의결의 요구를 신청하여야 한다(경찰공무원징계령 제9조 제2항). 제1항과 제2항에 따른 징계 등 의결 요구 또는 그 신청은 징계 사유에 대한 충분한 조사를 한 후에 하여야 한다(경찰공무원징계령 제9조 제3항).

　　경찰기관의 장이 제1항과 제2항에 따라 징계 등 의결 요구 또는 그 신청을 할 때에는 중징계 또는 경징계로 구분하여 요구하거나 신청하여야 한다(경찰공무원징계령 제9조 제4항). 징계요구권자는 징계사유에 해당한다고 판단이 되면 반드시 징계 등의 의결을 요구하여야 한다(기속적 행위). 다만 징계처분의 종류를 선택하는 것은 재량적이다(재량적 행위).

판례 [징계요구권자의 징계요구의무]

지방공무원의 징계와 관련된 규정을 종합해 보면, 징계권자이자 임용권자인 지방자치단체장은 소속 공무원의 구체적인 행위가 과연 지방공무원법 제69조 제1항에 규정된 징계사유에 해당하는지 여부에 관하여 판단할 재량은 있지만, 징계사유에 해당하는 것이 명백한 경우에는 관할 인사위원회에 징계를 요구할 의무가 있다(대법원 2007. 7. 12. 선고 2006도1390 판결).

나. 징계부가금 부과의결의 요구

국가공무원법 제78조에 따라 공무원의 징계 의결을 요구하는 경우 그 징계사유가 다음 각 호의 어느 하나에 해당하는 경우에는 해당 징계 외에 다음 각 호의 행위로 취득하거나 제공한 금전 또는 재산상 이득(금전이 아닌 재산상 이득의 경우에는 금전으로 환산한 금액을 말한다)의 5배 내의 징계부가금 부과 의결을 징계위원회에 요구하여야 한다(국가공무원법 제78조의2 제1항).

1. 금전, 물품, 부동산, 향응 또는 그 밖에 대통령령으로 정하는 재산상 이익을 취득하거나 제공한 경우
2. 국가재정법 및 지방재정법에 따른 예산, 국유재산법에 따른 국유재산 등에 해당하는 것을 횡령, 배임, 절도, 사기 또는 유용한 경우

다. 징계의결 등의 요구시한

징계의결 등의 요구는 징계 등의 사유가 발생한 날부터 3년(국가공무원법 제78조의2 제1항 각 호(금전, 물품, 부동산, 향응 또는 그 밖에 대통령령으로 정하는 재산상 이익을 취득하거나 제공한 경우 등)의 어느 하나에 해당하는 경우에는 5년)이 지나면 하지 못한다(국가공무원법 제83조의2 제1항). 징계사유의 발생기산점은 비위행위가 종료된 때이며, 3년을 경과할 때의 계산은 징계의결요구서가 관할 징계의결기관에 도달(접수)된 때를 기준으로 한다.[117]

라. 징계위원회의 심의

(가) 징계험의자의 출석

징계위원회는 징계 등 심의 대상자가 그 징계위원회에 출석하여 진술하기를 원하지 아니할 때에는 진술권 포기서를 제출하게 하여 이를 기록에 첨부하고 서

---

117) 김동희, 앞의 책(「행정법」 II), 180-181면.

면심사로 징계 등 의결을 할 수 있다(경찰공무원징계령 제12조 제2항).

(나) 진술기회부여

징계위원회는 징계 등 심의 대상자에게 진술할 수 있는 기회를 충분히 주어야 하며, 징계 등 심의 대상자는 의견서 또는 말로 자기에게 이익이 되는 사실을 진술하거나 증거를 제출할 수 있다(경찰공무원징계령 제13조 제2항).

(다) 징계 등의 의결시 고려사항

징계위원회는 징계 등 사건을 의결할 때에는 징계 등 심의 대상자의 평소 행실, 근무 성적, 공적, 뉘우치는 정도와 징계 등 의결을 요구한 자의 의견을 고려하여야 한다(경찰공무원징계령 제16조).

마. 징계 등의 의결기한

징계 등 의결 요구를 받은 징계위원회는 그 요구서를 받은 날부터 30일 이내에 징계 등에 관한 의결을 하여야 한다. 다만, 부득이한 사유가 있을 때에는 해당 징계 등 의결을 요구한 경찰기관의 장의 승인을 받아 30일 이내의 범위에서 그 기간을 연장할 수 있다(경찰공무원징계령 제11조 제1항).

바. 징계 등의 의결통지

징계위원회는 징계 등 의결을 하였을 때에는 지체 없이 징계 등 의결을 요구한 자에게 의결서 정본을 보내어 통지하여야 한다(경찰공무원징계령 제17조).

사. 처분사유설명서의 교부

공무원에 대하여 징계처분 등을 할 때나 강임·휴직·직위해제 또는 면직처분을 할 때에는 그 처분권자 또는 처분제청권자는 처분사유를 적은 설명서를 교부하여야 한다(국가공무원법 제75조 제1항). 처분권자는 피해자가 요청하는 경우 「성폭력범죄의 처벌 등에 관한 특례법」 제2조에 따른 성폭력범죄 및 「양성평등기본법」 제3조 제2호에 따른 성희롱에 해당하는 사유로 처분사유 설명서를 교부할 때에는 그 징계처분결과를 피해자에게 함께 통보하여야 한다(국가공무원법 제75조 제2항).

아. 징계의 집행

(가) 경 징 계

징계 등 의결을 요구한 자는 경징계의 징계 등 의결을 통지받았을 때에는 통지받은 날부터 15일 이내에 징계 등을 집행하여야 한다(경찰공무원징계령 제18조 제1항).

(나) 중 징 계

징계 등 의결을 요구한 자는 중징계의 징계 등 의결을 통지받았을 때에는 지체 없이 징계 등 처분 대상자의 임용권자에게 의결서 정본을 보내어 해당 징계 등 처분을 제청하여야 한다. 다만, 경무관 이상의 강등 및 정직, 경정 이상의 파면 및 해임 처분의 제청, 총경 및 경정의 강등 및 정직의 집행은 해양경찰청장이 한다(경찰공무원징계령 제19조 제1항).

6) 징계의 효력

공무원으로서 징계처분을 받은 자에 대하여는 그 처분을 받은 날 또는 그 집행이 끝난 날부터 대통령령 등으로 정하는 기간 동안 승진임용 또는 승급할 수 없다. 다만, 징계처분을 받은 후 직무수행의 공적으로 포상 등을 받은 공무원에 대하여는 대통령령 등으로 정하는 바에 따라 승진임용이나 승급을 제한하는 기간을 단축하거나 면제할 수 있다(국가공무원법 제80조 제6항).

다음 각 호의 어느 하나에 해당하는 사람은 해당 기간 동안 승급시킬 수 없다(공무원보수규정 제14조 제1항). 1. 징계처분, 직위해제 또는 휴직(공무상 질병 또는 부상으로 인한 휴직은 제외한다) 중인 사람, 2. 징계처분의 집행이 끝난 날(강등의 경우에는 직무에 종사하지 못하는 3개월이 끝난 날을 말한다)부터 다음 각 목의 기간(「국가공무원법」 제78조의2 제1항 각 호의 어느 하나의 사유로 인한 징계처분과 소극행정, 음주운전(음주측정에 응하지 않은 경우를 포함한다), 성폭력, 성희롱 및 성매매로 인한 징계처분의 경우에는 각각 6개월을 가산한 기간)이 지나지 않은 사람

가. 강등·정직: 18개월,

나. 감봉: 12개월,

다. 견책: 6개월

7) 감사원의 조사와의 관계 등

감사원에서 조사 중인 사건에 대하여는 제3항에 따른 조사개시 통보를 받은 날부터 징계 의결의 요구나 그 밖의 징계 절차를 진행하지 못한다(국가공무원법 제83조 제1항). 검찰·경찰, 그 밖의 수사기관에서 수사 중인 사건에 대하여는 제3항에 따른 수사개시 통보를 받은 날부터 징계 의결의 요구나 그 밖의 징계 절차를 진행하지 아니할 수 있다(국가공무원법 제83조 제2항). 감사원과 검찰·경찰, 그 밖의 수사

기관은 조사나 수사를 시작한 때와 이를 마친 때에는 10일 내에 소속 기관의 장에게 그 사실을 통보하여야 한다(국가공무원법 제83조 제3항).

(2) 변상책임

변상책임이란 해양경찰공무원이 의무위반행위를 함으로써 국가나 지방자치단체에 대하여 재산상의 손해를 발생시킨 경우, 그에 대하여 해당 해양경찰공무원이 부담하는 재산상의 책임을 말한다.

1) 국가배상법에 의한 변상책임
가. 고의 또는 중과실로 인한 변상책임

국가나 지방자치단체는 공무원 또는 공무를 위탁받은 사인이 직무를 집행하면서 고의 또는 과실로 법령을 위반하여 타인에게 손해를 입히거나, 「자동차손해배상 보장법」에 따라 손해배상의 책임이 있을 때에는 이 법에 따라 그 손해를 배상하여야 한다(국가배상법 제2조 제1항). 제1항 본문의 경우에 공무원에게 고의 또는 중대한 과실이 있으면 국가나 지방자치단체는 그 공무원에게 구상할 수 있다(국가배상법 제2조 제2항).

> **판례** [공무원의 중과실]
> 공무원이 직무 수행 중 불법행위로 타인에게 손해를 입힌 경우에 국가나 지방자치단체가 국가배상책임을 부담하는 외에 공무원 개인도 고의 또는 중과실이 있는 경우에는 불법행위로 인한 손해배상책임을 지고, 공무원에게 경과실이 있을 뿐인 경우에는 공무원 개인은 불법행위로 인한 손해배상책임을 부담하지 아니하는데, 여기서 공무원의 중과실이란 공무원에게 통상 요구되는 정도의 상당한 주의를 하지 않더라도 약간의 주의를 한다면 손쉽게 위법·유해한 결과를 예견할 수 있는 경우임에도 만연히 이를 간과함과 같은 거의 고의에 가까운 현저한 주의를 결여한 상태를 의미한다(대법원 2011. 9. 8. 선고 2011다34521 판결).

나. 영조물의 하자로 인한 변상책임

도로·하천, 그 밖의 공공의 영조물의 설치나 관리에 하자가 있기 때문에 타인에게 손해를 발생하게 하였을 때에는 국가나 지방자치단체는 그 손해를 배상하여야 한다(국가배상법 제5조 제1항). 본조상의 국가책임은 무과실책임이다.[118] 제1항을 적용할 때 손해의 원인에 대하여 책임을 질 자가 따로 있으면 국가나 지방자치단체는 그 자에게 구상할 수 있다(국가배상법 제5조 제2항).

2) 회계관계직원 등의 변상책임

회계관계직원은 고의 또는 중대한 과실로 법령이나 그 밖의 관계 규정 및 예산에 정하여진 바를 위반하여 국가, 지방자치단체, 그 밖에 감사원의 감사를 받는 단체 등의 재산에 손해를 끼친 경우에는 변상할 책임이 있다(회계관계직원 등의 책임에 관한 법률 제4조 제1항). 현금 또는 물품을 출납·보관하는 회계관계직원은 선량한 관리자로서의 주의를 게을리하여 그가 보관하는 현금 또는 물품이 망실되거나 훼손된 경우에는 변상할 책임이 있다(회계관계직원 등의 책임에 관한 법률 제4조 제2항).

(3) 형사책임

해양경찰공무원의 의무위반행위가 동시에 형법에 위반하는 범죄가 되어 해양경찰공무원이 그 범죄에 대하여 형사책임을 부담하는 경우가 있다. 해양경찰공무원이 직무와 관련하여 범할 수 있는 범죄는 직무유기죄(형법 제122조), 직권남용죄(형법 제123조), 불법체포·감금죄(형법 제124조), 폭행·가혹행위죄(형법 제125조), 피의사실공표죄(형법 제126조), 공무상비밀누설죄(형법 제127조), 선거방해죄(형법 제128조), 수뢰·사전수뢰죄(형법 제129조), 제삼자뇌물제공죄(형법 제130조), 수뢰후부정처사·사후수뢰죄(형법 제131조), 알선수뢰죄(형법 제132조), 뇌물공여 등의 죄(형법 제133조), 업무상과실치사상죄(형법 제268조) 등이 있다.

(4) 민사책임

해양경찰공무원이 행한 직무상 위법행위가 고의·중과실에 기한 경우에는 해양경찰공무원 개인이 불법행위로 인한 손해배상책임을 직접 부담할 수도 있다. 대법원은 공무원에게 경과실이 있는 경우에는 공무원 개인에게 배상청구가 불가능하지만, 공무원에게 고의나 중대한 과실이 있는 경우에는 공무원 개인에게도 배상청구가 가능하다는 입장을 취한다. 즉 공무원에게 고의나 중대한 과실이 있는 경우에는 피해자는 국가 외에 가해공무원을 상대로 하여 배상을 청구할 수 있지만, 공무원에게 경

---

118) 홍정선, 앞의 책「행정법원론」(상), 836면.

과실이 있는 경우에는 선택적 배상청구를 할 수 없다는 입장을 취하고 있다.[119)]

판례 [공무원의 고의 또는 과실(중과실·경과실)]
[1] 국가배상법 제2조 제1항 본문 및 제2항의 입법 취지는 공무원의 직무상 위법행위로 타인에게 손해를 끼친 경우에는 변제자력이 충분한 국가 등에게 선임감독상 과실 여부에 불구하고 손해배상책임을 부담시켜 국민의 재산권을 보장하되, 공무원이 직무를 수행함에 있어 경과실로 타인에게 손해를 입힌 경우에는 그 직무수행상 통상 예기할 수 있는 흠이 있는 것에 불과하므로, 이러한 공무원의 행위는 여전히 국가 등의 기관의 행위로 보아 그로 인하여 발생한 손해에 대한 배상책임도 전적으로 국가 등에만 귀속시키고 공무원 개인에게는 그로 인한 책임을 부담시키지 아니하여(자기책임설) 공무원의 공무집행의 안정성을 확보하고, 반면에 공무원의 위법행위가 고의·중과실에 기한 경우에는 비록 그 행위가 그의 직무와 관련된 것이라고 하더라도 그와 같은 행위는 그 본질에 있어서 기관행위로서의 품격을 상실하여 국가 등에게 그 책임을 귀속시킬 수 없으므로 공무원 개인에게 불법행위로 인한 손해배상책임을 부담시키되, 다만 이러한 경우에도 그 행위의 외관을 객관적으로 관찰하여 공무원의 직무집행으로 보여질 때에는 피해자인 국민을 두텁게 보호하기 위하여 국가 등이 공무원 개인과 중첩적으로 배상책임을 부담하되 국가 등이 배상책임을 지는 경우에는 공무원 개인에게 구상할 수 있도록 함(대위책임설)으로써 궁극적으로 그 책임이 공무원 개인에게 귀속되도록 하려는 것이라고 봄이 합당하다. [2] 공무원이 직무수행 중 불법행위로 타인에게 손해를 입힌 경우에 국가 등이 국가배상책임을 부담하는 외에 공무원 개인도 고의 또는 중과실이 있는 경우에는 불법행위로 인한 손해배상책임을 진다고 할 것이지만, 공무원에게 경과실뿐인 경우에는 공무원 개인은 손해배상책임을 부담하지 아니한다고 해석하는 것이 헌법 제29조 제1항 본문과 단서 및 국가배상법 제2조의 입법취지에 조화되는 올바른 해석이다(대법원 1996. 2. 15. 선고 95다38677 전원합의체 판결).

판례 [형사책임과 민사책임의 성질]
[1] 불법행위에 따른 형사책임은 사회의 법질서를 위반한 행위에 대한 책임을 묻는 것으로서 행위자에 대한 공적인 제재(형벌)를 그 내용으로 함에 비하여, 민사책임은 타인의 법익을 침해한 데 대하여 행위자의 개인적 책임을 묻는 것으로서 피해자에게 발생한 손해의 전보를 그 내용으로 하는 것이고, 손해배상제도는 손해의 공평·타당한 부담을

---

119) 홍정선, 앞의 책「행정법원론」(하), 384면.

그 지도원리로 하는 것이므로, 형사상 범죄를 구성하지 아니하는 침해행위라고 하더라도 그것이 민사상 불법행위를 구성하는지 여부는 형사책임과 별개의 관점에서 검토하여야 한다. [2] 경찰관이 범인을 제압하는 과정에서 총기를 사용하여 범인을 사망에 이르게 한 사안에서, 경찰관이 총기사용에 이르게 된 동기나 목적, 경위 등을 고려하여 형사사건에서 무죄판결이 확정되었더라도 당해 경찰관의 과실의 내용과 그로 인하여 발생한 결과의 중대함에 비추어 민사상 불법행위책임을 인정한 사례(대법원 2008. 2. 1. 선고 2006다6713 판결).

6. 불이익처분에 대한 구제

(1) 소   청

1) 의   의

소청이란 행정기관 소속 공무원의 징계처분, 그 밖에 그 의사에 반하는 불리한 처분이나 부작위에 대하여 소청심사위원회에 제기하는 불복신청을 말한다(국가공무원법 제9조 제1항).

2) 소청사항

국가공무원법 제9조 제1항은 소청사항으로 "행정기관 소속 공무원의 징계처분, 그 밖에 그 의사에 반하는 불리한 처분이나 부작위"라고 규정하고 있다. "그 밖에 그 의사에 반하는 불리한 처분"의 범위에 대하여는 해석상 문제가 있으나, 일반적으로는 징계처분 외에 휴직, 직위해제, 직권면직, 의원면직, 대기발령, 전보 등이 포함된다고 보고 있다.[120]

3) 소청심사위원회

가. 구   성

행정기관 소속 공무원의 소청을 심사·결정하게 하기 위하여 인사혁신처에 소청심사위원회를 둔다(국가공무원법 제9조 제1항). 인사혁신처에 설치된 소청심사위원회는 위원장 1명을 포함한 5명 이상 7명 이하의 상임위원과 상임위원 수의 2분의 1 이상인 비상임위원으로 구성하되, 위원장은 정무직으로 보한다(국가공무원법 제9조 제3항).

---

120) 김동희, 앞의 책「행정법」Ⅱ), 155면.

나. 자격과 임명

소청심사위원회의 위원(위원장을 포함한다)은 다음 각 호의 어느 하나에 해당하고 인사행정에 관한 식견이 풍부한 자 중에서 인사혁신처장의 제청으로 대통령이 임명한다. 이 경우 인사혁신처장이 위원을 임명제청하는 때에는 국무총리를 거쳐야 하고, 인사혁신처에 설치된 소청심사위원회의 위원 중 비상임위원은 제1호 및 제2호의 어느 하나에 해당하는 자 중에서 임명하여야 한다(국가공무원법 제10조 제1항). 1. 법관·검사 또는 변호사의 직에 5년 이상 근무한 자, 2. 대학에서 행정학·정치학 또는 법률학을 담당한 부교수 이상의 직에 5년 이상 근무한 자, 3. 3급 이상 공무원 또는 고위공무원단에 속하는 공무원으로 3년 이상 근무한 자

다. 임   기

소청심사위원회의 상임위원의 임기는 3년으로 하며, 한 번만 연임할 수 있다(국가공무원법 제10조 제2항).

라. 겸무금지

소청심사위원회의 상임위원은 다른 직무를 겸할 수 없다(국가공무원법 제10조 제4항).

마. 신   분

소청심사위원회의 공무원이 아닌 위원은 「형법」이나 그 밖의 법률에 따른 벌칙을 적용할 때 공무원으로 본다(국가공무원법 제10조 제5항). 소청심사위원회의 위원은 금고 이상의 형벌이나 장기의 심신 쇠약으로 직무를 수행할 수 없게 된 경우 외에는 본인의 의사에 반하여 면직되지 아니한다(국가공무원법 제11조).

바. 결격사유 및 당연퇴직사유

다음 각 호의 어느 하나에 해당하는 자는 소청심사위원회의 위원이 될 수 없다(국가공무원법 제10조의2 제1항). 1. 제33조 각 호(공무원 임용결격사유)의 어느 하나에 해당하는 자, 2. 「정당법」에 따른 정당의 당원, 3. 「공직선거법」에 따라 실시하는 선거에 후보자로 등록한 자

소청심사위원회위원이 제1항 각 호의 어느 하나에 해당하게 된 때에는 당연히 퇴직한다(국가공무원법 제10조의2 제2항).

4) 소청절차

가. 소청의 제기

국가공무원법 제75조(공무원에 대하여 징계처분 등을 할 때나 휴직·직위해제 또는 면직처분을 할 때에는 그 처분권자 또는 처분제청권자는 처분사유를 적은 설명서를 교부하여야 한다. 다만, 본인의 원에 따른 휴직 또는 면직처분은 그러하지 아니하다)에 따른 처분사유 설명서를 받은 공무원이 그 처분에 불복할 때에는 그 설명서를 받은 날부터, 공무원이 제75조에서 정한 처분 외에 본인의 의사에 반한 불리한 처분을 받았을 때에는 그 처분이 있은 것을 안 날부터 각각 30일 이내에 소청심사위원회에 이에 대한 심사를 청구할 수 있다. 이 경우 변호사를 대리인으로 선임할 수 있다(국가공무원법 제76조 제1항).

나. 심   사

소청심사위원회는 이 법에 따른 소청을 접수하면 지체 없이 심사하여야 한다(국가공무원법 제12조 제1항). 소청심사위원회는 제1항에 따른 심사를 할 때 필요하면 검증·감정, 그 밖의 사실조사를 하거나 증인을 소환하여 질문하거나 관계 서류를 제출하도록 명할 수 있다(국가공무원법 제12조 제2항). 소청심사위원회가 소청 사건을 심사하기 위하여 징계 요구 기관이나 관계 기관의 소속 공무원을 증인으로 소환하면 해당 기관의 장은 이에 따라야 한다(국가공무원법 제12조 제3항). 소청심사위원회는 필요하다고 인정하면 소속 직원에게 사실조사를 하게 하거나 특별한 학식·경험이 있는 자에게 검증이나 감정을 의뢰할 수 있다(국가공무원법 제12조 제4항).

소청심사위원회가 소청 사건을 심사할 때에는 대통령령 등으로 정하는 바에 따라 소청인 또는 제76조 제1항 후단에 따른 대리인(변호사)에게 진술 기회를 주어야 한다(국가공무원법 제13조 제1항). 제1항에 따른 진술 기회를 주지 아니한 결정은 무효로 한다(국가공무원법 제13조 제2항).

다. 결   정

(가) 결정의 방법

소청 사건의 결정은 재적 위원 3분의 2 이상의 출석과 출석 위원 과반수의 합의에 따르되, 의견이 나뉘어 출석 위원 과반수의 합의에 이르지 못하였을 때에는 과반수에 이를 때까지 소청인에게 가장 불리한 의견에 차례로 유리한 의견을 더하여 그 중 가장 유리한 의견을 합의된 의견으로 본다(국가공무원법 제14조 제1

항).[121] 제1항에도 불구하고 파면·해임·강등 또는 정직에 해당하는 징계처분을 취소 또는 변경하려는 경우와 효력 유무 또는 존재 여부에 대한 확인을 하려는 경우에는 재적 위원 3분의 2 이상의 출석과 출석 위원 3분의 2 이상의 합의가 있어야 한다. 이 경우 구체적인 결정의 내용은 출석 위원 과반수의 합의에 따르되, 의견이 나뉘어 출석 위원 과반수의 합의에 이르지 못하였을 때에는 과반수에 이를 때까지 소청인에게 가장 불리한 의견에 차례로 유리한 의견을 더하여 그 중 가장 유리한 의견을 합의된 의견으로 본다(국가공무원법 제14조 제2항).[122]

소청심사위원회의 결정은 그 이유를 구체적으로 밝힌 결정서로 하여야 한다(국가공무원법 제14조 제9항).

(나) 결정의 유형

소청심사위원회의 결정은 다음과 같이 구분한다(국가공무원법 제14조 제6항).

1. 심사 청구가 이 법이나 다른 법률에 적합하지 아니한 것이면 그 청구를 각하한다.
2. 심사 청구가 이유 없다고 인정되면 그 청구를 기각한다.
3. 처분의 취소 또는 변경을 구하는 심사 청구가 이유 있다고 인정되면 처분을 취소 또는 변경하거나 처분 행정청에 취소 또는 변경할 것을 명한다.
4. 처분의 효력 유무 또는 존재 여부에 대한 확인을 구하는 심사 청구가 이유 있다고 인정되면 처분의 효력 유무 또는 존재 여부를 확인한다.
5. 위법 또는 부당한 거부처분이나 부작위에 대하여 의무 이행을 구하는 심사 청구가 이유 있다고 인정되면 지체 없이 청구에 따른 처분을 하거나 이를 할 것을 명한다.

(다) 결정의 기한

소청심사위원회는 소청심사청구를 접수한 날부터 60일 이내에 이에 대한 결정을 하여야 한다. 다만, 불가피하다고 인정되면 소청심사위원회의 의결로 30일을 연장할 수 있다(국가공무원법 제76조 제5항).

(라) 불이익변경금지의 원칙

소청심사위원회가 징계처분 또는 징계부가금 부과처분을 받은 자의 청구에 따

---

121) [시행 2021. 12. 9.] [법률 제18237호, 2021. 6. 8., 일부개정].
122) [시행 2021. 12. 9.] [법률 제18237호, 2021. 6. 8., 일부개정]

라 소청을 심사할 경우에는 원징계처분보다 무거운 징계 또는 원징계부가금 부과처분보다 무거운 징계부가금을 부과하는 결정을 하지 못한다(국가공무원법 제14조 제8항).

라. 결정의 효력

소청심사위원회의 결정은 처분 행정청을 기속한다(국가공무원법 제15조).

(2) 행정소송

1) 소청전치주의

국가공무원법 제75조에 따른 처분, 그 밖에 본인의 의사에 반한 불리한 처분이나 부작위에 관한 행정소송은 소청심사위원회의 심사·결정을 거치지 아니하면 제기할 수 없다(국가공무원법 제16조 제1항).

2) 행정소송의 피고

징계처분, 휴직처분, 면직처분, 그 밖에 의사에 반하는 불리한 처분에 대한 행정소송은 해양경찰청장을 피고로 한다. 다만, 제7조 제3항 및 제4항에 따라 임용권을 위임한 경우에는 그 위임을 받은 자를 피고로 한다(경찰공무원법 제34조).

3) 소송의 대상

소청심사위원회의 결정에 불복이 있는 경우 행정소송을 제기할 수 있다. 이 경우 원칙적으로 소청심사위원회의 결정이 아닌 원처분의 결정을 대상으로 하여 소송을 제기하여야 한다(원처분주의).

4) 제소기간

취소소송은 처분 등이 있음을 안 날부터 90일 이내에 제기하여야 한다(행정소송법 제20조 제1항). 취소소송은 처분 등이 있은 날부터 1년을 경과하면 이를 제기하지 못한다. 다만, 정당한 사유가 있는 때에는 그러하지 아니하다(행정소송법 제20조 제2항).

제3절 해양경찰의 작용

Ⅰ. 해양경찰작용의 법적 근거

1. 법률유보의 원칙

헌법 제37조 제2항은 "국민의 모든 자유와 권리는 국가안전보장·질서유지 또는 공공복리를 위하여 필요한 경우에 한하여 법률로써 제한할 수 있으며, 제한하는 경우에도 자유와 권리의 본질적인 내용을 침해할 수 없다"고 규정하고 있다. 따라서 국민에게 명령 또는 강제 등을 하여 국민의 자유와 권리를 침해하는 해양경찰작용에는 반드시 법률적 근거가 있어야 한다. 다만 법률은 헌법 제75조(대통령은 법률에서 구체적으로 범위를 정하여 위임받은 사항과 법률을 집행하기 위하여 필요한 사항에 관하여 대통령령을 발할 수 있다) 및 제95조(국무총리 또는 행정각부의 장은 소관사무에 관하여 법률이나 대통령령의 위임 또는 직권으로 총리령 또는 부령을 발할 수 있다)에 의하여 행정입법(위임명령)에 의하여 그 내용이 보완될 수 있어 행정입법(법규명령)이 해양경찰권의 작용의 근거가 될 수도 있다.

2. 개별적 수권규정에 근거한 해양경찰권의 발동

해양경찰권의 발동·행사에 관하여 규정하고 있는 법률로는 경찰관직무집행법, 해양경비법, 수상레저안전법, 수상에서의 수색·구조 등에 관한 법률 등이 있다.

(1) 경찰관직무집행법

이 법은 국민의 자유와 권리 및 모든 개인이 가지는 불가침의 기본적 인권을 보호하고 사회공공의 질서를 유지하기 위한 경찰관(경찰공무원만 해당한다[123])의 직무수행에 필요한 사항을 규정함을 목적으로 한다(경찰관직무집행법 제1조 제1항). 이 법에 규정된 경찰관의 직권은 그 직무 수행에 필요한 최소한도에서 행사되어야 하며 남용되어서는 아니 된다(경찰관직무집행법 제1조 제2항).

---

123) 경찰관직무집행법은 2020. 12. 22. 일부개정에서 '국가경찰'공무원에게 적용된다는 규정을 '경찰'공무원에게 적용된다는 것으로 개정하였다.

1) 경찰공무원의 직무의 범위

경찰관은 다음 각 호의 직무를 수행한다(경찰관직무집행법 제2조). 1. 국민의 생명·신체 및 재산의 보호, 2. 범죄의 예방·진압 및 수사, 2의2. 범죄피해자 보호, 3. 경비, 주요 인사 경호 및 대간첩·대테러 작전 수행, 4. 공공안녕에 대한 위험의 예방과 대응을 위한 정보의 수집·작성 및 배포, 5. 교통 단속과 교통 위해의 방지, 6. 외국 정부기관 및 국제기구와의 국제협력, 7. 그 밖에 공공의 안녕과 질서 유지

해양경찰청장은 이 법에 따른 경찰관의 직무수행을 위하여 외국 정부기관, 국제기구 등과 자료 교환, 국제협력 활동 등을 할 수 있다(경찰관직무집행법제8조의3).

2) 불심검문

가. 의   의

불심검문이란 경찰관이 거동이 수상한 자를 발견한 때에 이를 정지시켜 질문하거나 조사하는 것을 말한다.

나. 대 상 자

수상한 행동이나 그 밖의 주위 사정을 합리적으로 판단하여 볼 때 어떠한 죄를 범하였거나 범하려 하고 있다고 의심할 만한 상당한 이유가 있는 사람(경찰관직무집행법 제3조 제1항 제1호), 이미 행하여진 범죄나 행하여지려고 하는 범죄행위에 관한 사실을 안다고 인정되는 사람(경찰관직무집행법 제3조 제1항 제2호)

> **판례** [대상자 해당 여부를 판단하는 기준]
> 경찰관직무집행법의 목적, 법 제1조 제1항, 제2항, 제3조 제1항, 제2항, 제3항, 제7항의 내용 및 체계 등을 종합하면, 경찰관이 법 제3조 제1항에 규정된 대상자 해당 여부를 판단할 때에는 불심검문 당시의 구체적 상황은 물론 사전에 얻은 정보나 전문적 지식 등에 기초하여 불심검문 대상자인지를 객관적·합리적인 기준에 따라 판단하여야 하나, 반드시 불심검문 대상자에게 형사소송법상 체포나 구속에 이를 징도의 혐의가 있을 것을 요한다고 할 수는 없다(대법원 2014. 2. 27. 선고 2011도13999 판결).

다. 방 법

(가) 정지 및 질문

경찰관은 다음 각 호의 어느 하나에 해당하는 사람을 정지시켜 질문할 수 있다(경찰관직무집행법 제3조 제1항). 헌법 제12조 제2항에 의하여 상대방은 자기에게 불리한 진술을 거부할 수 있지만(진술거부권), 불심검문의 대상자는 형사소송법상 진술거부권을 고지받을 권리가 있는 피의자나 피고인이 아니므로 경찰관은 질문 전에 진술거부권을 고지할 필요가 없다. 이 부분에서는 경찰관이 정지시켜 질문하는 과정에서 상대방에게 어느 정도의 물리력을 행사할 수 있는가가 문제된다.

> **판례** [물리력 행사의 허용여부]
>
> [1] 경찰관직무집행법의 목적, 법 제1조 제1항, 제2항, 제3조 제1항, 제2항, 제3항, 제7항의 규정 내용 및 체계 등을 종합하면, 경찰관은 법 제3조 제1항에 규정된 대상자에게 질문을 하기 위하여 범행의 경중, 범행과의 관련성, 상황의 긴박성, 혐의의 정도, 질문의 필요성 등에 비추어 목적 달성에 필요한 최소한의 범위 내에서 사회통념상 용인될 수 있는 상당한 방법으로 대상자를 정지시킬 수 있고 질문에 수반하여 흉기의 소지 여부도 조사할 수 있다. [2] 검문 중이던 경찰관들이, 자전거를 이용한 날치기 사건 범인과 흡사한 인상착의의 피고인이 자전거를 타고 다가오는 것을 발견하고 정지를 요구하였으나 멈추지 않아, 앞을 가로막고 소속과 성명을 고지한 후 검문에 협조해 달라는 취지로 말하였음에도 불응하고 그대로 전진하자, 따라가서 재차 앞을 막고 검문에 응하라고 요구하였는데, 이에 피고인이 경찰관들의 멱살을 잡아 밀치거나 욕설을 하는 등 항의하여 공무집행방해 등으로 기소된 사안에서, 범행의 경중, 범행과의 관련성, 상황의 긴박성, 혐의의 정도, 질문의 필요성 등에 비추어 경찰관들은 목적 달성에 필요한 최소한의 범위 내에서 사회통념상 용인될 수 있는 상당한 방법을 통하여 경찰관직무집행법 제3조 제1항에 규정된 자에 대해 의심되는 사항을 질문하기 위하여 정지시킨 것으로 보아야 하는데도, 이와 달리 경찰관들의 불심검문이 위법하다고 보아 피고인에게 무죄를 선고한 원심판결에 불심검문의 내용과 한계에 관한 법리오해의 위법이 있다고 한 사례(대법원 2012. 9. 13. 선고 2010도6203 판결).

(나) 임의동행요구

경찰관은 제1항에 따라 같은 항 각 호의 사람을 정지시킨 장소(불심검문 장소)에서 질문을 하는 것이 그 사람에게 불리하거나 교통에 방해가 된다고 인정될 때에는 질문을 하기 위하여 가까운 경찰서·지구대·파출소 또는 출장소(지방해양경찰관서를 포함하며, 이하 "경찰관서"라 한다)로 동행할 것을 요구할 수 있다. 이 경우 동행을 요구받은 사람은 그 요구를 거절할 수 있다(경찰관직무집행법 제3조 제2항).

> **판례** [강제연행에 대한 반항]
> 현행범인으로서의 요건을 갖추고 있었다고 인정되지 않는 상황에서 경찰관들이 동행을 거부하는 자를 체포하거나 강제로 연행하려고 하였다면, 이는 적법한 공무집행이라고 볼 수 없고, 그 체포를 면하려고 반항하는 과정에서 경찰관에게 상해를 가한 것은 불법체포로 인한 신체에 대한 현재의 부당한 침해에서 벗어나기 위한 행위로서 정당방위에 해당하여 위법성이 조각된다(대법원 2002. 5. 10. 선고 2001도300 판결).

> **판례** [임의동행의 적법성]
> 수사관이 동행에 앞서 피의자에게 동행을 거부할 수 있음을 알려 주었거나 동행한 피의자가 언제든지 자유로이 동행과정에서 이탈 또는 동행장소로부터 퇴거할 수 있었음이 인정되는 등 오로지 피의자의 자발적인 의사에 의하여 수사관서 등에의 동행이 이루어졌음이 객관적인 사정에 의하여 명백하게 입증된 경우에 한하여, 그 적법성이 인정되는 것으로 봄이 상당하다(대법원 2006. 7. 6. 선고 2005도6810 판결).

(다) 흉기소지여부 조사

경찰관은 제1항 각 호의 어느 하나에 해당하는 사람에게 질문을 할 때에 그 사람이 흉기를 가지고 있는지를 조사할 수 있다(경찰관직무집행법 제3조 제3항). 법문이 조사의 대상을 흉기로 한정하고 있기 때문에 흉기 이외의 일반 소지품에 대한 조사가 가능한가에 대해서는 긍정설과 부정설이 있다.

조사는 의복 또는 휴대품의 외부를 손으로 만져서 확인하는 정도에 그쳐야 하고(Stop and Frisk), 내용물을 꺼내 보여줄(개시) 것을 요구하는 것은 강요적인 언동에 의하지 않는 한 허용된다.[124]

---

124) 이재상·조균석·이창온, 「형사소송법」, 박영사, 2021, 204–205면.

라. 절   차

(가) 증표의 제시 등

경찰관은 제1항이나 제2항에 따라 질문을 하거나 동행을 요구할 경우 자신의 신분을 표시하는 증표를 제시하면서 소속과 성명을 밝히고 질문이나 동행의 목적과 이유를 설명하여야 하며, 동행을 요구하는 경우에는 동행 장소를 밝혀야 한다(경찰관직무집행법 제3조 제4항).

판례 [신분증을 제시하지 않은 경우]
경찰관직무집행법 제3조 제4항은 경찰관이 불심검문을 하고자 할 때에는 자신의 신분을 표시하는 증표를 제시하여야 한다고 규정하고, 경찰관직무집행법 시행령 제5조는 위 법에서 규정한 신분을 표시하는 증표는 경찰관의 공무원증이라고 규정하고 있는데, 불심검문을 하게 된 경위, 불심검문 당시의 현장상황과 검문을 하는 경찰관들의 복장, 피고인이 공무원증 제시나 신분 확인을 요구하였는지 여부 등을 종합적으로 고려하여, 검문하는 사람이 경찰관이고 검문하는 이유가 범죄행위에 관한 것임을 피고인이 충분히 알고 있었다고 보이는 경우에는 신분증을 제시하지 않았다고 하여 그 불심검문이 위법한 공무집행이라고 할 수 없다(대법원 2014. 12. 11. 선고 2014도7976 판결).

(나) 신체구속 및 답변강요의 금지

제1항부터 제3항까지의 규정에 따라 질문을 받거나 동행을 요구받은 사람은 형사소송에 관한 법률에 따르지 아니하고는 신체를 구속당하지 아니하며, 그 의사에 반하여 답변을 강요당하지 아니한다(경찰관직무집행법 제3조 제7항).

(다) 가족 등에 고지

경찰관은 제2항에 따라 동행한 사람의 가족이나 친지 등에게 동행한 경찰관의 신분, 동행 장소, 동행 목적과 이유를 알리거나 본인으로 하여금 즉시 연락할 수 있는 기회를 주어야 하며, 변호인의 도움을 받을 권리가 있음을 알려야 한다(경찰관직무집행법 제3조 제5항).

마. 시간상 제한

경찰관은 제2항에 따라 동행한 사람을 6시간을 초과하여 경찰관서에 머물게 할 수 없다(경찰관직무집행법 제3조 제6항). 6시간을 초과하여 계속 머물게 할 필요가 있다고 하여도 6시간을 초과하면 그 사람을 일단 경찰관서 밖으로 내보낸 후 다시 그 사람의 동의를 얻어 경찰관서에 머물게 할 수 있다. 6시간을 초과한 후 그 사람을 경찰관서 밖으로 내보내지 아니한다면 그것은 불법행위에 해당한다.[125]

> **판례** [6시간의 의미]
>
> 임의동행은 상대방의 동의 또는 승낙을 그 요건으로 하는 것이므로 경찰관으로부터 임의동행 요구를 받은 경우 상대방은 이를 거절할 수 있을 뿐만 아니라 임의동행 후 언제든지 경찰관서에서 퇴거할 자유가 있다 할 것이고, 경찰관직무집행법 제3조 제6항이 임의동행한 경우 당해인을 6시간을 초과하여 경찰관서에 머물게 할 수 없다고 규정하고 있다고 하여 그 규정이 임의동행한 자를 6시간 동안 경찰관서에 구금하는 것을 허용하는 것은 아니다(대법원 1997. 8. 22. 선고 97도1240 판결).[126]

3) 보호조치 및 긴급구호 요청

가. 대 상 자

수상한 행동이나 그 밖의 주위 사정을 합리적으로 판단해 볼 때 다음 각 호의 어느 하나에 해당하는 것이 명백하고 응급구호가 필요하다고 믿을 만한 상당한 이유가 있는 사람(이하 "구호대상자"라 한다)(경찰관직무집행법 제4조 제1항).

(가) 강제보호대상자

정신착란을 일으키거나 술에 취하여 자신 또는 다른 사람의 생명·신체·재산에 위해를 끼칠 우려가 있는 사람(경찰관직무집행법 제4조 제1항 제1호), 자살을 시도하는 사람(경찰관직무집행법 제4조 제1항 제2호)

(나) 임의보호대상자

미아, 병자, 부상자 등으로서 적당한 보호자가 없으며 응급구호가 필요하다고 인정되는 사람. 다만, 본인이 구호를 거절하는 경우는 제외한다(경찰관직무집행법 제4조

---

125) 홍정선 앞의 책「행정법원론」(하)), 449면.

126) [판결이유 중] 원심이 피고인이 송도파출소까지 임의동행한 후 조사받기를 거부하고 파출소에서 나가려고 하다가 경찰관이 이를 제지하자 이에 항거하여 그 경찰관을 폭행한 사실을 인정한 다음, 경찰관이 임의동행한 피고인을 파출소에서 나가지 못하게 한 것은 적법한 공무집행행위라고 볼 수 없고, 따라서 피고인이 그 경찰관을 폭행한 행위는 공무집행방해죄가 성립하지 않는다고 판단하였는바, 위와 같은 원심의 조치는 정당하다.

제1항 제3호).

판례 [피구호자 해당 여부를 판단하는 기준]

[1] 경찰관직무집행법 제4조 제1항 제1호(이하 '이 사건 조항'이라 한다)에서 규정하는 술에 취한 상태로 인하여 자기 또는 타인의 생명·신체와 재산에 위해를 미칠 우려가 있는 피구호자에 대한 보호조치는 경찰 행정상 즉시강제에 해당하므로, 그 조치가 불가피한 최소한도 내에서만 행사되도록 발동·행사 요건을 신중하고 엄격하게 해석하여야 한다. 따라서 이 사건 조항의 '술에 취한 상태'란 피구호자가 술에 만취하여 정상적인 판단능력이나 의사능력을 상실할 정도에 이른 것을 말하고, 이 사건 조항에 따른 보호조치를 필요로 하는 피구호자에 해당하는지는 구체적인 상황을 고려하여 경찰관 평균인을 기준으로 판단하되, 그 판단은 보호조치의 취지와 목적에 비추어 현저하게 불합리하여서는 아니 되며, 피구호자의 가족 등에게 피구호자를 인계할 수 있다면 특별한 사정이 없는 한 경찰관서에서 피구호자를 보호하는 것은 허용되지 않는다. [2] 경찰관직무집행법 제4조 제1항 제1호의 보호조치 요건이 갖추어지지 않았음에도, 경찰관이 실제로는 범죄수사를 목적으로 피의자에 해당하는 사람을 이 사건 조항의 피구호자로 삼아 그의 의사에 반하여 경찰관서에 데려간 행위는, 달리 현행범체포나 임의동행 등의 적법 요건을 갖추었다고 볼 사정이 없다면, 위법한 체포에 해당한다고 보아야 한다(대법원 2012. 12. 13. 선고 2012도11162 판결).

나. 방   법

(가) 긴급구호요청 및 경찰관서에서의 보호조치

경찰관은 구호대상자를 발견하였을 때에는 보건의료기관이나 공공구호기관에 긴급구호를 요청하거나 경찰관서에 보호하는 등 적절한 조치를 할 수 있다(경찰관직무집행법 제4조 제1항). 강제보호조치는 대인적 즉시강제의 성질을 가지며, 임의보호조치는 비권력적 사실행위의 성질을 갖는다.[127)]

판례 [조치의 재량]

긴급구호권한과 같은 경찰관의 조치권한은 일반적으로 경찰관의 전문적 판단에 기한 합리적인 재량에 위임되어 있는 것이나, 그렇다고 하더라도 구체적 상황하에서 경찰관

---

127) 홍정선, 앞의 책「행정법원론」(하)), 451면.

에게 그러한 조치권한을 부여한 취지와 목적에 비추어 볼 때 그 불행사가 현저하게 불합리하다고 인정되는 경우에는, 그러한 불행사는 법령에 위반하는 행위에 해당하게 되어 국가배상법상의 다른 요건이 충족되는 한, 국가는 그로 인하여 피해를 입은 자에 대하여 국가배상책임을 부담한다(대법원 1996. 10. 25. 선고 95다45927 판결).

긴급구호를 요하는 자를 보호하기 위하여 수용하는 공간이 보호실이다. 보호실은 경찰관직무집행법 제9조(법률에서 정한 절차에 따라 체포·구속된 사람 또는 신체의 자유를 제한하는 판결이나 처분을 받은 사람을 수용하기 위하여 경찰서와 해양경찰서에 유치장을 둔다)에서 규정한 유치장과 다르다. 경찰관직무집행법에는 보호실에 관한 규정이 없다. 입법적 보완이 필요하다.[128]

> **판례** [보호실의 운영]
> 경찰서에 설치되어 있는 보호실은 영장대기자나 즉결대기자 등의 도주방지와 경찰업무의 편의 등을 위한 수용시설로서 사실상 설치, 운영되고 있으나 현행법상 그 설치근거나 운영 및 규제에 관한 법령의 규정이 없고, 이러한 보호실은 그 시설 및 구조에 있어 통상 철창으로 된 방으로 되어 있어 그 안에 대기하고 있는 사람들이나 그 가족들이 출입이 제한되는 등 일단 그 장소에 유치되는 사람은 그 의사에 기하지 아니하고 일정 장소에 구금되는 결과가 되므로, 경찰관직무집행법상 정신착란자, 주취자, 자살기도자 등 응급의 구호를 요하는 자를 24시간을 초과하지 아니하는 범위내에서 경찰관서에 보호조치할 수 있는 시설로 제한적으로 운영되는 경우를 제외하고는 구속영장을 발부받음이 없이 피의자를 보호실에 유치함은 영장주의에 위배되는 위법한 구금으로서 적법한 공무수행이라고 볼 수 없다(대법원 1994. 3. 11. 선고 93도958 판결).

(나) 기관의 보호의무

제1항에 따라 긴급구호를 요청받은 보건의료기관이나 공공구호기관은 정당한 이유 없이 긴급구호를 거절할 수 없다(경찰관직무집행법 제4조 제2항).

(다) 흉기 등의 임시영치

경찰관은 제1항의 조치를 하는 경우에 구호대상자가 휴대하고 있는 무기·흉기 등 위험을 일으킬 수 있는 것으로 인정되는 물건을 경찰관서에 임시로 영치하

---

128) 홍정선, 앞의 책(「경찰행정법」), 232면.

여 놓을 수 있다(경찰관직무집행법 제4조 제3항).

다. 사후조치

(가) 가족 등에 통지 및 인계

경찰관은 제1항의 조치를 하였을 때에는 지체 없이 구호대상자의 가족, 친지 또는 그 밖의 연고자에게 그 사실을 알려야 하며, 연고자가 발견되지 아니할 때에는 구호대상자를 적당한 공공보건의료기관이나 공공구호기관에 즉시 인계하여야 한다(경찰관직무집행법 제4조 제4항).

> **판례** [지체 없는 통지]
>
> 경찰관직무집행법 제4조 제1항, 제4항에 의하면 경찰관은 수상한 거동 기타 주위의 사정을 합리적으로 판단하여 술취한 상태로 인하여 자기 또는 타인의 생명, 신체와 재산에 위해를 미칠 우려가 있는 자에 해당함이 명백하며 응급의 구호를 요한다고 믿을만한 상당한 이유가 있는 자를 발견한 때에는 24시간을 초과하지 아니하는 범위 내에서 동인을 경찰관서에 보호하는 등 적절한 조치를 취할 수 있으나, 이 경우에도 경찰관이 이러한 조치를 한 때에는 지체 없이 이를 피구호자의 가족, 친지 기타의 연고자에게 그 사실을 통지하여야 한다(대법원 1994. 3. 11. 선고 93도958 판결).

(나) 소속 해양경찰서장에 보고

경찰관은 제4항에 따라 구호대상자를 공공보건의료기관이나 공공구호기관에 인계하였을 때에는 즉시 그 사실을 소속 해양경찰서장에게 보고하여야 한다(경찰관직무집행법 제4조 제5항).

(다) 감독행정청 등에 통보

제5항에 따라 보고를 받은 소속 해양경찰서장은 대통령령으로 정하는 바에 따라 구호대상자를 인계한 사실을 지체 없이 해당 공공보건의료기관 또는 공공구호기관의 장 및 그 감독행정청에 통보하여야 한다(경찰관직무집행법 제4조 제6항).

라. 보호기간 및 영치기간

제1항에 따라 구호대상자를 경찰관서에서 보호하는 기간은 24시간을 초과할 수 없고, 제3항에 따라 물건을 경찰관서에 임시로 영치하는 기간은 10일을 초과할 수 없다(경찰관직무집행법 제4조 제7항). 이와 달리 공중보건의료기관이나 공공구호기

관에 보호조치한 경우나 인계한 경우에는 보호조치의 해제에 관한 규정이 없어 보호조치가 장기화할 우려가 있다.[129]

4) 위험발생의 방지조치

가. 조치의 요건

경찰관은 사람의 생명 또는 신체에 위해를 끼치거나 재산에 중대한 손해를 끼칠 우려가 있는 천재, 사변, 인공구조물의 파손이나 붕괴, 교통사고, 위험물의 폭발, 위험한 동물 등의 출현, 극도의 혼잡, 그 밖의 위험한 사태가 있을 때에는 다음 각 호의 조치를 할 수 있다(경찰관직무집행법 제5조 제1항).

나. 조치의 내용

그 장소에 모인 사람, 사물의 관리자, 그 밖의 관계인에게 필요한 경고를 하는 것(경찰관직무집행법 제5조 제1항 제1호), 매우 긴급한 경우에는 위해를 입을 우려가 있는 사람을 필요한 한도에서 억류하거나 피난시키는 것(경찰관직무집행법 제5조 제1항 제2호), 그 장소에 있는 사람, 사물의 관리자, 그 밖의 관계인에게 위해를 방지하기 위하여 필요하다고 인정되는 조치를 하게 하거나 직접 그 조치를 하는 것(경찰관직무집행법 제5조 제1항 제3호)

> 판례 [조치의 재량]
> [1] 경찰관직무집행법 제5조는 경찰관은 인명 또는 신체에 위해를 미치거나 재산에 중대한 손해를 끼칠 우려가 있는 위험한 사태가 있을 때에는 그 각 호의 조치를 취할 수 있다고 규정하여 형식상 경찰관에게 재량에 의한 직무수행권한을 부여한 것처럼 되어 있으나, 경찰관에게 그러한 권한을 부여한 취지와 목적에 비추어 볼 때 구체적인 사정에 따라 경찰관이 그 권한을 행사하여 필요한 조치를 취하지 아니하는 것이 현저하게 불합리하다고 인정되는 경우에는 그러한 권한의 불행사는 직무상의 의무를 위반한 것이 되어 위법하게 된다. [2] 경찰관이 농민들의 시위를 진압하고 시위과정에 도로 상에 방치된 트랙터 1대에 대하여 이를 도로 밖으로 옮기거나 후방에 안전표지판을 설치하는 것과 같은 위험발생방지조치를 취하지 아니한 채 그대로 방지하고 철수히어 버린 결과, 야간에 그 도로를 진행하던 운전자가 위 방치된 트랙터를 피하려다가 다른 트랙터에 부딪혀 상해를 입은 사안에서 국가배상책임을 인정한 사례(대법원 1998. 8. 25. 선

---

129) 박균성, 앞의 책, 651면.

고 98다16890 판결).

다. 조치의 절차

(가) 보   고

경찰관은 제1항의 조치를 하였을 때에는 지체 없이 그 사실을 소속 경찰관서의 장에게 보고하여야 한다(경찰관직무집행법 제5조 제3항).

(나) 협조요청

제3항의 보고를 받은 경찰관서의 장은 관계 기관의 협조를 구하는 등 적절한 조치를 하여야 한다(경찰관직무집행법 제5조 제4항).

라. 대간첩작전 등의 특례

(가) 요   건

경찰관서의 장은 대간첩 작전의 수행이나 소요 사태의 진압을 위하여 필요하다고 인정되는 상당한 이유가 있을 때에는 대간첩 작전지역이나 경찰관서·무기고 등 국가중요시설에 대한 접근 또는 통행을 제한하거나 금지할 수 있다(경찰관직무집행법 제5조 제2항).

(나) 협조요청

제2항의 조치를 한 경찰관서의 장은 관계 기관의 협조를 구하는 등 적절한 조치를 하여야 한다(경찰관직무집행법 제5조 제4항).

5) 범죄의 예방과 제지

경찰관은 범죄행위가 목전에 행하여지려고 하고 있다고 인정될 때에는 이를 예방하기 위하여 관계인에게 필요한 경고를 하고, 그 행위로 인하여 사람의 생명·신체에 위해를 끼치거나 재산에 중대한 손해를 끼칠 우려가 있는 긴급한 경우에는 그 행위를 제지할 수 있다(경찰관직무집행법 제6조). 이 조항 중 경찰관의 제지에 관한 부분은 범죄 예방을 위한 경찰 행정상 즉시강제, 즉 눈앞의 급박한 경찰상 장해를 제거할 필요가 있고 의무를 명할 시간적 여유가 없거나 의무를 명하는 방법으로는 그 목적을 달성하기 어려운 상황에서 의무불이행을 전제로 하지 않고 경찰이 직접 실력을 행사하여 경찰상 필요한 상태를 실현하는 권력적 사실행위에 관한 근거조항이다.[130]

판례 [제지의 범위]

구 집회 및 시위에 관한 법률에 의하여 금지되어 그 주최 또는 참가행위가 형사처벌의 대상이 되는 위법한 집회·시위가 장차 특정지역에서 개최될 것이 예상된다고 하더라도, 이와 시간적·장소적으로 근접하지 않은 다른 지역에서 그 집회·시위에 참가하기 위하여 출발 또는 이동하는 행위를 함부로 제지하는 것은 경찰관직무집행법 제6조 제1항의 행정상 즉시강제인 경찰관의 제지의 범위를 명백히 넘어 허용될 수 없다. 따라서 이러한 제지 행위는 공무집행방해죄의 보호대상이 되는 공무원의 적법한 직무집행이 아니다(대법원 2008. 11. 13. 선고 2007도9794 판결).

판례 [최후수단으로서의 제지]

[1] 경찰관 직무집행법 제6조에 따른 경찰관의 제지 조치가 적법한 직무집행으로 평가되기 위해서는, 형사처벌의 대상이 되는 행위가 눈앞에서 막 이루어지려고 하는 것이 객관적으로 인정될 수 있는 상황이고, 그 행위를 당장 제지하지 않으면 곧 인명·신체에 위해를 미치거나 재산에 중대한 손해를 끼칠 우려가 있는 상황이어서, 직접 제지하는 방법 외에는 위와 같은 결과를 막을 수 없는 절박한 사태이어야 한다. 다만 경찰관의 제지 조치가 적법한지는 제지 조치 당시의 구체적 상황을 기초로 판단하여야 하고 사후적으로 순수한 객관적 기준에서 판단할 것은 아니다. [2] 주거지에서 음악 소리를 크게 내거나 큰 소리로 떠들어 이웃을 시끄럽게 하는 행위는 경범죄 처벌법 제3조 제1항 제21호에서 경범죄로 정한 '인근소란 등'에 해당한다. 경찰관은 경찰관 직무집행법에 따라 경범죄에 해당하는 행위를 예방·진압·수사하고, 필요한 경우 제지할 수 있다(대법원 2018. 12. 13. 선고 2016도19417 판결).

관계인이란 범죄행위를 하려고 하는 자뿐만 아니라 그 자와 관련 있는 자(예: 범죄행위의 대상자, 시설의 관리인)를 포함한다.[131]

6) 위험방지를 위한 출입

가. 긴급출입(일반출입)

경찰관은 제5조 제1항·제2항 및 제6조에 따른 위험한 사태가 발생하여 사람의 생명·신체 또는 재산에 대한 위해가 임박한 때에 그 위해를 방지하거나 피해

---

130) 대법원 2018. 12. 13. 선고 2016도19417 판결.
131) 홍정선, 앞의 책 「행정법원론」(하), 457면.

자를 구조하기 위하여 부득이하다고 인정하면 합리적으로 판단하여 필요한 한도에서 다른 사람의 토지·건물·배 또는 차에 출입할 수 있다(경찰관직무집행법 제7조 제1항). 이 경우 출입은 대가택 즉시강제의 성질을 갖는다.[132]

나. 예방출입

흥행장, 여관, 음식점, 역, 그 밖에 많은 사람이 출입하는 장소의 관리자나 그에 준하는 관계인은 경찰관이 범죄나 사람의 생명·신체·재산에 대한 위해를 예방하기 위하여 해당 장소의 영업시간이나 해당 장소가 일반인에게 공개된 시간에 그 장소에 출입하겠다고 요구하면 정당한 이유 없이 그 요구를 거절할 수 없다(경찰관직무집행법 제7조 제2항). 다수인이 출입한다고 하여도 불특정다수인이 아니라 한정된 특정다수인이 출입하는 지역(예: 회갑연회장, 비공개세미나장)은 이에 해당하지 않는다.[133] 출입요건을 갖춘 경우에는 관리자 등이 출입을 거절한 경우에도 그 장소에 출입할 수 있다.[134] 이 경우 출입은 경찰조사의 성질을 갖는다.[135]

다. 대간첩작전을 위한 검색

경찰관은 대간첩 작전 수행에 필요할 때에는 작전지역에서 제2항에 따른 장소를 검색할 수 있다(경찰관직무집행법 제7조 제3항).

라. 증표의 제시

경찰관은 제1항부터 제3항까지의 규정에 따라 필요한 장소에 출입할 때에는 그 신분을 표시하는 증표를 제시하여야 하며, 함부로 관계인이 하는 정당한 업무를 방해해서는 아니 된다(경찰관직무집행법 제7조 제4항).

7) 사실의 확인 등

가. 사실의 조회

경찰관서의 장은 직무 수행에 필요하다고 인정되는 상당한 이유가 있을 때에는 국가기관이나 공사 단체 등에 직무 수행에 관련된 사실을 조회할 수 있다. 다만, 긴급한 경우에는 소속 경찰관으로 하여금 현장에 나가 해당 기관 또는 단체의

---

132) 홍정선, 앞의 책「행정법원론」(하)), 459면.
133) 홍정선, 앞의 책「경찰행정법」), 244면.
134) 박균성, 앞의 책 655면.
135) 홍정선, 앞의 책「행정법원론」(하)), 460면.

장의 협조를 받아 그 사실을 확인하게 할 수 있다(경찰관직무집행법 제8조 제1항).

나. 출석요구

경찰관은 다음 각 호의 직무를 수행하기 위하여 필요하면 관계인에게 출석하여야 하는 사유·일시 및 장소를 명확히 적은 출석 요구서를 보내 경찰관서에 출석할 것을 요구할 수 있다(경찰관직무집행법 제8조 제2항). 1. 미아를 인수할 보호자 확인, 2. 유실물을 인수할 권리자 확인, 3. 사고로 인한 사상자 확인, 4. 행정처분을 위한 교통사고 조사에 필요한 사실 확인

관계인이란 ① 미아를 인수할 보호자의 여부로 출석을 요구하는 경우에는 보호자, 보호자에 갈음할 수 있는 자 또는 스스로 보호자라고 주장하는 자를 말하고, ② 유실물을 인수할 권리자의 여부로 출석을 요구하는 경우에는 유실물의 권리자, 권리자에 갈음할 수 있는 자 또는 스스로 권리자라고 주장하는 자를 말하고, ③ 사고로 인한 사상자를 확인하기 위하거나 행정처분을 위한 교통사고조사상의 사실을 확인하기 위하여 출석을 요구하는 경우에는 그 사고의 가해자와 피해자 그리고 목격자 등을 말한다.[136]

8) 정보의 수집 등

경찰관은 범죄·재난·공공갈등 등 공공안녕에 대한 위험의 예방과 대응을 위한 정보의 수집·작성·배포와 이에 수반되는 사실의 확인을 할 수 있다(경찰관직무집행법 제8조의2 제1항). 제1항에 따른 정보의 구체적인 범위와 처리 기준, 정보의 수집·작성·배포에 수반되는 사실의 확인 절차와 한계는 대통령령으로 정한다(경찰관직무집행법 제8조의2 제2항).

9) 경찰장비의 사용

가. 경찰장비의 종류

(가) 경찰장비

"경찰장비"란 무기, 경찰장구, 최루제와 그 발사장치, 살수차, 감식기구, 해안감시기구, 통신기기, 차량·선박·항공기 등 경찰이 직무를 수행할 때 필요한 장치와 기구를 말한다(경찰관직무집행법 제10조 제2항).[137]

---

136) 홍정선, 앞의 책(「경찰행정법」), 248면.
137) 최근 제정된 해양경찰장비 도입 및 관리에 관한 법률([시행 2022. 4. 14.] [법률 제18064호, 2021.

(나) 위해성 경찰장비

위해성 경찰장비의 종류 및 그 사용기준, 안전교육·안전검사의 기준 등은 대통령령으로 정한다(경찰관직무집행법 제10조 제6항). 경찰관 직무집행법 제10조 제1항 단서에 따른 사람의 생명이나 신체에 위해를 끼칠 수 있는 경찰장비(이하 "위해성 경찰장비"라 한다)의 종류는 다음 각 호와 같다(위해성 경찰장비의 사용기준 등에 관한 규정 제2조). 1. 경찰장구: 수갑·포승·호송용포승·경찰봉·호신용경봉·전자충격기·방패 및 전자방패, 2. 무기: 권총·소총·기관총(기관단총을 포함한다)·산탄총·유탄발사기·박격포·3인치포·함포·크레모아·수류탄·폭약류 및 도검, 3. 분사기·최루탄 등: 근접분사기·가스분사기·가스발사총(고무탄 발사겸용을 포함한다) 및 최루탄(그 발사장치를 포함한다), 4. 기타장비: 가스차·살수차·특수진압차·물포·석궁·다목적발사기 및 도주차량 차단장비

경찰청장은 위해성 경찰장비를 새로 도입하려는 경우에는 대통령령으로 정하는 바에 따라 안전성 검사를 실시하여 그 안전성 검사의 결과보고서를 국회 소관 상임위원회에 제출하여야 한다. 이 경우 안전성 검사에는 외부 전문가를 참여시켜야 한다(경찰관직무집행법 제10조 제5항).

나. 사용요건

경찰관은 직무수행 중 경찰장비를 사용할 수 있다. 다만, 사람의 생명이나 신체에 위해를 끼칠 수 있는 경찰장비를 사용할 때에는 필요한 안전교육과 안전검사를 받은 후 사용하여야 한다(경찰관직무집행법 제10조 제1항). 경찰장비의 사용은 경찰상 즉시강제의 성질을 갖는다.[138]

다. 사용방법

경찰관은 경찰장비를 함부로 개조하거나 경찰장비에 임의의 장비를 부착하여 일반적인 사용법과 달리 사용함으로써 다른 사람의 생명·신체에 위해를 끼쳐서는 아니 된다(경찰관직무집행법 제10조 제3항).

---

4. 13., 제정]에서는 해양경찰의 직무를 수행하는 데 필요한 함정·항공기 및 탑재장비 등의 해양경찰장비에 대해 규정하고 있다.

138) 홍정선 앞의 책(「행정법원론」(하)), 462면.

집회나 시위 해산을 위한 살수차 사용은 집회의 자유 및 신체의 자유에 대한 중대한 제한을 초래하므로 살수차 사용요건이나 기준은 법률에 근거를 두어야 하고, 살수차 와 같은 위해성 경찰장비는 본래의 사용방법에 따라 지정된 용도로 사용되어야 하며 다른 용도나 방법으로 사용하기 위해서는 반드시 법령에 근거가 있어야 한다. 혼합살 수방법은 법령에 열거되지 않은 새로운 위해성 경찰장비에 해당하고 이 사건 지침에 혼 합살수의 근거규정을 둘 수 있도록 위임하고 있는 법령이 없으므로, 이 사건 지침은 법 률유보원칙에 위배되고 이 사건 지침만을 근거로 한 이 사건 혼합살수행위 역시 법률 유보원칙에 위배된다. 따라서 이 사건 혼합살수행위는 청구인들의 신체의 자유와 집회 의 자유를 침해한다(헌법재판소 2018. 5. 31. 선고 2015헌마476 결정).

라. 사용한계

위해성 경찰장비는 필요한 최소한도에서 사용하여야 한다(경찰관직무집행법 제10조 제4항).

10) 경찰장구의 사용

가. 경찰장구의 종류

"경찰장구"란 경찰관이 휴대하여 범인 검거와 범죄 진압 등의 직무 수행에 사용하는 수갑, 포승, 경찰봉, 방패 등을 말한다(경찰관직무집행법 제10조의2 제2항). 위해 성 경찰장비의 사용기준 등에 관한 규정은 경찰장구를 "수갑·포승·호송용포승· 경찰봉·호신용경봉·전자충격기·방패 및 전자방패"로 정의하고 있다(위해성 경찰장비 의 사용기준 등에 관한 규정 제2조 제1호).

나. 사용요건

경찰관은 다음 각 호의 직무를 수행하기 위하여 필요하다고 인정되는 상당한 이유가 있을 때에는 그 사태를 합리적으로 판단하여 필요한 한도에서 경찰장구를 사용할 수 있다(경찰관직무집행법 제10조의2 제1항). 1. 현행범이나 사형·무기 또는 장기 3년 이상의 징역이나 금고에 해당하는 죄를 범한 범인의 체포 또는 도주 방지, 2. 자신이나 다른 사람의 생명·신체의 방어 및 보호, 3. 공무집행에 대한 항거 제지

무죄추정을 받는 피의자라고 하더라도 그에게 구속의 사유가 있어 구속영장이 발부, 집행된 이상 신체의 자유가 제한되는 것은 당연한 것이고, 특히 수사기관에서 구속된 피의자의 도주, 항거 등을 억제하는데 필요하다고 인정할 상당한 이유가 있는 경우에는 필요한 한도 내에서 포승이나 수갑을 사용할 수 있는 것이며, 이러한 조치가 무죄추정의 원칙에 위배되는 것이라고 할 수는 없다(대법원 1996. 5. 14. 선고 96도561 판결).139)

다. 사용한계

경찰관이 경찰봉 또는 호신용경봉을 사용하는 때에는 인명 또는 신체에 대한 위해를 최소화하도록 주의하여야 한다(위해성 경찰장비의 사용기준 등에 관한 규정 제7조). 경찰관은 14세 미만의 자 또는 임산부에 대하여 전자충격기 또는 전자방패를 사용하여서는 아니 된다(위해성 경찰장비의 사용기준 등에 관한 규정 제8조 제1항). 경찰관은 전극침 발사장치가 있는 전자충격기를 사용하는 경우 상대방의 얼굴을 향하여 전극침을 발사하여서는 아니 된다(위해성 경찰장비의 사용기준 등에 관한 규정 제8조 제2항).

11) 분사기·최루탄의 사용

가. 분사기·최루탄의 종류

"분사기·최루탄"이란 근접분사기·가스분사기·가스발사총(고무탄 발사겸용을 포함한다) 및 최루탄(그 발사장치를 포함한다)을 말한다(위해성 경찰장비의 사용기준 등에 관한 규정 제2조 제3호).

나. 사용요건

경찰관은 다음 각 호의 직무를 수행하기 위하여 부득이한 경우에는 현장책임자가 판단하여 필요한 최소한의 범위에서 분사기(「총포·도검·화약류 등의 안전관리에 관한 법률」에 따른 분사기140)를 말하며, 그에 사용하는 최루 등의 작용제를 포함한다) 또는 최루탄을 사용

---

139) 피고인에 대하여는 형사소송법 제280조(공판정에서의 신체구속의 금지)에서 "공판정에서는 피고인의 신체를 구속하지 못한다. 다만 재판장은 피고인이 폭력을 행사하거나 도망할 염려가 있다고 인정하는 때에는 피고인의 신체의 구속을 명하거나 기타 필요한 조치를 할 수 있다"고 규정하고 있다.

140) 총포·도검·화약류 등의 안전관리에 관한 법률 제2조(정의) ④ 이 법에서 "분사기"란 사람의 활동을 일시적으로 곤란하게 하는 최루 또는 질식 등을 유발하는 작용제를 분사할 수 있는 기기로서 대통령령으로 정하는 것을 말한다. 총포·도검·화약류 등의 안전관리에 관한 법률 시행령 제6조의2(분사기) 법 제2조 제4항의 규정에 의한 분사기는 사람의 활동을 일시적으로 곤란하게 하는 최루 또는 질식

할 수 있다(경찰관직무집행법 제10조의3). 1. 범인의 체포 또는 범인의 도주 방지, 2. 불법집회·시위로 인한 자신이나 다른 사람의 생명·신체와 재산 및 공공시설 안전에 대한 현저한 위해의 발생 억제

다. 사용한계

경찰관은 범인의 체포 또는 도주방지, 타인 또는 경찰관의 생명·신체에 대한 방호, 공무집행에 대한 항거의 억제를 위하여 필요한 때에는 최소한의 범위안에서 가스발사총을 사용할 수 있다. 이 경우 경찰관은 1미터 이내의 거리에서 상대방의 얼굴을 향하여 이를 발사하여서는 아니 된다(위해성 경찰장비의 사용기준 등에 관한 규정 제12조 제1항). 경찰관은 최루탄발사기로 최루탄을 발사하는 경우 30도 이상의 발사각을 유지하여야 하고, 가스차·살수차 또는 특수진압차의 최루탄발사대로 최루탄을 발사하는 경우에는 15도 이상의 발사각을 유지하여야 한다(위해성 경찰장비의 사용기준 등에 관한 규정 제12조 제2항).

12) 무기의 사용

가. 무기의 종류

"무기"란 사람의 생명이나 신체에 위해를 끼칠 수 있도록 제작된 권총·소총·도검 등을 말한다(경찰관직무집행법 제10조의4 제2항). 위해성 경찰장비의 사용기준 등에 관한 규정은 무기를 "권총·소총·기관총(기관단총을 포함한다)·산탄총·유탄발사기·박격포·3인치포·함포·크레모아·수류탄·폭약류 및 도검"으로 정의하고 있다(위해성 경찰장비의 사용기준 등에 관한 규정 제2조 제2호).

나. 일반적 사용요건(위해를 가하면 안 되는 무기사용)

경찰관은 범인의 체포, 범인의 도주 방지, 자신이나 다른 사람의 생명·신체의 방어 및 보호, 공무집행에 대한 항거의 제지를 위하여 필요하다고 인정되는 상당한 이유가 있을 때에는 그 사태를 합리적으로 판단하여 필요한 한도에서 무기를 사용할 수 있다(경찰관직무집행법 제10조의4 제1항 본문).

등의 작용제를 내장된 압축가스의 힘으로 분사하는 기기로서 다음 각 호의 1에 해당하는 것으로 한다. 다만, 살균·살충용 및 산업용 분사기를 제외한다. 1. 총포형 분사기 2. 막대형 분사기 3. 만년필형 분사기 4. 기타 휴대형 분사기

다. 특별한 사용요건(위해를 가할 수 있는 무기사용)

다만, 다음 각 호의 어느 하나에 해당할 때를 제외하고는 사람에게 위해를 끼쳐서는 아니 된다(경찰관직무집행법 제10조의4 제1항 단서).

(가) 「형법」에 규정된 정당방위와 긴급피난에 해당할 때

정당방위란 현재의 부당한 침해로부터 자기 또는 타인의 법익을 방위하기 위한 상당한 이유가 있는 행위를 말한다(형법 제21조 제1항). 긴급피난이란 자기 또는 타인의 법익에 대한 현재의 위난을 피하기 위한 상당한 이유가 있는 행위를 말한다(형법 제22조 제1항).

경찰관직무집행법의 경우에 치명적 사격의 허용성에 대하여는 명문의 규정이 없고, 명문의 허용 또는 금지에 관해서도 규정되어 있지 않다. 치명적 사격(사실)은 인질을 구출하는 경우와 같이 그것이 현재의 생명의 위험 또는 신체에 대한 중대한 침해의 방지를 위한 유일한 수단인 경우에만 허용된다고 해야 할 것이다.[141]

> **판례** [위해를 가할 수 있는 무기사용]
> 경찰관직무집행법 제10조의4의 규정에 비추어 보면 경찰관은 범인의 체포, 도주의 방지, 자기 또는 타인의 생명, 신체에 대한 방호, 공무집행에 대한 항거의 억제를 위하여 상당한 이유가 있을 때에는 필요한 한도 내에서 무기를 사용할 수 있으나, 형법이 정하는 정당방위와 긴급피난에 해당할 때 또는 체포, 도주의 방지나 항거의 억제를 위하여 다른 수단이 없다고 인정되는 상당한 이유가 있는 때에 한하여 필요한 한도 내에서만 무기를 사용하여 사람에게 위해를 가할 수 있음이 명백하다(대법원 1999. 6. 22. 선고 98다61470 판결).

(나) 다음 각 목의 어느 하나에 해당하는 때에 그 행위를 방지하거나 그 행위자를 체포하기 위하여 무기를 사용하지 아니하고는 다른 수단이 없다고 인정되는 상당한 이유가 있을 때

가. 사형·무기 또는 장기 3년 이상의 징역이나 금고에 해당하는 죄를 범하거나 범하였다고 의심할 만한 충분한 이유가 있는 사람이 경찰관의 직무집행에 항거하거나 도주하려고 할 때, 나. 체포·구속영장과 압수·수색영장을 집행하는 과

---

141) 박균성·김재광, 앞의 책, 352면.

정에서 경찰관의 직무집행에 항거하거나 도주하려고 할 때, 다. 제3자가 가목 또는 나목에 해당하는 사람을 도주시키려고 경찰관에게 항거할 때, 라. 범인이나 소요를 일으킨 사람이 무기·흉기 등 위험한 물건을 지니고 경찰관으로부터 3회 이상 물건을 버리라는 명령이나 항복하라는 명령을 받고도 따르지 아니하면서 계속 항거할 때

> **판례** [권총의 사용요건]
> 경찰관은 범인의 체포, 도주의 방지, 자기 또는 타인의 생명·신체에 대한 방호, 공무집행에 대한 항거의 억제를 위하여 무기를 사용할 수 있으나, 이 경우에도 무기는 목적 달성에 필요하다고 인정되는 상당한 이유가 있을 때 그 사태를 합리적으로 판단하여 필요한 한도 내에서 사용하여야 하는바(경찰관직무집행법 제10조의4), 경찰관의 무기 사용이 이러한 요건을 충족하는지 여부는 범죄의 종류, 죄질, 피해법익의 경중, 위해의 급박성, 저항의 강약, 범인과 경찰관의 수, 무기의 종류, 무기 사용의 태양, 주변의 상황 등을 고려하여 사회통념상 상당하다고 평가되는지 여부에 따라 판단하여야 하고, 특히 사람에게 위해를 가할 위험성이 큰 권총의 사용에 있어서는 그 요건을 더욱 엄격하게 판단하여야 한다(대법원 2008. 2. 1. 선고 2006다6713 판결).

(다) 대간첩 작전 수행 과정에서 무장간첩이 항복하라는 경찰관의 명령을 받고도 따르지 아니할 때

라. 사용한계

경찰관은 법 제10조의4에 따라 사람을 향하여 권총 또는 소총을 발사하고자 하는 때에는 미리 구두 또는 공포탄에 의한 사격으로 상대방에게 경고하여야 한다. 다만, 다음 각 호의 어느 하나에 해당하는 경우로서 부득이한 때에는 경고하지 아니할 수 있다(위해성 경찰장비의 사용기준 등에 관한 규정 제9조). 1. 경찰관을 급습하거나 타인의 생명·신체에 대한 중대한 위험을 야기하는 범행이 목전에 실행되고 있는 등 상황이 급박하여 특히 경고할 시간적 여유가 없는 경우, 2. 인질·간첩 또는 테러사건에 있어서 은밀히 작전을 수행하는 경우

경찰관은 법 제10조의4의 규정에 의하여 권총 또는 소총을 사용하는 경우에 있어서 범죄와 무관한 다중의 생명·신체에 위해를 가할 우려가 있는 때에는 이를 사용하여서는 아니 된다. 다만, 권총 또는 소총을 사용하지 아니하고는 타인 또는

경찰관의 생명·신체에 대한 중대한 위험을 방지할 수 없다고 인정되는 때에는 필요한 최소한의 범위안에서 이를 사용할 수 있다(위해성 경찰장비의 사용기준 등에 관한 규정 제10조 제1항). 경찰관은 총기 또는 폭발물을 가지고 대항하는 경우를 제외하고는 14세 미만의 자 또는 임산부에 대하여 권총 또는 소총을 발사하여서는 아니 된다(위해성 경찰장비의 사용기준 등에 관한 규정 제10조 제2항).

> **판례** [총기사용의 한계를 벗어난 경우]
> ① 타인의 집대문 앞에 은신하고 있다가 경찰관의 명령에 따라 순순히 손을 들고 나오면서 그대로 도주하는 범인을 경찰관이 뒤따라 추격하면서 등부위에 권총을 발사하여 사망케 한 경우, 위와 같은 총기사용은 현재의 부당한 침해를 방지하거나 현재의 위난을 피하기 위한 상당성있는 행위라고 볼 수 없는 것으로서 범인의 체포를 위하여 필요한 한도를 넘어 무기를 사용한 것이라고 하여 국가의 손해배상책임을 인정한 사례(대법원 1991. 5. 28. 선고 91다10084 판결).
> ② 야간에 술이 취한 상태에서 병원에 있던 과도로 대형 유리창문을 쳐 깨뜨리고 자신의 복부에 칼을 대고 할복 자살하겠다고 난동을 부린 피해자가 출동한 2명의 경찰관들에게 칼을 들고 항거하였다고 하여도 위 경찰관 등이 공포를 발사하거나 소지한 가스총과 경찰봉을 사용하여 위 망인의 항거를 억제할 시간적 여유와 보충적 수단이 있었다고 보여지고, 또 부득이 총을 발사할 수 밖에 없었다고 하더라도 하체부위를 향하여 발사함으로써 그 위해를 최소한도로 줄일 여지가 있었다고 보여지므로, 칼빈소총을 1회 발사하여 피해자의 왼쪽 가슴 아래 부위를 관통하여 사망케 한 경찰관의 총기사용 행위는 경찰관직무집행법 제11조 소정의 총기사용 한계를 벗어난 것이라고 한 사례(대법원 1991. 9. 10. 선고 91다19913 판결).
> ③ 경찰관이 길이 40cm 가량의 칼로 반복적으로 위협하며 도주하는 차량 절도 혐의자를 추적하던 중, 도주하기 위하여 등을 돌린 혐의자의 몸 쪽을 향하여 약 2m 거리에서 실탄을 발사하여 혐의자를 복부관통상으로 사망케 한 경우, 경찰관의 총기사용은 사회통념상 허용범위를 벗어난 위법행위라고 본 사례(대법원 1999. 3. 23. 선고 98다63445 판결).

마. 공용화기의 사용

대간첩·대테러 작전 등 국가안전에 관련되는 작전을 수행할 때에는 개인화기 외에 공용화기를 사용할 수 있다(경찰관직무집행법 제10조의4 제3항).

표 3-8 । 무기의 사용요건

무기의 일반적 사용요건		
① 범인의 체포, 도주 방지	필요하다고 인정되는 상당한 이유가 있을 때	필요한 한도에서 사용
② 자신이나 다른 사람의 생명·신체의 방어 및 보호		
③ 공무집행에 대한 항거의 제지		
무기의 특별한 사용요건		
① 정당방위 또는 긴급피난	그 행위를 방지하거나 그 행위자를 체포하기 위하여 무기를 사용하지 아니하고는 다른 수단이 없다고 인정되는 상당한 이유가 있을 때	
② 사형·무기 또는 장기 3년 이상의 징역이나 금고에 해당하는 죄를 범하거나 범하였다고 의심할 만한 충분한 이유가 있는 사람이 경찰관의 직무집행에 항거하거나 도주하려고 할 때		
③ 체포·구속영장과 압수·수색영장을 집행하는 과정에서 경찰관의 직무집행에 항거하거나 도주하려고 할 때		
④ 제3자가 ② 또는 ③에 해당하는 사람을 도주시키려고 경찰관에게 항거할 때		
⑤ 범인이나 소요를 일으킨 사람이 무기·흉기 등 위험한 물건을 지니고 경찰관으로부터 3회 이상 물건을 버리라는 명령이나 항복하라는 명령을 받고도 따르지 아니하면서 계속 항거할 때		

(2) 해양경비법

해양경비법에 관해서는 각론 부분(제1장 해양경찰 경비론)에서 서술하도록 한다.

3. 개괄조항(일반조항)에 근거한 해양경찰권의 발동

개괄조항이란 해양경찰작용이 필요한 경우이지만 해양경찰권 발동의 근거가 되는 개별적인 법률규정이 존재하지 않는 경우에 해양경찰작용을 위한 법적 근거로서 적용되는 일반경찰법상 조항을 말한다. 경찰관직무집행법 제2조 제7호(그 밖에 공공의 안녕과 질서 유지)가 개괄조항에 해당하는지에 대하여 학계에서는 긍정설과 부정설이 제기되지만, 대법원은 개괄조항으로 판단하고 있다.[142]

---

142) 청원경찰관법 제3조, 경찰관직무집행법 제2조 규정에 비추어 보면 군 도시과 단속계 요원으로 근무하고 있는 청원경찰관이 허가없이 창고를 주택으로 개축하는 것을 단속하는 것은 그의 정당한 공무집행에 속한다고 할 것이므로 이를 폭력으로 방해하는 소위는 공무집행방해죄에 해당된다(대법원

II. 해양경찰작용의 한계

1. 법규상의 한계

법률유보의 원칙상 국민의 자유와 권리를 침해할 수 있는 해양경찰권의 발동은 개별적인 법률의 근거가 있어야 한다. 다만 그 내용은 헌법 제75조 및 제95조의 위임입법허용 규정에 따라 예외적으로 명령에서 규정할 수도 있다.

따라서 해양경찰권의 발동은 법령에 규정되어 있는 범위 내에서 행하여져야 하고, 그 범위를 벗어난 권한행사는 위법한 행위가 된다. 해양경찰권의 발동을 규정한 법령은 해양경찰권 발동의 근거규정이자 한계규정이라고 할 수 있다.

2. 조리상의 한계

(1) 경찰소극목적의 원칙

해양경찰권은 복리의 증진이라는 적극목적이 아닌 사회공공의 안전과 질서에 대한 위해를 방지하고 제거하기 위한 소극목적을 위해서만 발동될 수 있다. 따라서 해양경찰기관은 법령에 특별한 규정이 없는 한 이러한 소극목적을 넘어서서 적극적으로 사회의 복리증진을 위하여 해양경찰권을 행사할 수 없다. 소극적인 경찰목적을 넘는 해양경찰권의 행사는 해양경찰의 권한을 벗어난 행위로서 위법한 것이 된다.[143]

(2) 경찰공공의 원칙

해양경찰권은 사회공공의 안전과 질서유지를 위해서만 발동될 수 있는 것이며, 그와 직접적으로 관계가 없는 사생활영역에서 발생하는 행위(① 사생활불간섭의 원칙), 주택, 회사, 연구실, 사무실 등과 같은 사주소 내에서 발생하는 행위(② 사주소불가침의 원칙), 민사상의 법률관계(③ 민사관계불관여의 원칙)에 대해서는 발동될 수 없다. 이를 경찰공공의 원칙이라고 한다. 다만 사생활영역에서 발생하는 행위, 사주소 내

1986. 1. 28. 선고 85도2448 판결).
143) 김동희, 앞의 책「행정법」II), 219면.

에서 발생하는 행위, 민사상의 법률관계이더라도 그것들이 개인의 이해관계를 넘어서서 사회공공의 안전과 질서유지에 중대한 위해를 야기하는 경우에는 해양경찰권이 발동될 수 있다.

(3) 경찰책임의 원칙

해양경찰권은 사회공공의 안전과 질서유지에 장해가 발생하거나 발생할 위험이 있는 경우, 원칙적으로 그러한 상태의 발생에 책임이 있는 자(경찰책임자)에 대하여만 발동(위해의 방지 또는 제거의 명령)할 수 있다. 이 원칙을 경찰책임[144]의 원칙이라고 한다.

다만 경찰책임자가 아닌 경찰상 위해나 장해에 직접 책임이 없는 제3자에게도 긴급한 경우(경찰관직무집행법 제5조 제1항 제3호; 경범죄처벌법 제3조 제1항 제29호 등)에는 법령상의 근거에 의하여 해양경찰권이 발동될 수 있다(경찰상 긴급상태 또는 경찰긴급권). 이것은 예외적인 경우이므로 해양경찰권의 발동은 더 엄격해야 한다. 따라서 이러한 경우에 ① 위해가 급박할 것, ② 다른 방법에 의한 위해방지가 불가능할 것, ③ 제3자의 생명이나 건강을 해하지 않을 것, ④ 제3자의 본래의 급박한 업무를 방해해서는 안 될 것, ⑤ 위해방지를 위한 최소한도에 그칠 것, ⑥ 일시적·임시적 방편에 그칠 것, ⑦ 제3자에게 손실이 발생한 경우에는 보상이 지급될 것 등의 요건을 갖추고 있어야 한다.[145]

경찰책임은 행위자가 자연인(국적무관)이든 법인이든 관계없이 인정되고, 행위책임(책임의 원인이 된 행위가 작위인지 부작위인지 문제되지 않음)과 상태책임(어떠한 물건으로부터 경찰상의 위해가 발생한 경우 그 물건을 사실상 지배하는 자가 지는 책임)이 모두 인정되며, 책임이 있는 행위를 한 자가 행위자 자신이든(행위자책임) 그가 감독 또는 보호하는 타인이든(지배자책임) 관계없이 인정된다. 또한 그 행위에 대한 고의 또는 과실의 유무와 관계없이 행위자의 경찰책임은 인정된다. 따라서 그 행위는 위법하지 않아도 된다.

---

144) 경찰책임은 사회공공의 안녕과 질서유지에 장해를 야기시킨 자가 질서의 회복을 위하여 경찰행정청의 명령에 복종하여야 하고, 위험제공자로서 자신의 비용으로 위험·장해를 제거하여야 할 의무를 말한다(홍정선, 앞의 책「경찰행정법」), 265면).
145) 김남진·김연태, 앞의 책, 285면.

(4) 경찰비례의 원칙

사회공공의 안전과 질서유지를 위하여 행사되는 해양경찰권의 발동에 있어서 그 행사로 인하여 달성되는 공익과 그 행사로 인하여 제한 또는 침해되는 개인의 자유와 권리(사익) 사이에 적정한 비례관계가 형성되어야 한다. 이에 부합하기 위해서는 해양경찰권 발동의 목적과 그 목적을 실현하기 위해 행사되는 경찰상 수단은 합리적인 비례관계에 놓여야 한다. 이를 경찰비례의 원칙이라고 한다.

이 원칙은 해양경찰권의 발동인 경찰수단은 경찰목적을 달성하기 위해 적합한 것이어야 하고(적합성의 원칙), 적합한 수단 중에서 목적달성을 위해 최소의 침해를 가져오는 것이어야 하며(최소침해의 원칙 또는 필요성의 원칙), 침해되는 사익(수단으로부터 나오는 침해, 불이익)보다 달성되는 공익(목적하는 효과)이 우월해야 한다(상당성의 원칙 또는 협의의 비례원칙146))는 것을 그 내용으로 한다.

적합성의 원칙, 필요성의 원칙, 협의의 비례원칙은 단계구조를 이룬다. 많은 적합한 수단 중에서도 필요한 수단만이, 필요한 수단 중에서도 상당성 있는 수단만이 선택되어야 한다.147) 비례원칙의 헌법적 근거는 헌법 제37조 제2항이다. 헌법 제37조 제2항에서 말하는 '필요한 경우'란 바로 (광의의) 비례원칙(적합성의 원칙+필요성의 원칙+상당성의 원칙)을 뜻하는 것으로 해석되기 때문이다.148)

경찰관직무집행법 제1조 제2항은 "이 법에 규정된 경찰관의 직권은 그 직무수행에 필요한 최소한도에서 행사되어야 하며 남용되어서는 아니 된다"고 규정하고, 해양경비법 제8조는 "해양경찰관은 이 법에 따른 직무를 수행할 때 권한을 남용하여 개인의 권리 및 자유를 침해하여서는 아니 된다"고 함으로써 경찰비례의 원칙을 명시적으로 규정하고 있다.

판례 [가스총의 사용한계]

[1] 경찰관은 범인의 체포 또는 도주의 방지, 타인 또는 경찰관의 생명·신체에 대한 방호, 공무집행에 대한 항거의 억제를 위하여 필요한 때에는 최소한의 범위 안에서 가스총

---

146) 이 원칙은 '경찰은 대포로 참새를 쏘아서는 안 된다'로 비유된다(정형근, 「행정법」, 피앤씨미디어, 2018, 851면).
147) 홍정선 앞의 책「행정법원론」(하)), 407, 470–471면.
148) 홍정선 앞의 책「행정법원론」(하)), 405면.

을 사용할 수 있으나, 가스총은 통상의 용법대로 사용하는 경우 사람의 생명 또는 신체에 위해를 가할 수 있는 이른바 위해성 장비로서 그 탄환은 고무마개로 막혀 있어 사람에게 근접하여 발사하는 경우에는 고무마개가 가스와 함께 발사되어 인체에 위해를 가할 가능성이 있으므로, 이를 사용하는 경찰관으로서는 인체에 대한 위해를 방지하기 위하여 상대방과 근접한 거리에서 상대방의 얼굴을 향하여 이를 발사하지 않는 등 가스총 사용시 요구되는 최소한의 안전수칙을 준수함으로써 장비 사용으로 인한 사고 발생을 미리 막아야 할 주의의무가 있다. [2] 경찰관이 난동을 부리던 범인을 검거하면서 가스총을 근접 발사하여 가스와 함께 발사된 고무마개가 범인의 눈에 맞아 실명한 경우 국가배상책임을 인정한 사례(대법원 2003. 3. 14. 선고 2002다57218 판결).

(5) 경찰평등의 원칙

헌법 제11조 제1항은 "모든 국민은 법 앞에 평등하다. 누구든지 성별·종교 또는 사회적 신분에 의하여 정치적·경제적·사회적·문화적 생활의 모든 영역에 있어서 차별을 받지 아니한다"고 함으로써 평등원칙을 규정하고 있다.

이 원칙은 해양경찰권 발동에 있어서도 그대로 적용되어야 한다. 따라서 해양경찰권의 발동에 있어서 성별, 종교, 사회적 신분 등을 이유로 하는 불합리한 차별이 있어서는 안 된다.

III. 해양경찰작용의 행위형식

1. 해양경찰상 사실행위

해양경찰상 사실행위란 해양경찰상 일정한 법적 효과의 발생을 목적으로 하는 것이 아니라 해양경찰목적상 필요한 사실상의 결과발생만을 의도하는 행위로서 직접 어떠한 사실상의 효과 또는 결과의 실현을 목적으로 하는 해양경찰작용을 말한다. 외부효를 갖는 법적 규율을 목적으로 하는 것이 아니라는 점에서 해양경찰상 행정행위(경찰하명·경찰허가)와 구분된다.

사실행위는 행정주체가 공권력의 주체로서 우월한 지위에서 국민에 대하여 일방적으로 명령·강제하는 행위인 권력적 사실행위와 그렇지 않은 비권력적 사실행위로 구분된다. 사실행위의 예로서는 주취자에 대한 보호조치, 불심검문, 위험방지를 위한 주거의 강제진입, 도주자에 대한 총기의 발사, 행패자에 대한 곤봉사용, 각종 경고 등을 들 수 있다.[149]

2. 해양경찰상 행정행위

(1) 해양경찰하명

1) 의   의

해양경찰하명이란 정당한 권한을 가진 해양경찰관청이 해양경찰목적을 위하여 일반통치권에 의거하여 특정인이나 특정다수인에게 일정한 작위·부작위·수인 또는 급부의무를 과하는 처분을 말한다. 하명은 법령상의 근거를 가져야 하고, 원칙적으로는 문서로 하여야 하며 예외적으로 구두 또는 그 밖의 방법으로 할 수 있다. 경찰법령은 현장의 경찰공무원에게 권한을 부여하기도 한다(경찰관직무집행법 제3조 내지 제7조).[150]

2) 형   식

하명은 법령규정 자체에 의하여 불특정다수인에게 직접 하명의 효과가 발생하는 법규하명과 법령에 의거하여 특정인에 대하여 개별적으로 의무를 과하거나 불특정다수인에 대하여 일반적으로 의무를 과하는 행정행위(행정처분)로서의 협의의 경찰하명(처분하명)이 있다.

3) 효   과

하명이 있게 되면 상대방은 하명의 내용인 작위(위험시설제거의무, 집회해산의무), 부작위(출입금지의무), 수인(불심검문에 응할 의무), 급부(범칙금을 납부할 의무) 등을 이행해야 할 의무가 발생한다.

가. 인적 범위

하명이 직접 경찰법규에 의하여 행하여지는 법규하명의 경우에는 그 대상이 불특정다수인이 되지만, 행정처분에 의하는 협의의 경찰하명(처분하명)의 경우에는

---

149) 김동희, 앞의 책「행정법」II), 228면; 홍정선, 앞의 책「경찰행정법」), 320면.
150) 홍정선, 앞의 책「행정법원론」(하)), 495면.

그 대상이 특정인이 되는 것이 보통이다. 대인적 처분은 특정인에게 효과가 미치지만, 대물적 처분은 처분의 상대방이 아닌 자에게도 미친다.[151]

나. 지역적 범위

경찰하명의 효과가 미치는 지역적 범위는 원칙적으로 다른 행정처분에 있어서와 마찬가지로 해당 처분청의 관할구역으로 한정되지만, 법령의 규정이 있거나 처분의 성질상 그 효과가 관할구역 밖에 미치는 경우도 있다.[152]

4) 위   반

하명에 의해 부과된 의무를 이행하지 않거나 의무를 위반한 자에게는 해양경찰상 강제집행과 해양경찰벌이 과하여진다. 명시적 규정이 없는 한, 의무를 위반하면서 이루어진 법률행위 그 자체가 무효인 행위가 된다고 볼 수는 없다.[153]

(2) 해양경찰허가

1) 의   의

해양경찰허가는 해양경찰 관련 법령에 의하여 예방적 통제의 목적으로 규정된 상대적 또는 잠재적 금지를 일정한 요건을 갖춘 경우에 해제하여 적법하게 특정행위를 할 수 있게 하여 주는 행정행위를 말한다.

2) 법적 성질

해양경찰허가는 원칙적으로 법령에 특별한 규정이 없는 한 재량의 여지가 없는 기속행위이다. 그러나 예외적으로 심히 중대한 공익상 필요가 있는 경우 거부할 수 있는 기속재량행위인 허가가 있고, 허가시 중대한 공익의 고려가 필요하여 이익형량이 요구되는 경우 허가는 재량행위라고 보아야 한다.[154]

3) 형   식

해양경찰허가는 원칙적으로 개인의 신청에 의하여 행정처분의 형식으로 행하여진다. 그러나 예외적으로 불특정다수인을 상대로 직권에 의하여 이루어지는 경

---

151) 홍정선, 앞의 책 「행정법원론」(하)), 498면.
152) 김동희, 앞의 책 「행정법」 II), 232-233면.
153) 홍정선, 앞의 책 「행정법원론」(하)), 499면.
154) 박균성·김재광, 앞의 책, 246면.

우(예컨대 수영금지구역의 해제, 통행금지의 해제 등)도 있다. 해양경찰허가는 반드시 행정처분의 형식으로 행하여진다는 점에서 법규의 형식으로도 행하여질 수 있는 해양경찰하명과 구별된다. 해양경찰허가는 서면으로 행하여지는 것이 일반적이다.155)

4) 효　　과

해양경찰허가로 인하여 특정한 행위에 대한 일반적 금지가 해제되어 해당 행위를 적법하게 행사할 수 있게 된다. 그 자체로서는 상대방에게 새로운 권리·능력을 설정하여 주는 것은 아니다.156)

가. 인적 범위

대인적 허가는 특정인에게 효과가 미치지만, 대물적 허가는 처분의 상대방이 아닌 자에게도 미친다.

나. 지역적 범위

해양경찰허가의 효과는 허가청의 관할구역 안에 미치는 것이 원칙이지만, 타 구역에 미치는 경우도 적지 않다.157)

5) 위　　반

해양경찰허가가 필요한 행위임에도 허가를 받지 않고 행위를 하게 되면, 그 행위가 무효가 되는 것이 아니라 행위자에게 해양경찰상 강제집행과 해양경찰벌이 과하여진다.

Ⅳ. 해양경찰작용의 실효성 확보수단

1. 해양경찰강제

해양경찰강제란 사회공공의 안전과 질서유지를 위하여 사람의 신체 또는 재산 등에 실력을 가함으로써 해양경찰상 필요한 상태를 실현하는 권력적 행위를

---

155) 김동희, 앞의 책「행정법」Ⅱ), 236면.
156) 김동희, 위의 책「행정법」Ⅱ), 237면.
157) 홍정선, 앞의 책「행정법원론」(하)), 505면.

말한다. 해양경찰강제에는 해양경찰상 강제집행과 해양경찰상 즉시강제 및 해양경찰조사가 있다.

(1) 해양경찰상 강제집행

1) 의   의

해양경찰상 강제집행이란 해양경찰 관련 법령상의 의무가 이행되지 않은 경우에 해양경찰관청이 의무자의 신체 또는 재산에 직접 실력을 가함으로써 강제적으로 그 의무를 이행하게 하거나 그 의무가 이행된 것과 동일한 상태를 실현하는 작용을 말한다.

2) 법적 근거

해양경찰상 강제집행은 대집행에 관한 일반법으로서 행정대집행법과 강제징수에 관한 일반법으로서 국세징수법이 있다. 이행강제금(집행벌)과 직접강제에 관한 일반법은 현재 규정되어 있지 않고, 개별법에서 이를 규정하고 있다.

3) 강제집행의 종류

가. 대 집 행

법률(법률의 위임에 의한 명령, 지방자치단체의 조례를 포함한다)에 의하여 직접 명령되었거나 또는 법률에 의거한 행정청의 명령에 의한 행위로서 타인이 대신하여 행할 수 있는 행위를 의무자가 이행하지 아니하는 경우(대체적 작위의무의 불이행) 다른 수단으로써 그 이행을 확보하기 곤란하고 또한 그 불이행을 방치함이 심히 공익을 해할 것으로 인정될 때에는 당해 행정청은 스스로 의무자가 하여야 할 행위를 하거나 노는 제삼자로 하여금 이를 하게 하여 그 비용을 의무자로부터 징수할 수 있다(행정대집행법 제2조). 이를 대집행이라고 한다. 최근 제정된 행정기본법([시행 2021. 3. 23.] [법률 제17979호, 2021. 3. 23., 제정])에서는 행정대집행을 "의무자가 행정상 의무(법령 등에서 직접 부과하거나 행정청이 법령 등에 따라 부과한 의무를 말한다)로서 타인이 대신하여 행할 수 있는 의무를 이행하지 아니하는 경우 법률로 정하는 다른 수단으로는 그 이행을 확보하기 곤란하고 그 불이행을 방치하면 공익을 크게 해칠 것으로 인정될 때에 행정청이 의무자가 하여야 할 행위를 스스로 하거나 제3자에게 하게 하고 그 비용을 의무자로부터 징수하는 것"으로 정의하고 있다(행정기본법 제30조 제1항 제1호).

판례 [대집행계고처분을 하기 위한 요건]

대집행계고처분을 하기 위하여는 법령에 의하여 직접 명령되거나 법령에 근거한 행정청의 명령에 의한 의무자의 대체적 작위의무 위반행위가 있어야 한다(대법원 2010. 6. 24. 선고 2010두1231 판결).

나. 강제징수

강제징수란 사인이 국가에 대하여 부담하고 있는 공법상 금전급부의무를 이행하지 않은 경우에 행정관청이 강제적으로 의무자의 재산에 실력을 가함으로써 그 의무가 이행된 것과 동일한 상태를 실현하는 작용을 말한다. 행정기본법에서는 강제징수를 "의무자가 행정상 의무 중 금전급부의무를 이행하지 아니하는 경우 행정청이 의무자의 재산에 실력을 행사하여 그 행정상 의무가 실현된 것과 같은 상태를 실현하는 것"으로 정의하고 있다(행정기본법 제30조 제1항 제4호).

이에 대한 일반법으로서 국세징수법이 있다. 국세징수법에서 규정하는 강제징수의 절차는 독촉과 체납처분(재산의 압류, 압류재산의 매각(환가처분), 청산(충당))이 있다.

다. 이행강제금(집행벌)

이행강제금은 대체적·비대체적 작위의무 또는 부작위의무를 불이행한 경우 물리적 강제수단에 의하여 직접적인 방법으로 강제하는 대집행과 직접강제와 달리 심리적 압박에 의하여 그 이행을 간접적인 방법으로 강제하는 수단이다.

이행강제금은 일정한 기간 내에 의무이행이 없을 경우에는 일정액수의 강제금이 부과될 것임을 의무자에게 미리 경고하고, 그 기간 내에 의무이행이 없는 경우에 실제로 이행강제금을 부과하는 강제수단이다. 행정기본법에서는 이행강제금의 부과를 "의무자가 행정상 의무를 이행하지 아니하는 경우 행정청이 적절한 이행기간을 부여하고, 그 기한까지 행정상 의무를 이행하지 아니하면 금전급부의무를 부과하는 것"으로 정의하고 있다(행정기본법 제30조 제1항 제2호).

이러한 이행강제금은 행정벌의 행정질서벌(과태료)과 다음과 같은 점에서 구별된다. 이행강제금은 장래의 의무이행에 대한 강제를 직접적인 목적으로 하여 금전을 부과하는 강제수단이다. 이에 반해 행정벌의 행정질서벌(과태료)은 과거의 의무위반에 대한 제재를 직접적인 목적으로 하면서 간접적으로는 의무자에게 심리적 압박을 가하여 의무이행을 강제하는 처벌수단이다.

이행강제금은 의무이행의 확보를 목적으로 하기 때문에 의무가 이행되기 전까지는 반복적으로 부과될 수 있다. 또한 이행강제금은 처벌이 아니므로 행정벌과 성질을 달리하여 행정벌의 하나인 과태료나 형벌과 병과될 수도 있다.

> **판례** [형사처벌과 이행강제금의 병과]
> 건축법 제78조에 의한 무허가 건축행위에 대한 형사처벌과 건축법 제83조 제1항에 의한 시정명령 위반에 대한 이행강제금의 부과는 그 처벌 내지 제재대상이 되는 기본적 사실관계로서의 행위를 달리하며, 또한 그 보호법익과 목적에서도 차이가 있으므로 헌법 제13조 제1항이 금지하는 이중처벌에 해당한다고 할 수 없다(헌법재판소 2004. 2. 26. 선고 2001헌바80, 84, 102, 103, 2002헌바26(병합) 결정).

라. 직접강제

직접강제는 의무자가 행정상 의무를 이행하지 아니하는 경우 행정청이 의무자의 신체나 재산에 실력을 행사하여 그 행정상 의무의 이행이 있었던 것과 같은 상태를 실현하는 것이다(행정기본법 제30조 제3호). 행정청이 직접 행하는 대집행과 직접강제의 구분이 문제된다. 대집행은 행정청이 의무자에게 놓인 대체적 작위의무를 의무자의 지위에서 행하는 것이고, 직접강제는 강제를 통하여 의무자로 하여금 다른 행위, 특히 비대체적 작위·부작위·수인으로 나아가도록 하는 점에서 양자를 구별하기도 한다.[158]

직접강제는 행정대집행이나 이행강제금 부과의 방법으로는 행정상 의무 이행을 확보할 수 없거나 그 실현이 불가능한 경우에 실시하여야 한다(행정기본법 제32조 제1항). 직접강제를 실시하기 위하여 현장에 파견되는 집행책임자는 그가 집행책임자임을 표시하는 증표를 보여 주어야 한다(행정기본법 제32조 제2항).

(2) 해양경찰상 즉시강제

1) 의 의

즉시강제는 현재의 급박한 행정상의 장해를 제거하기 위한 경우로서 다음 각 목의 어느 하나에 해당하는 경우에 행정청이 곧바로 국민의 신체 또는 재산에 실

---

158) 홍정선 앞의 책(「행정법원론」(상)), 734면.

력을 행사하여 행정목적을 달성하는 것이다(행정기본법 제30조 제5호).

　가. 행정청이 미리 행정상 의무 이행을 명할 시간적 여유가 없는 경우

　나. 그 성질상 행정상 의무의 이행을 명하는 것만으로는 행정목적 달성이 곤
　　란한 경우

　행정상 즉시강제는 법령 또는 행정처분에 의한 선행의 구체적 의무의 존재와
그 불이행을 전제로 하는 행정상 강제집행과 구별된다.[159]

2) 법적 근거

　기본권 침해의 소지가 큰 권력작용인 행정상 즉시강제는 어디까지나 예외적
인 강제수단이라고 할 것이다. 이러한 행정상 즉시강제는 엄격한 실정법상의 근
거를 필요로 할 뿐만 아니라, 그 발동에 있어서는 법규의 범위 안에서도 다시 행
정상의 장해가 목전에 급박하고, 다른 수단으로는 행정목적을 달성할 수 없는 경
우이어야 하며, 이러한 경우에도 그 행사는 필요 최소한도에 그쳐야 함을 내용으
로 하는 조리상의 한계에 기속된다.[160]

　이에 대하여는 일반법적 성격을 갖는 경찰관직무집행법과 특별법적 성격을
갖는 해양경비법이 있다.

3) 수　　단

　가. 경찰관직무집행법상의 대인적 강제

　대인적 강제로는 보호조치 등(제4조), 위험발생의 방지 등(제5조), 범죄의 예방과
제지(제6조), 경찰장비의 사용 등(제10조), 무기의 사용(제10조의4 제1항)이 있다.

　나. 경찰관직무집행법상의 대물적 강제

　대물적 강제로는 무기·흉기 등 위험물의 임시영치(제4조 제3항)가 있다.

　다. 경찰관직무집행법상의 대가택 강제

　대가택 강제로는 위험방지를 위한 출입(제7조)이 있다.

4) 실　　시

　즉시강제는 다른 수단으로는 행정목적을 달성할 수 없는 경우에만 허용되며,

---

159) 헌법재판소 2002. 10. 31. 선고 2000헌가12 결정
160) 헌법재판소 2002. 10. 31. 선고 2000헌가12 결정

이 경우에도 최소한으로만 실시하여야 한다(행정기본법 제33조 제1항). 즉시강제를 실시하기 위하여 현장에 파견되는 집행책임자는 그가 집행책임자임을 표시하는 증표를 보여 주어야 하며, 즉시강제의 이유와 내용을 고지하여야 한다(행정기본법 제33조 제2항).

5) 한 계

가. 실체법상 한계로서의 비례원칙

해양경찰상 즉시강제는 행정목적을 달성하기 위하여 ① 수단과 목적의 비례성(적합성의 원칙, 최소침해의 원칙, 협의의 비례원칙), ② 수단의 보충성, ③ 목적의 소극성을 갖추어야 한다.

나. 절차법상 한계(통제)

영장주의가 행정상 즉시강제에도 적용되는지에 관하여는 논란이 있으나, 행정상 즉시강제는 상대방의 임의이행을 기다릴 시간적 여유가 없을 때 하명 없이 바로 실력을 행사하는 것으로서, 그 본질상 급박성을 요건으로 하고 있어 법관의 영장을 기다려서는 그 목적을 달성할 수 없다고 할 것이므로, 원칙적으로 영장주의가 적용되지 않는다고 보아야 할 것이다. 만일 어떤 법률조항이 영장주의를 배제할 만한 합리적인 이유가 없을 정도로 급박성이 인정되지 아니함에도 행정상 즉시강제를 인정하고 있다면, 이러한 법률조항은 이미 그 자체로 과잉금지의 원칙에 위반되는 것으로서 위헌이라고 할 것이다.[161]

6) 구제수단

가. 적법한 즉시강제에 대한 구제

적법한 즉시강제로 인하여 개인이 손실을 입게 되면, 명문의 규정이 없는 경우에도 헌법 제23조 제3항(공공필요에 의한 재산권의 수용·사용 또는 제한 및 그에 대한 보상은 법률로써 하되, 정당한 보상을 지급하여야 한다)에 의거하여 손실에 대한 보상을 청구할 수 있다.

이와 관련하여 경찰관직무집행법 제11조의2 제1항은 "국가는 경찰관의 적법한 직무집행으로 인하여 다음 각 호의 어느 하나에 해당하는 손실을 입은 자에

---

161) 헌법재판소 2002. 10. 31. 선고 2000헌가12 결정.

대하여 정당한 보상을 하여야 한다. 1. 손실발생의 원인에 대하여 책임이 없는 자가 생명·신체 또는 재산상의 손실을 입은 경우(손실발생의 원인에 대하여 책임이 없는 자가 경찰관의 직무집행에 자발적으로 협조하거나 물건을 제공하여 생명·신체 또는 재산상의 손실을 입은 경우를 포함한다), 2. 손실발생의 원인에 대하여 책임이 있는 자가 자신의 책임에 상응하는 정도를 초과하는 생명·신체 또는 재산상의 손실을 입은 경우"라고 규정하고 있다.

나. 위법한 즉시강제에 대한 구제

위법한 즉시강제에 대해서는 형법상 정당방위를 할 수 있고, 행정쟁송(행정심판 또는 행정소송)을 제기하거나, 국가배상법에 근거한 행정상 손해배상을 청구할 수 있다. 또한 부당하게 인신의 자유를 제한당한 경우 인신보호법상의 구제를 청구하거나, 기본권을 침해받은 경우에는 헌법소원을 청구할 수도 있다.

(3) 해양경찰상 행정조사(해양경찰조사)

행정조사란 행정기관이 정책을 결정하거나 직무를 수행하는 데 필요한 정보나 자료를 수집하기 위하여 현장조사·문서열람·시료채취 등을 하거나 조사대상자에게 보고요구·자료제출요구 및 출석·진술요구를 행하는 활동을 말한다(행정조사기본법 제2조 제1호). 이에 대한 일반법으로 행정조사기본법이 있다. 개별법으로는 경찰관직무집행법(제3조 불심검문)이 있다.

2. 해양경찰벌

(1) 해양경찰벌의 의의

해양경찰벌이란 해양경찰작용의 상대방이 해양경찰 관련 법령상의 의무를 위반한 경우에 의무위반에 대한 제재로서 국가가 그 상대방에 과하는 처벌을 말한다. 해양경찰벌에는 해양경찰형벌과 해양경찰질서벌(과태료)이 있다. 해양경찰상 강제집행은 장래에 대한 의무이행의 강제 또는 확보를 직접적인 목적으로 하는 데 반하여, 해양경찰벌은 과거의 해양경찰의무(주로 부작위·수인의무) 위반에 대한 제재를 직접적인 목적으로 하면서, 심리적 압박에 의한 의무이행의 강제 또는 확보를 간접적인 목적으로 한다는 점에서 양자는 구별된다.

(2) 해양경찰벌의 법적 근거

해양경찰형벌은 죄형법정주의의 파생원칙인 법률주의에 따라 원칙적으로 국회에서 제정한 형식적 의미의 법률에 규정되어야 한다. 다만 긴급한 필요가 있거나 미리 법률에 자세히 정할 수 없는 부득이한 사정이 있는 경우에 한하여 행정입법에 의해서도 규정할 수 있다.

> **판례** [형벌의 규정]
> [1] 형사처벌의 대상이 되는 범죄의 구성요건은 형식적 의미의 법률로 명확하게 규정되어야 하며, 만약 범죄의 구성요건에 관한 규정이 지나치게 추상적이거나 모호하여 그 내용과 적용범위가 과도하게 광범위하거나 불명확한 경우에는 국가형벌권의 자의적인 행사가 가능하게 되어 개인의 자유와 권리를 보장할 수 없으므로 죄형법정주의의 원칙에 위배된다. [2] 헌법 제75조에서 "법률에서 구체적으로 범위를 정하여 위임받은 사항에 관하여"라고 함은 법률 그 자체에 이미 대통령령으로 규정될 내용 및 범위의 기본적 사항이 구체적으로 규정되어 있어서 누구라도 당해 법률 그 자체에서 대통령령에 규정될 내용의 대강을 예측할 수 있어야 함을 의미하고, 그렇게 하지 아니한 경우에는 위임입법의 한계를 일탈한 것이라고 아니할 수 없다(헌법재판소 1995. 9. 28. 선고 93헌바50 결정).

해양경찰질서벌도 형벌과 마찬가지로 원칙상 법률에 근거가 있어야 한다. 「질서위반행위규제법」 제6조는 "법률에 따르지 아니하고는 어떤 행위도 질서위반행위로 과태료를 부과하지 아니한다"고 규정하고 있다.

(3) 해양경찰벌의 종류

형법상의 의무위반과 행정법상의 의무위반						
광의의 형법	협의의 형법		범죄	형벌	반윤리적·반사회적·반도덕적 행위에 대한 제재	
	특별형법					
	행징법	행정형법 (행정법상의 의무위반 또는 행정법규위반)			행정상의 질서위반에 대한 제재	행정목적과 공익에 대한 직접적 침해
행정법	행정법상의 의무위반 또는 행정법규위반		질서위반 행위	질서벌 (과태료)		행정상의 질서에 장해를 줄 위험성

어떤 행정법규 위반행위에 대하여 이를 단지 간접적으로 행정상의 질서에 장해를 줄 위험성이 있음에 불과한 경우(단순한 의무태만 내지 의무위반)로 보아 행정질서벌인 과태료를 과할 것인가, 아니면 직접적으로 행정목적과 공익을 침해한 행위로 보아 행정형벌을 과할 것인가, 그리고 행정형벌을 과할 경우 그 법정형의 종류와 형량을 어떻게 정할 것인가는, 당해 위반행위가 위의 어느 경우에 해당하는가에 대한 법적 판단을 그르친 것이 아닌 한 그 처벌내용은 기본적으로 입법자가 제반 사정을 고려하여 결정할 입법재량에 속하는 문제이다.[162] 또한 입법자가 그 재량으로 행정질서벌인 과태료를 부과하기로 입법상의 결단을 한 경우에 그 과태료의 액수를 정하는 것도 입법재량에 속한다.[163]

1) 해양경찰형벌

가. 의   의

형법은 협의의 형법과 특별형법 및 행정형법 등이 있는데, 이 중 해양경찰형벌은 행정형법을 위반한 행위에 대한 제재를 말한다. 해양경찰형벌은 해양경찰 관련 법령상의 의무위반(범죄)에 대한 제재로 직접적으로 행정목적을 침해하는 행위에 대하여 형법상의 형벌(1. 사형, 2. 징역, 3. 금고, 4. 자격상실, 5. 자격정지, 6. 벌금, 7. 구류, 8. 과료, 9. 몰수)이 과하여지는 해양경찰벌을 말한다. 해양경찰형벌은 형법 제8조(본법 총칙은 타법령에 정한 죄에 적용한다. 단, 그 법령에 특별한 규정이 있는 때에는 예외로 한다)에 의하여 원칙적으로 형법총칙이 적용되나 해당법령에 특별한 규정이 있는 때에는 예외적으로 그 법령이 적용되기도 한다.

나. 부과요건

해양경찰형벌을 부과하기 위해서는 의무위반행위를 한 행위자의 행위가 고의범 또는 과실범의 구성요건에 해당하고 위법하며, 책임 있는 행위여야 한다. 형벌을 부과하기 위해서는 그 범죄가 원칙적으로 고의범이어야 하고, 과실범에 형벌을 부과하기 위해서는 「형법」 제14조에 따라 "법률에 특별한 규정"이 있어야 한다. 그러나 대법원은 행정범에서 과실행위를 처벌한다는 명문의 규정이 있는 경우뿐만 아니라 관련 행정형벌법규의 해석에 의하여 과실행위도 처벌한다는 뜻이

---

162) 헌법재판소 2018. 8. 30. 선고 2017헌바368 결정.
163) 헌법재판소 2015. 7. 30. 선고 2013헌바56 결정.

도출되는 경우에는 과실행위도 처벌된다고 본다.[164]

> **판례** [해석에 의한 과실범처벌]
> 구 대기환경보전법의 입법목적이나 제반 관계규정의 취지 등을 고려하면, 법정의 배출
> 허용기준을 초과하는 배출가스를 배출하면서 자동차를 운행하는 행위를 처벌하는 위
> 법 제57조 제6호의 규정은 자동차의 운행자가 그 자동차에서 배출되는 배출가스가 소
> 정의 운행 자동차 배출허용기준을 초과한다는 점을 실제로 인식하면서 운행한 고의범
> 의 경우는 물론 과실로 인하여 그러한 내용을 인식하지 못한 과실범의 경우도 함께 처
> 벌하는 규정이다(대법원 1993. 9. 10. 선고 92도1136 판결).

2) 해양경찰질서벌

가. 의   의

해양경찰질서벌은 해양경찰 관련 법령상의 의무위반(질서위반)에 대한 제재로 행정목적 달성에 장해를 줄 위험성이 있는 경미한 비행에 대하여 과태료[165]가 과하여지는 해양경찰벌을 말한다. 과태료는 행정의 실효성 확보수단의 하나로 행정상의 질서유지를 위한 행정질서벌이며 행정법규위반이 직접적으로 행정목적이나 사회공익을 침해하는 데까지는 이르지 않고 간접적으로 행정상의 질서에 장애를 줄 위험성이 있는 정도의 단순한 의무위반이라고 인정될 경우 이에 대한 제재로서 부과된다.[166]

나. 부과요건

(가) 고의 또는 과실

고의 또는 과실이 없는 질서위반행위("질서위반행위"란 법률상의 의무를 위반하여 과태료를 부과하는 행위를 말한다(질서위반행위규제법 제2조 제1호)는 과태료를 부과하지 아니한다(질서위반 행위규제법 제7조).

---

164) 박균성·김재광, 앞의 책, 402면. 이러한 입장은 엄격한 죄형법정주의의 관점에서는 문제가 없지 않다(김동희, 앞의 책「행정법」Ⅰ), 526면).
165) 과태료와 유사한 개념으로 과징금이 있는데, 과징금은 행정법규의 위반이나 행정법상의 의무위반으로 경제상의 이익을 얻게 되는 경우에 해당 위반으로 인한 경제적 이익을 박탈하기 위하여 그 이익액에 따라 행정기관이 과하는 행정상 제재금을 말한다(박균성·김재광, 앞의 책, 408면).
166) 헌법재판소 2015. 7. 30. 선고 2013헌바56 결정.

(나) 위법성의 착오

자신의 행위가 위법하지 아니한 것으로 오인하고 행한 질서위반행위는 그 오인에 정당한 이유가 있는 때에 한하여 과태료를 부과하지 아니한다(질서위반행위규제법 제8조).

(다) 책임능력

가) 형사미성년자

14세가 되지 아니한 자의 질서위반행위는 과태료를 부과하지 아니한다. 다만, 다른 법률에 특별한 규정이 있는 경우에는 그러하지 아니하다(질서위반행위규제법 제9조).

나) 심신장애인

심신장애로 인하여 행위의 옳고 그름을 판단할 능력이 없거나 그 판단에 따른 행위를 할 능력이 없는 자의 질서위반행위는 과태료를 부과하지 아니한다(질서위반행위규제법 제10조 제1항). 심신장애로 인하여 제1항에 따른 능력이 미약한 자의 질서위반행위는 과태료를 감경한다(질서위반행위규제법 제10조 제2항). 스스로 심신장애 상태를 일으켜 질서위반행위를 한 자에 대하여는 제1항 및 제2항을 적용하지 아니한다(질서위반행위규제법 제10조 제3항).

(라) 부과대상자

과태료의 부과대상은 원칙적으로 질서위반을 직접 범한 행위자이다. 그러나 법인의 대표자, 법인 또는 개인의 대리인·사용인 및 그 밖의 종업원이 업무에 관하여 법인 또는 그 개인에게 부과된 법률상의 의무를 위반한 때에는 법인 또는 그 개인에게 과태료를 부과한다(질서위반행위규제법 제11조 제1항).

(마) 다수인의 질서위반행위 가담

2인 이상이 질서위반행위에 가담한 때에는 각자가 질서위반행위를 한 것으로 본다(질서위반행위규제법 제12조 제1항).

(바) 수 개의 질서위반행위의 처리

하나의 행위가 2 이상의 질서위반행위에 해당하는 경우에는 각 질서위반행위에 대하여 정한 과태료 중 가장 중한 과태료를 부과한다(질서위반행위규제법 제13조 제1항). 제1항의 경우를 제외하고 2 이상의 질서위반행위가 경합하는 경우에는 각 질서위반행위에 대하여 정한 과태료를 각각 부과한다. 다만, 다른 법령에 특별한 규정이 있는 경우에는 그 법령으로 정하는 바에 따른다(질서위반행위규제법 제13조 제2항).

(사) 시   효

과태료는 행정청의 과태료 부과처분이나 법원의 과태료 재판이 확정된 후 5년간 징수하지 아니하거나 집행하지 아니하면 시효로 인하여 소멸한다(질서위반행위규제법 제15조 제1항).

(4) 해양경찰벌의 과형절차

1) 해양경찰형벌의 과형절차

가. 원칙: 형사소송법절차

해양경찰형벌의 과형절차는 일반형벌과 같이 형사소송법의 절차에 따라 법원이 과하는 것이 원칙이다.

나. 예   외

(가) 통고처분절차
가) 의   의

통고처분이란 법령상의 의무를 위반한 자에게 일반형사소송절차에 따라 법령위반의 효과로서 규정된 형벌을 과하기 전에 행정관청이 형벌을 대신하여 금전적 제재인 범칙금을 납부하도록 하는 과형절차를 말한다. 이때 납부하는 범칙금은 행정형벌과 행정질서벌의 중간적 성격의 행정벌이다. 예를 들면, 도로교통법 위반에 대하여 범칙금이 부과되는데 그 부과는 행정기관인 경찰서장이 통고처분에 의해 과하고 상대방이 이를 따르지 않는 경우에는 즉결심판에 회부하여 형사절차에 따라 형벌을 과하도록 하고 있다.[167]

나) 취   지

통고처분 제도는 경미한 (교통)법규 위반자[168]로 하여금 형사처벌절차에 수반되는 심리적 불안, 시간과 비용의 소모, 명예와 신용의 훼손 등의 여러 불이익을 당하지 않고 범칙금 납부로써 위반행위에 대한 제재를 신속·간편하게 종결할 수 있게

---

167) 박균성·김재광, 앞의 책, 400면.
168) 통고처분 제도인 범칙금 부과는 도로교통법에 한정하는 것은 아니고, 경범죄처벌법 등에서도 인정되고 있다. 경범죄처벌법 제7조 제1항에서는 "해양경찰서장은 범칙자로 인정되는 사람에 대하여 그 이유를 명백히 나타낸 서면으로 범칙금을 부과하고 이를 납부할 것을 통고할 수 있다"고 규정하고 있다.

하여 주며, (교통)법규 위반행위가 홍수를 이루고 있는 현실에서 행정공무원에 의한 전문적이고 신속한 사건처리를 가능하게 하고, 검찰 및 법원의 과중한 업무 부담을 덜어 준다. 또한 통고처분제도는 형벌의 비범죄화 정신에 접근하는 제도이다.[169]

다) 절   차

범칙자가 통고처분에 따라 부과된 범칙금을 정해진 기간 내에 납부하면 과형절차가 완전히 종료된다. 통고처분에 불복하는 경우에는 통고처분을 이행하지 않으면 되고, 정해진 기간 내에 그 금액을 납부하지 않으면 행정관청의 고발 또는 즉결심판청구에 의하여 일반형사소송절차에 따라 형벌이 과하여진다.

> **판례** [통고처분에 대한 이의]
> 도로교통법 제118조에서 규정하는 경찰서장의 통고처분은 행정소송의 대상이 되는 행정처분이 아니므로 그 처분의 취소를 구하는 소송은 부적법하고, 도로교통법상의 통고처분을 받은 자가 그 처분에 대하여 이의가 있는 경우에는 통고처분에 따른 범칙금의 납부를 이행하지 아니함으로써 경찰서장의 즉결심판청구에 의하여 법원의 심판을 받을 수 있게 될 뿐이다(대법원 1995. 6. 29. 선고 95누4674 판결).

통고처분에도 일사부재리의 원칙이 적용되어 범칙자가 범칙금을 납부한 경우 동일한 사유로 범칙자를 형사소추할 수 없다.

> **판례** [통고처분과 일사부재리]
> 도로교통법 제119조 제3항은 그 법 제118조에 의하여 범칙금 납부통고서를 받은 사람이 그 범칙금을 납부한 경우 그 범칙행위에 대하여 다시 벌 받지 아니한다고 규정하고 있는바, 이는 범칙금의 납부에 확정재판의 효력에 준하는 효력을 인정하는 취지로 해석하여야 한다(대법원 2002. 11. 22. 선고 2001도849 판결).

(나) 즉결심판절차

피고인에게 20만원 이하의 벌금, 구류 또는 과료에 처할 수 있는 경미한 범죄에 대하여는 즉결심판절차에 의하여 과형절차가 진행될 수 있다(즉결심판에 관한 절차법 제2조). 즉결심판은 관할해양경찰서장이 관할법원에 이를 청구한다(즉결심판에 관한

---

169) 헌법재판소 2003. 10. 30. 선고 2002헌마275 결정.

절차법 제3조 제1항).

2) 해양경찰질서벌의 과형절차

가. 사전통지 및 의견제출

행정청이 질서위반행위에 대하여 과태료를 부과하고자 하는 때에는 미리 당사자에게 대통령령으로 정하는 사항을 통지하고, 10일 이상의 기간을 정하여 의견을 제출할 기회를 주어야 한다(질서위반행위규제법 제16조 제1항). 당사자는 의견 제출 기한 이내에 대통령령으로 정하는 방법에 따라 행정청에 의견을 진술하거나 필요한 자료를 제출할 수 있다(질서위반행위규제법 제16조 제2항). 행정청은 당사자가 제출한 의견에 상당한 이유가 있는 경우에는 과태료를 부과하지 아니하거나 통지한 내용을 변경할 수 있다(질서위반행위규제법 제16조 제3항).

나. 과태료의 부과

행정청은 제16조의 의견 제출 절차를 마친 후에 서면(당사자가 동의하는 경우에는 전자문서를 포함한다)으로 과태료를 부과하여야 한다(질서위반행위규제법 제17조 제1항).

다. 과태료부과의 제척기간

행정청은 질서위반행위가 종료된 날(다수인이 질서위반행위에 가담한 경우에는 최종행위가 종료된 날을 말한다)부터 5년이 경과한 경우에는 해당 질서위반행위에 대하여 과태료를 부과할 수 없다(질서위반행위규제법 제19조 제1항).

라. 이의제기

행정청의 과태료 부과에 불복하는 당사자는 제17조 제1항에 따른 과태료 부과 통지를 받은 날부터 60일 이내에 해당 행정청에 서면으로 이의제기를 할 수 있다(질서위반행위규제법 제20조 제1항). 제1항에 따른 이의제기가 있는 경우에는 행정청의 과태료 부과처분은 그 효력을 상실한다(질서위반행위규제법 제20조 제2항).

마. 법원에의 통보

제20조 제1항에 따른 이의제기를 받은 행정청은 이의제기를 받은 날부터 14일 이내에 이에 대한 의견 및 증빙서류를 첨부하여 관할 법원에 통보하여야 한다(질서위반행위규제법 제21조 제1항).

바. 재　　판

과태료 재판은 이유를 붙인 결정으로써 한다(질서위반행위규제법 제36조 제1항). 결정은 당사자와 검사에게 고지함으로써 효력이 생긴다(질서위반행위규제법 제37조 제1항).

(5) 해양경찰형벌과 해양경찰질서벌의 병과

행정법상의 질서벌인 과태료의 부과처분과 형사처벌은 그 성질이나 목적을 달리하는 별개의 것이므로 행정법상의 질서벌인 과태료를 납부한 후에 형사처벌을 한다고 하여 이를 일사부재리의 원칙에 반하는 것이라고 할 수는 없다.170)

> **판례** [형벌과 질서벌의 병과]
> [1] 헌법 제13조 제1항이 정한 "이중처벌금지의 원칙"은 동일한 범죄행위에 대하여 국가가 형벌권을 거듭 행사할 수 없도록 함으로써 국민의 기본권 특히 신체의 자유를 보장하기 위한 것이므로, 그 "처벌"은 원칙으로 범죄에 대한 국가의 형벌권 실행으로서의 과벌을 의미하는 것이고, 국가가 행하는 일체의 제재나 불이익처분을 모두 그에 포함된다고 할 수는 없다. [2] 구 건축법 제54조 제1항에 의한 무허가건축행위에 대한 형사처벌과 동법 제56조2 제1항에 의한 과태료의 부과는 헌법 제13조 제1항이 금지하는 이중처벌에 해당한다고 할 수 없다(헌법재판소 1994. 6. 30. 선고 92헌바38 결정).

V. 해양경찰작용에 대한 구제수단

해양경찰권의 행사 또는 불행사로 인하여 국민에게 손해 또는 손실이 발생한 경우 그에 대한 구제수단으로서는 행정상 손해배상(국가배상)과 행정상 손실보상제도가 있다. 또한 해양경찰권의 행사 또는 불행사가 위법·부당한 경우 그에 불복하는 구제수단으로서는 행정쟁송제도(행정심판·행정소송)가 있다.

1. 행정상 손해배상(국가배상)

행정상 손해배상제도 또는 국가배상제도는 위법한 국가작용으로 인하여 발생

---

170) 대법원 1996. 4. 12. 선고 96도158 판결.

한 재산이나 생명·신체에 대한 손해의 배상을 내용으로 한다는 점에서 적법한 국가작용으로 인하여 발생한 재산상 손실의 보상을 내용으로 하는 손실보상제도와 구별된다.

(1) 해양경찰공무원의 직무상 불법행위로 인한 손해배상

1) 해양경찰권의 행사(작위)와 손해배상

국가나 지방자치단체는 공무원 또는 공무를 위탁받은 사인이 직무를 집행하면서 고의 또는 과실로 법령을 위반하여 타인에게 손해를 입히거나, 「자동차손해배상 보장법」에 따라 손해배상의 책임이 있을 때에는 이 법에 따라 그 손해를 배상하여야 한다. 다만, 군인·군무원·경찰공무원 또는 예비군대원이 전투·훈련 등 직무 집행과 관련하여 전사·순직하거나 공상을 입은 경우에 본인이나 그 유족이 다른 법령에 따라 재해보상금·유족연금·상이연금 등의 보상을 지급받을 수 있을 때에는 이 법 및 「민법」에 따른 손해배상을 청구할 수 없다(국가배상법 제2조 제1항). 단서는 경찰공무원 등 특별한 신분을 가진 자에 대한 이중배상의 가능성을 배제하고 있다.

2) 해양경찰권의 불행사(부작위)와 손해배상

법령에 의하여 당해 해양경찰권의 행사가 의무적으로 규정되어 있는 경우(기속행위)에는 그 불행사는 위법한 것이므로, 그 불행사에 고의 또는 과실이 인정되면 국가는 그 행위에 대한 손해배상책임을 진다. 그러나 당해 해양경찰권의 행사가 재량행위인 경우에는 그 행사 또는 불행사는 해양경찰기관의 재량적 판단에 속하는 것이므로 그 불행사가 재량의 한계를 벗어나지 않는 한 원칙적으로 국가는 그 행위에 대한 손해배상책임을 지지 않는다.[171]

> **판례** [위법한 경찰권불행사]
>
> [1] 경찰은 범죄의 예방, 진압 및 수사와 함께 국민의 생명, 신체 및 재산의 보호 기타 공공의 안녕과 질서유지를 직무로 하고 있고, 직무의 원활한 수행을 위하여 경찰관 직무집행법, 형사소송법 등 관계 법령에 의하여 여러 가지 권한이 부여되어 있으므로, 구체적인 직무를 수행하는 경찰관으로서는 제반 상황에 대응하여 자신에게 부여된 여러

---

171) 김동희, 앞의 책「행정법」 II), 249면.

가지 권한을 적절하게 행사하여 필요한 조치를 취할 수 있는 것이고, 그러한 권한은 일반적으로 경찰관의 전문적 판단에 기한 합리적인 재량에 위임되어 있는 것이나, 경찰관에게 권한을 부여한 취지와 목적에 비추어 볼 때 구체적인 사정에 따라 경찰관이 권한을 행사하여 필요한 조치를 취하지 아니하는 것이 현저하게 불합리하다고 인정되는 경우에는 그러한 권한의 불행사는 직무상의 의무를 위반한 것이 되어 위법하게 된다. [2] 피고 소속 경찰공무원들이 이 사건 신고를 이전의 다른 신고와 동일한 것으로 오인하여 이 사건 신고 시각으로부터 24분이 지나도록 아무런 조치를 취하지 아니한 것은 과실로 인하여 현저히 불합리하게 공무를 처리함으로써 직무상의 의무를 위반한 경우에 해당하고, 이와 같은 직무상의 의무 위반과 피해자에 대한 살인사건 사이에는 상당인과관계가 인정되며, 해당 경찰공무원들에게는 살인사건 발생에 관한 예견가능성도 있었다고 판단하였다(대법원 2017. 11. 9. 선고 2017다228083 판결).

⑵ 공공의 영조물의 설치 및 관리상의 하자로 인한 손해배상

도로·하천, 그 밖의 공공의 영조물의 설치나 관리에 하자가 있기 때문에 타인에게 손해를 발생하게 하였을 때에는 국가나 지방자치단체는 그 손해를 배상하여야 한다(국가배상법 제5조 제1항).

2. 행정상 손실보상

⑴ 의   의

행정상 손실보상이란 적법한 국가작용에 의해 개인의 재산에 가하여진 특별한 손실에 대한 재산적 보상을 말한다. 행정상 손실보상은 적법행위로 인한 손실보상이라는 점에서 불법행위로 인한 손해배상인 행정상 손해배상과 구별된다. 다만 적법한 해양경찰권의 행사로 인하여 통상적 수인한도를 넘지 않는 범위 내에서 사인에게 손실이 발생한 경우에는 원칙적으로 그에 대한 손실보상은 필요하지 않다. 해양경찰권은 공공의 안녕·질서에 대한 장해를 발생시킨 자에 대하여 발동하는 것이므로, 그로 인한 손실은 당연히 수인되어야 한다고 보기 때문이다.[172]

---

172) 김동희, 앞의 책(「행정법」 II), 249면.

(2) 법적 근거

「헌법」제23조 제3항이 "공공필요에 의한 재산권의 수용·사용 또는 제한 및 그에 대한 보상은 법률로써 하되, 정당한 보상을 지급하여야 한다"고 규정함에 따라 「경찰관직무집행법」은 다음과 같은 경우에 손실보상을 인정하고 있다. 즉 국가는 경찰관의 적법한 직무집행으로 인하여 다음 각 호의 어느 하나에 해당하는 손실을 입은 자에 대하여 정당한 보상을 하여야 한다(경찰관직무집행법 제11조의2 제1항). 1. 손실발생의 원인에 대하여 책임이 없는 자가 생명·신체 또는 재산상의 손실을 입은 경우(손실발생의 원인에 대하여 책임이 없는 자가 경찰관의 직무집행에 자발적으로 협조하거나 물건을 제공하여 생명·신체 또는 재산상의 손실을 입은 경우를 포함한다), 2. 손실발생의 원인에 대하여 책임이 있는 자가 자신의 책임에 상응하는 정도를 초과하는 생명·신체 또는 재산상의 손실을 입은 경우

제1항에 따른 보상을 청구할 수 있는 권리는 손실이 있음을 안 날부터 3년, 손실이 발생한 날부터 5년간 행사하지 아니하면 시효의 완성으로 소멸한다(경찰관직무집행법 제11조의2 제2항). 「헌법」은 재산권과는 달리 비재산권의 침해에 대한 보상청구권을 규정하고 있지 않다. 이에 대하여는 「경찰관직무집행법」도 마찬가지이다.

(3) 요   건

행정상 손실보상이 인정되기 위해서는 적법한 국가작용에 의해 현실적인 손실이 발생하여야 하고, 그 손실이 특별한 손해(희생)에 해당하여야 한다.

3. 행정쟁송

해양경찰권의 위법·부당한 행사 또는 불행사[173]가 있는 경우에 당해 해양경찰작용이 행정심판법 또는 행정소송법상의 처분 등에 해당할 때에는 행정쟁송(행

---

173) 경찰처분이 재량처분인 경우에는 그 처분을 할 것인지의 여부는 원칙적으로 경찰기관의 재량권에 속하고, 반드시 그를 발동하여야 할 법적 의무는 없다. 그러나 개인의 중요한 법익(생명·건강·재산 등)이 침해되거나 그 침해의 위험이 긴박하고 중대한 경우와 같이 예외적인 경우에는 경찰권의 발동만이 의무에 합당한 재량권의 행사로 인정되어, 이 경우 경찰권을 발동하지 않는 것은 위법하게 된다(김동희, 앞의 책「행정법」II), 251면).

정심판·행정소송)을 제기하여 그 취소 등을 구할 수 있다. 행정심판은 행정기관이 심판하고, 행정소송은 법원이 심판한다는 점에서 양자는 구별된다.

(1) 행정심판

행정청의 위법 또는 부당한 처분이나 부작위로 침해된 국민의 권리 또는 이익을 구제하고, 아울러 행정의 적정한 운영을 꾀하기 위해 행정심판제도를 두고 있다(행정심판법 제1조). 행정청의 처분 또는 부작위에 대하여는 다른 법률에 특별한 규정이 있는 경우 외에는 이 법에 따라 행정심판을 청구할 수 있다(행정심판법 제3조 제1항). 행정심판의 종류로는 취소심판, 무효 등 확인심판, 의무이행심판이 있다(행정심판법 제5조). 행정심판은 처분이 있음을 알게 된 날부터 90일 이내에 서면으로 청구하여야 한다(행정심판법 제27조 제1항, 제28조 제1항).

(2) 행정소송

행정청의 위법한 처분 그 밖에 공권력의 행사·불행사 등으로 인한 국민의 권리 또는 이익의 침해를 구제하고, 공법상의 권리관계 또는 법적용에 관한 다툼을 적정하게 해결하기 위해 행정소송제도를 두고 있다(행정소송법 제1조). 행정소송의 종류는 항고소송(취소소송, 무효 등 확인소송, 부작위위법확인소송 등), 당사자소송, 민중소송, 기관소송이 있다(행정소송법 제3조, 제4조).

행정청의 위법한 처분 등을 취소 또는 변경하는 취소소송은 법령의 규정에 의하여 당해 처분에 대한 행정심판을 제기할 수 있는 경우에도 이를 거치지 아니하고 제기할 수 있다. 다만, 다른 법률에 당해 처분에 대한 행정심판의 재결을 거치지 아니하면 취소소송을 제기할 수 없다는 규정이 있는 때에는 그러하지 아니하다(행정소송법 제18조 제1항). 취소소송은 처분 등이 있음을 안 날부터 90일 이내에 제기하여야 한다. 다만, 제18조 제1항 단서에 규정한 경우에 행정심판청구가 있은 때의 기간은 재결서의 정본을 송달받은 날부터 기산한다(행정소송법 제20조 제1항).

> **판례** [(임의적·필요적) 행정심판전치주의]
> 행정소송을 제기함에 있어서 행정심판을 먼저 거치도록 한 것은 행정관청으로 하여금 그 행정처분을 다시 검토케 하여 시정할 수 있는 기회를 줌으로써 행정권의 자주성을 존중하고 아울러 소송사건의 폭주를 피함으로써 법원의 부담을 줄이고자 하는데 그

취지가 있다(대법원 1988. 2. 23. 선고 87누704 판결).

VI. 공공기관의 정보공개와 개인정보보호

1. 공공기관의 정보공개에 관한 법률

(1) 정보공개의 원칙

공기관이 보유·관리하는 정보는 국민의 알권리 보장 등을 위하여 이 법에서 정하는 바에 따라 적극적으로 공개하여야 한다(공공기관의 정보공개에 관한 법률 제3조).

(2) 청구권자

모든 국민은 정보의 공개를 청구할 권리를 가진다(공공기관의 정보공개에 관한 법률 제5조 제1항). 외국인의 정보공개 청구에 관하여는 대통령령(국내에 일정한 주소를 두고 거주하거나 학술·연구를 위하여 일시적으로 체류하는 사람, 국내에 사무소를 두고 있는 법인 또는 단체)으로 정한다(공공기관의 정보공개에 관한 법률 제5조 제2항).

(3) 청구방법

정보의 공개를 청구하는 자(이하 "청구인"이라 한다)는 해당 정보를 보유하거나 관리하고 있는 공공기관에 다음 각 호의 사항을 적은 정보공개 청구서를 제출하거나 말로써 정보의 공개를 청구할 수 있다(공공기관의 정보공개에 관한 법률 제10조 제1항). 1. 청구인의 성명·생년월일·주소 및 연락처(전화번호·전자우편주소 등을 말한다). 다만, 청구인이 법인 또는 단체인 경우에는 그 명칭, 대표자의 성명, 사업자등록번호 또는 이에 준하는 번호, 주된 사무소의 소재지 및 연락처를 말한다. 2. 청구인의 주민등록번호(본인임을 확인하고 공개 여부를 결정할 필요가 있는 정보를 청구하는 경우로 한정한다), 3. 공개를 청구하는 정보의 내용 및 공개방법

(4) 정보공개 여부의 결정

공공기관은 제10조에 따라 정보공개의 청구를 받으면 그 청구를 받은 날부터

10일 이내에 공개 여부를 결정하여야 한다(공공기관의 정보공개에 관한 법률 제11조 제1항). 공공기관은 부득이한 사유로 제1항에 따른 기간 이내에 공개 여부를 결정할 수 없을 때에는 그 기간이 끝나는 날의 다음 날부터 기산하여 10일의 범위에서 공개 여부 결정기간을 연장할 수 있다. 이 경우 공공기관은 연장된 사실과 연장 사유를 청구인에게 지체 없이 문서로 통지하여야 한다(공공기관의 정보공개에 관한 법률 제11조 제2항).

공공기관은 공개 청구된 공개 대상 정보의 전부 또는 일부가 제3자와 관련이 있다고 인정할 때에는 그 사실을 제3자에게 지체 없이 통지하여야 하며, 필요한 경우에는 그의 의견을 들을 수 있다(공공기관의 정보공개에 관한 법률 제11조 제3항). 공공기관은 다른 공공기관이 보유·관리하는 정보의 공개 청구를 받았을 때에는 지체 없이 이를 소관 기관으로 이송하여야 하며, 이송한 후에는 지체 없이 소관 기관 및 이송 사유 등을 분명히 밝혀 청구인에게 문서로 통지하여야 한다(공공기관의 정보공개에 관한 법률 제11조 제4항). 공공기관은 정보공개 청구가 다음 각 호의 어느 하나에 해당하는 경우로서 「민원 처리에 관한 법률」에 따른 민원으로 처리할 수 있는 경우에는 민원으로 처리할 수 있다(공공기관의 정보공개에 관한 법률 제11조 제5항). 1. 공개 청구된 정보가 공공기관이 보유·관리하지 아니하는 정보인 경우, 2. 공개 청구의 내용이 진정·질의 등으로 이 법에 따른 정보공개 청구로 보기 어려운 경우

(5) 비용부담

정보의 공개 및 우송 등에 드는 비용은 실비의 범위에서 청구인이 부담한다(공공기관의 정보공개에 관한 법률 제17조 제1항).

(6) 이의신청

청구인이 정보공개와 관련한 공공기관의 비공개 결정 또는 부분 공개 결정에 대하여 불복이 있거나 정보공개 청구 후 20일이 경과하도록 정보공개 결정이 없는 때에는 공공기관으로부터 정보공개 여부의 결정 통지를 받은 날 또는 정보공개 청구 후 20일이 경과한 날부터 30일 이내에 해당 공공기관에 문서로 이의신청을 할 수 있다(공공기관의 정보공개에 관한 법률 제18조 제1항).

2. 개인정보보호법

(1) 개인정보의 의의

개인정보란 살아 있는 개인에 관한 정보로서 다음 각 목의 어느 하나에 해당하는 정보를 말한다(개인정보보호법 제2조 제1호). 가. 성명, 주민등록번호 및 영상 등을 통하여 개인을 알아볼 수 있는 정보, 나. 해당 정보만으로는 특정 개인을 알아볼 수 없더라도 다른 정보와 쉽게 결합하여 알아볼 수 있는 정보. 이 경우 쉽게 결합할 수 있는지 여부는 다른 정보의 입수 가능성 등 개인을 알아보는 데 소요되는 시간, 비용, 기술 등을 합리적으로 고려하여야 한다. 다. 가목 또는 나목을 제1호의2에 따라 가명처리함으로써 원래의 상태로 복원하기 위한 추가 정보의 사용·결합 없이는 특정 개인을 알아볼 수 없는 정보

(2) 개인정보의 수집·이용

개인정보처리자[174]는 다음 각 호의 어느 하나에 해당하는 경우에는 개인정보를 수집할 수 있으며 그 수집 목적의 범위에서 이용할 수 있다(개인정보보호법 제15조 제1항). 1. 정보주체의 동의를 받은 경우, 2. 법률에 특별한 규정이 있거나 법령상 의무를 준수하기 위하여 불가피한 경우, 3. 공공기관이 법령 등에서 정하는 소관 업무의 수행을 위하여 불가피한 경우, 4. 정보주체와의 계약의 체결 및 이행을 위하여 불가피하게 필요한 경우, 5. 정보주체 또는 그 법정대리인이 의사표시를 할 수 없는 상태에 있거나 주소불명 등으로 사전 동의를 받을 수 없는 경우로서 명백히 정보주체 또는 제3자의 급박한 생명, 신체, 재산의 이익을 위하여 필요하다고 인정되는 경우, 6. 개인정보처리자의 정당한 이익을 달성하기 위하여 필요한 경우로서 명백하게 정보주체의 권리보다 우선하는 경우. 이 경우 개인정보처리자의 정당한 이익과 상당한 관련이 있고 합리적인 범위를 초과하지 아니하는 경우에 한한다.

(3) 개인정보의 제공

개인정보처리자는 다음 각 호의 어느 하나에 해당되는 경우에는 정보주체의

---

174) "개인정보처리자"란 업무를 목적으로 개인정보파일을 운용하기 위하여 스스로 또는 다른 사람을 통하여 개인정보를 처리하는 공공기관, 법인, 단체 및 개인 등을 말한다(개인정보보호법 제2조 제5호).

개인정보를 제3자에게 제공(공유를 포함한다)할 수 있다(개인정보보호법 제17조 제1항). 1. 정보주체의 동의를 받은 경우, 2. 개인정보를 수집한 목적 범위에서 개인정보를 제공하는 경우

(4) 개인정보의 목적 외 이용·제공 제한

개인정보처리자는 다음 각 호의 어느 하나에 해당하는 경우에는 정보주체 또는 제3자의 이익을 부당하게 침해할 우려가 있을 때를 제외하고는 개인정보를 목적 외의 용도로 이용하거나 이를 제3자에게 제공할 수 있다(개인정보보호법 제18조 제2항). 1. 개인정보를 목적 외의 용도로 이용하거나 이를 제3자에게 제공하지 아니하면 다른 법률에서 정하는 소관 업무를 수행할 수 없는 경우로서 보호위원회의 심의·의결을 거친 경우, 2. 조약, 그 밖의 국제협정의 이행을 위하여 외국정부 또는 국제기구에 제공하기 위하여 필요한 경우, 3. 범죄의 수사와 공소의 제기 및 유지를 위하여 필요한 경우, 4. 법원의 재판업무 수행을 위하여 필요한 경우, 5. 형 및 감호, 보호처분의 집행을 위하여 필요한 경우

(5) 개인정보의 파기

개인정보처리자는 보유기간의 경과, 개인정보의 처리 목적 달성 등 그 개인정보가 불필요하게 되었을 때에는 지체 없이 그 개인정보를 파기하여야 한다. 다만, 다른 법령에 따라 보존하여야 하는 경우에는 그러하지 아니하다(개인정보보호법 제21조 제1항).

(6) 금지행위

개인정보를 처리하거나 처리하였던 자는 다음 각 호의 어느 하나에 해당하는 행위를 하여서는 아니 된다(개인정보보호법 제59조). 1. 거짓이나 그 밖의 부정한 수단이나 방법으로 개인정보를 취득하거나 처리에 관한 동의를 받는 행위, 2. 업무상 알게 된 개인정보를 누설하거나 권한 없이 다른 사람이 이용하도록 제공하는 행위, 3. 정당한 권한 없이 또는 허용된 권한을 초과하여 다른 사람의 개인정보를 훼손, 멸실, 변경, 위조 또는 유출하는 행위

제 4 장

해양경찰의 행정관리

해양경찰 관리

I. 의   의

　해양경찰 관리는 해양경찰의 목적을 달성하기 위해 해양경찰을 구성하고 있
는 제 요소들인 인력, 장비, 시설, 예산 등을 확보하고 조직화하며, 이를 유기적으
로 연결하여 해양경찰공무원에게 직무를 부여함으로써 해양경찰 전체의 활동을
효율적으로 운영하는 작용으로서 해양경찰의 기본이념 중 경영주의 이념과 가장
밀접한 관계에 있다.

　관료제에 따른 계층의 개념을 이용히여 해양경찰 관리를 기능별로 3등분 할
수 있다. 해양경찰조직의 관리 기능이 계층적으로 분화함에 따라 해양경찰공무원
의 수준을 권한·책임·의무 등의 정도에 따라 고위관리자·중간관리자·하위관리
자로 구분한다.

II. 구   조

1. 고위관리자

(1) 개   념

해양경찰조직의 계층적 구조에 있어서 해양경찰행정의 기본적인 정책과 방침을 결정한다. 또한, 해양경찰조직 전체의 활동을 지휘·조정·통제하고 정치적·행정적·대표적 기능을 수행하는 계층을 의미한다. 해양경찰조직의 고위관리자는 중앙의 해양수산부장관, 해양경찰청장, 차장이 있으며, 지방에서는 지방해양경찰청장과 부장, 해양경찰서장 등 총경급 이상이 있다.

(2) 기   능

고위관리자의 기능을 살펴보면, 포스드코브(POSDCoRB)라고 하여 기획(Planning), 조직(Organizing), 인사(Staffing), 지휘(Directing), 조정(Coordinating), 보고(Reporting), 예산(Budgeting) 등을 담당한다. 이를 구체적으로 살펴보면 첫째, 조직의 목표·정책의 결정 및 비전을 제시한다. 고위관리자는 조직의 비전과 구체적인 목표를 제시하고 따르도록 한다. 둘째, 인적·물적 자원 등을 동원한다. 고위관리자는 자원의 확보를 위하여 정치적 지원과 국민들의 협조를 얻도록 노력한다. 셋째, 이익의 통합과 조정을 한다. 고위관리자는 조직 간, 국민 계층 간의 이익조정을 해야 한다. 넷째, 직원들을 지도·육성한다. 고위관리자는 직원들이 스스로 성장하고 발전하도록 노력한다. 다섯째, 직원들의 사기관리 및 생활지도를 한다. 고위관리자는 근무시간 외에 부하관리나 배려에도 노력해야 한다. 마지막으로 환경에 대한 적응성을 확보해야 한다.

2. 중간관리자

(1) 개   념

해양경찰 계층 구조상 고위관리자 아래에서 정책결정에 참여하고 업무의 보조적 역할을 수행하며 정책을 집행하는 계층이다. 중간관리자는 기획, 평가, 예산, 리더십 같은 관리 도구를 사용하여 임무를 수행하며 행위지향적이라기 보다는 미래설계지향적이다. 중간관리층은 경정·경감급의 과장, 계장 및 파출소장 등이 있다.[1]

(2) 기 능

중간관리자의 기능은 첫째, 상사의 보좌이다. 중간관리자는 고위관리자가 결정한 정책에 따라 각 부분의 실천계획을 수립하고 시행해 나간다. 둘째, 의사전달이다. 중간관리자는 상하 및 좌우에 걸쳐 의사전달이 원활하게 이루어지도록 한다. 셋째, 지도·감독이다. 업무를 추진하는 과정부터 평가단계에 이르기까지 중간관리자의 감독업무가 중요하다.

III. 관리자의 요건

1. 넓은 시야

해양경찰관리자는 우선 조직을 전체적인 시야와 감각에서 파악하는 능력이 필요하다. 해양경찰조직을 둘러싸고 있는 환경의 변화를 직시하여 조직이 활력 있게 기능하도록 개혁의 큰 흐름과 틀 속에서 해양경찰을 이끌어 나가야 하며, 이러한 환경변화에 적응하도록 조직구성원의 윤리와 성숙한 조직문화의 형성에 노력해야 한다.

2. 기획 능력

급속히 변화하는 사회환경 속에서 조직의 목표를 달성하기 위해서는 이와 같은 변화에 잘 적응할 수 있는 대응책 마련이 필요하다. 기획 능력은 조직에서 뿐만 아니라 관리자 개인적 능력면에서도 강하게 요구된다. 특히 일선 집행부서에서도 개인별 기획 능력은 그 중요성이 커지고 있다. 기획 능력은 관련된 정보를

---

1) 강욱 외, 「경찰경무론」, 경찰대학, 2014, 191면.

창조적으로 활용하는 기반이 되기 때문이다.[2]

3. 대외 교섭력

해양경찰관리자가 상위직에 오를수록 조직 내·외의 접촉면이 확대되고 관리기능의 내용도 중요해진다. 해양경찰관리자는 다른 기관, 다른 부처의 사람은 물론이고 관할구역 내의 시민들과 협조하고 협력을 받아내는 능력이 필요하다.

4. 집 행 력

해양경찰은 집행조직이다. 아무리 지식이 풍부하고 두뇌가 명석한 관리자라 할지라도 방침이나 결정을 강력하게 추진하는 능력이 없다면 해양경찰업무를 효율적으로 수행해 나갈 수 없다. 조직은 목표를 달성하기 위해서 결정된 사항에 대하여 어떠한 난관을 무릅쓰고라도 적극적으로 실행하는 리더와 조직적 활동이 필요하다.

5. 업무지식

해양경찰관리자는 소관업무에 대해 정통하여야 한다. 관리자는 자신의 약점을 보완하기 위해 자기계발 노력을 지속해 나가야 한다. 개인의 노력과 체계적인 교육훈련을 통하여 유능한 리더가 양성되는 것이다.

6. 판 단 력

해양경찰활동에는 예상치 못한 돌발사건·사고가 발생하는 경우가 많으며, 그때마다 신속하고 정확히 판단하여 결단을 내려야 한다. 또한 단시간 내에 많은 정보가 해양경찰 관라자에게 집중되는 경우도 있다. 따라서 정확한 실태를 파악한 후 적절한 조치를 취하기 위해 정확한 판단을 내려야 한다.[3]

---

2) 강욱 외, 앞의 책, 35면.
3) 강욱 외, 앞의 책, 36-37면.

7. 리 더 십

해양경찰관리자는 단지 지시하고 명령하는 것만으로는 직원들이 자발적으로 창의와 열성을 가지고 업무를 수행하게 할 수 없다. 관리자가 솔선수범하면서 통솔함으로써 직원들을 움직이게 하는 능력이 필요하다.

해양경찰 기획

I. 의   의

1. 개   념

기획(planning)은 해양경찰행정이 달성하고자 하는 목표를 선정하고 이 목표를 수행하기 위해 최적의 수단을 선택하고 준비해 나가는 과정이다. 기획은 행정목적을 위하여 최상의 이용 가능한 방법 및 절차를 의식적으로 개발하는 과정이다.[4] 따라서 기획은 해양경찰행정이 추구하는 미래의 궁극적인 목적을 성취하기 위하여 다양한 정책과 그 실현을 위한 활동의 수단·방법을 사전에 체계적으로 연구·검토하여 결정하는 과정을 말한다.

기획은 계획을 만들어가는 절차와 과정이며, 장기적·포괄적·절차적인 개념이다. 반면에 계획은 활동목표와 수단이 문서로 체계화된 것이며, 단기적·구체적·최종적 개념으로 기획과정을 거쳐서 나타나는 최종 산출물이다.

2. 특   징

기획은 특징은 첫째, 목표지향성이다. 기획은 설정된 목표를 달성하기 위한 수단을 제시하는 과정이다. 둘째, 미래지향성이다. 기획은 바람직한 미래의 상태를 형성하고자 하나 미래는 예측이 불가능하기 때문에 신축성 있는 기획이 요구된다. 셋째, 최적수단의 탐색과정이다. 기획은 목표달성에 가장 바람직한 수단을 찾아가는 일련의 의사결정과정이다. 넷째, 행동지향적이다. 기획은 실천과 행동을 통한 문제의 해결이나 현실의 개선이 목적이다. 다섯째, 체계적인 준비과정이다. 기획은 목표달성을 위해 목적과 수단의 연쇄를 통해 체계적이고 사전적인 준비를 하는 과정이다.

---

4) 경찰청, 「경찰실무전서」, 경찰청, 2000, 1577면.

II. 과 정

1. 목표의 설정

기획을 통해 달성하고자 하는 바람직한 상태인 목표를 설정하는 단계이다.

2. 각종 자료·정보의 수집과 분석

기획목표의 달성을 위해 필요한 계량적·질적 자료와 정보를 수립하고 분석하며 체계화하는 단계이다.

3. 기획전제의 설정

기획전제[5]란 미래상황에 대한 예측으로 기획의 주요 가정 또는 전망인 기획전제를 설정하는 단계이다.

4. 각종 대안의 탐색과 비교·평가

각종 대안을 개발하고 그 대안을 비용편익분석·비용효과성분석 등을 통하여 대안을 비교·평가하는 단계이다.

5. 최적대안의 선택

정책을 결정하는 작업으로 상황과 실행가능성을 고려하여 최적의 대안을 선택하는 단계이다.

6. 계획집행의 평가

일반적으로 좁은 의미의 기획과정은 최종안의 선택단계에서 종료되나, 넓은

---

5) 미래상황의 변동에 대한 가정이나 예측을 의미한다.

의미의 기획과정은 수립된 계획을 집행하고 이를 평가하여 환류하는 순환과정을 거친다.

Ⅲ. 원   칙

기획의 원칙이란 기획의 여러 과정에서 지켜야 할 바람직한 기준을 의미한다.

1. 목표성·목적성의 원칙

기획은 효과성을 확보하기 위해 명확하고 구체적인 목적·목표를 제시해야 한다.

2. 단순성·간결성의 원칙

기획은 그 내용과 표현이 간단명료해야하기 때문에 어렵고 전문적인 용어는 배제하는 것이 좋다.

3. 표준성의 원칙

기획의 대상이 되는 재화와 용역 및 작업방법 등이 표준화되어야 한다.

4. 융통성·신축성의 원칙

기획은 변동하는 행정상황에 대응할 수 있도록 필요한 경우 적절한 수정을 해야 한다.

5. 안정성·정확성의 원칙

기획은 신축성을 가져야 하지만 빈번한 수정은 곤란하다. 지나친 수정은 기획의 의의를 상실시킬 수 있다.

6. 경제성의 원칙

기획은 가능한 한 현재 사용 가능한 자원을 활용하여 경제성을 확보해야 한다.

7. 장래 예측성의 원칙

기획은 장래에 대한 정확한 예측에 따라 이루어져야 한다.

8. 계속성의 원칙

기획은 조직의 계층에 따라 연결되고 구체화 되어야 한다.

Ⅳ. 기획 수립의 제약요인

기획의 일반적인 제약요인으로는 기획목적 설정의 갈등과 계량화 곤란, 미래 예측의 곤란과 자료의 결여, 시간·비용·노력의 낭비라는 시각, 반복적 이용의 결여, 계획과 예산의 괴리, 개인의 창의력 저해, 기획의 경직화 경향과 수정의 불가피성, 기획에 대한 인식부족, 기획의 Gresham 법칙 등이 있다.

그레샴(Gresham)의 법칙

영국의 경제학자 토마스 그레샴(1519~1579)이 주장한 이론으로 '악화는 양화를 구축한다'는 말로 잘 알려져 있다. 이 이론은 한 사회 내에서 소재의 가치가 서로 다른 화폐가 동일한 명목 가치를 가진 화폐로 통용되면 소재 가치가 높은 화폐인 양화는 유동시장에서 사라지게 되고 소재 가치가 낮은 화폐인 악화만이 유통된다는 것을 의미한다.
즉, 기획을 수립하는 기획담당자는 애매하고 비정형적인 상황 또는 명확하고 체계적인 상황 중에서 비교적 어렵고 많은 노력이 필요한 비정형적인 기획을 회피하려는 경향이 발생하게 된다는 것이다. 이는 불확실하고 선례가 없는 상황에서 혁신적이고 발전적인 비정형적 결정이 이루어지는 것이 바람직함에도 불구하고 정형적 기획이 먼저 행해지는 현상을 의미한다.

I. 관료조직

해양경찰조직에는 목표달성기능을 직접적으로 수행하는 계선(line)조직과 이를 간접적으로 측면에서 보조·지원하는 참모(staff)조직이 있다. 양자가 상호보완의 관계를 지니는 것이 본래적 의도이나 현실적으로 갈등과 불화가 발생하기 때문에 이를 해결하는 방안이 모색되어야 한다. 대부분의 관료제적 조직은 계선, 참모 그리고 보조조직으로 구분된다.[6]

1. 계선조직

계선조직은 해양경찰기능의 중추적 역할을 담당하며 법을 집행하고 정책을 결정하여 국민들에게 봉사하는 임무를 수행한다. 조직의 최고책임자를 정점으로 수직적 관계에 있는 조직을 말한다. 계선조직은 계원, 계장, 과장, 국장, 해양경찰 청장에 의하여 운영되고 있으며 명령적·집행적 기능을 갖는다.[7]

계선조직의 장점

계선조직의 장점으로는 권한과 책임의 한계가 명확하여 업무수행이 능률적이며 단순한 업무로 비용이 적게 드는 조직에 적합하다. 단일기관으로 구성되어 정책결정이 신속히 이루어지고 조직 전체에 대한 직접 책임을 지고 조직목적을 수행하므로 국민과의 접촉이 밀접하고 국민에게 직접적인 봉사를 한다.[8]

---

2. 참모조직

참모조직은 계선조직이 해양경찰 목표의 달성을 위한 활동을 지원·보조하기

---

6) 이황우, 「경찰행정학」, 법문사, 2012, 121–122면.
7) 유종해, 「현대조직관리」, 박영사, 2015, 234면.
8) 최응렬, 「경찰조직관리론」, 박영사, 2015, 89면.

위한 조직이다. 전형적인 참모조직의 임무는 인사행정, 교육훈련, 법률자문, 공공관계, 지역사회관계, 감찰, 정보, 연구 및 기획, 예산통제, 범죄분석 등의 기능을 수행한다.[9) 해양경찰조직 내의 활동이기 때문에 국민과 직접 접촉하거나 서비스를 제공하지 않는다. 구체적인 집행권이 없기 때문에 명령이나 지휘권도 행사할 수 없다.

참모조직의 장점

참모조직의 장점으로는 기관장의 통솔범위를 확대시키고 참모들의 전문적인 지식과 경험을 활용함으로써 기관장이 보다 합리적인 지시와 명령을 내릴 수 있도록 한다. 또한 업무의 수평적인 조정과 협조를 가능하게 하며 조직의 신축성을 가질 수 있다.

II. 조직의 편성

1. 계층제의 원리

계층제(hierarchy)는 해양경찰조직의 목표 달성에 필요한 권한·책임에 따라 직무를 등급화 함으로써 형성된 피라미드형 구조를 의미한다. 따라서 상관과 부하 간에는 순차적인 계층적 관계가 존재한다. 계층제는 조직의 필수적인 구성요소이지만 너무 지나친 계층제의 확대는 오히려 역기능을 초래한다. 우리나라의 해양경찰도 필요 이상으로 계층의 수가 많아 성과와 능률이 저하되어 있다고 할 수 있으므로 가급적 계층의 수를 줄이는 것이 바람직하다. 계층제는 순기능과 동시에 역기능이 나타나며 이를 정리하면 <표 4-1>과 같다.

---

9) 이황우, 앞의 책, 123면.

표 4-1 ▮ 계층제의 순기능과 역기능

순기능	역기능
·지휘·명령의 통로 ·상·하 연결의 의사전달 경로 ·업무를 배분하는 통로 ·권한과 책임한계 설정 ·내부통제의 경로 ·조직 내 분쟁 조절 수단 ·조직의 통일성 유지 ·신속하고 능률적인 업무수행 ·조직의 안정성 유지 ·승진의 유인	·기관장의 독단화 우려 ·동태적 인간관계 형성 저해 ·구성원의 자아실현 저해 ·조직의 경직화 ·의사소통의 왜곡 ·할거주의 ·새로운 지식·기술 도입의 신속성 저해 ·비인간적인 지배의 수단화

2. 통솔범위의 원리

통솔범위의 원리(span of control)는 한 사람의 상관이 직접 지휘·감독할 수 있는 부하의 수에는 한계가 있다는 의미이다. 따라서 감독자는 적정한 범위의 부하를 관리해야 한다는 것이다. 통솔의 범위를 좁게 하면 계층이 많아지고 엄격한 관리로 구성원의 창의성을 위축시킬 우려가 있다. 그래서 통솔의 범위를 넓혀 계층수를 줄이는 조직의 평면화가 현대조직의 일반적인 추세이다.

통솔범위의 결정 요인

해양경찰조직의 구조조정과 관련하여 통솔범위를 확대하느냐 혹은 축소하느냐를 결정하는 다양한 요인을 살펴보면 다음과 같다. 첫째, 비례관계에 있는 것은 업무의 단순성, 부하의 교육과 기술, 감독자의 리더십, 조직운영의 자연적인 짜임새, 해양경찰공무원 간의 의사전달, 작업조건, 기관의 역사와 전통 등이 있다. 둘째, 반비례 관계에 있는 것은 업무의 복잡성, 기관의 재정능력, 조직의 크기, 공간상의 거리, 작업조건 등이 있다.[10]

---

10) 신현기 외, 앞의 책, 233면.

3. 명령통일의 원리

명령통일의 원리(unity of command)는 부하는 한 사람의 감독자 또는 상관으로부터 명령을 받고 그에게 보고하도록 해야 한다는 원칙이다. 이를 통해 명령의 중복을 피하며, 계층제를 확립시키고, 책임의 소재를 분명히 할 수 있다. 따라서 명령통일의 원리는 계층제를 보다 확고히 해주는 것으로 해석된다.

명령통일을 강조하다 보면, 조직구성원들은 참모조직들의 제안을 받아들일 수 없으며, 이는 또 하나의 전통적인 원리인 전문화의 원리에 위배된다. 그리고 모든 지시 또는 제안이 반드시 공식적 명령계통을 통해서만 수행된다면 공식적 커뮤니케이션의 통로가 과중한 부담을 지게 되며 시간을 낭비하게 될 것이다.[11]

4. 전문화의 원리

전문화 또는 분업의 원리(work or specialization principle)는 해양경찰조직의 전체 기능을 성질별로 나누어 가급적 한 사람에게 동일한 업무를 분담시키는 것을 의미한다. 이 원리는 전통적으로 기술적 과정에 치중하였으나, 현대조직에서는 차츰 사회적 과정으로의 인식이 커지고 있다.[12]

분업의 방법에는 수평적 분업과 수직적 분업으로 나눌 수 있는데 수평적 분업은 행정사무의 각 부처별, 각국별, 각과별 업무를 분담하는 것이며, 수직적 분업은 해양경찰청, 지방해양경찰청 그리고 해양경찰서의 업무분담과 같은 것이다.

전문화의 필요성 및 문제점

전문화는 사람의 성격, 능력, 기술 등에 따라 차이가 있고, 동시에 한 사람이 습득할 수 있는 지식과 기술의 횡적 범위에는 한계가 있으며, 시간과 비용 및 노력을 절감하여 행정의 능률성을 제고시켜야 한다.
하지만, 업무수행에 대한 흥미 상실, 비인간화와 인간을 부품화 할 수 있으며, 전문가적 편협성과 할거주의로 인해 조직 내의 각 단위의 조정을 서해하고, 기능중복 현상에 의한 비능률을 초래할 수 있다.

---

11) 신현기 외, 앞의 책, 232면.
12) 유종해, 앞의 책, 220면.

5. 조정과 통합의 원리

조정과 통합의 원리(coordination principle)는 조직 공동의 목표를 달성하기 위하여 하위체계간의 노력의 통일을 기하기 위한 과정이라고 할 수 있다. 조직의 모든 구성체가 조직목표의 효율적인 달성을 위해 질서정연한 행동을 모색하는 것이다. 앞서 살펴본, 분업화, 계층제, 명령통일, 통솔범위의 원리도 모두 조직의 목적을 합리적이고 효율적으로 달성하기 위한 것이다. 따라서 이와 같은 원리들이 조직의 목적을 달성하는 데 기여하기 위해서는 각각의 원리의 중요성과 특성을 살리면서 조직의 목표에 공헌하도록 원리 간의 갈등은 물론이고 부서간, 계층간, 구성원간의 갈등을 조정해야 한다.

갈등의 조정과 통합 방법

조직에 갈등이 발생하면 조정과 통합을 통해 해결해야 한다. 이와 같은 해결방법에는 단기적 해결방법과 장기적 해결방법이 있다. 단기적 해결방법에는 첫째, 갈등은 조직 내부의 문제를 알려주는 중요한 정보가 될 수 있으므로 갈등을 묵살하거나 갈등을 야기하는 사람을 비난해서는 안 된다. 갈등의 원인을 진단하고 갈등이 생기는 원인을 근본적으로 찾아내어 해결해 주는 리더십과 조정통합능력을 발휘해야 한다. 둘째, 한정된 인력이나 예산으로 갈등이 생기는 경우에는 가능하면 예산과 인력을 확보하고 업무추진의 우선순위를 관리자가 정해주어야 한다. 셋째, 문제해결이 어려울 때에는 갈등을 완화거나 양자 간의 타협을 이끌어 내거나, 관리자가 갈등을 초래할 수 있는 결정을 보류 또는 회피하는 방법도 있다.
장기적 해결방법에는 조직의 구조, 보상체계, 인사 등의 문제점을 제도개선을 통해 해결하는 것이 필요하고, 조직원의 행태를 협력적이고 합리적으로 변화시키는 노력도 필요하다.

III. 조직편성의 기준

부처편성(departmentalization)의 원리는 해양경찰조직의 편성함에 있어서 구체적으로 어떠한 방침에 따라 편성하고 분담시킬 것인가에 관한 것이다.

1. 목적·기능에 의한 방법

목적에 의한 방법은 일반적인 부처편성의 기준으로 해양경찰의 주요한 목적 또는 기능에 따라 해양경찰조직을 편성해야 한다는 것이다. 예를 들면 해양에 대한 순찰 및 경비활동을 위해 해양경비과를 두고, 선상 살인 및 강도, 무사증밀입국, 해적활동, 국제성 범죄 등에 대응하기 위해 수사정보과를 두는 것이다.

2. 절차·과정·수단에 의한 방법

절차에 의한 방법은 해양경찰업무를 수행하는 데 이용되는 시설·방법·절차와 기술을 기준으로 하여 동일한 시설을 사용하거나 동일한 직무에 종사하는 자를 동일조직으로 편성하는 것이다. 이와 같은 방법은 현대행정의 전문화·분업화 경향에 따라 더욱 확대되어 가고 있다. 주로 해양경찰조직의 하위단계에서 많이 이용되고 있다.

3. 고객·수혜자·대상·취급물에 의한 방법

해양경찰조직과 직위는 사회적 및 경제적 고려에 따라 배치될 수도 있다. 따라서 해양경찰활동에 의하여 혜택을 받는 고객 또는 취급물을 기준으로 동일조직에 편성하는 방법이다.[13] 이와 같은 편성은 고객과 조직 간의 접촉이 용이하고 고객에 대한 서비스를 강화할 수 있다. 그리고 분산된 업무를 집중해서 처리할 수 있으므로 업무에 대한 조정이 용이하다. 그러나 고객 및 그 취급물은 조직이 지나치게 세분화 될 소지가 있어 전면적으로 적용하기가 곤란하며 편성이 복잡하고 중복을 피하기 어려운 단점이 있다.

4. 지역·장소에 의한 방법

지역에 의한 방법은 지역이나 장소에 따라 편성하는 것으로 주로 부처내의 보조기관의 편성이 이에 해당한다. 예를 들면 지방해양경찰청은 시 또는 군의 특

---

13) 이황우, 앞의 책, 117면.

정한 지역에 따라 해양경찰서 및 파출소로 나뉘어 있다.

Ⅳ. 관료제 이론

1. 의   의

베버(M. Weber)는 관료제(bureaucracy)를 많은 분량의 업무를 법령에 따라 몰인정적으로 처리하기 위하여 조직된 대규모의 분업체제로 보았다. 이는 수직적인 계층적 분업과 수평적인 기능적 분업이 제도화된 합리적 관리의 이상적인 도구로 파악하는 것이다. 관료들은 권위, 직위, 계급 등에 근거를 둔 계층제의 명령에 따라 조직되어야 하고 엄격한 규칙의 지배체제를 가져야 한다. 관료제 형태는 정확성·안정성·규율성·신뢰성에 있어서 어떤 다른 형태보다 우위에 있다고 강조하였다.[14]

2. 특   징

(1) 법규의 지배

관료제의 성립은 합법적으로 제정된 법규에 근거를 두고 있으며 법규의 지배가 확립되어 있다.

(2) 권한의 명확성

관료제의 모든 지위에 관한 직무범위와 직무수행에 필요한 명령권은 규칙에 의하여 부여된다.

(3) 직위계층제

조직단위 상호간 또는 조직 내부의 직위 간에는 명확한 명령복종 관계가 확립되어 있다.

---

14) 임도빈, 「행정학: 시간의 관점에서」, 박영사, 2020, 430면.

⑷ 공사의 구별

직무수행은 몰주관적·비인격적 성격을 띠며 정의성·비합리성이 지배하는 가족관계·사적 관계는 배제된다.

⑸ 전문적 자격

관료제의 구성원은 전문적 자격과 지식이 요구된다.

⑹ 문서주의

관료제에 있어서 문서에 의하여 행하는 것을 원칙으로 한다.

⑺ 전 임 직

관료제에 있어서의 직무수행에는 구성원의 모든 능력과 지식이 요구된다.

⑻ 고용관계의 자유계약성

근대 관료제에 있어서 적어도 형식적으로 고용이 쌍방의 자유의사에 따른 계약으로서 이루어진다. 그러나 실질적으로는 고용계약의 자유는 극히 제한되어 있다.

V. 동기부여이론

1. 의   의

동기부여는 인간의 욕구를 충족시키도록 인간의 행동을 유발하고 그 행동을 유지시키며 나아가 그 행동을 목표지향적인 방향으로 유도해 나가는 과정이라고 할 수 있다. 이러한 동기부여이론은 내용이론(content theory)과 과정이론(process theory)으로 구분된다.[15]

---

15) 유종해, 앞의 책, 95–96면.

2. 내용이론과 과정이론

내용이론은 개인의 행위를 유발시키는 원인이 되는 인간의 욕구를 확인하는 데 초점을 둔다. 반면, 과정이론은 어떤 과정을 거쳐서 동기가 유발되는가에 초점을 둔다. 두 이론의 공통점은 동기부여의 내재성과 계산가능성을 전제로 하고 있다는 것이다.

표 4-2 | 내용이론과 과정이론의 학설

이론	학설
내용이론	·A. Maslow의 욕구계층이론 ·D. Mcgregor의 X·Y이론 ·G. Homans의 인간집단이론 ·C. Argyris의 미성숙·성숙이론 ·F. Herzberg의 2개 요인이론 ·R. Likert의 관리체제이론 ·E. Schein의 인간관과 관리전략 ·S. Lundsted의 Z이론 ·D. Lawless의 Z이론 등
과정이론	·V. Vroom의 동기부여의 기대이론 ·Porter-Lawler의 이론 ·Lawler의 기대이론 등

Ⅵ. 욕구계층이론

1. 의   의

매슬로우(A. H. Maslow)는 임상실험의 결과를 통해 욕구계층이론을 주장하였다. 그는 인간의 행동은 욕구에 의하여 동기가 유발되는 것이며, 이러한 인간의 욕구는 일련의 단계 내지 계층별로 배열할 수 있다고 하였다. 따라서 하위단계의 욕구가 어느 정도 충족되면 다음 단계의 욕구를 추구하게 되는 것이며, 이미 충족된 욕구는 인간의 행동을 유발하는 동기가 아니라고 하였다.[16]

2. 욕구의 단계

(1) 생리적 욕구

생리적 욕구(physiological needs)는 인간의 생명을 유지하기 위한 가장 기본적인 욕구로서 의·식·주에 대한 욕구로 지칭되어진다. 동기부여의 출발점으로 여겨지는 욕구이다.

(2) 안전욕구

안전욕구(safety needs)는 정신적·육체적으로 안전을 얻고 싶어 하는 욕구이다. 육체적 위험으로부터의 보호, 경제적 안정, 질서 있고 예측할 수 있는 환경의 선호 등에 대한 욕구이다.

(3) 사회적 욕구

사회적 욕구(social needs)는 소외감이나 고독을 극복하고 어떤 집단에 가입하고자 하는 욕구로서 애정의 욕구·친교의 욕구 등으로 표현된다. 동료집단에 소속되고 싶어 하며 동료들과 우의와 애정을 갖고자 하는 욕구이다.

(4) 존경의 욕구

존경의 욕구(esteem needs)는 다른 사람들로부터 좋은 평가와 존경을 받고자 하는 욕구이다.

(5) 자아실현의 욕구

자아실현의 욕구(self-actualization needs)는 인간이 할 수 있는 한 모든 것을 해보려는 욕구로서 개인이 자신의 잠재력을 최대한 발휘해 보려고 노력하고 계속적인 자기발전을 하고자 하고 창조적이고자 하는 욕구이다.

---

16) 최응렬, 앞의 책, 153면.

매슬로우 욕구계층이론의 한계

욕구계층이론이 인간의 욕구를 체계적으로 설명하고 있으나, 다음과 같은 비판점이 제기되고 있다. 첫째, 인간의 욕구가 하위의 욕구로부터 상위의 욕구로 이행하면서 순차적으로 발로되지만 항상 고정적인 것은 아니다. 둘째, 인간의 행동은 단일의 배타적인 욕구에 의해 이루어지는 것이 아니라 여러 욕구요인이 상호 복합적으로 작용하여 행동을 결정한다. 셋째, 인간의 욕구와 동기를 정태적으로 파악하였다는 한계가 있다. 욕구요인의 상대적 중요성은 사람에 따라 다를 뿐 아니라, 개인에게 있어서도 상황에 따라 다르기 때문이다.

I. 의 의

1. 개 념

해양경찰활동의 수행에 필요한 인적자원을 충원하고 유지하며 근무의욕을 고취하고 통제하는 일련의 활동이다. 즉, 해양경찰공무원의 모집, 채용, 특기분리, 사후관리 등을 효율적으로 추진해 나가는 과정을 의미한다. 위의 내용 이외에도 해양경찰공무원의 적절한 배치전환, 해양경찰공무원에 대한 교육훈련, 동기부여, 행동통제 등을 동태적으로 수행해 나가는 활동이다.

2. 목 적

효율적인 해양경찰 인력의 운용으로 인사운영을 합리적이고 객관적인 기준으로 공정하게 함으로서 해양경찰조직과 해양경찰공무원 개개인의 요구를 잘 조화시키는 것이다. 인사관리의 목적은 상당히 다양하고 광범위한데, 해양경찰 인사관리의 목적을 다음과 같이 정리하고 있다.[17]

첫째, 효율적인 해양경찰 인력의 운영이다. 해양경찰공무원들의 근무의욕과 사기를 높은 수준으로 유지하는 것이다. 이를 위해 해양경찰공무원의 자질과 개성, 경력 등을 충분히 고려해 합리적으로 인력수급계획을 추진해야 한다.

둘째, 합리적·객관적 기준을 통한 공정성의 확보이다. 실적제를 바탕으로 채용이나 교육훈련, 보직, 근무성정관리 및 승진 등이 공정하게 이루어져야 한다.

셋째, 조직과 구성원 개개인의 욕구에 대한 조화이다. 해양경찰공무원 개개인들의 만족을 좌우하는 요인들은 성취감이나 안정감을 비롯해 책임이나 승진 및 성장 등이 있다.

---

17) 전용린·박영대, 「경찰경무론」, 경찰대학, 2002, 141−143면; 임준태, 「경찰학개론」, 좋은세상, 2003, 255면; 신현기, 「경찰인사관리론」, 법문사, 2006, 11면.

넷째, 조직의 효과성에 대한 제고이다. 우수한 해양경찰공무원을 확보하여 그들의 능력을 확대시키고 나아가 근무의욕을 갖도록 해 주는 것도 중요한 해양경찰 인사관리의 요소이다.

다섯째, 급변하는 환경변화에 대한 적응성이다. 환경의 변화에 제대로 적응할 수 있는 토대를 마련해 주는 노력이 지속화될 때 해양경찰공무원들은 그 조직에서 자부심을 가지고 의욕적으로 근무할 수 있다.

3. 과   정

해양경찰 인력의 수급계획에 의해 해양경찰공무원을 모집, 채용, 내부관리를 해나가게 된다. 내부관리는 배치전환, 교육훈련, 동기부여, 행정통제 등을 통해 채용된 해양경찰공무원이 직업인으로서의 해양경찰업무를 의욕적으로 수행할 수 있게 하는 것을 말한다. 해양경찰 인사관리는 해양경찰공무원으로 채용하는 외부임용과 채용 후의 관리를 의미하는 내부임용으로 나눌 수 있다.

II. 실적주의와 직업공무원 제도

1. 엽관주의

(1) 개   념

엽관주의(spoils system)는 인사행정의 기준을 당파성과 정실에 두는 제도이다. 정실주의라고도 하며 인사권자와의 정치적인 관계 또는 개인적인 관계에 따라 공무원을 임용하는 인사행정을 의미한다. 근대 민주주의의 발전과정에서 관료는 의회와 정당의 시녀로 전락하여 이들의 지배를 받으며 이들에게 개인적 충성을 하였다. 과거 영국의 공직임면에 있어서 업적보다는 정치성·금력·문벌·학벌 등의 정실요인이, 미국에서는 당파성이 그 기준이 되었다.

(2) 단   점

엽관주의는 다음과 같은 단점을 통해 비판받게 되었다. 첫째, 무능하고 전문지식이 부족한 인물이 공직에 들어옴으로써 공공행정에 대해 비능률을 초래, 둘째, 정권이 교체될 때마다 공무원이 대폭 교체되어 행정의 안정성과 계속성이 불안, 셋째, 신분이 불안해지고 경력직을 중심으로 하는 직업공무원의 발전에 발목을 잡음, 넷째, 정당에 기여할 기회가 없었던 능력 있는 사람들에게 공직에 취임할 기회를 사전에 박탈, 다섯째, 공공업무에 대한 무책임성과 능력의 부족으로 인한 예산의 낭비 등이 있다. 이에 엽관주의에 대한 폐해를 줄이려고 하는 개혁운동이 영국에서는 1870년에, 미국에서는 1883년부터 나타나기 시작하였다.[18]

2. 실적주의

(1) 개   념

실적주의(merit system)는 인사행정의 기준을 개인의 자격·능력·실적 등에 두는 제도이다. 공무원의 공직임면 등의 인사관리에서 당파성·정실을 배제하고 자격과 능력에 따라 행하는 것이다. 실적주의는 직업공무원제도의 선행조건이라고 할 수 있다. 1883년 팬들턴법(Pendleton Civil Service Act)은 기회균등의 보장, 능력·자격·실적 중시·정치적 중립, 공무원의 신분보장을 규정한 바 있다.

팬들턴법(Pendleton Act)의 제정

팬들턴법의 제정을 계기로 실적주의 인사제도가 확립된 것이다. 본 법은 독립적 인사위원회의 설치와 공개경쟁 채용시험의 원칙 및 공무원의 정치활동금지 등을 규정하고 있다. 19세기 말 이후 영·미국의 공무원관리의 기본철학이 되었고 우리나라도 건국 이후부터 발전해 오고 있다.[19]

---

18) 임창호 외, 「최신 경찰학」, 법문사, 2021, 192면.
19) 오늘날에도 미국이나 한국에서 대통령이 임명할 수 있는 엽관주의에 따른 임명자리의 수는 약 3,000개가 넘을 것으로 예측된다.

(2) 실적주의의 한계

실적주의는 다음과 같은 한계를 가지고 있다. 첫째, 고위정책 입안자와 최고 책임자의 이념의 불일치, 둘째, 인사행정의 소극성·집권성·형식성·경직성·비인 간성·관료침체 등을 초래, 셋째, 정책의 수립 및 집행에 있어서 의욕적 충성심의 부족, 넷째, 강력한 신분보장으로 인해 공무원이 국민의 요구에 적극적으로 대응 하지 않고 무사안일, 복지부동과 같은 보신주의가 발생, 다섯째, 인간을 오직 합 리적인 도구로 다루고 감정적인 측면에 대한 관리를 소홀히 했던 과학적 인사관 리의 한계 등이 있다.

3. 직업공무원제도

국가는 공공의 안녕과 질서유지를 유지하기 위한 유능한 공무원을 필요로 한 다. 유능하고 젊은 인재를 해양경찰직에 유인·확보하고 나아가 이들이 업적과 능 력에 따라 국가에 일생을 봉사하는 것을 최고의 영애로 생각하는 공직관을 심어 주는 제도를 의미한다. 이와 같은 직업공무원제도의 선행조건으로 일반적으로 실 적주의가 전제되어야 하지만, 반드시 실적주의가 전제되어야 직업공무원제도가 가능한 것은 아니다. 더불어 실적주의가 확립되었더라도 해양경찰의 직업공무원 제도는 확립되지 않을 수 있다.

4. 분 류

(1) 계 급 제

일반적으로 해양경찰공무원은 계급, 경과, 특기를 기준으로 분류하고 있다. 계급제는 직위에 보임하고 있는 해양경찰공무원의 자격·신분을 중심으로 계급을 나누는 방법이다. 즉, 사람을 중심으로 사회에서 차지하는 지위와 신분의 기준에 따라 공직을 분류하는 것이다. 이와 같은 계급제는 관료제적 특성이 강한 독일, 프랑스, 일본 등에서 많이 사용되고 있다.

경찰의 계급제

전 세계에서 경찰이 군대식 계급을 처음 사용하게 된 것은 영국에서부터이다. 1829
년 로버트 필(Sir Robert Peel)경이 영국의회에서 수도경찰법(metropolitan police
act)으로 12개 조항의 기본원칙을 제시하였다. 그 속에 경찰계급을 군대식으로 편
성할 것이 채택하였으며, 이것이 나중에 미국에 영향을 미쳤다. 미국도 1833년 뉴
욕경찰청을 창설하면서 경찰에 군대식 계급을 받아들였으며 이는 세계경찰에 군대
식 계급 방식을 활용하는 영향을 주게 되어 오늘에 이르고 있다.[20]

(2) 직위분류제

직위분류제는 업무의 종류, 난이도 및 책임에 따라 직급이 같더라도 서로 다
른 보수를 받으며 권한과 책임의 영역이 명확하며, 객관적인 실적평가가 가능한
공직분류제이다. 임용·보수 및 기타 인사행정의 합리화를 위한 수단으로 인식되
고 있는 객관적인 직무 중심의 공직분류방법을 의미한다.

예를 들어, 5급 공무원이 보직된 과장의 자리도 직무분석을 통해 결정된 일
정한 요건을 갖추었다면 다른 계급의 공직자가 임용될 수 있는 방식이다. 한국에
서는 계급제가 순환보직을 조장하여 전문행정인을 양성하기 어렵고, 공무원 개개
인의 책임과 역할이 불분명하기 때문에 성과주의 인사제도 도입이 어려웠다. 이
런 문제점으로 1963~1973년에 직위분류제가 실시된 적이 있지만, 현재는 계급제
의 바탕 위에 부분적으로 이 제도를 시행하고 있다.

이와 같은 직위분류제는 일의 종류와 난이도, 책임도에 따라 직급이 같더라
도 서로 다른 보수를 받고, 권한과 책임의 영역이 명확하며, 객관적인 실적평가가
가능한 공직분류제이다.

---

20) 신현기 외, 앞의 책, 265~266면.

III. 채　　용

1. 개　　념

　　해양경찰공무원에 임용될 수 있는 자격을 갖춘 자에게 균등한 기회를 제공하여 공정한 선발과정을 통해 적재적소에 배치하는 것을 의미한다. 해양경찰공무원의 채용과정은 모집, 채용시험, 교육훈련, 시보임용 순으로 이루어지며, 공개채용과 특별채용으로 크게 구분한다.

2. 응시자격

(1) 결격사유

　　「경찰공무원법」 제8조 제2항에서는 해양경찰공무원의 부적격자를 다음과 같이 명시하고 있다.

　　1. 대한민국 국적을 가지지 아니한 사람
　　2. 「국적법」 제11조의2제1항에 따른 복수국적자
　　3. 피성년후견인 또는 피한정후견인
　　4. 파산선고를 받고 복권되지 아니한 사람
　　5. 자격정지 이상의 형(刑)을 선고받은 사람
　　6. 자격정지 이상의 형의 선고유예를 선고받고 그 유예기간 중에 있는 사람
　　7. 공무원으로 재직기간 중 직무와 관련하여 「형법」 제355조 및 제356조에 규정된 죄를 범한 자로서 300만원 이상의 벌금형을 선고받고 그 형이 확정된 후 2년이 지나지 아니한 사람
　　8. 「성폭력범죄의 처벌 등에 관한 특례법」 제2조에 규정된 죄를 범한 사람으로서 100만원 이상의 벌금형을 선고받고 그 형이 확정된 후 3년이 지나지 아니한 사람
　　9. 미성년자에 대한 다음 각 목의 어느 하나에 해당하는 죄를 저질러 형 또는 치료감호가 확정된 사람[21]

---

21) 집행유예를 선고받은 후 그 집행유예기간이 경과한 사람을 포함한다.

가. 「성폭력범죄의 처벌 등에 관한 특례법」 제2조에 따른 성폭력범죄

나. 「아동·청소년의 성보호에 관한 법률」 제2조제2호에 따른 아동·청소년대상 성범죄

10. 징계에 의하여 파면 또는 해임처분을 받은 사람

(2) 연   령

해양경찰공무원의 자격요건으로서 연령은 매우 중요하다. 오늘날 일반적인 경향은 연령조건을 관대하게 하고 있다. 현재 해양경찰 순경으로 입직하기 위해서는 18세 이상 40세 이하로 연령이 제한되어 있다.[22]

(3) 신체조건

해양경찰업무는 불굴의 신체적 민첩성과 인내력이 요구되기 때문에 의학적 또는 신체적으로 적합한 자가 선발되어야 한다. 과거의 선발과정에서는 신체적 적합성 검사로 신장과 체중을 중시하였으나, 최근에는 해양경찰업무에 필요한 신체조건을 요구하고 있다.[23]

(4) 학   력

사회의 복잡성과 그에 따른 해양경찰의 봉사기능 확대와 요구는 보다 지성적이고 성숙된 해양경찰 인력을 필요로 한다. 해양경찰의 업무를 효과적으로 달성하기 위해서는 앞으로 해양경찰직에 응시할 수 있는 최저학력을 점차 대졸자로 상향 조정할 필요가 있다.

3. 신규채용

채용은 특정인에게 해양경찰로서의 신분을 부여하여 근무관계를 설정하는 행

---

22) 응시 상한 연령의 연장은 군복무기간 1년 미만은 1년, 1년 이상 2년 미만은 2년, 2년 이상은 3년으로 연장된다.

23) 해양경찰의 신체조건은 첫째, 체격은 경찰공무원 채용신체검사 및 약물검사 결과 건강상태가 양호하고 사지가 완전하며 가슴·배·입·구강·내장의 질환이 없어야 한다. 둘째, 시력은 교정시력을 포함하여 양쪽 눈이 각각 0.8 이상이어야 한다. 셋째, 색신은 정상 또는 색약(약도)이어야 한다. 넷째, 청력은 완전하여야 한다. 다섯째, 혈압은 고혈압 또는 저혈압이 아니어야 한다.

위를 말한다. 이러한 채용은 임용권자와 당사자 모두의 동의를 요하는 쌍방적 행정행위라고 할 수 있다. 현행법상 해양경찰의 신규채용은 크게 공개채용과 특별채용으로 구분하고 있다.

(1) 공개채용

공개채용은 공개경쟁시험에 의한 채용을 의미한다. 현행법상 경정 및 순경의 신규채용은 공개경쟁시험으로 규정되어 있다. 그리고 경위의 신규채용은 대통령령으로 정하는 자격을 갖추고 공개경쟁시험으로 선발된 사람, 즉 해양경찰간부후보생으로서 교육훈련을 마치고 정하여진 시험에 합격한 사람 중에서 한다고 규정하고 있다(경찰공무원법 제10조 제1항·제2항).

(2) 특별채용

특별채용은 경쟁을 제한하는 별도의 선발절차를 거쳐 해양경찰공무원을 신규로 채용하는 방식을 의미한다. 실적주의를 근간으로 하는 현대 해양경찰 인사관리에서 해양경찰공무원의 신규채용은 공개경쟁시험에 의하는 것을 원칙으로 하고 있으나,[24] 해양경찰의 업무 특성상 특별채용의 비율이 더 높다.

4. 시보임용

해양경찰공무원 임용후보자는 정식공무원으로 임용되기 전에 그 적격성을 판정받기 위해 일정기간 동안 거치게 되는 시보기간 중의 공무원 신분을 말한다. 임용권자 또는 임용제청권자는 시보임용 해양경찰공무원 또는 시보임용예정자에게 일정 기간 교육훈련을 시킬 수 있다.

---

24) 최선우, 앞의 책, 351면.

Ⅳ. 교육훈련

1. 의   의

(1) 개   념

교육훈련은 해양경찰공무원에게 직무수행에 필요한 지식과 기술을 습득시키고 그들의 가치관과 토대를 발전적으로 형성·보충시키는 인사행정활동을 말한다. 교육훈련은 협의와 광의로 구분된다. 협의의 교육훈련은 특정업무수행에 직접 필요한 지식 및 기술의 습득활동을 의미하며, 광의의 교육훈련은 해양경찰공무원이 직책을 수행함에 있어 필요로 하는 전문적 지식이나 기술은 물론 가치관·태도까지 발전시키는 체계적·계속적인 과정이다.

(2) 필 요 성

급변하는 환경 속에서 해양경찰조직이 적응하기 위해서는 새로운 지식과 기술을 습득해야 한다. 따라서 해양경찰조직은 새로운 지식과 기술에 대한 교육뿐만 아니라 환경변화에 대응하는 해양경찰공무원의 의식·태도 및 행동에 변화를 이끌어낼 수 있는 교육훈련 프로그램을 개발해야 한다.[25]

2. 현   황

해양경찰공무원에 대한 교육훈련은 「경찰공무원법」 제17조의 "경찰청장은 모든 경찰공무원에게 균등한 교육훈련의 기회가 부여되도록 교육훈련에 관한 종합적인 기획 및 조정을 하여야 한다."라고 규정하고 있다.

---

25) 이황우, 앞의 책, 314면.

표 4-3 | 해양경찰교육원의 교육훈련 현황(105개 과정, 8,298명)

신임교육	기본교육	전문교육	외부교육
11개 과정 2,360명	5개 과정 700명	80개 과정 3,583명	9개 과정 1,655명
변호사 (5명) 간부후보생 (10명) 경위(항공 등) (56명) 신임경장 (9명) 신임순경 (935명) 신임의경 (1,300명)	치안정책 (10명) 경정기본 (40명) 경감기본 (100명) 경위기본 (250명) 경사기본 (300명)	지휘역량 (325명) 현장역량 (937명) 직무역량 (1,655명) 소양분야 (630명)	대국민 (1,550명) 유관기관 (100명) 국제협력 (5명)

자료: 해양경찰교육원, 홈페이지 참조.

또한, 「경찰공무원 교육훈련규정」 제6조에서 "경찰기관의 장은 소속 경찰공무원에게 그 직무와 관련된 학식·기술 및 응용능력을 배양할 수 있도록 교육훈련계획과 교육순위에 따라 교육훈련을 시켜야 한다."라고 규정하여, 해양경찰교육훈련에 대한 중요성과 체계적인 운영을 해양경찰기관의 장에 대한 법적의무로 명시하고 있다. 또한 위 규정 제7조에는 해양경찰공무원 교육훈련을 학교교육, 위탁교육, 직장훈련 및 기타 교육훈련으로 구분하고, 제8조에서는 학교교육을 다시 신임·기본·전문교육으로 구분하고 있다.

(1) 학교교육(해양경찰교육원)

1) 신임과정

해양경찰교육기관인 해양경찰교육원에서 신규로 채용된 순경과 해양경찰간부후보생 등에게 실시하는 기초교육훈련으로서 신임교육과정이라고 한다. 신규채용자 교육훈련은 일반적으로 해양경찰의 조직·구조·기능·규칙 등을 포함하여 임용 후 직무수행에 요구되는 기초적 전문지식과 능력을 갖추도록 하는 것이 목적이다.[26]

신규로 채용된 신임 해양경찰공무원을 양성하고 졸업 후 현장배치시 기본업무 수행이 가능한 능력을 배양하고 있으며, 총 39주의 교육과정을 이수하고 있다.

해양경찰간부후보생 신임과정은 강인한 정신력과 현장 실무능력을 갖춘 정예 초급 해양경찰 간부 양성을 위하여 간부후보 교육을 실시하고 있으며, 총 52주의 교육과정을 이수하고 있다.

2) 기본과정

경정·경감·경위 및 경사(승진예정자 포함)는 해당 계급별 기본교육을 받아야 한다. 또한 교육훈련대상자로 선발된 총경(승진예정자 포함)이 기본교육으로 치안정책교육을 받아야 한다.

3) 전문과정

경정 이하 해양경찰공무원을 대상으로 현장에서 상황대응능력을 향상하기 위해 상황관리, 해양경비, 해상교통레저, 해양오염 등 각 분야별 현장 전문성을 강화하기 위한 교육을 실시하고 있다. 교육기간은 과정별로 1주~3주이다.

4) 외부과정

해양경찰공무원이 아닌 일반인을 대상으로 실시되는 교육프로그램으로 국민들에게 해양안전문화 확산과 해양영토의 소중함을 체험할 수 있는 해양특성화 프로그램(바다로 캠프, 해양영토순례, 해양안전관리자 과정 등) 및 해양종사자(유도선사업자, 수상레저 종사자 등)를 대상으로 안전교육 등을 실시하고 있다.

5) 온라인 과정

업무의 부담과 집합교육의 기회 제한으로 교육 참여기 어려운 해양경찰공무원을 대상으로 시간과 장소에 구애받지 않고 개인별 수준에 맞춰 학습할 수 있는 과정이다.

---

26) 이황우, 앞의 책, 316면.

(2) 위탁교육

재직 해양경찰공무원들을 국·내외의 교육기관 등에 위탁하여 특수한 교육훈련을 실시하며, 교육훈련기관의 성격에 따라 국외파견교육과 국내위탁교육으로 나누어진다. 위탁교육 이수자는 교육훈련결과보고서를 그 이수 후 출근하는 날로부터 30일 안에 해양경찰청장에게 제출하여야 한다.

(3) 직장훈련

해양경찰기관의 장이 소속 해양경찰공무원의 직무 수행능력을 향상시키기 위하여 일상업무를 통하여 행하는 훈련으로 해양경찰청소속경찰공무원직장훈련규칙에 의해 경정 이하의 해양경찰공무원을 대상으로 한다. 직장훈련의 종류로는 사격훈련, 체력단련, 직장교육 등이 있다.

V. 보   직

1. 개   념

해양경찰공무원 개개인이 다양한 경험의 축적을 통해 자신의 적성을 개발함으로써 구성원 개개인의 자아발전이 가능하고 직위에 상응한 임무를 효율적으로 달성할 수 있도록 적재적소에 배치하는 것이다.[27]

2. 목   적

해양경찰의 보직관리의 목적은 해양경찰공무원이 동일한 직위에서 장기근무로 인한 직무수행의 침체를 방지하고 창의적이며 활력 있는 직무성과를 증진시키는 것에 있다.

---

27) 이황우, 앞의 책, 318면.

3. 원   칙

(1) 일반적 원칙

해양경찰공무원을 보직함에 있어서는 경과, 특히 교육훈련·근무경력 등을 고려하여 능력을 발전시킬 수 있도록 하여야 한다. 특별한 사정이 없는 한 연고지를 고려하여 보직하고 있다.

(2) 초임 해양경찰공무원의 보직

경위 이상 자는 관리능력을 배양할 수 있도록 전공 및 적성을 고려하여 배치해야 한다. 순경의 경우에는 해양경찰기관 및 외근부서에 보직하여야 한다. 최하급 해양경찰기관이란 해양경찰청, 지방해양경찰청을 제외한 해양경찰기관을 의미하며, 외근부서란 해경파출소·출장소, 함정 그 밖에 경비 또는 해양안전에 관한 업무를 수행하는 부서를 의미한다.

(3) 교육훈련 이수자의 보직

국외훈련이나 국내위탁 등 특별훈련을 받은 자는 특별한 사정이 없는 한 그 교육훈련 내용과 관련되는 직위에 보직하여야 한다.

4. 전   보

(1) 개   념

전보란 동일한 직급에 속하는 어느 한 직위에서 다른 직위로 수평 이동하는 것으로서 동일 직위에서 장기근무로 인한 침체를 방지하고 직무수행 능률을 높이기 위한 동일 직급 내에서의 보직변경을 의미한다.

(2) 원   칙

1년을 기준으로 하는 보직기간은 당해 직위에 임용된 날부터 1년 이내에 다른 직위로 전보할 수 없다. 지나치게 잦은 전보로 인한 능률저하를 방지하고 안정적인 직무수행을 기할 수 있도록 특별한 사정이 없는 한 정기적으로 전보를 실시하고 있다.

전보의 제한은 첫째, 특정한 직무 분야에 근무할 것을 조건으로 신규채용 또는 승진임용 된 자는 5년이 경과되지 아니하고는 다른 직무 분야에 전보될 수 없다. 둘째, 3월 이내에 정년퇴직할 자는 회계관계직, 민원사무를 취급하는 부서의 직위에 보직할 수 없다. 다만, 이미 보직된 자는 퇴직예정일 3월 전에 보직을 변경하여야 한다. 이외에도 해양경찰교육기관에 교수요원으로 임용된 자는 그 임용일로부터 1년 이상 3년 이하의 범위 안에서 해양경찰청장이 정하는 기간 안에는 다른 직위에 전보 할 수 없다. 또한 도서·벽지 등 특수지역에 근무할 것을 조건으로 특별채용된 자는 그 채용일로부터 5년 이내에는 다른 부서로 전보할 수 없다.

VI. 승진제도

1. 개   념

승진(promotion)은 하위직급 또는 하위계급에서 상위직급 또는 상위계급으로 수직 이동하는 것을 의미한다. 승진을 할 경우에는 보수뿐만 아니라 직무의 책임과 곤란성도 높아진다. 승진은 조직구성원의 사기 제고와 행정업무의 능률화를 위해 중요한 요소가 되므로 유능한 인재를 확보·유지하는데 좋은 수단이 된다.

2. 유   형

(1) 시험승진

시험승진은 승진소요 최저근무연수의 기준에 도달한 해양경찰공무원을 대상으로 계급별로 실시하되, 해양경찰청장이 필요하다고 인정할 때에는 경과별 또는 특수 분야별로 구분하여 실시할 수 있다. 시험승진은 인사권자의 정실이 개입될 여지가 낮고, 승진의 공정성을 확보할 수 있다는 장점을 지니고 있다.[28]

---

28) 하지만, 시험승진에 지나치게 중점을 둘 경우에는 성실하게 근무하는 다른 해양경찰공무원의 근무성적이 무시되어 사기를 저하시킬 수 있다. 이에 따라 해양경찰청 소속 경찰공무원 임용에 관한 규정 제

표 4-4 | 해양경찰공무원 승진시험 과목표   (단위: %)

경과별 계급별	해양, 수사, 정보통신, 특임경과			항공경과	
	시험 과목		배점비율	시험 과목	배점비율
경정	제1차 시험	·행정법	30	·행정법	30
		·국제법	30	·국제법	30
	제2차 시험	·행정학	40	·행정학	40
경감	·행정학		35	·행정학	35
	·해양법(해사법규 포함)		35	·해양법(해사법규 포함)	35
	·해양경찰 실무(Ⅱ, Ⅲ, Ⅳ)		30	·항공법규	30
경위	·형법		35	·형법	35
	·형사소송법		35	·형사소송법	35
	·해양경찰실무(Ⅱ, Ⅲ, Ⅳ) 중 2과목		30	·항공법규	30
경사	·형법		35	·형법	35
	·해사법규		35	·해사법규	35
	·해양경찰실무(Ⅱ, Ⅲ, Ⅳ) 중 1과목		30	·항공법규	30
경장	·형사소송법		35	·형사소송법	35
	·해사법규		35	·해사법규	35
	·해양경찰실무(Ⅰ)		30	·항공법규	30

(2) 심사승진

심사승진은 승진에 필요한 요건을 갖춘 총경 이하의 해양경찰공무원에 대하여 근무성적 평정점 65%, 경력 평정점 35%의 비율에 따라 계급별로 승진대상자 명부를 작성한다. 해양경찰청에 중앙승진심사위원회를, 해양경찰청·지방해양경찰청 등 대통령령이 정하는 해양경찰기관 및 지방해양경찰관서에 보통승진심사위원회를 둔다.

(3) 특별승진

해양경찰공무원이 직무수행 중 전사하거나 순직한 자, 그리고 직무수행 중 현

6조의3을 개정(2017. 9. 26.)하여 기존 5대 5의 심사승진과 시험승진의 비율을 6대 4로 변경하였다.

저한 공적을 세운 자에게 심사나 시험승진에 의하지 않고 1계급의 특별승진제도가 있다. 경위 이하의 경찰공무원으로서 큰 공적을 세우고 전사하거나 순직한 자는 2계급까지 특별승진 하는 제도를 실시하고 있다.

(4) 근속승진

해양경찰청장은 해당 계급에서 다음의 기간 동안 재직한 사람을 경장, 경사, 경위, 경감으로 각각 근속승진임용 할 수 있다.[29]

Ⅶ. 사기관리

1. 개 념

해양경찰의 사기(morale)는 조직의 목표달성에 대한 태도라고 할 수 있다. 인간관계론 이후부터 본격적으로 논의된 것으로서 일하려는 동기, 직무수행 동기나 근무의욕 혹은 태도를 의미한다. 즉, 사기란 해양경찰조직의 구성원으로서 해양경찰공무원이 개인적·집단적으로 해양경찰조직의 목적을 달성하기 위하여 갖는 열의와 솔선, 결의와 용기 등으로 표현할 수 있다.

2. 중 요 성

해양경찰조직이 목표를 달성하기 위해서는 해양경찰공무원들의 적극적이고 자발적인 노력이 필수적이다. 그리고 이와 같은 노력과 업무에 대한 만족이 있을 때 보다 더 열심히 일하게 된다. 따라서 해양경찰공무원들의 만족감 또는 사기를 증진시키는 것은 매우 중요한 일이라고 할 수 있으며, 인사행정의 전반에 걸쳐 논의되어야 한다. 특히 해양경찰의 업무가 국민의 생활과 직접적인 관계가 있음을 고려할 때 해양경찰공무원의 사기의 중요성은 더욱 강조될 수밖에 없다. 왜냐하

---

29) 순경에서 경장으로는 4년 이상 근속자, 경장에서 경사로는 5년 이상 근속자, 경사에서 경위로는 6년 6개월 이상 근속자, 경위에서 경감으로는 8년 이상 근속자

면 해양경찰의 높은 사기는 해양경찰의 정신적 자산으로서 해양경찰조직의 역량을 높일 뿐만 아니라 이를 통해 해양치안과 사회의 공공질서 확립에 긍정적인 영향을 주기 때문이다. 반면, 낮은 사기는 오히려 해양경찰조직의 역량을 감소시키고 사회에도 부정적인 영향을 주게 된다.[30]

3. 생산성의 관계

사기는 생산성을 증진시키는 여러 가지 요인들 중에 하나이다. 일반적으로 높은 사기는 높은 생산성을, 낮은 사기는 낮은 생산성을 낳게 되지만, 특수하게 사기가 높아도 생산성이 낮은 경우도 있고, 사기가 낮아도 생산성이 높은 경우도 있다. 따라서 사기와 생산성은 직접적인 상관관계가 있는 것은 아니며, 생산성을 결정하는 하나의 중요한 요인일 뿐이다.

4. 성   격

(1) 자발적·자주적 성격

해양경찰공무원 스스로 행동에 책임과 적응성을 길러주고 나아가서는 창의성과 자기개발을 통한 자기혁신을 계속하게 함으로써 조직목표 달성에 기여하게 된다.

(2) 집단적·조직적 성격

해양경찰의 사기는 개인의 직무뿐만 아니라 그가 소속된 해양경찰조직의 목표달성에 기여하며 다른 해양경찰공무원의 근무의욕을 고취하는 데도 공헌한다.

(3) 사회적 성격

해양경찰의 사기는 단순히 개개 해양경찰공무원 또는 개개 해양경찰기관의 자기만족만을 의미하는 것이 아니며 보다 큰 사회적 가치 및 효용과 결부될 때에 참된 의미가 있는 것이다.

---

30) 이황우, 앞의 책, 355면.

5. 효   과

동기부여와 사기는 밀접한 관계를 가지고 있으며, 동기부여에 의해 사기는 올라간다. 또한 조직구성원의 사기가 올라가면 조직의 생산성이 향상된다. 해양경찰공무원의 사기를 고취·유지함으로써 해양경찰조직과 해양경찰공무원에게 미치는 효과는 매우 크다.

해양경찰공무원 사기관리의 효과

첫째, 해양경찰공무원들의 사기가 양호할 때에 능률적인 직무의 수행을 가능하게 하여, 해양경찰공무원들은 임무를 열성적으로 완수하게 된다. 둘째, 사기는 해양경찰기관의 이미지를 좋게 하여 보다 우수한 자질을 갖춘 인재가 경찰기관에 지원하도록 한다. 셋째, 해양경찰공무원들은 해양경찰조직과 그 관리자에게 충성을 다하게 되며 자기가 소속된 해양경찰기관을 자랑스럽게 생각한다. 넷째, 해양경찰공무원은 규칙이나 직무명령 및 규범들을 자발적으로 준수하게 된다. 다섯째, 해양경찰공무원의 협력을 바탕으로 해양경찰기관의 위기극복 능력을 증대시켜 준다. 여섯째, 해양경찰공무원의 조직활동과 담당직무에 대한 관심이 높아지고 창의성을 발휘하게 된다.[31]

---

6. 사기의 제고 방안

(1) 인격적 존중과 자율성

인간은 타율적이고 통제적일 때 자발적 근무 의욕과 창의성이 발휘될 수 없다. 따라서 자율성이 발휘될 수 있는 근무여건이 조성되어야 한다. 해양경찰공무원 개개인을 계급으로서가 아니라 인격적인 주체로서 가치를 존중해 주어야 원만한 인간관계가 유지되며 해양경찰공무원의 사기도 제고된다.[32]

---

31) 노호래 외, 「해양경찰학개론」, 문두사, 2016, 149-150면.
32) 남재성 외, 「경찰행정학」, 2013, 227면.

(2) 개인의 능력과 업적을 중시하는 승진제도의 정착

현재 해양경찰공무원의 승진 소요연수는 일반직 공무원보다 길다. 따라서 해양경찰조직의 구조적인 인사적체현상을 해소하고 사기를 제고할 수 있는 개인의 능력발전을 도모해야 할 것이다. 이를 통하여 조직의 유지, 발전을 위한 인적자원 및 능력을 효율적으로 이용할 수 있기 때문에 개인과 조직적, 심리적 및 제도적 여건조성과 함께 고려되어야 할 것이다.

(3) 전문지식의 교육과 정신교육 프로그램의 개발

업무에 대한 재교육과 국가와 사회에 봉사한다는 직무 의식의 고취를 통하여 사기를 제고시킬 수 있다. 전문지식과 정신교육 등을 통하여 해양경찰공무원들에게 직업에 대한 업무와 보람을 느끼게 한다면 사기는 진작될 것이다.

(4) 해양경찰의 위상 및 이미지 제고

해양경찰의 사기를 제고하기 위해서는 해양경찰의 위상 및 이미지를 호의적으로 만들 필요가 있다. 호의적인 해양경찰의 이미지와 위상은 일반 대중들을 해양경찰업무에 협조적으로 만든다. 이는 해양경찰공무원 스스로의 노력을 통해 이루어질 수 있으며, 그들에게 직업에 대한 자신감과 만족감을 줄 것이다.

제5절 해양경찰 예산관리

Ⅰ. 의 의

예산(budget)은 정부가 일정 기간[33] 동안에 징수할 수입인 세입과 지출할 경비의 내역 및 규모인 세출에 대한 계획이다.[34] 1회계연도 내에 있어서의 정부의 예정수입과 예정지출을 문건으로 만들어 발간한 것이 예산서이다. 따라서 해양경찰의 예산은 1년 동안 해양경찰활동을 수행하기 위한 수입·지출의 계획이라고 할 수 있다.[35]

해양경찰 예산은 국민을 위해 수행하는 여러 가지 행정서비스 중 국민의 생명과 재산을 보호하는 치안활동에 소요되는 경비라는 점에서 다른 행정예산보다도 중요하다. 해양경찰 예산관리는 국민이 부담한 조세의 효율적 활용과 낭비의 제거 및 해양경찰활동을 뒷받침하는 재원동원과 해양경찰활동에 대한 재정적 지원을 효과적으로 수행하는 활동이다.[36]

Ⅱ. 구조와 종류

1. 구 조

해양경찰 예산은 기본적으로 세입예산과 세출예산으로 이루어져 있으며, 이는 다시 일반회계와 특별회계 예산으로 구성되어 있다.[37] 우리나라의 해양경찰 예산은 인건비를 비롯한 대부분의 경비가 일반회계로 편성되어 있으며, 이러한

---

33) 여기서의 일정기간은 회계연도를 의미하며, 대부분의 국가에서는 1년을 회계연도로 하고 있다.
34) 이종수 외, 「새행정학」, 대영문화사, 2014, 299면.
35) 신현기 외, 앞의 책, 296면.
36) 강용길 외, 앞의 책, 326면.
37) 세입·세출예산은 독립기관 및 중앙관서의 소관별로 구분한 후 소관 내에서 일반회계와 특별회계로 구분한다. 세입예산은 그 내용을 성질별로 관(款)·항(項)으로 구분하고, 세출예산은 그 내용을 기능별·성질별 또는 기관별로 장(章)·관(款)·항(項)으로 구분한다.

일반회계는 인건비, 기본경비, 사업비로 구분된다.

해양경찰 예산의 구조

해양경찰 예산 중 인건비는 수당·복리후생비·성과상여금 등으로 구성되며, 기본경비는 각급 관서의 업무처리를 위해 기본적으로 소요되는 경상적 경비 등을 말하고, 사업비는 인건비와 기본경비를 제외한 예산사업 추진에 소용되는 경비이다. 한편 해양경찰의 특별회계로는 중국어선 담보금 등이 있다. 2021년도 해양경찰청의 총예산은 1조 5천 407억으로 편성되었다.

---

2. 예산의 종류

(1) 성립과정을 중심으로 구분

정부는 새 회계연도의 예산을 편성해서 국회에 제출 후 승인을 받아야 한다. 이때 정부가 제출하는 예산을 예산안이라고 한다. 본예산은 이러한 예산안에 대하여 정기국회에서 의결·확정한 예산을 의미한다. 수정예산은 국회에서 예산안을 제출한 후 부득이한 사유로 인하여 그 내용의 일부를 수정하고자 하는 때 국무회의의 심의를 거쳐 대통령의 승인을 얻은 수정예산안을 국회에 제출하는 것이다(국가재정법 제35조). 추가경정예산은 국회를 통과하여 이미 확정된 예산에 변경을 가할 필요가 있을 때 편성하여 국회의 승인을 얻어야 한다.

예산은 국회의 의결을 미리 얻어야 하지만, 다양한 이유로 예산안이 회계연도 개시까지 국회를 통과하지 못하는 경우가 있다. 준예산은 현재 우리나라에서 채택하고 있는 제도로 예산의 불성립시 예산집행을 위한 제도이다. 국회의 의결이 필요 없이 예산이 성립할 때까지 사용할 수 있으며, 지출할 수 있는 경우는 첫째, 헌법이나 법률에 의하여 설치된 기관 또는 시설의 유지·운영, 둘째, 법률상 지출의무의 이행, 셋째, 이미 예산으로 승인된 사업의 계속을 위한 경비로 한정된다(헌법 제54조 제3항).

(2) 형식적 내용을 중심으로 구분

형식적 내용을 중심으로 예산을 구분하면, 예비비, 계속비, 명시이월비, 국고채무 부담행위 등으로 구분해 볼 수 있다. 예비비는 정부가 예측할 수 없는 예산 외의 지출 또는 예산초과지출에 충당하기 위해 일반회계 예산총액의 100분의 1 이내의 금액을 예비비로 세입세출예산에 계상할 수 있다(국가재정법 제22조). 계속비 는 완성에 수년이 필요한 공사나 제조 및 연구개발사업은 경비의 총액과 연부액 (年賦額)을 정하여 미리 국회의 의결을 얻은 범위 안에서 수 년도에 걸쳐서 지출할 수 있다(국가재정법 제23조).

명시이월비는 세출예산 중 경비의 성질상 연도 내에 그 지출을 끝내지 못할 것이 예측될 때에는 그 취지를 세입세출예산에 명시하여 미리 국회의 승인을 얻 은 후 다음 연도에 이월하여 사용하는 것을 의미한다(국가재정법 제24조).

국고채무부담행위는 국가가 법률에 따른 것과 세출예산금액 또는 계속비의 총액의 범위 안의 것 외에 채무를 부담하는 행위를 하는 때에는 미리 예산으로써 국회의 의결을 얻어야 한다(국가재정법 제25조).

III. 예산의 절차

예산의 절차는 예산의 편성, 심의, 집행 그리고 결산 및 회계감사의 과정으로 이루어진다. 예산은 행정부에 의해 편성되고, 입법부에 의하여 심의되며, 다시 행 정부에 의하여 집행되고, 마지막으로 입법부나 독립된 회계검사기관에 의하여 결 산 및 회계감사가 이루어진다. 이렇게 예산과정의 단계들이 시간적 차원에서 반복 되는 일정한 주기를 예산주기라고 하며, 하나의 예산주기는 통상 3년이 소요된다.

1. 예산편성

예산의 편성은 정부가 추구하는 목표와 정책 그리고 사업을 구체화하고 계획 하는 과정으로, 해양경찰의 예산편성의 절차는 다음과 같다(국가재정법 제28조~제33조).

(1) 중기사업계획서 제출

해양경찰청장[38]은 매년 1월 31일까지 당해 회계연도부터 5회계연도 이상의 기간 동안의 신규사업 및 주요 계속사업에 대한 중기사업계획서를 기획재정부장관에게 제출한다.

(2) 예산안 편성지침의 통보

기획재정부장관은 국무회의의 심의를 거쳐 대통령의 승인을 얻어 다음 연도의 예산안 편성지침을 매년 3월 31일까지 해양경찰청장에게 통보한다.

(3) 예산안편성지침의 국회보고

기획재정부장관이 해양경찰청장에게 통보한 예산안편성지침을 국회 예산결산위원회에 보고한다.

(4) 예산요구서 제출

해양경찰청장은 예산안 편성지침에 따라 다음 연도의 세입·세출예산·계속비·명시이월비 및 국고채무부담행위 요구서를 작성하여 매년 5월 31일까지 기획재정부장관에게 제출한다.

(5) 예산사정과 정부예산안 편성

기획재정부장관은 해양경찰청장의 예산요구서를 비롯한 각 중앙관서의 예산요구서에 대한 예산사정과 조정 작업을 거쳐 정부예산안을 편성하여 대통령의 심의를 얻는다.

(6) 정부예산안의 국회제출

정부는 확정된 예신인을 회계연도 개시 120일 전까지 국회에 제출한다.

2. 예산심의

예산의 심의란 행정부가 제출한 예산안을 국민의 대표기관인 입법부가 검토·

---

38) 국가재정법이 규정하는 예산편성절차는 단지 해양경찰청장뿐만 아니라 모든 중앙관서의 장에게 공통적으로 해당되지만, 이 책은 해양경찰 예산에 집중하고 있으므로 이와 같이 범위를 한정하였다. 이 같은 취지에서 이하에서는 가급적 예산 관련 법률들에서 쓰이는 '중앙관서의 장'이라는 용어 대신에 '해양경찰청장'이라는 용어를 사용하였다.

분석·심사하는 정치적 의사결정과정이다. 예산심의는 사업수준의 확정, 예산 총액의 결정, 그리고 행정의 대한 통제 등의 기능을 수행하며, 그 절차는 다음과 같다.

(1) 시정연설

예산안이 국회에 제출되어 본회의에 상정되면 먼저 대통령이 국회에서 시정연설을 하게 된다(국회법 제84조). 시정연설은 국정 전반에 관한 대통령의 시각과 예산편성과 관련된 경제 및 재정에 관한 정책적 사항을 담고 있다.

국정감사는 매년 소관 상임위원회별로 매년 정기회 집회일 이전에 감사 시작일부터 30일 이내의 기간을 정하여 감사를 실시한다(국정감사 및 조사에 관한 법률 제2조 1항). 국정감사는 예산심의와 직접적으로 관련되는 것은 아니지만 이를 통해 예산에 반영할 정책자료를 획득하고 예산심의활동에 도움을 얻을 수 있다.

(2) 상임위원회 예비심사

예산심의는 원칙적으로 국회의 예산결산특별위원회에서 다룬다. 그러나 예결위는 본격적인 심의에 앞서 각 상임위원회[39]에 소관부처 예산안에 대한 예비심사를 의뢰한다.

(3) 예산결산특별위원회 종합심사

예비심사 후 상임위원회 예비심사보고서를 첨부한 예산안이 예결위에 회부되면 종합심사가 이루어진다. 예결위는 소관 상임위의 심사내용을 존중해야 하며, 소관 상임위원회에서 삭감한 세출예산 각 항의 금액을 증가하거나 새로운 비목을 설치할 경우에는 소관 상임위의 동의를 구해야 한다(국회법 제84조). 예결위의 종합심사는 정부측 제안 설명, 전문위원 검토, 정책 질의, 부별 심사, 계수조정위원회 회부, 전체회의 의결 등의 절차로 이루어진다.

(4) 본회의 의결

종합심사를 마친 예산안은 최종적으로 국회 본회의에 상정되어 질의 및 토론

---

39) 해양경찰청을 비롯한 해양수산부 등의 국회 상임위원회는 '농림축산식품해양수산위원회'에서 담당하고 있다.

을 거쳐 의결된다. 본회의에서 예산안이 의결되면 예산으로 확정되며, 예산의 공고는 의결된 예산안이 정부로 이송된 후 예산전문을 붙여 대통령이 서명하고 국무총리와 관계 국무위원이 부서(副署)하여 관보에 게재함으로써 이루어진다.

3. 예산집행

예산의 집행이란 국가의 수입·지출을 실행·관리하는 모든 행위를 말한다. 예산집행은 국회에서 의결한 세입·세출 예산을 그대로 실행하는 것이지만, 예산편성과 심의 때 미처 예견하지 못했던 사태에 대응하기 위한 제반행위도 포함된다.

해양경찰청 예산의 배정

예산의 집행은 예산배정으로부터 시작된다. 국회에서 예산이 확정되면 해양경찰청장은 사업운영계획 및 이에 의한 세입·세출예산, 계속비와 국고채무부담행위를 포함한 예산배정요구서를 기획재정부장관에서 제출한다. 기획재정부장관은 예산배정요구서와 월별지급계획에 의하여 분기별 예산배정계획을 작성하고 이를 국무회의의 심의를 거쳐 대통령의 승인을 얻어 해양경찰청정에게 예산배정을 한다. 이렇게 배정받은 금액의 범위 내에서 해양경찰청장은 다시 하부기관에 예산을 재배정하게 된다.

4. 결산과 회계검사

예산의 집행이 종료되면 결산과 회계검사를 받아야 한다. 결산은 한 회계연도 동안의 국가의 수입과 지출의 실적을 확정적 계수로서 표시하는 행위를 말한다. 또한 회계검사란 조직의 재정적 활동과 그 수입·지출의 결과에 관한 사실을 확인·검증하고 그 결과를 보고하기 위하여 회계장부 기타의 기록을 제3자가 체계적으로 검사하는 과정을 말한다. 결산과 회계검사는 예산과정의 마지막 단계로서, 행정부의 결산준비과정, 감사원의 결산확인(회계검사)과정, 그리고 입법부의 결산심의과정으로 구성된다.

해양경찰청장은 회계연도마다 결산보고서를 작성하여 기획재정부장관에게 제출하고, 기획재정부장관은 해양경찰청을 포함한 각 중앙관서의 결산보고서를 통합하여 국가결산보고서를 작성한 후 국무회의의 심의를 거쳐 대통령의 승인을 받아야 한다 (국가회계법 제13조 제1항).

이후 감사원이 국가결산보고서를 검사하고 그 보고서를 기획재정부장관에게 송부하면 정부는 이를 국회에 제출한다. 국회의 결산심사는 예산심의와 마찬가지로 상임위원회 예비심사, 예산결산특별위원회 심사, 그리고 본회의 의결로 이루어진다.

Ⅳ. 예산제도

예산제도란 예산의 종류, 예산의 분류, 예산관계 법령과 조직, 예산과정 등을 말한다. 일반적으로 예산은 통제, 관리, 기획의 세 가지 기능이 있으며, 이러한 세 가지 기능에 대한 상대적 비중을 어떻게 두느냐에 따라 서로 다른 예산제도의 특징이 부여된다.[40] 대표적인 예산제도 가운데 품목별 예산제도는 통제, 성과주의 예산제도는 관리, 계획 예산제도는 기획의 기능을 상대적으로 강조하는 제도들이다. 우리나라는 품목별 예산제도를 근간으로 하지만, 계획예산제도, 영기준예산제도 등의 도입 시도가 있었고, 최근에는 성과관리 예산제도의 확산에 노력하고 있다.

1. 품목별 예산제도

품목별 예산제도(lome-item budgeting)는 예산을 기관별로 분류한 다음, 각 기관의 지출대상 품목별로 소요경비를 표시하는 방식이다. 예컨대, 특정 기관의 총예산을 인건비, 장비구입비, 유지보수비, 여비 등의 범주로 분류 작성하는 것이다. 품목별 예산은 자금이 어디에 쓰이는지를 알 수 있게 하고, 대상별로 지출의 한도를 정해줌으로써 불필요한 지출이나 낭비를 정비하는 데 유리한 제도이다. 그러

---

40) 전형적으로 통제지향의 예산제도는 지출의 대상에 대하여, 관리지향의 예산제도는 지출을 낳는 활동에 대하여, 그리고 기획지향의 예산은 지출의 목적에 대한 정보를 중요시 한다.

나 품목별 예산은 예산을 사용하여 실제로 무엇을 사는지에 대한 의미 있는 정보를 제공해 주지 못할 뿐만 아니라, 지출항목이 지나치게 세부적으로 구성될 경우 상황변화에 대응할 수 있는 탄력성이 결여된다.[41]

2. 성과주의 예산제도

성과주의 예산제도(performance budgeting)는 품목별 예산제도가 결여하고 있는 사업, 활동, 프로그램 등 예산을 들여 '무슨 일을 하는지'에 대한 정보에 초점을 맞춘다. 성과주의 예산제도는 사업(치안서비스)을 구체적인 하위사업으로 나누어 소요경비를 산출한다. 이를 위해 각 사업에 대한 성과를 측정할 수 있는 단위, 단위당 원가, 그리고 달성하고자 하는 성과목표를 정한 다음 성과목표와 단가를 곱하여 사업 당 비용을 계산한다.

성과주의 예산은 정부가 수행하는 활동과 업무량에 대한 정보를 제공함으로써 품목별 예산의 한계를 보완해 줄 수 있다. 예컨대 해양경찰공무원 1인당 몇 명의 범죄자를 검거하는지, 그 결과 얼마나 많은 기소가 이루어지는지, 그리고 해양경찰이 처리하는 서비스 요청이 몇 건이나 되는지 등에 대한 정보를 포함할 수 있다. 그리하여 성과주의 예산은 예산사용 기관의 생산성 향상 노력을 유도할 수도 있다.

성과주의 예산의 단점

성과주의 예산은 품목별 예산에 비해 편성과정에서 훨씬 많은 노력이 소요되고, 자칫 지나치게 단순화된 활동척도가 사용되거나 일부의 활동만이 측정될 경우 예산사용기관의 활동을 왜곡시킬 우려도 있으며,[42] 더 나아가 그러한 활동의 궁극적인 목적이 달성되고 있는지에 대한 정보는 거의 다루지 못한다는 한계가 있다.

---

41) 가령 해양경찰예산의 편성 시점에서 함정 운행을 위한 연료비를 책정해 놓았으나 막상 회계연도가 시작한 후에 연료가격이 급등한다면, 품목별 예산을 엄격하게 적용할 경우 함정의 운행을 줄여야 할 수도 있다. 물론 전술한 것처럼 예산집행에는 다양한 신축성 유지 수단들이 있지만 그러한 수단을 이용하는 데는 일정한 제약과 절차, 시간적 지체 등이 수반된다.

42) 예를 들어 경찰의 생산성을 측정하는 데 범인 검거실적을 주된 척도로 사용하는 경우, 경찰관은 복잡

3. 계획 예산제도

계획 예산제도(planning-programming-budgeting system)는 기획, 사업구조화, 그리고 예산을 연계시킨 시스템적 예산제도이다. PPBS의 기본 토대는 예산이 소요되는 단위사업들 간의 체계적인 구조화에 있다. 첫째, 조직의 목표를 중심으로 목표-수단이 사슬관계에 의해 단위사업들을 구조화하며, 둘째, 그러한 사업구조는 기획에 의해 장기적인 시계를 갖게 되며, 셋째, 사업구조화와 기획에 의해 다년간의 기대효과가 담긴 단위사업계획이 완성되면 각 단위사업별로 예산을 편성한다.

계획 예산제도의 단점

계획 예산제도는 합리주의를 적용한 대표적인 예산제도로서 자원배분의 효율성을 높일 수 있다. 그러나 의사결정이 지나치게 집권화·전문화되어 외부통제가 어렵게 되고, 대중적인 이해가 쉽지 않기 때문에 정치적 실현가능성이 낮고, 정부조직의 다양한 목표에 대한 단위사업의 영향을 체계적으로 분석하기 어렵고, 제도 도입에 필요한 업무량의 증가 등으로 직원의 협조를 구하는 것도 문제가 될 수 있다.

4. 영기준 예산제도

영기준 예산제도(ZBB: Zero-Based Budgeting)는 매년 정부기관이 전년도와 근접한 수준의 예산을 필요로 한다는 전제가 아니라 오히려 아무런 예산도 필요 없다는 전제이다. 즉, 영점기준에서 출발하여 영점 기준을 넘는 모든 예산요구액 하나하나에 대해 타당한 근거를 요구하는 관점에 기초한다. 그리하여 영기준 예산제도는 기존 사업과 새로운 사업을 구분하지 않고 모든 사업을 효율성·효과성·중요도 등의 측면에서 엄밀히 분석하고 그에 따라 우선순위가 높은 사업과 활동을 선택하여 예산을 편성하는 방식이다.

하거나 어려운 사건보다는 해결이 용이한 사건에 대해 관심과 노력을 집중할 가능성이 있다.

영기준 예산제도의 과정

영기준 예산제도는 첫째, 의사결정 단위(decision unit), 즉 활동이나 단위사업과 같은 예산운영의 의미 있는 최소 단위를 선정하고, 둘째, 의사결정 단위들을 상호 비교·평가할 수 있는 의사결정 패키지(decision package) 내에서 각각의 의사결정 단위들을 분석하고, 셋째, 모든 의사결정 패키지에 대한 평가와 순위결정(ranking)을 통해 예산요구액을 도출하는 과정으로 이루어진다.

제6절 / 해양경찰 장비관리

I. 의   의

1. 개   념

해양경찰 장비관리 또는 물품관리는 해양경찰직무의 효율적 수행을 위하여 필요한 장비를 취득하여 효율적으로 보관·사용하고, 사용 후에 합리적으로 처분하는 과정이다.

2021년 4월 「해양경찰장비 도입 및 관리에 관한 법률」이 제정됨에 따라 해양경찰장비의 도입 및 관리에 관한 실태조사, 도입과 수리에 관한 계약, 내용연수 초과 함정에 대한 안전도 평가, 폐지된 장비를 개발도상국에 무상으로 양여, 해양경찰장비의 인증, 해양경찰장비에 대한 연구개발, 전문인력 양성과 기술의 향상에 필요한 시책을 수립하기 위한 내용들이 마련되었다.

해양경찰은 함정, 항공기, 무기, 경찰장구, 최루제 및 그 발사장치, 감식기구, 해안 감시기구, 통신기기 등 해양경찰이 직무수행을 위하여 필요한 장치와 기구 등을 효율적으로 관리해야 한다.

2. 목   표

해양경찰 장비관리의 목표에는 능률성, 효과성, 경제성 등이 있다. 절약과 능률을 근간으로 과학적인 관리기법을 적용하여 해양경찰업무수행의 원활한 지원과 사용에 낭비적 요소를 제거함으로써 국가예산과 물자를 절약하도록 노력하고 있다.

3. 해양경찰장비 도입 및 관리 기본계획의 수립

해양경찰청장은 해양경찰의 직무를 효율적으로 수행하기 위하여 해양경찰장비 도입 및 관리에 관한 기본계획을 5년 마다 수립하여 시행하여야 한다. 기본계획에는 해양경찰장비 도입 및 관리의 중장기 정책목표 및 추진방향, 해양경찰장비 도입 및 관리에 관한 중장기 추진목표, 해양경찰장비의 도입 및 관리를 위한 재원 확보, 해양경찰장비의 도입 및 관리를 위한 제도의 수립 및 정비, 해양경찰장비의 기술혁신 및 실용화, 해양경찰장비 관련 기반시설의 확충, 해양경찰장비 관련 전문운용 및 정비 인력의 양성, 그 밖의 해양경찰장비 도입 및 관리를 위하여 필요한 사항들이 포함되어야 한다.

Ⅱ. 함정운영관리

1. 함정의 임무

해양경찰은 함정의 효율적이고 체계적인 운용과 관리를 통하여 직무를 수행하고 있다. 함정은 해양경찰에 관한 제 임무를 수행하기 위하여 운용하며, 필요한 경우에는 다른 기관의 업무 및 국가방위에 관한 업무를 지원하기 위하여 운용할 수 있다.

2. 용   어

1) 함   정

해양경찰 업무수행을 위하여 운용되는 선박(부선 및 부선거를 제외)을 의미한다.

2) 경비함정

해상경비를 주임무로 하는 함정을 의미한다.

3) 특수함정

해양경찰 특수목적 수행을 위해 운용되는 함정을 의미한다.

4) 배속함정

해양경찰서, 서해5도 특별경비단(이하 '서특단'이라 한다) 소속 함정을 일정한 기간 다른 해양경찰서, 서특단에 소속시키는 것을 의미한다.

5) 대기함정

전용부두 안전관리 및 각종 상황에 대한 조치 목적으로 매일 09:00부터 다음

날 09:00까지 특별히 임무가 부여된 함정을 의미한다.

6) 대기예비함정

대기함정이 긴급 출동 시 대기함정 임무를 수행하기 위해 매일 09:00부터 다음날 09:00까지 지정된 함정을 의미한다.

7) 대기유보함정

대기함정, 대기예비함정을 제외한 정박함정을 의미한다.

8) 전용부두(기지)

함정운항의 근거지로서 평상시 정박장소로 지정된 항·포구의 부두를 의미한다.

9) 출   동

함정이 출동 지시서를 받고 임무수행을 위하여 전용부두(기지)를 출항하는 경우를 의미한다(기상악화로 인하여 피항 중인 경우를 포함).

10) 정   박

출동임무를 마치고 모항(전진기지를 포함한다)에 입항하는 것을 의미한다.

11) 모   항

함정운항의 근거지로서 평상시 관할 해양경찰서 소속 함정의 정박장소로 지정된 전용부두가 있는 항·포구를 의미한다.

12) 대기근무

정박 중인 함정의 각종 기동장비 관리 등 함정의 전반적 안전관리와 긴급출동 등 긴급 상황에 대응하기 위해 함정에서 토요일, 공휴일, 휴무일 및 일과시간 후에 근무하는 것을 의미한다.

13) 해상종합훈련

함정직원의 정신자세와 근무기강 확립으로 함정의 안전운항, 긴급상황의 효과적 대처, 해상사격 등 직무수행 능력의 향상을 위하여 실시하는 종합적인 훈련으로 해양경찰교육원 종합훈련지원단에서 수립하는 연간 함정 교육훈련계획에 따라 실시하는 훈련을 의미한다.

14) 지방해양경찰청 주관 함정훈련

함정의 안전운항과 대형 해양사고 등 긴급 상황 대응, 해상 대간첩 작전 등 직무수행능력 향상을 위하여 지방해양경찰청 자체 계획에 따라 실시하는 종합적인 훈련을 의미한다.

15) 직무훈련

지방해양경찰청 훈련단 및 해양경찰서에서 정기수리를 완료한 함정에 대하여 수리기간 동안 침체된 임무수행 능력을 정상수준으로 향상시키기 위한 훈련을 의미한다.

16) 취역훈련

지방해양경찰청 훈련단 및 해양경찰서에서 신조함정에 대하여 장비 운용 및 함정 안전운항능력 확보와 해상치안 임무수행 능력향상을 위하여 실시하는 훈련을 의미한다.

17) 함정자체훈련

함정 승무원의 기본임무 수행에 필요한 지식 및 기술의 습득과 행동요령의 숙달을 위하여 함정별로 자체계획에 따라 실시하는 훈련으로 해양경찰교육원 종합훈련지원단에서 수립하는 연간 함정 교육훈련계획에 따른 함정별 자체계획에 따라 실시한다.

18) 특수직무

함정의 출·입항, 상황배치, 그 외의 특정한 상황에 따라 승무원에게 부여되는 직무를 의미한다.

19) 통합대기근무

중형함정, 소형함정 또는 특수함정이 전용부두에 2척 이상, 동일한 장소에 정박계류시 통합하여 대기근무를 편성·운용하는 것을 의미한다.

20) 복수승조원제

경비함정 출동률을 향상시키기 위해 2개 팀 이상의 승조원이 1척 이상의 함정에서 교대근무를 실시하는 인력 중심의 제도를 의미한다.

21) 대외지원

관련 법령에 따라 해상경비 등 해양경찰 고유임무 수행을 제외한 국가기관, 지방자치단체, 공공기관, 언론사, 민간단체 등의 요청에 따라 관련 사람을 편승하여 함정이 출항하거나 항공기가 이륙하는 것을 의미한다.

22) 운용부서

함정과 항공기 운항일정을 수립하는 부서로 해양경찰청은 경비과(형사기동정은 형사과, 방제정 및 화학방제함은 방제기획과), 지방해양경찰청은 경비과 및 경비안전과, 해양오염방제과, 해양경찰교육원은 교육훈련과, 해양경찰서는 경비구조과(형사기동정은 수사과, 방제정 및 화학방제함은 해양오염방제과, 순찰정, 순찰차 및 연안구조장비는 해양안전과)를 의미한다.

Ⅲ. 함정의 정비

1. 개   념

해양경찰청 함정정비규칙과 정비편람에서 함정정비를 경비함정과 특수함정, 부선43) 및 부선거44)와 연안구조장비의 선체와 이에 설치된 제 장비의 성능유지 및 수명연장을 위한 정비활동에 관한 절차를 규정하고 있다.

2. 용   어

(1) 함정 정비

함정의 선체와 장비의 성능 유지 및 수명연장을 위하여 손질, 검사, 수리, 재생, 개조, 개장, 교정하는 등의 일체 행위를 의미한다.

---

43) 부선(barge, 艀船, 바지 또는 함선)은 자체적으로 추진 능력이 없어, 예인선에 의하여 이동되며, 연안 및 하천 등지에서 여러 가지 용도로 사용된다.
44) 부선거(floating dock, 艀船渠)는 선박을 건조하거나 수리하기 위해 만든 물 위에 뜨는 선거를 의미한다.

(2) 함정 수리

함정의 선체 혹은 장비의 설계, 자재, 수량, 위치 또는 구성부품의 상호 관계를 변경하지 아니하고 본래의 선체 또는 장비를 사용할 수 있도록 유지하는데 필요한 작업을 의미한다.

(3) 함정 개조

함정의 성능이나 특성에 영향을 미치는 선체, 장비, 설비 및 의장에 있어서 설계상의 기재 수량, 위치 또는 함정구조를 변경하는 작업을 의미한다.

3. 종류 및 범위

함정 정비의 종류는 자체 정비, 예방 정비, 해양경찰서 정비, 계획 정비, 해양경찰정비창 정비가 있으며 그 범위는 다음과 같다.

(1) 자체 정비

함정을 정상적으로 운용하면서 운전시간에 따라 정기적으로 함정 승조원이 직접 부속품의 교환과 고장방지를 위한 예방적 정비 및 경미한 수리를 실시하는 정비이다.

(2) 예방 정비

계획 정비(PMS: Planned Maintenance System)에 따라 함정에서 실시하는 정비로서 함정에 설치된 장비의 성능 유지를 위하여 제반 장비에 대한 주기적인 정비계획을 수립·시행하는 정비이다.

(3) 해양경찰서 정비

함정 자체 정비의 범위를 초과한 고장발생으로 해양경찰서 장비관리과에서 함정정비반 또는 민간업체에 의뢰하여 수리를 실시하는 정비이다.

⑷ 계획 정비

함정 운용시간 및 수리주기에 맞춰 연간 수리계획에 따라 시행하는 수리로 정기 수리와 상가 수리가 있다.

1) 정기 수리

일정기간 운영 후 함정 전반에 걸친 검사, 정비사항을 해양경찰정비창, 해군 정비창(수리창) 또는 민간업체에 의뢰하여 실시하는 정비로서 엔진 총 분해 수리 및 부품교환 등을 통한 함정의 성능회복을 위한 수리를 의미한다.

2) 상가 수리

수면 아래의 선체 및 구조물의 검사 수리를 위하여 상가시설을 구비한 해양경 찰정비창, 해군정비창(수리창) 또는 민간업체에 의뢰 실시하는 정비로서 주기적으로 실시하는 정기 상가, 중간 상가 및 긴급소요에 의해 실시하는 긴급 상가가 있다.

⑸ 정비창 정비

계획 정비 이외의 긴급한 수리를 위해 해양경찰정비창 및 해군정비창(수리창) 에 의뢰하여 수리를 실시하는 정비이다.

Ⅳ. 무기·탄약류 관리

1. 무기류의 종류

⑴ 무   기

인명 또는 신체에 위해를 가할 수 있도록 제작된 장비를 의미한다.

⑵ 개인화기

해양경찰청 소속 경찰공무원(의무경찰을 포함한다) 개인이 휴대하며 운용할 수 있 는 무기를 의미한다.

(3) 공용화기

경비함정 등에서 공동 임무를 수행하기 위하여 사용하는 무기를 의미한다.

(4) 무 기 고

해양경찰기관에 배정된 개인화기와 공용화기를 보관하기 위하여 설치된 시설을 의미한다.

(5) 간이무기고

해양경찰기관의 각 기능별 운용부서에서 효율적 사용을 위하여 무기고로부터 무기·탄약의 일부를 대여 받아 별도 보관 관리하는 시설을 의미한다.

(6) 탄 약 고

경찰탄약 및 최루탄을 집중 보관하기 위하여 다른 용도의 사무실, 무기고 등과 분리 설치된 보관시설을 의미한다.

2. 구   분

(1) 무기의 구분

무기는 개인화기로 권총, 소총(자동소총 및 기관단총을 포함) 등이 있으며, 공용화기로 유탄발사기, 중기관총, 함포(부대장비를 포함) 등이 있으며, 도검 등도 무기에 포함된다.

(2) 탄약의 구분

탄약은 사용용도, 각 무기별 특성 및 성능에 따라 다음과 같이 구분한다. 첫째, 용도에 따라 기수탄, 전시 비축던, 교육훈련탄 등으로 구분한다. 눌째, 특성 및 성능에 따라 철갑탄, 방화탄, 예광탄, 보통탄, 공포탄 등으로 구분한다.

3. 안전관리

해양경찰기관의 장은 다음 각 호에 해당하는 보유·운용 중인 무기에 대한 안전기준 검사를 연간 1회 실시하고 이상 유무를 기록·유지관리하여야 한다.

(1) 안전기준 검사 실시

1) 소총, 권총, 기관총, 유탄발사기

소총, 권총, 기관총, 유탄발사기의 안전기준 검사에는 첫째, 총열의 균열유무, 둘째, 방아쇠를 당길 수 있는 힘이 1킬로그램 이상인지 여부, 셋째, 안전장치의 작동 여부 등이 있다.

2) 20미리 이상 함포

20미리 이상 함포의 안전기준 검사에는 포열의 균열 여부 등이 있다.

3) 탄약 및 폭약류

탄약 및 폭약류의 안전기준 검사에는 첫째, 신관부 및 탄체의 부식 또는 충전물 누출 여부, 둘째, 안전장치의 이상 유무 등이 있다.

(2) 안전수칙 준수

해양경찰공무원은 권총, 소총 등 총기를 휴대, 사용하는 경우 다음 각 호의 안전수칙을 준수하여야 한다.

1) 권   총

권총의 안전수칙에는 첫째, 총구는 공중(안전지역)을 향할 것, 둘째, 실탄 장전할 때는 반드시 안전장치(방아쇠울에 설치사용)를 할 것, 셋째, 1탄은 공포탄 2탄 이하는 실탄장전을 사용할 것(다만, 대간첩 작전, 살인강도 등 중요범인이나 무기·흉기 등을 사용하는 범인의 체포 및 위해의 방호를 위하여 불가피한 경우에는 1탄부터 실탄을 장전할 수 있다), 넷째, 조준할 때는 대퇴부 이하를 조준할 것이 있다.

2) 소총·기관총·유탄발사기

소총·기관총·유탄발사기의 안전수칙에는 첫째, 실탄은 분리휴대 및 보관, 둘째, 실탄 장전시 조정간 안전위치, 셋째, 사용 후 보관할 때는 약실과 총강을 점검할 것, 넷째, 공포탄약은 총구에서 6미터 이내의 사람을 향해 사격하지 말 것 등이 있다.

3) 20미리 이상 함포

20미리 이상 함포의 안전수칙에는 첫째, 실탄은 사격목적 이외는 장전금지, 둘째, 실탄 장전할 때는 안전장치 안전위치 확인, 셋째, 사용 전·후에는 약실과 총강을 점검할 것, 넷째, 작동 전에는 포대 주위의 안전저해 요소 사전제거 등이 있다.

4) 탄 약 류

탄약류의 안전수칙에는 첫째, 실탄 및 폭발류 등의 임의 변형금지, 둘째, 마찰·충격금지, 셋째, 취급 및 사용할 때는 안전수칙 준수 등이 있다.

I. 의 의

국가의 안전보장을 위해 국가가 보호할 필요가 있는 비밀이나 인원, 문서, 자재, 시설 및 지역 등을 보호하는 소극적 예방활동과 국가안전보장을 해치고자 하는 간첩, 태업이나 전복으로 국가를 위태롭게 하는 불순분자에 대하여 탐지·조사·체포하는 등의 적극적인 예방활동을 의미한다.

II. 보안의 대상과 법적근거

1. 보안의 대상

보안업무의 대상에는 인원, 문서 및 자재, 시설, 지역으로 구분할 수 있으며, 국가는 보안의 주체로서 보안의 대상, 즉 객체가 될 수 없다.

2. 법적 근거

해양경찰의 보안업무와 관련하여 「국가정보원법」, 「정보 및 보안업무기획·조정규정」, 「보안업무규정」, 「보안업무규정 시행규칙」, 「해양경찰청 보안업무시행세칙」 등이 있다.

III. 보안업무의 원칙 및 책임

1. 보안업무의 원칙

(1) 알 사람만 알아야 하는 원칙

보안의 대상이 되는 사실은 전파할 때 전파가 꼭 필요한가 또는 피전파자가 반드시 전달 받는가를 검토하여야 한다.

(2) 부분화의 원칙

한 번에 다량의 비밀이나 정보가 유출되지 않도록 하는 원칙을 말한다.

(3) 보안과 효율의 조화

보안과 업무효율은 반비례 관계가 있으므로 양자의 적절한 조화를 유지하는
방법을 강구해야 한다.[45)]

1. 보안책임

(1) 행정책임

보안업무를 담당하는 공무원과 관계기관의 장이 고의 없이 보안누설이나 보안
사고 등에 대해 또는 보안업무처리상 하자로 인해 부담하는 징계책임을 의미한다.

(2) 형사책임

공무원이 자기가 취급하는 비밀 등을 누설하는 경우에는 형법상 공무상 비밀
누설죄로 처벌받게 된다.

Ⅳ. 구　　분

1. 비밀의 구분

해양경찰이 보유하는 문서, 음어자재, 정보자료 등이 외부로 유출되었을 때에
는 국가안보나 사회안전 또는 개인의 비밀을 침해힐 수 있으므로 비밀로 구분하
고 유출을 막는 보호조치를 하여야 한다. 비밀의 구분은 비밀을 작성하거나 생산
하는 자가 그 비밀내용의 중요성과 가치의 정도에 따라 Ⅰ급 비밀, Ⅱ급 비밀, Ⅲ

---

45) 김상호 외, 앞의 책, 426–427면.

급 비밀, 대외비로 분류한다.

(1) I급 비밀

누설되는 경우 대한민국과 외교관계가 단절되고 전쟁을 유발하며, 국가의 방위계획, 정보활동 및 국가방위상 필요불가결한 과학과 기술의 개발을 위태롭게 하는 등의 우려가 있는 비밀이다.

(2) II급 비밀

누설되는 경우 국가안전보장에 막대한 지장을 초래할 우려가 있는 비밀이다.

(3) III급 비밀

누설되는 경우 국가안전보장에 손해를 끼칠 우려가 있는 비밀이다.

(4) 대 외 비

비밀 이외에 특별히 보호를 요하는 사항을 대외비로 하며, 비밀에 준하여 취급하는 것을 의미한다.

2. 비밀의 취급권자

해양경찰공무원과 의무경찰은 임용과 동시에 III급 비밀 취급권을 취득하게 된다. 해양경찰공무원 중 첫째, 경비, 경호, 작전, 항공, 정보통신 담당부서, 둘째, 정보, 보안, 외사부서, 셋째, 감찰, 감사 담당부서, 넷째, 치안상황실, 발간실, 문서수발실, 다섯째, 각 과의 서무담당자 및 비밀을 관리하는 보안업무 담당자, 여섯째, 부속기관, 지방해양경찰청, 해양경찰서 각 과의 서무담당자 및 비밀을 관리하는 보안업무 담당자는 그 보직 발령과 동시에 II급 비밀취급권을 인가 받는다.[46]

---

46) 순길태, 「해양경찰학개론」, 대영문화사, 2017, 222면.

3. 비밀의 보관 및 보안

(1) 보관 기준

비밀은 일반문서나 암호자재와 혼합해 보관해서는 안 된다. 비밀을 구분하여 살펴보면, Ⅰ급 비밀은 반드시 금고에 보관해야 하며 다른 비밀과 혼합하여 보관해서는 안 된다. Ⅱ급 비밀과 Ⅲ급 비밀은 금고 또는 이중 철제 캐비닛 등의 잠금장치가 있는 안전한 용기에 보관하며, 보관책임자가 Ⅱ급 비밀 취급 인가를 받은 때에는 Ⅱ급 비밀 및 Ⅲ급 비밀을 같은 용기에 혼합해 보관할 수 있다. 보관용기에 넣을 수 없는 비밀은 제한구역 또는 통제구역에 보관하는 등 그 내용이 노출되지 않도록 특별한 보호대책을 마련해야 한다.

(2) 비밀문서의 분리

단일문서로 된 비밀은 이를 분리할 수 없다. 다만, Ⅲ급 비밀인 첩보 및 정보문서는 신속한 처리를 위해 관계 취급자에게 분리·취급시킬 수 있으며 업무처리가 끝난 후에는 반드시 그 예고문에 따라 처리해야 한다.

(3) 비밀의 대출 및 열람

비밀보관 책임자는 보관 비밀을 대출하는 때에는 비밀대출부에 관련 사항을 기록·유지해야 하며, 개별 비밀에 대한 열람자 범위를 파악하기 위해 각각의 비밀문서 끝부분에 비밀열람 기록전을 첨부해야 한다. 이 경우 문서 형태 외에 비밀에 대한 열람기록은 따로 비밀열람기록전을 비치하여 기록·유지해야 한다. 비밀열람 기록전은 그 비밀의 생산기관이 첨부하여 비밀을 파기하는 때에는 비밀에서 분리해 따로 철해 보관해야 한다.

(4) 암호자재의 제작

각급기관에서 공통으로 사용할 암호자재나 각급기관의 상이 제삭을 요정하는 암호자재는 국가정보원장이 제작·배부한다. 각급기관에서 사용하는 Ⅲ급 비밀 소통용 암호자재는 국가정보원장이 인가하는 암호체계에 따라 그 기관의 장이 제작·배부할 수 있다. 각급기관의 장은 Ⅲ급 비밀 소통용 암호자재를 제작하거나 변경한 때에는 1부를 국가정보원장에게 제출해야 한다. 암호자재를 사용하는 기관의 장은 암호자재의 관리에 관한 책임을 진다.

V. 대상 및 방법

1. 인원보안

해양경찰공무원을 포함하여 국가·지방공무원 등도 인원보안의 대상이며, 지위고하를 불문한다. 인원보안에 관한 업무취급은 각급 해양경찰기관의 인사업무 취급부서에서 분장한다.

2. 문서 및 자재보안

문서보안은 국가기밀을 담고 있는 문서를 각종 위험으로부터 보호하는 것을 의미한다. 일반문서와 비밀문서를 모두 포함하고 있다. Ⅰ, Ⅱ, Ⅲ급 등의 비밀 표시가 되어 있지 않은 문서라도 국가기밀에 해당하는 문서는 보안의 대상이 된다.

3. 문서보안

(1) 과도·과소 분류 금지의 원칙

비밀은 적절히 보호할 수 있는 최저등급으로 분류하여야 하며 과도 또는 과소하게 분류하여서는 안 된다는 원칙이다.

(2) 독립분류의 원칙

비밀은 그 자체의 내용과 가치의 정도에 따라 분류하여야 하며 다른 비밀과 관련하여 분류하여서는 안 된다는 원칙이다. 상급부서가 하급부서에게 획일적으로 보고문서에 대한 비밀등급을 지시하였다면 독립분류의 원칙에 위배된다. 지시문서가 2급이라고 해서 응신문서까지 2급으로 분류해서는 안 된다.

(3) 외국의 비밀존중의 원칙

외국 정부 또는 국제기구로부터 접수한 비밀은 그 발행기관이 필요로 하는 정도로 보호할 수 있도록 분류하여야 한다는 원칙이다.

4. 시설 및 지역보안

(1) 보호구역의 설치

각급기관의 장과 중요시설의 장(보안책임자)은 국가비밀의 보호와 국가중요시설·장비 및 자재의 보호를 위하여 필요한 장소에 일정한 범위를 정하여 제한지역, 제한구역, 통제구역 등의 보호구역을 설정할 수 있다.

(2) 보호구역 설치기준

제한지역, 제한구역, 통제지역 등 보호구역을 설치하는 기준은 시설의 중요도 및 취약성으로 한다. 방호물 및 보호구역의 설치권자는 중요시설의 장이 된다.

(3) 보호구역의 종류

1) 제한지역

비밀 또는 국·공유재산의 보호를 위하여 울타리 또는 방호·경비인력에 의하여 일반인의 출입에 대한 감시가 필요한 지역이다. 해양경찰에서는 대표적으로 해양경찰관서의 전 지역 등이 있다.

2) 제한구역

비인가자가 비밀, 주요시설 및 Ⅲ급 비밀 소통용 암호자재에 접근하는 것을 방지하기 위하여 안내를 받아 출입하여야 하는 구역이다. 해양경찰의 제한구역에는 기록관, 문서고, 빌린실, 인사기록기드 보관시설(장소), 중앙망관리센터 내 통합지휘 무선통신망 및 정보보안 관제시스템 운용실, 송·수신소, 함정 및 항공대, 작전·경호 및 정보·보안·외사업무 담당부서 전역, 중앙감시실(CCTV 감시 및 저장 장소), 수상레저조정면허 발급실, 해상교통관제센터와 VTS 레이더 사이트 및 중계소, 그 밖에 해양경찰청장이 필요하다고 인정한 곳 등이 있다(해양경찰청 보안업무시행세칙 제67조 제1항).

3) 통제구역

보안상 매우 중요한 구역으로서 비인가자의 출입이 금지되는 구역이다. 해양
경찰의 통제구역에는 을지연습 및 전시 종합상황실, TRS 중앙망관리센터 내 통합
지휘무선통신망 장비실, 보안실(암호취급소), 무기고 및 탄약고, 상황센터(상황실), 비밀
발간실, 사이버보안 관제센터, 행정전산실 그 밖에 해양경찰청장이 필요하다고 인
정한 곳 등이 있다(해양경찰청 보안업무시행세칙 제67조 제1항).

VI. 문서관리

1. 개   념

행정기관에서 공무상 작성하거나 시행하는 문서(도면·사진·디스크·테이프·필름·슬라
이드·전자문서 등의 특수매체기록을 포함)와 행정기관에 접수된 모든 문서를 의미한다.

공문서의 성립요건

공문서의 성립요건은 다음과 같다. 첫째, 당해기관의 의사표시가 정확·명백하게 표
시될 것, 둘째, 내용적으로 위법·부당하거나 실현 불가능한 사항이 없을 것, 셋째,
당해기관의 권한 내의 해당하는 사항 중에서 작성될 것, 넷째, 법적 기타의 요식절
차 등 일정한 절차에 의해 그 형식이 갖추어질 것 등이다.

2. 종   류

(1) 법규문서

헌법·법률·대통령령·총리령·부령, 조례 및 규칙 등에 관한 문서로 특별
한 규정이 있는 경우를 제외하고는 관보게재 후 20일이 경과하면 효력이 발생
한다.

⑵ 지시문서

행정기관의 장이 그 소속의 하급기관 또는 소속공무원에 대하여 일정한 사항을 지시 또는 명령하는 문서이다.

⑶ 공고문서

고시 및 공고 등과 같이 일정한 사항을 일반 등에게 알리기 위한 문서로 특별한 규정이 있는 경우를 제외하고는 고시·공고 후 5일이 경과하면 효력이 발생한다.

⑷ 비치문서

비치대장·비치카드 등 행정기관의 일정한 사항을 기록하여 행정기관 내부에 비치하면서 업무에 활용하는 문서이다.

⑸ 전자문서

전산망을 활용하여 작성·시행 또는 접수·처리되는 문서로 전자문서는 수신자의 컴퓨터파일에 등록이 된 때에 효력이 발생한다.

⑹ 민원문서

민원인이 행정기관에 대하여 허가, 인가, 기타 처분 등 특정한 행위를 요구하는 문서이다.

⑺ 일반문서

상기의 문서에 속하지 아니한 문서이다.

3. 성립과 효력

⑴ 효력발생 시기

문서의 효력발생 시기는 원칙적으로 도달주의를 채택하고 있으며, 예외적으로 발신주의가 있다.

(2) 성　　립

문서는 결재권자가 해당 문서에 서명(전자이미지 서명, 전자문서 서명 및 행정전자서명을 포함)의 방식으로 결재함으로써 성립된다.

(3) 전자문서

문서는 수신자에게 도달(전자문서의 경우는 수신자가 관리하거나 지정한 전자적 시스템 등에 입력되는 것)됨으로써 효력이 발생한다.

I. 의   의

1. 개   념

해양경찰의 활동에 대한 국민의 태도를 평가하고 해양경찰의 정책·사업에 대한 일반시민들의 이해·협력과 신뢰를 확보하고 나아가 유지·증진시키기 위한 관리활동이다. 해양경찰업무 중 사회적 관심이나 사건에 대한 일반시민들의 알권리를 충족시켜 주는 기능, 일반시민들의 편의를 위해 정보를 제공해 주는 기능, 해양경찰권 발동의 정당성을 확보해 주는 기능 등을 한다.

2. 목   적

일반시민에 대하여 해양경찰의 정책이나 해양경찰활동을 정확하게 전달함과 동시에, 일반시민의 동의와 지지를 획득하는데 목적이 있다.

3. 중 요 성

홍보는 해양경찰과 시민을 연결하는 다리로서 매우 중요한 역할을 담당하고 있다. 모든 해양경찰공무원이 해양경찰홍보 담당자임을 인식하여 일상 업무를 수행함에 있어 시민의 신뢰를 얻을 수 있도록 하여 다양한 홍보유형을 활용하여 적극적인 홍보활동을 전개해 나가야 한다.

II. 유   형

1. 협의의 홍보

해양경찰활동이나 업무와 관련된 사항을 주변에 널리 알려 해양경찰의 목적

달성에 유리한 환경을 조성하는 행위이다. 인쇄물, 유인물, 팸플릿 등 다양한 매체를 통해 해양경찰의 좋은 점을 일방적으로 알리는 활동이다.

2. 광의의 홍보

해양경찰활동에 대하여 시민의 참여를 확대하고 다양한 기관 및 언론 등과의 상호 협조체계를 강화하며 이를 해양경찰이 수행하는 모든 업무에 연계시키는 것까지를 포함한다.

3. 언론 관계

TV, 라디오, 신문, 온라인 뉴스 등의 보도 기능에 대응하는 활동으로, 사건·사고에 대한 기자들의 질의에 응답하는 대응적이고 비교적 소극적인 홍보활동이다.

4. 지역공동체 관계

지역사회의 다양한 유관기관 및 시민들과 유기적인 연락 및 협조체제의 구축을 통하여 지역사회의 요구에 부응하는 해양경찰활동을 하는 동시에 해양경찰활동의 궁극적인 활동을 지역사회에 알리는 종합적인 지역사회 홍보체계를 의미한다.

5. 대중매체 관계

해양경찰이 수행하는 일을 대중매체를 통해 시민들에게 정확히 알리고 그에 따른 여론과 반응에 따라 시민이 요구하는 방향으로 해양경찰의 정책과 업무태도를 변화시켜 나가는 적극적인 활동이다.

Ⅲ. 홍보 관련 용어

표 4-5 ┃ 홍보 관련 용어와 개념

용어	개념
엠바고 (embargo)	일정 시한까지 보도하지 않을 것을 전제로 하는 자료의 제공
보도용 설명 (on the record)	제공하는 정보를 즉시 기사화할 수 있는 경우를 의미하며, 취재원의 이름과 직책을 기사에 사용
비보도 (off the record)	보도하지 않을 것을 전제로 하는 자료나 정보의 제공
가십 (gossip)	신문이나 잡지 등에 유명한 사람과 사회적 사건에 대하여 흥미 위주로 가볍게 다루거나 비꼬아 쓴 기사
데드라인 (dead line)	취재한 기사를 편집부에 넘겨야 하는 원고 마감시간을 의미
라운드 업 (round up)	한동안 보도되어 온 중요 뉴스나 사건의 전말을 종합적으로 정리한 기사
리드(lead)	기사 내용을 요약해서 1~2줄 정도로 간략하게 쓴 서두 부분
이슈 (issue)	일정시점에서 중요시되어 토론·논쟁이나 갈등의 요인이 되는 사회·문화·경제·정치적 관심이나 사고
콘티 (continuity)	방송용의 드라마 대본이나 준비된 방송자료
피쳐(feature)	신문·잡지의 기획기사를 말하며 단순히 사건내용을 보도하는 스트레이트 기사가 아니고 사건의 내막을 해설한 읽을거리나 전망기사를 의미

Ⅳ. 주의사항

1. 법적·사회적 문제

해양경찰 홍보에 의해 국민의 알권리를 충족될 수 있지만, 헌법 등에서 규정하고 있는 개인의 프라이버시권이 침해될 가능성이 있기 때문에 양자의 적절한 조화가 필요하며 개인정보보호법 등의 법적 규제도 규정하고 있다.

2. 범죄사실 발표시 문제

　　진정한 범죄사실이라도 공공의 이익을 위한 것이 아닌 경우에는 발표해서는 안 된다. 이 경우 연예인이나 정치인은 사생활보호의 필요성보다 국민의 알권리의 충족이 더 중요하므로 공개의 필요성이 일반인보다 더 크다. 발표할 경우에도 범죄사실 및 그와 밀접히 관련되어 있는 사실에 한정해야 한다.

Ⅰ. 해양경찰 통제의 개념

1. 책임과 통제

해양경찰조직은 그 직무를 수행함에 있어 주권자인 국민의 기대와 요구에 부응하여 공익, 근무규율 등 일정한 기준에 따라 행동하여야 할 책무를 가지게 된다.[47] 이러한 책임은 그것을 확보하는 수단이 강구될 때 비로소 실효성을 갖게 된다. 행정에 대한 통제는 바로 행정의 책임성을 확보하는 수단이 되는 것이다.

민주국가에서 해양경찰은 국민의 이익을 위하여 봉사해야 할 책임이 있으며, 해양경찰활동은 국민의 의사에 의하여 통제되어야 한다. 해양경찰책임이란 해양경찰기관 또는 해양경찰공무원이 주권자인 국민의 기대와 요망에 부응하여 공익·직업윤리·법령과 경찰목표 등 일정한 기준에 따라 행동하여야 할 의무를 말한다.

책임과 통제는 표리의 관계에 있으며, 이는 행정과정 중에서 마지막 단계에 해당되며, 이 결과가 환류되어 시정행동이 이루어진다.[48] 책임확보를 위한 통제방식들이 적절히 조화를 이룰 때 정부의 정당성과 신뢰성이 성립되며, 이는 국정운영의 핵심원천이라 할 수 있다.

2. 통제의 의의

해양경찰통제는 해양경찰책임을 보장하기 위한 사전적, 사후적 제어장치로서 해양경찰조직의 구성원들이 공공의 안녕과 질서유지 및 국민에 대한 봉사정신 등의 법적, 가치적 규범을 일탈하지 않도록 제재와 보상 등을 하는 활동이다. 즉, 해양경찰의 통제는 해양경찰의 조직과 활동을 확인하고 감시함으로써 해양경찰조직과 해양경찰활동의 적정성을 도모하기 위한 제도적 장치 또는 활동을 의미한다.

---

47) 여기에는 공무원의 결과책임(행정행위의 내용)뿐만 아니라 과정책임(행정행위의 절차)도 포함된다(이종수·윤영진 외, 「새행정학」, 대영문화사, 2009, 198면).
48) 이종수·윤영진 외, 앞의 책, 198면.

3. 필 요 성

해양경찰은 그 목적달성을 위한 활동의 특성이나 기능으로 인해 통제에 대한 필요성이 다른 행정기관들보다 강조되고 있다. 즉, 해양경찰의 막강한 조직과 정보력 및 그 기능들로부터 나오는 위력 때문에 국민은 해양경찰을 통제해야 하는 필요성을 크게 느낄 수밖에 없는 것이다. 따라서 다른 행정기관들보다 특별히 해양경찰조직이 통제되어야 하는 이유를 열거해 보면 다음과 같다.

(1) 민주적 운영

민주주의를 기본이념으로 하는 국가에서의 해양경찰은 민주주의를 수호하기 위한 조직으로서 민주적으로 조직되고 운영·관리되어야 한다.

(2) 정치적 중립 확보

해양경찰은 국민 전체에 대한 봉사자이므로 특정정당이나 특정집단의 이익이나 이념을 위하여 활동해서는 안 되며, 전체 국민과 국가의 이익을 위해 활동해야 한다.

(3) 법치주의 도모

해양경찰활동의 신뢰성과 정당성을 확보하기 위한 것이다. 해양경찰공무원은 직무를 수행하기 위해서는 항상 주어진 법률의 범위 내에서 업무를 수행해야 한다. 경찰관직무집행법, 국가공무원법 등이 그 좋은 예가 된다. 만일 해양경찰공무원이 법률의 범위를 벗어나 권한을 행사하는 경우에는 법적으로 책임을 지게 된다.[49]

(4) 인권침해 방지

해양경찰공무원에 의한 인권침해는 주로 수사나 형사 등 인신구속적 성질을 가지는 강제작용이나 무기사용에서 보듯이 직무집행 방식과 관련하여 적법절차를 따르지 않거나 불법적인 방법으로 업무를 수행하는 과정에서 일어난다.

---

49) 이종수·윤영진 외, 앞의 책, 333면.

(5) 조직의 건강성

해양경찰의 통제는 부패 등 해양경찰공무원의 비행을 방지하여 조직의 건강성을 유지하기 위해 필요하다. 해양경찰 업무수행의 특수한 환경적 특성이 해양경찰의 부정부패 등 해양경찰 비행을 용이하게 하기도 한다. 이러한 해양경찰 근무환경의 영향이 해양경찰 비행을 조장할 수 있음에도 불구하고, 어떠한 비행도 용납되는 것이 아니기 때문에 비행을 방지하기 위한 내적·외적인 통제가 필요하다.

II. 기본요소

해양경찰에 대한 통제가 효과적으로 이루어지기 위해서는 기본적으로 갖춰야 할 요건이 필요하다. 해양경찰 통제의 기본요소는 권한의 분산, 정보의 공개, 절차적 참여보장, 경찰책임, 환류기능의 강화 등을 생각해 볼 수 있다.[50]

1. 권한의 분산

권한의 분산은 해양경찰의 중앙조직과 지방조직 간의 권한의 분산, 상위계급자와 하위계급자 간의 권한의 분산 등이 필요하다. 권한의 분산이 통제의 기본요소 중에서 가장 먼저 이루어져야 하는 요소이다.

2. 정보의 공개

국민의 알권리를 보장하고 국정에 대한 국민의 참여와 국정운영의 확보함을 목적으로 행정기관의 정보공개가 강력히 요청되고 있다. 정보의 공개는 해양경찰 통제의 근본이며 전제요소가 된다.

---

50) 신현기 외, 앞의 책, 337-340면.

3. 절차적 참여

행정의 전문화·복잡화와 재량권의 확대 등으로 입법통제가 약화됨으로써 행정의 민주통제가 어렵게 되자 시민이 직접 행정에 참여하여 통제기능을 담당하지 않을 수 없게 되었다.

(1) 국   민

사전적 절차로서 자기의 권리를 보호해 나가기 위해 행정에 참여할 기회가 인정되어야 한다.

(2) 행정절차법

국민의 행정참여를 도모함으로써 행정의 공정성, 투명성 및 신뢰성을 확보하고 국민의 권익을 보호할 목적으로 한다.

4. 책   임

해양경찰에 대한 통제의 과정에서 잘못으로 드러난 문제에 대해서는 분명히 책임을 추궁해야 한다. 해양경찰은 그 구성원 개인의 위법행위나 비위에 대해서 민·형사책임 또는 징계책임 등의 책임을 져야 할 뿐만 아니라, 해양경찰기관의 행정에 대해서 조직으로서 책임을 져야 할 경우가 있다.[51]

5. 환   류

해양경찰통제는 해양경찰의 목표와 관련하여 그 수행과정의 적정 여부를 확인하는 과정으로 그 확인 결과에 따라 책임을 추궁하여야 한다. 그러나 책임 추궁에만 그쳐서는 통제의 참다운 의미가 사라질 것이므로, 환류과정을 통하여 지속적·순환적으로 개선과 발전을 유도해야 한다.

---

51) 강용길 외, 앞의 책, 359면.

Ⅲ. 유형 및 장치

국민에 대한 해양경찰책임을 확보하기 위해 행해지는 통제의 유형으로는 민주적 통제와 사법적 통제, 사전적 통제와 사후적 통제, 내부적 통제와 외부적 통제 등으로 분류할 수 있다.[52]

1. 민주적 통제와 사법적 통제

해양경찰에 대한 통제의 유형으로 민주적 통제와 사법적 통제가 사용되고 있으나, 대부분의 국가에서 양 통제 시스템을 모두 채택하려는 경향이 있어 혼합적 시스템이 구축되어 있다.

(1) 민주적 통제

해양경찰의 통제방법과 관련하여 영미법계 국가에서는 주로 해양경찰조직의 민주성을 확보하기 위한 제도적 장치 등을 마련하여 시민이 직접 또는 그 대표기관을 통해 참여와 감시를 가능하게 하는 시스템을 구축하고 있다.

(2) 사법적 통제

해양경찰기관의 행위에 대륙법계 국가에서는 해양경찰에 대한 사법심사, 예를 들어 행정소송이나 국가배상제도 등을 통해 법원이 행정부의 행위를 심사함으로써 통제하는 사후적·사법적 통제장치를 구축하고 있다. 법원이 사법심사를 통하여 행정기관의 행위를 통제하는 방식으로서 우리나라에서는 행정소송과 국가배상법을 통해 행정의 위법한 처분 등에 대하여 통제를 가하고 있다.

2. 사전적 통제와 사후적 통제

종래 행정에 대한 통제는 주로 실체적 권리를 중심으로 국민이 자기의 권리나 이익이 침해를 받은 후에 법원 등을 통하여 구제를 청구하는 사후적 통제가

---

52) 신현기 외, 앞의 책, 340–346면.

중심을 이루었으나, 오늘날에는 권리나 이익이 침해받기 전에 행정기관에 절차적으로 참여하는 사전 통제를 강화하고 있다.[53]

(1) 사전적 통제

사전적 통제는 행정으로 국민의 권리나 이익이 침해받기 전에 행정에 절차적으로 참여하여 통제하는 방법을 말한다. 우리나라에서 행정에 대한 사전통제를 규정하고 있는 기본법은 행정절차법이다. 사전통제의 강화는 행정의 능률성을 저해할 소지가 있으나, 참다운 능률은 민주적 절차를 통할 때 가장 능률적이라는 역설을 우리는 받아들여야 한다. 국민의 행정참여를 통한 행정의 공정성·투명성 및 신뢰성의 확보가 국민의 권익을 보호함은 물론 행정의 민주화에도 크게 기여함은 말할 나위가 없다.[54]

(2) 사후적 통제

행정에 대한 사후통제는 사법부의 사법심사에 의한 통제가 중심을 이루고 있으나, 행정부 내에서는 징계책임이나 상급기관의 하급기관에 대한 감독권, 행정심판을 통한 통제가 가능하고, 입법부를 통해서는 국회의 예산결산권이나 국정감사나 조사권 등의 행정감독 기능을 통하여 통제가 가해질 수 있다.

3. 내부적 통제와 외부적 통제

해양경찰에 대한 내부적 통제란 해양경찰조직 내의 통제를 의미하며, 외부적 통제는 해양경찰조직 외의 통제를 말한다.

(1) 내부적 통제

1) 감사관 제도

해양경찰은 해양경찰청에 감사담당관, 지방해양경찰청에 청문감사담당관, 각 해양경찰서에는 청문감사계를 두고 해양경찰기관 공무원에 대한 진정이나 비위사

---

53) 강용길 외, 앞의 책, 361면.
54) 강용길 외, 앞의 책, 362면.

항의 조사·처리 등의 업무를 수행하고 있다. 해양경찰을 포함하여 대부분의 행정조직에서 일상적으로 활용하는 내부통제방법이다.

2) 훈령권, 직무명령권

상급관청은 하급관청에 대하여 지시권이나 감독권 등의 훈령권을 행사함으로써 하급관청의 위반이나 재량권 행사의 오류를 시정하는 등 통제를 가할 수 있다. 또한 상급자는 하급자에 대하여 직무명령을 통하여 그 행위를 통제하기도 한다.

3) 행정심판의 재결권

행정심판은 위법·부당한 행정처분 등으로 권리나 이익을 침해 당한 자가 원칙적으로 처분청의 직근상급감독청에 대하여 그 취소·변경이나 무효확인 등의 처분을 구하는 쟁송절차이다. 상급해양경찰관청은 하급해양경찰관청의 위법 또는 부당한 처분에 대하여 행정심판의 재결청으로서 통제를 가할 수 있다. 다만, 해양경찰공무원의 징계 등 불이익 처분에 관한 심사청구는 인사혁신처의 소청심사위원회에서 심사하므로 외부적 통제에 해당한다(국가공무원법 제9조).

(2) 외부적 통제

1) 입법부에 의한 통제

국회는 해양경찰과 관련된 입법활동이나 재정권(예산 및 결산권 행사), 국정감사와 조사권 등의 행사를 통해 해양경찰을 통제할 수 있다. 입법부에 의한 통제는 행정통제 방법 중에서 가장 역사가 오래 되었으나 오늘날에는 행정의 전문화·기술화에 따라 그 효과가 제한되고 있다. 그러나 국민의 대표기관에 의한 공식적 외부통제라는 점에서 결코 과소평가 할 수 없다.

2) 사법부에 의한 통제

위법한 행정에 대한 법원의 사법심사는 위법한 처분의 취소 등을 통하여 시정하게 할 뿐만 아니라 공무원 개인에게도 민·형사상 책임을 물을 수 있다는 측면에서 위법한 행정작용을 억제하는 통제효과를 가진다. 그러나 사법부에 의한 통제는 사후통제이기 때문에 행정결정에 대하여 효과적인 구제책이 되지 못한다는 점, 법관이 행정에 대한 전문지식을 갖고 있지 않다는 점, 많은 시간과 비용이 소요된다는 점, 위법성 여부만을 다룰 수 있을 뿐 행정의 비능률성이나 부당한 재량행사는 다룰 수 없다는 점 등의 한계가 있다.

3) 행정부에 의한 통제

행정부에 의한 통제는 살펴보면 다음과 같다. 첫째, 대통령은 해양경찰청장의 임면권이나 행정부의 수반으로서 해양경찰의 주요 정책결정 등을 통하여 해양경찰을 통제한다. 둘째, 해양수산부장관은 해양경찰청을 소속기관으로 두게 되어 있고, 해양수산부장관은 해양경찰청장의 임명제청권을 가지므로 상급관청으로서의 권한행사를 통하여 해양경찰을 통제할 수 있다. 셋째, 국민권익위원회는 해양경찰권의 행사로부터 국민의 권익을 보호하고 해양경찰의 신뢰를 확보하기 위한 외부통제 방안의 일환으로 국민권익위원회 내 경찰특별소위원회에 경찰옴부즈만이 설치되고, 고충처리국 산하에 경찰민원과에서 해양경찰 관련 고충민원을 처리하고 있다. 마지막으로 해양경찰은 정보·보안업무와 관련해서 국가정보원의 조정과 통제를 받고 있으며, 대간첩 작전은 국방부의 통제를, 그리고 수사업무는 검찰의 지휘를 받고 있다.

4) 감사원에 의한 통제

통제와 관련된 감사원의 기본적 기능은 해양경찰기관과 해양경찰공무원에 대한 직무감찰과 회계감사로 구분되는데 최근에는 여기에 추가하여 성과감사의 강화가 요청되고 있다. 즉, 기본적으로 수행하던 감사와 더불어 행정부가 추진하는 각종 정책에 대한 성과 중심의 감사를 강화해야 한다는 것이다.[55]

5) 국가인권위원회에 의한 통제

국가인권위원회는 인권침해 행위에 대한 조사와 구제 등의 업무를 수행하고 있다. 해양경찰서 유치장이나 사법경찰관리가 그 직무수행을 위하여 사람을 조사·유치 또는 수용하는 시설에 대한 방문조사권을 가진다.

6) 시민에 의한 통제

시민에 의한 통제는 일반국민에 의한 것으로 선거, 여론, 주민참여, 정당과 시민단체 등을 통하여 직·간접적으로 이루어지는 통제를 의미한다. 특히, 언론기관을 제4부라고 표현할 정도로 그 영향력은 크며, 실질적으로 여론을 주도함으로

---

55) 이종수 외, 앞의 책, 217면.

써 국가의 정책결정에 깊숙이 관여한다.[56] 단 언론은 스스로 국민의 편에서 국민을 위해 종사한다는 기본자세를 잃지 말아야 한다.

---

56) 강용길 외, 앞의 책, 366면.

제 5 장

외국의 해양경찰제도

제1절 ┃ 비교해양경찰제도의 의의

사회과학 분야에서 국가간의 비교연구가 많이 수행되었음에도 불구하고, 비교해양경찰제도론이 해양경찰학 분야에서 중요한 연구대상이 된 것은 비교적 최근의 일이다. 해양경찰의 비교연구는 형사사법 분야의 전문연구에 있어서 매우 흥미로운 분야로 평가되고 있다.[1]

다양한 선진 외국의 해양경찰 관련 제도들의 비교·연구를 통하여, 한국 해양경찰의 현주소를 파악하고, 세계 해양경찰 관련 기관들에 흐르는 사상과 이념, 제도의 변화 등을 상호 비교할 수 있다. 이를 통해 해양경찰제도의 공통 개념과 일반원리를 탐색할 수 있다. 나아가 국내법의 해석과 새로운 법의 제정에 있어 효용성이 크며, 한국 해양경찰의 나아갈 방향을 제시하는 데 많은 도움을 얻을 수 있을 것이다.

---

1) 이윤근, 「비교경찰제도론」, 법문사, 2001, 14면.

I. 연   혁

  영국의 식민지였던 미국은 1776년 7월 4일 독립을 선포하였다. 하지만, 건국 초기 미국은 관세를 징수하기도 어려웠을 뿐더러 해양무역을 통한 밀수품들이 유입되면서 사회·경제적으로 큰 혼란을 겪었다. 이에 초대 재무부장관이었던 알렉산더 헤밀턴(Alexander Hamilton)은 1790년 8월 4일 미대륙의 모든 해안선에서 엄정한 세법을 실시하는 권한을 부여 받은 세관감시기구(The Revenue Cutter Service)를 창설하였으며, 총 10척의 함정으로 매사추세츠의 뉴베리포트(Newburypott)에서 활동하기 시작하였다. 이를 통해 밀수감시를 주임무로 하는 군사조직이 만들어졌다. 1912년 발생한 타이타닉호 사건을 계기로 쇄빙업무도 맡게 되는 등 오늘날 미국 해안경비대의 전신이 되었다.

  1915년 미국 의회가 세관감시기구(The Revenue Cutter Service)와 인명구조기구(The U.S. Life Saving Service)를 통합하면서 현재의 해안경비대(USCG: U.S. Cost Guard)라는 정식 명칭으로 창설되었다. 이후 1939년 프랭크 루즈벨트 대통령의 명령으로 미국 등대국(U.S. Lighthouse Service)이 해안경비대로 이관되었다. 1942년부터는 선박의 건조·수리 및 개조에 관계된 허가, 선박검사, 선박직원에 대한 면허장 교부 및 정지 등의 직무를 담당하게 되었다. 1946년 증기선 점검서비스기관(The Steamboat Inspection Service), 항행 담당기관(The Bureau of Navigation)을 흡수하여 업무 효율성 극대화 및 경제적 문제 해결을 위해 노력하였다.

  1967년 미국 교통부의 신설로 해안경비대는 재무성에서 교통부로 이관하게 되었으며, 2001년 9.11 테러 발생으로 2003년에 신설된 국토안보부(Department of Homeland Security)로 다시 이관되었다.[2] 평상시에는 국토안보부장관의 지휘감독을 받아 활동하지만, 전쟁시에는 대통령의 명령에 따라 해군의 지휘를 받는다.[3]

---

  2) 미국 해양경비대 홈페이지: http://www.history.uscg.mil/, 2017. 12. 6.
  3) 미국의 군대는 5군으로서 육군, 해군, 공군, 해병대 그리고 해안경비대로 구성되어 있다. 5군 중 해안경비대는 가장 작은 규모를 가지고 있다.

1912년 4월 10일 타이타닉호는 영국의 사우스햄튼을 출항하며 첫 항해를 시작하였다. 에드워드 존 스미스 선장과 승무원, 승객을 합쳐서 약 2,200명 이상이 배에 타고 있었을 것으로 추정된다. 프랑스의 쉘부르와 아일랜드의 퀸스타운을 거쳐 미국의 뉴욕으로 향하다가 4월 14일 23시 40분, 북대서양의 뉴펀들랜드로부터 남서쪽으로 640km 떨어진 바다에서 빙산에 충돌하여 침몰하였다. 타이타닉호 침몰 희생자 수 집계는 다양하지만, 영국 상무성의 발표에 따르면 1,513명이라고 한다. 당시 세계 최대의 해난사고로, 생존자는 불과 711명에 불과했다. 배의 규모는 46,328톤, 길이는 268.8m, 폭은 27.7m, 최대 속도는 23노트(42.6km/h)로 달리는 최신형 선박이었다. 이 사고로 런던에서 최초의 국제 해상 안전 협정이 체결되기도 했다. 사고가 난 지 73년 후인 1985년 9월 1일 타이타닉호의 잔해가 해저 4,000m(북위 41° 26′, 서경 50° 14′)에서 발견되었다.

II. 조　　　직

해안경비대 본부는 미국의 수도 워싱턴DC에 위치하고 있으며, 약 4,000여명의 해양경비대원들이 근무하고 있다. 해양경비대에는 사령관, 부사령관이 있으며, 산하에 작전사령관, 지원사령관, 대서양사령관, 태평양사령관으로 구성되어 있다. 작전사령부에는 예방정책국, 대응정책국, 정보국, 역량국이 있으며, 지원사령부에는 공학병참국, 정보통신국, 작전실행국, 준비태세국, 인적자원국, 장비도입국이 있다.

대서양사령부 산하에는 1관구(Boston), 5관구(Portsmouth), 7관구(Miami), 8관구(New Orleans), 9관구(Cleveland) 사령부가 있으며, 태평양사령부 산하에는 11관구(Alameda), 13관구(Seattle), 14관구(Honolulu), 17관구(Alaska) 사령부가 있다. 각각 1개소의 정비 및 병참기지를 운영하고 있다.

각 지역 및 구역 지휘관과 해안경비대 소속의 모든 훈련기관, 항공기 수리 센터, 함정 수리 센터, 정보 조정센터, 해안경비대 사관학교, 항해 센터, 인사담당기관 등 본부에 소속된 기관들을 지휘 감독한다.

해안경비대는 정규조직 이외에도 산하에 민간인으로 구성된 보조대(Coast

Guard Auxiliary)를 설치하고 있다. 보조대는 주로 해상구조업무에 종사하고 있으며, 이외에도 해안경비대의 명령에 따라 임무를 수행하고 그에 따른 경비를 해안경비대로부터 지원받고 있다.

그림 5-1 ┃ 미국 해양경비대의 조직구성

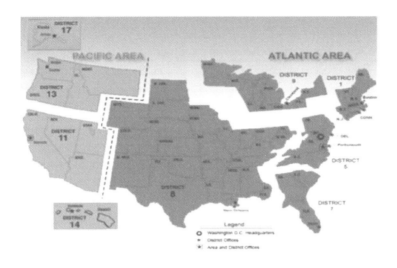

그림 5-2 ㅣ 미국 해양경비대의 조직도

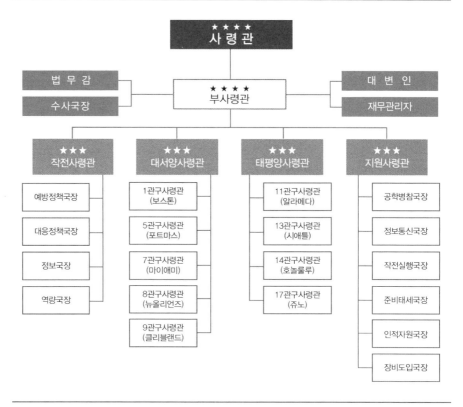

자료: 미국 해안경비대 홈페이지(http://www.overview.uscg.mil/Leadership: 2020. 12. 8.).

Ⅲ. 인력 및 예산

　　해안경비대 인력은 크게 현역과 예비역, 보조대로 구분되며, 전체 인력은 약 87,569명 이르고 있다. 현역은 장교, 하사관, 사병, 일반직(기술직 종사자)으로 구분하며, 군인은 약 41,426명, 일반직 직원은 9,962명이다. 예비역이 7,000명, 민간보조대는 31,000명으로 구성되었다.4)

---

4) 미국 해양경비대 홈페이지(https://www.uscg.mil/Leaders/Senior-Leadership/Comman-dant, 2021. 2. 7.).

장교는 사관학교, 간부후보생 그리고 다양한 임관계획에 의해 양성되고 있다. 특히 흥미로운 것은 육군 등 타군에서 이동한 장교들도 있다. 민간인 소속의 군속(civilian)은 대부분 전문직에 종사하고 있으며, 현역에서 은퇴하고 다시 군속으로 근무하는 경우가 많다. 예비역은 미국만의 독특한 제도로, 군 경력이 있는 자가 일정한 근무를 하고 일정 수준의 보수를 받는다. 이들은 1달에 2일, 1년에 약 2주를 해안경비대에서 현역과 함께 훈련을 받는다.

민간보조대는 일종의 자원봉사제도이다. 이들은 급여가 없으며 근무시간도 자유롭게 자신들이 정한다. 민간보조대는 주로 유람선의 안전을 담당하고 홍보, 교육, 검사 등의 업무에 종사한다. 해양경비대 본부에 근무하는 민간보조대의 경우에는 해양경비대와 같은 복장을 하고 계급의 견장을 달고 있으나, 현역은 금색이며, 민간보조대는 흰색으로 되어 있다.

해안경비대는 국토안보부 소속이기에 국토안보부 장관이 해안경비대 사령관을 지휘한다. 해안경비대 본부의 경우에 주요 부서장 가운데 민간인도 있다. 제독 가운데 해양경비대 사령관과 부사령관은 대장 계급으로 있으며, 중장 계급은 작전사령관, 지원사령관, 대서양사령관, 태평양사령관으로 구성되어 있다. 또한 소장 27명으로 본부사령부의 국장급(11명), 지역사령부의 군수병참사령관(2명), 기동함대사령관(2명), 지구사령관(9명), 예비역 선임 사령관(2명), USCG Academy 교장(1명)으로 구성되어 있다. 미국 해안경비대의 2021년도 예산은 총 103억 2154만 달러로 한화로는 약 10조 3천억원에 해당된다.

Ⅳ. 장   비

미국 해안경비대는 해양감시선, 쇄빙선, 부표관리선 등 65피트 이상의 중·대형 경비함정이 259척 있으며, 65피트 이하의 보트를 1,650대 보유하고 있다. 항공기는 총 200대로 고정익이 57대, 회전익이 143대를 보유하고 있다. 이와 같은 장비들은 각 지역사령부의 소속으로 관리되고 있다.

해양감시선은 초창기에 세관감시선에서 유래되었는데 해양경비대의 주력 함정으로 해안경비, 인명구조, 불법행위 감시 등 가장 중요한 업무를 담당하고 있다. 미국의 함정 중 가장 큰 함정은 4,300톤으로 생각보다 크지 않으며, 선박의 운영 목적에 따라 결정되었다. 미 연안의 크기를 봐서는 큰 함정이 필요할 것 같으나 우리나라의 5,000톤급 함정과 비교하였을 때 시사하는 바가 크다고 할 수 있다. 항공기는 해상정찰, 구조, 수색, 법집행, 환경 방제, 빙산적업 등에 활용되고 있다.

함정(Cutter, 65피트 이상): 총 259대			
타입	척수	타입	척수
Icebreakers-Polar/ Great Lakes	3/1	Buoy Tenders-Seagoing/Coastal	16/14
National Security Cutter	8	Buoy Tenders-Inland, River	22
High Endurance Cutter	2	Construction Tenders	13
Fast Response	28	Ice breaking Tugs	9
Medium Endurance Cutter	41	Harbor Tugs	11
Patrol	90	Training Cutter	1
보트(Boats, 65피트 이하): 총 1,602대			
타입	척수	타입	척수
Response Boat Small	367	Aids to Navigation Boats	160
Response Boat Medium	174	Cutter Boats	424
Moter Life Boats	117	All other boat types	360
항공기(Aircraft): 총 200대			
타입	대	타입	대
MH-65D(Helicopter)	98	HC-144(Airplane)	18
MH-65T(Helicopter)	45	HC-27J(Airplane)	14
HC-130H(Airplane)	10	C-37A(Airplane)	2
HC-130J(Airplane)	13		

자료: 미국 해안경비대 홈페이지(http://www.uscg.mil/Assets: 2021. 2. 9.).

V. 주요 임무

1. 국가 안보관련 임무

해안경비대는 국가의 안보 및 번영을 위해 항구, 수로 및 해양경비, 마약밀수 감시, 수색 및 인명구조, 방어준비 태세, 불법 이민자 감시, 해상안전 등의 임무를 수행하고 있다.

첫째, 항구, 수로 및 해안경비(Port, Waterways and Coastal Secutiry)는 자국의 영해와 해안 수송체계의 보호를 목적으로 대테러 및 해상보안체계 설립활동 그리고 재난구호활동 등을 포함하는 활동이다.

둘째, 마약밀수 감시는 해양경로를 통해 밀수되는 불법 마약류를 차단해 미국 내 마약 공급을 줄이고자 미국세관과 공조하여 불법 마약류의 밀수입을 단속하는 업무이다.

셋째, 수색 및 인명구조는 미국 해양경비대의 가장 오래된 임무 중에 하나로 해양에서의 인명 및 재산의 손실을 최소화하기 위한 활동이다. 자국민의 생명 및 재산 보호와 연계되어 항상 우선시 되는 임무라고 할 수 있다. 해양경비대의 활동 반경은 해양에만 국한되지 않으며 내륙의 강, 운하 그리고 일반수로까지 적용된다.

넷째, 방어준비 태세는 전시 또는 대통령의 명령 시 미 해군 소속으로 임무를 수행하게 된다. 이에 대비해 통관 보안 및 항구 방어, 해안경계 및 전투와 연관된 작전 및 훈련을 지속적으로 실시하여 유사시 즉각 해군을 도와 방어 임무를 수행할 수 있도록 준비태세를 유지하고 있다.

다섯째, 불법 이민자 감시는 해상 경로를 통해 불법 이민자들의 입국을 막기 위해 다른 연방정부기관과 협조하여 해상 감시 및 순찰활동을 실시하고 있다. 매년 많은 이민자들이 미국에 불법적으로 입국하려고 시도하는데, 이것은 밀수와도 깊은 연관이 있어서 해양경비대의 중요한 임무 중에 하나이다.

마지막으로 해사안전이다. 미국 해안경비대는 현재 해상안선강화계획(MSEP: The Marine Safety Enhancement Plan)을 진행하고 있다. 해상안전강화계획은 보다 안전하고 환경 친화적인 해양 상거래의 촉진을 위한 해상 안전 시스템, 관련 지식 그리고 프로세스를 강화하는 다년간의 종합 프로그램이다.

2. 비국가 안보관련 임무

해양경비대의 비국가 안보관련 임무는 항해 보조, 생활 해양자원의 보호, 해양환경의 보존, 국제 얼음 순찰, 법집행 등의 임무가 있다.

첫째, 항해 보조(aids to navigation) 임무는 해양 항해 관련 규칙 및 법의 적용을 위해 활동하며 등대서비스 등을 통해 자국 영토 및 공해상에서의 자국 및 외국 선박의 항해에 도움을 주는 역할을 하고 있다.

둘째, 생활 해양자원(Living Marine Resource)의 보호 임무는 미국의 배타적 경제수역과 공해의 중요 영역을 보호하는 해안경비대(USCG)의 중요한 임무 중 하나이다. 해안경비대는 해양에서 The Magnuson—Stevens Fisheries Conservation and Management Act(MSFCMA)에 준하는 수산법을 적용하여 생활 해양자원 보호에 힘쓰고 있다.

셋째, 해양환경의 보존 임무는 해양환경 보호 프로그램을 발전시키고 규칙 및 법을 적용하여 해양에 쓰레기 무단 방출, 해양환경에 생태계 파괴를 초래하는 외래종의 유입, 석유 및 화학물질의 유출을 막는다. 또한 해안경비대는 상무성과 협력하여 국제적인 자원보호 및 관리기준의 효과를 약화시키는 공해상 어선의 모든 활동에 관련된 정보를 제공하는 보고서를 작성한다.

넷째, 해안경비대는 선박 및 지역사회에 비상상황 발생 시 도움을 주기 위해, 그리고 중요한 해상상업활동을 촉진시키기 위해 Great Lakes와 동북지역에 얼음분쇄서비스(Icebreaking Service)를 제공하고 있다. 해안경비대는 뉴펀들랜드의 그랜드뱅크스 근처 북대서양의 결빙기 동안에 얼음순찰을 하고 있으며, 그 지역을 항행하는 선박에 대해 얼음의 상태를 알리는 라디오 경고방송, 도움을 청하는 선박과 선원에 대한 지원, 그 지역의 얼음과 해류에 대한 연구 및 해상유기물의 파괴와 제거 등 법률에 열거한 서비스 등을 제공한다.

다섯째, 법집행의 임무는 외국어선이 미국 내 배타적 경제수역(EEZ)에 침범해 불법어업활동을 방지하는 것이다. 국가의 해상 경계선의 존엄성을 지키고 미국 어업활동을 보장하는 해안경비대의 중요한 기본 임무이다. 따라서 해양경비대는 해상에서의 불법적인 어업활동을 방지하기 위해 국제 협약을 적용한다.

Ⅰ. 연 혁

제2차 세계대전 직후 일본의 대부분 선박은 파괴되고 수송능력이 저하되었으며, 기뢰가 일본의 수로와 주요항만 등에 그대로 방치되어 선박의 안전운항을 위협하는 상태였다. 또한 일본의 주변 해역에서는 밀항·밀수 등의 해양범죄가 자주 발생하고 해적이 활동하는 등 해양치안이 불안정 하였다. 이와 같은 상황에서 기뢰제거, 항로 표지 및 시설복구, 해난구조시설 정비, 불법입국선박 감시 등의 해양안전 및 해양치안업무를 전담할 조직이 필요하게 되었다. 일본해상보안제도의 수립을 위해 미국 해양경비대의 미루스 장군이 초청되어 해상보안조직 설치에 대하여 조언을 하는 등 많은 노력을 하였다.

1946년 운수성 해운총국의 불법입국선박감시본부를 설치하여 운영하였다. 이후 1948년 5월 1일 아시다 내각에서 해상보안청법이 제정되어 설립된 해상보안청 (JCG: Japan Coast Guard)은 해군을 대신하여 일본 해상에서의 해상방제, 수색구조, 치안유지 및 해상교통을 담당하는 해상경찰·구난종합기관으로서 운수성의 외국 (外局)으로 활동하였다. 2001년 운수성이 국토교통성으로 변경됨에 따라 현재는 국토교통성의 외청으로 이관되었다.

Ⅱ. 조 직

일본 해상보안청은 일본내각의 국토교통성 소속으로 되어 있는 독립 외청으로 중앙행정기관이다. 일본의 해양질서유지를 담당하기 위한 법집행기관으로서의 성격을 가지고 있다. 해상보안청 장관 아래 차장과 해상보안감이 있고, 내부 부국에는 총무부, 장비기술부, 경비구난부, 해양정보부, 교통부를 설치하여 각 부처별 담당 업무를 수행하고 있다.

부속기관으로 해상보안관 간부를 양성하는 해상보안대학교와 해상보안청 소속 직원을 교육하는 해상보안학교가 있다. 전국을 11개의 관할로 나누어 각 구역

그림 5-3 ı 일본 해상보안청의 조직도

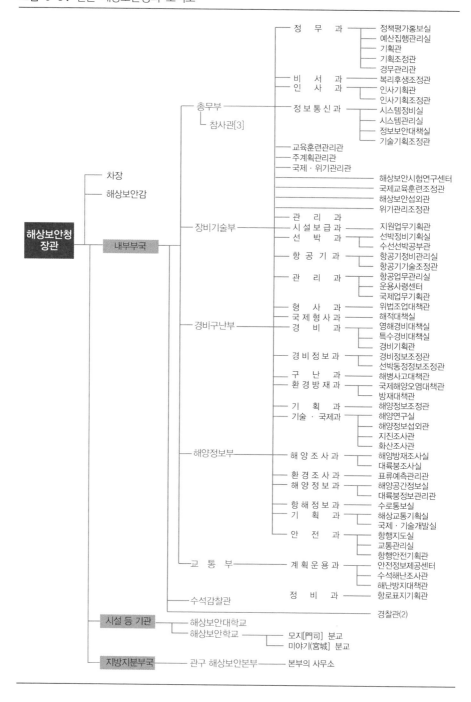

마다 관구해상보안본부를 설치하였으며, 그 산하에 해상보안서를 배치함으로써 해상 치안유지 등의 업무를 수행한다.

Ⅲ. 인력 및 예산

2021년 현재 해상보안청의 정원은 14,427명이며, 이 중에서 관구 해상보안본부 등 지방부서의 인원이 11,657명, 함정 및 항공기 등의 정원은 6,835명 등으로 구성되어 있다. 2021년도는 전략적 해상 보안 체제 구축, 해양 권익 확보를 위한 체제 강화 등 해상 보안을 둘러싼 과제에 대응하기 위해 해상보안청 요원으로 289명을 증원하여 해상보안의 기반 강화를 추진하고 있다.[5] 해상보안청의 2021년도 예산액은 2,226억엔이 되고 있다. 이 중 인건비로 1,037억엔이 배정되었으며, 함정 및 항공기의 정비 비용으로 291억엔, 운항 비용(연료비, 수리비 등)으로 487억엔 등으로 되어있다.

Ⅳ. 장   비

2021년 현재 총 452척의 함정을 보유 중에 있다. 헬기 탑재가 가능한 PLH형 순시선과 3500톤~1000톤급의 PL형, 350톤급의 PM형, 180톤급의 PS형 순시선, 그리고 PC형, CL형 소형 순시선과 소방선박인 FL형 선박이 있다. 2020년 말 기준으로 74대의 항공기를 보유 중에 있다. 5종의 항공기와 7종의 회전익 항공기를 보유 중이다.

Ⅴ. 주요 임무

일본의 해상보안청법 제2조 제1항에 해양상보안청의 임무를 다음과 같이 명

---

5) 일본 해상보안청 홈페이지(http://www.kaiho.mlit.go.jp/, 2021. 2. 6.).

시하고 있다. '해상보안청은 해상에서 법집행, 해난구조, 해양 오염 등의 방지, 해상에서 선박의 항행 질서 유지, 해상 범죄 예방과 진압, 해상에서 범인의 수사 및 체포, 해상에서 선박 교통에 관한 규제, 수로, 항로 표지에 관한 사무 기타 해상 안전 확보에 관한 사무 및 이에 부대하는 사항에 관한 사무를 실시'하는 것으로 해상의 안전과 치안 확보를 도모하는 것을 임무로 한다.

　해상보안청의 활동은 해상자위대 함정 등과 겹치는 부분이 상당히 있으며, 실제로도 해상에서 경찰업무를 수행하지만, 해상자위대의 역할을 하는 상황이 자주 있다. 하지만, 해상보안청법 제25조에서는 해상보안청의 군대적 기능을 명확히 부정하고 있다. 일본 국내법적으로 보았을 때는 범죄단속과 같은 성격을 지닌 사법경찰과 해상교통행정과 같은 성격을 지닌 행정경찰, 즉 쌍방의 기능을 함께 갖고 있다.

제4절 중국 해경국

I. 연   혁

중국 국가해양국(SOA: State Ocean Administration)은 1964년에 설립된 중국 국무원 기관으로서 전국의 해양 관련 업무를 통일적으로 관리하고 있다. 1988년 국무원 산하의 해양업무를 계획·종합·관리하는 정부의 기능부서로 거듭나면서 국무원의 직속기관으로 발전하였다.

2013년 3월 14일 제12차 전국인민대표자대회에서 국무원기구 개혁 및 직책·전환 방안이 통과됨에 따라, 동년 7월 22일 중국 국무원은 국토자원부의 중국해양국에 해감총대, 공안부 변방해경, 농업부 어정국, 해관총서(밀수단속 경찰) 등 4개 기관을 통합하여 중국해경국(中國海警局, CCG: China Coast Guard)을 창설하였다. 이에 따라 국가해양국에 해경사(海警司)를 두고 그 아래 해경사령부와 해경지휘센터를 설치하여 해상법집행에 관한 각종 규칙의 제안, 해경부대에 의한 해양법집행의 통일적 지휘·조정, 해경부대 훈련 등을 담당하게 했다.

또한, 중국은 2018년 7월, 해경국 전체를 중국인민무장경찰부대에 편입시켜 지도·지휘하게 하였다. 2020년 10월, 제13차 전국인민대표대회 당무위원회 제22차 회의 심의에 중화인민공화국 해경법을 제출하였으며, 법률 전문은 중국 인대망6)에 공표하여 일반에게 공개하고 의견을 수렴 한 후, 2021년 1월 22일 전국인민대표대회 상무위원회 제25차 회의에서 최종 통과시켰으며, 동년 2월 1일 주석령 제71호로 발표되었다.

이와 같은 중국인민공화국 해경법은 중국의 해양권익수호와 함께 해양분쟁에 대응하기 위한 해경의 역할강화와 기능분산에 따른 비효율성 개선, 통합적 업무수행의 필요성을 위해 제정되었다(중국해경법 제1조).

---

6) 중국인대망. 2021. "중화인민공화국해경법",
(http://www.npc.gov.cn/npc/c30834/202101/ec50f62e31a6434bb6682d435a906045.shtml/
2021. 1. 24.).

그림 5-4 | 중국 해경국의 설립 과정

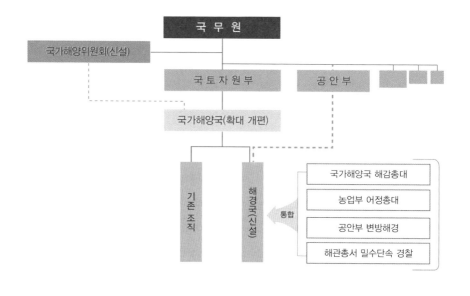

그림 5-5 | 중국 해경국의 소속 변경

II. 조   직

2021년 이후 중국 해경국은 중앙군사위원회 무장경찰부에 소속되어 중앙군사위원회의 지도·통제를 받고 있다. 총 3개의 지역분국(分局)과 11개의 지역 해경국(총대)으로 구성되어 있다. 북해지역사령부(황해 담당)는 청도에 위치하고 있으며,

산하에 대련과 단동을 관리하는 랴오닝 총대와 허베이총대, 천진을 관리하는 텐진총대, 위해와 청도를 관리하는 산둥총대가 있다.

동해지역사령부(동중국해 담당)는 상해에 위치하고 있으며, 산하에 소주 태창을 관리하는 장쑤총대, 상해를 관리하는 상하이총대, 태주와 영파를 관리하는 저장총대, 복주, 천주, 하문을 관리하는 푸젠총대가 있다.

남해지역사령부(남중국해 담당)는 광주에 위치하고 있으며, 산하에 광주, 산두, 담강을 관리하는 광둥총대, 해구, 삼아를 관리하는 하이난총대, 북해, 방성하를 관리하는 광시총대가 있다.

1. 해감총대

해감총대는 1998년 중국 국가해양국 소속으로 설립된 중국해상감독총국이다. 주요기능을 살펴보면, ① 해양집법경찰사업 기획과 방안의 제정 및 실시, ② 중국해양감독경비사용계획을 제정하고 업무경비사용을 감독·관리, ③ 중국해상감독단체를 설치·관리하고 해양집법감독사업의 규칙과 제도를 제정, ④ 중국 관할해역 집법감찰사업을 조직, 협력하고 해양집법감찰공보와 통보, ⑤ 해상의 중대사건에 대하여 응급조치 및 조사 등이 있다.

2. 농업부 어정국

농업부 어정국은 1988년에 설립되었으며, 황해, 동해, 남해에 3개의 직속해구가 있으며, 어업행정어항감독 관리국을 설치하여 운영하고 있다. 각 이업행정어항감독 관리국은 검사연대를 설치하여 어업행정어항 집법업무를 수행하고 있다.

3. 국무원 직속 해관총서(밀수단속 경찰)

해관총서는 1999년 1월 밀수범죄수사국이라는 명칭으로 설립되었다. 수사와 관련된 지휘는 세관본국과 공안부로부터 이중적으로 지휘를 받고 있다. 중국의 내항, 영해, 경계선 등에서 해상 밀수범죄의 단속 및 수사를 담당하고 있다.

4. 공안부 변방해경부대

중화인민공화국 공안부 변방관리국 소속으로 중국의 해양경찰에 해당한다. 주요 업무로는 ① 해양범죄활동을 예방, 제지, 수사하여 국가안전과 해역치안질서를 유지하고 보호, ② 해양의 중요목표의 안전경호를 책임, ③ 해양에서 재난구조 및 긴급조치에 참여해 공공재산과 국민의 안전을 보호하고 있다.

표 5-1 ┃ 중국의 해양집행기관

기관	주요 임무	집행기관의 소속 변화			
		2013. 7. 이전	2013. 7. 이후	2018. 7. 이후	2021. 2. 이후
해감총대	해양행정집행·불법어업단속·해양주권수호	국가해양국	중국 해경국	중앙군사 위원회 무장경찰부	중앙군사 위원회 무장경찰부
공안부 해경부대	근해(영해·접속수역) 해상치안·범죄단속·수색구조	공안부 변방국			
어정국	어업권익관리·해양보호·내륙수역관리	농업부 어업국		국무원 공안부 해경총대	
해관총서	해양밀수·밀항단속	해관총서			
해순	해상순찰·해상순시·수상교통안전관리	교통부 해사안전부			

자료: 이상만, 중국해경법 시행의 의미와 과제, IFES 브리프, 2021.

III. 인 사

중국 해경국의 소속이 국무원 산하 국가해양국에서 2018년 7월 1일 이후부터 중앙군사위원회 산하 무장경찰부대로 변경되었다. 즉, 중국 해경국의 지휘통제권이 우리의 행정부에 해당하는 국무원에서 군사업무를 지도하는 중앙군사위원회로 변경된 것이다.

2020년 기준 중국 해경국은 약 20,000여명으로 구성되어 있으며, 왕중차이(王仲才) 무장경찰소장이 해경국장을 업무를 담당하고 있다. 중국은 해경국 이외에도 해상민병대(Maritime Militia)라는 비공식적 해상 무력 세력을 가지고 있다. 해상민병대원[7]은 상선 또는 어선의 승조원이지만 필요한 경우에는 군사지원 임무를 수행할 수 있다. 중국 정부의 부인에도 불구하고, 해상 시위 참가, 물자 운반 지원, 외국어선 추방 등의 준군사적 임무를 수행하는 것으로 알려져 있다.[8]

Ⅳ. 장　비

2013년 중국 해경국의 통폐합 이전에는 1,000톤급 이상의 대형함정은 몇 척되지 않았으며, 함정의 무장 또한 빈구하였다. 하지만, 2016년부터 12,000톤급 이상의 함정 2척을 건조하였으며, 76미리 함포로 무장하고 있다. 이외에도 5,000톤급 함정 4척, 4,000톤급 함정 7척, 3,000톤급 함정 37척, 2,000톤급 함정 5척, 1,000톤급 함정 74척 등 1,000톤 이상의 대형함정을 총 129척 보유하고 있다. 또한 900톤급 미만의 함정 265척 보유하고 있어 총 394척의 함정을 보유하고 있다.

항공기의 경우 고정익 9대, 회전익 19대, 무인기 3대를 보유하고 있어, 함정세력에 비해 항공기 세력 및 성능은 아직까지 미약하며, 총 27대의 항공기를 보유하고 있다.[9] 중국해경국은 아직까지는 함정 세력에 비해 항공기 세력 및 성능이 빈약하며 중국 자체 개발의 항공기가 주 세력을 이루고 있다.

Ⅴ. 주요 임무

중국 해경국은 중국인민공화국 해경법 제12조에서 담당하고 있는 직무를 명시하고 있다. 주요 내용을 살펴보면, 다음과 같다.[10]

첫째, 관할 해역에서 순항 및 경계를 수행하고, 주요 섬과 암초를 지키고, 해

---

7) 해상민병대의 임무는 첫째, 사회주의 현대화 건설에 적극적으로 참가하여 생산과 각종 임무를 완수하는데 앞장서고, 둘째, 전쟁 준비 업무를 맡아 사회 치안을 보호하며, 셋째, 언제나 침략에 맞서 조국을 지킬 준비를 하는 것이라고 규정하고 있다(이상회 외, "중국 해상민병대의 국제법적 지위와 효과적인 대응방안에 관한 연구", 한국해양경찰학회보, 제11권 2호, 2021, 329면).

8) 윤성순, "동북아 해양경찰 증강 현황", STRATEGY 21, 통권43호 Vol. 21, No. 1, 2018, 188면.

9) 해양경찰청, 내부자료, 2021.

10) 이상만, 중국해경법 시행의 의미와 과제, IFES 브리프, 2021.

상 경계를 관리하며, 국가 주권, 안전 및 해양 권리와 이익을 위태롭게 하는 행위를 예방·억제 및 배제한다.

둘째, 중요한 해양 목표 및 주요 활동에 대한 보안을 제공하고, 주요 암초와 배타적 경제수역 및 대륙 선반의 인공 섬, 시설 및 구조물의 안전을 보호하기 위해 필요한 조치를 취한다.

셋째, 해상치안 관리를 실시하고, 출·입국 관리를 위반하는 행위를 조사하여 처벌하며, 해상테러 활동을 예방 및 처리하고, 해상보안 질서를 유지한다.

넷째, 해상밀수 혐의가 있는 운송 수단, 물품 또는 인원을 검사하고 해상 밀수의 불법행위를 조사하고 처벌한다.

다섯째, 직무의 범위 내에서 해양의 사용, 섬 보호, 개발 및 활용, 해양 광물자원 탐사 및 개발, 해저 전기(빛) 케이블 및 배관 설치 및 보호, 해양조사 및 측정, 해양 기초 제작, 외국 관련 해양 과학 연구 및 기타 활동에 대한 감독 및 검사를 수행하고 불법 행위를 조사하고 처벌한다.

여섯째, 해양공사 건설사업, 해양오염 피해에 대한 해양 폐기물 투기, 자연보호 지역 해안선의 해양측면 보호 및 활용에 대한 감독 및 검사, 불법 행위 조사 및 처벌, 해양환경오염 사고의 비상 대응, 조사 및 처리에 참여한다.

일곱째, 어선의 바닥 트롤링 금지 구역의 외부 해역 및 특정 수산 자원 어업의 어업 생산 및 운영, 해양 야생동물 보호 및 기타 활동에 대한 감독 및 검사를 수행하고, 불법 행위를 조사하고 처벌하며, 법에 따라 해양 어업 생산 안전사고 및 어업 생산 분쟁을 조사하거나 처리하는 데 참여한다.

여덟째, 해양범죄 행위의 예방, 제지 및 수사

아홉째, 해양비상 사태를 처리국가 책임의 분할하여 처리

열 번째, 법률, 규정 및 중국이 체결하거나 참여하는 국제 조약에 따라 관할 해역 이외의 지역에서 관련 법 집행 임무를 수행한다.

열한 번째, 법률 및 규정에 따른 기타 책임을 수행한다.

이상의 내용과 같이 중국 해경국은 공안, 자연자원, 생태환경, 교통운수, 어업어정, 세관 등 주무부처와 역할을 나눠 국가 관련 규정에 따라 업무를 수행하고 있다.

02

各論
각론

제1장

해양경찰 경비론

제1절 개 관

동북아 해역에서는 해양영토를 확장하기 위한 한·중·일·러 간의 치열한 각축전이 벌어지고 있다. 특히 한·중·일 3국은 1996년 「해양법에 관한 UN협약」(United Nations Convention on the Law of the Sea)을 비준하였고, 배타적 경제수역(EEZ)을 선포하여 200해리까지 경제적 권리를 확보하였으나, 각국 간에 상호 중첩되는 수역이 많아 해양경계의 불확정성으로 인한 긴장과 갈등이 심화되고 있다.[1]

해양경찰은 1953년 창설 당시 해상대간첩 작전, 즉 안보적 측면과 어로보호

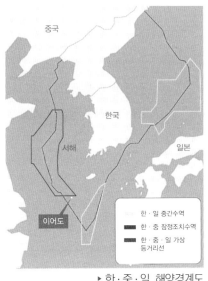

▶ 한·중·일 해양경계도

---

1) '해양'의 의미는 「해양수산발전기본법」 제3조 제1호에서 '해양이라 함은 대한민국 내수·영해·배타적 경제수역·대륙붕 등 대한민국 주권·주권적 권리 또는 관할권이 미치는 해역과 헌법에 의하여 체결·공포된 조약 또는 일반적으로 승인된 국제법규에 의하여 대한민국 정부 또는 국민이 개발·이용·보전에 참여할 수 있는 해역을 말한다'라고 규정하고 있다.

등 민생치안이 주 임무였으나, 「해양법에 관한 UN협약」[2]에 따른 배타적 경제수역(Exclusive Economic Zone) 선포와 주변국과의 어업협정 등 국제해양법 질서 변화에 따라 기존의 안보적·치안적 관점을 넘어 경제경찰로서의 역할이 중요시되고 있으며, 해양자원 등 경제적 관점에서 해양경비의 범위도 크게 늘어나 종전의 12해리 영해(領海) 중심에서 200해리[3] 배타적 경제수역으로 확대되었다. 특히 한·일 어업협정(1999), 한·중 어업협정(2001) 등 국가 간의 어업협정에 따라 외국어선의 불법조업단속이 중요한 임무로 자리 잡게 되었다. 이에 따라 배타적 경제수역 등 대한민국의 해양영토를 지키고 보호하는 해양경찰은 1996년 경찰청으로부터 분리되어 독자적인 인사와 예산 권한을 보유한 해양수산부 외청으로 독립되면서 본격적인 제도적 기틀을 마련하였고, 2012년 해양경비법과 2020년 해양경찰법이 제정·시행되면서 조직과 임무에 관한 법적 기반을 갖추게 되었다.[4]

Ⅰ. 의   의

해양경비의 법률적 의미를 살펴보면, 「정부조직법」 제43조 제2항에서 해양경찰의 임무를 해양에서의 경찰 및 오염방제로 규정하고 있어 해양경비를 해양에서의 경찰활동에 포함시키고 있고, 「해양경비법」 제2조(정의)는 해양경비를 경비수역[5]에서 해양주권의 수호를 목적으로 행하는 해양안보 및 해양치안의 확보, 해양수산자원 및 해양시설의 보호를 위한 경찰권의 행사로 규정하고 있다. 또한 동법 제7조에서는 해양경비활동의 구체적 범위를 해양 관련 범죄에 대한 예방, 해양오

---

2) '바다의 헌법전'이라고도 불리우며, 전문과 17부 320개 조문, 9개의 부속서로 구성되어 있고, 1994년에 발효되었으며, 우리나라는 1996년 협약 당사국이 되었다.

3) 배의 속도는 자동차와 달리 'Knot(노트)'라는 단위로 표시하며, 1노트는 1시간에 1해리(海里)를 항해하는 속도를 말한다. 1해리(海里)는 1,852미터로 1,609미터인 1마일 보다 더 길다.

4) 배타적 경제수역과 관련하여 한·중·일 간 중첩되는 해역의 어업자원을 공동으로 보존·관리하기 위해 한·중간에 잠정조치수역을, 한·일간에는 중간수역(공식명칭은 아님)을 두고 있다(한·중 어업협정 제7조, 한·일 어업협정 제9조).

5) 경비수역이란 '대한민국의 법령과 국제법에 따라 대한민국의 권리가 미치는 수역'으로서 연안수역, 근해수역 및 원해수역으로 구분하고, 연안수역은 영해 및 내수면을, 근해수역은 접속수역을, 원해수역은 연안수역과 근해수역을 제외한 수역을 말한다.

염방제 및 해양수산자원보호에 관한 조치, 해상경호·대테러 및 대간첩 작전 수행, 해양시설의 보호 및 해상항행보호에 관한 조치와 그 밖에 경비수역에서 해양경비를 위한 공공의 안녕과 질서 유지로 규정하고 있다. 동법 제14조에서는 해양경찰의 직무를 해양에서의 수색·구조·연안안전관리·선박교통관제와 함께 경호·경비·대간첩·대테러작전을 규정하고 있다.[6]

종합하여 보면 해양경비는 해양에서의 주권수호를 포함한 공공의 안녕과 질서유지를 위한 불법외국어선 단속과 집회와 시위관리, 경호·경비, 대테러활동, 대간첩작전 수행, 특정해역 어로보호 등을 망라하는 해양에서 이루어지는 총체적인 국가적 경찰작용이라고 할 수 있다.

II. 특　징

1. 복 합 성

해양경비활동은 해양에서의 주권수호, 해양자원 보호 및 안전관리 기타 해양시설 보호 및 해양교통로 확보 등 복합적인 성격을 갖는다.

2. 불확정성

한·일 중간수역, 한·중 잠정조치수역 등 인접국 간의 해양경계 미 획정과 해양영토를 둘러싼 주변국과의 갈등과 마찰로 유동적·불확정적인 특성이 있어 오늘날 해양경비활동이 더욱 중요해지고 있다.[7]

---

6) 「해양경찰법」 제2조(해양경찰의 책무)에서는 해양경찰의 책무를 해양에서 사람의 생명·신체 및 재산 보호, 해양사고 대응, 대한민국의 국익 보호 및 해양영토수호와 해양치안질서유지로 규정하고 있다.
7) 한반도 주변의 해양분쟁을 살펴보면, 한·일간의 독도(獨島) 문제를 포함하여, 중·일간의 센카쿠열도, 남중국해의 난사(南沙)군도, 러·일간의 쿠릴열도 등 해양영토 확장을 둘러싼 각국의 갈등과 대립이 심화되고 있다.

3. 국 제 성

오늘날 바다는 국제사회에서 또 하나의 영토, 즉 해양영토로 인식되고 있어 국경적 특성을 갖고 있기 때문에, 해양을 둘러싼 갈등과 함께 평화적 해결을 위한 국제교류·협력의 필요성 등 국제적 성격을 갖는다.

4. 장비의존성

해양의 특성상 해양에서의 경비활동은 함정, 항공기, 각종 통신수단 등 장비의존성이 매우 높다.

제2절 / 법적 근거

Ⅰ. 헌법과 법률

1. 헌 법

해양경찰의 창설과 함께 시작된 해양경비 임무는 해양경찰의 핵심임무로서 그 영역과 범위가 확대되고 있고, 특히 1996년 「해양법에 관한 UN협약」의 가입으로 그 활동범위가 확대되고 있다. 현재 우리 「헌법」에는 해양경비에 관한 명시적인 규정은 없으나, 「헌법」 제37조 제2항은 '국민의 모든 자유와 권리는 국가안전보장, 질서유지 또는 공공복리를 위하여 필요한 경우에 한하여 법률로써 제한할 수 있으며, 제한하는 경우에도 자유와 권리의 본질적인 내용을 침해할 수 없다'고 규정하고 있어 해양경비활동이 비록 국가안전보장, 질서유지 또는 공공복리를 위하여 국민의 자유와 권리를 제한할 수 있으나, 반드시 법률에 근거하여야 하며, 제한하는 경우에도 자유과 권리의 본질적인 내용을 침해할 수 없다는 해양경비활동의 근거 및 한계를 규정하고 있다.

2. 조약 등 국제규범

해양경비와 관련한 국제규범에는 「해양법에 관한 UN협약」, 「한·일 어업협정」, 「한·중 어업협정」, 「UN헌장」과 「MARPOL」 등 해양환경보호를 위한 각종 국제환경 규범, 형사에 관한 각종 국제규범과 「범죄인 인도조약」, 「남북해운합의서」, 「UN 안전보장이사회 대북제재결의」, 「해상항행의 안전에 대한 불법적 행위의 억제를 위한 의정서」, 「대륙붕에 위치한 고정플랫폼의 안전에 대한 불법적 행위의 억제를 위한 의정서」, 「외교관 등 국제적 보호인물에 대한 범죄의 방지 및 처벌에 관한 협약」, 「인질억류방지에 관한 국제협약」, 「폭탄테러행위의 억제를 위한 국제협약」 등이 있다.

3. 국내 법령

「정부조직법」제43조 제2항에서 해양경찰의 임무를 '해양에서의 경찰 및 오염방제'로 규정하고 있으나, 구체적인 작용법이 없어 국제규범이나 해양경찰청 훈령 등에서 규정되어 오다가, 2012년 「해양경비법」과 2020년 「해양경찰법」이 제정·시행되면서 최초로 해양경비에 대한 보다 구체적인 법적 근거가 마련되었다. 「해양경비법」제1조에서는 해양경비를 경비수역에서의 해양안보 확보, 치안질서 유지, 해양수산자원 및 해양시설 보호로 규정하고 있으며, 「해양경찰법」제2조에서는 해양경찰은 대한민국의 국익을 보호하고 해양영토를 수호하며 해양치안질서 유지를 위하여 필요한 조치와 제도를 마련하여야 한다고 규정하고 있다. 또한 제14조에서는 해양경찰은 해양에서의 경호·경비·대간첩·대테러작전에 관한 직무를 수행한다고 명시하고 있다.

그러나 이러한 법적 근거들을 바탕으로 강학상의 분류기준인 영해와 배타적 경제수역(EEZ) 경비 및 기타로 구분해서 정리하면 아래와 같다.

표 1-1 ┃ 해양경비 관련 법령[7]

구분		국내법령	조약 등 국제법	행정규칙
해양경비	영해경비	·영해 및 접속수역법 ·출입국관리법 ·관세법 ·마약법 ·밀항단속법 ·해사안전법 ·선박의 입항 및 출항 등에 관한 법률 ·항만법 ·무인도서의 보전 및 관리에 관한 법률 등	·해양법에 관한 UN협약 ·한·일 어업협정 ·한·중 어업협정 ·UN헌장 ·MARPOL(해양오염방지협약) ·범죄인 인도조약 등	·해양경찰 경비규칙 ·함정운영 관리규칙 ·항공기 운용규칙 ·함정·항공기 등 지원규칙 ·함정 기본조직에 관한 규칙 ·해상특수기동대 운영규칙 ·국가위기관리 세부운영규칙 ·해상경호규칙 ·해양경찰특공대 운용규칙 ·국가대테러활동 세부운영규칙 ·해상치안상황실 운영
	EEZ경비	·배타적 경제수역법 ·배타적 경제수역에서의 외국인 어업 등에 대한 주권적 권리의 행사에 관한 법률 ·해저광물자원개발법		

			규칙
	· 해양과학조사법 · 해양환경관리법 · 수산업법 · 어선안전조업법 등		· 비상소집 및 근무규칙 · 계선부표관리규칙 등
기타	· 경찰관직무집행법 · 의무경찰대 설치 및 운영에 　관한 법률 · 통합방위법 · 테러방지법 · 대통령 등의 경호에 관한 법률 · 대외무역법 등	· 남북해운합의서 · UN 안전보장이사회 대북제 　재결의 · 해상항행의 안전에 대한 불법 　적 행위의 억제를 위한 의정서 · 대륙붕에 위치한 고정플랫폼 　의 안전에 대한 불법적 행위 　의 억제를 위한 의정서 · 외교관 등 국제적 보호인물 　에 대한 범죄의 방지 및 처벌 　에 관한 협약 등 · 인질억류방지에 관한 국제 　협약 · 폭탄테러행위의 억제를 위한 　국제협약	

II. 해양경비법 주요 내용

해양경비법 제정 이전의 해양경비활동은 체계적이며 구체적인 법적 근거가 없었으며, 「경찰관직무집행법」이나 관련 해사법규, 국제조약, 행정규칙 등을 적용하여 경비 임무를 수행하였으나, 2012년 「해양경비법」 제정으로 해양경비의 원칙과 기준·절차 등을 명시적으로 규정함으로써 해양경비활동의 적법성·체계성을 갖추게 되었다.

1. 주요 내용

「해양경비법」은 해양경비기본계획의 수립, 해양경비활동의 범위[9]와 경비세력

---

8) 노호래 외, 「해양경찰학개론」, 문두사, 2016, 171면 표 수정 참조.

의 해외파견 등 국제협력의 근거[10]를 명시하고 있다. 또한 경비수역별 중점 경비사항과 해상에서의 선박 검문검색, 선박 등에 대한 추적 및 나포권을 명시하고 있다.

경비수역 별 중점 경비사항(해양경비법 제11조②)	
연안수역	해양 관계 국내법령을 위반한 선박등의 단속 등 민생치안 확보 및 임해 중요시설의 보호 경비
근해수역	「영해 및 접속수역법」 제6조의2에 따른 법령을 위반한 외국선박의 단속을 위한 경비
원해수역	해양수산자원 및 해양시설의 보호, 해양환경의 보전·관리, 해양과학조사 실시 등에 관한 국내법령 및 대한민국이 체결·비준한 조약을 위반한 외국선박의 단속을 위한 경비(제11조②)

또한 해상 집단행동 등의 행위에 대해 경고, 이동·해산 명령, 무기사용에 대한 요건 등 법적 근거와 해양경찰 장비 및 장구 사용기준을 명시하고 있다.[11]

2. 적용 범위

이 법은 ① 경비수역에 있는 선박 등이나 해양시설, ② 경비수역을 제외한 수역에 있는 선박법 제2조에 따른 대한민국 선박에 적용된다(해양경비법 제4조). 다만, 영해 및 접속수역법 제8조에 따라 외국 군함이나 비상업용 정부선박 그리고 그 승무원이나 승선자의 경우에는 적용되지 아니한다. 해양경비에 관한 사항은 「해양경비법」에 앞서 「통합방위법」이 우선 적용되며, 「경찰관직무집행법」이 보충적으로 적용된다(해양경비법 제5조).

---

9) 해양 관련 범죄에 대한 예방, 해양오염방제 및 해양수산자원보호에 관한 조치, 해상경호·대테러 및 대간첩 작전 수행, 해양시설의 보호 및 해상항행보호에 관한 조치와 그 밖에 경비수역에서 해양경비를 위한 공공의 안녕과 질서 유지로 규정하고 있다(제7조).

10) 해양경찰청장은 국제협력을 위한 국가 간 합동훈련 및 구호활동을 위하여 대통령령이 정하는 바에 따라 경비세력의 일부를 외국에 파견할 수 있고, 국제협력 증진을 위하여 용도폐지된 함정을 개발도상국에 무상으로 양여할 수 있도록 규정하고 있다(제9조).

11) 해양경찰관은 「경찰관 직무집행법」 제10조 제2항 및 제10조의2 제2항에 따른 경찰장비 및 경찰장구 외에 다음 각 호의 어느 하나에 따른 경찰장비 및 경찰장구를 사용할 수 있다. 1. 해상검문검색 및 추적·나포 시 선박 등을 강제 정선, 차단 또는 검색하는 경우 경비세력에 부수되어 운용하는 경찰장비 및 경찰장구 2. 선박등에 대한 이동·해산 명령 등 해상항행 보호조치에 필요한 경찰장비 및 경찰장구 3. 제1호 및 제2호에 따른 경찰장비 및 경찰장구 외에 정당한 직무수행 중 경비세력에 부당하게 저항하거나 위해를 가하려 하는 경우 경비세력의 자체 방호를 위한 경찰장비 및 경찰장구(제18조).

제3절 해양경비의 범위와 한계

I. 범 위

「해양경비법」 제7조는 해양경비의 범위를 ① 해양 관련 범죄에 대한 예방, ② 해양오염방제 및 해양수산자원 보호에 관한 조치, ③ 해상경호·대테러·대간첩작전 수행, ④ 해양시설의 보호에 관한 조치, ⑤ 해상항행보호에 관한 조치, ⑥ 그 밖에 경비수역에서 해양경비를 위한 공공의 안녕과 질서유지 등 6가지로 규정하고 있다. 그러나 해양경비활동의 범위는 불법외국어선 단속 등 해양 관련 범죄에 대한 단속과 배타적 경제수역에서의 권리인 해양과학 조사, 해양환경의 보호 및 보전에 대한 관할권 확보를 위한 제반활동과 대량파괴무기나 그 밖의 무기류 또는 관련 물자의 수송에 사용되고 있다고 의심되는 선박 등에 대한 대량살상무기 확산 방지 구상(PSI: Proliferation Security Initiative) 등 해상차단작전까지 그 범위를 확대할 필요가 있다고 본다.[12]

표 1-2 ┃ 경비활동의 범위

구분	내용
해양 관련 범죄 예방	해양 관련 범죄 예방 순찰·단속·진압 활동 등
해양오염방제 해양수산자원보호	해양오염 예방·방제·해양과학조사 보호 및 지원·해양환경보호 활동 등
해상경호, 대테러 및 대간첩 작전	중요인사 경호경비, 해양대테러 예방순찰, 동·서해 어로보호활동, 국가통합방위작전, 선박 및 항만보안활동· PSI 등 해상차단작전
해상시설의 보호	발전소, 저유소 등 임해 주요시설, 해양과학기지 등 국가해양시설물 보호
해상항행의 보호	해상시위 등 집단행동의 규제, 안전한 해상교통 질서 확보
그 밖에 경비수역에서 해양경비를 위한 공공의 안녕과 질서유지	해양경찰 경비활동에서 직무수행의 목적과 방향을 제시하는 조항으로 불확정적 개념이며 개괄적 수권조항으로 개별적 수권조항에 대해 보충적·예외적으로만 인정된다.

---

12) 우리 정부는 2009년 PSI 정식참여 발표 이후, 해상에서의 PSI 주무기관을 해양경찰청으로 정하였고, 해상이 아닌 항만에서는 세관이 담당을 하고 있다.

Ⅱ. 수단·종류[13]

경비활동 수단에는 경고와 같은 간접적 실력행사와 검문검색·체포와 같은 직접적 실력행사로 구분할 수 있다.

1. 경   고

경고는 인명·신체·재산 등에 대한 위해를 방지하기 위하여 어떠한 행위를 촉구하는 사실상의 통지행위로 법적 성격은 임의처분으로서 경찰관직무집행법 제5조(위험발생방지)[14] 및 해양경비법 제14조(해상항행보호조치)[15]에 근거를 두고 있다.

---

13) 해양경비활동의 수단을 관계자에게 작위·부작위를 촉구하는 경고, 이동, 해산명령 등 간접수단과 체포, 검문검색, 추적·나포, 이동·피난조치 등 직접적 수단으로 구분하는 견해도 있다.

14) 「경찰관직무집행법」 제5조 ① 경찰관은 사람의 생명 또는 신체에 위해를 끼치거나 재산에 중대한 손해를 끼칠 우려가 있는 천재(天災), 사변(事變), 인공구조물의 파손이나 붕괴, 교통사고, 위험물의 폭발, 위험한 동물 등의 출현, 극도의 혼잡, 그 밖의 위험한 사태가 있을 때에는 다음 각 호의 조치를 할 수 있다. 1. 그 장소에 모인 사람, 사물(事物)의 관리자, 그 밖의 관계인에게 필요한 경고를 하는 것 2. 매우 긴급한 경우에는 위해를 입을 우려가 있는 사람을 필요한 한도에서 억류하거나 피난시키는 것 3. 그 장소에 있는 사람, 사물의 관리자, 그 밖의 관계인에게 위해를 방지하기 위하여 필요하다고 인정되는 조치를 하게 하거나 직접 그 조치를 하는 것

15) 「해양경비법」 제14조 ① 해양경찰관은 경비수역에서 다음 각 호의 어느 하나에 해당하는 행위를 하는 선박등의 선장에 대하여 경고, 이동·해산 명령 등 해상항행 보호조치를 할 수 있다. 다만, 외국선박에 대한 해상항행 보호조치는 연안수역에서만 실시한다. 1. 선박 등이 본래의 목적을 벗어나 다른 선박등의 항행 또는 입항·출항 등에 현저히 지장을 주는 행위 2. 선박 등이 항구·포구 내외의 수역과 지정된 항로에서 무리를 지어 장시간 점거하거나 항법상 정상적인 횡단방법을 일탈하여 다른 선박 등의 항행에 지장을 주는 행위 3. 임해 중요시설 경계 바깥쪽으로부터 1킬로미터 이내 경비수역에서 선박등이 무리를 지어 위력적인 방법으로 항행 또는 점거함으로써 안전사고가 발생할 우려가 높은 행위 ② 해양경찰관은 경비수역(이 항에서 「선박의 입항 및 출항 등에 관한 법률」에 따른 무역항의 수상구역등의 수역은 제외한다)에서 다음 각 호의 어느 하나에 해당하는 사유로 선박등이 좌초·충돌·침몰·파손 등의 위험에 처하여 인명·신체에 대한 위해나 중대한 재산상 손해의 발생 또는 해양오염의 우려가 현저한 경우에는 그 선박등의 선장에 대하여 경고, 이동·피난 명령 등 안전조치를 할 수 있다. 다만, 외국선박에 대한 안전조치는 연안수역에서만 실시한다. 1. 태풍, 해일 등 천재(天災) 2. 위험물의 폭발 또는 선박의 화재 3. 해상구조물의 파손 ③ 해양경찰관은 선박 등의 통신장치 고장 등의 사유로 제2항에 따른 명령을 할 수 없거나 선박 등의 선장이 제2항에 따른 명령에 불응하는 경우로서 인명·신체에 대한 위해, 중대한 재산상 손해 또는 해양오염을 방지하기 위하여 긴급하거나 불가피하다고 인정할 때에는 합리적으로 판단하여 필요한 한도에서 다음 각 호의 조치를 할 수 있다. 1. 선박등을 안전한 곳으로 이동시키는 조치 2. 선박등의 선장, 해원(海員) 또는 승객을 하선하게 하여 안전한 곳으로 피난시키는 조치 3. 그 밖에 대통령령으로 정하는 조치

2. 제   지

위험상황을 예방·진압하기 위한 강제처분으로 세력분산, 주동자 격리 등을 목적으로 실시하는 직접적 실력행사 수단으로서, 「경찰관직무집행법」제6조(범죄의 예방과 제지)[16]에 근거하고 있으며, 즉시강제에 해당하는 경찰상 강제처분이다.

3. 체   포

명백한 위법행위를 하는 주동자 등을 대상으로 신체를 구속하는 강제처분으로서, 형사소송법 제212조(현행범인의 체포)[17] 등에 근거하고 있다.

4. 해상 검문검색

다른 선박의 항행 안전에 지장을 주거나 진로 등 항행 상태가 일정하지 아니하고 정상적인 항법을 일탈하여 운항되는 선박, 대량 파괴무기 등 물자 수송에 사용되고 있다고 의심되는 선박, 대한민국 법령 및 대한민국이 체결·비준한 조약을 위반하거나 위반이 의심되는 선박 등[18]에 대해 해상에서 정선요구, 승선, 질문, 사실 확인, 선체수색이나 그 밖에 필요한 조치를 하는 것으로 「해양경비법」제12조(해상검문검색)에 근거를 두고 있다.[19] 이는 「경찰관직무집행법」제3조상의 '불심

---

16) 경찰관은 범죄행위가 목전(目前)에 행하여지려고 하고 있다고 인정될 때에는 이를 예방하기 위하여 관계인에게 필요한 경고를 하고, 그 행위로 인하여 사람의 생명·신체에 위해를 끼치거나 재산에 중대한 손해를 끼칠 우려가 있는 긴급한 경우에는 그 행위를 제지할 수 있다.

17) 「형사소송법」제211조(현행범인과 준현행범인) ① 범죄를 실행하고 있거나 실행하고 난 직후의 사람을 현행범인이라 한다. ② 다음 각 호의 어느 하나에 해당하는 사람은 현행범인으로 본다. 1. 범인으로 불리며 추적되고 있을 때 2. 장물이나 범죄에 사용되었다고 인정하기에 충분한 흉기나 그 밖의 물건을 소지하고 있을 때 3. 신체나 의복류에 증거가 될 만한 뚜렷한 흔적이 있을 때 4. 누구냐고 묻자 도망하려고 할 때 제212조(현행범인의 체포) 현행범인은 누구든지 영장없이 체포할 수 있다.

18) '선박 등'이란 선박법 제1조의2 제1항에 따른 선박(수상 또는 수중에서 항행용으로 사용하거나 사용할 수 있는 배 종류를 말하며, 기선·범선·부선으로 구분한다)과 「수상레저안전법」제2조 제3호에 따른 수상레저기구(수상레저활동에 이용되는 선박이나 기구로서 대통령령으로 정하는 것) 그 밖에 수상에서 사람이 탑승하여 이동 가능한 기구를 말한다.

19) 「해양경비법」제12조 ① 해양경찰관은 해양경비 활동 중 다음 각 호의 어느 하나에 해당하는 선박 등에 대하여 주위의 사정을 합리적으로 판단하여 상당한 이유가 있는 경우 해상검문검색을 실시 할 수 있다. 다만, 외국선박에 대한 해상검문검색은 대한민국이 체결·비준한 조약 또는 일반적으로 승

검문(不審檢問)'[20]보다 폭넓은 권한을 부여한 것으로 해상의 특수성과 긴급성 등을 감안하여 포괄적으로 규정한 것이다.

표 1-3 ┃ 해상검문검색 관련 근거규정

법적근거	요 건
해양경비법 제12조(해상검문검색)	해양경비활동 중 주위의 사정을 합리적으로 판단하여 상당한 이유가 있는 경우에 실시할 수 있다.
해사안전법 제40조(정선 등)	이 법에 따른 명령을 위반하였거나 위반한 혐의가 있는 사람이 승선하고 있는 선박에 대하여 정선 또는 회항을 명령할 수 있다.
경찰관직무집행법 제3조(불심검문)	어떠한 죄를 범하였거나 범하려 하고 있다고 의심할 만한 상당한 이유가 있는 사람에 대하여 정지시켜 질문할 수 있다.
배타적 경제수역법 제5조(대한민국의 권리행사 등)	대한민국의 법령을 위반한 혐의가 있다고 인정되는 자에 대하여 추적권(追跡權)의 행사, 정선(停船)·승선·검색·나포 등 필요한 조치를 취할 수 있다.
경제수역어업주권법 제6조의2(정선명령)	검사나 사법경찰관은 배타적 경제수역에서 불법어업활동 혐의가 있는 외국선박에 정선명령할 수 있다.
영해 및 접속수역법 제6조(정선 등)	외국선박이 대한민국의 법령을 위반한 혐의가 있다고 인정될 때에는 정선(停船)·검색·나포(拿捕), 그 밖에 필요한 명령이나 조치를 할 수 있다.
선박안전조업규칙 제28조(정선명령의 준수)	선장은 경비함정이나 어업지도선으로부터 정선명령 신호를 받거나, 우리나라 항공기가 어선의 상공에서 선회하거나 조명탄을 투하할 경우, 정선하거나 신호에 응답하거나 조사에 응하여야 한다.
주민등록법 제26조(주민등록증의 제시요구)	범인을 체포하는 등 그 직무를 수행할 때에 17세 이상인 주민의 신원이나 거주 관계를 확인할 필요가 있으면 주민등록증의 제시를 요구할 수 있다.

인된 국제법규에 따라 실시한다. 1. 다른 선박의 항행 안전에 지장을 주거나 진로 등 항행상태가 일정하지 아니하고 정상적인 항법을 일탈하여 운항되는 선박등. 2. 대량파괴무기나 그 밖의 무기류 또는 관련 물자의 수송에 사용되고 있다고 의심되는 선박등. 3. 국내법령 및 대한민국이 체결·비준한 조약을 위반하거나 위반행위가 발생하려고 하고 있다고 의심되는 선박등. ② 해양경찰관은 해상검문검색을 목적으로 선박등에 승선하는 경우 선장(선박을 운용하는 자를 포함한다)에게 소속, 성명, 해상검문검색의 목적과 이유를 고지하여야 한다.

20) '불심검문'은 「경찰관직무집행법」 제3조에 따라, 수상한 행동이나 그 밖의 주위 사정을 합리적으로 판단하여 볼 때 어떠한 죄를 범하였거나 범하려 하고 있다고 의심할 만한 상당한 이유가 있거나, 이미 행하여진 범죄나 행하여지려고 하는 범죄행위에 관한 사실을 안다고 인정되는 사람을 대상으로, 보호조치(부상자, 자살기도자 등), 범인의 수사·체포, 동행검문, 질문, 임의동행, 흉기 조사 등을 실시할 수 있다.

5. 추적·나포[21]

해상 검문검색에 따르지 아니하고 도주하는 선박과 국내법령 및 대한민국이 체결 비준한 조약을 위반하거나 위반행위가 발생하려 하고 있다고 확실시되는 상당한 이유가 있는 선박에 대하여 추적·나포권을 인정하고 있다.[22] 다만, 외국선박에 대한 추적권의 행사는 「해양법에 관한 UN협약」 제111조에 따라 대한민국의 관할수역에서 타국선박이 국내법을 위반한 경우에는 위반선박을 공해까지 계속 추적해 나포할 수 있고,[23] 「영해 및 접속수역법」 제6조에서는 외국선박이 '유해통항'의 혐의가 있다고 인정되는 경우에 해양경찰은 정선[24]·검색·나포 기타 필요한 조치를 할 수 있다고 규정하고 있다.[25] 추적권은 군함·군용항공기 또는 권한을 부여받은 해경함정 등 정부업무용 선박이나 항공기에 의하여서만 행사될 수 있다.

6. 해상항행 보호조치 등

(1) 해상항행 보호조치

경비수역에서 ① 선박 등이 본래의 목적을 벗어나 다른 선박 등의 항행 또는 입항·출항 등에 현저히 지장을 주는 행위, ② 항·포구 내외의 수역과 지정된 항

---

21) 범죄혐의가 있는 선박을 강제로 해양경찰 전용부두 등 적정한 항구로 데려와 범죄혐의 조사와 적절한 강제조치를 부과하는 행위를 말한다.

22) 해양경찰관은 다음 각 호의 어느 하나에 해당하는 선박등에 대하여 추적·나포(拿捕)할 수 있다. 다만, 외국선박에 대한 추적권의 행사는 「해양법에 관한 국제연합 협약」 제111조에 따른다. 1. 제12조에 따른 해상검문검색에 따르지 아니하고 도주하는 선박등 2. 해당 경비수역에서 적용되는 국내법령 및 대한민국이 체결·비준한 조약을 위반하거나 위반행위가 발생하려 하고 있다고 확실시되는 상당한 이유가 있는 선박등(해양경비법 제13조)

23) 「다만, 통항규칙 위반이나 보고의무 위반 등 사소하고 경미한 위반일 경우에는 예외로 하며, 피 추적선이 선적국 또는 제3국의 영해(접속수역이나 EEZ 등은 추적·나포 가능)에 진입하였을 경우에는 추적·나포권이 소멸된다.

24) '정선명령'은 기적 또는 사이렌을 사용하거나 수기신호, 국제기류신호, 발광신호, 확성기 등에 의해 피정선 선박에 알려야 한다.

25) 「형사소송법」 제211조(현행범인과 준현행범인)는 현행범인과 준현행범인의 경우에 한해서 체포할 수 있고, 체포한 때로부터 48시간 이내에 구속영장을 청구하도록 하고 있는 바, 해양경비법에 따른 나포의 경우에도 48시간 이내에 구속영장을 청구해야 한다고 할 수 있다.

로에서 무리를 지어 장시간 점거하거나, 항법상 정상적인 횡단 방법을 일탈하여 다른 선박 등의 항행에 지장을 주는 행위, ③ 임해중요시설 경계 바깥쪽으로부터 1킬로미터 이내 경비수역에서 선박 등이 무리를 지어 위력적인 방법으로 항행 또는 점거함으로써 안전사고가 발생할 우려가 높은 행위를 하는 경우에는 당해 선박 등의 선장에 대해 경고, 이동해산 명령, 이동해산 실행 등 해상항행 조치를 취할 수 있다(해양경비법 시행령 제2조). 다만, 외국선박에 대한 해상항행 보호조치는 연안수역에서만 실시할 수 있다(해양경비법 제14조 제1항).

해상에서의 집회 및 시위[26]

「집회 및 시위에 관한 법률」상의 '집회 및 시위'는 여러 사람이 공동의 목적을 가지고 도로·광장·공원 등 일반인이 자유로이 통행할 수 있는 장소에서 이루어져야 한다. 따라서 일반인이 자유로이 통행할 수 있는 장소가 아닌 '해상에서의 집단행동'을 집회 및 시위에 관한 법률 적용대상으로 볼 것인가에 대해 찬·반 양론이 있었다. 그러나 「해양경비법」 제14조(해상항행 보호조치 등)의 신설로 해상에서의 집단행동에 대해서 이동·해산명령 등을 발할 수 있게 되었다.

(2) 피난명령 등 안전조치

경비수역에서 ① 태풍, 해일 등 천재(天災)나 ② 위험물의 폭발 또는 선박의 화재, ③ 해상구조물의 파손 등의 사유로 선박 등이 좌초·충돌·침몰·파손 등의 위험에 처하여 인명·신체에 대한 위해나 중대한 재산상 손해의 발생 또는 해양오염의 우려가 현저한 경우에는 해당 선박의 선장에 대하여 경고, 이동·피난명령 등 안전조치를 취할 수 있다. 다만, 외국선박에 대한 안전조치는 연안수역에서만 실시한다(해양경비법 제14조).

7. 무기사용

해양경비활동 중 ① 선박 등의 나포와 범인을 체포하거나, ② 선박 등과 범

---

26) 해양경찰교육원, 「해양경비론」, 2017, 37면 참조.

인의 도주를 방지하기 위한 경우, ③ 자기 또는 다른 사람의 생명신체에 대한 위해를 방지하기 위한 경우, ④ 공무집행에 대한 저항을 억제하기 위한 경우에는 무기를 사용할 수 있다고 규정하고 있다(해양경비법 제17조). 이 경우 무기사용의 기준은 「경찰관직무집행법」(제10조의4)을 준용한다. 다만, ① 대간첩·대테러 작전 등 국가안보와 관련되는 작전을 수행하는 경우, ② 선박 등과 범인이 선체나 무기·흉기 등 위험한 물건을 사용하여 경비세력을 공격하거나 공격하려는 경우 그리고 ③ 선박 등이 3회 이상 정선 또는 이동 명령에 따르지 아니하고 경비세력에게 집단으로 위해를 끼치거나 끼치려는 경우에는 개인화기(個人火器) 외에 공용화기를 사용할 수 있다.[27]

무기사용의 기준[28]

무기사용기준에 대하여 경찰관은 범인의 체포, 도주의 방지, 자기 또는 타인의 생명신체에 대한 방호, 공무집행에 대한 항거의 억제를 위하여 무기를 사용할 수 있으나, 이 경우에도 무기는 목적 달성에 필요하다고 인정되는 상당한 이유가 있을 때 그 사태를 합리적으로 판단하여 필요한 한도 내에서 사용하여야 하는바, 경찰관의 무기사용이 이러한 요건을 충족하는지 여부는 범죄의 종류, 죄질, 피해법익의 경중, 위해의 급박성, 저항의 강약, 범인과 경찰관의 수, 무기의 종류, 무기사용의 태양, 주변의 상황 등을 고려하여 사회통념상 상당하다고 평가되는지 여부에 따라 판단하여야 하고, 특히 사람에게 위해를 가할 위험성이 큰 권총의 사용에 있어서는 그 요건을 더욱 엄격하게 판단하여야 한다.

---

27) (무기사용의 한계) 무기사용이 필요하다고 인정되는 상당한 이유가 있어야 하며(필요성·상당성의 원칙), 무기사용의 필요성의 상당한 이유가 있는 경우에도 그 상황을 합리적으로 판단하여야 하며(합리성의 원칙), 무기를 사용하지 않고서는 다른 수단이 없다고 인정되는 불가피한 경우(협의의 비례원칙·보충성의 원칙)에 한하여 무기사용이 정당화될 수 있다.

28) 대법원 2008. 2. 1. 선고 2006다6713 판결.

표 1-4 । 경찰관직무집행법 제10조의4[29]

구분	본문	단서 및 각 호
종류	위해를 주지 않는 무기사용	위해를 수반한 무기사용
요건	① 범인의 체포·도주의 방지 ② 자기 또는 타인의 생명·신체의 방호 ③ 공무집행에 대한 항거 억제	① 형법상 정당방위나 긴급피난에 해당 ② 장기 3년 이상의 죄를 범한 자가 항거·도주 ③ 구속영장 등 영장집행에 항거·도주 ④ 제3자가 ②, ③에 해당하는 자를 도주시키려고 항거 ⑤ 무기·흉기 등 위험한 물건 소지자가 3회 이상 투기·투항 명령에 불응 ⑥ 대간첩 작전시 무장간첩이 투항명령에 불응
한계	① 합리적 판단(합리성) ② 필요한 한도내(필요성) ③ 상당한 이유(상당성)	① 합리적 판단(합리성) ② 필요한 한도내(필요성) ③ 상당한 이유(상당성) ④ 다른 수단이 없는 경우(보충성)
요령	3회 이상의 경고를 하고 이에 불응할 경우 공중이나 안전한 곳을 향하여 발사	공포탄 1발 발사 후 범인의 대퇴부 이하를 조준하여 발사
제한	「위해성 경찰장비의 사용기준 등에 관한 규정」 제9조·제10조 ① 사람에게 사격시에는 구두 또는 공포탄 사격으로 경고하여야 한다. 다만 경찰관을 급습하거나 타인의 생명신체에 중대한 위험을 야기하는 범행이 목적에 실행되고 있는 등 상황이 급박하여 경고할 시간적 여유가 없는 경우, 인질간첩 또는 테러사건에 있어서 은밀히 작전을 수행하는 경우 예외로 한다. ② 범죄와 무관한 다중의 생명신체에 위해를 가할 우려가 있는 경우 사격해서는 아니 된다. 다만 총기를 사용하지 아니하고는 타인 또는 경찰관의 생명신체에 대한 중대한 위험을 방지할 수 없다고 인정되는 때에는 필요 최소한의 범위 안에서 사용할 수 있다. ③ 총기 또는 폭발물을 가지고 대항하는 경우를 제외하고는 14세 미만이나 임산부에 대하여 총기를 사용해서는 아니 된다.	

8. 장비 및 장구의 사용

해상에서 직무수행 중 「경찰관직무집행법」에 따른 경찰장비, 경찰장구 사용[30] 외에 ① 해상 검문검색 및 추적·나포 시 선박 등을 강제 정선, 차단 또는

---

29) 해양경찰교육원, 앞의 책, 123면 표 참조.
30) 「경찰관직무집행법」 제10조, 제10조의2에 따라 현행범이나 사형·무기 또는 장기 3년 이상의 징역,

검색하는 경우나 ② 선박 등에 대한 이동·해산 명령 등 해상항행보호조치에 필요한 경우, ③ 경비세력에 부당하게 저항하거나 위해를 가하려 하는 경우 경비세력의 자체 방호를 위하여 경찰장비 및 장구를 사용할 수 있다(해양경비법 제18조 제1항). 「해양경비법 시행령」(제5조)에서는 해양경찰 임무의 특성상 경찰장비에 소화포, 경찰장구에 투색총(投索銃), 페인트볼을 추가하고 통상의 용법에 따라 그 목적 달성에 필요한 최소한도의 범위에서 사용하여야 하며, 다른 사람의 생명·신체에 대한 위해(危害)를 최소화할 것을 요구하고 있다(해양경비법 시행령 제5조).

경찰장비와 장구(경찰관직무집행법 제10조·제10조의2)

'경찰장비'란 무기, 경찰장구를 포함하여 차량·선박·항공기 등 경찰이 직무를 수행할 때 필요한 장치와 기구를 말하며, '경찰장구'란 경찰관이 휴대하여 범인 검거와 범죄 진압 등의 직무수행에 사용하는 수갑, 포승, 경찰봉, 방패 등을 말한다.

9. 지원 및 협조요청

해양경찰관서의 장은 해양경비활동 중 대규모 인명 피해나 해양오염사고 등 긴급하게 지원이 필요한 경우에는 인근에 있는 군(軍)을 포함한 행정기관에 선박 및 항공기 등의 지원을 요청할 수 있으며, 지원요청을 받은 행정기관의 장은 정당한 사유가 없는 한 이에 따라야 한다(해양경비법 제15조). 또한 해양경찰청장은 ① 해양관련 범죄에 대한 예방, ② 해양오염방제 및 해양자원보호에 관한 조치, ③ 해상경호, 대테러 및 대간첩 작전 수행, ④ 해양시설과 해상항행보호에 관한 조치를 위하여 관계 행정기관의 장에게 '정보의 제공' 등 협조를 요청할 수 있다(해양경비법 제19조).

10. 경비수역 내 점용·사용 허가 등의 통보

경비수역에서 공유수면 점용사용 허가, 항만시설의 신설·개축·유지·보수 및 준설 등에 관한 공사, 어항개발사업, 수산업법 제8조에 따른 어업면허가 해양경비

금고에 해당하는 죄를 범한 범인의 체포, 도주의 방지와 자기 또는 타인의 생명신체에 대한 방호, 공무집행에 대한 항거의 억제를 위해 필요한 상당한 이유가 있는 때 경찰장구를 사용할 수 있다.

법 제7조 제1호부터 제5호까지의 규정[31)에 따른 해양경비활동에 중대한 지장을 줄 것으로 인정할 때에는 해양수산부장관, 시도지사 등은 해양경찰 관서의 장에게 그 사실을 통보하여야 한다(해양경비법 제20조).

경비활동의 방법[32)

경비활동은 크게 통상경비, 순항경비, 거점경비, 표류경비, 전략경비, 경계경비 및 입체경비로 나눌 수 있다. '통상경비'는 일일 해상치안정보 등을 고려하여 함·정장의 판단하에 책임 경비구역 내 순찰 등 임무를 수행하는 경비방법이며, '순항경비'는 경비해역 중 선박의 밀도가 높은 해역 등을 저속으로 항해하면서 감시하는 경비방법을 말한다. '거점경비'는 야간 또는 치안수요가 적은 시간대에 함정장의 판단에 따라 긴급출동이 가능하고 사주경계가 용이한 곳에서 대기와 순찰을 반복적으로 실시하는 경비방법을 말하며, '표류경비'는 우범해역 등 임의의 해역을 선정해 기관을 정지시키고 표류하면서 실시하는 경비방법이다. '전략경비'는 함정 운용부서나 지휘부서의 판단에 따라 미리 지정한 해상에서 기관을 정지시킨 상태에서 해상 이동물체를 감시하는 경비방법이며, '입체경비'는 함정·항공기를 병용한 해·공 입체경비를 의미하기도 한다.

III. 한 계

1. 법규상의 한계

해양경비활동은 헌법을 비롯한 조약 등 국제규범과 각종 법률과 명령 등에

---

31) 「해양경비법」 제7조에서 규정하고 있는 해양경비활동의 범위는 다음과 같다.
  1. 해양 관련 범죄에 대한 예방
  2. 해양오염방제 및 해양수산자원보호에 관한 조치
  3. 해상경호, 대테러 및 대간첩 작전 수행
  4. 해양시설의 보호에 관한 조치
  5. 해상항행보호에 관한 조치
  6. 그 밖에 경비수역에서 해양경비를 위한 공공의 안녕과 질서 유지
32) 해양경찰교육원, 앞의 책, 93면 참조.

의하여 발동되어야 한다. 「헌법」 제37조는 국민의 자유와 권리는 법률에 근거하여 제한할 수 있으며, 제한하는 경우에도 자유과 권리의 본질적인 내용을 침해하여서는 아니 됨을 천명하고 있고, 「해양경찰법」은 제3조에서 해양경찰은 그 직무를 수행할 때 국민 전체에 대한 봉사자로서 공정·중립을 지켜야 하고, 헌법과 법률에 따라 국민의 자유와 권리를 존중하며, 부여된 권한을 남용하여서는 아니 된다고 규정하고 있다. 「해양경비법」 제8조는 이 법에 따른 직무를 수행할 때 권한을 남용하여 개인의 권리 및 자유를 침해하여서는 아니 된다라고 하여 권한남용의 금지를 명문화하고 있다.

2. 조리상의 한계

경비작용의 다양성, 급박성 등 현실적으로 모든 경비활동을 규범적으로 규정하기 어렵기 때문에 광범위한 재량 규정을 두지 않을 수 없으나 이 경우에도 자유재량이 아닌 기속재량(羈束裁量)으로서, 경비활동의 목적과 성격에 비추어 필요한 최소한도내에서 이루어져야 한다는 조리(條理)상의 한계가 있다. 일반적으로 조리상의 한계는 ① 경찰 소극목적의 원칙, ② 경찰공공의 원칙, ③ 경찰비례의 원칙(과잉금지의 원칙), ④ 경찰책임의 원칙, ⑤ 경찰평등의 원칙으로 구분된다.

조리상의 한계

'경찰 소극목적의 원칙'은 경찰권은 사회공공의 안녕과 질서유지를 위한 소극목적을 위하여 행사할 수 있고, 복리증진과 같은 적극목적을 위해서는 행사할 수 없다는 원칙이고, '경찰공공의 원칙'은 공공의 안녕이나 질서유지와 직접적인 관계가 없는 개인의 사생활에 경찰권이 행사되어서는 아니 된다는 원칙(민사자율성)을 말한다. '경찰비례의 원칙'은 경찰권의 발동은 목적과 수단이 적합해야 하고(적합성), 침해가 최소인 수단을 사용해야 하며(침해최소성), 경찰권 행사로 얻는 공익보다 개인에게 부과되는 불이익이 커서는 아니 된나는 원칙(상당성, 협의의 비례원칙)이며, '경찰책임의 원칙'은 경찰권은 경찰상 위험을 유발하거나 제거의 책임이 있는 자에게 발동되어야 한다는 원칙이며, '경찰 평등의 원칙'은 경찰권의 발동은 상대방의 성별·종교·사회적 신분 등을 이유로 차별적이어서는 아니 된다는 원칙(차별금지)을 말한다. 이외에 보충성의 원칙(최후수단성)을 추가하기도 한다.[33]

3. 위반의 효과

해양경비활동이 법규나 조리상 한계를 위반한 경우에는 위법·부당한 경찰행위가 되어 당해 공무원에 대한 형사·민사상 책임이 제기될 수 있으며, 국회의 국정감사와 감사원 감사나 조직 내부적으로 감찰 등에 의하여 징계처분을 받게 된다. 한편 피해를 입은 당사자는 「국가배상법」 제2조에 의한 손해배상과 「헌법」, 「청원법」 등에 의한 청원을 할 수 있다.

---

33) 순길태, 「해양경찰학개론」, 박영사, 2021, 265면 참조.

해역별 경비 임무

　　전통적으로 해양은 어업활동의 공간, 항행의 통로 등 제한적인 경제활동의 장소로 인식되어 오다가, 1994년 「해양법에 관한 UN협약」 발효로 배타적 경제수역제도가 신설되면서 해양이 해양영토와 자원의 획득 공간 그리고 환경의 필수요소로 인식되면서 오늘날 해양경계를 둘러싼 주변국간의 분쟁과 갈등이 심화되고 있다. 「해양경비법」 제2조에서는 경비수역을 영해 및 내수를 의미하는 연안수역, 접속수역을 의미하는 근해수역 연안·근해수역을 제외한 수역을 의미하는 원해수역으로 구분하고 있다. 이에 해양경비의 장소적 구분도 영해(領海)와 접속수역(接續水域), 배타적 경제수역(排他的 經濟水域), 공해(公海)로 나누어 살펴보고자 한다.

Ⅰ. 영해 및 접속수역 경비[34]

　　영해 및 접속수역에서는 「영해 및 접속수역법」이 적용된다. 다만 대한민국의 영해 및 접속수역과 관련하여 이 법에서 규정하지 아니한 사항에 관하여는 헌법에 의하여 체결·공포된 조약이나 일반적으로 승인된 국제법규에 따른다(영해 및 접속수역법 제7조).

1. 영해(Territorial Sea) 경비

　　영해(領海)는 국가의 영토에 접속하고 있는 일정 범위의 수역으로서 연안국의 주권이 미치는 국가영역의 일부를 말하며, 해양경비법상 경비수역 중 연안수역에 해당한다. 모든 국가는 「해양법에 관한 UN협약」에 따라 결정된 기선(基線)[35]으로부터 12

---

34) 우리나라는 1977년 영해법을 제정하여 12해리 영해(대한해협은 3해리)를 선포하였고, 1996년에 「영해 및 접속수역법」으로 개정하여 24해리 접속수역을 선포하였다.

35) 「영해 및 접속수역법」 제2조(기선)에 따르면, 기선은 영해의 폭을 측정하기 위한 기준선으로 통상기선(Normal baseline)과 직선기선(Straight baseline)으로 구분된다. 통상기선은 해안의 저조선(低潮線)을, 직선기선은 도서나 암초의 외측선과 외측선을 연결하는 기준선을 말한다.

해리를 초과하지 않는 범위에서 영해의 폭을 설정할 권리를 갖는다. 우리나라는 「영해 및 접속수역법」 제1조에 근거하여 12해리를 원칙으로 하며, 대한해협은 3해리를 선포하였다(영해 및 접속수역법 시행령 제3조). 영해에서는 영토관할권에 준하는 경찰권, 관세권, 보건위생권, 안보권 등을 행사할 수 있으며, 외국선박은 대한민국의 평화와 공공질서 또는 안전보장을 해하지 않는 한 무해통항권(Innocent passage)을 주장할 수 있다(영해 및 접속수역법 제5조).

▸ 영해 및 직선기선

영해는 연안수역으로서 해양관계 국내 법령을 위반한 선박 등의 단속 등 민생치안 확보 및 임해중요시설의 보호경비에 중점을 두어야 한다(해양경비법 제11조 제2항 제1호).

섬(Island)

「해양법에 관한 UN협약」상 '섬'이란 바닷물로 둘러싸여 있으며, 밀물일 때도 수면 위에 있는 자연적으로 형성된 육지지역을 말하며, 이러한 섬, 예컨대 제주도의 경우 자체적으로 영해, 접속수역과 EEZ를 가진다. 다만, 인간이 거주할 수 없거나 독자적인 경제활동을 유지할 수 없는 암석은 그렇지 아니한다. 이러한 면에서 볼 때 독도는 국제법적으로 섬이며, 실효적으로도 명백한 대한민국의 부속도서이다. 국제적으로 호주보다 큰 육지를 '대륙', 그린란드보다 작은 육지를 '섬'이라고 부르고 있다.

2. 접속수역(Contiguous Zone) 경비

접속수역은 「영해 및 접속수역법」 제3조의2에 따라 기선으로부터 24해리까지의 수역에서 영해를 제외한 수역을 말한다. 접속수역은 「해양경비법」상 경비수역 중 근해수역에 해당하며, 근해수역에서는 대한민국의 영토 또는 영해에서 관세·재정·출입국관리 또는 보건위생에 관한 대한민국의 법규를 위반하는 행위를 방지·제재할 수 있다(영해 및 접속수역법 제6조의2).

그림 1-1 | 접속수역

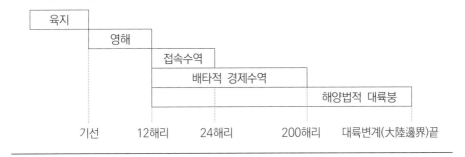

3. 외국선박의 통항

(1) 무해통항권(innocent passage)

외국선박은 대한민국의 안전보장과 공공질서를 해하지 아니하는 범위내에서 대한민국의 영해를 무해통항(無害通航) 할 수 있다(영해 및 접속수역법 제5조 제1항). 외국의 군함이나 비상업용 정부 선박이 영해를 통항하려고 하는 경우에는 통항 3일 전(공휴일은 제외)까지 외교부장관에게 통고하여야 한다.36) 태풍, 기관고장, 해적 등 외국선박이 급박한 위험이 있는 경우에 외국의 영해로 들어가는 경우를 긴급피난이라 하며, 이 경우 무행통항으로 인정된다. 다만, 긴급피난은 절대적 권리가 아니므로 자국의 공공의 안전이나 평화에 위해의 가능성이 있는 경우 그 선박의 긴급피난을 거절할 수 있다.

(2) 제외 사유

외국선박이 통항할 때 다음의 행위를 하는 경우에는 무해통항권이 제외되나, 무기를 사용하여 하는 훈련 또는 연습, 항공기의 이함(離艦)·착함(着艦) 또는 탑재, 군사기기의 발진·착함 또는 탑재, 잠수항행과 조사·측량 및 통항과 직접 관련 없는 행위로서 대통령령으로 정하는 사항의 행위는 관계 당국의 허가·승인 또는 동의를 받은 경우에는 그러하지 아니하다(영해 및 접속수역법 제5조 제2항).

---

36) 다만, 위의 선박이 통과하는 수역이 국제항행에 이용되는 해협으로서 동 수역에 공해대가 없을 경우에는 그러하지 아니하다(영해 및 접속수역법 시행령 제4조(외국군함 등의 통항)).

① 대한민국의 주권·영토보전 또는 독립에 대한 어떠한 힘의 위협이나 행사, 그 밖에 국제연합헌장에 구현된 국제법 원칙을 위반한 방법으로 하는 어떠한 힘의 위협이나 행사
② 무기를 사용하여 하는 훈련 또는 연습
③ 항공기의 이함(離艦)·착함(着艦) 또는 탑재
④ 군사기기의 발진·착함 또는 탑재
⑤ 잠수항행
⑥ 대한민국의 안전보장에 유해한 정보의 수집, 유해한 선전·선동
⑦ 대한민국의 관세재정출입국관리 또는 보건위생에 관한 법규에 위반되는 물품이나 통화의 양하(揚荷)·적하(積荷) 또는 사람의 승선·하선
⑧ 대통령령으로 정하는 기준을 초과하는 오염물질의 배출
⑨ 어로행위, 조사·측량, 통신 방해·설비·훼손, 통항과 직접 관련 없는 행위로서 대통령령으로 정하는 사항
다만 ②~⑤나 조사·측량, 통신 방해·설비·훼손, 통항과 직접 관련 없는 행위로서 대통령령으로 정하는 사항으로서 관계 당국의 허가승인 또는 동의를 받은 경우에는 무해통항할 수 있다.

(3) 무행통항의 일시정지

국방부장관은 대한민국의 안전보장을 위하여 필요하다고 인정되는 경우에는 국무회의 심의와 대통령의 승인을 얻어 일정수역에서 외국선박의 무해통항을 일시적으로 정지시킬 수 있다(영해 및 접속수역법 제5조 제3항). 이 경우 무해통항의 일시적 정지수역, 정지기간 및 정지사유를 지체 없이 고시하여야 한다(영해 및 접속수역법 시행령 제7조).

(4) 관계 당국의 권한

영해에서 외국선박(외국의 군함 및 비상업용 정부선박은 제외)이 제5조를 위반한 혐의가 있다고 인정될 때에는 관계 당국은 정선·검색·나포, 그 밖에 필요한 명령이나 조치를 할 수 있다(영해 및 접속수역법 제6조). 또한 접속수역에서는 대한민국 영토·영해에서 관세·재정·출입국관리 또는 보건·위생에 관한 대한민국의 법규를 위반에

대해서는 사전 방지 및 사후 제재를 가할 수 있다(영해 및 접속수역법 제6조의2).

군함 등에 대한 특례(영해 및 접속수역법 제9조)

외국의 군함이나 비상업용 정부선박 또는 그 승무원이나 그 밖의 승선자가 대한민국의 법령을 위반하였을 경우에는 이의 시정이나 영해로부터 퇴거를 요구할 수 있다.

II. 배타적 경제수역(EEZ) 경비

1. 의   의

대한민국은 1996년 「배타적 경제수역 및 대륙붕에 관한 법률」(이하 배타적 경제수역법 또는 EEZ라 한다)을 제정하여 영해기선으로부터 200해리의 선까지 이르는 수역 중 영해를 제외한 수역을 배타적 경제수역(EEZ: Exclusive Economic Zone)으로 선포하였다(배타적 경제수역법 제2조 제1항). EEZ는 전 세계 해양 면적의 약 30%를 차지하고 있으며, 수산물과 석유 등 해양자원이 풍부하여 연안국의 핵심 전략 대상으로 부상하고 있다. 배타적 경제수역은 「해양경비법」상 원해수역에 해당되는데, 원해수역은 「해양수산발전기본법」 제3조 제1호에 따른 해양 중 연안수역과 근해수역을 제외한 수역을 의미한다. 원해수역에서는 해양자원 및 해양시설의 보호, 해양환경의 보전관리, 해양과학 조사 실시 등에 관한 국내 법령 및 대한민국이 체결·비준한 조약을 위반한 외국선박의 단속을 위한 경비에 중점을 두어야 한다(해양경비법 제11조 제2항). 배타적 경제수역에서는 해저의 상부수역, 해저 및 그 하층토에 있는 생물이나 무생물 등 천연자원의 탐사개발보존 및 관리와 해수, 해류 및 해풍을 이용한 에너지 생산 등 경제적 개발 및 탐사를 위한 활동, 인공섬·시설 및 구조물의 설치·사용, 해양과학 조사, 해양환경의 보호 및 보전에 관한 주권적 권리와 관할권을 갖는다(배타적 경제수역법 제3조·제5조).

2. 중간선 원칙

대한민국의 배타적 경제수역에서의 권리는 대한민국과 관계국 간에 별도의 합의가 없는 경우, 대한민국과 관계국의 중간선 바깥쪽 수역에서는 행사하지 아니하며, 여기서 중간선이란 그 선상의 각 점으로부터 대한민국의 기선상의 가장 가까운 점까지의 직선거리와 관계국의 기선 상의 가장 가까운 점까지의 직선거리가 같게 되는 선을 말한다(배타적 경제수역법 제5조 제2항).

3. 외국 또는 외국인의 권리 및 의무

외국 또는 외국인은 협약의 관련 규정에 따를 것을 조건으로 대한민국의 배타적 경제수역에서 항행(航行) 또는 상공 비행의 자유, 해저전선(電線) 또는 관선(管線) 부설의 자유 및 그 자유와 관련되는 것으로서 국제적으로 적법한 그 밖의 해양 이용에 관한 자유를 누린다(배타적 경제수역법 제4조).

4. 중요경비활동

외국 또는 외국인은 연안국의 EEZ에서 항행 또는 상공 비행의 자유, 해저 전선 또는 관선 부설의 자유 및 그 자유와 관련되는 것으로서 국제적으로 적법한 그 밖의 해양 이용에 관한 자유를 가진다(배타적 경제수역법 제4조 제1항). 만약, 연안국의 법령을 위반한 혐의가 있다고 인정되는 경우, 연안국에서는 추적·정선·검색·나포 및 사법절차를 포함한 필요한 조치를 할 수 있다(배타적 경제수역법 제5조 제3항). 다만 중국, 일본과 EEZ 경계획정이 되지 않은 상황을 감안하여, 그 권리행사의 범위를 관계국과의 중간선 안쪽 수역으로 제한하고 있다.

(1) 불법외국어선 단속[37]

외국어선 특히 중국어선의 불법조업은 대부분 우리 EEZ에서 발생하고 있다. 양국 어선은 매년 양국 간의 어업협정에 의해 상대국 EEZ에서 조업할 수 있는 어

---

37) 불법외국어선 나포 척수는 2017년(160척), 2018년(136척), 2019년(115척)으로 강력한 단속과 외교적 노력 등으로 차츰 감소하고 있는 추세에 있다(해양경찰청, 2020년 국회 업무현황 보고자료 참조).

▶ 불법외국어선 단속

선 척수와 어업량을 결정하며, 허가조건 및 금지사항을 정하고 있다. 이러한 협정사항을 위반하는 어선을 불법조업 외국어선이라고 하며, 이에 대해서는 해양경찰을 중심으로 강력히 단속하여 나포 및 담보금 등을 부과하고 있다.[38] 「해양경비법」 제13조는 해상 검문검색에 따르지 아니하고 도주하거나, 해양경비수역에서 적용되는 국내법령 또는 대한민국이 체결·비준한 조약을 위반하였거나 위반행위가 발생하려 하고 있다고 확실시 되는 상당한 이유가 있는 경우에는 당해선박에 대해 추적·나포할 수 있으며, 다만, 외국선박에 대한 추적권의 행사는 「해양법에 관한 UN협약」 제111조에 따른다'고 규정하고 있다.[39]

추적·나포권(영해 및 접속수역법 제6조 등)

우리 EEZ에서 불법조업 하는 중국어선이 도주하는 경우, 해경함정은 「해양법에 관한 UN협약」에 따라 추적권을 행사하여 나포할 수 있다. '추적권(right of hot pursuit)'이란 연안국의 영해나 EEZ 등 관할수역에서 타국선박이 연안국의 법령을 위반한 경우 자국함정 등이 위반선박을 공해까지 추적하여 나포할 수 있는 권리를 말한다. 다만 추적이 중단되지 않을 때만 공해까지 계속될 수 있다. 추적·나포권 행사에 대한 법적 근거로는 「영해 및 접속수역법」 제6조, 「배타적 경제수역에서의 외국인 어업 등에 대한 주권적 권리의 행사에 관한 법률」 제6조의2, 「해양경비법」 제13조와 「배타적 경제수역법」 제5조 제3항 등이 있으며, 동 법 제5조 제3항은 대한민국의 배타적 경제수역에서 제3조에 따른 권리를 침해하거나 그 배타적 경제수역에 적용되는 대한민국의 법령을 위반한 혐의가 있다고 인정되는 자에 대하여 관계기관은 「해양법에 관한 UN협약」 제111조에 따른 추적권의 행사, 정선·승선·검색·나포

---

38) 불법조업 중국어선의 저항 행태는 날이 갈수록 조직화, 흉폭화, 지능화하고 있으며, 중국어선 단속 중 해양경찰관이 사망하거나 부상을 당하는 사례가 증가하고 있다.

39) 「해양법에 관한 UN협약」 제111조 제1항에 따르면, 추적권은 외국선박이 연안국의 법령을 위반한 것으로 믿을만한 충분한 이유가 있어야만 행사할 수 있고, 단순한 의심이나 추측만으로는 행사할 수 없다.

및 사법절차를 포함하여 필요한 조치를 할 수 있다고 규정하고 있다.

(2) 이 어 도

이어도는 한·중 간 EEZ 중간선으로부터 우리 측 EEZ에 속하는 수중암초로서 마라도 남서방 149km에 위치하고 있으며,[40] 우리나라는 2003년 이어도 종합해양과학기지를 건설하여 배타적 경제수역법에 따라 관할권을 행사하고 있다. 이어도는 「해양법에 관한 UN 협약」에 따라 인공섬·시설 및 구조물은 섬의 지위를 갖지 못하며, 따라서 자체 영해나 EEZ, 대륙붕을 가지지 못한다.[41] 다만 연안

▶ 이어도 해양과학기지

국은 인공섬·시설 및 구조물에 대하여 관세·재정·위생안전 및 출입국관리 법령에 관한 관할권을 가지며, 500미터를 넘지 않는 범위에서 인공시설 및 구조물 주위에 적절한 조치를 취할 수 있으므로, 이어도 해양과학기지는 명백한 해양경찰 경비 대상이자 해양영토 수호활동에 속하다고 할 수 있다.[42]

표 1-5 | 이어도까지의 거리와 소요시간

구분	이어도까지의 거리	소요시간(15노트 기준)
한국(마라도)	81마일(149km)	5시간 20분
중국(서산다오)	155마일(287km)	10시간 50분

---

40) 이어도 근해에는 원유 매장량 1,000억 배럴, 천연가스 약 72억톤 등 상당한 양의 천연자원이 매장되어 있는 것으로 추정되고 있다.

41) 인공섬·시설 및 구조물은 섬의 지위를 가지지 아니한다. 이들은 자체의 영해를 가지지 아니하며 이들의 존재가 영해, 배타적 경제수역 또는 대륙붕의 경계획정에 영향을 미치지 아니한다(해양법에 관한 UN협약 제60조(배타적 경제수역에서의 인공섬, 시설 및 구조물) 제8호).

42) 「해양법에 관한 UN협약」 제60조 제2호 내지 제4호에서 연안국은 이러한 인공섬·시설에 대하여 관세·재정·위생·안전 및 출입국관리 법령에 관한 관할권을 포함한 배타적 관할권을 가지며, 필요한 경우 항행의 안전과 인공섬·시설 및 구조물의 안전을 보장하기 위하여 이러한 인공섬·시설 및 구조물의 주위에 적절한 조치를 취할 수 있는 합리적인 안전수역을 설치할 수 있다고 규정하고 있다.

(3) 특정해역 경비활동

1) 의   의

동해와 서해 특정해역 내 어장은 북방한계선(NLL: Northern Limit Line)을 경계로 북한과 인접한 접경해역으로 북의 도발이나 우발사태 등 안전조업을 위해 우리 어선의 조업한계선 및 조업금지구역 이탈 방지를 위해 운영하고 있다(어선안전조업법 제2조).[43]

2) 특정해역 조업보호경비

서해 5도 등 특정해역을 담당하는 인천해양경찰서와 강원도 동해안 최북단 특정해역을 담당하는 속초해양경찰서에 조업보호본부를 설치하고, 조업보호를 위한 경비단속, 어선 출·입항 및 어선 출어등록 현황의 파악과 출어선의 동태파악, 해양사고 구조, 범법어선의 적발·처리 및 관계기관 통보 등의 임무를 수행하고 있다.[44]

표 1-6 ┃ 특정해역 등에서의 조업 및 항행 제한

조업한계선 또는 조업자제선의 이탈 금지	어선은 조업한계선 또는 조업자제선을 넘어 조업 또는 항행을 하여서는 아니 된다. 다만, 조업한계선 또는 조업자제선 인근지역의 어선 등 대통령령으로 정하는 경우에는 그러하지 아니하다.	제11조
특정해역에서의 조업 또는 항행의 제한	해양수산부장관은 특정해역에서의 어업별 조업구역 및 기간 등을 제한할 수 있으며, 특정해역에서 조업을 하는 자는 해양수산부령으로 정하는 안전장비를 갖춘 어선으로 조업 또는 항행을 하여야 한다.	제13조
특정해역 외에서의 조업 및 항행 제한	해양수산부장관은 특정해역 외의 해역에서의 조업 또는 항행을 제한할 수 있으며, 동해 조업자제해역에 출어하는 어선은 해양수산부령으로 정하는 바에 따라 특정해역 이남의 일반해역으로 항행하여야 한다.	제14조
어선의 선단 편성 조업	특정해역 또는 조업자제해역에서 조업하려는 어선은 선단을 편성하여 출항하고 조업하여야 한다. 무선설비가 없는 어선으로서 「영해 및 접속수역법」 제2조에 따른 영해 내 기선으로부터 12해리 밖의 일반해역에서 조업하려는 어선은 무선설비가 있는 어선과 선단을 편성하여 신고기관에 신고하여야 한다.	제15조

---

43) "조업한계선"이란 조업을 할 수 있는 동해 및 서해의 북쪽한계선으로서 대통령령으로 정하는 선을. "특정해역"이란 동해 및 서해의 조업한계선 이남(以南)해역 중 어선의 조업과 항행이 제한된 해역으로서 대통령령으로 정하는 범위의 해역을 말한다. "조업자제선"이란 조업자제해역의 동해 및 서해의 북쪽한계선으로서 대통령령으로 정하는 선을 말한다(어선안전조업법 제2조).

44) 「어선안전조업법」 제18조 및 「동법 시행령」 제11조 참조.

일시적인 조업 또는 항행의 제한	국방부장관 또는 해양경찰청장은 국가안전보장 또는 질서유지를 위하여 필요한 경우 해양수산부장관 또는 시·도지사에게 일정한 해역에서 지정된 기간 동안 조업 또는 항행의 제한을 요청할 수 있다.	제16조
서해 접경해역의 통제	서해 북방한계선과 잇닿아 있는 접경해역 중 대통령령으로 정하는 어장에 대한 출입항은 신고기관의 협조를 받아 그 지역 관할 군부대장이 통제할 수 있다.	제17조
조업보호본부의 설치·운영	해양경찰청장은 특정해역의 조업보호에 관한 다음 각 호의 사무를 처리하기 위하여 해양경찰관서에 조업보호본부를 설치·운영할 수 있다. 1. 조업보호를 위한 경비 및 단속 2. 어선의 출입항 및 출어등록의 현황 파악과 출어선(出漁船)의 동태 파악 3. 해양사고 구조 4. 조업을 하는 자의 위법행위의 적발·처리 및 관계 기관 통보 5. 특정해역에 출입하는 어획물운반선의 통제	제18조

III. 공해(公海) 경비

「해양법에 관한 UN협약」은 공해(High sea)의 범위에 대해서는 명확하게 규정하고 있지 않다. 그러나 일반적으로 공해는 공공의(公) 바다(海)라는 뜻으로 영유권이나 배타권이 특정 국가에 속하지 않는 해역을 의미한다. 공해는 '공해 자유의 원칙'에 따라 모든 나라가 항해의 자유, 어업의 자유, 해저전선 부설의 자유, 공해 상공 비행의 자유 등이 있다. 다만 인류의 보편적인 이익을 침해하는 노예수송, 해적행위, 마약류 불법거래, 무허가 방송 등은 제한된다.[45] 또한 「테러방지법」 제2조에서는 대한민국 영역 밖에서 테러를 범한 외국인에게도 적용하고 있으므로, 공해상에서 저지른 선박 또는 해상구조물에 대한 외국인의 테러행위에 대해서도 관할권이 있다고 해석된다. 또한 국제협력을 위한 국가 간 합동훈련 및 구호활동을 위하여 경비세력의 일부를 외국에 파견할 수 있도록 법적 근거를 신설하였다(해양경비법 제9조 제1항).

---

45) 「해양법에 관한 UN협약」 제99조(노예수송금지) 이하 참조.

제5절 경비세력

I. 개 요

경비세력은 해양경비를 목적으로 투입하는 인력, 함정, 항공기 및 전기통신설비 등을 말한다(해양경비법 제2조 제8호). 이 규정은 성격상 예시규정으로 볼 수 있으며, 해양경비에 이용되는 해양경찰의 인적·물적 자원을 총칭하는 것으로 넓게 해석할 수 있다.

II. 조직과 인력

경비 관련 조직으로는 해양경찰 본청 경비국에 경비과와 종합상황실을, 지방청에는 경비(구조)안전과와 상황실을 두고, 경비과에는 경비계를, 기획운영과에 교육훈련계를 두고 있다(다만, 동해청과 제주청에는 경비안전과와 상황실 두고 경비안전과에 경비계·해양안전계·수색구조계를 두고 있다). 해양경찰서에는 경비구조과에 경비구조계·상황실을 두고 실제 경비 임무를 수행하고 있는 함정을 운용하고 있다. 함정 승조원은 경찰공무원·일반직 공무원과 의무경찰로 구성한다(함정운영관리규칙 제11조). 함정에는 함장 또는 정장을 두고, 함정의 크기와 기능에 따라 부장, 항해장, 기관장, 통신장 등의 부서장을 둔다(함정운영관리규칙 제9조 제1항). 함·정장은 관할 해양경찰서장, 서해5도 특별경비단장의 명을 받아 함정을 운용·관리하고 함정직원을 지휘·감독하여 부여된 임무를 완수할 책임을 진다(함정운영관리규칙 제12조 제1항).[46]

---

46) 지방해양경찰청장 밑에 항공단을 직할단으로 두고, 특공대를 직할대로 둔다. 다만, 중부지방해양경찰청장 밑에는 서해5도 특별경비단 및 항공단을 직할단으로 두고, 특공대를 직할대로 둔다(직제시행규칙 제20조 제3항).

표 1-7 | 해양경비 조직체계

본청	경비국	경비과 종합상황실	경비계 · 대테러작전계 · 첨단무인계 · 상황기획계 · 상황관리계
지방청	경비(안전)과		경비계 교육훈련계(기획운영과 소속) 서해5도 특별경비단(중부청장 소속)
경찰서	경비구조과		경비구조계 상황실 함정

* 중부청에서는 '서해5도 특별경비단'을 지방청장 직속으로 별도 운영

III. 함정 근무[47]

함정은 해양경찰청장·지방청장·해양경찰서장과 서해5도 특별경비단장('서특단장'이라 한다)이 지휘하며, 해양경찰교육원장은 실습함(교육함)에 대한 지휘권을 갖는다(함정운영관리규칙 제5조).

1. 출동 중 근무

함정이 출동시에는 함·정장의 허가 없이 하선하여서는 아니 된다. 함정이 항해 중에는 항해·기관·통신부서 등 항해 당직을 편성 운용한다. 항해 당직근무는 함·정장을 제외한 총원에 대하여 각 기능별로 00:01시 기준으로 4시간씩 3직제로 편성하여 윤번제로 근무함을 원칙으로 하며, 항해목적 및 근무인원 등을 고려

---

47) "함정"이란 해양경찰 업무수행을 위하여 운용되는 선박(부선 및 부선거를 제외한다)을. "경비함정"이란 해상경비를 주임무로 하는 함정을. "특수함정"이란 해양경찰 특수목적 수행을 위해 운용되는 함정을 말한다. 또한 "해상종합훈련"이란 함정직원의 정신자세와 근무기강 확립으로 함정의 안전운항. 긴급상황의 효과적 대처. 해상사격 등 직무수행 능력의 향상을 위하여 실시하는 종합적인 훈련으로 해양경찰교육원 종합훈련지원단에서 수립하는 연간 함정 교육훈련계획에 따라 실시하는 훈련을. "취역훈련"이란 지방해양경찰청 훈련단 및 해양경찰서에서 신조함정에 대하여 장비 운용 및 함정 안전운항능력 확보와 해상치안 임무수행 능력향상을 위하여 실시하는 훈련을 말한다. "복수승조원제"란 경비함정 출동률을 향상시키기 위해 2개 팀 이상의 승조원이 1척 이상의 함정에서 교대근무를 실시하는 인력 중심의 제도를 말한다(함정운영관리규칙 제2조).

하여 함정장이 적의 조정할 수 있다(함정 운영관리 규칙 제25조).

2. 정박 중 근무

함·정장은 일과시 함정 직원을 지휘 감독하고 각 부서장은 함·정장을 보좌하여 소관 업무를 관장 집행하며 제반사항을 기록·유지하여야 한다. 정박중인 함정의 전반적 안전관리와 긴급출동 등 긴급상황에 대응하기 위해 토요일, 공휴일, 휴무일 및 정상근무시간 이후에는 대기근무를 편성·운용한다. 태풍내습, 해상 대간첩작전 등 비상시 대기 근무인원은 해양경찰서장, 서특단장 또는 함정장의 지시에 따라 편성한다(함정 운영관리 규칙 제27조).

3. 대기 근무

함·정장은 토요일, 공휴일, 휴무일 및 정상근무가 종료된 때부터 다음날 정상근무나 통합대기근무가 개시될 때까지 대기근무를 편성·운용한다. 대기명령부는 서식 3과 같으며, 대기근무의 기본 근무요령은 다음과 같다.

① 대기근무 중에는 함정내 근무를 원칙으로 한다(통합대기근무자의 순찰, 전용부두 순찰 등은 예외로 한다). ② 함정장은 대기근무자를 2조로 편성, 1조씩 대기실 근무를 명한다(조별 교대시간 ; 13:00, 02:00〈1시간 내외 조정 가능〉). ③ 대기실 근무자는 순찰, 출입자 관리, 장비 점검 등 임무를 수행하며, 그 외의 인원은 함정 내에서 자율 복장으로 취침 등 휴식을 취할 수 있다.

대기 근무인원은 함정의 크기 및 함정 승조원(의무경찰 제외)의 수를 고려하여 편성하되(3,000톤급 이상(4명), 1,000톤급 이상(3명), 200톤급 이상(2명), 200톤급 미만(1명)), 200톤 미만의 소형함정 또는 특수함정이 전용부두에 2척 이상이 동일한 장소에 정박 계류 중일 때에는 통합대기 근무를 편성·운용할 수 있다. 단 예인정은 톤급에 관계없이 200톤급 미만 기준에 따른다(함정 운영관리 규칙 제29조).

Ⅳ. 함정 운영[48]

함정의 부서별 세부조직은 「함정 기본조직에 관한 규칙」에 따르고, 정원은 함정의 크기와 무장, 그 외 장비의 설치기준을 감안하여 정하고 있다. 함정 직원은 경찰관과 의무경찰(의경)로 구성되며, 경우에 따라 조리사 등 일반직이 승선하는 경우도 있다. 함·정장은 관할서장의 명을 받아 함정을 운용·관리하며, 함정 직원을 지휘·감독하여 주어진 임무를 수행하고 있다.[49] 「해양경찰법」 제20조에서 해양경찰청장은 직무수행에 필요한 함정·항공기 및 공용 또는 개인용 무기·경찰장구와 각종 장비·시설의 도입 및 관리계획을 시행하여야 하며, 이에 필요한 재원을 지속적이고 안정적으로 확보할 수 있는 방안을 마련하도록 규정하고 있다. 여기서 함정이란 해양경찰 임무 수행을 위하여 운용되는 선박을 말하며, 해양경비를 주 임무로 하는 경비함정과 형사기동정·실습함·공기부양정[50] 등 해양경찰 특수목적을 수행하기 위한 특수함정으로 구분된다.

1. 경비함정

해상에서 경비 임무를 수행하는 함정으로, 200톤 이상은 경비함, 200톤 미만은 경비정으로 구분하며, 특수정은 톤수에 관계없이 "정"이라 부른다(함정운영관리규칙 제6조③).

대형함정은 광역구역을, 중형함정은 내해구역을, 소형함정은 연안구역을 중심으로 경비임무를 수행한다.[51] 연안구역은 소형함정이 연안 취약해역에 대해 각종

---

48) 2020년 7월말 현재, 해양경찰에는 경비함정 187척, 특수함정 167척을 운용하고 있다(2020년 해양경찰 국회 업무현황보고 자료 참조).

49) 함·정장이 직접 함정을 지휘하는 경우는 다음 각호와 같다. 1. 출입항, 투양묘, 해상에서 다른 선박과 계류할 때, 2. 협수로를 통과하거나 저시정 상태에서 항해할 때, 3. 함정 승무원 전원을 특수직무 분담표에 따라 배치할 때, 4. 그 외에 함정에 위험이 있거나 위험하다고 판단될 때(함정운영관리규칙 제20조③)

50) 대형공기부양정은 서해5도 위기상황 발생시 도서주민 안전후송, 대응전력 및 복구물자 이송 지원에 관한 임무를 수행하며, 평상시에는 대체세력이 없고 긴급한 상황인 경우 저수심, 갯벌 등 연안해역 해양사고시 구조활동 및 안전관리 임무를, 중형공기부양정은 저수심, 갯벌 등 연안해역 해양사고시 구조활동 및 안전관리 임무를 수행한다(함정운영관리규칙 제21조의3).

51) '연안구역'은 동해·남해안은 해안으로부터 10해리, 서해안은 15해리까지를, '내해구역'은 연안구역

▸ 해양경찰 대형함정

해상범죄 예방단속, 임해중요시설보호, 여객선 및 유도선, 해양레저에 대한 안전관리를 수행하고, 내해구역은 중형함정이 접속수역 내측을 중심으로 밀·출입국 차단, 외국어선 침범 단속, 해양오염 감시, 어선 안전관리 등의 임무를 수행하며, 광역구역은 대형함정 중심으로 SAR구역에서의 수색구조활동, 불법외국어선 단속, EEZ 수역 내에서의 경제적 개발과 탐사 등 주권적 권리와 해양과학 조사, 해양환경보호 등의 임무를 수행한다.[52]

표 1-8 ┃ 경비함과 경비정

구분		톤급	경비구역
경비함	대형	1000톤급 이상	광역구역
	중형	1000톤급 미만~200톤 이상	내해구역
경비정	소형	200톤 미만	연안구역

2. 특수함정

해양오염방제, 형사활동 등 경비목적 이외의 해양경찰 특수목적을 위해 운용되는 함정을 의미한다(함정운영관리규칙 제6조⑤).

───────────

외측으로부터 30해리 이내의 해역, '광역구역'은 내해 외측으로부터 대한민국의 주권과 관할권이 인정되는 해역을 의미한다.

52) 함정의 안전운항을 위하여 현지기상과 유관기관의 기상정보를 바탕으로 황천(荒天) 및 저시정을 설정하고, 피항(避港) 등 함정에 대한 안전조치를 실시한다. 황천은 파고 및 풍속을 감안하여 1급부터 6급까지로 설정하고, 저시정은 시계를 기준으로 1급부터 3급까지로 구분한다.

표 1-9 ┃ 특수함정의 종류

공기부양정	수륙양용(水陸兩用) 함정으로 해상구조 및 대테러 임무 수행
순찰정	항·포구를 중심으로 민생치안 및 연안안전관리 임무 수행
형사기동정	해상범죄 예방과 단속 임무 수행
방제정	해양오염 예방순찰 및 방제 임무 수행
기타	훈련함(실습함), 예인정, 소방정, 특수기동정, 수리지원정, 잠수지원함, 화학방제함, 특수기동정 등

V. 항공기[53]

항공기는 해상초계순찰, 해양경비·수색구조·범죄단속 및 해양오염감시 등의 목적으로 운용하고 있으며, 그 운영 및 관리 등에 관하여 「해양경찰 항공 운영규칙」에서 규정하고 있다. 해상 응급환자 후송 등 인명구조 및 해양오염감시 등 해상 초계순찰과 인력·장비 수송 등을 위하여 5개 지방청(중부·동해·서해·남해·제주)에 항공단(또는 항공대)을 두고 있으며, 각 항공단에는 고정익 항공대와 회전익 항공대를[54], 중부지방청에는 별도로 항공정비대를 운용하고 있다. 항공기는 고정익 항공기(비행기)와 회전익 항공기(헬기)로 구분하고 있다.[55]

1. 고정익 항공기

고정익은 EEZ 등 우리나라 전 해역을 대상으로 불법조업 외국어선이나 해양오염 등 광역해역 성찰·감시 임무를 수행하고 있다. 회전익 항공대의 경우, 소속 지방청의 관할해역을 담당하고 있으나, 고정익 항공대의 경우 중부지방청 인천항

---

53) 일반적으로 항공기는 공중을 날 수 있는 비행선, 열기구, 헬리콥터 등을 통칭하며, 비행기는 그 중에서 날개가 고정되어 있으며, 프로펠러나 제트엔진과 같은 추진장치에 의해 공중을 날 수 있는 항공기를 의미한다(해양경찰청, 「해양경찰 장비발전 60년사」, 2013, 71면 참조).

54) 2020년 12월말 현재, 남해청·동해청과 제주청에는 회전익 항공기만 배치되어 있다.

55) 2020년 12월말 현재, 해양경찰에는 고정익 6대와 회전익 19대 등 총 25대의 항공기를 운용하고 있다.

▶ 해양경찰 고정익 항공기

공대는 우리나라 전 해역을, 서해지방청 무안항공대는 남해와 서해를, 동해지방청 양양항공대와 포항항공대는 동해와 남해동부를, 제주지방청 제주항공대는 제주해역을 관할해역으로 하고 있다(해양경찰 항공운영규칙 제5조).

표 1-10 ‖ 고정익 항공기 현황

임무(대수)	기종	장점	단점
광역초계기(1)	챌린저	회전익에 비해 속력이 빠르고 비교적 장시간 원거리 초계순찰 임무 수행이 가능	근접 감시 및 인명구조 곤란
수색구조기(5)	CN235 · C212		

2. 회전익 항공기

▶ 해양경찰 회전익 항공기

회전익은 연안 100마일권 내 해상 및 도서지역 환자후송 등 수색·구조 등의 임무를 수행하고 있다. 최근 광역구조역량 강화를 위해 대형구조헬기인 S-92(美 시콜스키社) 기종을 도입, 남해권(부산)과 서해권(목포)에 배치하여 운용하고 있으며, 국내기술로 제작된 수리온(흰수리) 헬기를 도입하여 동해와 제주해역에서 다목적용으로 활용하고 있다.

표 1-11 | 회전익 항공기 현황

구분(대수)	기종	장점	단점
대형(2)	S-92	연안순찰, 수색구조 등 다양한 임무 수행이 가능하여, 함정과 더불어 입체적 해상경비 임무 수행이 가능	장시간 원거리 임무 수행 곤란
중형(12)	수리온		
	카모프		
	AW-139		
탑재헬기(5)	팬더		

KADIZ와 FIR

KADIZ(Korean Air Defence Identification Zone)는 방공식별구역으로 대한민국 영공방위를 위해 비행을 통제하는 구역으로서 국방부에서 관리하며, 인가된 비행계획에 따라 위치보고를 하여야 하며, 외국 항공기가 진입하려면 24시간 전에 합동참모본부의 허가를 받아야 한다. 영공은 국제법적으로 관할권이 인정되지만 방공식별구역은 배타적 관할권이 인정되지는 않는다. FIR(Flight Information Region)은 비행정보구역을 의미하며, 민간 여객기의 항로통제를 위한 구역으로 비행정보, 경보업무 등 비행 항로 교통관제서비스를 위한 구역이다.

표 1-12 | 항공단 임무 구분[56]

임무 구분	주요 내용
기본 임무	·해상 초계순찰 ·해양오염감시 및 방제활동 지원
특수 임무	·응급환자후송, 수색·구조, 구조장비 투하, 야간조명지원 ·특공대, 해양구조대, 특수구조단 임무지원 ·해난사고 시 인원 및 화물수송 ·그 밖의 지시된 업무지원
훈련 임무	·항공승무원 교육훈련 및 각종 훈련지원 비행
정비·시험비행 임무	·항공기 성능시험 비행 ·항공기 정비입고 및 출고비행 ·그 밖의 항공기 정비 및 임무장비 시험에 관계되는 비행

---

56) 「해양경찰항공운영규칙」 제11조(운용 개념 및 임무구분).

기본적인 해양경비활동 외에 특수경비활동으로 「통합방위법」 등에 의한 해양경찰작전 임무, 국민보호와 공공 안전을 위한 「테러방지법」에 의한 대테러 임무, 「경찰관직무집행법」 등에 의한 해상경호 임무 등이 있다.

Ⅰ. 해양경찰작전 임무

1. 작전의 의의

작전이란 특정 목적을 위하여 일정 기간 동안 조직적으로 움직이는 군사적 행동(military operation)으로, 해양경찰작전이란 테러나 북한의 침투·도발 등 평시 또는 전시에 공공의 안녕과 질서유지를 위하여 전개하는 해양경찰의 특별한 임무 수행을 의미한다.

2. 작전의 법적 근거

법적 근거로는 「해양경찰법」[57], 「해양경비법」[58], 「해양법에 관한 UN협약」, 「영해 및 접속수역법」과 「통합방위법」, 「재난 및 안전관리 기본법」, 「국가위기관리 기본지침」, 「어선안전조업법」 등이 있다.

3. 통합방위작전

통합방위작전이란 적군이나 간첩 및 무장공비 등이 육·해·공으로 침투하는 것을 막고, 침투한 적군을 조직에 색출하여 체포·섬멸하는 일체의 작전을 말한

---

[57] 제14조(직무) ① 해양경찰은 해양에서의 (중략) 경호·경비·대간첩·대테러작전에 관한 직무를 수행한다.
[58] 제7조(해양경비 활동의 범위) 3. 해상경호, 대(對)테러 및 대간첩작전 수행

다.「통합방위법」과「통합방위지침」등에 근거하고 있으며, 군부대의 장 및 경찰관서의 장은 적의 침투도발이나 그 위협이 예상될 경우 통합방위작전을 준비하기 위하여 경계태세를 발령할 수 있다. 경계태세는 적의 침투·도발 상황을 고려하여, 1·2·3급으로 구분하여 발령할 수 있다.

표 1-13 ▮ 경계태세

구분		요건
경계태세	1급 (진돗개 하나)	최고 수준의 경계 및 전투태세를 유지하는 것으로서, 적 침투 및 국지도발 징후가 확실하거나 제한된 지역에서 상황이 발생한 경우, 기본임무 수행을 제한하고, 작전지휘관이 통합방위사태 선포 전에 군, 경찰, 해양경찰 및 예비군을 작전통제하여, 지정된 작전지역으로 출동하여 작전을 개시하는 단계
	2급 (진돗개 둘)	평상시보다 강화된 경계 및 전투태세를 유지하는 것으로서, 적의 침투·도발이 예상되거나 인접지역(해역)에서 상황이 발생한 경우, 기본임무 수행 이외에 추가적인 임무를 수행하는 단계
	3급 (진돗개 셋)	평상시에 경계 및 전투태세를 유지하는 것으로서, 기본임무를 수행하면서 상황변화에 따라 즉시 대비할 수 있는 태세를 유지하는 단계

또한 경계태세를 넘어 적의 침투·도발이 발생한 경우에는 사태의 경중에 따라 가장 강력한 갑종사태부터 을종·병종사태로 구분하여 대응하고 있다. 해양경찰은 해군 함대사령관의 경계태세 1급(진돗개 하나) 발령 시나 통합방위사태 선포 시에 해군의 작전통제 하에 통합방위 임무를 수행한다.

표 1-14 ▮ 비상사태(통합방위법 제2조)

구분	요건
갑종사태	일정한 조직체계를 갖춘 적의 대규모 병력 침투 또는 대량살상무기 공격 등의 도발로 발생한 비상사태로 통합방위본부장 또는 지역 군사령관의 지휘·통제 하에 통합방위작전을 수행하여야 하는 사태
을종사태	일부 또는 여러 지역에서 적이 침투·도발하여 단기간 내에 치안이 회복되기 어려워 지역 군사령관의 지휘·통제 하에 통합방위작전을 수행하여야 하는 사태
병종사태	적의 침투·도발 위협이 예상되거나 소규모의 적이 침투하였을 때에 지방경찰청장, 지역군 사령관 또는 함대사령관의 지휘·통제 하에 통합방위작전을 수행하여 단기간 내에 치안이 회복될 수 있는 사태

통합방위사태는 갑종 또는 두개 지역 이상의 을종사태에 해당하는 상황 발생 시에는 국방부장관(두개 이상의 병종사태에 해당하는 상황 발생 시에는 행정안전부장관도 건의 가능)이 건의하고 대통령이 선포하며, 을종, 병종사태에 해당하는 상황 발생 시에는 지방경찰청장, 지역 군사령관(함대사령관)이 건의하고, 시·도지사가 선포한다.

4. 국가위기관리

2001년 뉴욕 9·11테러나 2011년 일본 센다이 쓰나미(tsunami), 2016년 조류독감(avian influenza), 2019년 코로나19(COVID-19) 등과 같이 전염병을 포함한 대규모 인적·자연적 재난에 따른 대규모의 인명피해와 재산상 손실이 증가함에 따라 안보에 대한 개념도 군사적 안보 개념에서 질병을 포함한 비군사적·총체적 안보 개념으로 변화되고, 이에 따른 국가의 적극적·포괄적인 예방과 대응이 요구되고 있다.

(1) 의   의

대통령 훈령인 국가안전보장회의(NSC) 「국가위기관리 기본지침」에는 국가위기관리란 국가 주권 또는 국가를 구성하는 정치·경제·사회·문화체계 등 국가의 핵심요소나 가치에 중대한 위해가 가해질 가능성이 있거나 가해지고 있는 상태를 효과적으로 예방, 대비, 대응, 복구하기 위하여 국가가 자원을 기획·조직·집행·조정·통제하는 제반 활동으로 정의하고 있다.

(2) 법적 근거

「재난 및 안전관리 기본법」59) 및 「국가위기관리 기본지침」에 근거하여 작용하고 있다.

(3) 전담조직

국가위기관리에 관한 종합적인 기획·조정 기능은 국가안전보장회의(NSC)에서, 사이버테러 등 각종 테러에 대한 총괄기관은 국가정보원이, 각종 인적·물적 재난에 대한 기획과 지원은 행정안전부에서, 육상 구조 총괄은 소방청이, 해상구

---

59) 이 법에서는 재난을 크게 태풍·홍수·대설 등 자연재난과 화재·붕괴·감염병 등 사회재난으로 구분하고 있으며, 긴급구조기관으로 육상의 경우 소방, 해상의 경우 해양경찰을 규정하고 있다.

조 총괄은 해양경찰청이 담당하며, 재난상황에서의 복구 등 군 지원을 담당하는 국방부로 구분할 수 있다.

(4) 주요 활동

국가위기관리를 위한 활동은 크게 경보, 예방, 대비, 대응 및 복구로 구분되는데, 경보는 위기징후를 식별하거나 위기발생이 예상되는 경우에 그 위험 또는 위험수준에 부합되는 조치를 할 수 있도록 미리 정보를 제공하고 경고하는 것으로 단계별로 관심(blue), 주의(yellow), 경계(orange), 심각(red)으로 분류한다. 국가위기는 크게 안보 분야와 재난 분야로 구분할 수 있으며, 해양경찰은 안보 분야에 대해 북한군 침투도발, 접적해역 우발사태, 독도 우발사태, 해상테러 등 비대칭위협 및 비군사적 해상분쟁 등에 대한 유관기관으로, 재난과 관련해서는 풍수해, 지진, 대규모 해양오염, 원전사고, 전염병이나 가축질병 등에 대한 유관기관으로 국가위기경보 발령 시 단계별 조치사항을 수행하고 있다.

5. 비상근무

대간첩·테러·대규모 재난 등 긴급상황이 발생하거나 발생할 우려가 있는 경우 또는 다수의 경력(警力)을 동원해야 할 치안수요가 발생하거나 치안활동을 강화할 필요가 있는 경우에는 비상경계근무를 명할 수 있다. 비상근무는 유형에 따라 경비비상, 구조·구난비상, 정보수사비상, 방제비상 등으로 구분되며, 비상경계근무는 갑호·을호·병호 비상과 해상경계강화 근무로 구분할 수 있다(해양경찰청 비상소집 및 근무규칙 제4조).[60]

---

60) "비상상황"이라 함은 해양주권·안보·안전·치안·오염과 관련하여 중요상황이 발생하거나 발생할 우려가 있어 다수의 경력을 동원할 필요가 있는 때를 말하며, "비상소집"이라 함은 비상상황이 발생하거나 발생할 우려가 있어 현행 근무인력으로 상황조치가 어려운 경우 소속 공무원을 해당 소집장소로 집결하게 하는 것을 말한다. 다만, 비상상황에 미치는 상황은 아니나 현행 근무인력으로 상황처리가 어려운 경우도 포함한다(해양경찰청 비상소집 및 근무규칙 제2조).

비상소집과 비상근무

비상소집은 해양경찰청장, 지방청장 및 서장 등 비상근무 발령권자의 지시에 따라 각 기관의 상황센터장 또는 상황실장이 실시한다. 단, 자체 상황처리를 위하여 함·정장, 파출소장, 특공대장 등 현장 지휘관이 인력을 동원할 필요가 있는 경우 비상소집을 실시할 수 있다(해양경찰청 비상소집 및 근무규칙 제9조).

비상근무는 갑호·을호·병호 및 해상경계강화로 구분되는데, '갑호비상'은 연가를 중지하고, 가용인력의 100%까지 동원할 수 있고, '을호비상'은 연가를 억제하고, 가용인력의 50%까지, '병호비상'은 연가를 억제하고 가용인력의 30%까지 동원할 수 있다. '해상경계강화'시에는 별도의 경력 동원 없이 비상대기태세를 유지하되 필요에 따라 적정수준의 가용인력을 동원할 수 있다(해양경찰청 비상소집 및 근무규칙 제6조).

비상소집시 필수요원은 1시간 이내, 일반요원은 2시간 이내 응소함을 원칙으로 하며, 필수요원이란 비상발령권자가 지정한 자로 비상소집 시 1시간 이내에 응소하여야 할 공무원을, 일반요원은 필수요원을 제외한 공무원으로 비상소집 시 2시간 이내에 응소하여야 할 공무원을 말한다(동 규칙 제2조·제11조).

II. 해양경찰 대테러 임무

▶ 해양경찰 대테러활동

국가 간의 갈등이나 분쟁에 있어서 과거 전면전 양상과는 달리 현대에 와서는 국지전 또는 테러전으로 그 양상이 변화하고 있다. 즉 9·11테러와 같이 무고한 시민을 대상으로 한 무차별적인 테러 등 '전선(war front) 없는 전쟁'이 계속되고 있다. 이에 대해 각국은 자국의 상황에 맞는 테러대책을 수립하고 있으며, 우리나라에서도 2016년 「국민보호와 공공 안전을 위한 테러방지법」을 제정·시행하고 있다. 「해양경찰법」은 제14조에서 해양경찰은 해양에서 경호·경비와 함께 대간첩·대테러작전에 관한 직무를 수행한다고 규정하고 있다.

1. 테러의 정의

「국민보호와 공공 안전을 위한 테러방지법」(이하 테러방지법이라 한다) 제2조에 의하면 테러라 함은 국가·지방자치단체 또는 외국 정부(외국 지방자치단체와 조약 또는 그 밖의 국제적인 협약에 따라 설립된 국제기구를 포함한다)의 권한행사를 방해하거나 의무 없는 일을 하게 할 목적 또는 공중을 협박할 목적으로 하는 다음과 같은 행위를 말한다.

테러 유형

국가지방자치단체 또는 외국 정부의 권한행사를 방해하거나 의무없는 일을 하게 할 목적 또는 공중을 협박할 목적으로,

① 사람을 살해하거나 사람의 신체를 상해하여 생명에 대한 위험을 발생하게 하는 행위 또는 사람을 체포·감금·약취·유인하거나 인질로 삼는 행위

② 운항 중인 항공기를 추락·전복·파괴하거나 강탈·운항강제 그 밖에 항공시설을 손괴하거나 조작을 방해하여 안전운항에 위해를 가하는 행위

③ 운항 중인 선박 또는 해상구조물을 파괴·손괴·강탈·운항강제 그 밖에 선박의 안전을 위해를 가하기 위한 기기나 시설 파괴·중대한 손상을 가하는 행위

④ 사망·중상해 또는 중대한 물적 손상을 유발하도록 제작되거나 그러한 위력을 가진 생화학·폭발성·소이성(燒夷性) 무기나 장치를 기차·자동차·공중이용차량과 이에 이용되는 시설·도로·공원·역, 전기나 가스 공급시설, 수도·전기통신시설·석유가스·석탄 등의 수송저장시설 등에 배치하거나 폭파하는 행위

⑤ 핵물질, 방사성물질 또는 원자력시설의 파괴, 부당한 조작, 소유·보관·사용·운반·개조, 정상적인 운전을 방해하여 방사성물질을 배출하거나 방사선을 노출하는 행위 등이다.

그 밖에 「선박 및 해상구조물에 대한 위해행위의 처벌 등에 관한 법률」, 「형법」 그리고 특별형법으로 「군형법」, 「항공법」, 「국가보안법」 등에서 테러와 관련된 범죄행위에 대해 규정하고 있다.

2. 대테러의 정의

「테러방지법」 제2조 제6호는 '대(對)테러활동'이란 테러 관련 정보의 수집, 테러 위험인물의 관리, 테러에 이용될 수 있는 위험물질 등 테러 수단의 안전관리,

인원·시설·장비의 보호, 국제행사의 안전 확보, 테러 위협에의 대응·무력진압 등 테러예방과 대응에 관한 제반활동이라고 규정하고 있다. 일반적으로 대테러는 테러활동에 대한 예방·저지 등 테러에 대응하는 모든 활동을 의미하며, 사전 예방적 의미인 반 테러리즘(anti-terrorism)과 사후조치로서 적극적 대응책인 대 테러리즘(counter-terrorism)을 포함하는 개념이다. 그리고 테러의 위협 또는 위험수준에 따라 테러경보(관심·주의·경계·심각단계)를 발령한다.

3. 법적 근거

(1) 국제 협약

1) 항행안전에 대한 불법행위 규제를 위한 협약(SUA: The Convention for the Suppression of Unlawful Acts against the Safety of Maritime Navigation)

선박의 안전한 항해를 위협하는 각종 범죄행위를 해상테러로 규정하고, 그 범죄자에 대한 형사적 처벌을 위해 범죄인 인도, 관할권 등의 형사절차를 위한 국제법적 공조를 내용으로 하는 협약이며, 1988년 SUA 및 그에 관한 의정서가 채택되었고, 2005년 선박이 테러목적으로 이용되는 것을 방지하고, 핵이나 화학무기 등 대량살상무기(WMD: Weapons of Mass Destruction) 확산 방지를 위한 SUA 협약 개정이 있었다.

2) 대량살상무기 확산 방지 구상(PSI: Proliferation Security Initiative)

PSI는 대량살상무기(WMD: Weapons of Mass Destruction)를 차단하기 위한 국제적인 공조체제를 의미하며, 우리나라는 2009년부터 정식 참여하고 있다. 한반도 주변해역에서 WMD 등을 수송하는 북한선박이나 테러지원국가 선박에 대해서 근접 또는 전탐 감시나 정선·검색·나포하고 있다. PSI 주요 내용으로는 ① 단독 또는 외국과 협조하여 WMD의 이전 및 운송 차단, ② 신속한 정보협조 채널 구축, ③ WMD 운송의심선박에 승선·검색, 의심화물의 압류, ④ WMD 운송의심선박에 대해 타국이 승선검색을 요청할 경우 해당선박의 기국은 진지하게 검토, ⑤ WMD 운송의심을 받고 있는 자국령 안의 선박이나 항공기, 환적 화물을 검색하고, 의심선박 적발 시 압류 조치 등이다.

(2) **국내 법령**61)

1) 국민보호와 공공안전을 위한 테러방지법

이 법은 대한민국 테러 대응에 관한 기본법적 성격을 갖는 법률로서, ① 국가 및 지방자치단체의 테러방지를 위한 의무(제3조)를 규정하고, ② 국가테러대책위원회 등 테러전담조직의 설치(제5조~제8조), ③ 테러위험요인 예방(제9조~제13조), ④ 유공자 포상 및 피해자지원 등(제14조~제16조), ⑤ 테러단체 구성 및 무고·날조 죄 처벌(제17조~제18조) ⑥ 테러단체 구성죄 등에 대한 세계주의(제19조) 등을 규정하고 있다.

2) 선박 및 해상구조물에 대한 위해행위의 처벌 등에 관한 법률

운항 중인 선박 및 해상구조물의 안전을 위하여 제정된 법률로서, ① 운항 중인 선박 또는 해상구조물의 안전을 위험하게 할 목적으로 선박 또는 해상구조물에 있는 사람을 살해·상해·폭행·협박하거나(제5조), ② 선박 또는 해상구조물을 강탈하거나 선박의 운항을 강제하거나(제6조), ③ 운항 중인 선박 또는 해상구조물을 손괴하거나(제7조), ④ 선박 운항 관련 기기나 시설을 손괴하는 경우(제8조), ⑤ 운항 중인 선박 또는 해상구조물의 안전을 위험하게 할 만한 물건을 설치하거나 탑재한 경우(제9조), ⑥ 선박납치·손괴 등에 의한 사람을 살인·상해하거나 사망이나 상해에 이르게 한 경우(제12조), ⑦ 운항 중인 선박 또는 해상구조물의 안전을 위험하게 할 것을 고지함으로써 협박하는 경우(제13조)에는 이 법에 의하여 처벌하고 있다.

3) 기   타

형법은 외국원수나 사절에 대해 폭행하거나(제107조), 범죄단체를 조직하는 경우(제114조) 처벌하고 있으며, 특히 폭발물을 사용하거나(제119조), 공용물 파괴(제141조), 기차·선박 등에 대한 교통방해(제186조)와 해상강도행위(제340조)를 엄히 처벌하고 있다. 특별형법으로는 초병에 대한 폭행·협박(군형법 제54조), 항공기 관련 범죄(항공법 제12조·제56조), 반국가활동(국가보안법 제2조·제3조), 부정독극물 제조사용(보건범죄

---

61) 「해양경찰법」 제14조 경호·경비·대간첩·대테러작전에 관한 직무를 규정하고 있고, 「해양경비법」 제7조에서 해상경호, 대(對)테러 및 대간첩작전 수행 임무를 규정하고 있다.

단속에 대한 특별조치법 제4조)과 테러행위와 관련한 금융거래(특정금융거래정보의 보고 및 이용 등에 관한 법률)를 처벌하고 있다.

해양 대테러 계획의 수립(해양경비법 제16조의2)

① 해양경찰청장은 제7조제3호에 따른 대테러작전의 수행 및 「국민보호와 공공안 전을 위한 테러방지법」 제10조에 따른 테러예방대책의 원활한 수립과 해양에서 의 효율적인 테러 예방·대응을 위하여 5년마다 해양 대테러 계획을 수립하여야 한다.

② 해양경찰관서의 장은 제1항에 따른 해양 대테러 계획의 원활한 시행을 위하여 매년 유관기관과의 협의를 통하여 해양 테러 예방 및 대응 활동계획을 수립·시 행하여야 한다.

③ 제1항에 따른 해양 대테러 계획 및 제2항에 따른 해양 테러 예방 및 대응 활동 계획의 수립과 시행에 필요한 사항은 해양수산부령으로 정한다.

4. 국가 대테러체계

(1) 대테러조직

1) 국가테러대책위원회

대테러활동에 관한 정책의 중요 사항을 심의·의결하기 위하여 설치하며, 위 원장은 국무총리로 한다(테러방지법 제5조).[62]

심의·의결 사항(테러방지법 제5조③)

① 대테러활동에 관한 국가의 정책 수립 및 평가
② 국가 대테러기본계획 등 중요 중장기 대책 추진사항
③ 관계기관의 대테러활동 역할 분담·조성이 필요한 사항

---

62) 위원은 기획재정부장관, 외교부장관, 통일부장관, 법무부장관, 국방부장관, 행정안전부장관, 산업통상 자원부장관, 보건복지부장관, 환경부장관, 국토교통부장관, 해양수산부장관, 국가정보원장, 국무조정 실장, 금융위원회 위원장, 원자력안전위원회 위원장, 대통령경호처장, 관세청장, 경찰청장, 소방청장, 질병관리청장 및 해양경찰청장으로 구성된다(테러방지법 시행령 제3조).

④ 그 밖에 위원장 또는 위원이 대책위원회에서 심의·의결할 필요가 있다고 제의하는 사항

테러대책 실무위원회의 구성·운영(테러방지법 시행령 제5조)

대책위원회를 효율적으로 운영하고 대책위원회에 상정할 안건에 관한 전문적인 검토 및 사전 조정을 위하여 대책위원회에 테러대책 실무위원회를 둔다. 실무위원회의 위원장은 대테러센터장이 되고, 위원은 국가테러대책위원회 참여기관 소속의 고위공무원단에 속하는 일반직 공무원(이에 상당하는 특정직·별정직 공무원을 포함한다) 중 관계기관의 장이 지명하는 사람으로 한다.

---

2) 대테러센터

국가 대테러활동 관련 임무 분담 및 협조사항 실무 조정과 장단기 국가 대테러활동 지침 작성배포, 테러경보 발령, 국가 중요 행사 대테러안전대책 수립 등을 위하여 국무총리 소속으로 관계기관 공무원으로 구성되는 대테러센터를 둔다(대테러방지법 제6조).

3) 테러사건 대책본부

해양테러사건의 대책본부의 장은 해양경찰청장이 된다. 그 밖에 테러가 발생하거나 발생할 우려가 현저한 경우에 국외테러사건대책본부(외교부장관), 군사시설테러사건 대책본부(국방부장관), 항공테러사건 대책본부(국토교통부장관), 국내일반테러사건 대책본부(경찰청장) 등 5개 테러사건대책본부를 설치·운영하고 있다(대테러방지법 시행령 제14조).

(2) 대테러활동

대테러활동은 4단계 테러경보에 따라 이루어진다. 1단계는 '관심단계'로 테러 관련 상황의 전파, 관계기관 상호 간 연락체계의 확인, 비상연락망의 점검 등을 수행한다. 2단계는 '주의단계'로, 테러대상시설 및 테러에 이용될 수 있는 위험물질에 대한 안전관리의 강화, 국가 중요시설에 대한 경비강화, 관계기관별 자체 대비태세의 점검 등을 수행한다. 3단계는 '경계단계'로 테러 취약요소에 대한 경비 등 예방활동의 강화, 테러취약시설에 대한 출입통제의 강화, 대테러 담당공무원의 비상근무 등을 실시한다. 마지막 4단계는 '심각단계'로 대테러 관계기관 공무원의

비상근무, 테러 유형별 테러사건대책본부 등 사건대응조직의 운영준비, 필요장비·인원의 동원태세 유지 등을 실시한다.

(3) 해양경찰 대테러조직

해양경찰은 해양테러가 발생한 경우, 해양경찰청장을 본부장으로 하는 해양테러사건 대책본부를, 해당 지방청에 현장지휘본부를 설치한다. 현장지휘본부는 초동조치팀, 협상팀, 지원팀, 특공대로 구성하며, 편성·운영에 관한 세부사항은 「해양테러 위기대응 실무매뉴얼」에 따로 정한다. 항만, 연안중요시설, 여객선, 여객터미널 등 다중이용시설에 대한 대테러 임무를 수행하는 특공대는 지방해양경찰청장 소속하에 운용하고 있다. 그리고 인명구조를 주 임무로 하는 해양경찰구조대는 해양경찰서장 소속하에 두며, 불법외국어선 단속 임무를 수행하는 해상특수기동대는 중·대형 경비함·정장의 지휘하에 불법외국어선 단속 등 해상범죄 진압 등의 초동조치 임무를 수행한다.

Ⅲ. 해상경호 임무

1. 의   의

'경호(警護)'라 함은 대통령, 국빈 등 경호대상자[63]의 생명과 재산을 보호하기

---

63) 대상은 다음과 같다.

국내요인	갑호	대통령과 그 가족, 대통령 당선인과 그 가족, 퇴임 후 10년 이내의 전직 대통령과 그 배우자, 대통령권한대행과 그 배우자, 대한민국을 방문하는 국가 원수 또는 행정수반과 그 배우자
	을호	퇴임 후 10년이 경과한 전직 대통령, 대통령선거 후보자 및 국회의장, 대법원장, 국무총리, 헌법재판소장
	병호	해양경찰청장과 경찰청장이 경호가 필요하다고 인정한 인사
국외요인	A, B, C, D 등급	국왕, 대통령, 총리, 부통령 등 방한하는 외국의 국가원수 또는 행정수반과 그 배우자, 기타 경호처장이 인정한 인사
	E, F 등급	부총리, 왕족, 외빈 A, B, C, D 등급 배우자 단독 방한, 전직 대통령, 전직 총리, 국제기구 및 국제회의 중요인사 기타 장관급 이상으로 해양경찰청장 또는 경찰청장이 경호가 필요하다고 인정한 외빈

위하여 신체에 가하여지는 위해(危害)를 방지하거나 제거하고, 특정 지역을 경계·순찰 및 방비하는 등의 모든 안전활동을 말한다(대통령 등의 경호에 관한 법률 제2조). 해상경호란 경호대상자가 선박으로 이동하거나 해상 관련 행사 및 해상과 인접한 육상에서의 행사 시 요인의 생명과 재산보호 및 질서유지 등을 목적으로 경비세력과 필요한 인력을 배치하여 특정한 지역을 경계·순찰하는 등의 일체의 활동을 말한다.

2. 법적 근거

주요 법적 근거로는 「해양경찰법」 제14조, 「경찰관직무집행법」 제2조 제3호(주요 인사(人士) 경호), 「대통령 등의 경호에 관한 법률」 제4조(경호대상), 「전직대통령 예우에 관한 법률」 제6조(필요한 기간의 경호 및 경비), 「대통령경호처와 그 소속기관 직제」 제3조(경호업무), 「대통령경호안전대책위원회규정」 등이 있다.

경호 원칙

① 자기 희생의 원칙: 경호자는 육탄방어 등 어떠한 희생이 있더라도 경호대상자를 안전하게 보호하여야 한다.
② 담당구역 책임의 원칙: 경호자는 담당구역 내에서 일어나는 어떠한 경호 관련 상황에 대해서도 책임을 지고 해결하여야 한다.
③ 통제의 원칙: 경호대상자와 접촉할 수 있는 출입문 등 통로는 최소화하여야 하며, 그 통로는 경호자에 의하여 통제되어야 한다.
④ 보안의 원칙: 경호대상자의 동선(動線)에 관한 일시·장소 등은 보안이 유지되어야 하며, 보안을 위하여 동선을 수시로 변경하는 것이 좋다.

---

3. 경호지역과 경호절차

(1) 경호기관

국가 경호기관은 대통령 경호처, 해양경찰청과 경찰청이 있다. 이 중 경찰기관은 갑·을·병호 경호 대상과 외빈 A, B, C, D, E, F 등급 등 모든 국내·외 요인을 대상으로 경호하며, 대통령 경호처는 이 중 국내 요인은 갑호 경호대상만을, 외빈은 A, B, C, D 등급만을 경호대상으로 한다.

(2) 경호지역

경호지역 또는 구역이란 소속공무원과 관계기관의 공무원으로서 경호업무를 지원하는 사람이 경호활동을 할 수 있는 구역을 말하며(대통령 등의 경호에 관한 법률 제2조), 행사장을 포함한 일정 구역을 설정해 경호활동을 통해 대통령 등 피 경호인의 안전을 확보하는 지역을 말한다.[64] 경호지역은 ① 해상경호해역, ② 육상경호지역, ③ 공중경호지역으로 구분하고 있으며,[65] 해상경호는 3선 경호체제로, 1선은 안전해역으로 행사장과 인접한 해안으로부터 3해리 이내의 연안, 2선은 경비해역으로 6해리 이내이며, 3선은 경계해역으로 11해리 이내이다.

(3) 경호절차

경호는 경호계획의 수립 등 준비단계와 경호세력의 배치, 취약지역의 순찰·점검 등 안전활동단계, 실제 경호 및 상황대응 등 실시단계 및 경호결과에 대한 평가단계로 이루어진다.

표 1-15ㅣ 경호절차

단계		주요 내용
준비단계	D-30일 ~3일	해상경호계획 수립
안전활동단계	D-2일 ~H-2시간	경호세력 배치, 취약지역 순찰 및 점검, 경호작전본부 설치
실시단계	H-2 ~종료시	기본계획에 의거, 모든 경호세력 배치 및 상황유지, 우발상황 대비 태세 강화
평가단계	종료 후	경호기본계획과 실제 수행결과 간의 문제점 및 개선 방안 토의·평가

---

64) 경호처장은 경호업무의 수행에 필요하다고 판단되는 경우 경호구역을 지정할 수 있으며, 경호구역의 지정은 경호목적 달성을 위한 최소한의 범위로 한정되어야 한다(대통령 등의 경호에 관한 법률 제5조).
65) 순길태, 앞의 책, 305면 참조.

제 2 장

해양경찰 수색구조론

개 관

I. 의 의

    오늘날 해양을 통한 경제활동과
레저활동 등이 증가하면서 영국의 타
이타닉호 침몰사고(1912), 우리나라에
서의 허베이 스피리트호 원유유출 사
고(2007)와 세월호 여객선 사고(2014)
등 바다에서의 사건·사고도 대형화·
다양화되고 있으며,[1] 이에 따라 해
양경찰의 수색구조 역량에 대한 국민
적 관심과 이를 위한 정부의 인적·
물적 지원이 증가하고 있다. 여기서 수색구조(SAR: Search and Rescue)란 해수면과
내수면에서 선박 등의 침몰·충돌·화재 등으로 인하여 조난을 당한 사람과 선박

▶ 해양경찰 인명구조

---

1) UN 전문기구인 국제해사기구(IMO)에서는 국제적인 수색 및 구조에 관한 협약을 채택하여 국제적인
수색 및 구조체제를 확립하고, 각국의 수색구조에 관한 교류·협력을 증진하고 있다.

등에 대해 함정, 항공기 및 기타 특수장비 등을 활용해 그 위치를 찾아 위난상태로부터 구조하여 응급조치 또는 그 밖의 필요한 것을 제공하고 안전한 곳으로 인도하는 일체의 활동을 의미한다. 여기서 수색(搜索)이란 인원 및 장비를 사용하여 조난당한 사람 또는 사람이 탑승하였을 것으로 추정되는 선박, 항공기, 수상레저기구 등을 찾는 활동을 말하며, 구조(救助)란 조난을 당한 사람을 구출하여 응급조치 또는 그 밖의 필요한 것을 제공하고 안전한 장소로 인도하기 위한 활동을 말한다(수상에서의 수색·구조 등에 관한 법률 제2조).[2] 조난(遭難)사고란 사람이 익수·추락·고립·표류하는 등의 사고 또는 선박·항공기 등이 침몰·좌초·전복·충돌·화재·기관고장 또는 추락하는 등의 사고로 인하여 사람의 생명·신체 또는 선박·항공기 등의 안전이 위험에 처한 상태를 말한다. 구난(救難)이란 조난을 당한 선박·항공기 등 또는 그 밖의 다른 재산에 관한 원조를 위하여 행하여진 행위 또는 활동을 의미한다(동법 제2조).

해양사고·준해양사고·재난(해양사고의 조사 및 심판에 관한 법률 제2조)

'해양사고'는 해양 및 내수면(內水面)에서 발생한 사고로서 선박의 구조·설비 또는 운용과 관련하여 사람이 사망 또는 실종되거나 부상을 입은 사고, 선박의 운용과 관련하여 선박이나 육상시설·해상시설이 손상된 사고, 선박이 멸실·유기되거나 행방불명된 사고, 선박이 충돌·좌초·전복·침몰되거나 선박을 조종할 수 없게 된 사고나 선박의 운용과 관련하여 해양오염 피해가 발생한 사고를 말한다. '준해양사고'란 선박의 구조·설비 또는 운용과 관련하여 시정 또는 개선되지 아니하면 선박과 사람의 안전 및 해양환경 등에 위해를 끼칠 수 있는 사태로서 해양수산부령으로 정하는 사고를 말한다. 한편 「재난 및 안전관리 기본법」 제3조 상 '재난'은 태풍, 홍수, 해일 등으로 인한 자연재난과 화재·붕괴·폭발·환경오염사고·가축전염병의 확산 등으로 인한 사회재난으로 인하여 국민의 생명·신체·재산과 국가에 피해를 주거나 줄 수 있는 것을 말한다.

---

2) 수색구조는 침몰, 화재 등의 발생으로부터 인명과 재산을 보호하는 사후적 개념으로 여객선이나 유람선 안전관리와 같은 사전적 예방활동과는 구별된다.

II. 특   징

우리나라에서도 경제규모의 증대, 국민소득 증가 및 웰빙(well-being) 붐에 따라 바다를 찾는 이용객 증가와 이용형태도 다양화되고 있으며, 이에 따라 해양사고도 해마다 증가하고 있다. 특히 1993년 서해훼리호 여객선사고와 2014년 세월호 여객선사고 등 사고의 형태도 점차 대형화·다양화되고 있는 양상이다. 한편 해양이라는 특수성으로 인해 해양에서의 수색구조 전문인력, 전문장비, 전담조직 등 고도의 전문성이 요구되어 우리나라에서도 해양경찰을 중심으로 수색구조 전담조직·인력과 장비를 확충해 왔으며, 수색 및 구조에 관한 기본법인 「수상에서의 수색·구조에 관한 법률」을 통해 해양에서의 수색구조역량 강화에 박차를 가하고 있다. 해양에서의 수색구조는 임무공간에 따라 수상·수중·항공 수색 구조로 구분할 수 있으며, 일반적으로는 해양에서의 수색구조활동은 이 세 가지가 통합적으로 이루어지는 경우가 대부분이다.

III. 적용범위

1. 수색구조구역(SRR: Search & Rescue Region)

해양경찰의 수색구조 적용범위는 우리나라 영해 등을 포함한 주변해역에서 발생한 수색구조 사건 중 대한민국 수색구조구역(SRR)과 수색구조구역은 아니지만 대한민국 국적선박·국민과 관련된 사고 중 해양경찰 수색구조자원을 파견한 경우 그 밖의 주변국가 간 수색구조 협정 등에 따른 협력 범위 내에 적용된다.

2. 기타 적용범위

해양경찰이 함정, 항공기 등 인력과 장비를 투입하여 실시하는 모든 수색구조활동에 적용되며, 북한 관할수역 내에서 발생한 해양사고는 북한 관할수역 내 민간선박 조난 대응 매뉴얼이 우선 적용된다. 또한 기상이 양호하고, 인명 및 선체의 안전에 위험이 적은 단순 조난선박을 예인하고자 하는 경우에는 조난선박 예인 매뉴얼이 우선 적용된다.

Ⅰ. 수색구조 관련 국제협약 및 협정

표 2-1ㅣ 수색구조 관련 국제협약 및 협정

구분		주요 내용
협약	해양법에 관한 UN협약 * 1994년 국내 발효	모든 연안국의 해상안전에 관한 수색구조기관의 설치·운영과 인접국의 협력의무를 규정
	수색구조협약(SAR, 1979) * 1995년 국내발효	수색구조해역 획정(13개), 수색구조조직, 국가간 협력, 수색구조절차, 선위통보제도 등을 규정
	해상 인명안전 협약(SOLAS, 1974) * 1981년 국내발효	효율적인 수색구조와 안전항행을 위한 구명정, 통신, AIS 등 안전장치를 규정
	국제 항공 및 해상 수색구조 매뉴얼 (IAMSAR, 2001)	IMO와 ICAO(국제민간항공기구) 공동 제정, 수색구조조직·체계·절차·방법 등을 규정
협정	일본과의 해상수색구조 협정(1990)	양국간에 수색구조 협력의무와 절차 등 규정
	중국과의 해상 수색구조 협정(2007)	
	러시아와의 해상 수색구조 협정(2011)	

Ⅱ. 국 내 법

「해양경찰법」에서는 해양경찰의 임무로 해양에서 사람의 생명·신체 및 재산을 보호하고, 해양사고에 효율적으로 대응하여야 하며(해양경찰법 제2조 제1항), 특히 해양에서의 수색구조에 관한 직무를 수행한다고 규정하고 있다(해양경찰법 제14조 제1항).[3] 보다 세부적인 국내법적 근거로는 「수상에서의 수색·구조에 관한 법률」, 「재난 및 안전관리 기본법」과 「해사안전법」 등이 있다.

---

3) 해양경찰청장은 국민의 안전을 위협하는 해양재난 또는 해양사고의 대응을 위하여 필요한 경우 관계 행정기관의 장 또는 지방자치단체의 장에게 필요한 협력을 요청할 수 있고, 해양안전의 확보와 수색·구조 장비 및 기술의 보강을 위하여 민간단체·기관과의 협력관계를 증진하고 이에 필요한 계획과 시책을 마련하여 추진할 수 있다고 규정하고 있다(해양경찰법 제17조).

1. 재난 및 안전관리 기본법

이 법에서는 '재난'은 국민의 생명·신체·재산과 국가에 피해를 주거나 줄 수 있는 것으로서, 태풍·홍수와 같은 자연재난과 화재·붕괴사고와 같은 사회재난으로 구분하고 있는 바, 대규모 해상사고는 사회재난에 속한다고 할 수 있다. 재난관리란 재난의 예방·대비·대응 및 복구를 위하여 하는 모든 활동을 말하는데, 대규모 해양사고에 대한 해양경찰의 수색구조활동은 대응에 속한다고 할 수 있다(재난 및 안전관리 기본법 제3조 제3호). 이 법 제3조에서는 해양에서 발생한 재난 시 '긴급구조기관'으로 해양경찰을 규정하고 있고, 해양에서 발생한 재난의 긴급구조에 대해서는 이 법에 앞서 「수상에서의 수색·구조 등에 관한 법률」이 우선 적용된다.

2. 해사안전법

해사안전법은 선박항행과 관련된 모든 위험과 장해를 제거함으로써 해사안전 증진과 선박의 원활한 교통을 확보하기 위해 제정된 법률로서, 해양경찰의 임무로서 교통안전특정해역4)에서의 항행안전확보 조치(제11조), 교통안전특정해역에서의 공사나 작업 허가(제13조), 어망·어구 등의 제거명령 등 항로 등의 보전(제34조), 항로의 안전확보(제35조), 선박교통안전을 위한 해상교통관제의 실시(제36조), 선박 통항의 안전과 질서유지를 위한 항로나 수역 순찰(제39조), 정선·회항 명령(제40조), 주취·약물복용 운항 단속(제41조 등), 해양사고 발생 시 사후조치(제43조 등) 등에 대하여 규정하고 있다.

3. 수상에서의 수색·구조 등에 관한 법률(약칭: 수상구조법)

(1) 수난대비기본계획 및 중앙구조본부 등의 설치

해수면에서 자연적·인위적 원인으로 발생하는 조난사고로부터 사람의 생명과 신체 및 재산을 보호하고 효율적인 수난구호를 위하여 수난대비기본계획을 수

---

4) 해양수산부장관은 해상교통량이 아주 많은 해역 또는 거대선, 위험화물운반선, 고속여객선 등의 통항이 잦은 해역으로서 대형 해양사고가 발생할 우려가 있는 해역에 대해 교통안전특정해역을 설정할 수 있다(해사안전법 제10조).

립하여야 하며, 해수면에서의 수난구호를 위하여 중앙·광역·지역 구조본부를 둔다(수상구조법 제4조·제5조).

(2) 구조대·구급대의 설치·운영

해수면에서 수난구호를 효율적으로 수행하기 위하여 구조대를 편성·운영하고, 해수면과 연육로로 연결되지 아니한 도서(소방관서가 설치된 도서는 제외한다)에서 발생하는 응급환자를 응급처치하거나 의료기관에 긴급히 이송하기 위하여 구급대를 편성·운영하여야 한다(수상구조법 제7조).

(3) 선박의 이동 및 대피 명령

구조본부의 장은 태풍, 풍랑 등 해상기상의 악화로 조난이 우려되는 선박이나 선박구난현장에서 구난작업에 방해가 되는 선박의 경우에는 해당선박의 이동 및 대피를 명할 수 있다. 다만, 외국선박에 대한 이동 및 대피명령은 영해 및 접속수역법 제1조 및 제3조에 따른 영해 및 내수(내수면어업법 제2조 제1호에 따른 내수면은 제외한다)에서만 실시한다(수상구조법 제10조).

(4) 선박의 긴급피난

인명이나 해양환경에 손상을 초래할 수 있는 조난된 선박의 선장 또는 소유자는 계속 항해 시의 위험을 줄이기 위하여 긴급피난을 할 수 있으며, 긴급피난을 하려는 조난된 선박의 선장 또는 소유자는 구조본부의 장에게 긴급피난의 허가를 신청하여야 한다(수상구조법 제11조·제12조).

(5) 수난구호 관할

해수면에서의 수난구호는 구조본부(해양경찰)의 장이, 내수면에서의 수난구호는 소방관서의 장이 수행하는 것으로 규정하고 있으며, 국제항행에 종사하는 내수면 운항선박에 대해서는 구조본부(해양경찰)와 소방관서의 장이 상호 협력하도록 하고 있다(수상구조법 제13조).

(6) 조난사실 신고 등

수상에서 조난사고가 발생한 때에는 ① 조난된 선박 등의 선장·기장 또는 소

유자, ② 수상에서 조난 사실을 발견한 자, ③ 조난된 선박 등으로부터 조난신호
나 조난통신을 수신한 자, ④ 조난사고 원인을 제공한 선박의 선장 및 승무원 등
은 즉시 구조본부의 장이나 소방관서의 장에게 신고하여야 한다. 또한 조난현장
의 부근에 있는 선박 등의 선장·기장 등은 조난된 선박 등이나 구조본부의 장 또
는 소방관서의 장으로부터 구조요청을 받은 때에는 가능한 한 조난된 사람을 신
속히 구조할 수 있도록 최대한 지원을 제공하여야 한다. 다만, 조난된 선박 또는
조난사고의 원인을 제공한 선박의 선장 및 승무원은 요청이 없더라도 조난된 사
람을 신속히 구조하는 데 필요한 조치를 하여야 한다(수상구조법 제15조).

(7) 현장지휘

조난현장에서의 수난구호활동의 지휘는 지역구조본부의 장 또는 소방서장이
행한다. 다만, 응급의료 및 이송 등과 관련된 사항에 대하여는 관련 수난구호협력
기관의 장과 협의하여야 한다(수상구조법 제17조).

(8) 인근 선박 등의 구조지원

조난현장의 부근에 있는 선박 등의 선장 등은 조난된 선박 등이나 구조본부
의 장 또는 소방관서의 장으로부터 구조요청을 받은 때에는 가능한 한 조난된 사
람을 신속히 구조할 수 있도록 최대한 지원을 제공하여야 한다. 다만, 조난된 선
박 또는 조난사고의 원인을 제공한 선박의 선장 및 승무원은 요청이 없더라도 조
난된 사람을 신속히 구조하는 데 필요한 조치를 하여야 한다(수상구조법 제18조).

(9) 구난작업 신고 및 안전관리

조난된 선박 등을 구난하려는 자는 구난작업을 시작하기 전에 구조본부의 장
또는 소방관서의 장에게 그 사실을 신고하여야 한다. 다만 긴급구난을 하려는 경
우에는 구난작업을 시작한 후 지체 없이 구조본부의 장 또는 소방관서의 장에게
알려야 한다. 구조본부의 장 또는 소방관서의 장은 구난작업 현장의 안전관리와
환경오염 방지를 위하여 필요한 경우 구난작업 관계자에게 인력 및 장비의 보강,
인근 선박의 항행안전을 위한 조치 등을 할 것을 명할 수 있다(수상구조법 제19조).

⑽ 외국구조대의 영해진입 허가 등

외국의 구조대가 수난구호활동을 위하여 우리나라와 체결한 조약에 따라 우리나라의 영해·영토 또는 그 상공에의 진입허가를 요청하는 때에는 중앙구조본부의 장은 지체 없이 이를 허가하고 그 사실을 관계 기관에 통보한다. 또한 해외에서 우리나라 국민과 선박 등의 수난과 다른 나라 국민과 선박 등의 수난에 대하여 수색·구조가 필요한 경우 중앙구조본부의 장은 구조대를 파견할 수 있다(수상구조법 제22조).

⑾ 국내 조난사고의 조사

해양경찰청장은 해양에서 대규모의 조난사고가 발생한 경우에 관계 수난구호 협력기관과 합동으로 사고 조사단을 편성하여 사고원인과 피해상황에 관한 조사를 실시할 수 있다. 다만, 해양사고의 조사 및 심판에 관한 법률에 따라 조사하는 경우에는 그러하지 아니하다(수상구조법 제25조).

⑿ 해양구조협회 설립

해수면에서의 수색구조·구난에 관한 기술·제도·문화 등의 연구·개발·홍보 및 교육훈련, 행정기관이 위탁하는 업무의 수행과 해양 구조·구난 업계의 건전한 발전 및 해양 구조·구난 관계 종사자의 기술향상을 위하여 한국해양구조협회를 설립한다(수상구조법 제26조 등).

⒀ 민간 구조활동의 지원 등

구조본부의 장 및 소방관서의 장은 수난구호를 위하여 부득이하다고 인정할 때에는 필요한 범위에서 사람 또는 단체를 수난구호업무에 종사하게 하거나 선박, 자동차, 항공기, 다른 사람의 토지·건물 또는 그 밖의 물건 등을 일시적으로 사용할 수 있으며, 이에 따른 정신적·육체적·물질적 피해에 대한 보상을 실시하여야 한다. 수난구호를 위하여 종사한 민간해양구조대원에 대해서는 소정의 수당 및 실비를 지급할 수 있다. 또한 수상에서 조난된 사람을 구조하기 위한 전문적인 능력을 갖추었다고 인정되는 사람에게 수상구조사 자격을 부여할 수 있다(수상구조법 제29조 등).

외국의 구조대가 대한민국과 체결한 조약에 따라 수난구호활동을 위해 우리나라 영해·영토 또는 그 상공에 진입허가를 요청하는 때에는 다음 각 호의 사항을 기재한 신청서를 제출하여야 한다. 다만, 긴급한 상황일 때에는 무선통신 등의 방법으로 신청할 수 있으며, 이 경우에도 수난구호활동이 끝난 후에는 신청서를 제출하여야 한다.

1. 허가 대상 선박·항공기 등의 선명(船名)·기명(機名)·종류 및 번호
2. 활동목적
3. 활동수역·항로 및 일정
4. 구조대의 인원 및 주요 구조장비명
5. 그 밖에 양국 간 체결한 조약에 규정된 사항

또한 해외에서 대한민국 국민과 선박 등의 수난과 외국 국민과 선박 등의 수난에 대해 수색구조가 필요한 경우 중앙구조본부의 장은 파견하는 선박·항공기 및 활동수역 등에 관하여 상대국과 미리 협의하여야 하며, 국내 관계행정기관과 협의 및 파견사실을 통보하여야 한다.

⒁ 수난구호 종사명령

구조본부의 장 및 소방관서의 장은 수난구호를 위하여 부득이하다고 인정할 때에는 필요한 범위에서 사람 또는 단체를 수난구호업무에 종사하게 하거나 선박, 자동차, 항공기, 다른 사람의 토지·건물 또는 그 밖의 물건 등을 일시적으로 사용할 수 있다. 다만, 노약자, 정신적 장애인, 신체장애인, 그 밖에 대통령령으로 정하는 사람에 대하여는 제외한다. 수난구호업무에의 종사명령을 받은 자는 구조본부의 장 및 소방관서의 장의 지휘를 받아 수난구호업무에 종사하여야 하며, 수난구호 업무에 종사한 사람이 부상을 입거나 사망한 경우에는 그 부상자 또는 유족에게 보상금을 지급하여야 한다(수상구조법 제29조).

⒂ 민간해양구조대원·수상구조사 등

민간해양구조대원은 해양경찰의 해상구조 및 조난사고 예방·대응 활동을 지원할 수 있다. 민간해양구조대원 등이 해상구조 및 조난사고 예방·대응 활동을 지원한 때에는 수당 및 실비를 지급할 수 있으며, 구조본부의 장은 민간해양구조대원의 구조활동에 필요한 장비를 무상으로 대여할 수 있다. 구조본부의 장은 민

간해양구조대원에 대한 교육·훈련을 실시하여야 한다. 이 경우 구조본부의 장은 그 교육·훈련을 협회 등에 위탁할 수 있다(수상구조법 제30조).

해양경찰청장은 수상에서 조난된 사람을 구조하기 위한 전문적인 능력을 갖추었다고 인정되는 사람에게 수상구조사 자격을 부여할 수 있다(수상구조법 제30조의 2). 수상구조사는 구조 완료 후 구조된 사람에게 법령에 의하지 않은 금품 등의 대가를 요구하여서는 아니 되며, 다른 사람에게 자기의 명의를 사용하게 하거나 그 자격증을 대여(貸與)해서는 아니 된다(수상구조법 제30조의5). 또한 조난된 사람의 구조 과정에서 알게 된 비밀을 누설하거나 공개하여서는 아니 된다(수상구조법 제30조의6).[5]

(16) 선박위치 통보 등

해상구조조정본부의 장은 조난통신을 수신할 수 있는 통신시설을 갖추고 조난사실을 신속히 알 수 있도록 항상 조난통신을 청취하여야 한다(수상구조법 제32조). 선장은 선박이 항구 또는 포구로부터 출항하거나 해양경찰청장이 지정·고시하는 선박위치통보해역에 진입한 때에는 해상구조조정본부의 장에게 항해 계획통보·위치통보·변경통보·최종통보를 하여야 한다. 다만, 「선박안전법」에 따라 선박위치발신장치를 갖추고 항행하는 선박의 경우에는 위치통보를 생략할 수 있다(수상구조법 제33조).

(17) 사후 처리(구조된 사람·선박등·물건의 인계)

구조본부의 장 또는 소방관서의 장은 구조된 사람이나 사망자에 대하여는 보호자 또는 유족에게 인계하여야 하며, 구조된 선박 등이나 물건에 대하여는 소유자에게 인계할 수 있다. 다만, 구조된 사람이나 사망자의 신원이 확인되지 아니하거나 인계받을 보호자 또는 유족이 없는 경우 및 구조된 선박등이나 물건의 소유자가 확인되지 아니한 경우에는 구조된 사람, 사망자, 구조된 선박등 및 물건을 특별자치도지사 또는 시장·군수·구청장에게 인계한다(수상구조법 제35조).[6]

---

5) 해양경찰청장은 심해(深海)에서의 잠수 및 수난구호를 전문으로 하는 심해잠수사의 양성 및 관리를 위하여 심해잠수구조훈련센터를 설치할 수 있으며, 심해잠수사(민간해양구조대원 중 해양수산부령으로 정하는 잠수사를 포함한다)를 대상으로 심해잠수에 적합한지를 확인하기 위한 신체검사를 실시할 수 있다(수상구조법 제30조의12).

표류물 또는 침몰품(이하 "표류물등"이라 한다)을 습득한 자는 지체 없이 이를 특별자치도지사 또는 시장·군수·구청장에게 인도하여야 한다. 다만, 그 표류물등의 소유자가 분명하고 그 표류물등이 법률에 따라 소유 또는 소지가 금지된 물건이 아닌 경우에는 습득한 날부터 7일 이내에 직접 그 소유자에게 인도할 수 있다(수상구조법 제35조).

수난구호 종사 명령에 따라 수난구호에 종사한 자와 일시적으로 사용된 토지·건물 등의 소유자·임차인 또는 사용인은 특별자치도지사 또는 시장·군수·구청장으로부터 수난구호비용을 지급받을 수 있다.[7]

---

6) 구조된 사람의 구호에 소요된 비용은 구조된 사람의 부담으로 한다. 다만, 구조된 사람이 비용을 납부할 수 없는 때에는 국고의 부담으로 한다(수상구조법 제38조).
7) 다만, 아래의 어느 하나에 해당하는 자의 경우에는 그러하지 아니하다(수상구조법 제39조).
  ① 구조된 선박등의 선장등 및 선원 등
  ② 고의 또는 과실로 인하여 조난을 야기한 자
  ③ 정당한 거부에도 불구하고 구조를 강행한 자
  ④ 조난된 물건을 가져간 자

해상에서의 수색구조를 위해서는 전문적인 조직과 인력 그리고 함정·항공기·구조장비 등 수색구조 장비가 필수적이다.

Ⅰ. 수색구조 조직체계

1. 수색구조조직

해양경찰에서는 수색구조 정책 수립 및 집행을 위해 본청 구조안전국에 수색구조과를, 지방청에는 경비안전과 또는 구조안전과에 수색구조계를, 해양경찰서에는 경비구조과에 경비구조계를 두고 있다. 또한 수색구조 전문조직으로는 해양경찰청장 직속으로 중앙해양특수구조단을, 해양경찰서 경비구조과에 해양경찰구조대를, 지방청 항공단 소속으로 항공구조팀을 두고 있다. 중앙해양특수구조단(중특단으로 약칭, 부산 소재)은 동해 및 서해에 특수구조대(동해, 목포 소재)를 운영하고 있으며, 해양경찰구조대는 각 해양경찰서별로 운영하고 있고, 항공단 항공구조팀은 해상에서의 응급처치를 위한 응급구조사[8]와 조난 당한 사람을 구조하는 항공구조사 등으로 구성되어 있다. 최근에는 민관협업 차원에서 민간해양구조대, 민간잠수사[9] 등 민간 해양구조세력에 대한 정부의 관심과 지원이 중요한 요소로 등장하고 있다.

---

[8] 조난사고 현장에서 응급환자에 대한 응급처치를 위하여 함정에는 2급 응급구조사를, 항공단에는 1급 응급구조사를 배치하여 운용 중에 있다.

[9] 잠수는 잠수방법에 따라 스킨잠수, 스쿠버잠수, 표면공급잠수로 구분되며, '스킨잠수'는 호흡을 중단하고 실시하는 잠수로 해녀잠수가 이에 해당하고, '스쿠버잠수'는 공기통을 휴대하고 실시하는 잠수방식이며, '표면공급잠수'는 바지(barge) 등에 탑재된 공기 공급장치를 이용하여 잠수사에게 공기를 공급하는 속칭 '머구리 잠수법'이다.

표 2-2 | 수색구조 조직체계

구분	관리·감독조직		집행조직
본청	구조안전국	수색구조과	중앙해양특수구조단(서해·동해 특수구조대)
지방청	경비(구조)안전과	수색구조계	항공단(항공구조팀)
경찰서	경비구조과	경비구조계	해양경찰구조대

2. 수색구조본부

「수상구조법」은 해수면에서의 수난구호에 관한 사항의 총괄조정, 수난구호 협력기관과 수난구호 민간단체 등이 행하는 수난구호활동의 역할 조정과 지휘통제 및 수난구호활동의 국제적인 협력을 위해 구조본부를 설치할 수 있다고 규정하고 있다(제5조). 이에 따라 중앙구조본부장은 해양경찰청장이, 광역구조본부장은 지방해양경찰청장이, 지역구조본부장은 해양경찰서장이 수행한다.[10)]

표 2-3 | 구조본부의 장

	중앙구조 본부장(SC)	해양경찰청장	수난구호에 관한 사항의 총괄·조정, 수난구호 협력기관과 민간 수난구호 단체활동의 조정·지휘·통제 및 수난구호활동의 국제적인 협력
구 조 본 부	광역구조 본부장(RCC)	지방청장	해역별 수난구호에 관한 사항의 총괄·조정, 해당 지역 수난구호 협력기관과 민간 수난구호 단체활동의 조정·지휘·통제 및 수난현장 지휘·통제
	지역구조 본부장(RSC)	서장	관할해역에서의 수난구호, 지역 수난구호 협력기관과 민간 수난구호 단체활동의 조정·지휘·통제, 그 밖에 중앙·광역구조본부의 장으로부터 위임·지시 받은 사항

---

10) 「수상구조법」 제26조 내지 제30조는 해수면에서의 수색구조·구난에 관한 기술·제도·문화 등의 연구·개발·홍보 및 교육훈련, 행정기관이 위탁하는 업무의 수행과 해양구조·구난 업계의 건전한 발전 및 해양구조·구난 관계 종사자의 기술 향상을 위해 한국해양구조협회 설립과, 해상구조 및 조난사고예방 대응활동지원을 위해 민간 해양구조대에 대한 교육·경비지원·장비대여 등을 규정하고 있다.

3. 현장지휘관

해양에서 수색구조 임무를 수행함에 있어 구조본부장의 명령·지시를 받아 직접 현장상황을 지휘·통제하는 현장지휘관은 역할 수준에 따라, 수색구조조정관(SC), 수색구조 임무조정관(SMC), 현장조정관(OSC)과 항공조정관(ACO)으로 구분할 수 있다.

표 2-4ㅣ 현장지휘관

현장지휘관	수색구조조정관 (SC: SAR Coordinator)	대형조난사고 발생시 다수의 인력과 조직장비를 조정·통제하는 역할을 수행한다.
	수색구조임무조정관 (SMC: SAR Mission Coordinator)	실제적인 수색구조 지휘관이며, 일반적으로 경찰서·지방청 과장급이 수행하며, 구조본부장-SMC-OSC체제로 수색구조 임무를 수행하고 있다.
	현장조정관 (OSC: On-Scene Coordinator)	특정 수색구조 현장에서의 권한과 책임을 수행하며, 일반적으로 최초 도착 함정이나 선임함장을 지정하는 경우가 많다.
	항공조정관 (ACO: Aircraft Coordinator)	다수 항공기가 수색구조 작업에 참여하는 경우 SMC 또는 OSC는 ACO를 지정하여 권한과 책임을 부여함으로써 효율적으로 수색구조 임무를 수행하도록 한다.

II. 주요 시스템과 장비

1. 주요 시스템

해양이나 도서에서 발생하는 응급환자를 신속히 응급처치하기 위해 해양경찰 함정과 항공기에 원격응급의료 시스템을 구축·운영하고 있다.[11] 경비함정에서 위성을 통해 환자의 혈압, 맥박 등 생체정보를 해양경찰 협력병원과 실시간으로 연결된 응급실로 보내면 담당 전문의가 환자 상태를 파악하고 진단하며 치료방법을 지시하는 방식으로 운영되고 있다.[12] 또한 해양사고 발생 시 익수자를 신속하게 수

---

11) 해상원격의료시스템을 통해 환자의 혈압 등 건강정보를 전문의에게 송신하고, 전문의의 처방에 따라 함정 또는 항공기에서 응급처치를 하는 시스템을 말한다.

색구조하기 위해서 시간의 경과에 따라 어느 방향으로 얼마나 표류하였는가에 대한 예측정보를 제공해 줌으로써 수색구조에 관한 의사결정을 지원하는 실종자 표류예측 시스템을 운영하고 있다. 또한 수색구조 임무를 수행하기 위해서 중요한 요소 중의 하나가 통신수단이라고 할 수 있는데, 통상 GMDSS[13] 장비를 기반으로 하며, 해양경찰함정과 항공기 등에서는 TRS, 지휘망, 관제망, 항무망, SSB 등을 부가적으로 활용하고 있다. 조난당한 선박이나 항공기는 이퍼브(EPIRB: Emergency Position Indicating Radio Beacon)를 이용하여, 선박 등이 침몰하는 경우에 자동으로 조난신호를 송신할 수 있다.

해양경찰통신망

2005년 이전에는 아날로그방식의 통신망이었는데, 아날로그통신망은 통신거리가 100마일권 이내로 제한되어, 200해리 배타적 경제수역 광역경비체제에서는 한계가 있어, 해양경찰에서는 원활한 통신을 위하여 무궁화 위성을 통한 광역통신체제인 광역위성통신망 KOSNET을 구축하게 되었다. KOSNET 시스템은 무궁화위성을 이용한 위성통신체제로 450마일권역까지 통신이 가능하고, 음성·Fax·인터넷·동영상 전송 등 종합적인 기능을 갖춘 디지털 방식으로 통화품질이 양호하고 보안성도 우수한 특징을 가지고 있다.

---

12) 울산시 동구 방어진 동방 6km 해상에서 운항 중이던 원유운반선에서 필리핀 국적 선원이 극심한 복부 통증을 호소하자 해경으로 신고했고, 신고 접수를 받은 울산해경은 즉시 인근의 50톤급의 경비함정 2척을 현장으로 급파하는 한편 응급환자에 대해 원격 응급의료시스템을 가동하여 전문병원과 연결하며 실시간 환자상태에 대해 정보교환(급성맹장추정)을 하면서 방어진항으로 입항해 인근 병원으로 긴급후송 했다(2019. 10. 28.).

13) 'GMDSS(Global Maritime Distress and Safety System)'는 위성통신기술을 선박의 조난, 안전 통신업무에 적용한 것으로, 전 세계 해역을 4개구역으로 구분하여, 어디에서나 조난신호를 발신하면 인접한 수색구조당국에서 수신하여 수색구조를 할 수 있도록 지원하는 통신시스템이다.

표 2-5 | 선박 무선설비 설치기준(선박안전법 시행규칙 제72조 제2항)

구분		VHF	MF·HF	NAVTEX	EPIRB	SART	양방향 VHF
평수구역을 항해구역으로 하는 선박		○					
연해구역 이상을 항해 구역으로 하는 선박	국제항해에 취항하지 아니하는 총톤수 300톤 미만 선박	○			○		
	국제항해에 취항하는 총톤수 300톤 미만 선박	○	○		○		
	총톤수 300톤 이상의 선박	○		○	○	○	○

2. 주요 장비

해상에서 조난자를 수색하기 위해서 해양경찰함정·항공기뿐만 아니라 인근 항행 선박이나 수색대상의 위치를 탐지하기 위한 레이더 등 각종 전탐장비 등이 활용된다. 또한 조난자를 구조하기 위해서는 훈련된 인력 외에 구명조끼 등 각종 구조장비가 필수적이다. 주요 구조장비로는 개인별로 사용하는 구명조끼(life jacket)[14]와 구명부환(life ring), 다수가 이용할 수 있는 구명벌(life raft)[15], 강하식 탈출장치(marine evacuation system)[16], 그 밖에 구명볼(kapok ball)[17], 구명줄 발사기(line-throwing appliance)와 항공기에 탑재되어 사용하는 호이스트(hoist)[18], 구명그물(rescue net)[19], 구명바스켓(rescue basket)[20] 등이 있다.

---

14) 자켓형, ㏇2형, 팽창형 등이 있으며, 주의할 점은 침수중인 여객기나 여객선 내부에서 착용하지 말고 외부로 나와서 착용해야 한다.
15) 팽창시켜 해상에 투하 후 조난자가 탑승하는 다인승 구명장비로, 선박이 침몰할 경우 자동으로 팽창하는 자동식과 수동으로 선박에서 이탈시켜 사용하는 수동식이 있으며, 「어선법」 제3조와 「선박안전법」 제26조 등에 의해서 여객선 어선 등에 의무적으로 설치토록 하고 있다.
16) 크루즈여객선 등 많은 승객들을 조난시 신속하고 안전하게 퇴선시키기 위한 구명장비로, 수직으로 내려가는 슈트(chute)방식과 슬라이드(slide)방식의 2종가 있으며, 탑승 장소가 항해 흘수선으로부터 최소 5미터 이상 높이의 여객선으로 「어선법」 제3조와 「선박안전법」 제26조 등에 근기하여 탑승높이가 최소 흘수선으로부터 5m 이상 높이의 카페리 여객선 등은 비치가 의무화되어 있다.
17) 직경 8"의 구형 부유물로 멀리 있는 익수자 구조용으로 사용한다.
18) 구조헬기에 설치되어 해상에 있는 조난자를 끌어 올리는 장치이다.
19) 대량의 인명구조에 적합하며, 길이는 약 13미터 정도로 철제와 로프로 구성된 구조망으로 구조바스켓과 유사하다.
20) 철제 바구니 모양의 다목적 인명구조장비로서 특히 부상 등 거동이 불편한 조난자 등을 구조하는데 사용한다.

제4절 **수색구조절차**

　해양에서의 조난사고를 인지한 구조본부장은 위험 상황을 분석하여, 사고현장으로 인력과 장비 등 구조세력을 신속히 이동 조치하고 관련기관에 상황 전파 및 조난된 사람과 선박을 수색·구조하여야 한다.

　수색구조절차는 크게 조난사고에 대한 인지단계, 사고사실을 가용세력에 전파하는 초동조치단계, 가용세력을 조난 현장에 배치하여 선박 및 조난자의 위치를 찾는 수색단계, 조난된 사람을 구조하여 응급조치 및 필요한 원조를 제공하는 구조단계와 조난당한 선박이나 화물 등에 대한 구난조치 및 해양오염방제 조치 등 사후조치단계로 구분할 수 있다.

I. 인지 단계

　조난사고를 인지하는 방법은 다음과 같다. ① 조난선박 또는 항공기에 탑재된 항무망(군항 내의 모든 항무를 관장하는 통신망), GMDSS(국제해상조난 및 안전 시스템), EPIRB(비상위치 발신장치) 및 SSB(단파무선통신), V-Pass 등 무선통신에 의하거나, ② 조난선박의 조난경보장치, ③ 경비함정 등 구조기관이 현장에서 직접 인지하거나 ④ 선주 등 조난선박 관계자 또는 목격자에 의한 신고에 의해 인지하는 경우로 구분할 수 있다.[21]

표 2-6┃ 인지 단계

단계	상황	조치
불확실 단계	선박·승선자의 안전이 불확실한 경우로, ① 사람이 실종되거나 선박 또는 항공기의 도착이 지연되거나 ② 선박 등이 예정된 위치나 안전보고가 없는 경우	선박·승선자 등의 안전을 확인하기 위한 조사를 개시한다.

21) 노호래 외, 「해양경찰학개론」, 문두사, 2016, 217면 참조.

경계 단계	선박·승선자의 안전이 우려되는 경우로, ① 선박 등과 연락을 시도하였으나 실패하고 기타의 방법으로도 연락이 되지 않는 경우, ② 조난상황에 처해 있다고 판단되는 정도 는 아니지만 운항 중인 선박 등의 상태가 정상적이지 않다고 판단되는 경우	인명과 선박에 대한 조사를 확대하고 적절한 수색 및 구조를 위한 경보를 발 하며 출동태세를 유지한다.
조난 단계	선박·승선자의 위험상태가 확실하고 즉각 적인 원조가 필요한 경우로, ① 선박 등과 계속 연락을 시도하였으나 성공하지 못하여 조난 가능성이 높다고 판단되는 경우, ② 선박 등이 위험에 처해 즉각적인 원조가 필 요하다는 확실한 정보를 입수한 경우, 조난 상황에 처해 있다고 판단되는 정도로 선박 등의 상황정보를 입수한 경우	수색구조와 관련된 이용 가능한 통신에 관한 최신정보를 보유하고, 조난선박 등에 대해 원조를 제공할 수 있는 선박 의 위치·항로·속력이나 통신 정보를 구비하여야 하며, 수색구조를 위한 상 세한 운영계획을 보유한다.
긴급 단계	선박·승선자 위치가 불분명할 때	책임 구조본부 지정, 진행상황 타 구조 본부와 공유

II. 초동조치 단계

1. 의   의

조난사고를 인지한 경우에는 신속히 초동조치를 취하여야 한다. 초동조치란
조난해역의 정확한 위치와 조난 상황을 파악하고 그 사실을 함정·항공기, 인근
선박 등 수색구조 가용세력에 전파하여 출동하게 하는 조치를 말하며, 이 단계는
조난위치, 조난상황 및 가용세력을 정확히 파악하고 조난상황을 신속히 전파하는
등의 활동을 포함한다.

2. 단계별 조치

(1) 상황 판단

조난사고를 인지한 경우에는 수색구조 세력의 출동도 중요하지만 무엇보다

정확한 초기 상황판단이 매우 중요하다. 상황판단은 선박의 위치와 상태, 승선원수, 해상 기상상황 등 수색구조활동을 위한 현장정보를 수집하고, 관할해역 내 경비함정, 항공기, 해경구조대 등 자체 구조 세력과 지원 가능한 민간 등 외부 세력 등을 파악한다. 조난 위치 판단과 관련해서는 조난자의 휴대폰 위치와 신고자의 신고내용, 표류예측시스템 등을 활용한다.

(2) 상황 전파

사고 인지 및 상황 판단 과정에서 습득한 정보를 수색구조 세력 및 유관기관에 전파하고, 상황 전파는 급박할 경우에는 현장 세력 부서, 지원·협조 부서, 지휘·참모 부서 등 우선순위에 따라 전파한다.

(3) 세력 배치

통합선박모니터링시스템(CVMS)을 통해 함정·항공기 등 수색구조 세력의 위치를 확인하고, 조난 위치에 최초 도착한 함·정장 또는 구조본부장의 명을 받은 함·정장은 현장조정관(OSC; On-Scene Coordinator) 임무를 수행한다.

III. 수색 단계

1. 의   의

수색(搜索)이란 수색 인력 및 함정·항공기 등의 장비를 사용하여 조난을 당한 사람 또는 사람이 탑승하였을 것으로 추정되는 선박 등을 찾는 활동(수상구조법 제2조 제7호)으로, 바람·파도 등 기상과 조류 등 수역의 특징 등을 고려해 수색하여야 한다. 또한 수색활동은 조난사고 발생 초기에 함정·항공기·인근 항행 선박 등을 최대한 동원하여 골든타임(golden time)내에 생존자를 찾고, 그 인적·물적 피해를 최소화하도록 하여야 한다.[22]

---

22) 해수 온도에 따른 익수자 생존시간과 수색시간은 다음과 같다.

수온	50% 생존가능시간	적정수색시간	수온	50% 생존가능시간	적정수색시간

대형인명구조작전(MRO)

IMO에서는 대형인명구조작전인 MRO(Mass Rescue Operation) 개념을 도입하였는데, MRO란 대형 여객선이나 유조선사고 등 해양에서 다수의 인명사고가 발생한 경우에 군, 소방, 경찰, 민간 등 여러 기관이 총체적으로 대응할 필요가 있는 조난사고를 의미한다.

2. 수색계획

수색계획을 수립하는 경우에는 기상과 주변해역 특성 그리고 조난대상의 규모 등을 종합적으로 판단하여, 수색기간, 수색범위 및 가용세력 규모 등을 결정하여야 한다.

(1) 수색구역 결정

수색 초기에는 수색 물표와 조난 신호 등을 탐지해 수색구역을 결정한다.

(2) 책임구역 지정

구난 현장에 배치된 함정 및 민간선박 등 가용세력에 대해 톤수, 수색능력 등을 고려해 수색 책임구역을 지정해 정밀수색을 실시한다.

(3) 수색기간 설정

조난상황, 해수온도, 기상상황 등을 종합적으로 고려, 합리적인 수색기간을 설정한다.

(4) 주변국과의 중첩해역

양국 간 중첩해역에서는 상호 협의 하에 수색 해역을 지정하여 수색활동을 실시하다.

5℃	약 1시간	6시간	15℃	약 6시간	18시간
10℃	약 2시간	12시간	20~30℃	24시간 이상	-

* 잠수복 등 체온 유지를 위한 특수한 보호복을 착용하지 않은 경우를 기준으로 함

3. 수색방법[23]

수색방법은 일반적으로 주간시각수색(daylight visual search)과 야간시각수색(night visual search), 전자수색(electronic search), 특수목적수색(special purpose search) 등 기타 수색으로 구분하며, 주간시각수색은 부채꼴수색, 확대사각수색, 항로수색, 평행수색, 크리핑라인(creeping line)수색, 해·공합동수색 등이 있고, 야간수색은 조명탄이나 적외선 장비 등에 의한 수색이 있다.

(1) 부채꼴수색(VS, Sector search)

수색 대상의 위치가 명확하고, 수색구역이 소규모일 때 효과적인 방법으로, 원형수색이라고도 한다. 항공기와 함정 1척씩 병행 사용하는 것이 유용하며, 최초 도착 시 적절한 기준점(연기부표나 무선비콘 등)을 만들어 수색패턴의 참조점 또는 항로표지로 사용하는 것이 좋다.

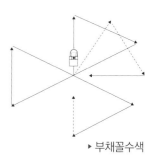

▶ 부채꼴수색

(2) 확대사각수색(SS, Expanding square search)

수색 대상의 위치가 다소 유동적이나 비교적 적은 범위 내에 있는 것으로 추정될 때 사용하는 방법이다. 최초 도착선박이 실시하는 수색방식이며, 수색 개시시점이 기준점이 되며, 해류나 풍압류가 없을 때 적합하다. 정확한 패턴을 정확한 항행이 요구된다.

▶ 확대사각수색

(3) 항로수색(TS, Track line search)

실종된 선박이나 항공기의 항로를 따라 신속하고 간편하게 이용하는 수색방법으로 초기 수색단계에서 사용하는 방법이다. 항로 왕복수색과 비왕복수색으로 구분된다.

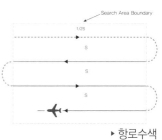

▶ 항로수색

---

23) 해양경찰청, 「해상수색구조매뉴얼」, 2015, 66면 이하 참조.

(4) 평행수색(PS, Parallel sweep search)

실종자의 위치가 불분명하고 광범위한 해역을 수색하는 대부분의 해상수색에 사용되는 항로 'ㄹ'자형의 방법으로, 현장에서 여러 척의 함정이나 항공기의 동시수색이 필요한 수색방법이다. 수색에 장시간이 소요되고, 수색 효율성이 떨어진다는 단점이 있다.

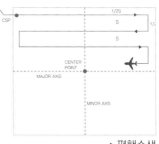

▸ 평행수색

(5) 크리핑라인수색(CS, Creeping line search)

기본적으로는 평행수색과 유사하나 'ㄹ'자를 세운 형태의 수색방법으로 길이가 길고 폭이 좁은 해역의 수색에 사용된다. 수색 대상이 통상 항로를 크게 벗어나서 표류할 것으로 추정되는 경우에 사용되며, 통상 항로를 따라 광범위한 수색을 실시한다.

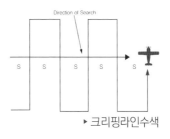

▸ 크리핑라인수색

(6) 해·공 합동수색(CSC, Creeping line search, coordinated)

항공기와 함정을 병행하여 수색하는 입체 수색방법으로, 다량의 인명을 구조할 때 사용된다. 항공기는 크리핑라인수색을 실시하고, 선박은 수색구역의 중심축을 따라 수색하며, 항공기에서 조난자를 발견하면 함정에서 구조하는 방법이다.

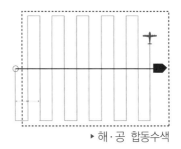

▸ 해·공 합동수색

Ⅳ. 구조 단계

1. 의 의

구조(救助)란 조난을 당한 사람을 구출하여 응급조치 또는 그 밖에 필요한 것을 제공하고 안전한 장소로 인도하기 위한 활동을 말한다(수상구조법 제2조 제8호). 국제법상 구조란 SAR 협약에 따라 조난자를 구출하고, 의료지원, 음식제공 등 응급조치 후에, 안전한 장소까지 후송하는 활동이다. 구조 시에는 인명을 최우선으로 하고, 가급적 조난 초기에 가용세력을 신속히 배치하여 조난자의 생존가능성을 높이고, 조난 규모 등을 감안, 유관기관이나 인근 항행선박 등에 전파하여 신속히 현장에 투입하여야 한다.[24]

2. 구조 방법

(1) 익수자 구조

자기점화 등이 부착된 구명환(life ling) 또는 효과적인 부유물을 투하하여 익수자의 부상과 위치를 확인할 수 있도록 조치하고, 동시에 인명구조요원을 투입한다. 익수자가 암초나 좁은 수역 부근에 위치하는 경우에는 구명정(life boat)을 투입하여 구조하고, 다수의 인명 조난의 경우에는 로프의 끝에 구명벌(life raft)[25]이나 드럼통을 달고 중간 중간에 구명조끼나 구명환을 매달아 구조하는 부환부 구명줄에 의한 구조법(buoyed line method)과 다수의 인명이 해상에서 운집해 있는 경우에는 함정 현측에 그물이나 줄사다리 등을 해상에 늘어뜨려 구조하는 표류구조법(drifting method) 그리고 구조헬기에 탑재된 호이스트(hoist)로 끌어 올리는 방법과 구조바스켓(rescue basket)이나 구조네트(rescue net) 등을 해상으로 투하하여 구조하는 방법이 있다.

---

24) 「수상구조법」 제18조(인근 선박등의 구조지원) ① 조난현장의 부근에 있는 선박등의 선장·기장 등은 조난된 선박등이나 구조본부의 장 또는 소방관서의 장으로부터 구조요청을 받은 때에는 가능한 조난된 사람을 신속히 구조할 수 있도록 최대한 지원을 제공하여야 한다. 다만, 조난된 선박 또는 조난사고의 원인을 제공한 선박의 선장 및 승무원은 요청이 없더라도 조난된 사람을 신속히 구조하는 데 필요한 조치를 하여야 한다. ② 구조본부의 장 또는 소방관서의 장으로부터 구조요청을 받은 선박등의 선장·기장 등은 구조에 착수하지 못할 경우에는 지체 없이 그 사유를 구조본부의 장 또는 소방관서의 장에게 통보하여야 한다.
25) 선박이 조난당할 경우에 자동으로 팽창하거나 사람이 수동으로 팽창시키는 구명장비로 다수의 인명이 이용할 수 있는 합성고무 재질의 뜰 것(raft)을 말한다.

(2) 선박 예인(towing)

1) 의   의

선박 예인이란 엔진고장, 화재 등 선박이 정상적인 항행이 어려울 경우, 해양경찰 함정이나 인근 선박 등을 통해 예인하여 안전한 곳으로 이동시키는 활동으로, 예인 대상 선박의 손상이나 침수 상태, 기름 유출여부, 승선원이나 적재화물 상태 등을 종합적으로 고려하여 예인방법을 결정한다.[26]

▶ 선박 예인

2) 예인시 유의사항

선박 예인 시에는 통신망 유지, 견시자(見視者) 배치 등을 통해 피 예인선의 상태를 주시 하여야 한다. 예인줄(towline)은 예인 중에 발생하는 급격한 장력을 흡수할 수 있도록 충분한 길이를 유지하여야 한다.

3) 예인 선박에 대한 책임(수상구조법 제21조)

구조본부의 장 또는 소방관서의 장의 요청을 받고 예인하는 경우나 민간에 소속된 선박이 보수(실비의 지급은 보수에 포함되지 아니 한다)를 받지 아니하고 예인하는 경우, 국가기관에 소속된 선박이 긴급히 구난하기 위하여 예인하는 경우에는 예인으로 인하여 조난된 선박 등이 파손되거나 멸실되더라도 고의 또는 중대한 과실이 없는 경우에는 민사상·형사상 책임을 지지 아니한다.

V. 수색구조의 종료와 사후조치 단계

1. 수색구조 종료

수색구조활동은 생존자 구조에 대한 모든 합리적인 희망이 사라질 때까지 계

---

26) 선박 예인과 관련하여, 구난 의무와 구난 책임을 규정한 법적 근거로 국제적으로는 SAR협약이 있고, 국내법으로는 「수상구조법」, 「해사안전법」, 「공유수면관리법」 등이 있다.

속하여야 하며, SAR 협약에 따라 ① 생존자가 수색지역 내에 존재할 가능성, ② 수색지역 내에 수색대상이 있다면 그것을 탐지할 가능성, ③ 생존 가능성 등을 고려하여 수색 종결 여부를 결정하여야 한다.

구조본부의 장은 구조활동을 완료한 경우나 생존자를 구조할 모든 가능성이 사라지는 등 더 이상 구조활동을 계속할 필요가 없다고 인정되는 경우 구조활동을 종료 또는 중지할 수 있다(수상구조법 제24조).

2. 사후조치

수색 및 구조가 종료된 이후에는 구난(救難, Salvage), 즉 조난 당한 선박, 화물 또는 그 밖의 다른 재산에 관한 원조를 진행하여야 한다 구난업무는 특별한 경우를 제외하고는 선주 또는 가입된 보험사가 수행하며, 해양경찰은 구난작업 현장에서 발생할 수 있는 안전사고 및 해양오염에 대비해 방제정 등 가용세력을 배치하고, 필요한 경우 구난작업 관계자에게 인력 및 장비의 보강, 인근 선박의 항행 안전을 위한 조치 등을 명할 수 있다(수상구조법 제19조의2). 만약 기상이 불량하거나 기타의 사유로 구난 의무자가 선박 등에 대해 구난 의무를 수행할 수 없을 때에는 해양경찰이 이를 대행할 수 있다.

제 3 장

해양경찰 안전관리론

제1절 개 관

I. 의 의

▶ 크루즈 여객선

해양경찰은 해양에서 사람의 생명·신체 및 재산을 보호하고, 해양사고에 효율적으로 대응하여야 하며(해양경찰법 제2조 제1항), 특히 해양에서의 연안안전관리 및 선박교통관제에 관한 직무를 수행한다(해양경찰법 제14조 제1항).[1] 특히 '해양경찰 안전관리'란 '해양에서의 안전정책의 수립과 집행, 기타 이에 관련된 경찰활동을 통해 해양에서의 어업행위를 포

---

1) 해양경찰청장은 해양을 이용하는 사람의 안전을 보장하고 사고발생에 원활히 대응하기 위하여 ① 적절한 교육·훈련 체계를 마련하고, 관련 상황을 파악하고 전파할 수 있도록 ② 지휘·통신체계를 마련하여야 하며, ③ 관련 기술, 해양구조방식 등의 연구개발 및 제도개선을 위한 시책을 시행하여야 한다(해양경찰법 제16조). 또한 ④ 해양재난 또는 해양사고의 대응을 위하여 필요한 경우 관계 행정기관의 장 또는 지방자치단체의 장에게 필요한 협력을 요청할 수 있으며, ⑤ 해양안전의 확보와 수색·구조 장비 및 기술의 보강을 위하여 민간단체·기관과의 협력관계를 증진하고 이에 필요한 계획과 시책을 마련하여 추진할 수 있다(해양경찰법 제17조).

함하여 레저·교통·관광 등 해양에서 일어나는 모든 위험과 장애로부터 국민을 보호하는 법 집행'이라고 할 수 있다.[2] 일반적으로 해양안전관리의 범위는 파·출 장소를 중심으로 한 선박 출·입항관리 및 각종 해양사고 발생시 초동조치와 유선 및 도선 안전관리, 해상교통 안전관리, 수상레저 안전관리, 해수욕장 및 연안체험 안전관리, 낚시어선 안전관리 등이 있다.

표 3-1 ┃ 해양안전관리

구분	주요 내용
파·출장소 주요 임무	·선박 출·입항관리에 관한 사항 ·낚시어선 등 다중이용선박 및 수상레저 안전관리 ·항·포구 및 연안해역 순찰 등 각종 해양사고예방 및 초동조치에 관한 사항 ·해양오염 감시·단속 등 해양오염관리에 관한 사항 ·해양범죄의 예방, 단속 및 치안정보의 수집 ·기타 주민협력체계구축 등 지역경찰활동에 관한 사항
유·도선 안전관리	·유·도선, 낚시어선의 안전관리에 관한 사항(해수면) ·유·도선 사업면허 발급, 휴·폐업 및 등록 등에 관한 사항(해수면)
해상교통 안전관리	·해양교통사고예방 및 단속에 관한 사항 ·항로의 보전과 안전 확보에 관한 사항 ·해상교통관제(VTS)에 관한 사항 ·무역항에서 과속, 교통방해예방 및 단속활동 등에 관한 사항
수상레저 안전관리	·수상레저활동 안전관리에 관한 사항 ·수상레저 조종면허 발급·갱신·취소·정지 등에 관한 사항 ·수상레저 안전교육 위탁기관 지도·감독 등에 관한 사항 ·수상레저 사업자 등록시설기구 등 안전점검 등에 관한 사항 ·수상레저 관련 법인단체안전협의회 지도·감독 등에 관한 사항
기타 해양 안전관리	·해수욕장 안전관리에 관한 사항 ·연안체험활동 안전관리에 관한 사항 ·낚시객 및 낚시어선 안전관리에 관한 사항

---

2) 순길태, 「해양경찰학개론」, 박영사, 2021, 348면 참조.

II. 특   성

1. 임무적 특성

해양경찰 임무에 있어 해양 안전관리는 경비와 수색구조 등을 제외한 해양경찰업무 전반에 걸친 것으로 기본적인 치안활동 외에 선박 출입항관리부터 유·도선 안전관리, 수상레저 안전관리, 해양오염방제 등 복잡·다양하다. 이에 따라 관련 법령도 「경찰관직무집행법」, 「유선 및 도선사업법」, 「수상레저안전법」, 「낚시 관리 및 육성법」, 「연안사고 예방에 관한 법률」 등 다양하고 내용도 전문적·기술적이다.

2. 장소적 특성

해양안전업무는 바다라는 장소를 대상으로 수행되고 있으며, 해양의 특성상 불확정성·격리성·광활성·위험성 등 인위적으로 경계 설정 및 분리가 곤란하다는 특성을 갖고 있으며, 한편으로 바다는 천연자원의 보고(寶庫)인 동시에 해상교통로이자 어민들의 생계공간과 국민들의 레저공간이기도 하다.

3. 인적 특성

해양안전의 대상으로서의 인적 특성으로 보면 안전관리의 주 대상은 과거 어민과 해상여객 및 해상운송업자 등이 대부분이었으나, 최근에는 해양에 대한 접근성이 좋아지고 웰빙 붐 등 해양 레저·관광에 대한 관심이 높아지면서 요트·스쿠버 등을 포함한 해양레저·관광객 등 일반 국민으로 그 대상이 확대되고 있다.

4. 물적 특성

해양안전관리의 물적 특성은 전통적인 선박 외에 최근에는 수상레저기구, 등대, 항만 등 통항시설·장비 등이 중요한 대상으로 등장하고 있다. 오늘날은 연안

해역[3]을 둘러싸고 이용·보존과 개발이라는 상충된 가치와 이해관계로 여러 가지 갈등과 분쟁이 일어나고 있다.

---

3) 「연안관리법」 제2조(정의)에서는 연안을 연안해역과 연안육역으로 구분하고 있는데, '연안해역'은 만조 수제선부터 영해의 외측한계선까지를, '연안육역'은 무인도서 및 육지쪽 경계선으로부터 500미터 이내의 육지지역을 말한다.

연안해역 안전관리

I. 의 의

　해양경찰에서는 해경 파·출장소를 중심으로 연안에서의 안전관리를 시행하고 있으며, 특히 연안해역[4]에서 발생하는 사고의 예방을 위해 「연안사고예방에 관한 법률」을 두고 있다.[5] 실제 연안해역 안전관리는 대부분 파·출장소에서 이루어지고 있는데, 파·출장소는 소속 해양경찰관들이 담당구역내의 항·포구 및 연안해역의 범죄예방활동, 다중이용선박, 수상레저 안전관리, 사건사고의 접수 및 초동조치 등의 해양경찰업무 전반에 걸친 임무를 수행하고 있으며, 전국에 파출소(96개소)와 출장소(234개)를 설치·운영하고 있다(2020년 12월말 기준). 최근에는 경찰활동의 패러다임이 크게 변화하고 있는데, 국민을 단순한 치안활동의 객체로 보는 시각에서 치안의 공동주체로 보거나 지역사회와 협조 관계로 보는 시각이 우세하다.[6] 해양경찰 안전관리업무는 직제 상 본청 구조안전국에 해양안전과·수상레저과를, 경비국에 해상교통관제과를 두고 있으며, 지방청 경비(구조)안전과에 해양안전계·해상교통관제계를, 해양경찰서 해양안전과에 안전관리계·교통레저계와 파·출장소를 설치·운영하고 있다.

---

4) '연안해역'이란 바닷가(해안선으로부터 지적공부에 등록된 지역까지의 사이)와 바다(해안선으로부터 영해까지의 사이)를 의미한다(연안사고 예방에 관한 법률 제2조 제2호).

5) '연안사고'란 연안해역에서 발생하는 사고로서, 인명에 위해를 끼치는 갯벌·갯바위·방파제·연육교·선착장·무인도서 등에서 바다에 빠지거나 추락·고립 등으로 발생하는 사고와 연안체험 활동 중에 발생하는 사고 등을 의미한다(연안사고 예방에 관한 법률 제12조 제2호).

6) 최근에는 해양안전관리에 있어 지역사회와의 협업체계를 강화하고 있으며, 주민에 대한 경찰의 책임성을 강조하고, 해상치안협의회를 구성, 지역민과 함께하는 민관협력치안을 강화하고 있다. '지역사회 경찰활동(Community policing)', '지역중심적 경찰활동(Neighborhood-oriented policing)' 등이 이에 속한다.

표 3-2 ┃ 해양 안전관리 조직체계

본청	구조 안전국	해양안전과 수상레저과	안전기획계·안전관리계·교통안전계 레저기획계·레저관리계·레저협력계 관제기획계·관제제도계·시설관리계· 교육훈련계
	경비국	해상교통관제과	
지방청	경비(구조)안전과		해양안전계·해상교통관제계
경찰서	해양안전과		안전관리계·교통레저계(해상교통계· 수상레저계)·파출소·출장소

II. 파·출장소 운영

1. 조   직

(1) 파·출장소 운영

해양경찰서의 구역별 경찰활동을 위하여 「해양경찰청과 그 소속기관 직제」 제31조(파출소 등)에 의해 파출소 및 출장소를 설치·운영하고 있다.[7] 파출소는 해양경찰서장의 소관 사무를 분장하기 위하여 해양경찰서장 소속하에 설치하는 지방관서를, 출장소는 해양경찰서장의 소관 사무를 분장하기 위하여 파출소장 소속하에 설치하는 관서를 말한다(해양경찰 파출소 및 출장소 운영규칙 제2조).

지방해양경찰청장은 인구, 선박, 해수욕장, 해상교통, 범죄, 해양사고 등 치안 수요 및 지리적 여건 등을 고려하여 해양경찰서의 관할구역을 나누고, 해양경찰청장의 승인을 얻어 파·출장소를 설치·폐지할 수 있으며(해양경찰 파출소 및 출장소 운영규칙 제4조), 파·출장소의 명칭·위치와 관할구역, 그 밖에 필요한 사항을 정할 수 있다.[8]

---

7) 해양경찰이 운영하고 있는 파출소는 경찰청의 지구대나 파출소와 달리 선박 출입항 신고기관으로 출발하였다. 그러나 최근 V-PASS 등으로 출입항 신고업무의 비중이 적어지면서 연안에서의 안전관리 등 새로운 역할이 중요시 되고 있다.
8) 동 규칙 제5조 ③ 출장소의 관할구역은 파출소 관할구역의 일부로 하되 해양경찰서장이 지정한다.

구조거점 파출소(25개소)

해양경찰서 구조대와 원거리에 위치하고 해양사고 빈발해역을 관할하는 파출소의 현장대응 역량 강화를 위하여 구조거점파출소를 운영할 수 있다. 구조거점파출소장은 경정 또는 경감으로 보하며, 잠수구조요원을 배치·운영할 수 있다(파출소 및 출장소 운영규칙 제11조).

(2) 주요 임무

파출소의 주요 임무로는 ① 범죄의 예방, 단속 및 치안·안전정보의 수집, ② 다중이용선박 및 수상레저활동 안전관리, ③ 선박 출입항 신고 접수 및 통제, ④ 연안해역 안전관리, ⑤ 각종 해양사고예방 및 초동조치, ⑥ 민원, 주민협력체계 구축 등 지역경찰활동, ⑦ 국가기관, 지방자치단체 등의 공익을 위한 행정지원, ⑧ 그 밖에 해양경찰서장이 지시하는 업무처리 등이다(파출소 및 출장소 운영규칙 제6조).

출장소는 파출소장 소속 하에 설치하며, 주요 임무는 선박 출입항 신고 접수 및 통제, 각종 해양사고 초동조치, 민원, 주민협력체계 구축 등 지역경찰활동, 그 밖에 파출소장이 지시하는 업무처리를 주 임무로 하고 있다(파출소 및 출장소 운영규칙 제7조).[9)]

2. 주요 장비·시스템

(1) 연안구조장비

파·출장소의 주요 장비로는 연안구조정과 순찰차, 이륜차량, 경찰장비, 인명구조장비, 통신장비 등이 있다. 여기서 연안구조장비란 해수욕장, 갯벌 등 연안해역에서 발생하는 사건·사고에 신속히 대응하기 위해 각 파·출장소에 배치되어 운용중인 장비를 말한다. 주요 연안구조장비로는 연안구조정(순찰정), 수상오토바이, 소형 공기부양정 등이 있다(제2조 제5호).

---

9) '탄력근무형 출장소'는 상주 근무자를 두지 않고, 해당 출장소를 관할하는 파출소 경찰관이 출장소에 일정 시간 근무하다, 파출소로 귀소하는 방법으로 운영하는 곳을, '순찰형 출장소'는 상주 근무자를 배치하지 않고, 관할 파출소에서 탄력적으로 기동순찰하며 치안업무를 수행하는 출장소를 말한다.

그 밖에 파·출장소 경찰관은 일반적으로 권총·가스총 등 무기와 경찰봉·수갑·포 승 등의 경찰장구와 구명조끼, 구명줄·튜브 등의 인명구조장비 그리고 LTE통신기 나 모바일 오피스가 탑재된 통신장비 등을 휴대하고 있다(파출소 및 출장소 운영규 칙 제18조).

(2) 주요 시스템

출·입항 척수·승선인원 등 어선의 출입항업무를 처리하는 시스템으로서, 선 박의 안전과 승선원의 확보함을 목적으로 설치·운영하는 '선박출입항시스템'과, 선박 출·입항정보·수상레저관련 정보·해양오염관련 정보·해상교통관련 정보, 수배자나 수배차량 정보 등 현장에서 휴대폰을 이용해 사용 가능한 모바일 전자 정보 앱인 '모바일 오피스 시스템', 출입항신고 자동화 및 어선 위치를 실시간적 으로 알려주는 'V-Pass 시스템' 등이 있다.[10]

표 3-3 | 어선위치발신장치(V-Pass) 시스템

구분	주요 내용	특징
설치 근거	·어선법 제5조의2(어선위치발신장치)를 근거로 설치	조난 등 어선 긴급 상황 발생시 SOS 를 발신하면 관할 해경 상황실과 인 접 파·출장소에 비 상상황이 표출됨
설치 대상 (어선법 시행규칙 제42조)	·「어선법」상 모든 어선	
설치 제외 (동 규칙 제42조의2)	·무동력선 ·내수면어업에 종사하는 어선 ·수산업에 관한 시험·조사·지도·단속에 종사하는 어선 ·면허어업에 사용하기 위하여 관리선으로 지정받거나 승인 받은 어선. 다만, 낚시관리 및 육성법에 따른 낚시어선은 제외한다.	

---

10) "V-Pass시스템"이란 선박패스 장치를 통해 선박의 위치정보를 활용하는 시스템을 말하며, "지능형 해상교통정보서비스 단말기(e-Nav)"란 「지능형 해상교통정보서비스의 제공 및 이용 활성화에 관한 법률」 제18조에 따라 어선에 설치한 장치로서 어선의 위치를 자동으로 발신하고 출입항 신고를 자동 으로 처리할 수 있는 장치를 말한다(어선 출입항 신고 관리 규칙 제2조).

	· 서해특정해역에서 근해자망어업에 종사하는 어선의 부속선 · 총톤수 2톤 미만의 어선으로서 상갑판이 없이 현단(舷端) 으로만 이루어져 있거나, 상갑판 상부에 구조물이 없는 어선
주요 기능	· 어선 출입항 신고 자동화, 실시간 어선 위치정보 발신, 전 자 해도, 날씨 등 공지사항 알림정보 등
통신 권역	· 연안 30해리 이내

3. 근무체계

(1) 복장의 착용

파·출장소의 근무자는 「해양경찰청 소속 경찰공무원 복제에 관한 규칙」 제14조에 규정된 근무 복장을 단정하게 착용하여야 하며, 해양경찰서장이 특별히 지정한 경우에는 별도의 복장을 착용할 수 있다(파출소 및 출장소 운영규칙 규칙 제17조).

(2) 장비의 휴대

파·출장소 근무 경찰관은 다음의 장비를 연안구조정에 비치하거나 개인이 휴대하여야 한다.

1. 경찰장비(권총 및 가스총 등 무기와 경찰봉, 수갑, 포승 등의 경찰장구)
2. 인명구조장비(구명조끼, 구명줄 및 구조튜브 등)
3. 통신장비(LTE통신기, 모바일오피스 등)

다만 경찰장비는 필요시에만 휴대하며, 파출소장은 치안상황 및 임무 수행의 특성 등을 고려하여 비치 및 휴대 장비를 조정할 수 있다(파출소 및 출장소 운영규칙 제18조).

(3) 근무 방법

파출소장은 일근(日勤)을 원칙으로 한다. 다만 도서지역 파출소장의 근무는 교대근무로 운영할 수 있다. 해양경찰서장은 매월 일정한 계획에 따라 파출소장의 상황대기 근무를 명할 수 있다. 파출소 순찰구조팀 및 출장소의 근무는 3교대근무를 원칙으로 한다. 다만 해양경찰서장은 도서지역 파출소 및 출장소 교대근무는 지역별 실정에 맞게 달리 정할 수 있고, 지방해양경찰청장은 지역별 취약시간에 인력을 집중하기 위하여 교대근무 운영취지에 부합하는 범위 내에서 파출소의 교대근무제를 변형하여 운영할 수 있다. 파·출장소에 근무하는 의무경찰은 파·출장소장이 인력 운영 및 치안여건을 고려하여 지정하되, 주간근무 종료 이후 시간에는 휴식이 최대한 보장되도록 하여야 한다(파출소 및 출장소 운영규칙 제19조).

(4) 근무 종류

파출소장은 근무인원, 치안수요 및 그 밖의 업무량 등을 고려하여 일일근무를 지정하여야 한다(파출소 및 출장소 운영규칙 제27조). 파·출장소 근무는 행정근무, 상황근무, 순찰근무, 대기근무 및 기타근무로 구분된다(파출소 및 출장소 운영규칙 제20조; 제26조).

근무별 주요 내용(파출소 및 출장소 운영규칙 제22조 내지 26조)

① '행정근무'는 문서의 접수·처리, 시설·장비의 관리·예산의 집행, 각종 현황·통계자료 등 관리, 순찰근무자의 무전상황유지·자체경비, 파출소장이 지시한 업무 등이다.

② '상황근무'는 민간구조세력 등 관내 안전관리 및 치안상황 파악전파, 중요사건·사고 및 수배사항의 전파, 피보호자 또는 피의자, 수배자에 대한 보호·감시, 순찰근무자와의 무전상황 유지·자체경비, 그 밖에 파출소장이 지시한 업무 등이다.

③ '순찰근무'는 파·출장소의 관내를 순회하는 근무를 말하며, 해상순찰과 육상순찰로 구분하되 주로 해상순찰을 중심으로 하여야 한다. 파·출장소장은 관내의 순찰요점, 순찰코스, 순찰방법, 순찰근무 중 착안사항 등을 구체적으로 지시하여야 하며, 관내 순찰자료집을 작성, 파출소, 순찰차 및 연안구조정에 비치하여 순찰근무에 활용하여야 한다. 순찰근무자는 순찰활동 사항, 검문검색 등 순찰근무 중 취급사항을 근무일지에 기록하여야 한다.

④ '대기근무'는 각종 사건·사고 또는 신고에 따른 출동 등 안전치안 상황에 대응하기 위하여 일정시간 지정된 장소(파·출장소 내)에서 근무태세를 갖추고 있는 형태의 근무로서, 대기근무를 지정받은 경찰관은 지정된 장소에서 대기하되, 통신기기를 청취하며 5분 이내 출동이 가능한 상태를 유지하여야 한다.

⑤ '기타근무'로서 안전관리 및 치안상황에 효과적으로 대응하기 위하여 행정근무, 상황근무, 순찰근무, 대기근무에 해당되지 않는 근무형태를 말하며, 기타근무의 근무내용과 방법 등은 파출소장이 정한다.[11]

---

11) 해양경찰청, 「해양경찰학개론」, 2020, 253면 참조.

표 3-4 | 순찰근무

구분	주요 내용
개념	순찰이란 '파·출장소 소속 경찰관이 관내구역을 순행하면서 범죄나 연안사고 등 각종 사건·사고의 예방 및 단속과 관내 필요한 정보를 수집하는 활동'을 말한다.[12]
주요 기능	① 선박 출·입항관리, ② 민원 접수·처리, ③ 범죄예방 및 단속, ④ 해양오염 사고 초동조치, ⑤ 변사사건 등 기타 순찰 중 인지한 사건의 처리 등이다(파출소 및 출장소 운영규칙 제28조·제31조).
순찰구분	노선에 따라, 정해진 노선을 규칙적으로 순찰하는 '정선순찰', 불규칙적으로 임의로 순찰하는 '난선순찰', 사전에 중요지점을 몇군데 정하여 집중 순찰하는 '요점순찰'과 순찰구역을 소구역(우범지역 등)으로 나누어 소구역을 중점 순찰하는 '구역순찰'로 구분
관련규정	경찰관직무집행법상 불심검문, 보호조치, 위험발생의 방지, 범죄의 예방과 제지, 위험방지를 위한 출입, 사실의 확인, 경찰장비의 사용 등

(5) 휴게 및 휴무

3교대 근무자는 8시간마다 1시간씩, 야간 3시간 이내(2교대 근무시에는 24시간 마다 야간 4시간 이내), 도서벽지 연일 근무자는 1일 8시간(주간 4시간, 야간 4시간). 파출소장은 지정된 휴게 시간이라 할지라도 업무수행 상 부득이한 경우에는 휴게시간을 주지 아니하거나, 근무를 조정할 수 있고, 2교대 근무자에 대해서는 매월 정기적으로 휴무일을 지정할 수 있다(파출소 및 출장소 운영규칙 제33조).

(6) 경찰관 등 동원

지방해양경찰청장 또는 해양경찰서장은 ① 해상집단행동 및 다중범죄 진압, 대간첩 작전 수행, ② 통합방위사태 선포 등 그 밖의 비상사태, ③ 경호경비 또는 각종 경기, 대회의 경비, ④ 중요 범인의 체포 및 밀입국 등의 차단, 검거, ⑤ 해양사고 및 해양오염 등 중요사건의 발생, ⑥ 그 밖의 다수 경찰관 동원을 필요로 하는 행사 또는 업무와 같이 특히, 필요하다고 인성되는 경우에 한하여 파·출장소의 기본근무에 지장을 초래하지 않는 범위 내에서 다른 근무에 동원할 수 있다(파출소 및 출장소 운영규칙 제34조).

---

12) '순찰업무'는 범죄에 대한 사법경찰작용적 성격 보다는 범죄예방이나 안전관리를 위한 행정경찰작용적 성격이 강하다고 할 수 있다.

4. 주요 임무

해양경찰 파·출장소는 선박 출·입항관리 임무를 기본으로 하여, 「정부조직법」에 따른 해양에서의 경찰 활동 및 오염방제 임무를 담당하고 있다. 현장에서 국민과 가장 가까운 곳에서 근무하고 있는 파·출장소 소속 경찰관은 항·포구 및 연안해역 순찰, 선박 출·입항관리 등 국민의 생명과 재산보호, 사회질서와 공공의 안녕을 위한 다양한 치안활동을 전개하고 있다. 특히 오늘날 파·출장소는 지역사회 경찰(community policing)의 4가지 기본요소, 즉 지역사회 범죄예방, 주민에 대한 책임성 강화, 치안서비스 제공을 위한 순찰활동으로서의 전환, 정책결정과정에서의 주민참여 증대와 경찰권한의 분산화 등을 요구받고 있다.13)

(1) 선박 출·입항 관리

항포구에 출입항하려는 어선의 소유자 또는 선장은 신고기관14)에 신고하여야 한다. 다만, 관리선 사용지정을 받은 어선 또는 사용승인을 받은 어선은 특정해역, 조업자제해역이나 관할 해양경찰서장이 지정한 해역에 출어하는 경우에만 신고한다(어선안전조업법 제8조 제1항).

선박 출·입항관리는 어선과 총톤수 100톤 미만의 선박을 대상으로 하며, 정부나 공공단체가 소유선박, 원양어업에 종사하는 어선, 여객선과 국외에 취항하는 선박은 제외한다(선박안전조업규칙 제2조).

항포구에 출입항하려는 어선의 소유자 또는 선장은 신고기관에 신고하여야 한다. 다만, 해양경찰청장이 정하는 어선위치발신장치를 갖추고 이를 정상적으로 작동하여 출입항하는 어선은 출입항 신고를 한 것으로 본다(어선안전조업법 제8조·어선안전조업 시행규칙 제2조 제2항). 어선은 신고기관이 설치되지 아니한 항포구에는 출입항하여서는 아니되며, 다만, 기상 악화에 따른 피항, 기관 고장 등으로 인한 표류, 그 밖의 부득이한 사정이 있는 경우에는 항포구 인근에 있는 신고기관에 신고하

---

13) 「해양경찰 파출소 및 출장소 운영규칙」 제2조(정의)에서 '지역경찰활동'의 개념을 지역사회의 주민 및 기관·단체 등과 협력을 통해 범죄와 안전사고를 예방하고, 민원이나 지역주민의 의견을 청취하여 치안활동에 반영하며, 해양경찰활동에 지역주민의 이해와 참여를 이끌어내어 함께 하는 해양경찰활동으로 정의하고 있다.

14) "신고기관"이란 어선의 출입항 신고업무를 담당하는 해양경찰서 소속 파출소, 출장소 및 해양경찰서장이 민간인으로 하여금 출입항 신고업무를 대행하게 하는 대행신고소를 말한다(동법 제2조 제9호).

여야 한다(어선안전조업법 제9조).[15]

　5톤 미만의 어선은 전화 또는 정보통신망을 통한 신고가 가능하며, V-Pass 설치선박은 자동 출·입항 신고가 가능하다. 낚시어선은 승선자 명부를 작성하여 해경 파·출장소에 신고하여야 하며, 수상레저기구는 원거리 또는 기상특보 발효 중에는 사전에 출·입항 신고를 하여야 하며, 유선 및 도선은 사업자 스스로 출·입항 기록을 관리하며, 여객선은 「해운법」에 따라 해양수산부에서 출·입항을 관리한다(파출소 및 출장소 운영규칙 제28조).

출항 등의 제한(어선안전조업법 제10조)

신고기관의 장은 해상에 대하여 기상특보가 발효된 때에는 어선의 출항을 제한할 수 있다. 어선의 선장은 해상에 대하여 기상특보가 발효된 때에는 해양수산부령으로 정하는 어선의 안전조치 및 준수사항에 따라야 한다(어선안전조업법 시행규칙 제4조).
① 태풍주의보·태풍경보·풍랑경보(모든 어선 출항 금지), ② 풍랑주의보(총톤수 15톤 미만 어선 출항 금지), ③ 폭풍해일주의보·폭풍해일경보(제한 없음)
11월 1일부터 다음 해 3월 31일까지의 기간에 풍랑주의보가 발효된 경우에는 총톤수 30톤 미만의 어선은 출항이 금지된다. 다만, 총톤수 15톤 이상의 어선은 다음 각 호의 모두에 해당하는 경우에는 출항할 수 있다(어선안전조업법 시행규칙 제4조).
① 태풍 외의 사유로 풍랑주의보가 발효되었을 것, ② 「배타적 경제수역 및 대륙붕에 관한 법률」 제2조에 따른 대한민국의 배타적 경제수역까지 실시간 위치확인이 가능한 어선위치발신장치를 갖추고 이를 정상적으로 작동할 것, ③ 2척 이상의 어선으로 선단(船團)을 편성하고, 어선 간 최대 거리를 6마일 이내로 유지할 것, ④ 관할 안전본부에 사전통지를 할 것

---

15) 「어선 출입항 신고 관리 규칙」 제5조(입항하지 않는 어선에 대한 조치) ① 출항지의 신고기관의 장은 입항하지 않는 어선이 발생한 경우에는 그 어선의 소재를 파악하고 소재가 확인되지 않을 때에는 지체 없이 관할 해양경찰서장에게 보고해야 하며, 보고를 받은 해양경찰서장은 해당 어선을 전국에 수배한다. 다만, 5톤 미만의 어선은 인접 시·도까지만 수배할 수 있다. ② 입항하지 않는 어선의 발생통보를 받은 해양경찰서장은 관내 신고기관 및 출동 중인 함정에 어선의 소재를 파악하도록 조치해야 한다. 이 경우 입항하지 않은 어선의 소재가 확인되었을 때에는 출항지 관할 해양경찰서장에게 통보해야 한다.

(2) 음주운항 단속

1) 의   의

음주운항은 술을 마신 상태에서 선박의 조타기를 조작 또는 지시하는 일체의 경우로 특히 혈중 알콜 농도 0.03% 이상인 주취 운항은 「해사안전법」 등에서 처벌을 하고 있다(해사안전법 제41조).[16)]

2) 대   상

단속 대상은 ① 대한민국 영해, 내수(해상항행선박이 항행을 계속할 수 없는 하천·호수·늪 등은 제외)에 있는 선박이나 ② 대한민국 영해 및 내수를 제외한 해역에 있는 대한민국선박과 ③ 배타적 경제수역에서 항행 장애물을 발생시킨 선박이며, 수상레저안전법 상 수상(해수면과 내수면)에 있는 동력수상레저기구[17)]로 모터보트, 세일링 요트, 수상오토바이, 고무보트, 스쿠터, 공기부양정 등이 대상이다.

3) 구성요건

「해사안전법」 제41조는 술에 취한 상태에서 선박의 조타기를 조작하거나 조작할 것을 지시하거나, 술에 취한 상태에서 도선사가 선박에 승선하여 선박을 도선하는 행위, 해양경찰공무원의 측정 요구에 따르지 아니하는 행위, 술에 취한 운항자가 조타기 조작 또는 조작 지시를 못하게 명령하거나 도선(導船)을 하지 못하게 명령하는 등 필요한 조치를 위반하는 행위 등을 금지하고 있다. 그 밖에 「유선

---

16) 〈주취운항 처벌기준〉

근거		처벌 내용
해사안전법	5톤 이상	혈중 알콜 농도에 따라 1년 이하의 징역이나 1천만원 이하의 벌금부터 5년 이하의 징역 또는 3,000만원 이하의 벌금으로 구분
	5톤 미만	500만원 이하의 벌금
유선 및 도선 사업법		1년 이하의 징역 또는 1천만원 이하의 벌금
수상레저안전법		1년 이하의 징역 또는 1천만원 이하의 벌금
낚시관리 및 육성법		6개월 이하의 징역 또는 5백만원 이하의 벌금

 * 혈중 알콜 농도 0.03% 이상

17) '동력수상레저기구'란 추진기관이 부착되어 있거나 추진기관을 부착하거나 분리하는 것이 수시로 가능한 수상레저기구를 말한다.

및 도선사업법」상 유도선사업자와 선원이 음주, 약물 중독, 그 밖의 사유로 정상적인 조정을 할 수 없는 상태에서 유도선을 조종하는 행위나, 「수상레저안전법」상 수상레저활동을 하는 자가 술에 취한 상태에서 수상동력기구를 조종하는 행위가 해당된다.[18]

음주측정 요건(해사안전법 제41조)

해양경찰공무원은 다음 각 호의 어느 하나에 해당하는 경우에는 운항을 하기 위하여 조타기를 조작하거나 조작할 것을 지시하는 사람 또는 도선을 하는 사람이 술에 취하였는지 측정할 수 있으며, 해당 운항자 또는 도선사는 해양경찰청 소속 경찰공무원의 측정 요구에 따라야 한다. 다만, 제3호에 해당하는 경우에는 반드시 술에 취하였는지를 측정하여야 한다.

1. 다른 선박의 안전운항을 해치거나 해칠 우려가 있는 등 해상교통의 안전과 위험 방지를 위하여 필요하다고 인정되는 경우
2. 술에 취한 상태에서 조타기를 조작하거나 조작할 것을 지시하였거나 도선을 하였다고 인정할 만한 충분한 이유가 있는 경우
3. 해양사고가 발생한 경우
   음주 측정 결과에 불복하는 사람에 대하여는 해당 운항자 또는 도선사의 동의를 받아 혈액채취 등의 방법으로 다시 측정할 수 있다.

(3) 기소중지자 처리

선박에서 기소중지자[19]를 검거한 경우에는 범죄사실의 요지와 변호인 선임권을 고지하고, 관할 파·출장소로 동행해 신변보호조치 후, 소속 해양경찰서에 기소중지자 검거 보고를 한다. 기소중지자가 승선한 선박이 출항한 이후에 인지

---

18) 음주운항 단속은 2인 이상 경찰관이 합동으로 실시하여야 하며, 단속 경찰관은 단속 시간으로부터 최소한 24시간 이전부터 음주를 해서는 아니 된다. 피검사자가 채혈을 요구하는 경우 채혈동의서 및 정황보고서를 작성하고, 의료기관에 임의동행해 혈액을 채취하며(채혈감정 결과는 음주측정기 측정 결과에 우선한다). 음주측정에 불응하는 경우에는 음주측정 불응에 따른 불이익을 3회 고지하고 측정거부 적발보고서를 작성한다.

19) '기소중지'란 피의자의 소재불명, 해외여행, 심신상실, 질병 등의 사유로 인하여 수사를 종결할 수 없는 경우에 그 사유가 해소될 때까지 행하는 중간처분을 말하며, 소재불명으로 기소중지 결정이 있는 경우 지명수배를 하게 된다(검찰사건사무규칙 제120조 등).

하였을 경우에는 입항 예정 항·포구를 관할하는 파·출장소에 기소중지자 승선사실을 통보하고, 통보받은 파·출장소에서는 항·포구에 당해선박 입항 시 검거하고 이후 절차는 선박에서 검거한 경우와 동일하다.

(4) 사건·사고 처리

파·출장소에서는 관내에서 범죄가 발생하면, 범죄현장의 보존, 증거의 수집, 피해현황과 범죄 실황 조사 등 범죄 현장을 중심으로 필요한 초동조치와 수사를 행하고, 해양경찰서의 수사 전문 경찰관이 현장에 도착하면 이를 인계하고 사건 조사에 협조하여야 한다. 여기서 '초동조치'란 범죄현장에 처음 임장한 경찰관에 의하여 범죄현장을 중심으로 행하여지는 초기의 조치로서, 초동조치의 범위는 신고접수 이후 경찰관이 현장에 출동하여 인명구호, 부상자 응급조치, 범죄 진압 및 용의자 검거, 현장통제, 현장보존 등이다(파출소 및 출장소 운영규칙 제31조 제1항).

(5) 해양사고 및 오염사고 처리

해양사고 또는 해양오염사고의 신고를 받았거나, 사고 발생사항을 인지하였을 때에는 먼저 해양경찰서장에게 즉시 보고하고 동시에 현장에 임하여 인명과 재산 피해의 확대를 방지하고, 사고현장 보존, 현장 조사 등 필요한 초동조치를 하여야 한다. 필요시에는 지역주민과 유관기관의 협력도 요청하여야 한다. 경미한 사건· 사고에 대하여는 파출소장이 직접 처리할 수 있으며, 이 경우에는 조사 또는 처리 사항을 해양경찰서장에게 보고하여야 한다(파출소 및 출장소 운영규칙 제31조 제2항).

(6) 변사자 처리

변사사건이 발생하였을 때에는 변사체의 발견 일시, 변사자의 인적사항, 변사체 발견 장소와 그 상황, 변사체 발견자의 성명 그 밖의 참고사항을 조사하여 관할 해양경찰서에 보고하여야 한다. 변사의 위치가 조류가 심한 곳일 경우에는 신고자 등을 통해 표류가 최소화될 수 있도록 조치하고, 육지로 인양할 경우에는 시신의 손상이 발생하지 않도록 주의하여야 한다(파출소 및 출장소 운영규칙 제31조 제3항).[20]

---

20) 현장에 출동하여 시신을 인양하는 경우에는, 구명조끼, 밧줄 등 인양에 필요한 장비를 준비하여야 하며, 인양 후 육상에서 사용할 대형 비닐천(깔개), 시신을 덮어 둘 수 있는 시체포, 현장을 촬영할 수

(7) 민원 접수·처리

파·출장소에서는 고소, 고발, 진정 및 탄원과 범죄 또는 피해 신고에 관한 민원 등을 접수하였을 때에는 신속하게 해양경찰서에 이송한다. 다만, 출장소에서 접수한 경우에는 파출소를 경유하여야 한다(파출소 및 출장소 운영규칙 제30조).

있는 카메라 등을 준비한다.

제3절 유선 및 도선 안전관리

Ⅰ. 개 요

　유선사업(遊船事業) 및 도선사업(渡船事業)에 관하여 필요한 사항을 정하여 유선 및 도선의 안전운항과 유선사업 및 도선사업의 건전한 발전을 도모함으로써 공공의 안전과 복리의 증진에 이바지함을 목적으로「유선 및 도선사업법」이 제정되었다(유선 및 도선사업법 제1조).[21] 유선사업이란 유선 및 유선장(遊船場)을 갖추고 수상에서 고기잡이, 관광, 그 밖의 유락(遊樂)을 위하여 선박을 대여하거나 유락하는 사람을 승선시키는 것을 영업으로 하는 것으로서 해운법을 적용받지 아니하는 사업을 말하며, 도선사업이란 도선 및 도선장을 갖추고 내수면 또는 대통령령으로 정하는 바다목[22]에서 사람을 운송하거나 사람과 물건을 운송하는 것을 영업으로 하는 것으로서 해운법을 적용받지 아니하는 사업을 말한다(유선 및 도선사업법 제2조). 유·도선사업은 사업면허구역에 따라 해수면은 해양경찰이, 내수면은 지방자치단체가 관할한다. 사업이 내·해수면 양쪽에 걸쳐있는 경우에는 해당 유·도선을 주로 정박해 두는 장소를 기준으로 관할을 판단하면 된다(유선 및 도선사업법 제3조).

---

21)「유선 및 도선 사업법」은 다음의 경우에는 적용하지 아니한다(제2조의2).
　　① 「수상레저안전법」에 따른 수상레저사업 및 그 사업과 관련된 수상에서의 행위를 하는 경우
　　② 「체육시설의 설치·이용에 관한 법률」에 따른 체육시설업 및 그 사업과 관련된 수상에서의 행위를 하는 경우
　　③ 「낚시 관리 및 육성법」에 따른 낚시어선업 및 그 사업과 관련된 수상에서의 행위를 하는 경우
　　④ 「마리나항만의 조성 및 관리 등에 관한 법률」에 따른 마리나업 및 그 사업과 관련된 수상에서의 행위를 하는 경우
　　⑤ 「수중레저활동의 안전 및 활성화 등에 관한 법률」에 따른 수중레저사업 및 그 사업과 관련된 수상에서의 행위를 하는 경우
22) 「유선 및 도선 사업법」에서 "대통령령으로 정하는 바다목"이란 ① 내수면과 해수면이 접하는 하구나 해안과 해안을 잇는 만(灣)의 형태를 갖춘 해역이나 ② 육지와 도서(島嶼) 간 및 도서와 도서 간의 거리가 비교적 가깝고 「해운법」에 따른 여객선이 운항되지 아니하는 해역을 말한다(동법 시행령 제2조).

II. 면허 및 신고 대상

유·도선사업 면허가 필요한 대상은 ① 유·도선의 총톤수가 5톤 이상인 선박, ② 유·도선의 총톤수가 5톤 미만인 선박 중 승객 정원이 13인 이상인 선박, ③ 유·도선사업의 영업구역이 2해리 이상인 경우이며, 면허대상이 아닌 선박은 관할관청에 신고만 하면 된다(유선 및 도선사업법 시행령 제3조).[23]

III. 영업구역 및 영업시간

1. 영업구역

「선박안전법」의 적용을 받는 유·도선은 선박검사 시 정해진 항행구역 내에서 관할관청의 장이 지정한 구역 또는 거리 이내를, 선박안전법의 적용을 받지 않는 유·도선은 「유선 및 도선사업법」상의 안전검사 시에 정해진 구역 또는 거리 이내를 영업구역으로 한다(유선 및 도선사업법 시행령 제7조 제1항).

2. 중간기착

「해운법」에 따른 해상운송 여객사업자의 영업권을 침해할 우려가 없는 경우와 유선사업의 경우 중간 기착지로 인해 사람을 운송하거나 사람과 물건을 운송하는 목적으로 이용될 우려가 없는 경우에는 관광이나 여객 승·하선 등의 목적으로 중간 기착지(寄着地)를 둘 수 있다(유선 및 도선사업법 시행령 제7조 제2항).

3. 영업시간

영업시간은 해 뜨기 전 30분부터 해 진 후 30분까지로 한다. 다만 야간운항

---

23) '면허신고의 유효기간'은 '유선사업'의 경우, 연중 상시적 영업인 경우에는 10년, 한시적 영업인 경우에는 당해 연도, '도선사업'의 경우, 연중 상시적 영업인 경우에는 영구, 한시적 영업인 경우에는 5년으로 규정되어 있다.

에 필요한 조명시설 등 안전운항시설과 장비를 갖춘 경우[24]와 응급환자가 발생한 경우, 공공의 목적으로 운항이 필요한 경우에는 시간의 제한을 받지 아니한다(유선 및 도선사업법 제8조 제2항). 유·도선은 기상특보 발효 시에는 운항할 수 없다(유선 및 도선 사업법 제8조 제4항). 다만 선박안전법에 따른 항해구역 중 평수구역에서 운항하는 유·도선은 소정의 절차에 따라 기상특보 시에도 운항을 할 수 있으나(유선 및 도선사업법 제8조 제5항), 해당 영업구역의 실제 기상상태를 확인하여 안전운항에 지장이 있다고 판단할 때에는 관할 지방자치단체의 장 또는 해양경찰서장은 운항이 허용된 경우에도 유·도선의 운항을 제한할 수 있다(유선 및 도선사업법 제8조 제6항). 응급환자가 발생한 경우나 공공 목적으로 운항이 필요한 경우에는 영업구역이나 영업시간의 제한을 받지 아니한다(유선 및 도선사업법 제8조 제3항).

Ⅳ. 유·도선사업자 등의 의무

1. 안전검사

유·도선사업자는 선체구조를 변경하거나 기관을 교체하였을 때 그리고 정기 검사 유효기간 내에 안전검사를 받아야 한다(유선 및 도선사업법 제20조).[25]

2. 유·도선 안전운항

(1) 유선 안전운항

사업자와 선원 등은 ① 운항규칙을 준수하여 안전운항을 하여야 하며, ② 출

---

24) 해 뜨기 전 30분 이전 또는 해 진 후 30분 이후 유·도선 영업을 하려는 경우에는 해당 유·도선 등에 다음의 시설 및 장비를 모두 갖추어야 한다(동법 시행령 제8조).
　① 해당 유·도선: 전등 1개 이상, 자기점화등 1개 이상, 등(燈)이 부착된 승선 정원에 해당하는 수의 구명조끼
　② 해당 유선장 또는 도선장: 자기점화등 1개 이상, 승선장 및 하선장에 각각 100럭스 이상의 조도(밝기)를 갖춘 조명시설
25) 유·도선의 규격, 시설설비기준과 선령기준 충족 여부, 인명구조용장비 적정성 여부 그리고 승선 정원, 적재중량, 적재용량 및 선원 정원 등을 검사한다.

▶ 유람선

항 전 승객에게 승·하선방법, 선내 위험구역 출입금지에 관한 사항, 인명구조장비 위치 및 사용법, 유사 시 대처요령 등 안전에 관한 사항을 영상물 또는 방송 등을 통하여 안내하고, ③ 안전운항을 위하여 필요한 경우나 소형 유선의 경우에는 승선자 전원에게 구명조끼를 착용하게 하여야 하며, ④ 사업자와 선원 등은 음주, 약물 중독, 그 밖의 사유로 정상적인 조종을 할 수 없는 우려가 있는 경우에는 조종을 금지하여야 한다(유선 및 도선사업법 제12조).

(2) 도선 안전운항

▶ 차도선

도선사업자는 특별한 경우를 제외하고는 승객의 출선요구를 거부하거나 지연해서는 아니 된다. 사업자와 선원은 ① 선박의 안전점검 등 안전운항에 필요한 조치와 운항규칙을 준수해야 하며, ② 출항 전 승객에게 승·하선방법, 선내 위험구역 출입금지에 관한 사항, 인명구조장비 사용법, 유사 시 대처요령 등 안전에 관한 사항을 영상물 또는 방송 등을 통하여 안내하고, ③ 안전운항을 위하여 필요한 경우에는 승선자 전원에게 구명조끼를 착용하게 하여야 하며, ④ 음주, 약물 중독, 그 밖의 사유로 정상적인 조종을 할 수 없는 우려가 있는 경우에는 도선 조종을 금지하여야 한다(유선 및 도신 사업법 제16조).[26)]

---

26) 도선사업자 등의 금지행위(법 제18조 제1항) 도선사업자, 선원, 그 밖의 종사자는 도선과 도선장에서 ① 승선 정원, 적재 정량 또는 용량을 초과해 승선시키거나 선적하는 행위, ② 정당한 사유없이 승선을 거부하는 행위, ③ 운임 외의 금품을 요구하는 행위, ④ 도선 내 주류를 판매·제공하는 행위(주류 판매·반입 허용 도선은 제외), ⑤ 음란행위나 그 밖에 선량한 풍속을 해치는 행위, ⑥

사업자·선원·종사자 금지행위(법 제12조 제5항)

유·도선사업자·선원 및 종사자는 ① 보호자를 동반하지 아니한 14세 미만의 사람, 술에 취한 사람, 정신질환자로 의심되는 사람으로서 자신 또는 타인의 안전을 해할 위험이 크다고 인정되는 사람, 말이나 행동이 수상하다고 인정되는 사람 또는 감염병 환자에게 유선을 대여하거나 승선하게 하는 행위, ② 정원을 초과해 승선하게 하는 행위, ③ 요금 외의 금품을 요구하는 행위, ④ 정당한 사유없이 운항을 기피하는 행위, ⑤ 무리하게 승선을 권유하거나 정당한 사유 없이 승선 또는 선박 대여를 거부하는 행위, ⑥ 유선 내에서 주류를 판매하거나 제공하는 행위 또는 유선 내에 주류를 반입하게 하는 행위, ⑦ 영업시간 외에 항행하거나 영업구역 외 또는 항행구역 외에서 항행하는 행위, ⑧ 기타 수상에 유류·분뇨·폐기물을 버리거나 ⑨ 운항 중 구명조끼, 구명부환, 구명줄 등 인명구조용장비나 설비에 잠금장치를 하는 행위를 하여서는 아니 된다.

승객 준수사항(유선 및 도선사업법 제13조)

유·도선에 탑승한 승객은 ① 운항질서와 안전수칙을 준수하고, ② 구명조끼 착용 등 승무원의 지시를 따라야 하며, ③ 정원을 초과하여 승선을 요구하거나 ④ 유선 내에서 술을 마시는 등 선내의 질서를 어지럽히는 행위, ⑤ 인명구조용 장비나 그 밖의 유선 설비를 파손하여 그 효용을 해치는 행위, ⑥ 도박, 고성방가 또는 음란행위 등 공공질서와 선량한 풍속을 해치는 행위, ⑦ 폭발물·인화물질 등 위험물을 일반 승객과 함께 반입하거나 운송하는 행위, ⑧ 조타실(操舵室), 기관실 등 선장이 지정하는 승객출입 금지장소에 선장 또는 그 밖의 종사자의 허락 없이 출입하는 행위를 하여서는 아니 된다.

승객·물건 등 운송 제한(법 제18조 제2항)

① 전염병 환자 또는 정신이상자, ② 시체, ③ 폭발물이나 인화물질 등 위험물, ④ 승객에게 불쾌감을 주거나 위해를 끼칠 우려가 있는 물건 등에 대해서는 운송이 제

영업시간 외에 항행하거나 영업구역 외 또는 항행구역 외에서 항행하는 행위, ⑦ 수상에 유류·분뇨·폐기물을 버리는 행위, ⑧ 운항 중 구명조끼, 구명부환, 구명줄 등 인명구조용장비나 설비에 잠금장치를 하는 행위를 하여서는 아니 된다.

한된다. 다만, 보관시설 등 격리시설을 설치해 선원 등 종사자가 안전하게 관리할 수 있는 경우에는 운송이 가능하다.

도선사업자는 영업시간 중 언제든지 도선을 운항할 수 있도록 필요한 준비를 하여야 하고, 다음 어느 하나에 해당하는 경우를 제외하고는 승객의 출선(出船) 요구를 거부하거나 출선을 지연시켜서는 아니 된다.
① 폭풍우, 홍수, 그 밖의 사유로 운항이 위험한 경우
② 해당 운항이 공공의 안녕질서에 반하는 경우
③ 선체(船體)의 고장이나 그 밖의 정당한 사유가 있는 경우

3. 사고발생시 의무

유·도선사업자와 선원은 선박의 전복·충돌 등 사고가 발생한 경우에는 인명구조에 필요한 조치를 실시하여야 한다. 특히, ① 승객이 사망·실종·중상자 발생이나 승객 중 전염병 환자가 있을 때, ② 선박이 충돌·좌초 기타 사고로 인해 선박 자체가 심하게 손상되는 등 선박 운항에 장애가 발생한 때, ③ 교량, 수리시설, 수표(水標), 입표(立標), 호안(護岸), 기타 수면에 설치한 공작물을 파손한 때에는 지체 없이 해양경찰서장, 경찰서장, 시·군·구청장에게 보고하여야 한다(유선 및 도선사업법 제28조·제29조).

4. 운항규칙 준수

유선 및 도선은 주위의 상황 및 다른 선박과의 충돌 위험을 충분히 판단할 수 있도록 시각·청각 및 당시의 상황에 적합하게 이용할 수 있는 모든 수단에 의해 항상 적절한 경계와 안전한 속력으로 운항하여야 하며, 시계(視界)를 제한 받는 때와 교량, 유·도선장 등의 부근 및 하천 폭이 좁은 구역에서는 속도를 줄여 운항해야 하며, 시계 제한구역에서 전방에 다른 선박이 있는 경우 '왼쪽'으로 진로를 변경해서는 아니 된다. 유·도선이 다른 선박과 마주칠 때에는 진로를 '오른쪽'으로 변경해야 하며, 다른 선박과 같은 방향으로 운항하는 경우에는 근접하거나 경쟁적으로 운항해서는 아니 되며, 추월 시에는 완전히 추월할 때까지 추월 당하

는 선박의 진로를 방해해서는 아니 된다. 또한 다른 선박과 횡단하는 경우에 충돌의 위험이 있을 때에는 '좌측선박'이 '우측선박'의 진로를 피해서 항행하여야 하며, 선착장으로 들어오는 유·도선은 선착장 밖으로 나가는 유·도선의 진로를 방해해서는 아니 된다(유선 및 도선사업법 시행령 제25조).[27)]

V. 해양경찰 안전관리

1. 안전관리계획의 수립

해양경찰청장은 해수면 유·도선 안전관리계획의 수립에 필요한 지침을 정하고 그 시행에 필요한 지도·감독을 할 수 있다. 이에 따라 지방해양경찰청장은 유·도선 안전관리계획을 수립·시행하여야 한다(유선 및 도선사업법 제21조).

2. 안전점검 실시

해양경찰서장 또는 지방자치단체의 장은 유·도선의 안전 운항과 위해 방지를 위해 관계 공무원으로 하여금 유·도선 및 유·도선장에 대해 검사 또는 안전점검을 실시하여야 한다(유선 및 도선사업법 제26조).

안점점검 대상항목

안전점검 대상항목에는 시설·장비 등의 기준 적합 여부, 유·도선사업자 등의 안전운항 의무 준수 여부, 유·도선 승객의 준수 사항 이행 여부, 승선 또는 선적의 제

---

27) 소형 유·도선이 내수면을 횡단할 때에는 다른 대형선박의 진로를 방해해서는 안 되며, 유·도선장 또는 선착장으로 들어오는 유·도선은 유·도선장 또는 선착장 밖으로 나가는 유·도선의 진로를 방해해서는 아니 된다. 또한 유·도선은 사업의 면허 또는 신고 시에 정해진 유·도선장 또는 선착장 외의 장소에 정박하거나 승객을 승선·하선시켜서는 안 되며, 야간운항을 하는 유·도선은 운항 및 승객의 승선·하선에 필요한 불빛을 표시하여야 한다. 선박 길이가 12미터 이상이거나 관할관청이 지정한 유·도선은 기적(汽笛) 또는 호종(선박 위치 알림 종) 등 음향신호를 설치하여 소정의 절차에 따라 음향신호를 해야 한다(동법 시행령 제25조).

한 등의 준수 여부, 인명구조용장비기준 및 인명구조요원의 자격배치 기준 적합 여부, 선원의 정원자격 기준의 적합여부, 그 밖에 유·도선의 안전 운항을 위해 필요한 사항이 있다(유선 및 도선사업법 시행령 제23조).

3. 개선명령 등

관할관청(해양경찰서장)은 유·도선의 안전사고예방과 공공복리의 증진을 위해 ① 승선 정원이나 적재 중량 또는 용량의 제한, ② 영업시간 또는 운항 횟수의 제한, ③ 영업구역의 제한 또는 영업의 일시 정지, ④ 유·도선 또는 유·도선장시설의 개선·변경 및 원상복구, ⑤ 운항 약관의 변경 및 보험 등에의 가입, ⑥ 유·도선사업 면허 발급 시 부가한 조건의 이행, ⑦ 시설기준 등의 유지·관리, ⑧ 휴업기간 초과 시 영업 재개, ⑨ 보험 가입 및 그 밖에 안전사고예방을 위해 필요한 사항과 같은 조치를 명할 수 있다(유선 및 도선사업법 제27조).

4. 유·도선사업자 등의 안전교육

안전교육 대상자는 유·도선사업자, 선원 및 기타 종사자로서 유·도선의 안전 운항에 필요한 내용으로 매년 8시간 이내로 실시하여야 하며, 교육과목은 운항규칙 등 수상교통의 안전에 관한 사항, 생존기술, 응급조치, 인명구조용장비 사용법 등 수난구호에 관한 사항과 그 밖에 유·도선사업 및 유·도선의 안전 운항에 필요한 사항 등이다(유선 및 도선사업법 시행령 제21조).

표 3-5 | 사업자에 대한 안전교육

구분	관련 법령	교육 주관	교육 시간
여객선(내항)	해운법	운항권리자	수시
유선·도선	유선 및 도선사업법	해양경찰·지자체	연 4시간
낚시어선	낚시관리 및 육성법	해양수산부	연 4시간
어선	어선안전조업법	수협	연 4시간
		해양경찰(특정해역)	연 2시간

수상레저 시험업무 종사자	수상레저안전법	해양경찰	연 21시간 이상
연안체험활동 운용자·안전관리요원	연안사고예방법		2년 4~6시간

5. 출·입항 및 승선 기록관리

출·입항 기록은 운항거리가 2해리 이상이거나 운항 시간이 1시간을 초과하는 선박, 그 밖에 관할관청이 지정하는 선박을 대상으로 관리한다(유선 및 도선사업법 시행령 제22조). 유·도선사업자는 승선하는 승객이 승선신고서를 작성해 제출하도록 해야 하며, 승객의 신분증을 요구해 승선신고서 기재 내용을 확인하여야 한다. 승선신고서나 신분증 요구 등에 따르지 아니하는 경우에는 승선을 거부하여야 하며, 사업자는 승선신고서를 3개월 간 보관하여야 한다(유선 및 도선사업법 시행규칙 제20조).

I. 의 의

해상교통이란 해상에서 선박을 이용해 사람이나 물건을 운송하는 것을 말하며, 사람 운송을 주로 하는 '여객선', 화물 운송을 주로 하는 '화물선' 그리고 사람과 화물을 동시에 운송하는 '화객선(貨客船)'으로 분류할 수 있다. 여객선은 「해운법」에 따라 해상이나 해상과 접하여 있는 내륙수로에서 사람과 물건을 운송하며,[28] 화물선은 물건을 운송하며, 유선 또는 유람선은 「유선 및 도선사업법」에 따라 관광·유락을 위하여 사람을 운송하며, 도선은 육지와 섬 또는 섬과 섬 사이를 오가며 사람과 물건을 운송하고 있다.[29] 어선은 「어선법」에 따라 어로를 목적으로 하며, 낚시어선은 「낚시관리 및 육성법」에 따라 10톤 미만의 어선 가운데 낚시어선으로 등록한 선박을 말하며, 수상레저기구는 「수상레저안전법」에 따라 모터보트, 세일링요트(동력요트) 등 수상에서 취미·오락·체육·교육 등을 목적으로 이용되는 선박이나 기구를 말한다.

표 3-6 ㅣ 선종·대상·근거법률

선종	대상	근거법률	선종	대상	근거법률
여객선	사람·화물 운송	해운법	어선	어업	어선법 어선안전조업법
화물선	화물 운송		낚시어선	낚시	낚시관리 및 육성법
유선	사람 운송	유선 및 도선 사업법	모터보트	수상레저	수상레저안전법
도선	사람·화물 운송		요트		

---

28) 「해운법 시행규칙」 제1조의2(여객선)는 여객선을 여객만을 운송하는 여객선과 여객 및 화물 겸용 여객선으로 구분하고 있다.

29) 여객선, 유·도선은 불특정 다수인을 운송한다는 점에서는 유사하나, 여객선과 도선은 운송이 주 목적이며, 유선은 관광을 목적으로 하며, 도선은 여객선에 비해 운항거리가 짧고, 여객선이 운항하지 않는 해역에서 운항하는 특징이 있다.

해양교통 안전관리는 크게 보면, 면허관리와 선원 교육훈련 등 '선원에 대한 안전관리', 선박검사 등 '선박에 대한 안전관리' 및 해양조사, 항로관리, 선박교통 관제 등 '항행에 대한 안전관리' 등으로 구분할 수 있으나, 본 절에서는 해양경찰이 수행하고 있는 선박 출·입항관리와 선박교통관제(VTS)업무를 중심으로 서술하고자 한다.

항구·항만·어항

배가 안전하게 드나들고 사람이나 짐을 싣고 내릴 수 있는 부두 등의 설비를 하여 수륙 교통의 연락 구실을 하는 곳을 '항구'라 하며, 항구는 용도에 따라 상업항, 공업항, 어항, 군항으로 구분된다. '항만'은 항만법상 선박의 출입, 사람의 승선·하선, 화물의 하역·보관 및 처리 등의 시설이 갖추어진 곳을 말하며, 항만은 주로 육·해상 운송망의 거점으로서 국가의 이해에 중대한 관계를 가지는 무역항과 지역산업에 필요한 화물의 처리, 여객의 수송 등 편익 도모, 관광 활성화 지원을 주 목적으로 하는 연안항으로 구분한다(유선 및 도선사업법 제2조·제3조).[30] '어항'은 「어촌어항법」상 천연 또는 인공의 어항시설을 갖춘 수산업 근거지로 정의하고 있으며, 그 종류를 국가어항, 지방어항, 어촌정주어항, 마을공동어항으로 구분하고 있다(유선 및 도선사업법 제2조).

Ⅱ. 선박 출·입항관리

1. 선종별 출·입항 신고

어선에 대한 선박 출·입항관리는 「어선안전조업법」(제8조 내지 제10조 등) 및 「선박의 입항 및 출항 등에 관한 법률」(제4조 등)에 근거를 두고 있으며, 선박의 안전 조업과 간첩 등 불순분자의 침입·탈출 등을 방지하기 위하여 어선과 총톤수 100톤 미만의 선박을 대상[31]으로 해양경찰(파·출장소)과 해양수산부, 지방자치단체에서 출·

---

30) 2020년 12월말 현재, 무역항은 31개소, 연안항은 29개소가 있으며, 국가어항은 109개소, 지방어항은 287개소가 있다.

입항을 통제·관리하고 있다.

　　신고방법은 V-pass 등 해양경찰청장이 정하는 어선위치발신장치를 갖추고 이를 정상적으로 작동하여 출입항하는 어선은 출입항 신고를 한 것으로 본다.[32] V-Pass 설치선박은 자동 출·입항 신고가 가능하다(어선안전조업법 제8조 제2항). 낚시어선은 승선자 명부를 작성하여 해양경찰 파·출장소에 신고하여야 하며, 수상레저기구는 원거리 또는 기상특보 발효 중에는 사전에 출·입항 신고를 하여야 하며, 유·도선은 운항거리가 2해리 이상이거나 운항시간이 1시간을 초과하는 경우, 사업자가 직접 기록·관리해야 하며, 여객선은 해운법에 따라 해양수산부에서 출·입항을 관리한다.

표 3-7 ┃ 선종별 출입항 신고

구분	관계 법령	출·입항 신고	비고
화물선	선박입출항법	해양수산부	무역항
여객선(내항)	해운법	자체관리	운항관리자
유·도선	유·도선사업법		해양경찰·지자체
어선	선박안전조업규칙	해양경찰	출·입항 시
낚시어선	낚시관리 및 육성법		
수상레저기구	수상레저안전법		원거리(10해리)활동 시

---

31) 다만, 「수산업법」 제27조 제1항에 따라 관리선 사용지정을 받은 어선 또는 같은 조 ③항에 따라 사용승인을 받은 어선은 특정해역, 조업자제해역 및 관할 해양경찰서장이 지정한 해역에 출어하는 경우에만 신고하며, 「선박의 입항 및 출항에 관한 법률」 제4조에 따라 무역항의 수상구역등에 출입하려는 선박 중 다음의 선박은 출입 신고를 하지 아니할 수 있다(총톤수 5톤 미만의 선박, 해양사고구조에 사용되는 선박, 수상레저기구 중 국내항 간을 운항하는 모터보트 및 동력요트, 그 밖에 공공목적이나 항만 운영의 효율성을 위하여 해수부령으로 정하는 선박).

32) 다만, ① 최초로 신고하는 경우, ② 어선 구비서류에 변동이 있는 경우, ③ 특정해역이나 조업자제해역에 출어하는 경우에는 전화·정보통신망에 의한 신고가 허용되지 아니한다.

신고기관이 설치되지 아니한 항·포구에는 선박이 출·입항 하여서는 아니 된다. 다만, 기상악화에 따른 피항, 기관고장으로 인한 표류, 기타 부득이한 사정이 있는 경우에는 예외로 한다(어선안전조업법 제9조).

2. 선종별 출항통제(기상특보 등)

여객선 출항통제는 「해운법」 또는 「해사안전법」상 기상특보 및 시계제한에 따라 톤수·항해구역을 감안하여 해양경찰에서 구분하여 통제할 수 있다. 유·도선의 영업시간은 원칙적으로 일출 전 30분부터 일몰 후 30분까지로 하며, 다만, 야간운항에 필요한 조명시설 등 안전운항에 필요한 시설·장비를 구비한 경우에는 일출 전 30분 이전, 일몰 후 30분 이후에도 영업을 할 수 있다. 유·도선은 기상특보 발효 시 운항이 통제되는데, 평수구역에서는 톤수·풍속·파고·시정을 감안하여 해수면에서는 해양경찰이, 내수면에서는 지자체에서 출항을 허가할 수 있다. 낚시어선은 기상특보 발효 시 또는 시계가 1km 이내로 제한시에는 출항이 통제되며, 수상레저기구는 기상특보가 발효되는 경우 파도 또는 바람을 이용하는 수상레저기구를 제외하고는 활동이 금지된다. 수상레저기구도 유·도선과 마찬가지로 해 뜨기 전 30분부터 해 진 후 30분까지 수상레저활동이 가능하나, 야간운항장비를 갖춘 경우에는 예외로 한다(수상레저안전법 제21조 제1항).[33]

표 3-8 ǀ 선종별 출항통제

구분	관계 법령	통제기준	통제권자
화물선·여객선 (내항 여객선)	해사안전법	기상특보 및 시계제한 → 톤수·길이· 항해구역에 따라 구분통제	해양수산부 (해양경찰)
유·도선	유선 및 도선 사업법	기상특보 → 운항금지, 단, 평수구역 중 톤수· 풍속·파고·시정 감안 출항 허용	해양경찰· 지자체

33) 야간 수상레저활동을 하려는 사람이 갖추어야 하는 운항장비는 항해등·나침반·야간조난신호장비· 통신기기·전등·구명튜브·소화기·자기점화등·위성항법장치·등(燈)이 부착된 구명조끼 등이다(동법 시행규칙 제18조 제1항).

어선	어선안전조업법	풍랑주의보 → 15톤 미만 출항금지, 풍랑경보, 태풍주의보·경보 → 모든 어선 출항금지	해양경찰
낚시어선	낚시관리 및 육성법	주의보 이상 기상특보 또는 시계제한 → 출항제한	
수상레저기구	수상레저안전법	주의보 이상 기상특보 → 활동금지, 단, 파도 또는 바람만을 이용하는 경우 제외	

미귀항선박의 조치(어선 출입항신고 관리 규칙 제5조)

'미귀항선박'이란 출항신고서에 기재된 입항 예정시간까지 귀항하지 않은 선박을 말한다. 미귀항선박 발생 시 출항지의 신고기관은 어업정보통신국, 수산업협동조합, 선주 기타 관계인을 통하여 선박 소재를 파악하고, 관할 해양경찰서에 보고하고 전국에 수배한다(다만 5톤 미만의 선박은 인접 시·도까지만 수배). 관할해양경찰서는 관내 신고기관과 경비함정에 선박소재 파악을 지시하고 소재 확인 시에는 지체 없이 출항지 관할해양경찰서에 통보하여야 한다.

3. 출·입항 신고기관

출·입항 신고기관은 어선의 출입항 신고업무를 담당하는 해양경찰서 소속 파출소, 출장소 및 해양경찰서장이 민간인으로 하여금 출입항 신고업무를 대행하게 하는 대행신고소를 말한다(어선안전조업법 제2조).

신고기관은 조업자제해역 및 일반해역에 출입하는 선박을 통제하기 위해 필요하다고 인정되는 항·포구에 설치하며, 일반적으로 해양경찰 파·출장소에서 그 임무를 수행하며, 해양경찰서 신고기관이 설치되지 않은 항·포구에 해양경찰서장이 지정하는 민간 대행신고소를 둔다.[34]

---

34) 해양경찰서 신고기관이 설치되지 않은 항포구에 대행신고소를 운영하나, 해당 항포구에 출입항 하는 어선이 모두 5톤 미만인 경우와 해당 항포구에 출입항 하는 어선 중 5톤 이상 어선이 모두 어선용 선박패스(V-Pass) 장치나 지능형 해상교통정보서비스 단말기(e-Nav) 장치를 갖추고 출입하는 경우는 예외로 한다(어선 출입항신고 관리규칙 제7조).

조업해역의 구분(어선안전조업법 제2조)

조업해역은 특정해역, 조업자제해역 및 일반해역으로 구분하고 있는데, '특정해역'은 동해 및 서해의 조업한계선 이남(以南)해역 중 어선의 조업과 항행이 제한된 해역으로서 대통령령으로 정하는 범위의 해역을 말하며, 특정해역으로 출어하고자 하는 어선은 출어 등록, 어선단 편성 및 1일 3회 이상 어업정보통신국에 선박의 위치를 보고하여야 한다.

'조업자제해역'은 북한 및 러시아 등의 배타적 경제수역(EEZ)과 인접한 동해특정해역의 이동(以東)해역 및 서해특정해역의 이서(以西)해역 중 어선의 조업과 항행이 제한된 해역으로서 대통령령으로 정하는 범위의 해역을 말하며, 이곳으로 출어하고자 하는 어선은 출어 등록 및 1일 2회 이상 어업정보통신국에 위치를 보고하여야 한다.

'일반해역'은 해외수역을 제외한 해역 중 특정해역과 조업자제해역을 제외한 모든 해역은 일반해역으로, 1일 1회 이상 어업정보통신국에 위치를 보고하여야 한다. 백령도, 대청도, 소청도, 연평도, 강화도에 설치되어 있는 신고기관은 선박의 출입항 및 조업에 관하여 당해지역의 관할부대장의 통제를 받는다.

어선단 조업(어선안전조업법 제15조·동법 시행규칙 제9조 등)

① '특정해역' 및 '조업자제해역'에 출어하고자 하는 어선은 어선단을 편성하고, 선단의 대표자는 해양경찰서 신고기관에 선단편성 사실을 신고하여야 하며, 영해 내 기선으로부터 12해리 밖의 출어선 중 통신시설이 없는 어선은 통신시설이 있는 어선과 어선단을 편성한 후 신고기관에 신고하고 조업하여야 한다.

② 선단을 편성할 수 있는 다른 어선이 없어 선단 편성이 불가능한 어선의 경우에는 이미 조업 중인 선단에 편입할 수 있으며, 어획물운반선의 경우에는 선단을 편성하지 않고 출항할 수 있다.

③ 선단에 편성된 각 어선의 선장은 조업 중 안전본부의 안전조업 지도에 협조해야 하며, 선단에 편성된 각 어선은 가시거리 내의 같은 어장에서 조업해야 하며, 해양사고 발생 시 구조 활동에 협조해야 한다.

④ 선단에 편성된 어선은 선단에서 이탈할 수 없으나 다음의 경우 이탈 사실을 안전본부에 통보하고 이탈할 수 있다 - 어선설비가 고장난 경우, 선원의 심각한 부상, 사망 또는 실종 등 인명사고가 발생한 경우, 만선 등으로 조업을 계속할 수 없는 경우, 일반해역으로 이동하려는 경우, 기상특보 발효에 따라 대피하는 경우, 어구·어법의 특성상 선단의 다른 어선과 가시거리 내에서 조업하는 것이 현저히 곤란한 경우.

4. 범법 선박에 대한 처리

① 어로한계선이나 조업자제선을 무단으로 월선(越線)한 경우, ② 출어 등록 및 출·입항 신고를 하지 아니한 어선, ③ 위치 보고를 하지 아니하거나 허위보고를 한 어선, ④ 교육을 이수하지 아니한 선원이 승선, 출어한 어선, ⑤ 어선단에 편성되지 아니하거나 어선단으로부터 이탈한 어선, ⑥ 특정해역에 출어하는 어선으로서 어업정보통신국에 가입하지 아니하거나 통신기가 고장된 상태로 출어한 어선, ⑦ 특정해역 내의 어로 제한 규정에 위반해 특정해역에 출어한 어선 등에 대해서는 법률 등이 정하는 바에 따라 처벌한다(어선안전조업법 제30조 등).

III. 선박교통관제(VTS)[35]

1. 의   의

선박교통관제란 선박교통의 안전을 증진하고 해양환경과 해양시설을 보호하기 위하여 선박의 위치를 탐지하고 선박과 통신할 수 있는 설비를 설치·운영함으로써 선박의 동정을 관찰하며 선박에 대하여 안전에 관한 정보 및 항만의 효율적 운영에 필요한 항만운영정보를 제공하는 것으로 목적으로 하고 있다(선박교통관제에 관한 법률 제2조). 선박교통관제는 1948년 영국 리버풀항에 레이더 기지를 설치한 이래, 1970년대 대형선박 사고가 빈발하자 사고 위험성이 높은 항만의 출입해역에 대한 관제를 위해 선박교통관제가 세계적으로 확산되었다. 1972년 도버해협에서 항해 정보서비스를 시작으로 연안항로에 대한 선박교통관제가 보편화되었고, 이후 전 세계 주요 해역으로 확대되었다.

2. 법적 근거

선박교통관제를 위한 해상교통관제센터(VTS, Vessel Traffic Service)는 국제적으로

---

35) 해상교통관제로 부르기도 하나, 규정상 선박교통관제를 시행하는 관서를 해상교통관제센터라고 한다 (선박교통관제운영규칙 제2조 제2호).

는 1974년에 발효된 해상에서의 인명에 관한 국제협약인 「SOLAS–74」에서 규정하고 있고, IMO에서는 1997년 「선박교통관제의 필요성과 그 운영지침에 관한 결의서」(resolution)를 채택한 바 있다. 국내법적으로는 「선박교통관제에 관한 법률」과 해양경찰청 훈령·고시인 「선박교통관제 운영규칙」[36]·「선박교통관제에 관한 규정」[37]등이 있다.

3. 현   황

우리나라는 1993년 포항항에 최초로 VTS를 설치한 이래 2020년 12월 현재 총 20개소의 해상교통관제센터를 운영하고 있다. 이 중 15개소는 항만을, 5개소는 연안을 관제하고 있으며, 해양경찰에서 연안 및 항만 VTS를 통합하여 운영하고 있다.[38] 2019년까지는 항만구역은 「선박의 입항 및 출항 등에

▶ 해상교통관제센터(VTS)

관한 법률」 제19조에 따라, 연안해역은 「해사안전법」 제36조에 따라 선박교통관제를 시행하였으나, 2020년 6월 해양경찰청 소관의 「선박교통관제에 관한 법률」의 시행으로 관계규정이 하나의 법체계로 통합되어 운영되고 있다.

4. 관제대상과 관제책임

(1) 관제 대상

관제대상은 영해 및 내수(항행선박이 항행을 계속할 수 없는 하천·호수·늪 등은 제외한다)에

---

36) 해양경찰청 훈령으로 주로 선박교통관제사의 복무에 관한 내용 등 VTS의 효율적인 운영에 관한 사항을 규정하고 있다.
37) 해양경찰청 고시로, 선박교통관제구역과 관제대상선박을 규정하고 있다.
38) 2020.12월말 현재 항만 VTS 15개소(대산, 평택, 인천, 경인, 여수, 완도, 목포, 군산, 울산, 부산, 부산신항, 마산, 동해, 포항, 제주)와 연안 VTS 5개소(경인연안, 태안연안, 진도연안, 여수연안, 통영연안)를 운영하고 있으며, 현재 2025년까지 군산연안, 목포연안, 제주와 서귀포연안, 동해와 포항연안 등 6개의 VTS를 추진 중에 있다.

있는 선박 중에서 국제항해에 취항하는 선박, 총톤수 300톤 이상인 선박(내항 어선 제외), 위험화물 운반선, AIS를 설치한 예인선, 여객선, 총톤수 2톤 이상의 AIS를 설치한 유선과 총톤수 300톤 미만의 AIS를 설치한 예선·급수선·급유선·도선·통선·공사(작업)선·해양조사선이나 어업지도선 등 관공선 등이 관제대상 선박으로 규정하고 있다(선박교통관제에 관한 법률 제13조·선박교통관제에 관한 규정 제5조).

(2) 관제 임무

IMO의 「VTS 가이드라인 및 IALA 권고안」에 따른 VTS 임무는 정보제공(information service), 항해지원(navigational assistance service), 교통관리(traffic organization service) 등 3가지로 구분된다. 이에 따라 「선박교통관제법」 제18조에서는 관제사의 임무를 관제구역에서 운항하는 선박에 대한 관찰확인, 안전정보제공, 조언 및 지시, 기상특보의 발표나 혼잡한 교통상황의 발생을 예방하기 위한 정보의 제공 및 항만의 효율적 운영에 필요한 선석·정박지·도선·예선정보, 무역항 질서 단속에 관한 정보의 제공, 선박 출항통제 관련 정보의 제공 그 밖에 선박교통안전과 효율성 증진을 위하여 해양수산부령으로 정하는 업무 등 항만운영정보의 제공으로 규정하고 있다.[39]

(3) 관제사 권한

「선박교통관제법」 제20조는 관제사가 선박교통관제구역 내 해상기상상태, 항로상태, 해상교통량 및 해양사고 등을 고려하여 선박의 안전 확보를 위하여 필요하다고 판단되는 경우 선박의 입항·출항 및 이동시간을 조정하거나 선박교통관제구역에서 해양사고가 발생한 경우 즉시 경비함정 출동과 도선 또는 예선의 지원을 요청할 수 있도록 규정하고 있다.

(4) 관제업무 절차

선박교통관제사는 ① 선박교통관제구역 내에서 관제대상 선빅이 해양사고 위

---

[39] 기타 관제사의 임무 ① 관제업무 관련 법규 위반의 감시·적발 및 관계기관의 위법 선박 감시·적발 지원, ② 선박교통관제구역 내의 해양사고 발생 사실을 최초로 접수한 경우 관할 해양경찰서에 해당 사실 전파, ③ 「선박의 입항 및 출항 등에 관한 법률」 제50조 제1항에 따른 항만운영정보시스템에의 자료 입력, ④ 그 밖에 선박교통관제관서의 운영에 필요한 업무로서 해양경찰청장이 정하는 업무 (해상교통관제에 관한 법률 시행규칙 제7조)

험이 있는지 관찰·확인하고, ② 선박교통의 안전을 위해 필요한 정보를 제공하며, ③ 관제대상 선박에 선박교통의 안전을 위한 조언·권고와 ④ 관제대상 선박이 명백한 해양사고 위험에 처할 우려가 있는 경우 시정 또는 안전조치를 지시하는 과정으로 관제를 실시한다(선박교통관제법 시행규칙 제8조·선박교통관제 운영규칙 제12조).

(5) 선박소유자·선장의 책무·의무

선박소유자는 선박 운항자에 대하여 다음 사항을 포함하는 교육·훈련 등을 실시하고 제반 안전규정을 준수하여야 한다. ① 선박교통관제의 목적·용어, 통신 절차 및 정보교환 방법, ② 선박교통관제의 관련 규정 및 제반 준수사항, ③ 국내 선박교통관제 운영 현황, ④ 그 밖에 해양수산부령으로 정하는 사항(선박교통관제에 관한 법률 제5조).

관제대상선박의 선장은 선박교통관제에 따라야 하나 다만, 관제에 따를 경우 선박을 안전하게 운항할 수 없는 명백한 사유가 있는 경우에는 선박교통관제에 따르지 아니할 수 있다. 관제대상선박의 선장은 관제사의 관제에도 불구하고 그 선박의 안전운항에 대한 책임을 면제받지 아니한다고 규정하고 있어, 선박운항에 대한 최종적인 판단과 책임을 선장에게 부여하고 있다. 이러한 점을 볼 때 선박교통관제는 강제적 명령이 아닌 조언과 권고적 성격으로 볼 수 있다.

선장은 선박교통관제구역을 출입하려는 때에는 해당 선박교통관제구역을 관할하는 해상교통관제관서에 신고하여야 하며, 관제대상선박의 선장은 선박교통관제구역을 출입·이동하는 경우 무선설비와 관제통신 주파수를 갖추고 관제통신을 항상 청취·응답하여야 한다. 선박교통관제구역 내에서 항행 중인 관제대상선박의 선장은 항로상의 장애물이나 해양사고 발생 등으로 선박교통의 안전을 해치거나 해칠 우려가 있다고 인지한 경우에는 지체 없이 이를 선박교통관제관서에 신고하여야 한다(선박교통관제에 관한 법률 제14조).

5. 기타 해상상황 관리

해양경찰에서는 해상에서의 선박의 운항정보 즉 위치정보를 포함한 선명, 속도, 항적 등 다양한 정보를 종합적으로 확인할 수 있는 통합선박모니터링시스템 (CVMS, Combined Vessel Monitoring System)과 해상상황을 보다 상세히 파악할 수 있

▶ 해상교통관제

도록 무궁화 위성을 이용한 광역위성통신망 KOSNET(Korea Coast Guard Satellite Communication Network)을 통해 경비함정에서 보내는 영상을 실시간적으로 본청, 지방청 및 해경서 상황실로 송출하고 있다. 또한 2014년부터는 해군에서 운용하고 있는 전술지휘통제시스템(KNTDS, Korea Naval Tactical Data System)의 정보를 공유하고 있으며, 상황실에서는 해상교통문자방송(NAVTEX)을 통해 운항선박에게 각종 안전정보를 제공하고 있다.

표 3-10 | 상황실 주요 시스템

구분	특징	비고
통합선박모니터링 시스템(CVMS)	해상에서의 선박의 운항정보 즉 위치정보를 포함한 선명, 속도, 항적 등 다양한 정보를 종합적으로 확인한다.	·CVMS를 통해 해경 함정은 물론 AIS와 V-Pass, EPIRB를 장착한 선박들의 운항정보를 파악한다. ·어선위치발신 장치로는 AIS, V-Pass, TRS, VHF, MF/HF, 휴대전화, 위성통신 장치 등이 있다.
광역위성통신망 (KOSNET)	무궁화위성을 이용한 해양경찰 지휘통신망을 의미하며, 과거 아날로그방식에서 영상과 각종 데이터, 인터넷 등 디지틀 기반의 첨단 지휘통신망이다. 100톤급 이상 경비함정에 설치되어 있다.	
전술지휘통제시스템(KNTDS)	해군에서 운용하고 있는 전술지휘통제시스템(KNTDS, Korea Naval Tactical Data System)의 정보를 공유하고 있나.	
해상교통문자방송 (NAVTEX)	연안해역을 운항중인 선박에게 각종 안전정보를 제공한다.	

선박의 위치나 조난상황을 발신하는 무선장비로는 휴대전화, TRS, VHF-DSC, 위성통신장치 등 여러 가지가 있으나, 활용도와 중요성이 강조되고 있는 대표적인 세 가지 장비는 다음과 같다.

표 3-11 ┃ AIS, V-PASS 및 EPIRB[40)]

구분	특징	설치 대상
AIS	· AIS(Automatic Identification System)는 선박자동식별장치 · 선박의 선명·위치·항로·속력 등 항행 정보 실시간으로 제공 · 통신거리 50해리	· 총톤수 2톤 이상으로 해운법에 따른 여객선과 유선 및 도선사업법에 따른 유선 · (제외) 평수구역만을 항해하는 항해예정 시간 2시간 미만인 경우 · 여객선이 아닌 선박으로서 국제항해에 취항하는 총톤수 300톤 이상의 선박 · 여객선이 아닌 선박으로서 국제항해에 취항하지 아니하는 총톤수 500톤 이상의 선박 · 연해구역 이상을 항해하는 총톤수 50톤 이상의 예선, 유조선 및 위험물 운반선
V-PASS	· 출입항 자동신고 기능 · SOS 신호 발신 기능 · 전자해도 표시기능 · 항적기록 · 통신거리 50마일에서 70마일	· 어선법 제5조의2에서 어선의 소유자는 어선의 위치를 자동으로 발신하는 장치를 갖추고 운항하도록 하고 있다. · (제외) 무동력선, 내수면 어업어선, 수산업에 관한 시험·조사·지도·단속에 종사하는 어선, 면허어업에 사용하기 위한 관리선, 근해자망어업에 종사하는 어선의 부속선과 총톤수 2톤 미만의 어선으로서 상갑판이 없이 현단(舷端)으로만 이루어져 있거나, 상갑판 상부에 구조물이 없는 어선
EPIRB	· EPIRB(Emergency Position Indicating Radio Beacon)는 선박침몰시 자동으로 부상하여 조난사실과 위치를 위성을 통해 발신 · 선박안전법에는 조난 신호 자동 발신기라고도 함	· 국제항해에 취항하는 여객선 · 국제항해에 취항하는 총톤수 300톤 이상의 선박 · (제외) 총톤수 2톤 미만의 선박, 추진기관이 설치하지 아니한 선박, 호소·하천 및 항내의 수역에서만 항해하는 선박, 유선 및 도선사업법에 따른 도선으로서 정기운항 거리(경유지 포함)가 2해리 이내인 선박

어선안전조업국(구 어업정보통신국)

수협 소속의 어선안전조업국은 연근해 출어선의 안전조업 지도 및 한·일, 한·중 어업협정에 따른 EEZ 출어선 관리 등 정부위탁 업무를 수행하고 있는 기관으로 1

---

40) 어선의 소유자는 전파법에 따른 무선설비를 어선에 갖추어야 한다. 다만, 국제항해에 종사하는 총톤수 300톤 이상의 어선에는 해상에서의 인명안전을 위한 국제협약에 따른 세계해상조난 및 안전제도의 시행에 필요한 무선설비를 갖추어야 한다(어선법 제5조).

본부 20개 지역안전국을 두고 있다(2020년 12월말 현재).

주요 임무로는 조난·구조 통신 및 안전조업 지도, 교신 가입 어선 관리 및 출어선 위치 확인(특정해역 1일 3회, 조업자제해역 1일 2회, 일반해역 1일 1회 등), 안전조업 교육과 어획실적 관리, EEZ 일일조업 위치 및 입역·출역 관리 등이다(어선안전조업법 제19조·수산업협동조합법 제9조 등).

6. VTS 운영상 문제점 및 개선방향

(1) 제도적 측면

현재 VTS에는 경찰관과 일반직이 함께 근무하고 있으나 2018년까지는 소속이 해양경찰청과 해양수산부로 이원화 되어 있어 일체감과 소속감 등에 많은 문제점을 내포하고 있었다. 그러나 해수부와 해양경찰청 양 기관의 노력으로 관제사 소속은 2019년 10월부터 모두 해양경찰청으로 일원화하였으나 아직 대다수의 관제사들은 일반직 신분으로 근무하고 있다.

(2) 집행적 측면

최근 3년간 관제구역 내 사고는 연 평균 36건으로 어선, 레저선박 및 낚시어선 순으로 사고가 발생하고 있으나 이들은 관제대상 선박이 아니어서 다중이용 소형선박에 대한 관제 필요성이 제기되고 있으며, 특히 항만 개발, 신항만 개장 등으로 해상교통환경 변화 및 선박 통항량 증가 등에 따라 해양사고의 위험요인이 증가하고 있다. 따라서 관제 사각지대를 해소하기 위한 관제구역의 확대와 레이더 등 최신 관제장비의 개발도입 등이 필요한 과제라고 할 수 있다.

(3) 개선방안

먼저 인력 운용적 측면에서 현재 경찰직과 일반직으로 되어 있는 관제사 신분을 미국·일본 등 선진국의 사례처럼 경찰관으로 신분을 일원화하고, 현재 여러 곳에 산재되어 있는 관제사 전문교육과정을 해양경찰교육원으로 통·폐합하여 시행하는 것이 바람직할 것으로 본다. 현재 우리나라 선박교통관제 면적은 28,425

제곱킬로미터로 우리나라 영해 면적의 33%를 차지하고 있다. 따라서 소형선박으로까지 관제 대상 선박을 확대하고 통항량을 감안한 관제구역 확대 등 관제역량 강화가 필요하다. 현재의 항만(Port) 중심의 선박교통관제서비스에서 연안(Local) 및 국가적 측면의 관제서비스(National VTS)로 관제구역을 확대하고 노후화된 시설과 장비를 최첨단 레이다(Radar) 설치, 무인 VTS 도입 등 스마트화를 위한 노력이 필요하다고 본다.

I. 의   의

▶ 수상레저활동

수상레저는 일반적으로 취미나 오락 등의 목적으로 일정한 장비를 이용하여 수상에서 행하는 일체의 활동이라고 할 수 있다. 「수상레저안전법」상 수상레저활동이란 수상(水上)[41)]에서 수상레저기구를 이용하여, 취미·오락·체육·교육 등을 목적으로 이루어지는 활동을 의미한다. 따라서 이 법에서는 수상레저는 수상 즉 강과 저수지 등을 포함한 해양보다 넓은 장소적 공간에서 수상레저기구를 활용한 수상활동을 의미하며 스킨·스쿠버 다이빙 등 수중레저는 제외되는 개념으로 해석할 수 있다. 일반적으로 수상레저기구는 튜브 등 단순히 수상레저목적으로 이용되는 기구라고 할 수 있지만, 「수상레저안전법」상 수상레저기구는 수상레저활동에 이용되는 선박이나 기구로서 이 법에서 정하는 것으로 규정하고 있으며, 시행령에서 모터보트 등 15종을, 시행규칙에서 무동력 요트 등 11종을 추가로 규정하여 전체 26종과 위에 규정된 수상레저기구와 비슷한 구조·형태 및 운전방식을 가진 것을 수상레저기구로 규정하고 있다.[42)]

---

41) "수상"이란 해수면과 내수면을 말하며, 해수면이란 바다의 수류나 수면을, 내수면이란 하천, 댐, 호수, 늪, 저수지, 그 밖에 인공으로 조성된 담수나 기수(汽水)의 수류 또는 수면을 말한다(수상레저안전법 제2조).

42) 「수상레저안전법 시행령」 제2조(정의)에서는 적용대상 레저기구를 모터보트·세일링요트·수상오토바이·고무보트·스쿠터(scooter)·호버크래프트(hovercraft)·수상스키·패러세일(parasail)·조정·카약·카누·워터슬래드(water sled)·수상자전거·서프보드(surf board)·노보트(paddle boat) 등 15종과 「수상레저안전법 시행규칙」 제1조의2(정의)에서는 무동력요트(딩기요트)·윈드서핑·웨이크보드·카이트보드·케이블수상스키·케이블웨이크보드·수면비행선박·수륙양용기구·공기주입형고정식튜브·물추진형 보드·패들보드 등 11종과 그 밖에 시행령 제2조 제1항 제1호부터 제15호까지의 수상레저기구와 비슷한 구조·형태 및 운전방식을 가진 것을 추가로 규정하고 있다.

「수상레저안전법」상 수상레저기구로 모터보트 등 26종과 이와 유사한 구조·형태 및 운전방식을 가진 것을 수상레저기구로 규정하고 있다. 따라서 이에 해당되지 않는 수상레저기구는 「수상레저안전법」상의 의무와 책임규정이 적용되기 어렵다. 이 경우에는 「경찰관직무집행법」상의 위험의 예방이나 국민보호 차원에서 안전관리가 가능하다.

II. 다른 법률과의 관계

「수상레저안전법」상의 수상레저활동은 해수면(바다)이나 내수면에서 각종 수상레저기구를 이용하여 이루어지는 모든 활동을 대상으로 하고 있으므로, 다른 법령 등과 중복되는 부분이 발생하게 된다. 「수상레저안전법」 제3조에서는 이에 관한 규정을 두어 「유선 및 도선사업법」, 「체육시설의 설치이용에 관한 법률」, 「낚시관리 및 육성법」에 의한 유·도선사업, 체육시설업 및 낚시어선업과 「수상레저안전법」이 중첩되는 경우에는 「수상레저안전법」의 적용을 배제하고 있다.[43]

III. 조종 면허

수상레저기구를 조종하려는 자는 해양경찰청장이 발급하는 조종면허를 발급받아야 한다(동법 제4조).[44] 조종면허를 요하는 수상레저기구는 추진기관이 부착되어 있거나 추진기관을 부착하거나 분리하는 것이 수시로 가능한 동력수상레저기구 중 추진기관의 최대출력이 5마력 이상인 것을 대상으로 하고 있다(동법 시행령 제

---

43) 수상레저기구는 「해사안전법」, 「선박의 입항 및 출항 등에 관한 법률」 상의 선박이 아니므로 이들 법의 적용을 받지 않고 「수상레저안전법」의 적용을 받으며, 「유선 및 도선 사업법」 상의 유선과 「체육시설의 설치·이용에 관한 법률」의 시설업 중 요트, 조정, 카누 등을 이용하여 수상활동을 하는 경우, 동법의 적용이 가능한 경우에는 「수상레저안전법」의 적용이 배제된다(순길태, 앞의 책, 394면 참조).

44) 「인감증명법」에서는 신분증의 효력이 있는 것으로 주민등록증, 자동차운전면허증, 장애인등록증, 여권, 외국인등록증, 국내거소(居所)신고증 등 6종이며, 조종면허증은 신분증의 효력이 없다.

3조 제1항). 조종면허는 일반조종면허와 요트조종면허로 구분되며, 일반조종면허는 요트를 제외한 모든 동력수상레저기구를 조종할 수 있으며, 수상레저사업 종사자나 시험관에게 요구되는 1급과 일반 개인에게 요구되는 2급으로 구분된다(동법 시행령 제3조 제2항).[45]

필요적 조종면허 취소조항은 기본권 침해(헌재 2015. 7. 30. 2014헌가13)

헌법재판소는 '레저기구를 이용한 범죄행위시 필요적 조종면허 취소조항은 범죄의 유형이나 경중, 위법성의 정도 및 해당 범죄에 대한 기여도 등에 대한 고려 없이 필요적으로 취소한 것은 침해의 최소성에 위배되며, 면허 취소일로부터 1년간 조종면허시험에 응시할 수 없도록 한 것은 직업의 자유와 일반적 행동의 자유를 침해하는 등 개인의 기본권을 과도하게 제한하는 것으로 법익의 균형성에도 위배된다'고 위헌 결정.

조종면허 결격사유(수상레저안전법 제5조 제1항)

1. 14세 미만인 자. 다만, 대통령령으로 정하는 체육 관련 단체에 동력수상레저기구의 선수로 등록된 사람에 해당하는 자는 제외한다.
2. 정신질환자 중 수상레저활동을 할 수 없다고 인정되어 대통령령으로 정하는 자
3. 마약·향정신성의약품 또는 대마 중독자 중 수상레저활동을 할 수 없다고 인정되어 대통령령으로 정하는 자
4. 제13조 제1항[46]에 따라 조종면허가 취소된 날부터 1년이 지나지 아니한 자
5. 조종면허를 받지 아니하고 동력수상레저기구를 조종한 자로서 그 위반한 날부터 1년(사람을 사상한 후 구호 등 필요한 조치를 하지 아니하고 달아난 자는 이를 위반한 날부터 4년)이 지나지 아니한 자

---

45) '면허시험'은 필기시험과 실기시험으로 구분되는데(수상레저안전법 제6조). 필기시험은 해양경찰청에서 직접 시행하고, 실기시험과 수상안전교육은 해양경찰청장이 지정하는 외부기관이나 단체에 대행 또는 위탁하여 실시하고 있다. 이같은 면허시험 외에 일정시간 교육 이수를 통해서 조종면허를 취득할 수도 있는데, 면제교육을 통해 취득할 수 있는 면허는 요트조종면허와 제2급 일반조종면허이며, 제1급 일반조종면허는 제외된다(수상레저안전법 제7조 제1항).
46) ① 해양경찰청장은 조종면허를 받은 사람이 다음 각 호의 어느 하나에 해당하는 경우에는 해양수산부령으로 정하는 바에 따라 조종면허를 취소하거나 1년의 범위에서 기간을 정하여 그 조종면허의 효

Ⅳ. 안전관리

「수상레저안전법」상 해수면은 해양경찰이, 내수면은 지방자치단체에서 수상레저금지구역을 지정, 수상레저활동의 제한 등 안전관리업무를 담당하고 있다.

1. 수상레저객 관련

(1) 인명안전장비의 착용

수상레저활동자는 구명조끼를 착용하여야 하며, 워터슬래드(water sled; 바나나보트)를 이용하거나 래프팅(rafting)을 할 때에는 안전모도 함께 착용하여야 한다. 단, 구명조끼는 구명자켓 또는 구명수트를 포함하며, 서프보드를 이용하는 경우 보드리쉬(board leash)[47]를 구명조끼로 본다(동법 시행규칙 제14조).

▶ 보드리쉬

(2) 운항규칙의 준수

수상레저기구를 조종하여 운항할 때에는 항해구역을 준수하고, 위험구역에서는 저속운항을 하여야 하며, 기상특보 발효시 운항금지 및 충돌위험이 있는 경우 우현변침 및 추월시 진로방해 금지 등 운항규칙을 준수하여야 한다(동법 제18조·시행규칙 제15조).

력을 정지할 수 있다. 다만, 제1호·제2호·제3호의2 또는 제4호에 해당하면 조종면허를 취소하여야한다. 1. 거짓이나 그 밖의 부정한 방법으로 조종면허를 받은 경우 2. 조종면허 효력정지 기간에 조종을 한 경우 3. 조종면허를 받은 자가 동력수상레저기구를 이용하여 살인 또는 강도 등 해양수산부령으로 정하는 범죄행위를 한 경우 3의2. 정신질환자나 마약·향정신성의약품 또는 대마 중독자 중수상레저활동을 할 수 없다고 인정되어 대통령령으로 정하는 자. 4. 술에 취한 상태에서 조종을 하거나 술에 취한 상태라고 인정할 만한 상당한 이유가 있음에도 불구하고 관계 공무원의 측정에 따르지아니한 경우 5. 조종 중 고의 또는 과실로 사람을 사상하거나 다른 사람의 재산에 중대한 손해를 입힌 경우 6. 면허증을 다른 사람에게 빌려주어 조종하게 한 경우 7. 약물의 영향으로 인하여 정상적으로 조종하지 못할 염려가 있는 상태에서 동력수상레저기구를 조종한 경우 8. 그 밖에 이 법 또는 이법에 따른 수상레저활동의 안전과 질서 유지를 위한 명령을 위반한 경우
47) 서프보드 또는 패들보드와 발목을 연결하여 주는 장비를 말한다.

(3) 원거리 수상레저활동의 신고

수상레저활동은 원칙적으로 신고의무가 없으나, 출발항으로부터 10해리 이상 원거리 활동시에는 해양경찰 또는 육상경찰관서에 신고하여야 한다(동법 제19조 제1항).[48] 그러나 제30조 제3항[49]에 따른 등록 대상 동력수상레저기구가 아닌 수상레저기구로 수상레저활동을 하려는 자는 출발항으로부터 10해리 이상 떨어진 곳에서 수상레저활동을 하여서는 아니 된다(동법 제19조 제2항).[50] 또한 수상레저활동을 하는 자는 수상레저기구에 동승한 자가 사고로 사망·실종 또는 중상을 입은 경우에는 지체 없이 해양경찰관서나 경찰관서 또는 소방관서 등 관계 행정기관의 장에게 신고하여야 하며(동법 제19조 제3항), 신고를 받은 관계 행정기관의 장은 인명구조 활동, 사고 수습 등을 위하여 필요한 조치를 하여야 한다(동법 제19조 제4항).

(4) 기상특보 발효시 신고

기상특보(태풍·풍랑·해일·대설·호우·강풍과 관련된 주의보 이상)가 발효된 구역에서는 원칙적으로 수상레저활동이 금지된다. 다만 예외적으로 ① 해양경찰서장 또는 지방자치단체의 장이 기상상태를 감안하여 운항을 허용한 경우와 ② 주의보 중 풍랑·호우·대설 주의보 시에 파도나 바람만을 이용하여 활동이 가능한 수상레저기구를 운항하려고 관할 해양경찰관서에 운항신고(기구종류·시간·인적사항 등)를 한 경우, ③ 경보가 발효된 구역에서 위와 동일한 수상레저기구를 운항하려고 하는 경우에 해양경찰서에 신고하고 그 운항이 허용된 경우에는 수상레저활동이 가능하다(동법 시

---

48) 다만, 「선박의 입항 및 출항 등에 관한 법률」 제4조에 따른 출입 신고를 하거나 「선박안전 조업규칙」 제15조에 따른 출항·입항 신고를 한 선박인 경우에는 그러하지 아니하다.

49) 등록의 대상이 되는 동력수상레저기구는 수상레저활동에 이용하거나 이용하려는 것으로서 다음 각 호의 어느 하나에 해당하는 것을 말한다.
   1. 수상오토바이 2. 선내기 또는 선외기인 모디보드로서 대동령령으로 성하는 모터보트
   3. 공기를 넣으면 부풀고 접어서 운반할 수 있는 고무보트를 제외한 대통령령으로 정하는 고무보트
   4. 총톤수 20톤 미만으로 대통령령으로 정하는 요트

50) 다만, 연해구역, 근해구역 또는 원양구역을 항해구역으로 하는 동력수상레저기구와 500미터 이내의 거리에서 동행하여 수상레저활동을 하는 경우와 위치를 확인할 수 있는 통신기기를 구비한 수상레저기구 2대 이상으로 선단(船團)을 구성하여 선단 내의 수상레저기구 간에 500미터(무동력수상레저기구 간에는 200미터를 말한다) 이내의 거리를 유지하며 수상레저활동을 하는 경우는 예외로 한다(수상레저안전법 제19조 제2항, 동법 시행규칙 제15조 제2항).

행령 제15조).

(5) 야간 수상레저활동의 금지

수상레저는 야간활동을 제한하고 있는데, 해 뜨기 전 30분부터 해 진 후 30분까지로 하되, 활동 종료시간을 해가 진 후 30분부터 자정까지의 범위 내에서 조정할 수 있다. 다만 항해등, 나침반, 야간조난신호장비 등 야간운항장비[51]를 갖춘 경우에는 활동 시간을 제한받지 아니한다(동법 제21조).

(6) 수상레저기구의 등록

등록의 대상이 되는 동력수상레저기구는 수상오토바이, 모터보트(총톤수20톤 미만의 모터보트, 추진기관 30마력 이상의 고무보트, 세일링요트), 공기를 넣으면 부풀고 접어서 운반할 수 있는 고무보트를 제외한 대통령령으로 정하는 고무보트, 총톤수 20톤 미만으로 대통령령으로 정하는 요트 등이며, 위 4가지 종류의 동력수상레저기구의 소유자는 소유한 날로부터 1개월 이내에 주소지를 관할하는 지방자치단체에 등록을 하여야 한다(동법 제30조 제1항).

(7) 수상레저기구의 안전검사

등록 대상 동력수상레저기구는 신규검사(등록을 하려는 경우에 하는 검사), 정기검사(등록 후 5년마다 정기적으로 하는 검사), 임시검사(수상레저기구의 구조나 장치를 변경한 경우에 하는 검사)를 해양경찰청장 또는 관할 시·도지사로부터 받아야 하며, 다만 수상레저사업에 이용되는 동력수상레저기구는 1년마다, 그 밖의 동력레저기구는 5년마다 정기검사를 받아야 한다(동법 제37조 제3항).

(8) 기   타

무면허 조종(동법 제20조)[52], 주취 중 조종(동법 제22조)[53], 약물복용 등의 상태에서

---

51) 「수상레저안전법 시행규칙」 제18조(야간운항장비)는 야간운항장비로 항해등, 나침반, 야간 조난신호장비, 통신기기, 전등, 구명튜브, 소화기, 자기점화등, 위성항법장치, 등(燈)이 부착된 구명조끼를 야간 운항 필수장비로 규정하고 있다.

52) 다만, 1급 조종면허가 있는 자의 감독하에 수상레저활동을 하는 경우와 조종면허를 가진 자(제1급조종면허 소지자 또는 요트조종면허 소지자)와 동승하여 조종하는 경우는 예외적으로 허용된다.

의 조종(동법 제23조) 및 정원초과(동법 제24조)는 엄격히 금지하고 있다.

2. 수상레저사업자 관련

(1) 수상레저사업의 등록

수상레저사업이란 「수상레저안전법」상 수상레저기구를 빌려 주는 사업 또는 수상레저활동을 하는 자를 수상레저기구에 태우는 사업을 말한다(동법 제39조). 수상레저사업을 하려는 자는 영업구역이 해수면인 경우에는 해양경찰서, 내수면인 경우에는 관할 지자체에 등록하여야 한다. 영업구역이 해수면과 내수면에 걸쳐 있는 경우에는 수상레저기구를 주로 매어두는 장소를 기준으로 판단하면 된다. 다만, 수상레저기구를 빌려 주는 사업을 운영하려는 수상레저사업자에게는 해양수산부령으로 정하는 바에 따라 등록기준을 완화할 수 있다(동법 제39조). 수상레저기구를 빌려주는 사업은 태워주는 사업에 비해 구비서류를 완화해 주고 있다. 등록 유효기간은 10년으로 하되, 10년 미만으로 영업하려는 경우에는 해당 영업기간을 등록 유효기간으로 한다(동법 제39조의3).

(2) 보험 등의 가입

수상레저사업자는 그 종사자와 이용자의 피해를 보전하기 위하여 보험 등에 가입하여야 한다(수상레저안전법 제44조). 가입기간은 수상레저사업자의 사업기간 동안 계속하여 가입하여야 하며, 가입대상은 수상레저사업자의 사업에 사용하거나 사용하려는 모든 수상레저기구이고, 가입금액은 자동차손해배상 보장법 시행령 제3조 제1항에 따른 금액 이상이어야 한다(수상레저안전법 시행령 제28조).

(3) 사업자의 안전점검 등 조치(수상레저안전법 제48조)

수상레저사업자와 그 종사자는 수상레저활동의 안전을 위하여 ① 수상레서기구와 시설의 안전점검, ② 영업구역의 기상·수상 상태의 확인, ③ 영업구역에서

---

53) 경찰공무원과 시·군·구 소속 공무원 중 수상레저안전업무에 종사하는 사람은 동력수상레저기구를 조종한 사람이 주취 운항을 하였다고 인정할 만한 상당한 이유가 있는 경우에는 술에 취하였는지를 측정할 수 있다. 이 경우 동력수상레저기구를 조종한 사람은 그 측정에 따라야 한다.

사고가 발생하는 경우 구호조치 및 관계 행정기관에 통보, ④ 이용자에 대한 안전장비 착용조치 및 탑승 전 안전교육 및 ⑤ 사업장 내 인명구조요원이나 래프팅 가이드의 배치 또는 탑승 등의 의무, ⑥ 비상구조선(수상레저사업장과 그 영업구역의 순시 및 인명구조를 위하여 사용되는 동력수상레저기구를 말한다)의 배치를 준수하여야 한다.

한편, 수상레저사업자와 그 종사자는 영업구역에서 ① 14세 미만인 자(보호자를 동반하지 아니한 자로 한정한다), 술에 취한 자 또는 정신질환자를 수상레저기구에 승선 또는 이들에게 수상레저기구를 빌려 주거나, ② 정원을 초과하여 승선시키거나, ③ 술 판매·제공·반입, ④ 영업구역을 벗어난 영업행위, ⑤ 영업시간 외의 영업행위, ⑥ 폭발물·인화물질 등의 위험물 수상레저기구로 반입·운송, ⑦ 안전검사를 받지 아니하거나 안전검사에 합격하지 못한 수상레저기구를 영업에 이용하는 행위, ⑧ 비상구조선을 그 목적과 다르게 이용하는 행위를 하여서는 아니 된다.

영업의 제한 등(수상레저안전법 제49조)

해양경찰서장 또는 시장·군수·구청장은 다음 각 호의 어느 하나에 해당하는 경우에는 수상레저사업자에게 영업구역이나 영업시간의 제한 또는 영업의 일시정지를 명할 수 있다. 다만, 제3호~제5호까지는 이용자의 신체가 직접 수면에 닿는 수상레저기구를 이용한 영업행위에 대해서만 이를 명할 수 있다.

1. 기상·수상 상태가 악화된 경우
2. 수상사고가 발생한 경우
3. 유류·화학물질 등의 유출 또는 녹조·적조 등의 발생으로 수질이 오염된 경우
4. 부유물질 등 장애물이 발생한 경우
5. 사람의 신체나 생명에 피해를 줄 수 있는 유해생물이 발생한 경우
6. 그 밖에 대통령령으로 정하는 사유가 발생한 경우

해양경찰서장 또는 지방자치단체의 장은 제한·정지 사유가 소멸되거나 완화되었다고 판단되는 경우 영업구역이나 시간의 제한 또는 영업의 일시정지를 해제하여야 한다.

(4) 수상레저사업의 등록 취소 등(수상레저안전법 제51조)

해양경찰서장 또는 시장·군수·구청장은 수상레저사업자가 다음의 어느 하나에 해당하는 경우에는 수상레저사업의 등록을 취소하거나 영업의 전부 또는 일부

의 정지를 명할 수 있다. 다만 ①, ②, ③에 해당하면 수상레저사업의 등록을 취소하여야 한다. ① 거짓이나 그 밖의 부정한 방법으로 등록을 한 경우, ② 제40조 어느 하나[54]에 해당하게 된 경우, ③ 공유수면의 점용 또는 사용 허가기간 만료 이후에도 사업을 계속하는 경우, ④ 수상레저사업자 또는 그 종사자의 고의 또는 과실로 사람을 사상한 경우, ⑤ 수상레저사업자가 규정을 위반한 수상레저기구를 수상레저사업에 이용한 경우, ⑥ 변경등록을 하지 아니한 경우, ⑦ 이용요금 · 보험가입 · 안전점검 · 등록대상이 아닌 수상레저기구 운영 · 영업제한 등의 규정 또는 명령을 위반한 경우

V. 관련 쟁점

1. 유선사업과의 구분

유선사업은 「「유선 및 도선 사업법」상 수상에서 고기잡이, 관광, 그 밖의 유락을 위하여 선박을 대여하거나 유락하는 사람을 승선시키는 것을 영업을 의미하는데, 유선사업을 하려면 유선을 「선박법」에 따라 지방해양수산청에 등록하여야 한다. 만약 모터보트나 노보트(노를 이용하는 보트) 같은 수상레저기구를 유선으로 등록하면 「수상레저안전법」 상의 수상레저기구가 아닌 「유선 및 도선사업법」상의 유선으로 본다.

2. 연안체험사업과의 구분

연안체험활동은 수영이나 극기체험과 같이 선박이나 수상레저기구를 이용하지 아니하고 수상에서 이루어지는 수상(水上)형 체험활동과 휴대용 공기호흡기 등

---

54) 제40조(수상레저사업 등록의 결격사유) 다음 각호의 어느 하나에 해당하는 자는 수상레저사업 등록을 할 수 없다. 1. 미성년자, 피성년후견인, 피한정후견인 2. 이 법을 위반하여 징역 이상의 실형을 선고받고 그 집행이 끝나거나 집행이 면제된 날로부터 2년이 지나지 아니한 자. 3. 이 법을 위반하여 징역 이상의 형의 집행유예를 선고받고 그 유예기간 중에 있는 자. 4. 등록이 취소된 날로부터 2년이 지나지 아니한 자.

을 사용하여 수중에서 이루어지는 수중(水中)형 체험활동 그리고 갯벌체험과 같이 수상형·수중형 체험활동이 아닌 연안해역에서 이루어지는 일반형 체험활동으로 구분할 수 있다(연안사고예방에 관한 법률 시행규칙 제2조). 연안체험활동 중 수상형·일반형은 보트와 같은 수상레저기구를 이용하지 않는다는 점에서, 수중형은 수상이 아닌 수중에서 이루어진다는 점에서 수상레저활동과 차이가 있다.[55]

3. 낚시업과의 구분

낚시업은 낚시터업과 낚시어선업으로 구분할 수 있는데, 여기서 낚시어선업이란 낚시객을 낚시어선에 승선시켜 낚시터로 안내하거나 선상에서 낚시를 할 수 있도록 하는 사업을 말하며, 낚시어선이란 「어선법」상 낚시어선업에 쓰이는 선박을 말한다(낚시관리 및 육성법 제2조). 이처럼 낚시어선을 이용한 낚시 이외에 「유선 및 도선 사업법」상 유선에 낚시객을 승선시켜 낚시를 하는 것도 가능한데, 이를 낚시유선이라고 한다. 그러나 모터보트 등 수상레저사업으로 등록된 수상레저기구에 요금을 받고 낚시객을 승선시키는 것은 허용되지 아니한다.

4. 해수욕장 물놀이와의 구분

해수욕장은 이용하는 용도에 따라 물놀이구역과 수상레저구역으로 구분·운영하고 있다(해수욕장의 이용 및 관리에 관한 법률 제17조). 물놀이구역이란 물놀이·일광욕·모래찜질 등의 활동이 이루어지고 부표·안전선 등으로 구분되는 구역을 의미하며, 수상레저구역이란 「수상레저안전법」에서 규정하고 있는 수상레저활동 허용구역을 말한다(동법 제2조). 물놀이구역에서는 수상레저기구를 이용 또는 운용하여서는 아니 된다(동법 제26조).

---

55) 특히 수중에서 하는 레저활동은 「수중레저활동의 안전 및 활성화 등에 관한 법률」상 수중(水中)에서 수중레저기구나 장비를 이용하여 취미·오락·체육·교육 등을 목적으로 이루어지는 스킨·스쿠버 다이빙 등의 활동으로 일반적인 수상레저활동과 구분하고 있다.

Ⅰ. 의 의

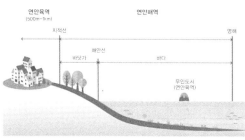

▶ 연안 개념도

대부분의 해양레저객들은 연안을 중심으로 물놀이나 해수욕, 낚시 등을 즐기고 있다. 여기서 연안(coast)이란 일반적으로 바다와 육지가 만나 상호 밀접한 영향을 미치는 곳으로 연안관리법(제2조)에서는 연안을 연안해역(沿岸海域)과 연안육역(沿岸陸域)으로 구분하고 있다.[56] 연안에 있어서의 안전관리는 크게 사람(일반 시민, 물놀이객, 해양레저객)과 선박(출·입항 통제 및 해상사고 초동조치 등)으로 구분할 수 있다. 이하에서는 물놀이 안전관리와 낚시어선 안전관리를 중심으로 서술하고자 한다.

Ⅱ. 물놀이 안전관리

물놀이란 일반적으로 레저 목적 등으로 물에서 즐기는 일체의 활동이라고 할 수 있다. 물놀이 안전사고는 크게 사고형태에 따라 익수·고립·추락 등으로 구분된다. 익수(溺水)는 깊은 물에 빠져 자력으로 출수가 어려운 상황을 말하고, 고립은 갯바위 등에서 낚시객이나 관광객 등이 파도나 물이 불어나 나오지 못하는 상태를 말하며, 추락은 항·포구나 방파제 등에서 실족하여 바다로 떨어지는 사고를 의미한다. 이 중 해양경찰 안전관리업무와 관련성이 큰 해수욕 및 연안체험활동

---

56) 연안해역이란 바닷가(해안선으로부터 지적공부(地籍公簿)에 등록된 지역까지의 사이를 말한다)와 바다(해안선으로부터 영해의 외측한계까지의 사이를 말한다)를 의미하며, 연안육역이란 무인도서와 연안해역의 육지쪽 경계선으로부터 500미터 이내의 육지지역을 말한다(연안관리법 제2조).

안전관리를 중심으로 살펴보고자 한다.

1. 해수욕장 안전관리

(1) 해수욕장과 물놀이구역

▶ 해수욕장 물놀이

해수욕장이란 천연 또는 인공으로 조성되어 물놀이·일광욕·모래찜질·스포츠 등 레저활동이 이루어지는 수역 및 육역으로서 관할 지방자치단체로부터 지정·고시된 구역을 말한다(해수욕장의 이용 및 관리에 관한 법률 제2조 제1호).[57] 물놀이구역이란 물놀이·일광욕·모래찜질 등의 활동이 이루어지고 부표·안전선 등으로 구분되어지는 구역이며(동법 제2조 제4호) 해수욕장을 이용하는 용도에 따라 물놀이구역과 수상레저구역으로 구분하여 관리·운영하고 있다(동법 제17조 제1항). 이 법 시행 이전에는 해양경찰이 해수욕장 안전관리의 주무기관이었으나, 2014년 12월 이 법 시행에 따라 지방자치단체 중심의 해수욕장 안전관리체계로 변경되었다.

(2) 해수욕장 안전관리 지침

해양수산부장관은 해수욕장의 지속가능한 이용·관리를 위하여 10년마다 '해수욕장 기본계획'을 수립하고(동법 제9조 제1항) 해양경찰청장은 그 기본계획을 토대로 「해수욕장 안전관리 지침」을 만들어 관할 지방자치단체에 통보하고(동법 제24조 제1항) 관할 지방자치단체의 장은 기본계획과 안전관리 지침을 반영하여 지역특성에 맞는 '해수욕장 안전관리조치'를 시행하여야 한다(동법 제25조 제1항).

---

57) 관할 지방자치단체는 관할 지역에서 대통령령으로 정하는 시설 및 환경 기준에 적합한 구역을 해수욕장으로 지정할 수 있다(동법 제6조 제1항).

(3) 해수욕장 안전관리

▶ 해양경찰 물놀이 안전관리

현행법상 해변이나 물놀이구역에 대해서는 지자체와 소방에서, 물놀이구역 이외의 해상에 대해서는 해양경찰이 안전관리를 담당하고 있다. 해양경찰청 훈령인 「해수욕장 안전관리에 관한 지침」에서는 해수욕객 인명구조, 치안 및 질서유지와 그 밖에 사고 예방에 필요한 사항에 대하여 해양경찰과 지방자치단체·소방·경찰 등 관계기관이 협업하도록 하고 있다(해수욕장 안전관리에 관한 지침 제5조). 또한 수상레저기구를 이용하는 자와 수상레저사업을 경영하는 자는 물놀이구역에서 수상레저기구 이용 또는 운용을 금지하고 있다(해수욕장의 이용 및 관리에 관한 법률 제26조 제1항). 지방자치단체는 관할 해수욕장시설에 대하여 주기적으로 안전점검을 실시하여야 하며 다만, 해수욕장시설 중 해수면에 설치된 안전시설에 대하여는 관할 해양경찰서장이 안전점검을 할 수 있다(동법 제27조).[58]

2. 연안체험활동

(1) 의   의

「연안사고예방에 관한 법률」에 따르면, 연안체험활동이란 연안해역에서 이루어지는 체험활동으로서, 수상형(水上型)·수중형(水中型)·일반형(一般型) 체험활동으로 구분된다(연안사고예방에 관한 법률 제2조). 수상형 체험활동은 해수욕, 스노클링 등 선박이나 수상레저기구 등을 이용하지 아니하고 수상에서 이루어지는 체험활동이며, 수중형은 휴대용 수중 호흡기를 사용하여 수중에서 이루어지는 체험활동으로 체

---

58) 관할 해양경찰서장은 해수욕장 이용자의 안전을 위협하는 요소가 발생하거나 발생할 우려가 있어 해수면에서의 물놀이가 적절하지 아니하다고 인정하는 때에는 이를 금지하거나 제한할 수 있다. 이 경우 관할 해양경찰서장은 지체 없이 그 사실을 관리청에 통보하여야 한다(해수욕장 이용 및 관리에 관한 법률 제28조 참조).

험활동의 일부가 수상에서 이루어지는 경우에도 활동 내용의 주된 부분이 수중에서 이루어지는 체험활동은 전체를 수중형 체험활동으로 본다. 일반형 체험활동은 갯벌체험, 무인도서 탐방과 같이 수상과 수중형 체험활동 이외의 활동을 말한다(동법 시행규칙 제2조).

▶ 갯벌체험 활동

(2) 연안사고

해양경찰이 관장하고 있는 연안 안전관리와 관련하여 연안사고란 연안해역에서 발생하는 인명에 위해를 끼치는 사고, 즉 갯벌·갯바위·방파제·연육교·선착장·무인도서 등에서 바다에 빠지거나 추락·고립 등으로 발생한 사고나 연안체험활동 중에 발생한 사고를 말한다. 다만, 「해양사고의 조사 및 심판에 관한 법률」에 따른 선박과 관련된 해양사고는 제외한다(동법 제2조).

(3) 연안체험활동 신고

연안체험활동 운영자는 해양경찰서장에게 연안체험활동 안전관리계획서를 작성하여 신고하여야 한다. 신고대상은 참가자가 10명 이상인 수상형 체험활동, 5명 이상인 수중형 체험활동과 20명 이상인 일반형 체험활동이다(동법 시행규칙 제9조). 다만, 다른 법률59)에서 지도·감독 등을 받는 법인 또는 단체나 연안체험활동 참가자 수가 적은 경우에는 신고대상에서 제외한다(동법 제12조).60)

---

59) 「수상레저안전법」, 「유선 및 도선 사업법」, 「낚시 관리 및 육성법」, 「수중레저 활동의 안전 및 활성화 등에 관한 법률」, 「청소년 활동 진흥법」, 「체육시설의 설치·이용에 관한 법률」, 「도시와 농어촌 간의 교류촉진에 관한 법률」, 「수산업법」, 「양식산업발전법」 등을 의미한다(연안사고 예방법 제12조 제1항).
60) 해양경찰은 관할연안해역 중 체험시설, 갯벌, 갯바위, 방파제 등 취약지역에서 대해서는 연간 1회 이상 위험성 조사를 실시해야 하며, 연안해역에 대한 안전관리를 체계적으로 추진하기 위하여 안전관리 실태를 점검하여야 한다. 또한 연안체험활동 운영자와 안전관리요원에 대해 안전교육을 실시한다.

표 3-13 | 연안체험활동 신고 제외 사유

근거 법률	연안체험활동 신고 제외 사유	
연안사고 예방에 관한 법률	다른 법률에서 지도·감독 등을 받는 법인 또는 단체가 운영하는 경우	
	연안체험활동 참가자 수가 일정 규모 이하인 경우	연안체험활동 참가자가 10명 미만인 수상형 체험활동, 연안체험활동 참가자가 5명 미만인 수중형 체험활동 그리고 연안체험활동 참가자가 20명 미만인 일반형 체험활동
낚시관리 및 육성법	연안에서의 낚시활동	
수상레저안전법	연안에서 수상레저기구를 이용한 수상레저활동	
청소년활동진흥법	19세 이하 청소년의 연안체험활동	

연안체험활동의 제한(연안사고 예방에 관한 법률 제14조, 동법 시행령 제7조)

관할 해양경찰서장은 아래와 같이 연안체험활동이 곤란하거나 참가자의 안전에 위해를 끼칠 우려가 있다고 인정하는 때에는 지방자치단체의 장과 협의하여 연안체험활동의 전부 또는 일부를 금지하거나 제한할 수 있다.

1. 자연재해의 예보·경보 등이 발령된 경우
2. 유류오염·적조·부유물질·유해생물이 발생하거나 출현하는 경우
3. 어망 등 해상장애물이 많은 경우
4. 연안체험활동 중 사망자나 실종자가 발생한 경우
5. 연안체험활동이 이루어지는 연안해역의 인근 해상에서 조난사고 또는 해양사고가 발생하여 이를 수습하기 위하여 필요한 경우
6. 연안체험활동이 이루어지는 연안해역에 해상교통량이 많은 경우
7. 그 밖에 해양경찰서장이 연안사고예방을 위하여 연안체험활동을 제한할 필요가 있다고 인정하는 경우

(4) 해양경찰의 주요 임무

해양경찰청장은 연안사고 예방을 위한 순찰·지도 등의 업무를 수행하기 위하여 연안순찰대를 편성하여 운영할 수 있다. 연안순찰대원은 「수상레저안전법 시행령」 제37조 제1항에 따른 '인명구조요원의 자격을 갖춘 해양경찰공무원'으로서 일정한 요건을 갖춘 사람으로 한다(동법 시행령 제8조).[61]

---

61) 제1종 운전면허 중 대형면허 또는 보통면허나 수상레저안전법 상의 일반조종면허를 소지한 사람으로

연안사고 예방에 관하여 해양경찰청장 소속으로 중앙연안사고예방협의회(위원장은 해양경찰청 차장)를, 지방청장 소속으로 지방연안사고예방협의회(위원장은 지방청장)를 둔다(동법 제8조). 해양경찰청장은 연안사고 예방을 위하여 소방청장·특별자치도지사·시장·군수·구청장 및 시·도 교육감의 의견을 들어 연안사고 안전관리규정을 작성하여 시행하여야 하며(동법 제9조), 연안체험활동 안전수칙을 제정하고 안전교육을 실시하여야 한다(동법 제11조).

또한 국민의 연안사고에 대한 안전의식을 높이고 안전문화를 정착시키기 위하여 해양경찰청장은 안전문화 시책을 마련하고 안전체험시설을 설치·운영할 수 있다(동법 제19조·제20조).

Ⅲ. 낚시어선 안전관리

1. 의   의

2019년말 기준으로 신고된 낚시어선은 4,500여척, 낚시어선 이용객 수는 약 480여만 명으로 매년 낚시객과 낚시 관련 산업이 증가하고 있어 바다낚시가 해양레저산업의 중요한 성장 동력으로 자리 잡고 있다.[62] 특히 낚시어선업은 1996년 어한기(漁閑期) 어업인의 소득증대를 위해 도입된 이래 국민소득 향상, 레저인구 증가 등

▶ 해양경찰 낚시어선 안전관리

영업여건이 개선되면서 안정적으로 성장해 왔으며, 현재 어업인과 어촌의 중요한

서, ① 연안순찰대원으로 배치하려는 지역을 관할하는 해양경찰 파출소·출장소에서 2년 이상 근무한 사람. ② 「수상에서의 수색·구조 등에 관한 법률 시행령」에 따른 122구조대의 구조대원으로 2년 이상 근무한 사람 또는 ③ 해양경찰청함정(100톤 미만의 함정으로 한정한다)에서 2년 이상 근무한 사람. ④ 응급구조사 자격을 갖춘 사람 중에서 선발한다.

62) 해양수산부 국회 제출 자료(2020년 국정감사 자료). 한편, 낚시어선 이용객 증가에 따라 관련 사고는 2016년 52건에서 2019년 83건으로 1.6배 증가한 것으로 나타났다.

서비스 산업으로 자리 잡고 있다. 그러나 한편으로 2015년 9월에 제주 추자도 인근에서 발생한 낚시어선 전복사고와 2017년 12월 인천 영흥도 인근에서 발생한 낚시어선 충돌사고 등을 계기로 낚시어선 안전관리의 문제점과 함께 낚시어선에 승선한 승객에게 구명조끼 착용 의무화, 승선자 명부 작성 및 신분증 확인 등 안전관리를 강화하고 있다.[63] 한편, 건전한 낚시문화를 조성하고 수산자원을 보호하며, 낚시 관련 산업 및 농어촌의 발전과 국민의 삶의 질 향상에 이바지하는 것을 목적으로 「낚시관리 및 육성법」이 제정(2011년)되었다.[64] 낚시 안전관리는 크게 낚시활동·낚시터업·낚시어선업에 대한 안전관리로 구분할 수 있다.

2. 낚시활동 안전관리

낚시를 하는 경우에 ① 오물이나 쓰레기를 버리거나, ② 낚시도구나 미끼를 낚시 용도로 사용하지 아니하고 버리는 행위, 그리고 ③ 낚시제한기준을 위반하여 수산동물을 잡아서는 아니 된다(낚시 관리 및 육성법 제7조). 또한 낚시로 포획한 수산동물을 타인에게 판매하거나 판매할 목적으로 저장·운반 또는 진열하여서는 아니 되며(동법 제7조의2), 중금속 등 유해물질이 허용기준 이상으로 함유되거나 잔류된 낚시도구를 사용 또는 판매 또는 판매할 목적으로 제조·수입·저장·운반 또는 진열하여서는 아니 된다(동법 제8조).[65]

관할 해양경찰서장(또는 시장·군수·구청장)은 낚시인의 생명과 신체의 안전을 확보하기 위하여 기상악화 등 대통령령으로 정하는 경우에는 낚시인에게 안전한 장소로의 이동이나 안전사고 방지를 위하여 일정한 지역의 출입금지를 명할 수 있다(동법 제9조).

---

63) 낚시어선 승객의 준수사항: 낚시어선업자 또는 선원은 안전운항을 위하여 낚시어선에 승선한 승객에게 구명조끼 착용, 승선자명부 작성 및 신분증 확인 및 기타 안전운항 등을 위한 규정을 준수하도록 조치할 수 있다. 이 경우 낚시어선의 승객은 낚시어선업자 또는 선원의 조치에 협조하여야 한다(동법 제36조).

64) 이 법은 바다와 바닷가, 어업을 목적으로 하여 인공적으로 조성된 육상의 해수면, 공공용(公共用) 수면, 사유(私有) 수면과 낚시터업을 목적으로 인공적으로 조성된 육상의 해수면에 적용된다(동법 제3조).

65) 다만, 학술연구나 관람 또는 전시 등 해양수산부령이 정하는 경우에는 그러하지 아니하다.

3. 낚시터업 안전관리[66]

낚시터업자와 그 종사자는 생태계의 균형에 교란을 가져오거나 가져올 우려가 있는 어종의 낚시터 방류 및 수질의 한계기준을 초과한 낚시터 수질 오염행위가 금지되며, 낚시터 생태계 훼손과 수산생물의 서식지·산란지의 파괴·훼손 및 허가받지 아니한 의약품이나 화학물질의 사용이 금지된다(동법 제20조·동법 시행규칙 제12조).

시장·군수·구청장은 낚시터 이용객의 안전과 사고 방지 및 그 밖에 낚시터업의 질서유지를 위하여 필요하다고 인정할 때에는 관할 해양경찰서장 또는 경찰서장의 의견을 들어 ① 낚시터업자에게 영업시간의 제한이나 영업의 일시정지, ② 인명안전에 관한 설비의 비치, 착용 및 관리, ③ 낚시터이용객의 안전과 사고 방지 및 낚시터업의 질서유지를 위하여 필요하다고 인정하는 사항 및 ④ 수산생태계와 수산자원의 보호나 수산물의 안전성 확보를 위하여 필요하다고 인정하여 해양수산부령으로 정하는 사항을 명할 수 있다(동법 제20조의2).

✦ 낚시터업 허가요건

낚시터업 허가를 받기 위해서는 ① 낚시인의 안전과 편의 및 낚시터의 관리에 필요한 시설과 장비를 갖추고, ② 낚시와 관련한 피해보상 보험이나 공제에 가입하여야 하며, ③ 수산생태계와 수산자원의 보호, 수산물의 안전성 보장 및 건전한 낚시문화 조성에 지장을 줄 수 있는 시설이나 장비를 설치해서는 아니 되며, ④ 양식업 구역의 일정 부분을 이용하는 낚시터업인 경우에는 면허를 받은 양식 어종으로 한정하여야 한다(동법 제11조).

---

4. 낚시어선업 안전관리

낚시어선업이란 낚시인을 낚시어선[67]에 승선시켜 낚시터로 안내하거나 그

---

66) 낚시터업이란 영리를 목적으로 낚시터에 일정한 수면을 구획하거나 시설을 설치하여 낚시인이 낚시를 할 수 있도록 장소와 편의를 제공하는 영업을 말한다(동법 제2조 제4호).
67) "낚시"란 낚싯대와 낚싯줄·낚싯바늘 등 도구를 이용하여 어류·패류·갑각류, 그 밖에 대통령령으로 정하는 수산동물을 낚는 행위를 말하며, "낚시어선"이란 「어선법」에 따라 등록된 어선으로서 낚시어

어선에서 낚시를 할 수 있도록 하는 영업을 말하며, 낚시어선업자란 낚시어선업을 경영하는 자로서 관할 지방자치단체에 신고한 자를 말한다(낚시 관리 및 육성법 제2조). 낚시어선업자는 선박운항규칙을 준수하여야 하며, 적정속력 준수, 승선 정원 초과 금지[68], 음주운항 금지 등 안전하게 운항하여야 한다(동법 제29조의2).[69] 또한 안전운항을 위하여 낚시어선에 승선한 승객 등 승선자 전원에게 구명조끼를 착용하도록 하여야 하며, 승객이 구명조끼를 착용하지 아니하면 승선을 거부할 수 있다(동법 제29조 제3항).[70] 낚시어선업자는 출·입항 시 해양경찰(해수면인 경우) 또는 관할 지방자치단체(내수면인 경우)에 신고하여야 하며(동법 제33조), 야간(오후 8시부터 다음날 오전 4시까지)에 낚시영업을 하는 경우로서 출항신고 시 13명 이상 승선하고 있는 경우 낚시승객의 안전을 담당하는 자를 승선시켜야 한다 다만, 낚시어선에 승객을 태워 낚시터까지 안내만 하는 경우와 해안선으로부터 2해리 안쪽의 해역에서 낚시어선업의 영업을 하는 경우는 제외한다(동법 제28조의2, 동법 시행규칙 제18조의2).[71]

태풍, 풍랑, 해일 등 기상특보가 발효되거나 안개 등으로 시계가 1km 이내인 경우, 기타 출·입항 신고기관의 장이 판단하여 낚시어선의 운항이 어렵다고 판단되는 경우에는 출항을 제한할 수 있다(동법 제34조, 동법 시행령 제19조).

선업에 쓰이는 어선을 말한다(동법 제2조).

68) 낚시어선의 승선정원은 「어선법」에 따른 어선검사증서에 적힌 어선원 및 어선원 외의 사람 각각의 최대승선인원으로 한다(동법 제28조).

69) 낚시어선업자나 선원은 영업 중 낚시를 하는 행위나 보호자를 동반하지 아니한 14세 미만의 사람, 정신질환자 등 승선에 부적격한 사람을 승선하게 하는 행위 그리고 그 밖에 낚시어선의 안전운항에 위해를 끼친다고 인정되는 행위를 하여서는 아니 되며, 안전운항을 위하여 낚시어선에 승선한 승객 등 승선자 전원에게 구명조끼를 착용하도록 하여야 한다. 이 경우 승객이 구명조끼를 착용하지 아니하면 승선을 거부할 수 있다(동법 제29조).

70) 낚시어선업자 및 선원은 출항하기 전 승선한 승객에게 안전사고 예방 및 수산자원 보호, 환경오염 방지 등을 위하여 1. 안전한 승·하선 방법, 인명구조 장비와 소화설비의 보관장소와 사용법, 비상신호, 비상시 집합장소의 위치와 피난요령, 인명구조에 관련된 기관외 유선번호 및 유사시 내저요령 등 안전에 관한 사항과 포획금지 체장·체중 등 수산자원보호에 관한 사항 그리고 쓰레기 투기 금지 등 환경오염 방지에 관한 사항을 안내하여야 한다(동법 제29조 제4항 참조).

71) 낚시어선 안전요원은 선장이 아닌 선원으로서 「수상레저안전법」 제48조 제3항에 따른 인명구조요원의 자격을 취득하거나 「선원법 시행규칙」에 따른 기초안전교육을 이수한 사람 또는 낚시 관리 및 육성법 제47조 제1항에 따른 전문교육을 이수한 사람이어야 하며, 낚시어선 안전요원은 낚시어선에 승선한 승객의 안전 확보, 수산자원 보호 및 해양환경오염 방지를 그 임무로 한다(낚시 관리 및 육성법 시행규칙 제18조의2).

낚시어선업 신고요건

낚시어선업을 하기 위해서는 관할 지방자치단체의 장에게 요건을 갖추어 낚시어선업 신고를 하여야 한다(낚시관리 및 육성법 제25조). 신고 요건은 ① 당해 낚시어선이 수산업법 또는 내수면어업법에 따라 어업 허가를 받은 어선으로서 총톤수 10톤 미만의 동력어선으로, ② 선령은 목선인 경우는 선령 20년 이하, 강선·합성수지선(FRP)·알루미늄선인 경우는 25년 이하이어야 하며, ③ 구명설비, 소화설비, 전기설비 등을 갖추고, ④ 소정의 낚시어선 안전성 검사를 받아야 하며 ⑤ 낚시어선의 선장이 소형선박 조종사 면허 또는 그 상위등급의 해기사 면허를 보유하고 「선박직원법」 제2조제6호에 따른 승무경력이 2년 이상이거나 120일 이상의 선박 출입항 기록을 보유할 것을 요구하고 있다(낚시 관리 및 육성법 시행령 제16조 제1항).

낚시어선업의 영업구역(낚시 관리 및 육성법 제27조)

① 낚시어선업의 영업구역은 그 낚시어선의 선적항이 속한 시·도지사의 관할 수역으로 하되, 외측한계는 「영해 및 접속수역법」에 따른 영해로 한다. 다만, 해양수산부장관이 연접한 시·도 간 수역에 대하여 대통령령으로 정하는 바에 따라 공동영업구역을 지정하는 경우에는 그 공동영업구역과 해당 시·도지사의 관할 수역을 영업구역으로 한다.
② 제1항 본문에도 불구하고 영해의 범위를 「영해 및 접속수역법」에 따라 기선으로부터 12해리 미만으로 정하고 있는 수역을 관할하는 시·도지사가 영해 바깥쪽 해역에서의 영업이 필요하다고 특별히 인정하는 경우에는 관할 지방해양경찰청장의 의견을 들어 해양수산부장관에게 영업구역 확대를 요청할 수 있다.

5. 기타 안전관리

(1) 위험지역의 출입금지 등

관할 해양경찰서장은 낚시인의 생명과 신체의 안전을 확보하기 위하여 기상악화 등 낚시인에게 안전한 장소로의 이동, 안전사고 위험지역의 출입금지를 명할 수 있다(낚시 관리 및 육성법 제9조 제1항).

(2) 음주 및 약물 상태에서의 운항 금지

낚시어선업자 및 선원은 술에 취한 상태(낚시 관리 및 육성법 제30조 제1항)나 약물복용의 상태(동법 제31조)에서 낚시어선을 조종하거나 술에 취한 상태나 약물복용의 상태에 있는 낚시어선업자 또는 선원에게 낚시어선을 조종하게 하여서는 아니 된다. 해양경찰관은 낚시어선업자 및 선원이 음주운항하였다고 인정할 만한 상당한 이유가 있는 경우에는 음주여부를 측정할 수 있으며, 음주로 판정된 낚시어선업자 또는 선원에 대하여는 조종·승선 제한 등 필요한 조치를 하여야 한다(동법 제30조 제2항·제5항)

(3) 출·입항 통제

낚시어선업자는 승객을 승선하게 하여 항구·포구 등에 출항이나 입항을 하려는 경우에는 해양경찰 파·출장소 등 출·입항 신고기관에 승선자 명부를 첨부하여 신고하여야 하며(동법 제33조), 승객이 정당한 사유없이 승선자 명부를 작성하지 아니하거나 신분증 확인 요구에 불응할 경우에는 승선을 거부하여야 한다(동법 제33조). 출·입항 신고기관의 장은 기상과 해상상황에 관한 정보 등을 고려하여 낚시어선업자·선원·승객의 안전을 위하여 필요하다고 인정할 때에는 낚시어선의 출항을 제한할 수 있다(동법 제34조).[72]

낚시어선 출항 제한(낚시 관리 및 육성법 시행령 제19조)

출·입항 신고기관의 장은 시간, 기상 및 해상 상황에 관한 정보 등을 고려하여 낚시어선업자·선원·승객의 안전을 위하여 필요하다고 인정할 때에는 낚시어선의 출항을 제한할 수 있다(낚시 관리 및 육성법 제34조 제1항). 출항제한은 다음과 같다.
① 초당 풍속 12미터 이상 또는 파고(波高) 2미터 이상으로 예보가 발표된 경우,
②「기상법 시행령」의 규정에 따른 호우·대설·폭풍해일·태풍 강풍·풍랑 수의보

---

72) 낚시어선업자는 승객을 승선하게 하여 항구·포구 등에 출입항을 하려는 경우에는 해양수산부령으로 정하는 바에 따라 어선의 출입항 신고에 관한 업무를 담당하는 기관의 장에게 신고하여야 하며, 출항 신고를 하려는 낚시어선업자는 그 신고서에 해당 낚시어선에 승선할 선원과 승객의 명부를 첨부하여 출입항신고기관의 장에게 제출하여야 한다(동법 제33조 참조).

또는 경보가 발표된 경우, ③ 기상청장이 제2호에 따른 주의보 또는 경보를 발표하기 전에 이를 사전에 알리기 위한 정보를 발표한 경우, ④ 안개 등으로 인하여 해상에서의 시계가 1킬로미터 이내인 경우, ⑤ 일출 전 또는 일몰 후. 다만, 안전·구명·소화 설비 등을 갖추고 시장·군수·구청장이 영업을 제한하지 않는 시간대에 영업하는 경우는 제외, ⑥ 그 밖에 출·입항 신고기관의 장이 해상상황의 급작스런 악화 등으로 인하여 낚시어선의 출항이 어렵다고 판단하는 경우

(4) 인명구조 등 사고수습

낚시어선업자 또는 선원은 승객이 사망 또는 실종된 경우나 충돌, 좌초 또는 그 밖에 낚시어선의 안전운항에 영향을 미치거나 미칠 우려가 있는 사고가 발생하였을 경우, 사고 장소가 내수면인 경우에는 사고발생 지점에서 가장 가까운 지방자치단체의 장에게, 해수면인 경우에는 관할 해양경찰서장에게 그 사실을 지체 없이 보고하고 사고의 수습에 필요한 조치를 하여야 한다. 보고를 받은 해양경찰서장 등은 인명구조 등 사고수습을 위하여 필요한 조치를 하여야 한다(동법 제37조).

(5) 낚시어선 승객의 준수 사항

낚시어선업자 또는 선원은 안전운항을 위하여 낚시어선에 승선한 승객에게 구명조끼 착용에 관한 사항, 승선자명부 작성 및 신분증 확인에 관한 사항 및 기타 낚시어선의 안전운항이나 수산자원 보호 등 낚시어선 승객이 준수하여야 하는 사항을 준수하도록 조치할 수 있으며, 낚시어선의 승객은 낚시어선업자 또는 선원의 조치에 협조하여야 한다(동법 제36조).

제4장

해양경찰 수사론

제1절 **수사의 기본개념**

I. 수사의 의의

1. 수사의 개념

수사, 즉 범죄혐의의 유무를 명백히 하여 공소를 제기·유지할 것인가의 여부를 결정하기 위하여 범인을 발견·확보하고 증거를 수집·보전하는 수사기관의 활동은 수사 목적을 달성함에 필요한 경우에 한하여 사회통념상 상당하다고 인정되는 방법 등에 의하여 수행되어야 한다.[1]

수사는 범죄의 혐의가 있다고 사료되는 때에 개시되는 수사기관의 활동이므로 범죄의 혐의 유무를 알아보기 위하여 행하는 수사기관의 조사활동인 내사와는 구별된다. 내사단계에서 조사의 대상인 사람을 피내사자 또는 용의자라고 하며, 수사기관에 의해서 일정한 혐의가 인정되어 수사가 개시된 사람을 피의자라고 한다.[2]

---

[1] 대법원 1999. 12. 7. 선고 98도3329 판결.
[2] 이은모·김정환, 「형사소송법」, 박영사, 2021, 163-164면.

2. 수사의 대상

수사의 대상인 피의자는 헌법과 형사소송법이 부여하는 피의자의 권리를 충분히 행사할 수 있는 데 대하여, 내사의 대상자인 피내사자는 단순한 혐의자 내지 용의자에 불과하여 이러한 권리를 행사하는 데 일정한 제한을 받는다.[3]

3. 수사의 시간적 한계

공소가 제기된 후에는 그 피고사건에 관한 형사절차의 모든 권한이 사건을 주재하는 수소법원의 권한에 속하게 되며, 수사의 대상이던 피의자는 검사와 대등한 당사자인 피고인으로서의 지위에서 방어권을 행사하게 되므로, 공소제기 후 구속·압수·수색 등 피고인의 기본적 인권에 직접 영향을 미치는 강제처분은 원칙적으로 수소법원의 판단에 의하여 이루어지지 않으면 안 된다.[4] 다만 공소제기 후에도 검사가 공소유지를 위하거나 공소유지 여부를 결정하기 위하여 강제처분에 해당하지 않는 임의수사는 허용된다.

II. 수사기관

수사는 수사기관의 활동을 말한다. 여기서 수사기관이란 법률상 수사의 권한이 인정되어 있는 국가기관을 의미한다. 수사기관에는 검사와 사법경찰관리가 있다.

1. 수사기관의 종류

(1) 검   사

검사는 검찰권을 행사하는 국가기관을 말한다. 검사는 범죄수사로부터 재판의 집행에 이르기까지 형사절차의 모든 단계에 관여하여 형사사법의 정의를 실현

---

3) 이은모·김정환. 앞의 책. 164면.
4) 대법원 2011. 4. 28. 선고 2009도10412 판결.

하는 데 기여하는 능동적이고 적극적인 국가기관이라 할 수 있다. 즉 검사는 수사절차에서는 수사권의 주체로서 일정한 범위의 범죄를 직접 수사하고, 사법경찰관리의 수사를 감독하거나 검찰청 직원으로서 사법경찰관리의 직무를 행하는 자와 특별사법경찰관리의 수사를 지휘·감독한다. 또한 수사의 결과 공소제기 여부를 결정하고, 공판절차에서는 피고인에 대립되는 당사자로서 법원에 대하여 법령의 정당한 적용을 청구하며, 재판이 확정된 때에는 형의 집행을 지휘·감독하는 광범위한 권한을 가진 국가기관이다.[5]

(2) 사법경찰관리

1) 일반사법경찰관리

가. 경찰공무원인 일반사법경찰관리

(가) 포함범위

경무관, 총경, 경정, 경감, 경위는 사법경찰관으로서 범죄의 혐의가 있다고 사료하는 때에는 범인, 범죄사실과 증거를 수사한다(형사소송법 제197조 제1항). 경사, 경장, 순경은 사법경찰리로서 수사의 보조를 하여야 한다(형사소송법 제197조 제2항).

(나) 검사와의 관계

검사와 사법경찰관은 수사, 공소제기 및 공소유지에 관하여 서로 '협력'하여야 한다(형사소송법 제195조 제1항).

(다) 특별사법경찰관리와의 관계

일반사법경찰관리의 수사권한은 특별사법경찰관리에 관한 관련 법률의 규정에도 불구하고 배제되지 않는다.[6] 경찰관은 특별사법경찰관리의 직무범위에 속하는 범죄를 먼저 알게 되어 직접 수사하고자 할 때에는 경찰관이 소속된 해양경찰관서의 장의 지휘를 받아 수사해야 한다. 이 경우 해당 특별사법경찰관리와 긴밀히 협조해야 한다(해양경찰청 범죄수사규칙 제3조).

---

5) 이재상·조균석·이창온, 「형사소송법」, 박영사, 2021, 92면.
6) 신동운, 「간추린 신형사소송법」, 법문사, 2020, 13면.

나. 검찰공무원인 일반사법경찰관리

(가) 포함범위

검찰수사서기관, 수사사무관 및 마약수사사무관은 검사를 보좌하며 「형사소송법」 제245조의9 제2항에 따른 사법경찰관으로서 검사의 지휘를 받아 범죄수사를 한다(검찰청법 제46조 제2항).[7]

검찰주사, 마약수사주사, 검찰주사보, 마약수사주사보, 검찰서기, 마약수사서기, 검찰서기보 또는 마약수사서기보로서 검찰총장 또는 각급 검찰청 검사장의 지명을 받은 사람은 소속 검찰청 또는 지청에서 접수한 사건에 관하여 다음 각 호의 구분에 따른 직무를 수행한다(검찰청법 제47조 제1항). 1. 검찰주사, 마약수사주사, 검찰주사보 및 마약수사주사보: 「형사소송법」 제245조의9 제2항에 따른 사법경찰관의 직무. 2. 검찰서기, 마약수사서기, 검찰서기보 및 마약수사서기보: 「형사소송법」 제245조의9 제3항에 따른 사법경찰리의 직무

(나) 검사와의 관계

사법경찰관의 직무를 행하는 검찰청 직원은 검사의 '지휘'를 받아 수사하여야 한다(형사소송법 제245조의9 제2항). 사법경찰리의 직무를 행하는 검찰청 직원은 검사 또는 사법경찰관의 직무를 행하는 검찰청 직원의 수사를 보조하여야 한다(형사소송법 제245조의9 제3항).

2) 일반공무원인 특별사법경찰관리

가. 포함범위

삼림, 해사, 전매, 세무, 군수사기관, 그 밖에 특별한 사항에 관하여 사법경찰관리의 직무를 행할 특별사법경찰관리와 그 직무의 범위는 법률로 정한다(형사소송법 제245조의10 제1항).

사법경찰관리의 직무를 수행할 자와 그 직무범위에 관한 법률에서는 산림청과 그 소속 기관에 근무하며 산림 보호·경영 사무 및 목재제품 규격·품질 단속 사무에 종사하는 4급부터 9급까지의 국가공무원, 식품의약품안전처와 그 소속 기관, 특별시·광역시·도 및 시·군·구에 근무하며 식품 단속 사무에 종사하는 4급

---

7) 검찰청 직원으로서 구성되는 사법경찰관리는 수사대상 범죄에 제한이 없다는 의미에서 일반사법경찰관리이다(이주원, 「형사소송법」, 박영사, 2021, 85면).

부터 9급까지의 국가공무원 및 지방공무원, 국토교통부와 그 소속 기관에 근무하며 철도경찰 사무에 종사하는 4급부터 9급까지의 국가공무원, 「수산업법」에 따른 어업감독 공무원, 해양수산부와 그 소속 기관, 광역시·도 및 시·군·구에 근무하며 해양환경 관련 단속 사무에 종사하는 4급부터 9급까지의 국가공무원 및 지방공무원 등을 사법경찰관리로 규정하고 있다.

나. 검사와의 관계

특별사법경찰관은 '모든' 수사에 관하여 검사의 지휘를 받는다(형사소송법 제245조의10 제2항). 특별사법경찰관리는 검사의 지휘가 있는 때에는 이에 따라야 한다. 검사의 지휘에 관한 구체적 사항은 법무부령으로 정한다(형사소송법 제245조의10 제4항).

2020년 개정 형사소송법은 (해양) 경찰청 직원인 사법경찰관리에 대한 검사의 수사지휘권을 폐지하여 검사와 사법경찰관은 수사, 공소제기 및 공소유지에 관하여 서로 협력하여야 한다고 규정하고, 일정한 경우에 한하여 수사감독권을 규정하고 있다. 반면에 특별사법경찰관리와 검찰청 직원인 사법경찰관리에 대해서는 검사의 수사지휘권이 그대로 유지되고 있다.[8]

2. 형사소송법에 근거한 관할구역에서의 수사

사법경찰관리가 관할구역 외에서 수사하거나 관할구역 외의 사법경찰관리의 촉탁을 받아 수사할 때에는 관할지방검찰청 검사장 또는 지청장에게 보고하여야 한다. 다만, 제200조의3(긴급체포), 제212조(현행범인의 체포), 제214조(경미사건 현행범인의 체포), 제216조(영장없는 압수·수색·검증)와 제217조(영장없는 압수·수색·검증)의 규정에 의한 수사를 하는 경우에 긴급을 요할 때에는 사후에 보고할 수 있다(형사소송법 제210조).

3. 수사과정에서의 준수사항

피의자에 대한 수사는 불구속 상태에서 힘을 원칙으로 한다(형사소송법 제198조 제1항). 검사·사법경찰관리와 그 밖에 직무상 수사에 관계있는 자는 피의자 또는 다른 사람의 인권을 존중하고 수사과정에서 취득한 비밀을 엄수하며 수사에 방해되

---

8) 이재상·조균석·이창온, 앞의 책, 200–201면.

는 일이 없도록 하여야 한다(형사소송법 제198조 제2항). 검사·사법경찰관리와 그 밖에 직무상 수사에 관계있는 자는 수사과정에서 수사와 관련하여 작성하거나 취득한 서류 또는 물건에 대한 목록을 빠짐 없이 작성하여야 한다(형사소송법 제198조 제3항).

III. 수사의 조건

1. 수사의 필요성

(1) 범죄의 혐의

수사는 수사기관의 주관적 혐의에 의하여 개시된다. 따라서 혐의가 없음이 명백한 사건에 대한 수사는 허용되지 않는다. 여기의 범죄혐의는 수사기관의 주관적 혐의를 의미하며 객관적 혐의일 것을 요하는 것은 아니다. 그러나 이것이 수사기관의 자의에 의한 수사를 허용한다는 의미는 아니다. 따라서 수사기관의 주관적 혐의는 구체적 사실에 근거를 둔 혐의일 것을 요한다. 단순한 추측만으로는 수사가 허용되지 않는다.[9]

(2) 수사와 소송조건

법률에 의하여 고소나 고발이 있어야 논할 수 있는 죄에 있어서 고소 또는 고발은 이른바 소추조건에 불과하고 당해 범죄의 성립요건이나 수사의 조건은 아니므로, 위와 같은 범죄에 관하여 고소나 고발이 있기 전에 수사를 하였더라도, 그 수사가 장차 고소나 고발의 가능성이 없는 상태 하에서 행해졌다는 등의 특단의 사정이 없는 한, 고소나 고발이 있기 전에 수사를 하였다는 이유만으로 그 수사가 위법하게 되는 것은 아니다.[10] 그렇다면 일반사법경찰관리가 출입국사범에 대한 출입국관리사무소장 등의 고발이 있기 전에 수사를 하였더라도, 달리 위에서 본 특단의 사정이 없는 한 그 사유만으로 수사가 소급하여 위법하게 되는 것

---

9) 이재상·조균석·이창온, 앞의 책, 212면; 이은모·김정환, 앞의 책, 176면.
10) 따라서 친고죄에 관하여 고소가 없어도 고소의 가능성이 있을 때는 임의수사는 물론 강제수사도 허용되지만, 고소의 가능성이 없는 때에는 임의수사와 강제수사가 모두 허용되지 않는다(이재상·조균석·이창온, 앞의 책, 213면).

은 아니다.[11]

경찰관은 친고죄에 해당하는 범죄가 있음을 인지한 경우에 즉시 수사를 하지 않으면 향후 증거수집 등이 현저히 곤란하게 될 우려가 있다고 인정될 때에는 고소권자의 고소가 제출되기 전에도 수사할 수 있다. 다만, 고소권자의 명시한 의사에 반하여 수사할 수 없다(해양경찰청 범죄수사규칙 제53조).

2. 수사의 상당성

(1) 수사비례의 원칙

수사에 관하여는 그 목적을 달성하기 위하여 필요한 조사를 할 수 있다. 다만, 강제처분은 이 법률에 특별한 규정이 있는 경우에 한하며, 필요한 최소한도의 범위 안에서만 하여야 한다(형사소송법 제199조 제1항). 수사비례의 원칙은 수사는 그 목적달성을 위하여 적합한 것으로서(적합성), 목적 달성을 위하여 필요한 최소한도의 범위 내에서 이루어져야 하며(필요성), 수사에 의한 법익침해가 수사로 달성하려는 이익보다 중대한 경우에는 허용되지 않는다(상당성 내지 균형성)는 원칙을 말한다.[12] 수사비례의 원칙은 강제수사뿐만 아니라 임의수사에서도 요구되는 수사의 기본원칙이다.

(2) 수사의 신의칙 - 함정수사의 허용문제

범의를 가진 자에 대하여 단순히 범행의 기회를 제공하거나 범행을 용이하게 하는 것에 불과한 수사방법이 경우에 따라 허용될 수 있음은 별론으로 하고, 본래 범의를 가지지 아니한 자에 대하여 수사기관이 사술이나 계략 등을 써서 범의를 유발케 하여 범죄인을 검거하는 함정수사는 위법함을 면할 수 없고, 이러한 함정수사에 기한 공소제기는 그 절차가 법률의 규정에 위반하여 무효인 때에 해당한다(형사소송법 제327조 제2호(공소기각의 판결)).[13]

---

11) 대법원 2011. 3. 10. 선고 2008도7724 판결.
12) 이주원, 앞의 책, 110면.
13) 대법원 2005. 10. 28. 선고 2005도1247 판결.

Ⅳ. 수사의 원칙

1. 범죄징표

(1) 범죄징표의 개념

범죄징표는 범죄에 수반하여 나타나는 내적·외적 현상을 말한다. 이 중 외적으로 표현되는 징표를 범죄의 흔적(범적)이라고 한다.

(2) 범죄징표의 기능

범죄징표는 범인 및 범죄사실의 발견을 위한 수사자료서의 기능을 가진다. 범죄징표는 주로 범인, 범죄일시, 범행장소, 물건 등 수사의 요소를 확정하는 데 이용된다. 범죄징표의 형태에 따라서 수사방식의 형태가 결정된다.

(3) 범죄징표의 형태

1) 범인의 생물학적 특징에 의한 징표

생물학적 특징에 의한 징표로서 인상, 지문, 혈액형, 기타 신체 특징 등이 있다.

2) 범인의 심리학적 특징에 의한 징표

심리학적 특징에 의한 징표로서 성격, 인격, 동기 등이 있다.

3) 자연현상에 의한 징표

자연현상에 의한 징표로서 물건의 특정, 물건의 이동, 지문, 족적 등이 있다.

4) 문서에 의한 징표

문서에 의한 징표로서 문자의 감정, 사용잉크의 감정, 종이의 질의 감정 등이 있다.

5) 범인의 사회관계에 의한 징표

사회관계의 의한 징표로서 성명, 가족, 주거, 경력, 직업, 목격자, 소문 등이 있다. 소문은 범죄수사의 단서로 중요한 의미를 가진다.

2. 범죄수사의 3대 원칙

(1) 신속착수의 원칙

모든 범죄수사는 가급적 신속히 착수하여 증거가 인멸되기 전에 수사를 수행·종결하여야 한다.[14]

(2) 현장보존의 원칙

범죄현장의 철저한 보존과 관찰이 요구된다. 범죄현장은 증거의 보고이다.

(3) 공중협력의 원칙

범죄의 흔적은 목격자나 전문가의 기억에 오래 남는 것이므로 수사관은 사건수사 때는 물론 평소에도 공중의 적극적인 협력을 얻기 위해 노력해야 한다.

3. 수사실행의 5대 원칙

(1) 수사자료 완전수집의 원칙

수사의 기본방법 중 제1조건은 문제해결의 관건이 되는 자료를 누락한다든지 없어지는 일이 없도록 전력을 다하여 자료를 수집하는 수사자료 완전수집의 원칙이 필수적이다.[15]

(2) 수사자료 감식·검토의 원칙

수사는 단순한 수사관의 상식적 검토나 판단에만 그칠 것이 아니라 감식과학이나 과학적 지식 또는 그 시설장비를 유용하게 최대한 이용해야 한다.

(3) 적절한 추리의 원칙

추측시에 수집된 자료를 기초로 합리적인 판단을 하고, 추측은 가상적인 판단(가설)이므로 그 진실성이 확인될 때까지는 추측을 진실이라고 주장·확신해서는

---

14) 이하 경찰실무교재편찬위원, 「경찰실무」 II, 경찰공제회, 2017, 13면.
15) 이하 경찰실무교재편찬위원, 위의 책, 13~14면.

안 된다.

(4) 검증적 수사의 원칙

여러 가지 추측 중에서 과연 어느 추측이 정당한 것인가를 가리기 위해서는 그들 추측 하나 하나를 모든 각도에서 검토해야 한다. 검토는 수사사항의 결정 → 수사방법의 결정 → 수사실행이라는 순서에 따라 한다.

(5) 사실판단 증명의 원칙

수사관의 판단(주장)의 진실성이 증명되기 위해서는 누구에게나 진위가 확인될 수 있어야 하며, 판단(주장)이 언어나 문자로 표현되고 판단의 근거를 제시해서 객관화하여야 한다. 즉 수사관의 판단이 진실이라는 이유 또는 객관적 증거를 제시하여 증명하여야 한다.

4. 해양경찰수사의 기본원칙

(1) 수사의 기본원칙

검사와 사법경찰관은 모든 수사과정에서 헌법과 법률에 따라 보장되는 피의자와 그 밖의 피해자·참고인 등(이하 "사건관계인"이라 한다)의 권리를 보호하고, 적법한 절차에 따라야 한다(검사와 사법경찰관의 상호협력과 일반적 수사준칙에 관한 규정(이하 수사준칙에 관한 규정) 제3조 제1항). 검사와 사법경찰관은 예단이나 편견 없이 신속하게 수사해야 하고, 주어진 권한을 자의적으로 행사하거나 남용해서는 안 된다(수사준칙에 관한 규정 제3조 제2항).

검사와 사법경찰관은 수사를 할 때 다음 각 호의 사항에 유의하여 실체적 진실을 발견해야 한다(수사준칙에 관한 규정 제3조 제3항). 1. 물적 증거를 기본으로 하여 객관적이고 신빙성 있는 증거를 발견하고 수집하기 위해 노력할 것, 2. 과학수사 기법과 관련 지식·기술 및 자료를 충분히 활용하여 합리적으로 수사할 것, 3. 수사과정에서 선입견을 갖지 말고, 근거 없는 추측을 배제하며, 사건관계인의 진술을 과신하지 않도록 주의할 것

검사와 사법경찰관은 다른 사건의 수사를 통해 확보된 증거 또는 자료를 내

세워 관련이 없는 사건에 대한 자백이나 진술을 강요해서는 안 된다(수사준칙에 관한 규정 제3조 제4항).

(2) 사건의 관할

사건의 수사는 범죄지, 피의자의 주소·거소 또는 현재지를 관할하는 해양경찰관서가 담당한다(해양경찰청 범죄수사규칙 제7조 제1항). 사건관할을 달리하는 수개의 사건이 관련된 때에는 1개의 사건에 관하여 관할이 있는 해양경찰관서는 다른 사건까지 병합하여 수사를 할 수 있다(해양경찰청 범죄수사규칙 제7조 제2항).

사법경찰관리는 소속된 해양경찰관서의 관할구역에서 직무를 수행한다. 다만, 다음 각 호의 어느 하나에 해당하는 경우에는 관할구역이 아닌 곳에서도 그 직무를 수행할 수 있다(해양경찰수사규칙 제15조). 1. 관할구역의 사건과 관련성이 있는 사실을 발견하기 위한 경우, 2. 관할구역이 불분명한 경우, 3. 긴급을 요하는 등 수사에 필요한 경우

(3) 제척·기피·회피

1) 제 척

경찰관은 다음 각 호의 어느 하나에 해당하는 경우 수사직무(조사 등 직접적인 수사 및 수사지휘를 포함한다)의 집행에서 제척된다(해양경찰청 범죄수사규칙 제8조). 1. 경찰관 본인이 피해자인 때, 2. 경찰관 본인이 피의자 또는 피해자의 친족이거나 친족이었던 사람인 때, 3. 경찰관 본인이 피의자 또는 피해자의 법정대리인이거나 후견감독인인 때

2) 기 피

피의자, 피해자와 그 변호인은 다음 각 호의 어느 하나에 해당하는 때에는 경찰관에 대해 기피를 신청할 수 있다. 다만, 변호인은 피의자, 피해자의 명시한 의사에 반하지 않는 경우에 한하여 기피를 신청할 수 있다(해양경찰청 범죄수사규칙 제9조 제1항). 1. 경찰관이 제8조 각 호의 어느 하나에 해당되는 때, 2. 경찰관이 불공정한 수사를 하였거나 그러한 염려가 있다고 볼만한 객관적·구체적 사정이 있는 때

기피 신청은 해양경찰관서에 접수된 고소·고발·진정·탄원·신고 사건에 한하여 신청할 수 있다(해양경찰청 범죄수사규칙 제9조 제2항).

3) 회   피

사법경찰관리는 피의자나 사건관계인과 친족관계 또는 이에 준하는 관계가 있거나 그 밖에 수사의 공정성을 의심 받을 염려가 있는 사건에 대해서는 소속 기관의 장의 허가를 받아 그 수사를 회피해야 한다(수사준칙에 관한 규정 제11조). 사법 경찰관리는 수사준칙 제11조에 따라 수사를 회피하려는 경우에는 회피신청서를 소속해양경찰관서장에게 제출해야 한다(해양경찰수사규칙 제10조).

(4) 수사 진행상황의 통지

사법경찰관은 다음 각 호의 어느 하나에 해당하는 날부터 7일 이내에 고소인·고발인·피해자 또는 그 법정대리인(피해자가 사망한 경우에는 그 배우자·직계친족·형제자매를 포함한다. 이하 "고소인 등"이라 한다)에게 수사 진행상황을 통지해야 한다. 다만, 고소인 등의 연락처를 모르거나 소재가 확인되지 않으면 연락처나 소재를 알게 된 날부터 7일 이내에 수사 진행상황을 통지해야 한다(해양경찰수사규칙 제11조 제1항). 1. 신고·고소·고발·진정·탄원에 따라 수사를 개시한 날, 2. 제1호에 따른 수사를 개시한 날부터 매 1개월이 지난 날

제1항에 따른 통지는 서면, 전화, 팩스, 전자우편, 문자메시지 등 고소인 등이 요청한 방법으로 할 수 있으며, 고소인 등이 별도로 요청한 방법이 없는 경우에는 서면 또는 문자메시지로 통지한다. 이 경우 서면으로 하는 통지는 수사 진행상황 통지서에 따른다(해양경찰수사규칙 제11조 제2항).

사법경찰관은 제1항에도 불구하고 다음 각 호의 어느 하나에 해당하는 경우에는 수사 진행상황을 통지하지 않을 수 있다. 이 경우 그 사실을 수사보고서로 작성하여 사건기록에 편철해야 한다(해양경찰수사규칙 제11조 제4항). 1. 고소인 등이 통지를 원하지 않는 경우, 2. 고소인 등에게 통지해야 하는 수사 진행상황을 사전에 고지한 경우, 3. 사건관계인의 명예나 권리를 부당하게 침해하는 경우, 4. 사건관계인에 대한 보복범죄나 2차 피해가 우려되는 경우

(5) 불이익 금지

검사와 사법경찰관은 피의자나 사건관계인이 인권침해 신고나 그 밖에 인권 구제를 위한 신고, 진정, 고소, 고발 등의 행위를 하였다는 이유로 부당한 대우를

하거나 불이익을 주어서는 안 된다(수사준칙에 관한 규정 제4조).

⑹ 형사사건의 공개금지 등

검사와 사법경찰관은 공소제기 전의 형사사건에 관한 내용을 공개해서는 안 된다(수사준칙에 관한 규정 제5조 제1항). 검사와 사법경찰관은 수사의 전(全) 과정에서 피의자와 사건관계인의 사생활의 비밀을 보호하고 그들의 명예나 신용이 훼손되지 않도록 노력해야 한다(수사준칙에 관한 규정 제5조 제2항). 제1항에도 불구하고 해양경찰청장은 무죄추정의 원칙과 국민의 알권리 등을 종합적으로 고려하여 형사사건 공개에 관한 준칙을 정할 수 있다(수사준칙에 관한 규정 제5조 제3항).

⑺ 인권 보호 및 적법절차의 준수

사법경찰관리는 수사를 할 때에는 합리적 이유 없이 피의자와 그 밖의 피해자·참고인 등의 성별, 종교, 나이, 장애, 사회적 신분, 출신지역, 인종, 국적, 외모 등 신체조건, 병력, 혼인 여부, 정치적 의견 및 성적 지향 등을 이유로 차별해서는 안 된다(해양경찰수사규칙 제2조 제1항). 사법경찰관리는 「형사소송법」 및 「검사와 사법경찰관의 상호협력과 일반적 수사준칙에 관한 규정」 등 관계 법령을 준수하고 적법한 절차와 방식에 따라 수사해야 한다(해양경찰수사규칙 제2조 제2항).

⑻ 임의수사 우선의 원칙

검사와 사법경찰관은 수사를 할 때 수사 대상자의 자유로운 의사에 따른 임의수사를 원칙으로 해야 하고, 강제수사는 법률에서 정한 바에 따라 필요한 경우에만 최소한의 범위에서 하되, 수사 대상자의 권익 침해의 정도가 더 적은 절차와 방법을 선택해야 한다(수사준칙에 관한 규정 제10조 제1항).

V. 수사과정에서 발생하는 언론보도에 의한 침해구제

1. 언론사 등에 대한 정정보도 청구

사실적 주장에 관한 언론보도 등이 진실하지 아니함으로 인하여 피해를 입은 자(이하 "피해자"라 한다)는 해당 언론보도 등이 있음을 안 날부터 3개월 이내에 언론사, 인터넷뉴스서비스사업자 및 인터넷 멀티미디어 방송사업자(이하 "언론사 등"이라 한다)에게 그 언론보도 등의 내용에 관한 정정보도를 청구할 수 있다. 다만, 해당 언론보도 등이 있은 후 6개월이 지났을 때에는 그러하지 아니하다(언론중재 및 피해구제 등에 관한 법률 제14조 제1항). 제1항의 청구에는 언론사 등의 고의·과실이나 위법성을 필요로 하지 아니한다(언론중재 및 피해구제 등에 관한 법률 제14조 제2항). 국가·지방자치단체, 기관 또는 단체의 장은 해당 업무에 대하여 그 기관 또는 단체를 대표하여 정정보도를 청구할 수 있다(언론중재 및 피해구제 등에 관한 법률 제14조 제3항).

2. 반론보도청구

사실적 주장에 관한 언론보도 등으로 인하여 피해를 입은 자는 그 보도 내용에 관한 반론보도를 언론사 등에 청구할 수 있다(언론중재 및 피해구제 등에 관한 법률 제16조 제1항). 제1항의 청구에는 언론사 등의 고의·과실이나 위법성을 필요로 하지 아니하며, 보도 내용의 진실 여부와 상관없이 그 청구를 할 수 있다(언론중재 및 피해구제 등에 관한 법률 제16조 제2항).

3. 추후보도청구

언론 등에 의하여 범죄혐의가 있거나 형사상의 조치를 받았다고 보도 또는 공표된 자는 그에 대한 형사절차가 무죄판결 또는 이와 동등한 형태로 종결되었을 때에는 그 사실을 안 날부터 3개월 이내에 언론사 등에 이 사실에 관한 추후보도의 게재를 청구할 수 있다(언론중재 및 피해구제 등에 관한 법률 제17조 제1항). 제1항에 따른 추후보도에는 청구인의 명예나 권리 회복에 필요한 설명 또는 해명이 포함되어야 한다(언론중재 및 피해구제 등에 관한 법률 제17조 제2항). 추후보도청구권은 특별한 사정이 있는 경우를 제외하고는 이 법에 따른 정정보도청구권이나 반론보도청구권의 행사에 영향을 미치지 아니한다(언론중재 및 피해구제 등에 관한 법률 제17조 제4항).

제2절 / 해양경찰 수사활동의 의의

I. 해양경찰 수사활동의 개념

정부조직법 제43조 제2항은 해양경찰의 직무를 "해양에서의 경찰에 관한 사무"라고 규정하고 있다. 따라서 해양경찰의 수사활동은 해양에서의 범죄에 대한 공소제기 및 유지여부를 결정하기 위하여 ① 범인에 대한 발견·확보, ② 증거를 수집·보전하는 해양경찰의 활동이라고 정의할 수 있다.

II. 해양경찰 수사활동의 법적 근거

해양경찰 수사활동은 정부조직법 제43조 제2항(해양에서의 경찰 및 오염방제에 관한 사무를 관장하기 위하여 해양수산부장관 소속으로 해양경찰청을 둔다)에 근거하여 해양에서의 경찰과 관련된 활동으로 제한된다.

정부조직법 외에 해양경찰 수사활동의 직접적 근거가 되는 법령으로는 해양경찰법(제14조 제2항: 해양경찰은 해양에서 공공의 안녕과 질서유지를 위하여 해양관련 범죄의 예방·진압·수사와 피해자 보호에 관한 직무를 수행한다), 경찰관직무집행법(제2조 제2호: 범죄의 예방·진압 및 수사), 형사소송법, 형법, 검사와 사법경찰관의 상호협력과 일반적 수사준칙에 관한 규정, 해양경찰청과 그 소속기관 직제, 해양경찰청과 그 소속기관 직제 시행규칙, 해양경찰수사규칙 등이 있다. 또한 해양경찰청 훈령 및 예규로 해양경찰청 범죄수사규칙, 해양경찰청 범죄수사자료 조회규칙, 해양경찰청 내사사건 처리규칙, 해양경찰청 수사긴급배치규칙, 해양경찰청 수사본부 운영규칙, 해양경찰청 종합수사지휘본부 운영규칙, 해양경찰청 유치장 설계 표준 규칙, 해양경찰청 피의자 유치 및 호송규칙, 해양경찰청 수사사건 등의 공보에 관한 규칙 등이 있다.

Ⅲ. 해양경찰 수사활동의 특성

1. 장소적 접근이 어려운 상황 하에서의 활동

해양경찰은 '해양에서의 경찰에 관한 사무'에 한하여 그 활동을 수행하기 때문에 해양경찰의 수사활동은 주로 해양에서 이루어지게 된다. 해양은 육상과 비교하여 그 면적이 광활하고, 주로 선박에 의한 접근만이 가능하다는 점에서 원하는 지점까지의 접근이 용이하지 않은 환경적 특성을 가지고 있다. 이러한 환경적 특성은 범죄가 발생하였을 때, 해양경찰이 범죄장소까지 신속하게 이동하는데 장애가 될 뿐만 아니라, 종종 해양경찰에게 위험한 상황을 발생시키기도 한다. 해양경찰은 이러한 어려움 속에서 수사활동을 수행해야 하기 때문에 육상과 비교하여 범인을 발견·확보하는 데 있어 제약이 많을 수밖에 없다.

2. 증거가 인멸되기 쉬운 상황 하에서의 활동

바다라는 넓은 공간에서 실행한 범죄는 육상에서 발생한 범죄와 비교하였을 때 증거가 인멸되기 쉬운 환경에 놓여 있다. 넓은 바다 한 가운데에서 범죄와 관련된 증거물을 버린 경우 그것을 찾는 것은 거의 불가능한 일이다. 이처럼 해양경찰의 수사활동은 증거를 수집·보전하는 데 있어서도 큰 제약이 있는 상태에서 행하여지고 있다.

Ⅳ. 해양경찰 수사활동의 중요성

해양에서의 범죄는 범인을 발견·확보하기가 육상에서의 범죄에 비해 어려움이 있고, 증거를 수집·보전하는 데에도 큰 어려움이 있다. 이러한 어려움은 자연스럽게 해양범죄의 증가로 이어질 수 있다. 바다라는 장소적 특성으로 인해 범인의 발견·확보 및 증거의 수집·보전이 어렵게 될수록 바다는 범죄장소로 선택될 뿐만 아니라 증거물을 인멸·은닉하는 장소로 선호될 것이다. 결국 해양에서의 범죄는 계속하여 증가할 수밖에 없다. 이러한 이유로 해양경찰의 수사활동이 더욱 중요해진다고 할 수 있다.

Ⅰ. 해양경찰청

1. 수 사 국

해양경찰청의 수사활동은 수사국에서 담당한다. 해양경찰청에 수사국을 둔다 (해양경찰청과 그 소속기관 직제 제6조 제1항). 수사국에 국장 1명을 둔다(해양경찰청과 그 소속기관 직제 제13조 제1항). 국장은 치안감 또는 경무관으로 보한다(해양경찰청과 그 소속기관 직제 제13조 제2항).

국장은 다음 사항을 분장한다(해양경찰청과 그 소속기관 직제 제13조 제3항). 1. 수사업무 및 범죄첩보에 관한 기획·지도 및 조정, 2. 범죄통계 및 수사 자료의 분석, 3. 해양과학수사업무에 관한 기획·지도 및 조정, 4. 삭제, 5. 삭제, 6. 삭제, 7. 범죄의 수사

2. 수사기획과·수사과·형사과·과학수사팀

수사국에 수사기획과·수사과·형사과 및 과학수사팀을 두며, 수사기획과장·수사과장·형사과장은 총경으로, 과학수사팀장은 경정으로 보한다(해양경찰청과 그 소속기관 직제 제16조; 해양경찰청과 그 소속기관 직제 시행규칙 제8조 제1항).

(1) 수사기획과

수사기획과장은 다음 사항을 분장한다(해양경찰청과 그 소속기관 직제 시행규칙 제8조 제2항). 1. 수사업무에 관한 기획·지도 및 조정, 2. 수사 관련 법무지원 업무, 3. 영장심사·수사심사에 관한 제도·정책 수립 및 소속기관 영장·수사심사관 시도·관리, 4. 인권보호정책 수립·지도 및 수사경찰 청렴도 평가 관리, 5. 수사기록물 및 통합증거물 관리, 6. 수사와 관련된 위원회 운영 및 관리, 7. 그 밖에 국 내 다른 과의 주관에 속하지 아니하는 사항

(2) 수 사 과

수사과장은 다음 사항을 분장한다(해양경찰청과 그 소속기관 직제 시행규칙 제8조 제3항).
1. 수사민원 사건(고소·고발·진정·탄원)의 접수 및 처리, 2. 중요 범죄첩보의 수집·분석 및 기획·조정·지도·통제에 관한 사항, 3. 범죄통계의 관리 및 분석, 4. 유치장 및 유치인 관리 업무, 5. 수사사건 관련 지시사항 관리

(3) 형 사 과

형사과장은 다음 사항을 분장한다(해양경찰청과 그 소속기관 직제 시행규칙 제8조 제4항).
1. 형사업무에 관한 기획·지도 및 조정, 2. 범죄기록의 수집·관리·지도, 3. 살인·강도·절도·폭력 등 강력범죄의 수사·지도, 4. 광역수사업무와 그 기획·지도 및 조정, 5. 마약사범에 관한 정보의 처리, 수사 및 지도, 6. 지능범죄 등에 관한 기획수사 및 지도, 7. 중대 안보위해범죄에 대한 수사지도

(4) 과학수사팀

과학수사팀장은 다음 사항을 분장한다(해양경찰청과 그 소속기관 직제 시행규칙 제8조 제5항). 1. 과학수사 업무에 관한 기획·지도 및 조정, 2. 과학수사 관련 국내·외 기관 등과의 교류 및 협력, 3. 과학수사 장비 및 기법에 관한 사항, 4. 범죄 감식 및 증거 분석

II. 지방해양경찰청

지방해양경찰청의 수사활동은 수사과에서 담당한다. 지방해양경찰청에 수사과를 둔다(해양경찰청과 그 소속기관 직제 시행규칙 제20조 제1항). 수사과장은 총경으로 보한다(해양경찰청과 그 소속기관 직제 시행규칙 제20조 제2항).

수사과장은 다음 사항을 분장한다(해양경찰청과 그 소속기관 직제 시행규칙 제28조). 1. 범죄수사의 지도, 2. 수사에 관한 민원의 처리, 3. 범죄 통계 및 수사자료의 분석, 4. 유치장 관리의 지도 및 감독, 5. 형사업무와 관련된 사항, 6. 광역수사업무와

그 지도 및 조정, 7. 형사기동정의 운영에 관한 사항, 8. 소속 해양경찰서의 수사 업무에 관한 사항

Ⅲ. 해양경찰서

해양경찰서의 수사활동은 수사과에서 담당한다(해양경찰청과 그 소속기관 직제 시행규칙 제30조 제1항). 수사과장은 경정 또는 경감으로 보한다(해양경찰청과 그 소속기관 직제 시행규칙 제30조 제2항).

Ⅰ. 수사의 단서(수사개시의 원인)

수사기관이 범죄의 혐의가 있다고 판단하게 된 원인을 수사의 단서라고 한다. 수사개시의 단서가 존재한다고 해서 반드시 수사를 개시해야 하는 것은 아니다. 고소·고발·자수가 있는 때에는 즉시 수사가 개시되나, 그 이외의 경우에는 범죄혐의를 확인하기 위하여 내사단계를 거치는 것이 일반적이다.16)

1. 범죄첩보

(1) 개   념

범죄첩보란 범죄수사에 참고가 될 만한 일체의 자료를 의미한다. 범죄첩보에 의해 내사를 하거나 수사를 개시하여야 한다. 수사의 단서로서의 범죄첩보는 범죄수사를 개시할 수 있을 정도의 자료, 즉 범죄로 이행된다고 예상되는 사항이나 이미 발생한 범죄에 관한 사항으로 한정된다. 범죄수사를 함에 있어 수사의 단서를 수동적으로만 입수하기에는 한계가 따르고 수사기관의 신속하고 전략적인 범죄첩보 수집활동이 요구된다.17)

(2) 특   징

1) 시 한 성

범죄첩보는 시간이 지남에 따라 가치가 감소되므로, 수집시기 및 내사 착수시기의 타이밍이 중요하다.

2) 가치 변화성

범죄첩보는 일반인에게는 불필요한 내용이라고 하더라도 수사기관의 필요성에 따라 가치가 달라지며 중요한 내용이 될 수도 있다.

---

16) 이은모·김정환, 앞의 책, 182면.
17) 해양경비안전교육원, 「해양범죄수사」, 2017, 24면.

3) 결 합 성

범죄첩보는 여러 첩보가 서로 결합되고, 가공되어 더 구체적인 범죄첩보가 된다.

4) 결과지향성

범죄첩보는 수사에 착수하여 사건으로서 현출되는 결과가 있어야 한다.

5) 혼 합 성

범죄첩보는 단순한 사실의 나열이 아니라 그 속에 하나의 원인과 결과를 내포하고 있다.

2. 고　　소

(1) 고소의 의의

1) 수사기관에 대한 신고

고소는 서면 또는 구술로써 검사 또는 사법경찰관에게 하여야 하는 것이므로 피해자가 피고인을 심리하고 있는 법원에 대하여 간통사실을 적시하고 피고인을 엄벌에 처하라는 내용의 진술서를 제출하거나 증인으로서 증언하면서 판사의 신문에 대해 피고인의 처벌을 바란다는 취지의 진술을 하였다 하더라도 이는 고소로서의 효력이 없다.[18]

2) 범죄사실의 특정

고소는 범죄의 피해자 등이 수사기관에 대하여 범죄사실을 신고하여 범인의 소추처벌을 구하는 의사표시이므로 그 범죄사실 등이 구체적으로 특정되어야 할 것이나, 그 특정의 정도는 고소인의 의사가 수사기관에 대하여 일정한 범죄사실을 지정신고하여 범인의 소추처벌을 구하는 의사표시가 있었다고 볼 수 있을 정도면 그것으로 충분하고, 범인의 성명이 불명이거나 뜨는 오기가 있있나거나 범행의 일시·장소·방법 등이 명확하지 않거나 틀리는 것이 있다고 하더라도 그 효력에는 아무 영향이 없다.[19]

---

18) 대법원 1984. 6. 26. 선고 84도709 판결.
19) 대법원 1984. 10. 23. 선고 84도1704 판결.

3) 범인의 처벌을 구하는 의사표시

가. 처벌의 의사표시

고소는 범죄의 피해자 기타 고소권자가 수사기관에 대하여 범죄사실을 신고하여 범인의 소추를 구하는 의사표시를 말하는 것으로서, 단순한 피해사실의 신고는 소추·처벌을 구하는 의사표시가 아니므로 고소가 아니다. 또한, 피해자가 고소장을 제출하여 처벌을 희망하는 의사를 분명히 표시한 후 고소를 취소한 바 없다면 비록 고소 전에 피해자가 처벌을 원치 않았다 하더라도 그 후에 한 피해자의 고소는 유효하다.[20]

나. 고소능력 있는 자의 고소

고소를 함에는 소송행위능력, 즉 고소능력이 있어야 하는바, 고소능력은 피해를 받은 사실을 이해하고 고소에 따른 사회생활상의 이해관계를 알아차릴 수 있는 사실상의 의사능력으로 충분하므로 민법상의 행위능력이 없는 자라도 위와 같은 능력을 갖춘 자에게는 고소능력이 인정된다고 할 것이고, 고소위임을 위한 능력도 위와 마찬가지라고 할 것이다.[21]

(2) **고소권자**

1) 원칙적으로 권한을 갖는 자

범죄로 인한 피해자는 고소할 수 있다(형사소송법 제223조). 피해자의 법정대리인은 독립하여 고소할 수 있다(형사소송법 제225조 제1항).

2) 예외적인 상황에서 권한을 갖는 자

가. 피해자가 사망한 경우

피해자가 사망한 때에는 그 배우자, 직계친족 또는 형제자매는 고소할 수 있다. 단, 피해자의 명시한 의사에 반하지 못한다(형사소송법 제225조 제2항).

나. 법정대리인 등이 피의자인 경우

피해자의 법정대리인이 피의자이거나 법정대리인의 친족이 피의자인 때에는

---

20) 대법원 2008. 11. 27. 선고 2007도4977 판결.
21) 대법원 1999. 2. 9. 선고 98도2074 판결.

피해자의 친족은 독립하여 고소할 수 있다(형사소송법 제226조).

다. 사자의 명예를 훼손한 경우

사자의 명예를 훼손한 범죄에 대하여는 그 친족 또는 자손은 고소할 수 있다(형사소송법 제227조).

(3) 고소의 방법

1) 고소의 방식

가. 고소인

고소는 서면 또는 구술로써 검사 또는 사법경찰관에게 하여야 한다(형사소송법 제237조 제1항).

나. 수사기관

검사 또는 사법경찰관이 구술에 의한 고소를 받은 때에는 조서를 작성하여야 한다(형사소송법 제237조 제2항).

2) 고소의 대리

고소 또는 그 취소는 대리인으로 하여금하게 할 수 있다(형사소송법 제236조).

(4) 고소의 기간

친고죄에 대하여는 범인을 알게 된 날로부터 6월을 경과하면 고소하지 못한다. 단, 고소할 수 없는 불가항력의 사유가 있는 때에는 그 사유가 없어진 날로부터 기산한다(형사소송법 제230조 제1항).

(5) 고소의 효과

경찰관은 고소를 수리하였을 때에는 즉시 수사에 착수해야 한다(해양경찰청 범죄수사규칙 제52조 제1항).

(6) 고소의 제한

1) 원   칙

자기 또는 배우자의 직계존속을 고소하지 못한다(형사소송법 제224조).

2) 예   외

단, 성폭력범죄의 처벌 등에 관한 특례법과 가정폭력범죄의 처벌 등에 관한 특례법상의 범죄에 대해서는 자기 또는 배우자의 직계존속인 경우에도 고소할 수 있다(성폭력범죄의 처벌 등에 관한 특례법 제18조; 가정폭력범죄의 처벌 등에 관한 특례법 제6조 제2항).

(7) 고소의 취소

고소는 제1심 판결선고 전까지 취소할 수 있다(형사소송법 제232조 제1항). 고소를 취소한 자는 다시 고소할 수 없다(형사소송법 제232조 제2항).

(8) 고소사건의 처리

1) 사법경찰관의 조치

사법경찰관이 고소를 받은 때에는 신속히 조사하여 관계서류와 증거물을 검사에게 송부하여야 한다(형사소송법 제238조).

2) 고소사건의 수사기간

사법경찰관리는 고소를 수리한 날부터 3개월 이내에 수사를 마쳐야 한다(해양경찰수사규칙 제24조 제1항). 사법경찰관리는 제1항의 기간 내에 수사를 완료하지 못한 경우에는 그 이유를 소속수사부서장에게 보고하고 수사기간 연장을 승인받아야 한다(해양경찰수사규칙 제24조 제2항).

3. 고   발

(1) 고발의 의의

고발이란 범죄사실을 수사기관에 고하여 그 소추를 촉구하는 것으로서 범인을 지적할 필요가 없는 것이고 또한 고발에서 지정한 범인이 진범인이 아니더라도 고발의 효력에는 영향이 없는 것이므로, 고발인이 농지전용행위를 한 사람을 甲으로 잘못 알고 甲을 피고발인으로 하여 고발하였다고 하더라도 乙이 농지전용행위를 한 이상 乙에 대하여도 고발의 효력이 미친다.[22]

---

22) 대법원 1994. 5. 13. 선고 94도458 판결.

(2) 고발권자

누구든지 범죄가 있다고 사료하는 때에는 고발할 수 있다(형사소송법 제234조 제1항). 공무원은 그 직무를 행함에 있어 범죄가 있다고 사료하는 때에는 고발하여야 한다(형사소송법 제234조 제2항).

(3) 고발의 방법

1) 고발의 방식

가. 고 발 인

고발은 서면 또는 구술로써 검사 또는 사법경찰관에게 하여야 한다(형사소송법 제237조 제1항).

나. 수사기관

검사 또는 사법경찰관이 구술에 의한 고발을 받은 때에는 조서를 작성하여야 한다(형사소송법 제237조 제2항).

다. 고발의 대리

고발은 피해자 본인 및 고소권자를 제외하고는 누구나 할 수 있는 것이어서 고발의 대리는 허용되지 않고 고발의 의사를 결정하고 고발행위를 주재한 자가 고발인이라고 할 것이다.[23]

(4) 고발의 기간

고발의 기간은 제한이 없다.

(5) 고발의 효과

경찰관은 고발을 수리하였을 때에는 즉시 수사에 착수해야 한다(해양경찰청 범죄수사규칙 제52조 제1항).

---

23) 대법원 1989. 9. 26. 선고 88도1533 판결.

(6) 고발의 제한

자기 또는 배우자의 직계존속을 고발하지 못한다(형사소송법 제224조, 제235조).

(7) 고발사건의 처리

1) 사법경찰관의 조치

사법경찰관이 고발을 받은 때에는 신속히 조사하여 관계서류와 증거물을 검사에게 송부하여야 한다(형사소송법 제238조).

2) 고발사건의 수사기간

사법경찰관리는 고발을 수리한 날부터 3개월 이내에 수사를 마쳐야 한다(해양경찰수사규칙 제24조 제1항). 사법경찰관리는 제1항의 기간 내에 수사를 완료하지 못한 경우에는 그 이유를 소속수사부서장에게 보고하고 수사기간 연장을 승인받아야 한다(해양경찰수사규칙 제24조 제2항).

4. 자   수

(1) 자수의 의의

죄를 범한 후 수사책임이 있는 관서에 자수한 때에는 그 형을 감경 또는 면제할 수 있다(형법 제52조 제1항).

(2) 자수의 절차

자수는 서면 또는 구술로써 검사 또는 사법경찰관에게 하여야 한다. 구술에 의한 자수일 경우 검사 또는 사법경찰관은 조서를 작성하여야 한다. 자수가 있을 경우 사법경찰관은 신속히 조사하여 관계서류와 증거물을 검사에게 송부하여야 한다(형사소송법 제240조). 경찰관은 자수사건을 수사할 때에는 자수인이 해당 범죄사실의 범인으로서 이미 발각되어 있었던 것인지 여부와 진범인이나 자기의 다른 범죄를 숨기기 위해서 해당 사건만을 자수하는 것인지 여부를 주의해야 한다(해양경찰청 범죄수사규칙 제50조).

5. 변사자의 검시

(1) 변사자 검시의 의의

변사자의 검시란 사람의 사망이 범죄로 인한 것인가를 판단하기 위하여 수사 기관이 변사자의 상황을 조사하는 것을 말한다.

(2) 변사자 검시의 대상

변사자 검시의 대상은 범죄로 인한 사망의 의심이 있는 사체에 한정된다. 따라서 익사 또는 천재지변에 의하여 사망한 것이 명백한 사체는 검시의 대상에 제외된다.[24]

(3) 변사자 검시의 성질

검시의 결과 범죄의 혐의가 인정될 때에는 수사가 개시된다. 따라서 검시는 법관의 영장을 요하지 않는 수사의 단서인 수사 전의 처분이고, 범죄의 혐의가 인정되어 수사가 개시된 경우에 원칙적으로 법관의 영장이 있어야 할 수 있는 수사 상의 검증과 구별된다.[25]

(4) 변사자 검시의 절차

1) 통보 및 보고

사법경찰관은 변사자 또는 변사한 것으로 의심되는 사체가 있으면 변사사건 발생사실을 검사에게 통보해야 한다(수사준칙에 관한 규정 제17조 제1항). 경찰관은 변사자 또는 변사로 의심되는 사체를 발견하거나 사체가 있다는 신고를 받았을 때에는 즉시 소속 해양경찰관서장에게 보고해야 한다(해양경찰청 범죄수사규칙 제55조).

2) 검사의 검시

변사사 또는 변사의 의심 있는 사체가 있는 때에는 그 소재지를 관할하는 지방검찰청 검사가 검시하여야 한다(형사소송법 제222조 제1항).

---

24) 이은모·김정환, 앞의 책, 201면.
25) 이재상·조균석·이창온, 앞의 책, 221면.

3) 사법경찰관의 검시

검사는 사법경찰관에게 검시를 명할 수 있다(형사소송법 제222조 제3항). 사법경찰관은 법 제222조 제1항 및 제3항에 따라 검시를 하는 경우에는 의사를 참여시켜야 하며, 그 의사로 하여금 검안서를 작성하게 해야 한다. 이 경우 사법경찰관은 검시 조사관을 참여시킬 수 있다(해양경찰수사규칙 제27조 제1항).

4) 검시와 참여인

사법경찰관리는 검시에 특별한 지장이 없다고 인정하면 변사자의 가족·친족, 이웃사람·친구, 시·군·구·읍·면·동의 공무원이나 그 밖에 필요하다고 인정하는 사람을 검시에 참여시켜야 한다(해양경찰수사규칙 제30조).

5) 사체의 인도

사법경찰관은 변사자에 대한 검시 또는 검증이 종료된 때에는 사체를 소지품 등과 함께 신속히 유족 등에게 인도한다. 다만, 사체를 인수할 사람이 없거나 변사자의 신원이 판명되지 않은 경우에는 사체가 현존하는 지역의 특별자치시장·특별자치도지사·시장·군수 또는 자치구의 구청장에게 인도해야 한다(해양경찰수사규칙 제31조 제1항).

(5) **검시의 주의사항**

사법경찰관리는 검시할 때에는 다음 각 호의 사항에 주의해야 한다(해양경찰수사규칙 제29조). 1. 검시에 착수하기 전에 변사자의 위치, 상태 등이 변하지 않도록 현장을 보존하고, 변사자 발견 당시 변사자의 주변 환경을 조사할 것, 2. 변사자의 소지품이나 그 밖에 변사자가 남겨 놓은 물건이 수사에 필요하다고 인정되는 경우에는 이를 보존하는 데 유의할 것, 3. 검시하는 경우에는 잠재지문 및 변사자의 지문 채취에 유의할 것, 4. 자살자나 자살로 의심되는 사체를 검시하는 경우에는 교사자 또는 방조자의 유무와 유서가 있는 경우 그 진위를 조사할 것, 5. 등록된 지문이 확인되지 않거나 부패 등으로 신원확인이 곤란한 경우에는 디엔에이(DNA) 감정을 의뢰하고, 입양자로 확인된 경우에는 입양기관 탐문 등 신원확인을 위한 보강 조사를 할 것, 6. 신속하게 절차를 진행하여 유족의 장례 절차에 불필요하게 지장을 초래하지 않도록 할 것

(6) 검시에 연속된 수사

경찰관은 검시를 한 경우에 범죄로 인한 사망이라 인식한 때에는 신속하게 수사를 개시하고 소속 해양경찰관서장에게 보고해야 한다(해양경찰청 범죄수사규칙 제56조 제3항). 검시로 범죄의 혐의를 인정하고 긴급을 요할 때에는 검사는 영장 없이 검증할 수 있다(형사소송법 제222조 제2항). 검사는 사법경찰관에게 전항의 처분을 명할 수 있다(형사소송법 제222조 제3항).

6. 피해신고

(1) 피해신고의 의의

피해신고란 범죄에 의한 피해자 또는 이해관계자가 경찰관에게 피해당한 사실을 신고함을 말한다. 피해신고는 범인의 소추를 구하는 의사표시가 없다는 점에서 고소·고발과 구별된다.[26]

(2) 피해신고의 접수

경찰관은 범죄로 인한 피해신고가 있는 경우에는 관할 여부를 불문하고 이를 접수해야 한다(해양경찰청 범죄수사규칙 제46조 제1항). 경찰관은 제1항의 피해신고 중 범죄에 의한 것이 아님이 명백한 경우 피해자 구호 등 필요한 조치를 행한 후 범죄인지는 하지 않는다(해양경찰청 범죄수사규칙 제46조 제2항). 경찰관은 제1항의 신고가 구술에 의한 것일 때에는 신고자에게 피해신고서 또는 진술서를 작성하게 할 수 있다. 이 경우 신고자가 피해신고서 또는 진술서에 그 내용을 충분히 적지 않았거나 적을 수 없을 때에는 진술조서를 작성해야 한다(해양경찰청 범죄수사규칙 제46조 제3항).

7. 불심검문

이에 대하여는 총론 제3장 제3절 해양경찰의 작용 「경찰관직무집행법 부분」에서 서술하였다.

---

26) 해양경찰청, 「2020 해양경찰 실무교재(5. 수사정보 실무)」, 2020, 27면.

II. 내   사

1. 내사의 개념

수사기관은 수사를 개시하기에 앞서 범죄혐의가 있는가 없는가를 확인하기 위하여 조사활동을 할 수 있다. 수사의 개시에 앞서 이루어지는 일련의 조사활동을 가리켜서 일반적으로 내사라고 한다. 내사에 의하여 범죄혐의가 확인되면 곧 이어 수사로 넘어가게 된다. 내사와 수사는 시간적으로 선후관계를 이루면서 밀접하게 연결되어 있다. 수사의 개시에 앞서 이루어지는 조사활동에 기초하여 범죄혐의가 있는가 없는가에 대해 내리는 수사기관의 판단은 수시기관의 재량에 속하는 사항이다.[27] 형사소송법은 내사에 관한 규정을 전혀 두고 있지 않다. 따라서 원칙적으로 내사는 형사소송법의 적용대상이 되지 않는다.

2. 내사의 진행

(1) 내사의 방식

내사는 임의적인 방법으로 함을 원칙으로 한다(해양경찰청 내사사건 처리규칙 제7조).

(2) 내사기간

내사기간이 3개월을 초과하는 경우 경찰관은 내사진행상황보고서를 작성하여 소속 해양경찰관서의 장에게 보고하고 신속히 종결되도록 노력하여야 한다(해양경찰청 내사사건 처리규칙 제8조 제2항).

3. 수사절차로의 전환

사법경찰관은 내사과정에서 범죄혐의가 있다고 판단될 때에는 내사를 종결하고 범죄인지서를 작성하여 수사를 개시하여야 한다. 이 경우 지체 없이 소속 해양경찰관서장에게 보고하여야 한다(해양경찰청 내사사건 처리규칙 제11조). 이와 같이 범죄의

---

27) 신동운, 「형사소송법」, 법문사, 2014, 35–36면.

혐의가 있어 수사를 개시하는 경우를 입건이라고 한다(해양경찰수사규칙 제19조 제2항 제1호).

> **판례** [수사개시의 재량성]
> 수사의 개시에 앞서 이루어지는 조사활동과 이에 기초한 범죄의 혐의가 있는가 여부에 관한 판단, 즉 수사를 개시할 것인가 또는 조사활동을 종결할 것인가의 판단은 수사기관이 제반 상황에 대응하여 자신에게 부여된 권한을 적절하게 행사할 수 있도록 합리적인 재량에 위임되어 있는 행위이다. 그러므로 조사활동과 그에 따른 수사의 개시 여부에 관한 수사기관의 판단을 위법하다고 평가하기 위하여는 형사소송법 등의 관련 법령의 취지와 목적에 비추어 볼 때 구체적인 사정에 따라 수사기관이 그 권한을 행사하여 필요한 조치를 취하지 아니한 것이 현저하게 불합리하다고 인정되거나 경험칙이나 논리칙상 도저히 합리성을 긍정할 수 없는 정도에 이르렀다고 인정되어야 한다(대법원 2006. 12. 7. 선고 2004다14932 판결).

Ⅲ. 수사의 개시

1. 수사의 개시권자

(1) 검사의 수사개시권

검사는 범죄의 혐의가 있다고 사료하는 때에는 범인, 범죄사실과 증거를 수사한다(형사소송법 제196조 제1항). 사법경찰관의 직무를 행하는 검찰청 직원은 검사의 지휘를 받아 수사하여야 한다(형사소송법 제245조의9 제2항).

(2) 경찰공무원인 일반사법경찰관의 수사개시권

경무관, 총경, 경정, 경감, 경위는 사법경찰관으로서 범죄의 혐의가 있다고 사료하는 때에는 범인, 범죄사실과 증거를 수사한다(형사소송법 제196조 제2항).

(3) 일반공무원인 특별사법경찰관의 수사개시권

특별사법경찰관은 범죄의 혐의가 있다고 인식하는 때에는 범인, 범죄사실과 증거에 관하여 수사를 개시·진행하여야 한다(형사소송법 제245조의10 제3항).

2. 사법경찰관의 수사의 개시절차

(1) 범죄혐의 인식

사법경찰관은 구체적인 사실에 근거를 둔 범죄의 혐의를 인식한 때에는 수사를 개시한다(해양경찰수사규칙 제18조 제1항). 경찰관은 수사를 개시할 때에는 범죄의 경중과 정상, 범인의 성격, 사건의 파급성과 모방성, 수사의 완급 등 제반 사정을 고려하여 수사의 시기 또는 방법을 신중하게 결정해야 한다(해양경찰청 범죄수사규칙 제43조).

(2) 범죄인지서 작성

사법경찰관은 제1항에 따라 수사를 개시할 때에는 지체 없이 범죄인지서를 작성하여 사건기록에 편철해야 한다(해양경찰수사규칙 제18조 제2항).

(3) 공무원에 대한 수사개시

경찰관은 공무원에 대해 수사를 개시한 경우에는 공무원 등 범죄 수사개시 통보서를 작성하여 해당 공무원 등의 소속기관의 장 등에게 통보해야 하며, 검찰 송치, 불송치, 수사중지, 이송의 결정을 한 경우에는 공무원 등 범죄 수사결과 통보서를 작성하여 그 결과를 통보해야 한다(해양경찰청 범죄수사규칙 제45조). 수사기관이 공무원을 구속하려면 그 소속 기관의 장에게 미리 통보하여야 한다. 다만, 현행범은 그러하지 아니하다(국가공무원법 제58조 제2항).

Ⅳ. 수사의 방법

1. 임의수사

(1) 임의동행

수사에 관하여는 그 목적을 달성하기 위하여 필요한 조사를 할 수 있다. 다만, 강제처분은 이 법률에 특별한 규정이 있는 경우에 한하며, 필요한 최소한도의 범위 안에서만 하여야 한다(형사소송법 제199조 제1항). 검사 또는 사법경찰관은 임의동행을 요구하는 경우 상대방에게 동행을 거부할 수 있다는 것과 동행하는 경우에도 언제든지 자유롭게 동행 과정에서 이탈하거나 동행 장소에서 퇴거할 수 있다는 것을 알려야 한다(수사준칙에 관한 규정 제20조).

> **판례** [임의동행의 적법성]
> 형사소송법 제199조 제1항은 임의수사 원칙을 명시하고 있는데, 수사관이 수사과정에서 동의를 받는 형식으로 피의자를 수사관서 등에 동행하는 것은, 피의자의 신체의 자유가 제한되어 실질적으로 체포와 유사한데도 이를 억제할 방법이 없어서 이를 통해서는 제도적으로는 물론 현실적으로도 임의성을 보장할 수 없을 뿐만 아니라, 아직 정식 체포·구속단계 이전이라는 이유로 헌법 및 형사소송법이 체포·구속된 피의자에게 부여하는 각종 권리보장 장치가 제공되지 않는 등 형사소송법의 원리에 반하는 결과를 초래할 가능성이 크므로, 수사관이 동행에 앞서 피의자에게 동행을 거부할 수 있음을 알려 주었거나 동행한 피의자가 언제든지 자유로이 동행과정에서 이탈 또는 동행장소에서 퇴거할 수 있었음이 인정되는 등 오로지 피의자의 자발적인 의사에 의하여 수사관서 등에 동행이 이루어졌다는 것이 객관적인 사정에 의하여 명백하게 입증된 경우에 한하여, 동행의 적법성이 인정된다고 보는 것이 타당하다(대법원 2011. 6. 30. 선고 2009도6717 판결).

(2) 출석요구

검사 또는 사법경찰관은 수사에 필요한 때에는 피의자의 출석을 요구하여 진술을 들을 수 있다(형사소송법 제200조). 검사 또는 사법경찰관은 피의자에게 출석요구를 하려는 경우 피의사실의 요지 등 출석요구의 취지를 구체적으로 적은 출석요구서를 발송해야 한다. 다만, 신속한 출석요구가 필요한 경우 등 부득이한 사정이 있는 경우에는 전화, 문자메시지, 그 밖의 상당한 방법으로 출석요구를 할 수 있다(수사준칙에 관한 규정 제19조 제3항).

(3) 피의자신문

1) 구제신청권 고지

사법경찰관은 피의자를 신문하기 전에 수사과정에서 법령위반, 인권침해 또는 현저한 수사권 남용이 있는 경우 검사에게 구제를 신청할 수 있음을 피의자에게 알려주어야 한다(형사소송법 제197조의3 제3항).

2) 진술거부권 등의 고지

가. 고지시기 및 내용

검사 또는 사법경찰관은 피의자를 신문하기 전에 다음 각 호의 사항을 알려주어야 한다(형사소송법 제244조의3 제1항). 1. 일체의 진술을 하지 아니하거나 개개의 질문에 대하여 진술을 하지 아니할 수 있다는 것, 2. 진술을 하지 아니하더라도 불이익을 받지 아니한다는 것, 3. 진술을 거부할 권리를 포기하고 행한 진술은 법정에서 유죄의 증거로 사용될 수 있다는 것, 4. 신문을 받을 때에는 변호인을 참여하게 하는 등 변호인의 조력을 받을 수 있다는 것

형사소송법이 보장하는 피의자의 진술거부권은 헌법이 보장하는 형사상 자기에 불리한 진술을 강요당하지 않는 자기부죄거부의 권리에 터 잡은 것이므로 수사기관이 피의자를 신문함에 있어서 피의자에게 미리 진술거부권을 고지하지 않은 때에는 그 피의자의 진술은 위법하게 수집된 증거로서 진술의 임의성이 인정되는 경우라도 증거능력이 부인되어야 한다.[28]

나. 질문과 답변기재

검사 또는 사법경찰관은 제1항에 따라 알려 준 때에는 피의자가 진술을 거부할 권리와 변호인의 조력을 받을 권리를 행사할 것인지의 여부를 질문하고, 이에 대한 피의자의 답변을 조서에 기재하여야 한다. 이 경우 피의자의 답변은 피의자로 하여금 자필로 기재하게 하거나 검사 또는 사법경찰관이 피의자의 답변을 기재한 부분에 기명날인 또는 서명하게 하여야 한다(형사소송법 제244조의3 제2항).

「형사소송법」 제244조의3에 따른 진술거부권의 고지는 조사를 상당 시간 중단하거나 회차를 달리하거나 담당 경찰관이 교체된 경우에도 다시 해야 한다(해양

---

28) 대법원 2010. 5. 27. 선고 2010도1755 판결.

경찰청 범죄수사규칙 제63조).

3) 신문사항

가. 인정신문(필요적)

검사 또는 사법경찰관이 피의자를 신문함에는 먼저 그 성명, 연령, 등록기준지, 주거와 직업을 물어 피의자임에 틀림없음을 확인하여야 한다(형사소송법 제241조).

나. 필요사항 신문(필요적)

검사 또는 사법경찰관은 피의자에 대하여 범죄사실과 정상에 관한 필요사항을 신문하여야 하며 그 이익되는 사실을 진술할 기회를 주어야 한다(형사소송법 제242조).

다. 대질신문(임의적)

검사 또는 사법경찰관이 사실을 발견함에 필요한 때에는 피의자와 다른 피의자 또는 피의자 아닌 자와 대질하게 할 수 있다(형사소송법 제245조).

(4) 참고인조사

검사 또는 사법경찰관은 수사에 필요한 때에는 피의자가 아닌 자의 출석을 요구하여 진술을 들을 수 있다. 이 경우 그의 동의를 받아 영상녹화할 수 있다(형사소송법 제221조 제1항).

(5) 감정·통역·번역의 위촉

검사 또는 사법경찰관은 수사에 필요한 때에는 감정·통역 또는 번역을 위촉할 수 있다(형사소송법 제221조 제2항).

(6) 사실조회

수사에 관하여는 공무소 기타 공사단체에 조회하여 필요한 사항의 보고를 요구할 수 있다(형사소송법 제199조 제2항).

(7) 실황조사

실황조사는 수사기관이 범죄 현장 또는 그 밖의 장소에 가서 실제 상황을 조사하는 활동을 말한다. 실황조사는 임의수사로서 오감의 작용에 의하여 장소·사람의 신체 또는 물건에 관하여 그 존재 및 상태를 관찰하고 인식하여 사실을 조사하는 것을 말한다. 임의처분 형식의 검증이다. 임의처분이기 때문에 거주자, 관리자, 소유자, 점유자 등의 승낙을 받을 필요가 있고 이를 받지 못한 때는 검증영장을 받아 검증을 하여야 한다.[29] 실황조사는 교통사고, 화재사고, 산업재해사고 등 각종 사건·사고의 조사과정에서 행해지는 일이 많다. 수사상 검증은 수사기관이 법관의 영장 없이 행하는 실황조사와 구별된다.

(8) 촉탁수사

촉탁수사란 타수사기관(타서 사법경찰관리)에게 일정한 사실의 수사를 의뢰하는 일종의 공조수사이다. 촉탁사항에는 제한이 없으나 수사의 성질상 직접 수사하여야 할 필요가 있을 때에는 출장 수사를 하여야 한다.[30]

2. 강제수사

(1) 대인적 강제수사

1) 체   포

가. 체포영장에 의한 체포

(가) 체포의 요건

피의자가 죄를 범하였다고 의심할 만한 상당한 이유가 있고[31](① 범죄혐의의 상당성), 정당한 이유 없이 제200조의 규정에 의한 출석요구에 응하지 아니하거나 응하지 아니할 우려가 있는 때(② 체포사유)에는 검사는 관할 지방법원판사에게 청구하여 체포영장을 발부받아 피의자를 체포할 수 있고, 사법경찰관은 검사에게 신청[32]하여 검사의 청구로 관할지방법원판사의 체포영장을 발부받아 피의자를 체

---

29) 노명선·이완규, 「형사소송법」, 성균관대학교출판부, 2017, 270면; 신동운, 앞의 책(「형사소송법」), 410면.
30) 해양경찰청, 「2020 해양경찰 실무교재(5. 수사정보 실무)」, 2020, 32면.
31) '상당한 이유'란 피의자가 구체적인 범죄를 저질렀을 고도의 개연성을 가리킨다. 수사기관의 주관적 혐의만으로는 부족하고 '구체적 사실'에 근거를 둔 객관적 혐의가 있어야 한다(이주원, 「형사소송법」, 127면).
32) 형사소송법 제221조의5(사법경찰관이 신청한 영장의 청구 여부에 대한 심의) ① 검사가 사법경찰관

포할 수 있다. 다만, 다액 50만원 이하의 벌금, 구류 또는 과료에 해당하는 사건에 관하여는 피의자가 일정한 주거가 없는 경우 또는 정당한 이유없이 제200조의 규정에 의한 출석요구에 응하지 아니한 경우에 한한다(형사소송법 제200조의2 제1항).

제1항의 청구를 받은 지방법원판사는 상당하다고 인정할 때에는 체포영장을 발부한다. 다만, 명백히 체포의 필요가 인정되지 아니하는 경우에는 그러하지 아니하다(③ 체포의 필요성)(형사소송법 제200조의2 제2항).

(나) 구속영장의 청구

체포한 피의자를 구속하고자 할 때에는 체포한 때부터 48시간 이내에 구속영장을 청구하여야 하고, 그 기간 내에 구속영장을 청구하지 아니하는 때에는 피의자를 즉시 석방하여야 한다(형사소송법 제200조의2 제5항).

나. 긴급체포

(가) 체포의 요건

검사 또는 사법경찰관은 피의자가 사형·무기 또는 장기 3년 이상의 징역이나 금고에 해당하는 죄를 범하였다고 의심할 만한 상당한 이유가 있고(① 범죄의 중대성 및 범죄혐의의 상당성), 다음 각 호의 어느 하나에 해당하는 사유가 있는 경우에 긴급을 요하여 지방법원판사의 체포영장을 받을 수 없는 때에는 그 사유를 알리고 영장 없이 피의자를 체포할 수 있다(② 체포의 긴급성). 이 경우 긴급을 요한다 함은 피의자를 우연히 발견한 경우 등과 같이 체포영장을 받을 시간적 여유가 없는 때를 말한다(형사소송법 제200조의3 제1항). 1. 피의자가 증거를 인멸할 염려가 있는 때, 2. 피의자가 도망하거나 도망할 우려가 있는 때(③ 체포의 필요성)

(나) 검사의 승인

사법경찰관이 제1항의 규정에 의하여 피의자를 체포한 경우에는 즉시 검사의 승인을 얻어야 한다(형사소송법 제200조의3 제2항). 사법경찰관은 법 제200조의3 제2항

이 신청한 영장을 정당한 이유 없이 판사에게 청구하지 아니한 경우 사법경찰관은 그 검사 소속의 지방검찰청 소재지를 관할하는 고등검찰청에 영장 청구 여부에 대한 심의를 신청할 수 있다. 제1항에 관한 사항을 심의하기 위하여 각 고등검찰청에 영장심의위원회(이하 이 조에서 "심의위원회"라 한다)를 둔다. ③ 심의위원회는 위원장 1명을 포함한 10명 이내의 외부 위원으로 구성하고, 위원은 각 고등검찰청 검사장이 위촉한다. ④ 사법경찰관은 심의위원회에 출석하여 의견을 개진할 수 있다. ⑤ 심의위원회의 구성 및 운영 등 그 밖에 필요한 사항은 법무부령으로 정한다.

에 따라 긴급체포 후 12시간 내에 검사에게 긴급체포의 승인을 요청해야 한다. 다만, 수사중지 결정 또는 기소중지 결정이 된 피의자를 소속 경찰관서가 위치하는 특별시·광역시·특별자치시·도 또는 특별자치도 외의 지역이나「연안관리법」제2조 제2호 나목의 바다(해안선으로부터 영해의 외측한계까지의 사이를 말한다)에서 긴급체포한 경우에는 긴급체포 후 24시간 이내에 긴급체포의 승인을 요청해야 한다(수사준칙에 관한 규정 제27조 제1항).

(다) 구속영장의 청구

검사 또는 사법경찰관이 제200조의3의 규정에 의하여 피의자를 체포한 경우 피의자를 구속하고자 할 때에는 지체 없이 검사는 관할지방법원판사에게 구속영장을 청구하여야 하고, 사법경찰관은 검사에게 신청하여 검사의 청구로 관할지방법원판사에게 구속영장을 청구하여야 한다. 이 경우 구속영장은 피의자를 체포한 때부터 48시간 이내에 청구하여야 하며, 긴급체포서를 첨부하여야 한다(형사소송법 제200조의4 제1항).

다. 현행범인의 체포

(가) 체포의 요건

범죄를 실행하고 있거나 실행하고 난 직후의 사람을 현행범인이라 한다(형사소송법 제211조 제1항). 현행범인으로 체포하기 위하여는 행위의 가벌성, 범죄의 현행성·시간적 접착성, 범인·범죄의 명백성 외에 체포의 필요성, 즉 도망 또는 증거인멸의 염려가 있어야 하는데, 이러한 현행범인 체포의 요건을 갖추었는지는 체포 당시의 상황을 기초로 판단하여야 하고, 이에 관한 수사주체의 판단에는 상당한 재량의 여지가 있다.[33]

다음 각 호의 어느 하나에 해당하는 사람은 현행범인으로 본다(형사소송법 제211조 제2항). 1. 범인으로 불리며 추적되고 있을 때, 2. 장물이나 범죄에 사용되었다고 인정하기에 충분한 흉기나 그 밖의 물건을 소지하고 있을 때, 3. 신체나 의복류에 증거가 될 만한 뚜렷한 흔적이 있을 때, 4. 누구냐고 묻자 도망하려고 할 때

다액 50만원 이하의 벌금, 구류 또는 과료에 해당하는 죄의 현행범인에 대하여는 범인의 주거가 분명하지 아니한 때에 한하여 현행범인으로 체포할 수 있다(형

---

33) 대법원 2016. 2. 18. 선고 2015도13726 판결.

사소송법 제214조). 현행범인은 누구든지 영장 없이 체포할 수 있다(형사소송법 제212조).

(나) 체포된 현행범인의 인도

검사 또는 사법경찰관리 아닌 자가 현행범인을 체포한 때에는 즉시 검사 또는 사법경찰관리에게 인도하여야 한다(형사소송법 제213조 제1항). 사법경찰관리가 현행범인의 인도를 받은 때에는 체포자의 성명, 주거, 체포의 사유를 물어야 하고 필요한 때에는 체포자에 대하여 경찰관서에 동행함을 요구할 수 있다(형사소송법 제213조 제2항).

(다) 구속영장의 청구

체포한 피의자를 구속하고자 할 때에는 체포한 때부터 48시간 이내에 구속영장을 청구하여야 하고, 그 기간 내에 구속영장을 청구하지 아니하는 때에는 피의자를 즉시 석방하여야 한다(형사소송법 제213조의2, 제200조의2 제5항).

2) 구 속

가. 구속의 요건

피의자가 죄를 범하였다고 의심할 만한 상당한 이유가 있고(① 범죄혐의의 상당성) 제70조 제1항 각 호(1. 피고인이 일정한 주거가 없는 때(주거부정), 2. 피고인이 증거를 인멸할 염려가 있는 때(증거인멸의 염려), 3. 피고인이 도망하거나 도망할 염려가 있는 때(도망 또는 도망할 염려))의 1에 해당하는 사유(② 구속사유)가 있을 때에는 검사는 관할지방법원판사에게 청구하여 구속영장을 받아 피의자를 구속할 수 있고 사법경찰관은 검사에게 신청하여 검사의 청구로 관할지방법원판사의 구속영장을 받아 피의자를 구속할 수 있다. 다만, 다액 50만원 이하의 벌금, 구류 또는 과료에 해당하는 범죄에 관하여는 피의자가 일정한 주거가 없는 경우에 한한다(형사소송법 제201조 제1항).

> **판례** [구속사유의 심사시 고려사항]
> 법원은 구속사유를 심사함에 있어서 범죄의 중대성, 재범의 위험성, 피해자 및 중요 참고인 등에 대한 위해우려 등을 고려하여야 한다(형사소송법 제209조, 제70조 제2항). 형사소송법 제70조 제1항에서는 주거부정, 증거인멸의 우려, 도주우려 등의 구속사유를 규정하고 있는데, 형사소송법 제70조 제2항은 여기에 새로운 '구속사유'를 신설하거나 추가한 것이 아니라, 이러한 '구속사유를 심사할 때 고려해야 할 사항'을 명시한 것이다. 범죄의 중대성, 재범의 위험성이나 피해자·중요 참고인 등에 대한 위해우려는

구속사유를 판단함에 있어 고려하여야 할 구체적이고 전형적인 사례를 거시한 것이다. 따라서 구속사유가 없거나 구속의 필요성이 적은데도 이 같은 의무적 고려사항만을 고려하여 구속하는 것은 허용되지 않으며, 반면에 구속사유가 존재한다고 하여 바로 구속이 결정되는 것이 아니라 거기에 더하여 의무적 고려사항인 범죄의 중대성, 재범의 위험성, 중요 참고인 등에 대한 위해우려를 종합적으로 판단하여 구속 여부를 결정하여야 한다(헌법재판소 2010. 11. 25. 선고 2009헌바8 결정).

나. 집행절차

검사 또는 사법경찰관은 피의자를 체포 또는 구속하는 경우에는 피의사실의 요지, 체포 또는 구속의 이유와 변호인을 선임할 수 있음을 말하고 변명할 기회를 주어야 한다(형사소송법 제200조의5, 제209조). 검사 또는 사법경찰관은 피의자를 체포하거나 구속할 때에는 법 제200조의5(법 제209조에서 준용하는 경우를 포함한다)에 따라 피의자에게 피의사실의 요지, 체포·구속의 이유와 변호인을 선임할 수 있음을 말하고, 변명할 기회를 주어야 하며, 진술거부권을 알려주어야 한다(수사준칙에 관한 규정 제32조 제1항).

다. 구속기간

사법경찰관이 피의자를 구속한 때에는 10일 이내에 피의자를 검사에게 인치하지 아니하면 석방하여야 한다(형사소송법 제202조). 검사가 피의자를 구속한 때 또는 사법경찰관으로부터 피의자의 인치를 받은 때에는 10일 이내에 공소를 제기하지 아니하면 석방하여야 한다(형사소송법 제203조).

3) 수사상 감정유치

형사소송법 제221조 제2항의 수사기관의 감정위촉에 의한 감정은 임의수사이지만, 수사상의 감정유치는 감정이라는 목적을 달성하기 위하여 피의자의 신체의 자유를 제한하는 강제수사이다.[34] 검사는 제221조의 규정에 의하여 감정을 위촉하는 경우에 제172조 제3항(피고인의 정신 또는 신체에 관한 감정에 필요한 때에는 법원은 기간을 정하여 병원 기타 적당한 장소에 피고인을 유치하게 할 수 있고 감정이 완료되면 즉시 유치를 해제하여야 한다)의 유치처분이 필요할 때에는 판사에게 이를 청구하여야 한다(형사소송법 제221조의

---

34) 이은모·김정환, 앞의 책, 235, 307면.

3 제1항). 사법경찰관은 법 제221조 제2항의 감정을 위해 법 제172조 제3항에 따른 유치가 필요한 경우에는 감정유치장 신청서를 작성하여 검사에게 제출해야 한다(해양경찰수사규칙 제73조 제1항).

(2) 대물적 강제수사

1) 영장에 의한 압수·수색·검증

가. 압수·수색·검증의 의의

(가) 압   수

압수란 물건의 점유를 취득하는 강제처분을 말하는데, 여기에는 압류, 영치, 제출명령의 세 가지 유형이 있다. 압류는 물건의 점유를 점유자 또는 소유자의 의사에 반하여 강제적으로 취득하는 강제처분을 말하며, 좁은 의미의 압수란 압류를 의미한다. 영치는 소유자 등이 임의로 제출한 물건이나 유류한 물건에 대하여 점유를 취득하는 경우를 말하는데, 영장을 요하지 않으나 일단 영치된 물건에 대하여는 강제적인 점유가 계속되어 상대방이 수인의무를 진다는 점에서 압수의 일종이다. 법원은 압수할 물건을 지정하여 소유자, 소지자 또는 보관자에게 제출을 명할 수 있다(형사소송법 제106조 제2항). 제출명령은 법원이 행하는 압수의 한 형태로서 수사상의 압수에는 인정되지 않는다.[35]

(나) 수   색

수색이란 압수할 물건이나 체포할 피의자·피고인을 발견할 목적으로 사람의 신체, 물건 또는 주거 기타의 장소를 '뒤져 찾는' 강제처분을 말한다. 수색은 주로 압수를 위한 전세로 행해지고, 실무상 압수·수색영장은 1개의 단일영장이다.[36]

(다) 검   증

검증이란 수사기관이 물건이나 사람의 신체 또는 장소의 존재·성질·형태를 시각, 청각, 후각, 미각, 촉각 등 오관의 작용에 의하여 인식하는 강제처분을 말한다.

신체검사는 원칙적으로 검증으로서의 성질을 가지는 강제처분이다. 피의자의 지문을 채취하거나 신체의 문신·상처부위를 확인하는 경우 등이 여기에 해당한

---

35) 이은모·김정환, 앞의 책, 313면.
36) 이주원, 앞의 책, 161면.

다. 다만 검증으로서의 신체검사는 신체 자체를 검사의 대상으로 하는 점에서 신체외부와 의복에서 증거물을 찾는 신체수색과는 구별된다. 신체검사는 원칙적으로 검증의 일종이라고 할 수 있지만, 신체검사에 전문적인 지식과 경험을 요하는 경우에는 감정의 방법에 의하여야 할 것이다. 혈액검사나 X선촬영 등이 여기에 해당한다.[37]

나. 압수·수색·검증의 요건

검사는 범죄수사에 필요한 때(① 압수·수색·검증의 필요성)에는 피의자가 죄를 범하였다고 의심할 만한 정황이 있고(② 범죄의 혐의) 해당 사건과 관계가 있다고 인정할 수 있는 것에 한정(③ 해당사건과의 관련성)하여 지방법원판사에게 청구하여 발부받은 영장에 의하여 압수, 수색 또는 검증을 할 수 있다(형사소송법 제215조 제1항). 사법경찰관이 범죄수사에 필요한 때에는 피의자가 죄를 범하였다고 의심할 만한 정황이 있고 해당 사건과 관계가 있다고 인정할 수 있는 것에 한정하여 검사에게 신청하여 검사의 청구로 지방법원판사가 발부한 영장에 의하여 압수, 수색 또는 검증을 할 수 있다(형사소송법 제215조 제2항).

다. 영장제시

압수·수색영장은 처분을 받는 자에게 반드시 제시하여야 한다(형사소송법 제219조, 제118조). 반드시 사전에 제시하여야 한다. 이러한 규정은 체포영장에 의한 체포와 구속의 경우에는 원칙상 집행시에 영장을 제시하여야 하고, 예외적으로 급속을 요하는 때에는 체포 또는 구속의 집행을 완료한 후에 신속히 영장을 제시하여야 한다는 규정과 구별된다(형사소송법 제85조, 제200조의6, 제209조).

2) 영장에 의하지 않은 압수·수색·검증

가. 체포·구속시 압수·수색·검증

검사 또는 사법경찰관은 피의자를 체포 또는 구속하는 경우에 필요한 때에는 영장없이 다음 처분을 할 수 있다(형사소송법 제216조 제1항). 1. 타인의 주거나 타인이 간수하는 가옥, 건조물, 항공기, 선차 내에서의 피의자 수색. 다만, 제200조의2 또는 제201조에 따라 피의자를 체포 또는 구속하는 경우의 피의자 수색은 미리 수

---

37) 이은모·김정환, 앞의 책, 330, 332면.

색영장을 발부받기 어려운 긴급한 사정이 있는 때에 한정한다. 2. 체포현장에서의 압수, 수색, 검증

전항 제2호의 규정은 검사 또는 사법경찰관이 피고인에 대한 구속영장의 집행의 경우에 준용한다(형사소송법 제216조 제2항).

나. 범죄장소에서의 압수·수색·검증

범행 중 또는 범행직후의 범죄 장소에서 긴급을 요하여 법원판사의 영장을 받을 수 없는 때에는 영장없이 압수, 수색 또는 검증을 할 수 있다. 이 경우에는 사후에 지체없이 영장을 받아야 한다(형사소송법 제216조 제3항).

다. 긴급체포된 자에 대한 압수·수색·검증

검사 또는 사법경찰관은 제200조의3에 따라 체포된 자가 소유·소지 또는 보관하는 물건에 대하여 긴급히 압수할 필요가 있는 경우에는 체포한 때부터 24시간 이내에 한하여 영장 없이 압수·수색 또는 검증을 할 수 있다(형사소송법 제217조 제1항).

검사 또는 사법경찰관은 제1항 또는 제216조 제1항 제2호에 따라 압수한 물건을 계속 압수할 필요가 있는 경우에는 지체 없이 압수수색영장을 청구하여야 한다. 이 경우 압수수색영장의 청구는 체포한 때부터 48시간 이내에 하여야 한다(형사소송법 제217조 제2항). 검사 또는 사법경찰관은 제2항에 따라 청구한 압수수색영장을 발부받지 못한 때에는 압수한 물건을 즉시 반환하여야 한다(형사소송법 제217조 제3항).

3) 감정에 필요한 처분

수사기관으로부터 감정의 위촉을 받은 자는 판사의 허가를 얻어 제173조 제1항(감정인은 감정에 관하여 필요한 때에는 법원의 허가를 얻어 타인의 주거, 간수자 있는 가옥, 건조물, 항공기, 선차 내에 들어 갈 수 있고 신체의 검사, 사체의 해부, 분묘발굴, 물건의 파괴를 할 수 있다)에 규정된 처분을 할 수 있다(형사소송법 제221조의4 제1항). 제1항의 허가의 청구는 검사가 하여야 한다(형사소송법 제221조의4 제2항). 사법경찰관은 법 제221조의4 제1항에 따라 법 제173조 제1항에 따른 처분을 위한 허가가 필요한 경우에는 감정처분허가장 신청서를 작성하여 검사에게 제출해야 한다(해양경찰수사규칙 제73조 제2항).

4) 통신제한조치의 허가

가. 통신제한조치의 의의

통신제한조치란 중요범죄의 수사나 국가안보를 위한 정보수집 등에 이용하기 위하여 법원에 의한 영장을 발부받아 전기통신의 감청, 우편검열 등을 행하는 것을 말한다.[38]

나. 통신제한조치의 허가요건

통신제한조치는 다음 각 호의 범죄(형법 제2편 중 제1장 내란의 죄, 제2장 외환의 죄 중 제92조 내지 제101조의 죄, 제4장 국교에 관한 죄 중 제107조, 제108조, 제111조 내지 제113조의 죄, 제5장 공안을 해하는 죄 중 제114조, 제115조의 죄, 제6장 폭발물에 관한 죄 등)를 계획 또는 실행하고 있거나 실행하였다고 의심할만한 충분한 이유가 있고 다른 방법으로는 그 범죄의 실행을 저지하거나 범인의 체포 또는 증거의 수집이 어려운 경우에 한하여 허가할 수 있다(통신비밀보호법 제5조 제1항).

다. 통신제한조치의 허가대상

통신제한조치는 제1항의 요건에 해당하는 자가 발송·수취하거나 송·수신하는 특정한 우편물이나 전기통신 또는 그 해당자가 일정한 기간에 걸쳐 발송·수취하거나 송·수신하는 우편물이나 전기통신을 대상으로 허가될 수 있다(통신비밀보호법 제5조 제2항).

라. 통신제한조치의 허가절차

(가) 신청 및 청구

검사는 제5조 제1항의 요건이 구비된 경우에는 법원에 대하여 각 피의자별 또는 각 피내사자별로 통신제한조치를 허가하여 줄 것을 청구할 수 있다(통신비밀보호법 제6조 제1항). 사법경찰관은 제5조 제1항의 요건이 구비된 경우에는 검사에 대하여 각 피의자별 또는 각 피내사자별로 통신제한조치에 대한 허가를 신청하고, 검사는 법원에 대하여 그 허가를 청구할 수 있다(통신비밀보호법 제6조 제2항).

(나) 법원의 허가

제1항 및 제2항의 통신제한조치 청구사건의 관할법원은 그 통신제한조치를

---

38) 해양경찰청, 「2020 해양경찰 실무교재(5. 수사정보 실무)」, 2020, 39면.

받을 통신당사자의 쌍방 또는 일방의 주소지·소재지, 범죄지 또는 통신당사자와 공범관계에 있는 자의 주소지·소재지를 관할하는 지방법원 또는 지원(보통군사법원을 포함한다)으로 한다(통신비밀보호법 제6조 제3항). 법원은 청구가 이유 있다고 인정하는 경우에는 각 피의자별 또는 각 피내사자별로 통신제한조치를 허가하고, 이를 증명하는 서류(이하 "허가서"라 한다)를 청구인에게 발부한다(통신비밀보호법 제6조 제5항). 제5항의 허가서에는 통신제한조치의 종류·그 목적·대상·범위·기간 및 집행장소와 방법을 특정하여 기재하여야 한다(통신비밀보호법 제6조 제6항). 법원은 청구가 이유없다고 인정하는 경우에는 청구를 기각하고 이를 청구인에게 통지한다(통신비밀보호법 제6조 제9항).

마. 통신제한조치의 기간

통신제한조치의 기간은 2개월을 초과하지 못하고, 그 기간 중 통신제한조치의 목적이 달성되었을 경우에는 즉시 종료하여야 한다. 다만, 제5조제1항의 허가요건이 존속하는 경우에는 소명자료를 첨부하여 제1항 또는 제2항에 따라 2개월의 범위에서 통신제한조치기간의 연장을 청구할 수 있다(통신비밀보호법 제6조 제7항). 검사 또는 사법경찰관이 제7항 단서에 따라 통신제한조치의 연장을 청구하는 경우에 통신제한조치의 총 연장기간은 1년을 초과할 수 없다. 다만, 다음 각 호의 어느 하나에 해당하는 범죄의 경우에는 통신제한조치의 총 연장기간이 3년을 초과할 수 없다(통신비밀보호법 제6조 제8항). 1.「형법」제2편 중 제1장 내란의 죄, 제2장 외환의 죄 중 제92조부터 제101조까지의 죄, 제4장 국교에 관한 죄 중 제107조, 제108조, 제111조부터 제113조까지의 죄, 제5장 공안을 해하는 죄 중 제114조, 제115조의 죄 및 제6장 폭발물에 관한 죄, 2.「군형법」제2편 중 제1장 반란의 죄, 제2장 이적의 죄, 제11장 군용물에 관한 죄 및 제12장 위령의 죄 중 제78조·제80조·제81조의 죄, 3.「국가보안법」에 규정된 죄, 4.「군사기밀보호법」에 규정된 죄, 5.「군사기지 및 군사시설보호법」에 규정된 죄

바. 긴급통신제한조치

(가) 긴급통신제한조치의 요건

검사, 사법경찰관 또는 정보수사기관의 장은 국가안보를 위협하는 음모행위, 직접적인 사망이나 심각한 상해의 위험을 야기할 수 있는 범죄 또는 조직범죄 등 중대한 범죄의 계획이나 실행 등 긴박한 상황에 있고 법원에 허가에 의한 절차를

거칠 수 없는 긴급한 사유가 있는 때에는 법원의 허가없이 통신제한조치를 할 수 있다(통신비밀보호법 제8조 제1항).

(나) 법원의 허가 및 검사의 승인

검사, 사법경찰관 또는 정보수사기관의 장은 제1항의 규정에 의한 통신제한조치의 집행착수 후 지체없이 법원에 허가청구를 하여야 하며, 그 긴급통신제한조치를 한 때부터 36시간 이내에 법원의 허가를 받지 못한 때에는 즉시 이를 중지하여야 한다(통신비밀보호법 제8조 제2항). 사법경찰관이 긴급통신제한조치를 할 경우에는 미리 검사의 지휘를 받아야 한다. 다만, 특히 급속을 요하여 미리 지휘를 받을 수 없는 사유가 있는 경우에는 긴급통신제한조치의 집행착수 후 지체없이 검사의 승인을 얻어야 한다(통신비밀보호법 제8조 제3항).

사. 통신비밀보호법을 위반하여 얻은 증거의 증거능력

누구든지 이 법과 형사소송법 또는 군사법원법의 규정에 의하지 아니하고는 우편물의 검열·전기통신의 감청 또는 통신사실확인자료의 제공을 하거나 공개되지 아니한 타인간의 대화를 녹음 또는 청취하지 못한다(통신비밀보호법 제3조 제1항). 제3조의 규정에 위반하여, 불법검열에 의하여 취득한 우편물이나 그 내용 및 불법감청에 의하여 지득 또는 채록된 전기통신의 내용은 재판 또는 징계절차에서 증거로 사용할 수 없다(통신비밀보호법 제4조).

V. 수사의 종결

1. 경찰공무원인 일반사법경찰관의 수사종결

수사준칙에 관한 규정 제51조(사법경찰관의 결정) ① 사법경찰관은 사건을 수사한 경우에는 다음 각 호의 구분에 따라 결정해야 한다.
1. 법원송치
2. 검찰송치
3. 불송치

가. 혐의없음
　　　　1) 범죄인정안됨
　　　　2) 증거불충분
　　나. 죄가안됨
　　다. 공소권없음
　　라. 각하
　4. 수사중지
　　가. 피의자중지
　　나. 참고인중지
　5. 이송

　　사법경찰관의 수사종결권은 경찰청 또는 해양경찰청 소속 경찰공무원인 일반사법경찰관에게만 부여되어 있고, 검찰청 소속 검찰공무원인 일반사법경찰관과 일반행정기관 소속 공무원인 특별사법경찰관에게는 부여되어 있지 않다.

(1) 송치결정과 불송치결정

　　사법경찰관은 고소·고발 사건을 포함하여 범죄를 수사한 때에는 다음 각 호의 구분에 따른다(형사소송법 제245조의5). 1. 범죄의 혐의가 있다고 인정되는 경우에는 지체 없이 검사에게 사건을 송치하고, 관계 서류와 증거물을 검사에게 송부하여야 한다. 2. 그 밖의 경우에는 그 이유를 명시한 서면과 함께 관계 서류와 증거물을 지체 없이 검사에게 송부하여야 한다. 이 경우 검사는 송부받은 날부터 90일 이내에 사법경찰관에게 반환하여야 한다.

　　검사는 제245조의5 제2호의 경우에 사법경찰관이 사건을 송치하지 아니한 것이 위법 또는 부당한 때에는 그 이유를 문서로 명시하여 사법경찰관에게 재수사를 요청할 수 있다(형사소송법 제245조의8 제1항). 사법경찰관은 제1항의 요청이 있는 때에는 사건을 재수사하여야 한다(형사소송법 제245조의8 제2항).

(2) 해양경찰서장의 즉결심판청구

　　즉결심판은 관할해양경찰서장이 관할법원에 이를 청구한다(즉결심판에 관한 절차법 제3조 제1항). 지방법원, 지원 또는 시·군법원의 판사는 즉결심판절차에 의하여 피고인에게 20만원 이하의 벌금, 구류 또는 과료에 처할 수 있다(즉결심판에 관한 절차법 제2조). 따라서 관할해양경찰서장이 즉결심판을 청구할 수 있는 사건은 법정형이 아니라 선고형을 기준[39]으로 20만원 이하의 벌금, 구류 또는 과료에 처할 수 있는 경미한 범죄로 제한된다.

2. 검사의 수사종결

수사준칙에 관한 규정 제52조(검사의 결정) ① 검사는 사법경찰관으로부터 사건을 송치받거나 직접 수사한 경우에는 다음 각 호의 구분에 따라 결정해야 한다.
1. 공소제기
2. 불기소
　　가. 기소유예
　　나. 혐의없음
　　　　1) 범죄인정안됨
　　　　2) 증거불충분
　　다. 죄가안됨
　　라. 공소권없음
　　마. 각하
3. 기소중지
4. 참고인중지
5. 보완수사요구
6. 공소보류
7. 이송
8. 소년보호사건 송치
9. 가정보호사건 송치
10. 성매매보호사건 송치
11. 아동보호사건 송치

---

39) 이주원, 앞의 책, 711면

(1) 공소제기결정

검사는 수사결과 범죄의 객관적 혐의가 충분하고 소송조건이 구비되어 유죄판결을 받을 수 있다고 인정할 때에는 공소를 제기한다. 공소제기는 수사종결의 가장 전형적인 형태라고 할 수 있는데, 검사가 공소장을 관할법원에 제출함으로써 이루어진다. 검사는 약식사건의 경우에는 공소제기와 동시에 약식명령을 청구할 수 있다.[40]

(2) 불기소결정

검사가 공소를 제기하지 않는 결정을 하는 것을 불기소결정이라고 한다. 불기소결정에는 기소유예결정과 협의의 불기소결정이 있다. 검사의 불기소결정은 법원의 판결과 달리 확정력이 없어서 나중에 재수사를 통해 공소제기를 하더라도 아무런 문제가 없다.

> **판례** [기소유예결정 후 공소제기]
> 검사가 절도죄에 관하여 일단 기소유예의 처분을 한 것을 그 후 다시 재기하여 기소하였다 하여도 기소의 효력에 아무런 영향이 없는 것이고, 법원이 그 기소사실에 대하여 유죄판결을 선고하였다 하여 그것이 일사부재리의 원칙에 반하는 것이라 할 수 없다(대법원 1983. 12. 27. 선고 83도2686, 83감도456 판결).

> **판례** [무혐의결정 후 공소제기]
> 일사부재리의 효력은 확정재판이 있을 때에 발생하는 것이므로 검사가 일차 무혐의 결정을 하였다가 다시 공소를 제기하였다 하여도 이를 두고 일사부재리의 원칙에 위배된 것이라고는 할 수 없다(대법원 1987. 11. 10. 선고 87도2020 판결).

1) 기소유예결정

피의사실이 인정되나[41] 「형법」 제51조 각 호(1. 범인의 연령, 성행, 지능과 환경, 2. 피

---

40) 이은모·김정환, 앞의 책, 363–364면.
41) 범죄의 혐의가 인정되고 소송조건이 구비되어 검사가 공소를 제기하는 데 있어 아무런 문제가 없는 경우를 말한다.

해자에 대한 관계, 3. 범행의 동기, 수단과 결과, 4. 범행 후의 정황)의 사항을 참작하여 소추할 필요가 없는 경우[42]

2) 협의의 불기소결정

가. 혐의없음

(가) 범죄인정안됨

피의사실이 범죄를 구성하지 않거나 피의사실이 인정되지 않는 경우

(나) 증거불충분

피의사실을 인정할 만한 충분한 증거가 없는 경우

나. 죄가 안됨

피의사실이 범죄구성요건에는 해당하지만 법률상 범죄의 성립을 조각하는 사유가 있어 범죄를 구성하지 않는 경우

이러한 경우는 피의사실이 범죄의 구성요건에는 해당하나, 위법성이 조각되거나 책임이 조각되어 범죄가 성립하지 않는 경우를 말한다. 위법성이 조각되는 경우로는 정당행위(형법 제20조), 정당방위(형법 제21조), 긴급피난(형법 제22조), 자구행위(형법 제23조), 피해자의 승낙(형법 제24조)이 있고, 책임이 조각되는 경우로는 형사미성년자의 행위(형법 제9조), 심신상실자의 행위(형법 제10조 제1항), 친족 또는 동거가족이 본인을 위하여 범인은닉의 죄를 범하거나(형법 제151조 제2항), 친족 또는 동거가족이 본인을 위하여 증거인멸 등의 죄를 범한 경우(형법 제155조 제4항) 등이 있다.

다. 공소권 없음

① 확정판결이 있는 경우, ② 통고처분이 이행된 경우, ③ 「소년법」·가정폭력처벌법·성매매처벌법 또는 아동학대처벌법에 따른 보호처분이 확정된 경우(보호처분이 취소되어 검찰에 송치된 경우는 제외한다), ④ 사면이 있는 경우, ⑤ 공소의 시효가 완성된 경우, ⑥ 범죄 후 법령의 개폐로 형이 폐지된 경우, ⑦ 법률에 따라 형이 면제된 경우, ⑧ 피의자에 관하여 재판권이 없는 경우, ⑨ 같은 사건에 관하여 이미 공소가 제기된 경우(공소를 취소한 경우를 포함한다. 다만, 공소를 취소한 후에 다른 중요한 증거를 발

---

42) 이하 검찰사건사무규칙([시행 2021. 1. 1.] [법무부령 제992호, 2021. 1. 1., 전부개정]) 제115조 제3항의 불기소결정

견한 경우는 포함되지 않는다), ⑩ 친고죄 및 공무원의 고발이 있어야 논할 수 있는 죄의 경우에 고소 또는 고발이 없거나 그 고소 또는 고발이 무효 또는 취소된 경우, ⑪ 반의사불벌죄의 경우 처벌을 희망하지 않는 의사표시가 있거나 처벌을 희망하는 의사표시가 철회된 경우, ⑫ 피의자가 사망하거나 피의자인 법인이 존속하지 않게 된 경우

라. 각   하

① 고소 또는 고발이 있는 사건에 관하여 고소인 또는 고발인의 진술이나 고소장 또는 고발장에 의하여 제2호부터 제4호까지의 규정에 따른 사유에 해당함이 명백한 경우, ② 법 제224조, 제232조 제2항 또는 제235조에 위반한 고소·고발의 경우, ③ 같은 사건에 관하여 검사의 불기소결정이 있는 경우(새로이 중요한 증거가 발견되어 고소인, 고발인 또는 피해자가 그 사유를 소명한 경우는 제외한다), ④ 법 제223조, 제225조부터 제228조까지의 규정에 따른 고소권자가 아닌 자가 고소한 경우, ⑤ 고소인 또는 고발인이 고소·고발장을 제출한 후 출석요구나 자료제출 등 혐의 확인을 위한 수사기관의 요청에 불응하거나 소재불명이 되는 등 고소·고발사실에 대한 수사를 개시·진행할 자료가 없는 경우, ⑥ 고발이 진위 여부가 불분명한 언론 보도나 인터넷 등 정보통신망의 게시물, 익명의 제보, 고발 내용과 직접적인 관련이 없는 제3자로부터의 전문이나 풍문 또는 고발인의 추측만을 근거로 한 경우 등으로서 수사를 개시할만한 구체적인 사유나 정황이 충분하지 않은 경우, ⑦ 고소·고발 사건(진정 또는 신고를 단서로 수사개시된 사건을 포함한다)의 사안의 경중 및 경위, 피해회복 및 처벌의사 여부, 고소인·고발인·피해자와 피고소인·피고발인·피의자와의 관계, 분쟁의 종국적 해결 여부 등을 고려할 때 수사 또는 소추에 관한 공공의 이익이 없거나 극히 적은 경우로서 수사를 개시·진행할 필요성이 인정되지 않는 경우

3) 수사중지결정

가. 기소중지

검사가 피의자의 소재불명 또는 제121조에 규정된 사유가 아닌 사유로 수사를 종결할 수 없는 경우에는 그 사유가 해소될 때까지 불기소 사건기록 및 불기소 결정서, 불기소 사건기록 및 불기소 결정서(간이)에 따라 기소중지의 결정을 할 수 있다(검찰사건사무규칙 제120조).

나. 참고인중지

검사가 참고인·고소인·고발인 또는 같은 사건 피의자의 소재불명으로 수사를 종결할 수 없는 경우에는 그 사유가 해소될 때까지 불기소 사건기록 및 불기소 결정서, 불기소 사건기록 및 불기소 결정서(간이)에 따라 참고인중지의 결정을 할 수 있다(검찰사건사무규칙 제121조).

해양경찰의 수사서류

Ⅰ. 수사서류의 의의

1. 수사서류의 개념

(1) 협의의 수사서류

협의의 수사서류는 당해사건의 유죄판결을 받을 목적으로 공소제기 및 유지를 위해 수사기관이 작성한 서류를 말한다. 또한 수사기관 이외의 자가 작성한 서류로서 수사기관이 수집한 서류 중 내용적 의의만으로 증거가 되는 것을 말한다. 보통 수사서류라고 할 때는 협의의 수사서류를 말한다.[43]

(2) 광의의 수사서류

광의의 수사서류는 협의의 수사서류는 물론 내사종결 서류, 수사에 관하여 작성한 모든 서류, 수사행정에 관한 모든 서류 등을 말한다.

2. 수사서류의 종류

(1) 수사기관이 작성하는 서류

1) 진술서류

진술서류는 피의자진술조서, 참고인진술조서, 피의자신문조서, 대질조서 등을 말한다.

2) 보고서류

보고서류는 범죄인지보고서, 현행범인체포서, 수사보고서, 수사결과보고서 등을 말한다.

---

43) 이하 해양경비안전교육원, 「해양범죄수사」, 2017, 115-117면.

3) 기타서류

기타서류에는 압수조서, 사실조회서, 촉탁서, 수사협조 의뢰서 등이 있다.

⑵ 수사기관 이외의 자가 작성한 서류

수사기관 이외의 자가 작성한 서류에는 고소장, 고발장, 신고서, 청원서, 탄원서, 사실조회에 대한 회보서 등이 있다.

Ⅱ. 수사서류의 작성요령

1. 수사서류의 작성

경찰관이 수사서류를 작성할 때에는 다음 각 호의 사항에 주의해야 한다(해양경찰청 범죄수사규칙 제36조 제2항). 1. 일상용어로 평이한 문구를 사용, 2. 복잡한 사항은 항목을 나누어 적음, 3. 사투리, 약어, 은어 등을 사용하는 경우에는 그대로 적은 다음에 괄호를 하고 적당한 설명을 붙임, 4. 외국어 또는 학술용어에는 그 다음에 괄호를 하고 간단한 설명을 붙임, 5. 지명, 인명의 경우 읽기 어렵거나 특이한 칭호가 있을 때에는 그 다음에 괄호를 하고 음을 적음

2. 기명날인 또는 서명 등

⑴ 일반적인 경우

수사서류에는 작성연월일, 경찰관의 소속 관서와 계급을 적고 기명날인 또는 서명해야 한다(해양경찰청 범죄수사규칙 제38조 제1항). 날인은 문자 등 형태를 알아볼 수 있도록 해야 한다(해양경찰청 범죄수사규칙 제38조 제2항). 수사서류에는 매장마다 간인한다. 다만, 전자문서 출력물의 간인은 면수 및 총면수를 표시하는 방법으로 한다(해양경찰청 범죄수사규칙 제38조 제3항). 수사서류의 여백이나 공백에는 사선을 긋고 날인한다(해양경찰청 범죄수사규칙 제38조 제4항). 피의자신문조서와 진술조서는 진술자로 하여금 간인한 후 기명날인 또는 서명하게 한다. 다만, 진술자가 기명날인 또는 서명을

할 수 없거나 이를 거부할 경우, 그 사유를 조서말미에 적어야 한다(해양경찰청 범죄수사규칙 제38조 제5항). 인장이 없으면 날인 대신 무인하게 할 수 있다(해양경찰청 범죄수사규칙 제38조 제6항).

(2) 통역과 번역이 이루어진 경우

경찰관은 수사상 필요에 의하여 통역인을 위촉하여 그 협조를 얻어서 조사했을 때에는 피의자신문조서나 진술조서에 그 사실과 통역을 통하여 열람하게 하거나 읽어주었다는 사실을 적고 통역인의 기명날인 또는 서명을 받아야 한다(해양경찰청 범죄수사규칙 제39조 제1항). 경찰관은 수사상 필요에 의하여 번역인에게 피의자 그 밖의 관계자가 제출한 서면 그 밖의 수사자료인 서면을 번역하게 하였을 때에는 그 번역문을 기재한 서면에 번역한 사실을 적고 번역인의 기명날인을 받아야 한다(해양경찰청 범죄수사규칙 제39조 제2항).

3. 서류의 대서

경찰관은 진술자의 문맹 등 부득이한 이유로 서류를 대신 작성했을 경우에 대신 작성한 내용이 진술자의 의사와 다르지 않음을 확인한 후 그 확인한 사실과 대신 작성한 이유를 적고 진술자와 함께 기명날인 또는 서명해야 한다(해양경찰청 범죄수사규칙 제40조).

4. 문자의 삽입·삭제

(1) 일반 수사서류

경찰관은 수사서류를 작성할 때에는 임의로 문자를 고쳐서는 안 되며, 다음 각 호와 같이 고친 내용을 알 수 있도록 해야 한다(해양경찰청 범죄수사규칙 제41조 제1항). 1. 문자를 삭제할 때에는 삭제할 문자에 두 줄의 선을 긋고 날인하고 그 왼쪽 여백에 "몇자 삭제"라고 적되 삭제한 부분의 내용을 알아 볼 수 있도록 해야 함. 2. 문자를 삽입할 때에는 행의 상부에 삽입할 문자를 적고 그 부분에 날인해야 하며 그 왼쪽 여백에 "몇자 추가"라고 적음. 3. 1행 중에 두 곳 이상 문자를 삭제 또는 삽입할 때에는 각 자수를 합하여 "몇자 삭제" 또는 "몇자 추가"라고 적음. 4. 여

백에 적을 때에는 기재한 곳에 날인하고 "몇자 추가"라고 적음

(2) 피의자신문조서 또는 진술조서

피의자신문조서와 진술조서의 경우 문자를 삽입 또는 삭제할 때에는 "몇자 추가" 또는 "몇자 삭제"라고 적고 그 곳에 진술자로 하여금 날인 또는 무인하게 해야 한다(해양경찰청 범죄수사규칙 제41조 제2항).

Ⅲ. 형사사법정보시스템을 이용한 수사서류의 작성

경찰관은 「형사사법절차 전자화 촉진법」 제2조 제1호에서 정한 형사사법업무와 관련된 문서를 작성할 경우 형사사법정보시스템을 이용해야 하며, 작성한 문서는 형사사법정보시스템에 저장·보관해야 한다. 다만, 형사사법정보시스템을 이용하는 것이 곤란한 다음 각 호의 문서의 경우에는 예외로 한다(해양경찰청 범죄수사규칙 제37조). 1. 피의자, 피해자, 참고인 등 사건관계인이 직접 작성하는 문서, 2. 형사사법정보시스템에 작성 기능이 구현되어 있지 아니한 문서, 3. 형사사법정보시스템을 이용할 수 없는 경우에 불가피하게 작성해야 하는 문서

Ⅳ. 수사서류의 접수

경찰관은 수사서류를 접수하였을 때에는 즉시 여백 또는 그 밖의 적당한 곳에 접수연월일을 적고 특히 필요하다고 인정되는 서류에 대하여는 접수 시각을 적어야 한다(해양경찰청 범죄수사규칙 제42조).

Ⅰ. 초동수사

1. 초동수사의 의의

수사기관이 범죄 발생 직후에 행하는 피해자 구호, 안전 및 응급조치, 출입자 통제 등 모든 조치와 범인 체포, 피해자 및 목격자 확인과 면담 등 범죄현장에서 취하는 수사기관의 긴급한 수사활동을 말한다.[44]

2. 수사긴급배치

(1) 긴급배치의 의의

긴급배치라 함은 중요사건이 발생하였을 때, 적시성이 있다고 판단되는 경우, 신속한 경찰력 배치, 범인의 도주로 차단, 검문검색을 통하여 범인을 체포하고 현장을 보존하는 등의 초동조치로 범죄수사자료를 수집하는 수사활동을 말한다(해양경찰청 수사긴급배치규칙 제2조).

(2) 긴급배치종별 사건 범위

긴급배치는 사건의 긴급성 및 중요도에 따라 갑호, 을호로 구분 운용하며, 긴급배치 종별, 사건범위는 다음과 같다(해양경찰청 수사긴급배치규칙 제3조).

갑　　　　호	을　　　　호
1. 살인, 강도, 강간, 약취유인 방화사건 2. 그 밖에 중요사건 인사사고를 동반한 선박충돌 도주사건, 총기 대량의 탄약 및 폭발물 절도, 구인 또는 구속 피의자 도주	1. 중요 상해치사 2. 5,000만원 이상 다액절도, 관공서 및 국가 중요시설 절도, 국보급 문화재 절도 3. 그 밖에 해양경찰관서장이 중요하다고 판단 하여 긴급배치가 필요하다고 인정하는 사건

---

44) 경찰실무교재편찬위원, 앞의 책, 68면.

(3) 발령권자

긴급배치의 발령권자는 다음과 같다(해양경찰청 수사긴급배치규칙 제4조 제1항). 1. 긴급배치를 사건발생지 관할해양경찰서 또는 인접 해양경찰서에 시행할 경우는 발생지 관할 해양경찰서장이 발령한다. 인접 해양경찰서가 인접 지방해양경찰청 관할인 경우도 같다. 2. 긴급배치를 사건발생지 지방해양경찰청의 전 해양경찰서 또는 인접 지방해양경찰청에 시행할 경우는 발생지 지방해양경찰청장이 발령한다. 3. 전국적인 긴급배치는 해양경찰청장이 발령한다.

발령권자는 긴급배치를 함에 있어, 사건의 종류, 규모, 태양, 범인 도주 및 차량 이용 등을 감안하여 긴급배치 수배서에 의해 신속히 긴급배치 수배를 하여야 한다(해양경찰청 수사긴급배치규칙 제4조 제2항). 제1항의 경우 2개 이상의 해양경찰서 또는 지방해양경찰청에 긴급배치를 발령을 할 경우, 발령권자는 긴급배치 수배사항을 관련 해양경찰서에 통보를 하여야 하며, 통보를 받은 해당 해양경찰서장은 지체없이 긴급배치를 하여야 한다(해양경찰청 수사긴급배치규칙 제4조 제3항).

(4) 긴급배치의 실시

긴급배치의 실시는 범행현장 및 부근의 교통요소, 범인의 도주로, 잠복, 배회처, 주요 항·포구 등 예상되는 지점 또는 지역에 경찰력을 배치하고, 탐문수사 및 검문검색을 실시한다. 다만, 사건의 상황에 따라 그 일부만 실시할 수 있다(해양경찰청 수사긴급배치규칙 제9조 제1항). 관외 중요사건 발생을 관할 해양경찰서장보다 먼저 인지한 해양경찰서장은 신속히 해양경찰청장 또는 관할지방해양경찰청장에게 보고하는 동시에 관할을 불문, 초동조치를 취하고 즉시 관할 해양경찰서장에게 사건을 인계하여야 하며, 필요한 경우 공조수사를 하여야 한다(해양경찰청 수사긴급배치규칙 제9조 제2항). 사건발생지 관할 해양경찰서장은 당해사건에 대하여 타 해양경찰서장으로부터 사건을 인수하였을 때에는 전항에 준하여 조치하여야 한다(해양경찰청 수사긴급배치규칙 제9조 제3항).

Ⅱ. 현장수사

1. 현장수사의 개시

경찰관은 범죄현장을 직접 관찰할 필요가 있는 범죄를 인지하였을 때에는 신속히 그 현장에 가서 필요한 수사를 해야 한다(해양경찰청 범죄수사규칙 제163조).

2. 현장수사의 방법

(1) 현장보존의 범위

경찰관은 범죄가 실행된 지점뿐만 아니라 현장보존의 범위를 충분히 정하여 수사자료를 발견하기 위해 노력해야 한다(해양경찰청 범죄수사규칙 제165조 제1항).

(2) 현장보존을 위한 조치

경찰관은 보존해야 할 현장의 범위를 정하였을 때에는 지체 없이 출입금지 표시 등 적절한 조치를 하여 함부로 출입하는 자가 없도록 해야 한다. 현장에 출입한 사람이 있을 경우 그들의 성명, 주거 등 인적사항을 적어야 하며, 현장 또는 그 근처에서 배회하는 등 수상한 사람이 있을 때에는 그들의 성명, 주거 등을 파악하여 기록하도록 노력한다(해양경찰청 범죄수사규칙 제165조 제2항).

(3) 원상태로의 보존

경찰관은 현장을 보존할 때에는 되도록 현장을 범행 당시의 상황 그대로 보존해야 한다(해양경찰청 범죄수사규칙 제165조 제3항). 경찰관은 부상자의 구호, 증거물의 변질·분산·분실 방지 등을 위해 특히 부득이한 사정이 있는 경우를 제외하고는 함부로 현장에 들어가서는 아니 된다(해양경찰청 범죄수사규칙 제165조 제4항). 경찰관은 현장에서 발견된 수사자료 중 햇빛, 열, 비, 바람 등에 의하여 변질, 변형 또는 멸실할 우려가 있는 것에 대하여는 덮개로 가리는 등 적당한 방법으로 그 원상을 보존하도록 노력해야 한다(해양경찰청 범죄수사규칙 제165조 제5항).

(4) 현장보존을 할 수 없을 때의 조치

경찰관은 부상자의 구호 그 밖의 부득이한 이유로 현장을 변경할 필요가 있는 경우 등 수사자료를 원상태로 보존할 수 없을 때에는 사진, 도면, 기록 그 밖의 적당한 방법으로 그 원상을 보존하도록 노력해야 한다(해양경찰청 범죄수사규칙 제165조 제6항).

3. 현장에서의 수사사항

경찰관은 현장에서 수사를 할 때는 현장 감식 그 밖의 과학적이고 합리적인 방법에 의하여 다음 각 호의 사항을 명백히 하도록 노력하여 범행의 과정을 전반적으로 파악해야 한다(해양경찰청 범죄수사규칙 제166조 제1항).

(1) 일시 관계

① 범행의 일시와 이를 추정할 수 있는 사항, ② 발견의 일시와 상황, ③ 범행당시의 기상 상황, ④ 특수일 관계(시일, 명절, 축제일 등), ⑤ 그 밖의 일시에 관하여 참고가 될 사항

(2) 장소 관계

① 현장으로 통하는 도로와 상황, ② 가옥 그 밖의 현장근처에 있는 물건과 그 상황, ③ 현장 방실의 위치와 그 상황, ④ 현장에 있는 기구 그 밖의 물품의 상황, ⑤ 지문, 족적, DNA시료 그 밖의 흔적, 유류품의 위치와 상황, ⑥ 그 밖의 장소에 관하여 참고가 될 사항

(3) 피해자 관계

① 범인과의 응대 그 밖의 피해 전의 상황, ② 피해 당시의 저항자세 등의 상황, ③ 상해의 부위와 정도, 피해 금품의 종류, 수량, 가액 등 피해의 정도, ④ 사체의 위치, 창상, 유혈 그 밖의 상황, ⑤ 그 밖의 피해자에 관하여 참고가 될 사항

(4) 피의자 관계

① 현장 침입 및 도주 경로, ② 피의자의 수와 성별, ③ 범죄의 수단, 방법 그 밖의 범죄 실행의 상황, ④ 피의자의 범행동기, 피해자와의 면식 여부, 현장에 대한 지식 유무를 추정할 수 있는 상황, ⑤ 피의자의 인상·풍채 등 신체적 특징, 말투·습벽 등 언어적 특징, 그 밖의 특이한 언동, ⑥ 흉기의 종류, 형상과 가해의 방법 그 밖의 가해의 상황, ⑦ 그 밖의 피의자에 관하여 참고가 될 사항

4. 부상자 구호

경찰관은 현장조사 시 부상자가 있을 때에는 지체 없이 구호조치를 해야 한다(해양경찰청 범죄수사규칙 제164조 제1항). 경찰관은 제1항의 경우에 빈사상태의 중상자가 있을 때에는 응급 구호조치를 하는 동시에 가능한 경우에 한하여 그 사람으로부터 범인의 성명, 범행의 원인, 피해자의 주거, 성명, 연령, 목격자 등을 청취해 두어야 하고, 그 중상자가 사망하였을 때에는 그 시각을 적어 놓아야 한다(해양경찰청 범죄수사규칙 제164조 제2항).

III. 공조수사와 수배수사

1. 공조수사

(1) 공조수사의 의의

공조수사란 경찰관서 상호간 자료를 수배, 통보, 조회, 촉탁 또는 합동수사를 함으로써 범인, 여죄, 장물, 범죄경력, 신원불상자의 신원확인과 범인검거 및 범죄를 추궁하기 위한 과학적이고 종합적·입체적인 일련의 조직수사 활동을 말한다.[45]

---

45) 이하 해양경찰청, 「2020 해양경찰 실무교재(5. 수사정보 실무)」, 2020, 62면.

(2) 공조수사의 종류

1) 평상공조

평상공조란 평소 예견가능한 일반적인 수사공조를 말한다.

2) 비상공조

비상공조란 중요 특이사건 발생 등 특수한 경우의 수사공조를 말한다.

3) 횡적공조

횡적공조란 대내적으로 지방해양경찰청, 해양경찰서, 파출소 상호간은 물론 관서내의 각부서 상호간 내지 횡적 동료 상호간의 수사공조를 말한다.

4) 종적공조

종적공조란 상·하급관서, 관서내의 상·하급부서와 상·하급자간의 상명하복 관계를 말한다. 이것은 지배와 피지배의 질서가 아니라 경찰목적달성을 위한 의사전달체계의 개념으로 파악된다.

5) 자료공조

자료공조란 경찰이 필요로 하는 모든 수사정보를 자료화함으로써 그 시점의 모든 경찰이 이를 자기 수사에 활용할 수 있도록 하는 것 이외에 그 자료가 영구히 남아서 다음날의 경찰이 이를 계속 승계하여 가면서 활용하도록 하는 공조제도로서 자료의 수집과 조회제도가 있다. 자료공조제도는 모든 공조제도의 총아이며 또는 이상향이라 할 것이다.[46]

6) 활동공조

현재 제기되는 당면 문제에 대한 공조수사활동으로서 수사비상배치, 불심검문, 미행 잠복, 현장긴급출동 등이 있다.

2. 수배수사

경찰관은 수사에 필요하다고 인정할 때에는 피의자의 체포·출석요구·조사,

---

46) 경찰실무교재편찬위원, 앞의 책, 78면.

장물 등 증거물의 수배, 압수·수색·검증, 참고인의 출석요구·조사 등 그 밖의 필요한 조치에 대한 협력을 다른 경찰관에게 요청할 수 있다(해양경찰청 범죄수사규칙 제84조).

(1) 사건수배

경찰관은 범죄수사와 관련하여 사건의 용의자와 수사자료 그 밖의 참고사항에 관하여 다른 경찰관 및 해양경찰관서에 통보를 요구(이하 "사건수배"라 한다)하거나 긴급배치 등 긴급한 조치를 의뢰할 수 있다(해양경찰청 범죄수사규칙 제85조).

(2) 지명수배·지명통보

1) 지명수배

가. 지명수배의 대상

사법경찰관리는 다음 각 호의 어느 하나에 해당하는 사람의 소재를 알 수 없을 때에는 지명수배를 할 수 있다(해양경찰수사규칙 제45조 제1항). 1. 법정형이 사형, 무기 또는 장기 3년 이상의 징역이나 금고에 해당하는 죄를 범했다고 의심할 만한 상당한 이유가 있어 체포영장 또는 구속영장이 발부된 사람, 2. 지명통보의 대상인 사람 중 지명수배를 할 필요가 있어 체포영장 또는 구속영장이 발부된 사람

제1항에도 불구하고 법 제200조의3 제1항에 따른 긴급체포를 하지 않으면 수사에 현저한 지장을 초래하는 경우에는 영장을 발부받지 않고 지명수배할 수 있다. 이 경우 지명수배 후 신속히 체포영장을 발부받아야 하며, 체포영장을 발부받지 못한 때에는 즉시 지명수배를 해제해야 한다(해양경찰수사규칙 제45조 제2항).

나. 지명수배자 발견 시 조치

사법경찰관리는 제45조 제1항에 따라 지명수배된 사람(이하 "지명수배자"라 한다)을 발견한 때에는 체포영장 또는 구속영장을 제시하고, 수사준칙 제32조 제1항(검사 또는 사법경찰관은 피의자를 체포하거나 구속할 때에는 피의자에게 피의사실의 요지, 체포·구속의 이유와 변호인을 선임할 수 있음을 말하고, 변명할 기회를 주어야 하며, 진술거부권을 알려주어야 한다)에 따라 권리 등을 고지한 후 체포 또는 구속하며 권리 고지 확인서를 받아야 한다. 다만, 체포영장 또는 구속영장을 소지하지 않은 경우 긴급하게 필요하면 지명수배자에게 영장이 발부되었음을 고지한 후 체포 또는 구속할 수 있으며 사후에 지체 없이 그 영장을 제시해야 한다(해양경찰수사규칙 제46조 제1항).

사법경찰관은 제45조 제2항에 따라 영장을 발부받지 않고 지명수배한 경우에는 지명수배자에게 긴급체포한다는 사실과 수사준칙 제32조 제1항에 따른 권리 등을 고지한 후 긴급체포해야 한다. 이 경우 지명수배자로부터 권리 고지 확인서를 받고 긴급체포서를 작성해야 한다(해양경찰수사규칙 제46조 제2항).

다. 지명수배자의 인수·호송

해양경찰관서장은 검거된 지명수배자에 대한 신속한 조사와 호송을 위하여 미리 출장조사 체계 및 자체 호송계획을 수립해야 한다(해양경찰청 범죄수사규칙 제96조 제1항). 수배관서의 경찰관은 다음 각 호의 어느 하나에 해당하는 경우를 제외하고는 검거관서로부터 검거된 지명수배자를 인수해야 한다. 다만, 수배관서와 검거관서 간에 서로 합의한 때에는 이에 따른다(해양경찰청 범죄수사규칙 제96조 제2항). 1. 수배대상 범죄의 죄종 및 죄질과 비교하여 동등하거나 그 이상에 해당하는 다른 범죄를 검거관서의 관할구역 내에서 범한 경우, 2. 검거관서에서 지명수배자와 관련된 범죄로 이미 정범이나 공동정범인 피의자의 일부를 검거하고 있는 경우, 3. 지명수배자가 단일 사건으로 수배되고 불구속 수사대상자로서 검거관서로 출장하여 조사한 후 신속히 석방함이 타당한 경우

경찰관은 검거한 지명수배자에 대하여 지명수배가 여러 건인 경우에는 다음 각 호의 수배관서 순위에 따라 검거된 지명수배자를 인계받아 조사해야 한다(해양경찰청 범죄수사규칙 제96조 제3항). 1. 공소시효 만료 3개월 이내이거나 공범에 대한 수사 또는 재판이 진행 중인 수배관서, 2. 법정형이 중한 죄명으로 지명수배한 수배관서, 3. 검거관서와 동일한 지방검찰청 또는 지청의 관할구역에 있는 수배관서, 4. 검거관서와 거리 또는 교통 상 가장 인접한 수배관서

라. 재지명수배의 제한

긴급체포한 지명수배자를 석방한 경우에는 영장을 발부받지 않고 동일한 범죄사실에 관하여 다시 지명수배하지 못한다(해양경찰청 범죄수사규칙 제97조).

2) 지명통보

가. 지명통보의 대상

사법경찰관리는 다음 각 호의 어느 하나에 해당하는 사람의 소재를 알 수 없을 때에는 지명통보를 할 수 있다(해양경찰수사규칙 제47조). 1. 법정형이 장기 3년 미만

의 징역 또는 금고, 벌금에 해당하는 죄를 범했다고 의심할 만한 상당한 이유가 있고, 출석요구에 응하지 않은 사람, 2. 법정형이 장기 3년 이상의 징역이나 금고에 해당하는 죄를 범했다고 의심되더라도 사안이 경미하고, 출석요구에 응하지 않은 사람

나. 지명통보자 발견 시 조치

사법경찰관리는 제47조에 따라 지명통보된 사람(이하 "지명통보자"라 한다)을 발견한 때에는 지명통보자에게 지명통보된 사실, 범죄사실의 요지 및 지명통보한 해양경찰관서(이하 "통보관서"라 한다)를 고지하고, 발견된 날부터 1개월 이내에 통보관서에 출석해야 한다는 내용과 정당한 사유 없이 출석하지 않을 경우 지명수배되어 체포될 수 있다는 내용을 통지해야 한다(해양경찰수사규칙 제48조).

(3) 공개수배

1) 중요지명피의자 종합 공개수배

지방해양경찰청장은 지명수배를 한 후, 6개월이 경과하여도 검거하지 못한 사람들 중 다음 각 호에 해당하는 중요지명피의자를 매년 5월과 11월 연 2회 선정하여 해양경찰청장에게 중요지명피의자 종합 공개수배 보고서에 따라 보고해야 한다(해양경찰청 범죄수사규칙 제98조 제1항). 1. 강력범(살인·강도·성폭력·마약·방화·폭력·절도범을 말한다), 2. 다액·다수피해 경제사범, 부정부패 사범, 3. 그밖에 신속한 검거를 위해 전국적 공개수배가 필요하다고 판단되는 자

해양경찰청장은 공개수배 위원회를 개최하여 제1항의 중요지명피의자 종합 공개수배 대상자를 선정하고, 매년 6월과 12월 중요지명피의자 종합 공개수배 전단을 중요지명피의자 종합 공개수배에 따라 작성하여 게시하는 방법으로 공개수배 할 수 있다(해양경찰청 범죄수사규칙 제98조 제2항).

2) 긴급 공개수배

해양경찰관서의 장은 법정형이 사형·무기 또는 장기 3년 이상 징역이나 금고에 해당하는 죄를 범하였다고 의심할만한 상당한 이유가 있고, 범죄의 상습성, 사회적 관심, 공익에 대한 위험 등을 고려할 때 신속한 검거가 필요한 자에 대해 긴급 공개수배 할 수 있다(해양경찰청 범죄수사규칙 제99조 제1항). 긴급 공개수배는 사진·

현상·전단 등의 방법으로 할 수 있으며, 언론매체·정보통신망 등을 이용할 수 있다(해양경찰청 범죄수사규칙 제99조 제2항).

3) 언론매체 등을 이용한 공개수배

언론매체·정보통신망 등을 이용한 공개수배는 공개수배 위원회의 심의를 거쳐야 한다. 단, 공개수배 위원회를 개최할 시간적 여유가 없는 긴급한 경우에는 사후 심의할 수 있으며, 이 경우 지체 없이 위원회를 개최해야 한다(해양경찰청 범죄수사규칙 제100조 제1항).

(4) 장물수배

1) 장물수배의 의의

장물수배란 수사 중인 사건의 장물에 관하여 다른 경찰관서에 그 발견을 요청하는 수배를 말한다(해양경찰청 범죄수사규칙 제105조 제1항). 경찰관은 장물수배를 할 때에는 발견해야 할 장물의 명칭, 모양, 상표, 품질, 품종 그 밖의 특징 등을 명백히 해야 하며 사진, 도면, 동일한 견본·조각을 첨부하는 등 필요한 조치를 해야 한다(해양경찰청 범죄수사규칙 제105조 제2항).

2) 장물수배서

해양경찰서장은 범죄수사상 필요하다고 인정할 때에는 장물과 관련 있는 영업주에 대하여 장물수배서를 발급할 수 있으며, 장물수배서는 다음의 3종으로 구분한다(해양경찰청 범죄수사규칙 제106조 제1항). 1. 특별 중요 장물수배서(수사본부를 설치하고 수사하고 있는 사건에 관하여 발하는 경우의 장물수배서를 말한다), 2. 중요 장물수배서(수사본부를 설치하고 수사하고 있는 사건 이외의 중요한 사건에 관하여 발하는 경우의 장물수배서를 말한다), 3. 보통 장물수배서(그 밖의 사건에 관하여 발하는 경우의 장물수배서를 말한다)

특별 중요 장물수배서는 홍색, 중요 장물수배서는 청색, 보통장물수배서는 백색으로 각각 구별하여 적어야 한다(해양경찰청 범죄수사규칙 제106조 제2항).

Ⅳ. 감식수사

1. 현장감식결과보고서의 작성

현장감식을 하였을 경우에는 현장감식결과보고서를 작성해야 한다(해양경찰청 범죄수사규칙 제166조 제2항).

2. 감식자료의 송부

경찰관은 감식하기 위하여 수사자료를 송부할 때에는 변형, 변질, 오손, 침습, 멸실, 산일, 혼합 등의 사례가 없도록 주의해야 한다(해양경찰청 범죄수사규칙 제167조 제1항). 제1항의 경우에 우송을 할 때에는 그 포장, 용기 등에 세심한 주의를 기울여야 한다(해양경찰청 범죄수사규칙 제167조 제2항). 중요하거나 긴급한 증거물 등은 경찰관이 직접 지참하여 송부해야 한다(해양경찰청 범죄수사규칙 제167조 제3항). 감식자료를 인수·인계할 때에는 그 연월일과 인수·인계인의 성명을 명확히 해두어야 한다(해양경찰청 범죄수사규칙 제167조 제4항).

3. 재감식을 위한 고려

경찰관은 혈액, 정액, 타액, 대소변, 장기, 모발, 약품, 음식물, 폭발물 그 밖에 분말, 액체 등을 감식할 때에는 되도록 필요 최소한의 양만을 사용하고 잔량을 보존하여 재감식에 대비해야 한다(해양경찰청 범죄수사규칙 제168조).

4. 증거물의 보전

경찰관은 지문, 족적, 혈흔 그 밖에 멸신할 염려가 있는 증거물은 특히 그 보존에 유의하고 검증조서 또는 다른 조서에 그 성질 형상을 상세히 적거나 사진을 촬영해야 한다(해양경찰청 범죄수사규칙 제169조 제1항). 경찰관은 사체해부 또는 증거물의 파괴 그 밖의 원상의 변경을 요하는 검증을 하거나 감정을 위촉할 때에는 제1항에 준하여 변경 전의 형상을 알 수 있도록 유의해야 한다(해양경찰청 범죄수사규칙 제169

조 제2항). 경찰관은 제1항 및 제2항의 경우 또는 유류물 그 밖의 자료를 발견하였을 때에는 증거물의 위치를 알 수 있도록 원근법으로 사진을 촬영하되 가까이 촬영할 때에는 되도록 증거물 옆에 자를 놓고 촬영해야 한다(해양경찰청 범죄수사규칙 제169조 제3항). 경찰관은 제3항의 경우 증명력의 보전을 위하여 필요하다고 인정되는 참여인을 함께 촬영하거나 자료 발견 연월일시와 장소를 적은 서면에 참여인의 서명을 요구하여 이를 함께 촬영하고, 참여인이 없는 경우에는 비디오 촬영 등으로 현장상황과 자료수집과정을 녹화해야 한다(해양경찰청 범죄수사규칙 제169조 제4항).

V. 감별수사

감별수사는 범인과 피해자 혹은 범인과 범행지 및 그 주변의 지역간에 존재하는 각종 사정이나 관계 등에 근거를 두고 수사하는 방법이다. 범인과 어떤 관계에 있는 것을 감이라 하고, 특히 그 중에서도 범인과 피해자, 그 가족, 피해주택과의 관계를 연고감이라 하며, 범인과 범행지 및 그 주변 지역과의 관계를 지리감이라 한다.[47]

1. 연고감수사

(1) 연고감수사의 대상

연고감수사는 범인과 피해자의 관계에 대해 수사하는 기법을 말한다. 사전적 의미의 '연고(緣故)'란 한 혈통·정분·법률 따위로 맺어진 관계 또는 사람들 사이에 맺어지는 관계라 할 수 있다. 따라서 연고감수사는 범인과 피해자(또는 그 가족 및 피해가옥)와의 관계에 대하여 수사하는 것이다.

연고감수사의 대상은 보통 피해자와 다음과 같은 관계를 가진 사람들이다. ① 가족, 친족, 동거인, 고용인, 우인, 지인, 전동거인, 전고용인 등, ② 본적지, 출생지, 전거주지 등의 관계로 내왕이 있는 자, ③ 직장관계로 출입한 자, ④ 외

---

47) 이하 김충남, 「경찰학개론」, 박영사, 2010, 501면; 네이버 지식백과(경찰학사전).

판원, 전기 및 수도 등의 각종 수금원, 신문이나 우유 등의 각종 배달인, 청소부, 행상인 등으로 내왕이 있는 자, ⑤ 거래, 대차관계로 출입한 자, ⑥ 가옥의 신축, 수리공사 등에 종사했던 목수, 전공, 기타 종업원, ⑦ 피해자의 일기, 메모, 우편물, 명함, 거개장부, 주소록, 영수증 등에 의하여 파악된 자, ⑧ 이상의 자들과 면식자 또는 교제자 등이다.

(2) 연고감수사의 전개

연고감수사는 피해자의 신원, 생활태도, 교우관계, 거래관계 등 연고감 유무의 판단에 도움이 되는 자료를 발견·수집하고, 범행장소, 피해가옥, 침입구, 위장공작 유무 등을 검토하여 연고감 유무를 판단한 후 연고감이 있다고 판단되면, 가족, 친척, 외판원 등 면식이 있는 자를 대상으로 당해 사건의 조건에 합치되는 자를 특정하기 위한 수사를 전개한다.

2. 지리감수사

(1) 지리감수사의 대상

사전적 의미에서의 지리감이란 어떤 곳의 지형이나 길 따위의 형편에 대한 느낌을 말한다. 범죄수사에 있어 지리감수사란 감별수사의 일종으로 사건발생장소 및 부근거주자, 혹은 범행장소의 지리적 사정에 익숙한 자 등에 대하여 범인을 발견하는 수사방법이다. 지리감 유무 수사의 판단자료는 주로 피해자, 참고인의 진술, 범죄현장과 그 주변의 지리적·환경적 상황관찰로 이어진다. 지리감은 범인과 범죄현장 주변과의 관계성이므로 피해자와 관계되는 연고감에 비해 수사대상도 많고 수사범위도 넓다. 연고감이 있는 사건은 대개 지리감이 있는 경우가 많으며, 특히 침입절도는 연고감이 있는 경우에는 거의 지리감이 있는 것이라고 추정할 수 있다.

(2) 지리감수사의 전개

지리감수사는 피해자 및 참고인의 진술, 범죄현장과 주변의 지리적·환경적 상황을 관찰하여 범행장소, 시간, 범행 전후의 행동, 교통기관 이용상황 등을 검토하여 지리감 유무를 판단한 후, 지리감이 있다고 판단되면 범행지 부근에 거주하는 자, 그곳을 자주 내왕하는 자 등을 중심으로 범인을 발견하기 위한 수사를 전개한다.

Ⅵ. 기타 수사활동[48]

1. 유류품수사

범죄현장 및 그 부근에 남겨져 있는 흉기나 착의 등 유류품에 대하여 그 출처를 추적하여 범인을 색출하는 수사방법을 말한다. 유류품수사의 효과는 직접 범인의 추정을 비롯하여 범인의 속성 추정, 범인의 행동 추정, 범행 상황 등을 추정할 수 있다. 구별개념은 다음과 같다. ① 유류품: 범인이 소지하고 있었던 흉기, 의류, 휴지 등 범죄현장 및 그 부근에 유류한 물건, ② 흔적: 범인이 범죄현장 및 그 부근에 남겨놓은 물흔, 차량흔, 도구흔 등을 의미하며, 물품과 같이 수사할 수 있는 흔적, ③ 유류물: 지문, 장문, 족문, 혈액, 정액, 타액 등의 신체적인 소산물 등이다.

2. 알리바이수사

범죄의 혐의자가 범죄가 행하여진 시간에 범죄현장 이외의 장소에 있었다는 사실이 명확하여 범죄현장에는 있지 않았다는 사실을 증명하는 현장부재증명(現場不在證明)을 말한다. 알리바이(Alibi)수사란 알리바이가 위장된 것임을 입증(현장존재증명수사)하여 이를 파괴하는데 있다. 수사기관은 혐의자의 현장부존재 주장을 반복하기 위한 알리바이 위장을 입증하여 이를 파괴하는 현장존재증명수사를 한다. 알리바이수사의 특징은 알리바이는 피의자 단독으로 그 존재를 입증할 수 없는 특징을 갖는 것으로 알리바이를 위장하기 위한 공작에는 반드시 제3자의 협력(증언 등)이 있게 마련이므로 알리바이수사에 있어서는 위장공작에 의한 제3자의 증언여

---

48) 이하 네이버지식백과(경찰학사전).

부를 밝히는 것이 중요한 과제로 된다. 알리바이의 종류에는 절대적 알리바이와 상대적 알리바이, 위장 알리바이, 청탁 알리바이 등 네 가지가 있다.

3. 수법수사

반복적인 범행의 수단과 방법 및 습벽에 의하여 범인을 식별하려는 인적 특징의 유형기준을 범죄수법이라 하고, 범인이 일정한 수단과 방법 및 습벽으로 반복하여 범행하는 특징을 이용하여 범인을 찾아 검거하는 수사활동을 말한다. 일반적으로 범죄수법의 특징은 수법의 관행성·반복성과 수법의 필존성(잔존성) 등이다.

4. 탐문수사

범죄현장에서 범인의 것으로 추정되는 의류·신발·모자 등의 제조업체, 판매자 등을 찾아 소유자를 찾아 수소문하는 수사활동을 말한다. 탐문수사의 중요성은 "수사는 탐문에서부터 시작하여 결국 탐문으로 끝난다"라는 말과 같이 범죄의 동기·피해자의 선정·범죄용구의 입수 등 범행착수 전의 상황으로부터 장물전환의 처분 등 범행후의 동정에 이르기까지 대부분이 탐문의 대상이 되는 것이기 때문이다.

I. 유치장

1. 관리책임

해양경찰서장은 피의자의 유치 및 유치장의 관리에 전반적인 지휘·감독을 해야 하며 그 책임을 져야 한다(해양경찰청 피의자 유치 및 호송규칙 제4조 제1항). 해양경찰서 수사과장(이하 "유치인보호주무자"라 한다)은 해양경찰서장을 보좌하여 유치인 보호 및 유치장 관리를 담당하는 경찰관(이하 "유치인보호관"이라 한다)을 지휘·감독하고 피의자의 유치 및 유치장의 관리에 관한 책임을 진다(해양경찰청 피의자 유치 및 호송규칙 제4조 제2항).

2. 유치장소

피의자를 유치할 때에는 유치장을 사용해야 한다. 다만, 질병 그 밖에 특별한 사유가 있어 해양경찰서장이 필요하다고 인정할 때에는 의료기관 등 다른 적절한 장소에 유치할 수 있다(해양경찰청 피의자 유치 및 호송규칙 제6조).

3. 유치장관리

(1) 입출감 지휘서

피의자를 유치장에 입감시키거나 출감시킬 때에는 유치인보호주무자가 발부하는 피의자 입감·출감 지휘서에 따라야 하며 동시에 3인 이상의 피의자를 입감시킬 때에는 경위 이상 경찰관이 입회하여 순차적으로 입감시켜야 한다(해양경찰청 피의자 유치 및 호송규칙 제7조 제1항).

(2) 분리수용

1) 공범자 등의 분리수용
형사범과 구류 처분을 받은 자, 19세 이상의 사람과 19세 미만의 사람, 신체

장애인 및 사건관련의 공범자 등은 유치실이 허용하는 범위 내에서 분리하여 유치해야 하며, 신체 장애인에 대하여는 신체장애를 고려한 처우를 해야 한다(해양경찰청 피의자 유치 및 호송규칙 제7조 제2항). 공범자 또는 그 밖에 사건과 관련된 피의자들을 유치할 때에는 유치실 시설의 허용범위에서 분리하여 유치하는 등 서로 통모하지 않도록 유의해야 한다(해양경찰청 피의자 유치 및 호송규칙 제13조 제1항).

2) 여성과 남성의 분리수용

여성은 남성과 분리하여 유치하여야 한다(해양경찰청 피의자 유치 및 호송규칙 제12조 제1항).

(3) 유치보호관의 설명

유치인보호관은 새로 입감한 유치인에 대하여는 유치장내에서의 일과표, 접견, 연락절차, 유치인에 대한 인권보장 등에 대하여 설명하고, 인권침해를 당했을 때에는 「국가인권위원회법 시행령」 제6조에 따라 진정할 수 있음을 알리고 그 방법을 안내하여야 한다(해양경찰청 피의자 유치 및 호송규칙 제7조 제4항).

(4) 신체 등의 검사

1) 검사실시 여부

유치인보호관은 피의자를 유치하는 과정에서 유치인의 생명신체에 대한 위해를 방지하고, 유치장내의 안전과 질서를 유지하기 위하여 필요하다고 인정될 때에는 유치인의 신체, 의류, 휴대품 및 유치실을 검사할 수 있다(해양경찰청 피의자 유치 및 호송규칙 제8조 제1항).

2) 동성에 의한 실시

신체, 의류, 휴대품(이하 "신체 등"이라 한다)의 검사는 동성의 유치인보호관이 실시하여야 한다. 다만, 여성유치인보호관이 없을 경우에는 비리 시성하여 신체 등의 검사방법을 교양 받은 여성경찰관으로 하여금 대신하게 할 수 있다(해양경찰청 피의자 유치 및 호송규칙 제8조 제2항).

3) 유치인보호관의 고지

유치인보호관은 신체 등의 검사를 하기 전에 유치인에게 신체 등의 검사 목적과 절차를 설명하고, 스스로 제9조의 위험물 등을 제출할 것을 고지하여야 한다(해양경찰청 피의자 유치 및 호송규칙 제8조 제3항).

4) 검사의 종류

신체 등의 검사는 유치인보호주무자가 제7조 제1항의 피의자 입(출)감 지휘서에 지정하는 방법으로 유치장내 신체검사실에서 하여야 하며, 그 종류와 기준 및 방법은 다음 각 호와 같다(해양경찰청 피의자 유치 및 호송규칙 제8조 제4항).

1. 외표검사: 죄질이 경미하고 동작과 언행에 특이사항이 없으며 위험물 등을 은닉하고 있지 않다고 판단되는 유치인에 대하여는 신체 등의 외부를 눈으로 확인하고 손으로 가볍게 두드려 만져 검사한다.

2. 간이검사: 일반적으로 유치인에 대하여는 탈의막 안에서 속옷은 벗지 않고 신체검사의를 착용(유치인의 의사에 따른다)하도록 한 상태에서 위험물 등의 은닉여부를 검사한다.

3. 정밀검사: 살인, 강도, 절도, 강간, 방화, 마약류, 조직폭력 등 죄질이 중하거나 근무자 및 다른 유치인에 대한 위해 또는 자해할 우려가 있다고 판단되는 유치인에 대하여는 탈의막 안에서 속옷을 벗고 신체검사의로 갈아입도록 한 후 정밀하게 위험물 등의 은닉여부를 검사하여야 한다.

(5) 가족에의 통지

사법경찰관은 피의자를 구속한 때에는 지체 없이 그 가족이나 그가 지정하는 자에게 서면으로 형사소송법 제87조의 규정에 의한 구속통지를 해야 한다(해양경찰청 피의자 유치 및 호송규칙 제11조 제1항). 해양경찰서장은 유치인으로부터 신청이 있을 때에는 그 가족 또는 대리인에게 수사상 지장이 없는 범위에서 유치인의 신상에 관한 통지를 할 수 있다(해양경찰청 피의자 유치 및 호송규칙 제11조 제2항).

(6) 위험물 등의 취급

1) 위험물 등의 보관

유치인보호주무자는 피의자를 유치하는 과정에 그 피의자가 수사상 또는 유치장의 보안상 지장이 있다고 인정되는 다음 각 호의 어느 하나에 해당하는 물건(이하 "위험물 등"이라 한다)을 소지하고 있을 때에는 그 물건을 유치기간 중 보관해야 한다. 다만 보관하는 것이 부적당한 물건은 유치인에게 알린 후 폐기하거나 유치인으로 하여금 자신이 지정하는 사람에게 보내게 할 수 있다(해양경찰청 피의자 유치 및 호송규칙 제9조 제1항).

1. 허리띠, 넥타이, 구두끈, 안경, 금속물 그 밖의 자살에 사용될 우려가 있는 물건. 다만, 구두끈, 안경의 경우 자해할 현저한 위험이 없다고 판단되는 경우 소지를 허용할 수 있다.
2. 성냥, 라이터, 담배, 주류 그 밖의 유치장의 안전 및 질서를 해칠 우려가 있는 물건
3. 죄증인멸 등 수사에 지장이 있다고 우려되는 물건 또는 범죄의 도구로 이용될 우려가 있는 물건
4. 미확인 의약품, 독극물 및 다량 또는 장기 복용함으로써 현저하게 건강을 해칠 우려가 있는 약품

2) 현금 등의 보관

피의자 유치 시 피의자가 소지하고 있는 현금, 유가증권 및 휴대품(이하 "휴대금품"이라 한다)은 출감 시까지 보관해야 한다. 다만 다음 각 호의 어느 하나에 해당하는 물건은 유치인으로 하여금 자신이 지정하는 사람에게 보내게 하거나 그 밖의 적당한 방법으로 처분하게 할 수 있다(해양경찰청 피의자 유치 및 호송규칙 제9조 제2항).

1. 부패하거나 없어질 우려가 있는 물건
2. 물품의 종류 크기 등을 고려할 때 보관하기 어려운 것
3. 유치인으로부터 신청이 있는 금품 및 귀중품
4. 그 밖에 보관할 가치가 없는 물건

(7) 접   견

1) 변호인과의 접견

변호인과 유치인의 접견 또는 서류 그 밖에 물건의 접수에 있어서 유치인보호주무자는 육안으로 관찰이 가능한 거리에서 관찰할 경찰관을 지정해야 하며 서류 그 밖에 물건의 접수를 방해하여서는 안 된다. 다만, 수사 또는 유치장의 보안상 지장이 있다고 인정되는 물건 등이 수수되지 않도록 관찰해야 한다(해양경찰청 피의자 유치 및 호송규칙 제34조 제1항). 제1항의 경우 유치인보호관은 수사 또는 유치장의

보안상 지장이 있다고 인정되는 물건의 수수를 발견한 때에 유치인보호주무자에게 보고하여 이의 수수를 금지해야 한다(해양경찰청 피의자 유치 및 호송규칙 제34조 제2항).

2) 변호인 이외의 자와의 접견

사법경찰관은 피의자와 변호인 이외의 자와의 접견 등을 금지하려는 경우 피의자 접견 등 금지요청서를 작성하여 유치인보호주무자에게 금지를 요청한다(해양경찰청 피의자 유치 및 호송규칙 제36조 제1항). 제1항의 요청을 받은 유치인보호주무자는 피의자와 변호인 이외의 자와의 접견 등을 금지할 수 있다(해양경찰청 피의자 유치 및 호송규칙 제36조 제2항).

3) 접견장소

접견은 접견실 등 유치장 이외의 지정된 장소에서 실시해야 한다(해양경찰청 피의자 유치 및 호송규칙 제37조 제1항). 비변호인이 접견할 경우에는 유치인보호주무자가 지정한 경찰관이 입회하되, 도주 및 증거인멸의 우려가 없다고 인정되는 때에는 경찰관이 입회하지 않을 수 있다. 다만, 해당사건의 변호인 또는 변호인이 되려는 자가 접견하는 경우에는 경찰관이 입회하여서는 안 된다(해양경찰청 피의자 유치 및 호송규칙 제37조 제2항). 경찰관이 입회하지 않는 경우라도 도주, 자해, 공모 등의 방지를 위해 육안으로 보이는 거리에서 관찰할 수 있다(해양경찰청 피의자 유치 및 호송규칙 제37조 제3항).

4) 접견시간

유치인의 접견은 다음의 구분에 따라 실시한다(해양경찰청 피의자 유치 및 호송규칙 제38조 제1항).

1. 평일에는 09:00~21:00까지로 한다. 다만, 원거리에서 온 접견희망자 등 특별한 경우에는 해양경찰서장의 허가를 받아 22:00까지 연장할 수 있다.
2. 토요일과 일요일, 공휴일은 09:00~20:00까지로 한다.
3. 대용감방의 경우에는 구치소 미결수에 준하여 유치인 접견시간을 조정할 수 있다.

제1항에도 불구하고 변호인의 접견 신청이 있는 때에는 접견을 제한하지 아니한다. 다만, 유치인의 안전 또는 유치장 내 질서유지 등 관리에 지장이 있는 경우에는 그렇지 않다(해양경찰청 피의자 유치 및 호송규칙 제38조 제2항). 유치인의 접견 시간

은 1회에 30분 이내로, 접견횟수는 1일 3회 이내로 하여 접수순서에 따라 접견자의 수를 고려 균등하게 시간을 배분해야 한다. 다만, 변호인과의 접견은 예외로 한다(해양경찰청 피의자 유치 및 호송규칙 제38조 제3항).

II. 호   송

1. 호송의 의의

호송이란 즉결인, 형사피고인, 피의자 또는 구류인 등을 다른 수용장소나 검찰청, 법원, 교도소 또는 경찰서로 인계 혹은 연행하기 위하여 이동하면서 간수하는 것을 말한다.[49]

2. 호송의 종류

(1) 이감호송

피호송자의 수용장소를 다른 곳으로 이동하거나 특정관서에 인계하기 위한 호송을 말한다(해양경찰청 피의자 유치 및 호송규칙 제46조 제4호).

(2) 왕복호송

피호송자를 득정장소에 호송하여 필요한 용무를 마치고 다시 발송관서 또는 호송관서로 호송하는 것을 말한다(해양경찰청 피의자 유치 및 호송규칙 제46조 제5호).

(3) 집단호송

한 번에 다수의 피호송자를 호송히는 것을 말한다(해양경찰청 피의자 유치 및 호송규칙 제46조 제6호).

---

49) 경찰실무교재편찬위원, 앞의 책, 143면.

⑷ 비상호송

전시, 사변 또는 이에 준하는 국가비상 사태나 천재, 지변에 있어서 피호송자를 다른 곳에 수용하기 위한 호송을 말한다(해양경찰청 피의자 유치 및 호송규칙 제46조 제7호).

3. 호송관리의 책임

호송관서의 장(해양경찰청은 수사국장, 지방해양경찰청은 수사과장을 말한다. 이하 같다)은 피호송자의 호송업무에 관하여 전반적인 관리 및 지휘·감독을 해야 한다(해양경찰청 피의자 유치 및 호송규칙 제47조 제1항). 지방해양경찰청의 수사과장 및 해양경찰서의 수사과장은 피호송자의 호송업무에 관하여 호송주무관으로서 직접 지휘·감독해야 하며 호송의 안전과 적정 여부를 확인해야 한다(해양경찰청 피의자 유치 및 호송규칙 제47조 제2항).

4. 호송의 절차

⑴ 피호송자의 신체검색

호송관은 반드시 호송주무관의 지휘에 따라 포박하기 전에 피호송자에 대하여 안전호송에 필요한 신체검색을 실시해야 한다(해양경찰청 피의자 유치 및 호송규칙 제49조 제1항). 여자인 피호송자의 신체검색은 여자경찰관이 행하거나 성년의 여자를 참여시켜야 한다(해양경찰청 피의자 유치 및 호송규칙 제49조 제2항).

⑵ 피호송자의 포박

호송관은 호송관서를 출발하기 전에 반드시 피호송자에게 수갑을 채우고 포승으로 포박해야 한다. 다만, 구류선고 및 감치명령을 받은 자와 고령자, 장애인, 임산부 및 환자 중 주거와 신분이 확실하고 도주의 우려가 없는 자에 대하여는 수갑 등을 채우지 아니한다(해양경찰청 피의자 유치 및 호송규칙 제50조 제1항). 호송관은 피호송자가 2인 이상일 때에는 제1항에 의하여 피호송자마다 포박한 후 호송수단에 따라 2인 내지 5인을 1조로 하여 상호 연결시켜 포승해야 한다(해양경찰청 피의자 유치 및 호송규칙 제50조 제2항).

(3) 호송의 방법

호송은 피호송자를 인수관서 또는 출석시켜야 할 장소와 유치시킬 장소에 직접 호송한다(해양경찰청 피의자 유치 및 호송규칙 제51조 제1항).

(4) 호송시간

호송은 일출 전 또는 일몰 후에 할 수 없다. 다만, 기차, 선박 및 차량을 이용하는 때 또는 특별한 사유가 있는 때에는 그러하지 아니한다(해양경찰청 피의자 유치 및 호송규칙 제54조).

(5) 호송수단

호송수단은 경찰 호송차 그 밖에 경찰이 보유하고 있는 차량(이하 "경찰차량"이라 한다)에 의함을 원칙으로 해야 한다. 다만, 경찰차량을 사용할 수 없거나 그 밖에 특별한 사유가 있는 때에는 도보나 경비함·정, 경찰항공기 또는 일반 교통수단을 이용할 수 있다(해양경찰청 피의자 유치 및 호송규칙 제55조 제1항). 호송관서의 장은 호송사정을 참작하여 호송수단을 결정해야 한다(해양경찰청 피의자 유치 및 호송규칙 제55조 제2항). 집단호송은 가능한 경찰차량을 사용해야 한다(해양경찰청 피의자 유치 및 호송규칙 제55조 제3항). 호송에 사용되는 경찰차량에는 커튼 등을 설치하여 피호송자의 신분이 외부에 노출되지 않도록 해야 한다(해양경찰청 피의자 유치 및 호송규칙 제55조 제4항).

5. 호송 시의 관리

(1) 영치금품의 처리

피호송자의 영치금품은 다음 각 호의 구분에 따라 처리한다(해양경찰청 피의자 유치 및 호송규칙 제53조). 1. 금전, 유가증권은 호송관서에서 인수관시에 직접 송부한다. 다만 소액의 금전, 유가증권 또는 당일로 호송을 마칠 수 있을 때에는 호송관에게 탁송할 수 있다. 2. 피호송자가 호송도중에 필요한 식량, 의류, 침구의 구입비용을 자비로 부담할 수 있는 때에는 그 청구가 있으며 필요한 금액을 호송관에게 탁송하여야 한다. 3. 물품은 호송관에게 탁송한다. 다만, 위험한 물품 또는 호송관이 휴대하기에 부적당한 발송관서에서 인수관서에 직접 송부할 수 있다. 4. 송치하는 금품을 호송관에게 탁송할 때에는 호송관서에 보관책임이 있고, 그렇지 아니한 때에는 송부한 관서에 그 책임이 있다.

(2) 호송 중 유의사항

호송관은 호송 중 다음의 사항을 준수해야 한다(해양경찰청 피의자 유치 및 호송규칙 제62조). 1. 피호송자의 가족이나 그 밖에 관계인을 동반하거나 면접, 물건 수수행위 등을 하게 하여서는 안 된다. 2. 피호송자는 흡연행위를 하게 하여서는 안 된다. 3. 도심지, 번화가 그 밖에 복잡한 곳을 가능한 한 피해야 한다. 4. 호송관은 피호송자가 용변을 보고자 할 때에는 화장실에 같이 들어가거나 화장실문을 열고 감시를 철저히 해야 한다. 5. 피호송자를 포박한 수갑 또는 포승은 질병의 치료, 용변 및 식사할 때에 한쪽 수갑만을 필요한 시간동안 풀어주는 것을 제외하고는 호송이 끝날 때까지 변경하거나 풀어 주어서는 안 된다. 6. 항시 피호송자의 기습으로부터 방어할 수 있는 자세와 감시가 용이한 위치를 유지해야 한다. 7. 호송중 피호송자에게 식사를 하게 할 때에는 가까운 경찰관서에서 해야 한다. 다만, 열차, 선박, 항공기에 의한 호송일 때에는 그러하지 아니할 수 있다. 8. 호송시에는 호송하는 모습이 가급적 타인에게 노출되지 않도록 유의해야 한다.

(3) 피호송자의 숙박

호송관은 피호송자를 숙박시켜야 할 사유가 발생하였을 때에는 체류지 관할 해양경찰서 유치장 또는 교도소를 이용하여야 한다(해양경찰청 피의자 유치 및 호송규칙 제66조 제1항). 제1항에 의하여 숙박시킬 수 없는 지역에서는 호송관은 가장 가까운 해양경찰관서에 숙박에 관하여 협조를 의뢰하여야 한다(해양경찰청 피의자 유치 및 호송규칙 제66조 제2항).

(4) 식량 등의 자비부담

피호송자가 식량, 의류, 침구 등을 자신의 비용으로 구입할 수 있을 때에는 호송관은 물품의 구매를 허가할 수 있다(해양경찰청 피의자 유치 및 호송규칙 제67조 제1항).

(5) 호송비용 부담

호송관 및 피호송자의 여비, 식비, 기타 호송에 필요한 비용은 호송관서에서 이를 부담하여야 한다(해양경찰청 피의자 유치 및 호송규칙 제68조 제1항).

(6) 호송관의 총기 휴대

호송관은 호송근무에 당할 때에는 호송관서의 장이 특별한 지시가 없는 한 총기를 휴대하여야 한다(해양경찰청 피의자 유치 및 호송규칙 제70조 제1항). 호송관이 호송 중 휴대할 총기는 권총 또는 소총, 가스총 등으로 한다(해양경찰청 피의자 유치 및 호송규칙 제70조 제2항).

6. 사고발생시의 조치

호송관은 호송 중 피호송자가 도주, 자살, 기타의 사고가 발생하였을 때에는 다음의 조치를 신속하게 취하여야 한다(해양경찰청 피의자 유치 및 호송규칙 제65조).

(1) 피호송자가 도망하였을 때

① 즉시 사고발생지 관할 해양경찰서에 신고하고 도주 피의자 수배 및 수사에 필요한 사항을 알려주어야 하며, 소속장에게 전화, 전보 기타 신속한 방법으로 보고하여 그 지휘를 받아야 한다. 이 경우에 즉시 보고할 수 없는 때에는 신고 관서에 보고를 의뢰할 수 있다. ② 호송관서의 장은 보고받은 즉시 상급감독관서 및 관할검찰청에 즉보하는 동시에 인수관서에 통지하고 도주 피의자의 수사에 착수하여야 하며, 사고발생지 관할 해양경찰서장에게 수사를 의뢰하여야 한다. ③ 도주한 자에 관한 호송관계서류 및 금품은 호송관서에 보관하여야 한다.

(2) 피호송자가 사망하였을 때

① 즉시 사망시 관할 해양경찰관서에 신고하고 시체와 서류 및 영치금품은 신고 관서에 인도하여야 한다. 다만, 부득이한 경우에는 다른 도착지의 관할 해양경찰관서에 인도할 수 있다. ② 인도를 받은 해양경찰관서는 즉시 호송관서와 인수관서에 사망일시, 원인 등을 통지하고, 서류와 금품은 호송관서에 송부한다. ③

호송관서의 장은 통지받은 즉시 상급 감독관서 및 관할 검찰청에 보고하는 동시에 사망자의 유족 또는 연고자에게 이를 통지하여야 한다. ④ 통지 받을 가족이 없거나, 통지를 받은 가족이 통지를 받은 날부터 3일 내에 그 시신을 인수하지 않으면 구, 시, 읍, 면장에게 가매장을 하도록 의뢰하여야 한다.

(3) 피호송자가 발병하였을 때

① 경증으로서 호송에 큰 지장이 없고 당일로 호송을 마칠 수 있을 때에는 호송관이 적절한 응급조치를 취하고 호송을 계속하여야 한다. ② 중증으로써 호송을 계속하거나 곤란하다고 인정될 때에 피호송자 및 그 서류와 금품을 발병지에서 가까운 해양경찰관서에 인도하여야 한다. ③ 인수한 해양경찰관서는 즉시 질병을 치료하여야 하며, 질병의 상태를 호송관서 및 인수관서에 통지하고 질병이 치유된 때에는 호송관서에 통지함과 동시에 치료한 해양경찰관서에서 지체 없이 호송하여야 한다. 다만, 진찰한 결과 24시간 이내에 치유될 수 있다고 진단되었을 때에는 치료 후 호송관서의 호송관이 호송을 계속하게 하여야 한다.

Ⅰ. 감식수사

감식수사란 현장감식에 의해 수사자료를 발견하고 수집된 수사자료를 과학적으로 분석하여 행하는 수사를 말한다. 현장감식은 범죄가 행하여진 장소나 범죄의 의심이 있는 장소에 임하여 현장상황과 유류되어 있는 여러 가지 자료에 대한 관찰, 사진촬영, 지문채취 등을 합리적으로 수행하고 지문, 혈흔 등을 과학적으로 검토하여 사건의 진상을 확인·판단하는 수사활동을 말한다. 또한 범죄와 결부시킬 수 있는 자료를 합리적으로 수집·채취하여 수사자료화함으로써 범죄를 증명함에 충분한 증거자료로 활용될 수 있도록 하는 현장 수사활동을 말한다. 감식수사는 과학수사의 중심이다. 현장감식은 ① 간부의 현장관찰 → ② 사진촬영 → ③ 채증감식 → ④ 범행수법검토의 순서로 이루어진다.[50]

감식에는 지문자료에 의한 신원·범죄경력 등을 확인하는 자료감식과 잠재지문, 족흔적, 혈흔, 모발 등의 채취·검사 및 감정 등을 하는 기술감식이 있다.

Ⅱ. 지문감식

1. 지문의 개념

지문은 손가락 끝마디 안쪽에 있는 살갗의 무늬 또는 그것이 남긴 흔적을 말한다. 지문은 사람마다 다르며 그 모양이 평생 변하지 아니하여 개인 식별, 범죄수사의 단서, 인장 대용 등으로 사용된다.[51]

---

50) 경찰실무교재편찬위원, 앞의 책, 173-174면.
51) 네이버 국어사전

2. 지문의 특성

지두 장측부(掌側部, 지두내면)에 존재하는 피부가 융기한 선 또는 점으로 이루어진 문형을 말한다. 지문의 2대 특성은 만인부동(萬人不同)과 종생불변(終生不變)이다.[52] 지문은 사람마다 다르며 영구히 변하지 않는다. 일란성 쌍생아의 지문이라도 얼핏 보기에는 융선의 형태가 비슷해 보이지만 두 사람의 지문은 결코 똑같지 않다. 이처럼 사람의 지문은 모두 제각각이다. 통계학상으로는 하나의 손가락에 같은 지문을 가진 사람이 나타날 수 있는 가능성은 870억분의 1이라고 한다. 그러므로 세계의 총인구를 53억으로 추정했을 때 실질적으로 지구상에서 같은 지문의 소유자를 발견할 수는 없는 셈이다.[53]

3. 지문의 효용

지문의 효용은 ① 피의자의 신원 및 범죄경력 확인, ② 지명수배자의 발견, ③ 변사자의 신원확인, ④ 범죄현장지문에 의한 범인의 신원판명, ⑤ 타인의 인적사항 도용방지, 각종 사건사고시 신원확인 기능 등이 있다.[54]

4. 지문의 종류

지문에는 현장지문, 준현장지문, 현재지문, 잠재지문, 관계자지문, 유류지문, 정상지문, 역지문 등이 있다.

Ⅲ. 족흔적감식

범죄현장, 범인의 대기장소, 기타의 장소에서 피의자가 유류한 것으로 추정되는 족적·타이어흔·공구흔 기타의 흔적을 말하며, 면밀하게 검사하면 고유의 특징을 발견할 수 있기 때문에 범죄수사자료 또는 범인식별자료로서 널리 활용되고

---

52) 네이버 지식백과(경찰학사전).
53) 네이버 지식백과(고교생이 알아야 할 생물 스페셜).
54) 네이버 지식백과(경찰학사전).

있다. 족윤적 감식의 중요성은 현장에 대한 과학적인 분석이 더욱 중요한 명제가 되고 있기 때문이다.[55]

Ⅳ. 법의학

1. 검 시

(1) 검시의 개념

검시란 변사자 또는 변사의 의심이 있는 시체에 대하여 범죄의 혐의의 유무를 판단하기 위하여 시체 및 그 주변 환경을 포함하여 종합적으로 조사하는 것을 말한다. 검시는 변사체가 발생한 지역을 관할하는 지방검찰청 검사의 권한인 동시에 의무이며, 사법경찰관에게는 독자적인 검시권이 없다(형사소송법 제222조). 검시는 범죄혐의의 존재를 전제로 하지 않으며, 검시의 결과 범죄에 기인한 것이라고 인정되는 경우에 수사가 개시되는 수사 전의 행위이다.[56]

(2) 검시의 종류

검시에는 검안과 부검이 있고, 부검에는 질병에 의한 사망일 때 시행하는 병리해부, 범죄와 관련되지 않았을 때 시행하는 행정해부, 범죄와 관련되었거나 관련되었을 가능성이 있을 때 시행하는 사법해부가 있다.

2. 시체현상

(1) 시체의 초기현상

1) 체온의 하강

사망한 후에는 체열을 방출하므로 시간이 경과되면 주위 온도와 시체 온도가

---

55) 네이버 지식백과(경찰학사전).
56) 경찰실무교재편찬위원, 앞의 책, 180면.

같아진다. 때로는 수분증발로 인해 주위 온도보다 더 낮아질 수도 있다.[57]

2) 시체건조

지속적인 수분 증발로 인해 피부 표면이 암갈색으로 변하면서 건조해진다.

3) 각막의 혼탁

각막은 사후 12시간 전후 흐려져서, 24시간이 되면 현저하게 흐려지고, 48시간이 되면 불투명해진다.

4) 시체얼룩

사망으로 혈액순환이 정지됨에 따라 중력에 의해 적혈구가 낮은 곳으로 가라앉아 혈액침하현상이 발생하여 시체하부의 피부가 암적갈색으로 변화한다.

5) 시체굳음

사망 후 일정 시간이 경과되면 근육이 경직되어 관절이 고정되므로 시체가 뻣뻣해지는 현상이 일어난다. 사망 후 2-3시간이 경과되면 턱관절부터 굳어지기 시작하여 15시간 경과 후 전신경직이 최고조에 달하여 30시간까지 유지되고 나서 그 이후로 풀리게 된다. 경직은 보통 턱 → 어깨 → 발목, 팔목 → 발가락, 손가락 순으로 굳어진다.

(2) **시체의 후기현상**

1) 자가용해

체내에 있는 각종 분해요소가 장기나 뇌 등에 작용하여 단백질, 지방질, 탄수화물 등이 분해되고 더 나아가 장기 등의 조직이 분해되는 것을 말한다.

2) 부   패

부패균의 산화작용과 환원작용에 의하여 부패가 발생한다.

3) 미이라화

사체가 부패되거나 분해되지 않고 수분을 상실하여 건조한 상태가 되는 현상을 말한다. 고온·건조지대에서 시체의 건조가 부패·분해보다 빠를 때 생기는 현

---

57) 경찰실무교재편찬위원, 앞의 책, 181-182면.

상이다.

4) 시체밀랍

화학적 분해에 의해 고체형태의 지방산 혹은 그 화합물로 변화한 상태이다. 특히 습한 장소에 묻힌 사람의 시체에서 볼 수 있으며, 주로 지방산의 불용성염으로 형성된다.

5) 백골화

백골화는 의학적 죽음의 최후 단계로서, 송장 혹은 부육의 부드러운 생체조직들이 부패 또는 건조되어 뼈가 드러나게 되는 것이다. 부패가 시작되면 시체에 있는 영양분은 묻힌 자리에 양분이 된다. 백골화가 완료되면 모든 생체조직이 사라지고 탈구된 뼈만 남는다.[58]

---

58) 네이버지식백과(위키백과).

제5장

해양경찰 정보·보안론

제1절 **해양경찰 정보론**

Ⅰ. 정보의 의의

1. 정보의 개념

정보란 국가의 정책결정을 위하여 수집된 첩보를 평가, 분석, 종합 및 해석한 결과로 얻은 지식을 말한다.

정보와 유사한 개념으로 자료와 첩보가 있다. 자료란 특정한 목적에 의해 평가되어 있지 않은 단순한 여러 사실이나 기호로서 각종 신문자료, 서적 등을 말한다. 또한 첩보란 목적성을 가지고 의도적으로 수집한 데이터를 말한다. 첩보는 의식적으로 수집하여야 하며, 아직 분석이나 평가 등의 정보처리과정을 거치지 않은 것이므로 다소 불확실한 특징을 가지고 있다.[1] 정보는 이러한 내용의 첩보를 특정 목적, 즉 국가정책이나 안전보장, 치안 질서유지 등을 위해 일정한 절차를 거쳐 가공, 처리한 체계화된 지식을 말한다.[2] 이런 점에서 정보를 2차 정보 또는 지식이라고 부르고, 첩보를 1차 정보 또는 생정보라고 부른다.

---

1) 허경미, 「경찰학」, 박영사, 2021, 495면.
2) 문경환·이창무, 「경찰정보학」, 박영사, 2019, 11면.

2. 가치 있는 정보의 요건

(1) 정 확 성

정보는 객관적 사실에 부합해야 한다는 점에서 정확성이 요구된다. 정보가 사실과 일치되는 성질을 말한다. 정보가 객관적 사실에 부합할수록 정확한 정보라고 할 수 있고, 객관적 사실과 부합하지 않을 경우에는 정보로서의 가치가 떨어진다고 할 수 있다. 정보의 정확성을 판단하는 방법은 해당 정보와 기존의 다른 정보를 비교·검토하는 방식으로 이루어진다.

(2) 적 시 성

정보는 정보사용자가 가장 필요로 하는 직절한 시점에 제공되어야 그 가치를 발휘할 수 있다는 점에서 적시성이 요구된다. 정보가 정책결정이 이루어지는 시점에 비추어 가장 적절한 시기에 존재하는 성질을 말한다. 정보사용자가 정보를 가장 필요로 하는 시점은 정책결정이 이루어지는 시점이기 때문이다. 이 시점을 기준으로 너무 이른 시점에 정보가 제공되어서는 안 된다. 반대로 너무 늦은 시점에 정보가 제공되어서도 안 된다.

(3) 적 실 성

정보는 정보사용자의 현안 문제와 밀접하게 관련되어 있어야 한다는 점에서 적실성이 요구된다. 정보가 당면 문제와 관련되어 있는 성질을 말한다. 적실성은 정보의 요구단계와 첩보수집단계에서부터 고려되어야 할 사항이다. 현안 문제와 관련성이 떨어지는 정보는 수집할 필요성이 줄어든다. 현안 문제와의 관련성 여부를 검토하지 않고 수집한 정보는 인력과 시간, 비용의 낭비만 초래할 뿐이다.

범죄정보 분야에서 적실성을 평가할 때 이용하는 3단계의 기준은 일반적인 정보에 대한 평가 과정에서도 유용할 것으로 보인다. 이에 따르면 우선적으로 해당 정보가 담당하는 수사 대상과 어느 정도 관련이 있는 정보인지가 평가되어야 한다. 둘째, 해당 정보가 '즉시' 필요한 것인지를 평가하고 그렇다면 해당 정보를 필요로 하는 사용자가 누구인지를 검토하여야 한다. 마지막으로 해당 정보가 현재나 향후에 가치를 가질 가능성이 있는지 등에 대해 검토한다. 이러한 3단계의 평가는 1단계의 '수사의 대상'대신에 해당 정보기능에서 관할하는 '수집 또는 분석의 대상'으로 치환함으로써 일반적인 정보의 평가에서 활용할 수 있을 것이다.[3]

(4) 완 전 성

정보는 그 자체로서 정책결정에 필요한 모든 내용을 가능한 망라하고 있어야 한다는 점에서 완전성이 요구된다. 제공된 정보 이외에 추가적인 정보가 필요하다면 제공된 정보는 완전성을 결여한 것이다. 정보의 완전성은 절대적인 완전성을 뜻하는 것이 아니다. 시간이 허용하는 한 최대로 완전한 지식이 되어야 한다는 뜻이다.[4] 완전성은 하나의 정보가 독립적이고 고유한 정책결정의 투입요소로서의 가치를 가지고 있는지를 평가하는 기준이 된다. 따라서 정확성, 적시성, 적실성 등의 요건을 충족하는 경우라고 하더라도 완전성을 결여하게 되면 정보의 수준에 이르지 못한 첩보로서 평가되어야 한다. 즉, 완전성은 첩보와 정보를 구분하는 기준이 되는 성질이라고 할 수 있다.[5]

(5) 객 관 성

정보의 생산 또는 사용은 정보를 생산한 자와 정보를 사용하는 자의 의도에 따른 주관적 입장이 아닌 국익증대와 안보추구라는 측면에서 객관적 입장이 유지된 상태에서 이루어져야 한다.

(6) 기   타

정보는 정보원의 신뢰도에 따라 정보의 가치가 평가될 수 있다는 점에서 신용가치성, 생산, 축적되면 될수록 가치가 커진다는 점에서 축적효과성, 정보가 타인에게 전달되어도 여전히 정보제공자에게 남아 있다는 점에서 비이전성 등의 특징을 가지고 있다.

---

3) 문경환·이창무, 앞의 책, 15면.
4) 허경미, 앞의 책, 496면.
5) 문경환·이창무, 앞의 책, 17-18면.

3. 정보의 효용

정보의 효용이란 정보를 수집, 분석, 사용함으로써 얻는 가치나 이익을 말한다. 정보의 효용은 요건을 갖춘 정보가 정책결정과정에 어느 정도 기여했는지를 평가하는 기준이다. 일반적으로 정책결정과정에서 정보가 효과적으로 활용될 수 있기 위해서는 다음과 같은 요소들이 고려되어야 한다.[6]

(1) 형식효용

정보사용자가 요구하는 외형 또는 형식에 부합할 때 효용이 높아진다는 의미로, 정보는 그 사용자의 수준에 따라 정보의 형식을 차별화함으로써 효용을 극대화할 수 있다. 대통령이나 정부부처의 장 또는 각 정보기관의 장과 같은 고위정책결정자에게는 가급적 중요한 핵심내용만을 간추려 보고하는 형태가 바람직하다. 이에 반해 상대적으로 낮은 수준의 정책결정자들이나 실무진에 제공되는 정보는 비교적 상세하고 구체적일 필요가 있다.

(2) 시간효용

정보는 사용자가 정보를 필요로 하는 시점에 제공될 때 시간효용이 높다는 평가를 받게 된다. 시간효용은 적시성과 관련이 높으며, 적시성을 갖추어 정책결정이 이루어지는 시점에 제공된 정보가 시간적으로 가장 효용성이 크다고 할 수 있다.

(3) 접근효용

접근효용은 사용자가 자신이 필요로 하는 정보에 쉽게 접근할 수 있을 때 높아질 수 있다. 접근효용을 높이기 위해서는 우선 정보의 사용절차가 간소화되어야 한다. 분류·기록·관리 등을 전산화하는 방법이 대표적으로 접근효용을 높이는 방법이다.

---

6) 이하 문경환·이창무, 앞의 책, 20-23면 참조.

(4) 소유효용

소유효용이란 정보의 양이 많으면 많을수록 증대되는 정보의 효용을 말한다. 일반적으로 정보는 상대적으로 많이 소유하는 것이 적게 소유하는 것보다 효용이 크다고 할 수 있다. 국가의 정보역량의 차이도 결국 어떤 국가가 특정상황에 대해 얼마나 많은 정보를 가지고 있는지에 따라 결정된다고 한다면 정보를 많이 소유한 국가가 그렇지 않은 국가에 비해 더 높은 정보효용을 갖고 있다고 보아야 한다.

(5) 통제효용

정보는 정보를 필요로 하는 사람들에게 필요한 만큼 제공될 수 있도록 통제할 수 있을 때 효용이 커진다. 이때의 효용성을 통제효용이라고 한다. 정보의 통제는 국익과 안보를 위해 필요한 경우 정책판단과 정책결정이 비밀성을 유지하기 위한 것이다. 정보는 정책결정과정에 참여하면서 해당 정보를 필요로 하는 사람들에게만 각각의 필요를 감안하여 제한적인 범위 내에서 제공되어야 한다.

4. 정보의 분류

분류	정보의 종류		
① 사용주체에 따른 분류	국가정보	부문정보	
② 사용수준에 따른 분류	전략정보	전술정보	
③ 사용목적에 따른 분류	적극정보	소극(보안)정보	
④ 분석형태에 따른 분류	기본정보	현용정보	판단정보
⑤ 대상지역에 따른 분류	국내(보안·정책)정보	국외(보안·정책)정보	
⑥ 정보출처에 따른 분류	근본출처정보	부차적 출처정보	
	비밀출처정보	공개출처정보	
	정기출처정보	우연출처정보	
⑦ 정보요소에 따른 분류	정치정보	경제정보	과학기술정보
	사회정보	군사정보	
⑧ 수집활동에 따른 분류	인간정보	기술정보	

정보는 사용주체, 사용수준, 사용목적, 분석형태, 대상지역, 정보출처, 정보요소, 수집활동에 따라 다음과 같이 다양하게 분류된다.[7]

(1) 사용주체에 따른 분류

1) 국가정보

국가정보는 국가의 최고정책결정자가 특정 부처의 필요나 이익을 넘어 국가적 차원에서 종합적으로 사용하는 정보를 지칭한다.

2) 부문정보

부문정보는 외교, 통일, 국방, 경제, 환경 등 특정 부처의 필요나 요구, 이익에 따라 각 해당 정보기관에서 생산하는 비교적 개별적이고 미시적인 관점의 정보를 의미한다.

(2) 사용수준에 따른 분류

1) 전략정보

전략정보는 국가차원의 정책이나 국가의 안전보장 등과 관련하여 비교적 광범위한 분야에 걸쳐 중장기적 관점에서 수집, 분석, 사용되는 포괄적 정보로 국가정보에 해당된다.

2) 전술정보

전술정보는 비교적 단기적 관점에서 구체적이고 세부적인 현실 사안 해결을 위해 사용되는 정보로 부문정보에 해당된다.

(3) 사용목적에 따른 분류

1) 적극정보

적극정보는 국가이익의 증대를 위한 정책의 입안과 계획 수립 및 정책계획의 수행에 있어서 필요한 정보를 말한다.

---

7) 이하 문경환·이창무, 앞의 책, 23–33면 참조

2) 소극(보안)정보

보안정보는 적극정보와 대비되는 개념으로 소극정보, 방첩정보, 대정보 등의 용어들과 호환될 수 있다. 즉 방어적 의미의 정보로서 국가의 안전을 유지하는 국가경찰기능의 기초가 되는 정보로 정의될 수 있는데, 보안정보의 목적은 국가의 안전보장에 위해가 되는 모든 대내외 세력에 대한 정보와 국가의 보안적 취약성에 대한 분석 및 판단에 있다.

(4) 분석형태에 따른 분류

1) 기본정보

기본정보란 과거의 사실이나 사건들에 대한 정적인 상태를 기술하여 놓은 정보로 현용정보나 판단정보를 작성하는 기초가 된다. 국가안보와 정책결정에 필요한 모든 정보들을 망라하여 놓음으로써 정보사용자가 이를 참고하거나 정보생산자가 정보의 평가나 분석을 위해 활용하게 된다(기본적·서술적 또는 일반 자료적 유형의 정보).

2) 현용정보

현용정보란 기본정보를 바탕으로 하여 매일매일 국내외의 주요 정세 가운데 국가안보나 정책결정에 영향을 미치는 내용을 선별하여 보고하는 형태의 정보를 말한다. 시계열을 기준으로 할 때 현재에 해당하며 모든 사물이나 상태의 동적인 상태를 보고하는 정보이다(현실의 동적인 사항에 관한 정보).

3) 판단정보

판단정보는 과거와 현재를 바탕으로 하여, 즉 기본정보와 현용정보를 토대로 특정문제를 체계적이며 실증적으로 연구하여 미래 상황을 추리, 예측한 평가정보이다. 종합적인 분석과 과학적 추론을 필요로 하므로 분석형태에 따른 분류에 있어서 가장 정선된 형태의 정보라고 할 수 있다.

(5) 대상지역에 따른 분류

국내정보는 국내 보안정보와 국내 정책정보로, 국외정보는 국외 보안정보와 국외 정책정보로 나뉜다.

1) 국내정보

국내 보안정보는 국내에 침투한 간첩이나 반국가 세력의 안보위협으로부터 국가의 안전을 유지하는 데에 필요한 정보를 의미한다. 국내 정책정보는 국내 경제, 사회, 과학기술 등 국가 내부의 정책결정에 필요한 정보를 의미한다.

2) 국외정보

국외정보는 해외정보라고도 하는데, 외국의 사항을 대상으로 하는 정보이다. 국외정보도 국외 보안정보와 국외 정책정보로 분류된다. 국외 보안정보는 자국의 안전에 위협을 야기하는 대상국가의 간첩, 테러, 선동활동에 관한 정보뿐만 아니라 상대국 정보기관의 조직, 활동방법, 활동목표 등을 탐지하는 것도 포함된다. 국외 정책정보는 타국의 정치, 경제, 사회, 군사, 과학 등에 관한 정보를 의미한다.[8]

(6) 정보출처에 따른 분류

1) 근본출처정보와 부차적 출처정보

가. 근본출처정보

근본출처정보는 정보를 수집하는 데 있어서 중간매체가 개입되지 않는 경우의 정보를 말한다. 근본출처정보는 직접정보로도 불리 우는데, 정보입수자 자신이 직접 경험을 통하여 얻은 정보로 어떤 대상을 직접 보거나 듣거나 느껴서 얻은 정보를 말한다.

나. 부차적 출처정보

부차적 출처정보는 중간매체가 있는 경우의 정보를 말한다. 부차적 출처정보는 간접정보로도 불리 우는데, 정보입수자가 직접 경험을 통하여 얻은 정보가 아닌 언론매체나 도서 등을 통하여 입수한 정보를 말한다. 일반적으로 근본출처정보가 부차적 출처정보에 비해 출처의 신빙성과 내용의 신뢰성 면에서 우위를 점한다.

---

8) 해양경찰청, 「2020 해양경찰 실무교재(5. 수사정보 실무)」, 2020, 184면.

2) 비밀출처정보와 공개출처정보

가. 비밀출처정보

비밀출처정보는 그 출처가 외부에 노출될 경우 출처로서의 기능을 상실하게 되는 것은 물론이고, 출처의 입장이 난처해질 우려가 있기 때문에 외부로부터 강력히 보호를 받아야 하는 출처로부터 얻어진 정보를 말한다.

나. 공개출처정보

공개출처정보는 정보출처에 대한 별다른 보호조치가 없더라도 상시적으로 정보를 획득할 것으로 기대되는 출처로부터 얻어진 정보를 말한다.

3) 정기출처정보와 우연출처정보

가. 정기출처정보

정기출처정보란 정기적으로 정보를 획득할 수 있는 출처로부터 얻은 정보를 말한다. 정보입수의 시간적 간격이 일정하거나 정보입수의 시점을 정보관이 통제하고 있는 경우이다. 그 출처로는 정기간행물, 일간신문, 뉴스 등의 공개출처정보가 있고, 정기적으로 정보를 제공하는 공작원, 협조자 등의 비밀출처정보가 있다.

나. 우연출처정보

우연출처정보란 정보관이 의도한 정보입수의 시점과는 무관하게 부정기적으로 얻어지는 정보를 말한다. 이에는 정보관이 우연한 기회에 공개된 장소에서 주변 인물의 대화를 듣거나 행동을 관찰하여 얻어진 소극적 성격의 우연출처정보가 있고, 주변 사람들의 자발적인 협조를 통하여 얻어진 적극적 성격의 우연출처정보가 있다.

⑺ **정보요소에 따른 분류**

1) 정치정보

정치정보는 한 나라의 국내정치 및 외교 등 국제정치와 관련된 요소들을 대상으로 삼는 정보를 말한다.

2) 경제정보

경제정보는 한 나라의 경제를 구성하고 있는 경제적 요소 또는 경제현상 관련 정보들을 의미한다.

3) 사회정보

사회정보는 한 나라의 사회를 구성하고 있는 제 요소에 관련된 정보를 말한다.

4) 군사정보

군사정보는 한 나라의 군사적인 제 요소에 관련된 정보를 말한다.

5) 과학기술정보

과학기술정보는 한 국가의 과학기술의 요소에 관한 정보로서 주로 대상국의 군사력에 영향을 줄 수 있는 요소에 중점을 두고 있다. 군사 분야의 첨단무기체계의 개발 동향에 관한 정보뿐만 아니라 컴퓨터공학, 생명공학, 레이저, 원자력, 우주항공 등 민간분야의 과학기술 발전에 관한 정보수집 및 분석도 포함된다.[9]

⑻ 수집활동에 따른 분류

1) 인간정보

인간정보는 인적 수단을 사용하여 수집한 정보를 말한다. 정보를 수집하는 임무를 수행하는 공무원인 정보관이 대표적인 인적 수단이다. 해외에 주재하면서 주재국의 정보를 수집하는 외교관인 주재관도 공적인 인적 수단이다. 인간이 정보수집의 대상이 되는 경우가 있는데 공작원, 협조자, 망명자, 여행자 등이 그 대표적인 경우이다.

2) 기술정보

기술정보는 기술적 수단을 사용하여 수집한 정보를 말한다. 이에는 인공위성, 레이더 등을 통하여 수집한 영상정보가 있고, 인간의 음성, 모스 부호, 전화회선, 이메일, 레이더 신호 등을 통하여 수집한 신호정보가 있다.

5. 정보의 순환과정

국가가 정보활동을 효율적으로 수행하기 위해 정보기관들을 조직하고 그 정

---

9) 해양경찰청, 「2020 해양경찰 실무교재(5. 수사정보 실무)」, 2020, 185면.

보기관들의 활동원칙 및 절차 등을 정립하여 놓은 상태를 정보체계라고 한다. 국가안보 및 정책결정에 필요한 정보제공을 위해 정보사용자의 요구에 따라 이러한 국가정보체계를 통해 첩보를 수집, 처리 및 분석하여 정보사용자에게 전달하는 유기적인 일련의 과정을 정보순환이라고 한다.[10]

(1) 정보의 요구단계

1) 개 념

정보생산의 요구단계는 정보수요자의 요청에 부응하여 구체적인 정보자료(첩보)수집 부서를 결정한 다음 적절한 수집지도와 조정을 실시하는 등 전체적인 정보생산계획을 수립하는 단계이다.

2) 정보요구의 소순환과정

정보요구단계에서는 ① 정보의 자료가 되는 첩보의 기본요소 결정, ② 첩보수집계획서의 작성, ③ 명령 및 하달, ④ 수집활동에 대한 조정 및 감독의 소순환과정을 거쳐서 완성된다.[11]

3) 정보요구의 방법[12]

가. 국가정보목표우선순위(PNIO)

국가안전보장이나 정책에 관련되는 국가정보목표의 우선순위로서, 정부에서 기획된 연간 기본정책을 수행함에 있어 필요로 하는 자료들을 목표로 하여 선정한다.

나. 첩보기본요소(EEI)

PNIO가 결정되면 각 부문기관에 대한 세부적인 수집임무가 부여되며, 각 부문정보기관들은 첩보기본요소(EEI)를 작성하여 수집에 임하게 된다. EEI란 해당 부서의 정보활동을 위한 일반적인 지침으로서 계속적·반복적으로 수집되어야 할 사항을 요구하는 방법이다. 각 정보부서에서 맡고 있는 정책을 수행함에 있어 필요한 일반적·포괄적 정보로서 계속적이고 반복적으로 수집해야 할 필요가 있는

---

10) 문경환·이창무, 앞의 책, 34면.
11) 김충남, 「경찰학개론」, 박영사, 2010, 521면.
12) 이하 문경환·이창무, 앞의 책, 41~44면.

경우 요구하는 방법이다.

다. 특별첩보요구(SRI)

국가정보기관의 PNIO나 부문정보기관의 EEI가 미래의 정보수요를 완전히 예측한다는 것은 현실적으로 불가능하다. SRI란 이런 경우에 대비하여 특정지역의 특별한 돌발사항에 대한 단기적 해결을 위하여 필요한 범위 내에서 임시적이고 단편적인 첩보를 요구하는 방법으로 활용된다. SRI로 요청된 첩보는 그 단기적 효용으로 인해 다른 첩보들에 비해 가장 우선적으로 수집되어야 할 필요성이 있다.

라. 기타정보요구(OIR)

OIR은 PNIO에 포함되지 않았거나 포함되어 있더라도 후순위의 요소로 취급되고 있어서 그 우선순위의 상향조정이 필요한 경우의 정보요구 방법이다. 급변하는 정세의 변화에 따라 불가피하게 정책상 수정이 필요하거나 또는 이를 위한 자료가 절실히 요구될 때 필요한 경우이다.

(2) 첩보의 수집단계

1) 개 념

첩보의 수집이란 첩보수집기관이 출처를 개척하고 수요첩보를 입수하여 이를 정보작성기관에 전달하기까지의 과정을 말한다.[13]

2) 과 정

수집과정에서는 인적 수단이나 기술적 수단을 이용하여 첩보의 수집이 이루어지며 수집된 첩보를 처리, 생산하는 정보의 분석·생산부서로 전달하게 되는 것이 원칙이다. 단, 첩보의 내용이 경미하거나 긴급성이 있는 경우 분석과정을 거치지 않고 사용자에게 전달될 수 있다. 첩보의 수집단계는 ① 첩보수집계획의 수립, ② 첩보 출처의 개척, ③ 첩보수집활동, ④ 첩보의 정리 및 보고의 4단계로 이루어진다.[14]

첩보는 고이용정보의 우선의 원칙, 참신성의 원칙, 긴급성의 원칙, 수집가능성의 원칙, 경제성의 원칙을 고려하여 수집되어야 한다.

---

13) 문경환·이창무, 앞의 책, 44면.
14) 문경환·이창무, 위의 책, 44, 46면.

국내에서는 ① 신문, 잡지, 단행본, 정부간행물 등의 각종 인쇄물, ② 라디오, TV 등의 방송, ③ 사람, ④ 레이더, 적외선 센서 등의 영상, ⑤ 전파, 전자적 신호의 신호 등을 통하여 첩보를 수집할 수 있다. 해외에서는 ① 외교관의 활동, ② 무관의 활동, ③ 정부관리의 공식방문, ④ 민간인의 사사로운 해외여행, ⑤ 특수공작원 등의 활동을 통하여 첩보를 수집할 수 있다.[15]

(3) 정보의 분석 및 생산단계

1) 개   념

정보의 생산은 수집된 첩보를 전달받은 생산부서에서 첩보를 기록·보관하고 평가, 분석, 종합, 해석하는 등의 과정을 거쳐 보고서 기타의 배포형태로 작성하는 과정을 말한다.[16]

2) 과   정

정보의 생산과정은 ① 첩보의 분류 및 기록(선택), ② 첩보의 평가, ③ 첩보의 분석, ④ 첩보의 종합, ⑤ 첩보의 해석, ⑥ 정보의 작성으로 이루어진다.

(4) 정보의 배포단계

1) 개   념

정보의 배포란 정보순환절차에 따라 수집·분석·생산된 정보를 사용자(정책결정자)의 수준에 맞춰 적합한 형태를 갖추어 사용자가 필요로 하는 시기에 제공하는 과정을 말한다.[17]

2) 과   정

정보는 필요성, 적시성, 보안성, 적당성, 계속성의 원칙 하에 배포되어야 한다. 정보의 배포는 브리핑, 메모, 일일정보보고서, 특별보고서, 전화 등의 다양한 방법으로 이루어진다.

---

15) 해양경비안전교육원, 「해양정보(보안)」, 2017, 21~22면.
16) 문경환·이창무, 앞의 책, 55면.
17) 문경환·이창무, 위의 책, 71면.

II. 해양경찰의 정보활동의 의의

1. 해양경찰 정보활동의 개념

해양경찰 정보활동이란 해양에서의 공공안녕에 대한 위험의 예방과 대응을 위한 정보의 수집·분석·종합·작성 및 배포와 그에 수반되는 사실 확인과 조사 행위를 말한다(해양경찰청 정보경찰 활동규칙 제2조 제1호). 해양경찰 정보활동은 다중범죄를 포함한 각종 범죄와 관련된 정보를 수집하여 분석·생산함으로써 해양경찰정책의 결정자들에게 그 예방을 위한 대책을 강구할 수 있도록 하는 것을 임무로 한다. 하지만 범죄와 직접 관련된 정보에만 그치는 것은 아니다.[18]

2. 해양경찰 정보활동의 법적 근거

해양경찰 정보활동은 정부조직법 제43조 제2항(해양에서의 경찰 및 오염방제에 관한 사무를 관장하기 위하여 해양수산부장관 소속으로 해양경찰청을 둔다)에 근거하여 해양에서의 경찰과 관련된 활동으로 제한된다.

정부조직법 외에 해양경찰 정보활동의 직접적 근거가 되는 법령으로는 해양경찰법(제14조 제3항: 해양경찰은 해양에서 공공안녕에 대한 위험의 예방과 대응을 위한 정보의 수집·작성·배포에 관한 직무를 수행한다), 경찰관직무집행법(제2조 제4호: 공공안녕에 대한 위험의 예방과 대응을 위한 정보의 수집·작성 및 배포), 해양경찰청과 그 소속기관 직제, 해양경찰청과 그 소속기관 직제 시행규칙 등이 있다. 또한 해양경찰청 훈령으로 해양경찰청 정보경찰 활동규칙이 있다.

3. 해양경찰 정보활동의 특징

첫째, 해양경찰의 다른 활동이 국민의 생명, 신체, 재산보호에 그 목적을 두고 있는 것에 반해, 해양경찰 정보활동은 국가의 안전 및 사회공공의 안녕과 질서 유지에 그 목적을 두고 있다.[19]

---

18) 경찰실무교재편찬위원, 「경찰실무」 III, 2017, 11면.
19) 이하 해양경비안전교육원, 앞의 책, 44면 참조.

둘째, 해양경찰의 다른 활동이 순찰 등 예방활동과 함께 범죄수사 등 사후 교정적 활동에 중점을 두고 있는 것에 반해, 해양경찰 정보활동은 사전에 예방하고 위해요소를 제거하는 예방적 활동에 중점을 두고 있다.

셋째, 해양경찰의 다른 활동이 대체로 공개적, 명령 강제적인 것에 반해, 해양경찰 정보활동은 비공개 활동인 경우가 많고, 상대방의 동의, 협력을 전제로 하는 임의적 수단을 활용한다.

넷째, 해양경찰의 다른 활동이 주로 취급하는 대상은 개인의 생명, 신체, 재산 등 개인적 법익을 보호하기 위한 것에 반해, 해양경찰 정보활동은 사회공공의 안녕과 질서유지, 국가의 안전, 사회적·국가적 법익을 대상으로 한다.

4. 해양경찰 정보활동의 중요성

해양경찰 정보활동은 국가의 안전과 기본질서 및 사회 공공의 안녕질서에 관련된 개인 또는 집단의 정치적·사상적·사회적 동향을 파악하여 이를 해당기관에 알려 줌으로써 이에 대한 올바른 합리적 대책을 가능하게 한다. 해양경찰 정보활동이 정당성을 인정받기 위해서는 헌법과 법률이 허용하는 범위 내에서 상당성과 사회상규의 원리에 따라 수행되어야 한다.[20]

Ⅲ. 해양경찰 정보활동의 원칙

1. 정보활동의 범위

정보관이 수행하는 정보활동의 범위는 다음 각 호와 같다(해양경찰청 정보경찰 활동 규칙 제4조). 1. 범죄 정보, 2. 국가중요시설·주요 인사의 안전 및 보호에 관한 정보, 3. 해양 관련, 집회·시위 등 사회갈등과 집단행동에 따른 질서·안전 유지에 관한 정보, 4. 국민의 생명·신체의 안전이나 재산의 보호 등 생활의 평온과 관련된 정책의 입안·집행·평가에 관한 정보, 5. 국민안전과 국가안보를 저해하는 위험 요

---

20) 김충남, 앞의 책, 517면.

인에 관한 정보, 6. 그 밖에 해양에서의 공공안녕에 대한 위험의 예방과 대응에 관한 정보

2. 기본원칙

정보관의 정보활동은 국민의 자유와 권리를 보호하고 사회공공의 질서를 유지하는 것을 목적으로 하여야 한다(해양경찰청 정보경찰 활동규칙 제5조 제1항). 정보관은 직무 수행에 필요한 최소한도에서 정보활동을 수행하여야 하고, 국민의 인권을 존중하여야 한다(해양경찰청 정보경찰 활동규칙 제5조 제2항).

정보관은 정보활동 과정에서 다음 각 호의 행위를 하여서는 아니 된다(해양경찰청 정보경찰 활동규칙 제5조 제3항). 1. 정치에 관여할 목적으로 정보를 수집하는 행위, 2. 법령과 이 규칙의 직무범위를 벗어나서 개인의 사상이나 동향 등을 파악하기 위해 지속적으로 사생활에 대한 정보를 수집하는 행위, 3. 상대방의 명시적 의사에 반해 자료의 제출 또는 의견표명을 강요하는 행위, 4. 부당한 민원이나 청탁을 직무관련자에게 전달하는 행위, 5. 직무상 알게 된 정보를 누설하거나 사익을 위해 이용하는 행위, 6. 직무와 무관한 비공식적 직함을 사용하는 행위, 7. 그 밖에 각종 법령 또는 이 규칙을 위반하는 행위

3. 정보 수집활동

정보관이 정보를 수집할 때에는 신분을 밝히고 정보수집의 목적을 설명하여야 하며, 임의적인 방법을 사용하여야 한다(해양경찰청 정보경찰 활동규칙 제6조 제1항). 정보관은 국민의 생명·신체의 안전과 국가안보에 긴박한 위험이 발생할 우려가 있는 경우와 범죄정보를 수집하는 경우에는 제1항에 따른 신분 밝힘과 목적 설명을 생략할 수 있다(해양경찰청 정보경찰 활동규칙 제6조 제2항). 정보관은 정보를 제공한 자가 불이익을 받지 않도록 비밀유지 등 필요한 조치를 한나(해양경찰청 정보경찰 활동규칙 제6조 제3항). 정보관은 정보수집의 목적이 달성되어 그 정보가 불필요하게 되었을 때는 지체 없이 이를 폐기한다(해양경찰청 정보경찰 활동규칙 제6조 제4항).

4. 정보의 제공

정보관은 해양에서의 공공안녕에 대한 위험의 예방과 대응을 위해 필요한 경우 이 규칙에 따라 수집한 정보를 관계기관 및 관계자에게 통보할 수 있다(해양경찰청 정보경찰 활동규칙 제7조 제1항). 해양경찰 기관의 장은 소속 정보관이 정보활동 과정에서 알게 된 공직자의 중대한 복무규정 위반 사실 등을 관계기관에 통보할 수 있다(해양경찰청 정보경찰 활동규칙 제7조 제2항).

5. 정보수집을 위한 출입의 한계

정보관은 언론·교육·종교·시민사회 단체, 기업 등 민간단체 및 정당사무소에 상시적인 출입을 하지 아니한다. 다만, 제4조에 규정된 직무 수행을 위해 필요한 경우 일시적으로 출입할 수 있다(해양경찰청 정보경찰 활동규칙 제8조 제1항). 소속이 다른 정보관은 동일한 기관에 같은 목적으로 중복하여 출입하지 아니한다. 다만, 해양 관련 집회·시위 및 집단행동 등과 관련한 업무 또는 국가기관, 지방자치단체, 그 밖에 공공기관의 협조 요청에 따른 업무를 수행하는 경우에는 그러하지 아니한다(해양경찰청 정보경찰 활동규칙 제8조 제2항).

6. 부당지시 금지 및 거부

누구든지 정보관에게 법령과 이 규칙에 반하는 위법 또는 부당한 지시를 하여서는 아니 된다(해양경찰청 정보경찰 활동규칙 제9조 제1항). 정보관은 명백히 위법한 지시라고 판단되는 경우 그 집행을 거부할 수 있다(해양경찰청 정보경찰 활동규칙 제9조 제2항). 정보관은 제2항에 따른 지시를 거부했다는 이유로 인사·직무 등과 관련된 어떠한 불이익도 받지 아니한다(해양경찰청 정보경찰 활동규칙 제9조 제3항).

Ⅳ. 해양경찰의 정보활동조직

1. 해양경찰청

(1) 국제정보국

해양경찰청의 정보활동은 국제정보국에서 담당한다. 해양경찰청에 국제정보국을 둔다(해양경찰청과 그 소속기관 직제 제6조 제1항). 국제정보국에 국장 1명을 둔다(해양경찰청과 그 소속기관 직제 제13조의2 제1항). 국장은 치안감 또는 경무관으로 보한다(해양경찰청과 그 소속기관 직제 제13조의2 제2항).

국장은 정보활동과 관련하여 다음 사항을 분장한다(해양경찰청과 그 소속기관 직제 제13조의2 제3항). 1. 정보업무의 기획·지도 및 조정, 2. 정보의 수집·분석 및 배포

(2) 정 보 과

해양경찰청 국제정보국에 정보과를 두며, 과장은 총경으로 보한다(해양경찰청과 그 소속기관 직제 시행규칙 제8조의2 제1항).

정보과장은 다음 사항을 분장한다(해양경찰청과 그 소속기관 직제 시행규칙 제8조의2 제2항). 1. 정보업무에 관한 기획·지도 및 조정, 2. 공공안녕에 대한 위험의 예방과 대응을 위한 정보의 수집·종합·분석·작성 및 배포, 3. 정책정보의 수집·종합·분석·작성 및 배포, 4. 해상집회·시위 등 집단사태의 관리에 관한 지도·조정, 5. 그 밖에 국내 다른 과의 주관에 속하지 않는 사항

2. 지방해양경찰청

지방해양경찰청의 정보활동은 정보외사과에서 담당한다. 지방해양경찰청에 정보외사과를 둔다(해양경찰청과 그 소속기관 직제 시행규칙 제20조 제1항). 정보외사과장은 총경 또는 경정으로 보한다(해양경찰청과 그 소속기관 직제 시행규칙 제20조 제2항).

정보외사과장은 정보활동과 관련하여 다음 사항을 분장한다(해양경찰청과 그 소속기관 직제 시행규칙 제28조의2). 1. 정보업무에 관한 지도 및 조정, 2. 공공안녕에 대한 위험의 예방과 대응을 위한 정보의 수집·종합·분석·작성 및 배포, 3. 정책정보

의 수집·종합·분석·작성 및 배포, 4. 해상 집회·시위 등 집단사태의 관리에 관한 지도·조정, 10. 소속 해양경찰서의 정보 업무에 관한 사항

3. 해양경찰서

해양경찰서의 정보활동은 정보외사과에서 담당한다(해양경찰청과 그 소속기관 직제 시행규칙 제30조 제1항). 정보외사과장은 경정 또는 경감으로 보한다(해양경찰청과 그 소속기관 직제 시행규칙 제30조 제2항).

V. 해양경찰 정보활동의 실제

1. 첩보수집 및 작성

(1) 견문수집보고

견문이란 경찰관이 공·사 생활을 통하여 보고 들은 국내외의 정치·경제·사회·문화 등 제 분야에 관한 각종 보고자료를 말한다. 경찰관은 견문을 수집하여 보고할 의무가 있다. 이렇게 생산한 보고서를 견문수집보고라고 한다.[21]

(2) 정보상황보고

정보상황보고란 사회갈등이나 집단시위상황, 관련 첩보 기타 국내에서 발생하는 모든 사건뿐만 아니라, 발생이 우려되는 사안까지도 경찰 내부에 전파하고, 필요한 경우 경찰 외부에도 전파하는 것을 말한다.

(3) 정보보고서의 작성

정보경찰은 지득한 견문을 일정한 형태의 보고서로 작성하여 보고하여야 한다. 정보보고서는 사안의 요점을 중심으로 핵심적 내용만을 기술하며 특정 사안에 대한 해결책을 제시하여야 한다.

---

21) 이하 경찰실무교재편찬위원, 앞의 책, 53–54면 참조.

2. 정보분석

(1) 중요상황정보

중요상황정보란 매일 전국의 사회갈등이나 집회시위 상황을 정리하여 그 다음날 아침에 경찰 내부와 정부 각 기관에 전파하는 보고서를 말한다.

(2) 정보판단(대책)서

신고된 집회계획 또는 정보관들이 입수한 미신고 집회 개최계획 등을 파악하여 이 중 경찰력을 필요로 하는 중요 집회에 대해서는 미리 정보판단서를 작성하여 경비·수사 등 관련 기능에 전파하여야 한다. 이렇게 만들어진 정보판단서를 집회시위대책 또는 정보대책이라고 한다.

(3) 정책정보보고서

정부 정책의 문제점을 파악하고 그 개선책을 보고하는 데 주안점을 두는 정보보고의 형태로 경찰의 정책정보는 사회갈등이나 집회시위와 관련한 분야에 특화되어 있기 때문에 예방적 상황정보라고 볼 수 있다.

3. 분야별 정보활동

(1) 국가중요시설 등 보호활동

정보관은 국가중요시설과 주요 인사에 대한 위해를 예방하기 위한 활동을 할수 있다(해양경찰청 정보경찰 활동규칙 제10조).

(2) 해양 관련 집회·시위·보호 활동

정보관은 해양 관련 집회·시위에 대한 정보활동 과정에서 자유를 보장하고 참가자의 언행을 경청하여 그 의사를 정확하게 이해하기 위해 노력하여야 한다(해양경찰청 정보경찰 활동규칙 제11조 제1항). 정보관은 해양 관련 집회·시위의 주최자, 연락책임자 및 그 밖의 관계자와 상호연락 등을 통해 집회·시위 사항의 변경 여부 등을 확인할 수 있다(해양경찰청 정보경찰 활동규칙 제11조 제2항).

정보관은 해양 관련 집회·시위의 자유 보장과 참가자 등의 안전을 위하여 다음 각 호와 관련한 정보활동을 할 수 있다(해양경찰청 정보경찰 활동규칙 제11조 제3항). 1. 지형·구조물 등 관련 안전사고의 예방, 2. 다른 사람의 생명을 위협하거나 신체에 해를 끼칠 수 있는 물품의 휴대·반입 또는 시설물·해상교통로 점거 등 불법행위의 예방, 3. 그 밖에 해양 관련 집회·시위 및 집단행동에 따른 질서·안전의 유지

해양경찰 기관의 장은 해양 관련 집회·시위 및 집단행동 현장에서 대화·협의·안전 조치 등 업무를 수행하는 경찰관을 배치·운영할 수 있다(해양경찰청 정보경찰 활동규칙 제11조 제4항).

(3) 집단민원현장에서의 활동

다수인의 이해대립이 있는 집단민원현장은 이해관계자들 간의 자율해결을 원칙으로 한다. 다만, 정보관은 공공안녕에 대한 위험에 관하여 정보활동을 할 수 있다(해양경찰청 정보경찰 활동규칙 제12조 제1항). 정보관은 자율해결을 위하여 이해관계자들의 요청 또는 동의를 얻어 상호간의 대화를 제안·촉진하는 등 필요한 조치를 할 수 있다(해양경찰청 정보경찰 활동규칙 제12조 제2항).

정보관은 제1항 단서에도 불구하고 다음 각 호의 행위를 하여서는 아니 된다(해양경찰청 정보경찰 활동규칙 제12조 제3항). 1. 분쟁의 구체적 내용에 부당하게 개입하는 행위, 2. 이해관계자들에게 부당하게 화해를 강요하는 행위, 3. 특정 이해관계자에 대하여 비방 또는 지지하는 내용의 의견을 표명하는 행위

(4) 국민의 안전이나 재산의 보호 활동

정보관은 국민의 생명·신체의 안전이나 재산의 보호 등 국민 생활의 평온과 관련된 정책의 입안·집행·평가에 관한 정보를 수집할 수 있다(해양경찰청 정보경찰 활동규칙 제13조 제1항). 정보관은 다른 공공기관이 소속 해양경찰 기관의 장에게 요청한 경우 제1항에 따른 정보를 수집할 수 있다(해양경찰청 정보경찰 활동규칙 제13조 제2항).

Ⅰ. 해양경찰 보안활동의 의의

1. 해양경찰 보안활동의 개념

해양경찰 보안활동이란 국가의 존립과 사회의 안녕 및 질서유지를 위하여 해상을 통해 침투하는 간첩 등 중요방첩공작수사, 국내보안정보 수집 및 수사, 안보위해문건 수집 및 분석, 좌익폭력세력수사 및 보안관찰, 남북교류관련 업무 등을 행하는 경찰활동을 말한다.

2. 해양경찰 보안활동의 법적 근거

해양경찰 보안활동은 정부조직법 제43조 제2항(해양에서의 경찰 및 오염방제에 관한 사무를 관장하기 위하여 해양수산부장관 소속으로 해양경찰청을 둔다)에 근거하여 해양에서의 경찰과 관련된 활동으로 제한된다.

정부조직법 외에 해양경찰 보안활동의 직접적 근거가 되는 법령으로는 해양경찰법(제14조 제1항: 해양경찰은 해양에서의 대간첩·대테러작전에 관한 직무를 수행한다), 경찰관직무집행법(제2조 제3호: 경비, 주요 인사 경호 및 대간첩·대테러 작전 수행), 국가보안법, 보안관찰법, 형법, 해양경찰청과 그 소속기관 직제, 해양경찰청과 그 소속기관 직제 시행규칙 등이 있다.

3. 해양경찰 보안활동의 특징

해양경찰 보안활동은 국가안전과 공공질서를 유지하기 위하여 행히여지기 때문에 특히 고도의 보안성과 비공개성을 유지한 채 그 활동이 이루어져야 한다.

4. 해양경찰 보안활동의 중요성

남북이 분단되어 있는 대한민국의 현재 상황 하에서 다른 경찰활동과 비교하여 무엇보다 중요한 경찰활동이 보안경찰활동이다. 특히 북한에서 침투하는 간첩의 대부분이 해상을 통하여 침투한다는 점에서 해양경찰 보안활동의 중요성은 더욱 커질 수밖에 없다.

II. 해양경찰의 보안활동조직

1. 해양경찰청

(1) 국제정보국

해양경찰청의 보안활동은 국제정보국에서 담당한다. 해양경찰청에 국제정보국을 둔다(해양경찰청과 그 소속기관 직제 제6조 제1항). 국제정보국에 국장 1명을 둔다(해양경찰청과 그 소속기관 직제 제13조의2 제1항). 국장은 치안감 또는 경무관으로 보한다(해양경찰청과 그 소속기관 직제 제13조의2 제2항).

국장은 보안활동과 관련하여 다음 사항을 분장한다(해양경찰청과 그 소속기관 직제 제13조의2 제3항). 3. 보안경찰업무의 기획·지도 및 조정

(2) 보 안 과

해양경찰청 국제정보국에 보안과를 두며, 과장은 총경으로 보한다(해양경찰청과 그 소속기관 직제 시행규칙 제8조의2 제1항).

보안과장은 다음 사항을 분장한다(해양경찰청과 그 소속기관 직제 시행규칙 제8조의2 제4항). 1. 보안경찰업무에 관한 기획·지도 및 조정, 2. 보안방첩업무에 관한 사항, 3. 보안정보의 수집·종합·분석·작성 및 배포, 4. 항만에서의 보안활동 계획 및 지도

2. 지방해양경찰청

지방해양경찰청의 보안활동은 정보외사과에서 담당한다. 지방해양경찰청에 정보외사과를 둔다(해양경찰청과 그 소속기관 직제 시행규칙 제20조 제1항). 정보외사과장은 총경 또는 경정으로 보한다(해양경찰청과 그 소속기관 직제 시행규칙 제20조 제2항).

정보외사과장은 보안활동과 관련하여 다음 사항을 분장한다(해양경찰청과 그 소속 기관 직제 시행규칙 제28조의2). 8. 보안업무에 관한 지도 및 조정, 9. 보안정보의 수집·종합·분석·작성 및 배포, 10. 소속 해양경찰서의 보안 업무에 관한 사항

3. 해양경찰서

해양경찰서의 보안활동은 정보외사과에서 담당한다. 다만 인천해양경찰서 및 동해해양경찰서는 정보외사과 이외에 보안팀을 두고 있으므로 보안팀에서 담당한다(해양경찰청과 그 소속기관 직제 시행규칙 제30조 제1항).[22] 정보외사과장 및 보안팀장은 경정 또는 경감으로 보한다(해양경찰청과 그 소속기관 직제 시행규칙 제30조 제2항).

Ⅲ. 해양경찰 보안활동의 유형

1. 방첩활동

(1) 방첩 일반

1) 방첩의 의의

방첩이란 적국 또는 가상적국의 아국에 대한 간첩활동이나 첩보활동을 무력화시키고, 납치·암살·테러 행위로부터 인명을 보호하며, 태업·파괴활동 등으로부터 시설이나 물자를 방호할 뿐만 아니라, 자국의 정보가 적국이나 가상적국 또는 제3국에 유출되는 것을 방지하기 위하여 수행되는 모든 보안통제 방책에 관계되는 활동을 가리킨다.[23]

---

22) 정보외사과장은 다음 각 호의 사무를 분장한다. 단, 보안계를 두지 않는 경찰서는 정보 또는 외사계에서 보안 업무를 분장하며, 보안과(팀)를 두는 경찰서는 보안과(팀)에서 보안 업무를 분장한다(동해지방해양경찰청과 소속 해양경찰서 사무분장 규칙 제21조).
23) [네이버 지식백과] (두산백과).

2) 방첩의 기본원칙

가. 완전협조의 원칙

완전한 방첩을 위하여는 전문기관인 방첩기관과 보조기관 및 일반 국민 등의 상호협조관계가 필요하다.

나. 치밀성의 원칙

간첩활동은 치밀한 계획하에 오랜 준비기간을 두고 이루어지므로, 이에 대한 방첩활동은 이보다 더 치밀한 계획과 준비가 필요하다.

다. 계속접촉의 원칙

간첩 등의 용의자를 발견한 경우, 그 자리에서 즉각 검거하지 말고 계속하여 용의자의 행동을 탐지하고, 성격을 판명한 후, 계속 주시하면서 그 용의자를 이용하여 간첩의 조직 전체를 검거할 때까지 계속 접촉을 유지해야 한다.

3) 방첩의 수단

가. 적극적 방첩수단

국내로 침투한 간첩과 간첩망을 전멸시키기 위하여 행하는 공격적 수단으로 적에 대한 첩보수집, 적에 대한 첩보공작분석, 대상인물감시, 침투공작, 간첩신문, 역용공작의 형태로 전개되는 적극적 방첩활동을 말한다.

나. 소극적 방첩수단

미리 간첩활동의 대상이 될 수 있는 국내 주요 인물, 주요 시설, 중요한 기록 등을 보호하기 위한 소극적 방첩활동을 말한다. 이에는 건물이나 정보 및 자재보안의 확립, 시설보안의 확립, 인원보안의 확립, 보안업무 규정화, 보안관련 법률의 정비 등이 있다.

다. 기만적 방첩수단

비밀이 적에게 이미 노출되었거나 노출될 가능성이 있는 상황에서 그 비밀을 보호하기 위하여 허위정보의 유포 및 양동간계의 시위, 유언비어 유포 등의 방법으로 적의 판단을 교란시키는 방첩활동을 말한다.

4) 방첩활동의 대상

가. 간   첩

간첩이라 함은 적국에 제보하기 위하여 은밀한 방법으로 우리나라의 군사상은 물론 정치, 경제, 사회, 문화, 사상 등 기밀에 속한 사항 또는 도서, 물건을 탐지·수집하는 것을 말한다.[24) 간첩은 임무형태에 따라 일반간첩, 무장간첩, 증원간첩, 보급간첩으로 분류되고, 활동방법에 따라 고정간첩, 배회간첩, 공행간첩으로 분류된다.

나. 태   업

태업에는 한 국가의 방위를 손상하거나 교란 또는 방해할 의도 하에 고의적으로 어느 국가에 방위나 전쟁 물자, 재산 또는 공공시설을 파괴·손상시키는 물리적 태업(방화태업, 폭파태업, 기계태업)이 있다. 또한 유언비어를 유포하거나 반정부선동 등의 행위를 함으로써 사회혼란을 야기시키는 심리적 태업(선전태업, 경제태업, 정치태업)이 있다.

다. 전   복

헌법에 의하여 설치된 국가기관을 강압에 의하여 변혁시키거나 기능을 저하시키는 것을 말한다. 전복의 형태로는 국가전복과 정부전복이 있으며, 전복의 수단으로는 전위당 조직, 통일전선 구축, 선전과 선동, 파업과 폭동, 게릴라 전술, 테러전술 등이 있다.[25)

(2) 첩보수집

방첩활동을 하는 기관은 적국의 정세변화를 비롯한 각종 동향을 파악하고, 국가안전보장을 해하는 다수의 행위와 언동에 대한 첩보를 수집, 분석, 평가하여 정보를 작성하고 배포하는 활동을 수행한다. 이는 방첩활동의 기초가 되는 자료를 확보하기 위함이다. 이러한 활동을 첩보수집이라고 한다.

---

24) 대법원 2011. 1. 20. 선고 2008재도11 전원합의체 판결.
25) [네이버 지식백과] (경찰학사전).

(3) 비밀공작

비밀공작은 정보기관이 어떠한 목적하에 주어진 목표에 대하여 계획적으로 수행하는 비밀활동(비노출활동)을 말하며, 첩보수집활동, 파괴공작활동, 선전·선동활동이 포함된다. 공작은 지령 → 계획 → 모집 → 훈련 → 브리핑 → 파견 및 귀환 → 디브리핑 → 보고서 작성 → 해고 등의 과정으로 순환하여 진행된다.[26]

공작은 ① 주관자(집단을 대표하는 공작관), ② 공작목표, ③ 공작원(주공작원, 행동공작원, 지원공작원), ④ 공작금 등 4가지 구성요소로 이루어진다.

(4) 심 리 전

심리전은 비무력적인 선전이나 선동, 모략 등의 수단에 의해 직접 상대국 국민 또는 군대에 정신적인 자극을 주어 혼란과 국론의 분열을 유발시킴으로써 자국의 의도한 바대로 유도하는 비무력적인 전술을 말한다. 심리전의 특징으로는 ① 전달의 단순단일성, ② 내용의 반복성, ③ 선전주체의 권위성 등이 있다.[27]

2. 보안수사 또는 공안사범수사

정보사범 등이라 함은 형법 제2편 제1장 및 제2장의 죄, 군형법 제2편 제1장 및 제2장의 죄, 동법 제80조 및 제81조의 죄, 군사기밀보호법 및 국가보안법에 규정된 죄를 범한 자와 그 혐의를 받는 자를 말한다(정보 및 보안업무기획·조정규정 제2조 제5호). 이러한 정보사범 등에 대한 수사를 보안수사 또는 공안사범수사라고 한다.

(1) 수사요령

1) 평상시 활동

첫째, 부단한 정보수집 및 분석활동으로 사태발생을 사전에 예방하고, 사태발생 이후에는 평소 수집된 정보자료를 토대로 사건의 성격과 핵심주동인물을 신속·정확하게 파악하고 파급효과도 분석하여 관계기관에서 대처방안을 강구할 수 있도록

---

26) [네이버 지식백과] (경찰학사전).
27) [네이버 지식백과] (경찰학사전).

해야 한다.

둘째, 각종 집회 및 시위를 주동하거나 재야·노동·학생운동권을 주도하는 단체 또는 극단적 주장을 내세우면서 새롭게 등장한 단체 등을 주목하고, 평소에 동 단체들의 강령이나 규약, 주장내용, 주요 활동내용, 주동자 등에 대하여 기록해 두어야 한다.

셋째, 평소에 좌익혁명이론, 좌익운동권의 사회비판내용 및 대응논리, 좌익운동권의 생리 등을 파악해 두어야 한다.

넷째, 피의자에게 적용될 수 있는 법률을 다각도로 검토하고, 적용법규에 대한 판례의 태도를 검토하여 입증범위를 구상해 두어야 한다.[28]

2) 조사시 요령

일반 형사사건과 마찬가지로 자신감을 갖고 피의자를 제압할 수 있어야 하고, 피의자를 적으로 인식하기 보다는 범죄자인 동시에 순화의 대상으로 간주하여야 한다. 간첩사건의 경우 대부분 법정에서 부인하므로 임의성과 신빙성 있는 자백조서 또는 범행사실을 후회하는 자필 반성문 등을 확보해 두어야 한다. 군사시설 등은 현장사진, 읍·면장의 시설의 시설존재확인서 등을 수집해 두어야 한다.[29]

(2) 국가보안법의 주요 범죄

1) 반국가단체[30]의 구성 등 죄

반국가단체를 구성하거나 이에 가입한 자는 다음의 구별에 따라 처벌한다(국가보안법 제3조 제1항). 1. 수괴의 임무에 종사한 자는 사형 또는 무기징역에 처한다. 2. 간부 기타 지도적 임무에 종사한 자는 사형·무기 또는 5년 이상의 징역에 처한다. 3. 그 이외의 자는 2년 이상의 유기징역에 처한다.

타인에게 반국가단체에 가입할 것을 권유한 자는 2년 이상의 유기징역에 처한다(국가보안법 제3조 제2항).

---

28) 김충남. 앞의 책, 552–553면.
29) 김충남. 위의 책, 553면.
30) 이 법에서 "반국가단체"라 함은 정부를 참칭하거나 국가를 변란할 것을 목적으로 하는 국내외의 결사 또는 집단으로서 지휘통솔체제를 갖춘 단체를 말한다(국가보안법 제2조 제1항).

2) 목적수행죄

반국가단체의 구성원 또는 그 지령을 받은 자가 그 목적수행을 위한 행위를 한 때에는 다음의 구별에 따라 처벌한다(국가보안법 제4조 제1항). 1. 형법 제92조(외환유치) 등에 규정된 행위를 한 때에는 그 각조에 정한 형에 처한다. 2. 형법 제98조(간첩)에 규정된 행위를 하거나 국가기밀을 탐지·수집·누설·전달하거나 중개한 때에는 다음의 구별에 따라 처벌한다. 가. 군사상 기밀 또는 국가기밀이 국가안전에 대한 중대한 불이익을 회피하기 위하여 한정된 사람에게만 지득이 허용되고 적국 또는 반국가단체에 비밀로 하여야 할 사실, 물건 또는 지식인 경우에는 사형 또는 무기징역에 처한다. 나. 가목외의 군사상 기밀 또는 국가기밀의 경우에는 사형·무기 또는 7년 이상의 징역에 처한다.

3) 자진지원·금품수수죄

반국가단체나 그 구성원 또는 그 지령을 받은 자를 지원할 목적으로 자진하여 제4조 제1항 각 호에 규정된 행위를 한 자는 제4조 제1항의 예에 의하여 처벌한다(국가보안법 제5조 제1항). 국가의 존립·안전이나 자유민주적 기본질서를 위태롭게 한다는 정을 알면서 반국가단체의 구성원 또는 그 지령을 받은 자로부터 금품을 수수한 자는 7년 이하의 징역에 처한다(국가보안법 제5조 제2항).

4) 잠입·탈출죄

국가의 존립·안전이나 자유민주적 기본질서를 위태롭게 한다는 정을 알면서 반국가단체의 지배하에 있는 지역으로부터 잠입하거나 그 지역으로 탈출한 자는 10년 이하의 징역에 처한다(국가보안법 제6조 제1항). 반국가단체나 그 구성원의 지령을 받거나 받기 위하여 또는 그 목적수행을 협의하거나 협의하기 위하여 잠입하거나 탈출한 자는 사형·무기 또는 5년 이상의 징역에 처한다(국가보안법 제6조 제2항).

5) 찬양·고무 등 죄

국가의 존립·안전이나 자유민주적 기본질서를 위태롭게 한다는 정을 알면서 반국가단체나 그 구성원 또는 그 지령을 받은 자의 활동을 찬양·고무·선전 또는 이에 동조하거나 국가변란을 선전·선동한 자는 7년 이하의 징역에 처한다(국가보안법 제7조 제1항). 제1항의 행위를 목적으로 하는 단체를 구성하거나 이에 가입한 자는 1년 이상의 유기징역에 처한다(국가보안법 제7조 제3항). 제3항에 규정된 단체의 구성원으로서 사회질서의 혼란을 조성할 우려가 있는 사항에 관하여 허위사실을 날조하거나 유포한 자는 2년 이상의 유기징역에 처한다(국가보안법 제7조 제4항). 제1항·제3항 또는 제4항의 행위를 할 목적으로 문서·도화 기타의 표현물을 제작·수입·복사·소지·운반·반포·판매 또는 취득한 자는 그 각항에 정한 형에 처한다(국가보안법 제7조 제5항).

6) 회합·통신 등 죄

국가의 존립·안전이나 자유민주적 기본질서를 위태롭게 한다는 정을 알면서 반국가단체의 구성원 또는 그 지령을 받은 자와 회합·통신 기타의 방법으로 연락을 한 자는 10년 이하의 징역에 처한다(국가보안법 제8조).

7) 편의제공죄

이 법 제3조 내지 제8조의 죄를 범하거나 범하려는 자라는 정을 알면서 총포·탄약·화약 기타 무기를 제공한 자는 5년 이상의 유기징역에 처한다(국가보안법 제9조 제1항). 이 법 제3조 내지 제8조의 죄를 범하거나 범하려는 자라는 정을 알면서 금품 기타 재산상의 이익을 제공하거나 잠복·회합·통신·연락을 위한 장소를 제공하거나 기타의 방법으로 편의를 제공한 자는 10년 이하의 징역에 처한다. 다만, 본범과 친족관계가 있는 때에는 그 형을 감경 또는 면제할 수 있다(국가보안법 제9조 제2항).

8) 불고지죄

제3조, 제4조, 제5조 제1항·제3항(제1항의 미수범에 한한다)·제4항의 죄를 범한 자라는 정을 알면서 수사기관 또는 정보기관에 고지하지 아니한 자는 5년 이하의 징역 또는 200만원 이하의 벌금에 처한다. 다만, 본범과 친족관계가 있는 때에는 그 형을 감경 또는 면제한다(국가보안법 제10조).

9) 특수직무유기죄

범죄수사 또는 정보의 직무에 종사하는 공무원이 이 법의 죄를 범한 자라는 정을 알면서 그 직무를 유기한 때에는 10년 이하의 징역에 처한다. 다만, 본범과 친족관계가 있는 때에는 그 형을 감경 또는 면제할 수 있다(국가보안법 제11조).

10) 무고·날조죄

타인으로 하여금 형사처분을 받게 할 목적으로 이 법의 죄에 대하여 무고 또는 위증을 하거나 증거를 날조·인멸·은닉한 자는 그 각조에 정한 형에 처한다(국가보안법 제12조 제1항). 범죄수사 또는 정보의 직무에 종사하는 공무원이나 이를 보조하는 자 또는 이를 지휘하는 자가 직권을 남용하여 제1항의 행위를 한 때에도 제1항의 형과 같다. 다만, 그 법정형의 최저가 2년 미만일 때에는 이를 2년으로 한다(국가보안법 제12조 제2항).

(3) 국가보안법의 특수한 형사절차규정

1) 참고인의 구인·유치

검사 또는 사법경찰관으로부터 이 법에 정한 죄의 참고인으로 출석을 요구받은 자가 정당한 이유없이 2회 이상 출석요구에 불응한 때에는 관할법원판사의 구속영장을 발부받아 구인할 수 있다(국가보안법 제18조 제1항). 구속영장에 의하여 참고인을 구인하는 경우에 필요한 때에는 근접한 경찰서 기타 적당한 장소에 임시로 유치할 수 있다(국가보안법 제18조 제2항).

2) 구속기간의 연장

지방법원판사는 제3조 내지 제10조의 죄로서 사법경찰관이 검사에게 신청하여 검사의 청구가 있는 경우에 수사를 계속함에 상당한 이유가 있다고 인정한 때에는 형사소송법 제202조의 구속기간의 연장을 1차에 한하여 허가할 수 있다(국가보안법 제19조 제1항). 지방법원판사는 제1항의 죄로서 검사의 청구에 의하여 수사를 계속함에 상당한 이유가 있다고 인정한 때에는 형사소송법 제203조의 구속기간의 연장을 2차에 한하여 허가할 수 있다(국가보안법 제19조 제2항). 제1항 및 제2항의 기간의 연장은 각 10일 이내로 한다(국가보안법 제19조 제3항).

3) 공소보류

검사는 이 법의 죄를 범한 자에 대하여 형법 제51조의 사항을 참작하여 공소제기를 보류할 수 있다(국가보안법 제20조 제1항). 제1항에 의하여 공소보류를 받은 자가 공소의 제기없이 2년을 경과한 때에는 소추할 수 없다(국가보안법 제20조 제2항). 공소보류를 받은 자가 법무부장관이 정한 감시·보도에 관한 규칙에 위반한 때에는 공소보류를 취소할 수 있다(국가보안법 제20조 제3항). 제3항에 의하여 공소보류가 취소된 경우에는 형사소송법 제208조의 규정에 불구하고 동일한 범죄사실로 재구속할 수 있다(국가보안법 제20조 제4항).

3. 대공상황분석판단

(1) 개   념

대공상황이란 국가안보와 관련된 새로운 제반사태 중 보안경찰의 업무영역에 해당되는 상황을 말한다. 대공상황이 발생하거나 탐지되면 즉각 신속·정확하게 보고·전파하여야 하며, 즉시 이에 대한 적절한 대책을 수립하여 정확하게 처리해야 한다.[31]

(2) 대공상황의 유형

대공상황은 간첩(무장공비) 및 거동수상자(괴한)의 출현, 간첩선 출현 및 수상한 선박 발견, 간첩장비 및 적성물품 발견·습득, 경찰관 및 주민 등 피납·납북사건, 월북자 및 귀순자 발생, 적기·적함 출현, 불온태업·파업 및 국가 전복기도, 이적표현물 및 북한선전물 발생, 월선 조업어선 발생, 폭발물·탄약·무기 등 피탈 및 도난사건, 기타 중요화재, 폭발 등 대형 사건·사고의 발생 등 간첩의 행위로 의심이 되는 사건 등을 의미한다.

(3) 조치요령

대공상황이 발생하였을 때는 신속하게 출동하여 목격자를 조사하고, 현장에 대한 실황조사를 한다. 현장상황과 주변일대에 대한 다각적이고 세밀한 관찰·수색을 실시한다. 현장을 잘 보존하고 사진촬영을 실시하는 등 증거물 확보에 주력한다. 그 후 신속성, 정확성, 간결성, 보안성, 적시성을 유지한 채 보고 및 전파한다.

---

31) 이하 경찰실무교재편찬위원, 앞의 책, 203면 참조.

Ⅳ. 남북교류협력에 관한 법률

1. 남북한 방문

남한의 주민이 북한을 방문하거나 북한의 주민이 남한을 방문하려면 대통령령으로 정하는 바에 따라 통일부장관의 방문승인을 받아야 하며, 통일부장관이 발급한 증명서(이하 "방문증명서"라 한다)를 소지하여야 한다(남북교류협력에 관한 법률 제9조 제1항). 방문증명서는 유효기간을 정하여 북한방문증명서와 남한방문증명서로 나누어 발급하며, 다음 각 호와 같이 구분한다(남북교류협력에 관한 법률 제9조 제2항). 1. 한 차례만 사용할 수 있는 방문증명서, 2. 유효기간이 끝날 때까지 여러 차례 사용할 수 있는 방문증명서(이하 "복수방문증명서"라 한다)

복수방문증명서의 유효기간은 5년 이내로 하며, 5년의 범위에서 연장할 수 있다(남북교류협력에 관한 법률 제9조 제3항).

2. 남북한 주민 접촉

남한의 주민이 북한의 주민과 회합·통신, 그 밖의 방법으로 접촉하려면 통일부장관에게 미리 신고하여야 한다. 다만, 대통령령으로 정하는 부득이한 사유에 해당하는 경우에는 접촉한 후에 신고할 수 있다(남북교류협력에 관한 법률 제9조의2 제1항).

3. 남북한 방문에 대한 심사

북한을 직접 방문하는 남한주민과 남한을 직접 방문하는 북한주민은 출입장소에서 대통령령으로 정하는 바에 따라 심사를 받아야 한다(남북교류협력에 관한 법률 제11조).

4. 남북한 거래의 원칙

남한과 북한 간의 거래는 국가 간의 거래가 아닌 민족내부의 거래로 본다(남북교류협력에 관한 법률 제12조).

5. 반출·반입의 승인

물품 등을 반출하거나 반입하려는 자는 대통령령으로 정하는 바에 따라 그 물품 등의 품목, 거래형태 및 대금결제 방법 등에 관하여 통일부장관의 승인을 받아야 한다. 승인을 받은 사항 중 대통령령으로 정하는 주요 내용을 변경할 때에도 또한 같다(남북교류협력에 관한 법률 제13조 제1항).

6. 협력사업의 승인

협력사업을 하려는 자는 협력사업마다 요건을 모두 갖추어 통일부장관의 승인을 받아야 한다. 승인을 받은 협력사업의 내용을 변경할 때에도 또한 같다(남북교류협력에 관한 법률 제17조 제1항).

제 6 장

해양경찰 외사론

제1절 **해양경찰 외사활동의 의의**

Ⅰ. 해양경찰 외사활동의 개념

해양경찰 외사활동이란 해양에서의 사회공공의 안전과 질서유지를 위하여 외국인, 외국과 관련된 단체 및 기관, 외국과 관련된 내국인 등의 활동을 관찰하고 이들과 관련된 범죄를 예방 또는 단속하는 경찰활동을 말한다. 해양경찰 외사활동에는 ① 외사수사활동, ② 외사정보 및 보안활동, ③ 국제협력을 위한 활동(국가적 경찰공조 활동) 등이 있다.

Ⅱ. 해양경찰 외사활동의 법적 근거

해양경찰 외사활동은 정부조직법 제43조 제2항(해양에서의 경찰 및 오염방제에 관한 사무를 관장하기 위하여 해양수산부장관 소속으로 해양경찰청을 둔다)에 근거하여 해양에서의 경찰과 관련된 활동으로 제한된다.

정부조직법 외에 해양경찰 외사활동의 직접적 근거가 되는 법령으로는 해양경찰법, 경찰관직무집행법(제2조 제6호: 외국 정부기관 및 국제기구와의 국제협력), 해양경찰청과 그 소속기관 직제, 해양경찰청과 그 소속기관 직제 시행규칙 등이 있고, 해양 관련 다수의 법률 및 국제조약 등이 있다.

Ⅲ. 해양경찰 외사활동의 특징

일반 형사범죄를 주로 취급하는 육상경찰의 외사활동과 달리 해양경찰의 외사활동은 출입국관리법, 여권법, 밀항단속법, 영해 및 접속수역법, 배타적 경제수역에서의 외국인어업 등에 대한 주권적 권리의 행사에 관한 법률, 범죄인인도법, 국제형사사법공조법 등의 법률과 관련된 사건들을 주로 취급한다. 또한 해양법에 관한 국제연합 협약(이하 UN 해양법협약) 및 각 국가 간의 범죄인인도조약 등의 국제조약에서 규정하는 불법조업, 해상을 통한 밀입국, 밀수, 선박충돌사고, 외국범죄인인도 등을 주로 취급한다.

Ⅳ. 해양경찰 외사활동의 중요성

국제화, 개방화 추세 속에서 대외무역의 증가, 새로운 국가와의 교류확대, 인접국가와의 어업협정, 국제여객선을 이용한 해외여행자의 증가 등 외사치안대상이 날로 증가하는 추세에 있어 해양경찰 외사활동은 더욱 중요해지고 있는 실정이다.[1]

---

1) 노호래 외, 「해양경찰학개론」, 문두사, 2016, 373면.

Ⅰ. 해양경찰청

1. 국제정보국

해양경찰청의 외사활동은 국제정보국에서 담당한다. 해양경찰청에 국제정보국을 둔다(해양경찰청과 그 소속기관 직제 제6조 제1항). 국제정보국에 국장 1명을 둔다(해양경찰청과 그 소속기관 직제 제13조의2 제1항). 국장은 치안감 또는 경무관으로 보한다(해양경찰청과 그 소속기관 직제 제13조의2 제2항).

국장은 외사활동과 관련하여 다음 사항을 분장한다(해양경찰청과 그 소속기관 직제 제13조의2 제3항). 4. 외사경찰업무의 기획·지도 및 조정, 5. 국제사법공조 관련 업무, 6. 해양경찰 직무와 관련된 국제협력업무의 기획·지도 및 조정

2. 외 사 과

해양경찰청 국제정보국에 외사과를 두며, 과장은 총경으로 보한다(해양경찰청과 그 소속기관 직제 시행규칙 제8조의2 제1항).

외사과장은 다음 사항을 분장한다(해양경찰청과 그 소속기관 직제 시행규칙 제8조의2 제3항). 1. 외사경찰업무에 관한 기획·지도 및 조정, 2. 외사방첩업무에 관한 사항, 3. 외사정보의 수집·종합·분석·작성 및 배포, 4. 국제형사경찰기구에 관한 사항, 5. 국제사법공조에 관한 사항, 6. 국제해항에서의 외사활동 계획 및 지도

3. 국제협력과

해양경찰청 국제정보국에 국제협력과를 두며, 과장은 총경으로 보한다(해양경찰청과 그 소속기관 직제 시행규칙 제8조의2 제1항).

국제협력과장은 다음 사항을 분장한다(해양경찰청과 그 소속기관 직제 시행규칙 제8조의2 제5항). 1. 해양경찰직무와 관련된 국제협력 업무에 관한 계획의 수립·조정 업무, 2. 외국 해양치안기관 및 주한외국공관과의 교류·협력 업무, 3. 해양경찰 관련 국

제기구 참여 및 국제협약 등과 관련된 업무, 4. 해외주재관 파견·운영 및 공무 국외여행, 5. 국제해양 정보 수집·분석 및 배포

II. 지방해양경찰청

지방해양경찰청의 외사활동은 정보외사과에서 담당한다. 지방해양경찰청에 정보외사과를 둔다(해양경찰청과 그 소속기관 직제 시행규칙 제20조 제1항). 정보외사과장은 총경 또는 경정으로 보한다(해양경찰청과 그 소속기관 직제 시행규칙 제20조 제2항).

정보외사과장은 외사활동과 관련하여 다음 사항을 분장한다(해양경찰청과 그 소속기관 직제 시행규칙 제28조의2). 5. 외사업무에 관한 지도 및 조정, 6. 외사정보의 수집·종합·분석·작성 및 배포, 7. 해양치안 관련 국제교류·협력에 관한 사항, 10. 소속 해양경찰서의 외사 업무에 관한 사항

III. 해양경찰서

해양경찰서의 외사활동은 정보외사과에서 담당한다(해양경찰청과 그 소속기관 직제 시행규칙 제30조 제1항). 정보외사과장은 경정 또는 경감으로 보한다(해양경찰청과 그 소속기관 직제 시행규칙 제30조 제2항).

제3절 해양경찰 외사활동의 대상

Ⅰ. 일반 외국인

1. 외국인의 개념

외국인이란 대한민국의 국적[2]을 가지지 아니한 사람을 말한다(출입국관리법 제2조 제2호). 일반 외국인은 해양경찰 외사활동의 주요 대상이 된다. 대상이 외교관, 주한미군 등인 경우에는 일정한 제한이 따른다. 대한민국의 국적을 가진 대한민국 국민은 외국인범죄에 관련되어 있지 않는 한 원칙적으로 외사활동의 대상이 되지 않는다.

2. 수사시 고려사항

(1) 국제법의 준수

사법경찰관리는 외국인 관련 범죄, 우리나라 국민의 국외범, 대사관·공사관에 관한 범죄 및 그 밖에 외국에 관한 범죄의 수사를 할 때에는 조약과 그 밖의 국제법에 위배되는 일이 없도록 유의해야 한다(해양경찰수사규칙 제93조).

(2) 중요범죄에 대한 보고

경찰관은 외국인 등 관련 범죄 중 중요한 범죄에 관하여는 미리 해양경찰청장에게 보고하여 그 지시를 받아 수사에 착수해야 한다. 다만, 급속을 요하는 경우에는 필요한 처분을 한 후 신속히 해양경찰청장의 지시를 받아야 한다(해양경찰청 범죄수사규칙 제182조).

---

2) 다음 각 호의 어느 하나에 해당하는 자는 출생과 동시에 대한민국 국적을 취득한다(국적법 제2조 제1항). 1. 출생 당시에 부 또는 모가 대한민국의 국민인 자, 2. 출생하기 전에 부가 사망한 경우에는 그 사망 당시에 부가 대한민국의 국민이었던 자, 3. 부모가 모두 분명하지 아니한 경우나 국적이 없는 경우에는 대한민국에서 출생한 자. 대한민국에서 발견된 기아는 대한민국에서 출생한 것으로 추정한다(국적법 제2조 제2항).

(3) 조사와 구속에 대한 주의

경찰관은 외국인의 조사와 체포·구속에 있어서는 언어, 풍속과 습관의 특성을 고려하여야 한다(해양경찰청 범죄수사규칙 제189조 제1항).

(4) 외국인 피의자 체포·구속시 영사기관으로의 통보

사법경찰관리는 외국인을 체포·구속하는 경우 국내 법령을 위반하지 않는 범위에서 영사관원과 자유롭게 접견·교통할 수 있고, 체포·구속된 사실을 영사기관에 통보해 줄 것을 요청할 수 있다는 사실을 알려야 한다(해양경찰수사규칙 제92조 제2항). 사법경찰관리는 체포·구속된 외국인이 제2항에 따른 통보를 요청하는 경우에는 영사기관 체포·구속 통보서를 작성하여 지체 없이 해당 영사기관에 체포·구속 사실을 통보해야 한다(해양경찰수사규칙 제92조 제3항). 경찰관은 별도 외국과의 조약에 따라 피의자 의사와 관계없이 해당 영사기관에 통보하게 되어 있는 경우에는 반드시 이를 통보해야 한다(해양경찰청 범죄수사규칙 제188조 제3항).

(5) 외국인 사망자에 대한 통보

사법경찰관리는 외국인 변사사건이 발생한 경우에는 영사기관 사망 통보서를 작성하여 지체 없이 해당 영사기관에 통보해야 한다(해양경찰수사규칙 제92조 제4항).

(6) 외국인 피의자에 대한 조사사항

경찰관은 피의자가 외국인인 경우에는 다음 각 호의 사항에 유의하여 피의자신문조서를 작성해야 한다(해양경찰청 범죄수사규칙 제190조). 1. 국적, 출생지와 본국에 있어서의 주거, 2. 여권 또는 외국인등록 증명서 그 밖의 신분을 증명할 수 있는 증서의 유무, 3. 외국에 있어서의 전과의 유무, 4. 대한민국에 입국한 시기 체류기간 체류자격과 목적, 5. 국내 입·출국 경력, 6. 가족의 유무와 그 주거

(7) 외국인에 대한 조사 및 통역인의 참여

사법경찰관리는 외국인을 조사하는 경우에는 조사를 받는 외국인이 이해할 수 있는 언어로 통역해 주어야 한다(해양경찰수사규칙 제92조 제1항).

경찰관은 외국인인 피의자 및 그 밖의 관계자가 한국어에 능통하지 않는 경

우에는 통역인으로 하여금 통역하게 하여 한국어로 피의자신문조서나 진술조서를 작성해야 하며 특히 필요한 때에는 외국어의 진술서를 작성하게 하거나 외국어의 진술서를 제출하게 해야 한다(해양경찰청 범죄수사규칙 제191조 제1항). 경찰관은 외국인이 구술로써 고소·고발이나 자수를 하려 하는 경우에 한국어에 능통하지 않을 때의 고소·고발 또는 자수인 진술조서는 제1항의 규정에 준하여 작성해야 한다(해양경찰청 범죄수사규칙 제191조 제2항).

(8) 번역문의 첨부

경찰관은 다음 각 호의 경우 번역문을 첨부해야 한다(해양경찰청 범죄수사규칙 제192조). 1. 외국인에 대하여 구속영장 그 밖의 영장을 집행하는 경우, 2. 외국인으로부터 압수한 물건에 관하여 압수목록교부서를 교부하는 경우

Ⅱ. 외교사절 및 영사

1. 외교사절

(1) 외교사절의 공관 등

1) 공관지역의 불가침

공관지역(외교관계에 대한 비엔나협약[3] 제1조 (i) 공관지역이라 함은 소유자 여하를 불문하고, 공관장의 주거를 포함하여 공관의 목적으로 사용되는 건물과 건물의 부분 및 부속토지를 말한다)은 불가침이다. 불가침은 절대적 불가침을 의미하고, 보호되는 대상은 현재 사용 중인 공관을 의미한다. 접수국의 관헌은 공관장의 동의없이는 공관지역에 들어가지 못한다(외교관계에 대한 비엔나협약 제22조 제1항).[4] 따라서 경찰관은 대·공사관과 대·공사나 대·공사관원의 사택 별장 혹은 그 숙박하는 장소에 관하여는 해당 대·공사나 대·공사관원의 청구가 있을 경우 이외에는 출입해서는 아니 된다. 다만, 중대한 범죄를 범

---

3) 2019년 12월 현재 한국을 포함한 192개국이 당사국이다.
4) 헌법 제6조 제1항은 "헌법에 의하여 체결·공포된 조약과 일반적으로 승인된 국제법규는 국내법과 같은 효력을 가진다"고 하여 조약의 효력을 법률과 동일하게 취급하고 있다.

한 자를 추적 중 그 사람이 위 장소에 들어간 경우에 지체할 수 없을 때에는 대·공사, 대·공사관원 또는 이를 대리할 권한을 가진 사람의 사전 동의를 얻어 수색해야 한다(해양경찰청 범죄수사규칙 제184조 제1항). 경찰관이 제1항에 따라 수색을 행할 때에는 지체 없이 해양경찰청장에게 보고하여 그 지시를 받아야 한다(해양경찰청 범죄수사규칙 제184조 제2항).

2) 공관문서 등의 불가침

공관의 문서 및 서류는 어느 때나 그리고 어느 곳에서나 불가침이다(외교관계에 대한 비엔나협약 제24조). 공관의 공용통신문도 불가침이다. 공용통신문이라 함은 공관 및 그 직무에 관련된 모든 통신문을 의미한다(외교관계에 대한 비엔나협약 제27조 제2항). 따라서 공관의 문서 등은 압수·수색과 같은 강제수사의 대상이 될 수 없다.

(2) 외교관의 개인주거 등

1) 개인주거의 불가침

외교관(외교관계에 대한 비엔나협약 제1조 (a) 공관장이라 함은 파견국이 그러한 자격으로 행동할 임무를 부여한 자를 말한다. (d) 외교직원은 외교관의 직급을 가진 공관직원을 말한다. (e) 외교관이라 함은 공관장이나 공관의 외교직원을 말한다)의 개인주거는 공관지역과 동일한 불가침과 보호를 향유한다(외교관계에 대한 비엔나협약 제30조 제1항). 이때 주거란 호텔과 같은 일시 체류지도 포함된다. 외교관이 휴가나 출장으로 개인 주거지를 일시적으로 떠난 상태에서도 계속 불가침권을 향유한다.[5] 따라서 압수·수색 등의 강제수사를 위하여 외교관의 개인주거에 들어가는 것은 허용되지 않는다.

2) 개인서류 등의 불가침

외교관의 서류, 통신문 그리고 그의 재산도 동일하게 불가침권을 향유한다(외교관계에 대한 비엔나협약 제30조 제2항). 따라서 외교관의 개인서류 등도 압수·수색과 같은 강제수사의 대상이 될 수 없다.

---

5) 정인섭, 「신국제법 강의」, 박영사, 2020, 511면.

(3) 외교관과 외교관의 가족

1) 외교관의 신체 불가침

외교관의 신체는 불가침이다. 외교관은 어떠한 형태의 체포 또는 구금도 당하지 아니한다(외교관계에 대한 비엔나협약 제29조). 그러나 공공의 이익이나 외교관 자신의 이익을 보호하기 위해 일시적으로 신체의 자유를 억제할 수 있다. 예를 들어 외교관의 위법행위에 대한 정당방위로서 일시적인 물리적 억류조치 등이 가능하다. 만취상태에서 운전하는 외교관을 적발하면 당장 운전을 하지 못하도록 일시 신체를 억류하거나 차량을 압류할 수 있다.[6]

2) 외교관과 외교관의 가족에 대한 형사재판권의 면제

가. 파견국의 국민인 외교관

외교관은 접수국의 형사재판 관할권으로부터의 면제를 향유한다(외교관계에 대한 비엔나협약 제31조 제1항). 형사재판과 달리 일정한 제한이 있기는 하지만, 민사 및 행정재판 관할권으로부터의 면제도 향유한다. 접수국의 재판관할권으로부터 외교관을 면제하는 것은 파견국의 재판관할권으로부터 외교관을 면제하는 것은 아니다(외교관계에 대한 비엔나협약 제31조 제4항). 외교관 역시 현지 법령을 준중할 의무를 지나, 그는 직무수행 기간 중 현지 사법절차로부터 면제됨에 불과하다. 외교관의 직무가 종료된 후 개인자격으로 다시 입국하면 공적 업무가 아닌 부분에 대하여는 법적 책임을 질 수 있다.[7] 재판관할권으로부터의 면제권은 외교관의 개인적 권리가 아니라, 파견국의 권리이므로 그의 본국만이 이러한 권리를 포기할 수 있다.[8]

나. 접수국의 국민인 외교관

접수국이 추가로 특권과 면제를 부여하는 경우를 제외하고는, 접수국의 국민이나 영주자인 외교관은 그의 직무수행 중에 행한 공적행위에 대하여서만 재판관할권 면제 및 불가침권을 향유한다(외교관계에 대한 비엔나협약 제38조 제1항).

---

6) 정인섭, 앞의 책, 506면.
7) 공관원으로서의 직무 수행 중에 그가 행한 행위에 관하여는 재판관할권으로부터의 면제가 계속 존속한다(외교관계에 대한 비엔나협약 제39조 제2항).
8) 정인섭, 앞의 책, 511-512면.

다. 외교관의 가족

외교관의 세대를 구성하는 그의 가족은, 접수국의 국민이 아닌 경우 외교관과 같은 특권과 면제를 향유한다(외교관계에 대한 비엔나협약 제37조 제1항).

3) 형사사건의 처리

가. 수사시 주의사항

경찰관은 외국인 등 관련범죄를 수사함에 있어서는 다음 각 호의 어느 하나에 해당하는 자의 외교 특권을 침해하는 일이 없도록 주의하여야 한다(해양경찰청 범죄수사규칙 제183조 제1항). 1. 외교관 또는 외교관의 가족, 2. 그 밖의 외교의 특권을 가진 자

경찰관은 제1항에 규정된 사람의 사용인을 체포하거나 조사할 필요가 있다고 인정될 때에는 현행범인의 체포 그 밖의 긴급 부득이한 경우를 제외하고는 미리 해양경찰청장에게 보고하여 그 지시를 받아야 한다(해양경찰청 범죄수사규칙 제183조 제2항). 경찰관은 피의자가 외교 특권을 가진 사람인지 여부가 의심스러운 경우에는 신속히 해양경찰청장에게 보고하여 그 지시를 받아야 한다(해양경찰청 범죄수사규칙 제183조 제3항).

외교관과 외교관의 가족이 향유하는 면제는 재판권의 면제이지 수사권의 면제가 아니기 때문에 외교관과 외교관의 가족에 대한 수사개시가 완전히 불가능한 것은 아니다. 다만 외교관과 외교관의 가족에 대해서는 검사의 공소권과 법원의 재판권이 없기 때문에 수사를 개시할 실익이 있을지는 당해 사건마다 판단이 달라질 수 있을 것이다.

나. 검사와 법원의 조치

재판권이 면제되는 외교관과 외교관의 가족의 불법행위는 검사에 의하여 공소권 없음으로 불기소결정이 이루어지고(검찰사건사무규칙 제115조 제3항 제4호), 만약 검사가 공소를 제기한 경우라면 법원에 의하여 공소기각 판결의 대상이 된다(형사소송법 제327조 제1호(피고인에 대하여 재판권이 없을 때)).

(4) 그 이외의 자

1) 공관의 행정 및 기능직원 등

공관의 행정 및 기능직원(외교관계에 대한 비엔나협약 제1조 (f) 행정 및 기능직원이라 함은 공

관의 행정 및 기능업무에 고용된 공관직원을 말한다)은 그들의 각 세대를 구성하는 가족과 더불어, 접수국의 국민이나 영주자가 아닌 경우, 외교관과 같은 특권과 형사재판권의 면제를 향유한다(외교관계에 대한 비엔나협약 제37조 제2항).

2) 공관의 노무직원

접수국의 국민이나 영주자가 아닌 공관의 노무직원(외교관계에 대한 비엔나협약 제1조 (g) 노무직원이라 함은 공관의 관내역무에 종사하는 공관직원을 말한다)(예: 운전종사자, 경비원, 청소원 등)은 그들의 직무 중에 행한 행위에 관하여 면제를 향유한다(외교관계에 대한 비엔나협약 제37조 제3항).

3) 공관의 개인사용인

공관원(외교관계에 대한 비엔나협약 제1조 (b) 공관원이라 함은 공관장과 공관직원을 말한다)의 개인사용인(외교관계에 대한 비엔나협약 제1조 (h) 개인 사용인이라 함은 공관직원의 가사에 종사하며 파견국의 피고용인이 아닌 자를 말한다)은 접수국이 인정하는 범위에서만 특권과 면제를 향유할 수 있다. 단, 접수국은 공관의 직무수행을 부당하게 간섭하지 않는 방법으로 이러한 자에 대한 관할권을 행사하여야 한다(외교관계에 대한 비엔나협약 제37조 제4항).

2. 영   사

영사는 외교사절과는 달리 본국을 대표하지 않는다. 그의 임무는 자국의 경제적 이익을 보호하고, 자국민을 보호하고, 여권과 입국사증을 처리하고, 혼인·상속 등 주로 사법상의 문제를 처리하는 등 비정치적·상업적 업무가 중심이다. 그러나 파견국의 공무원이라는 점에서 국가기관으로서의 성격을 지니며, 사실상의 외교 채널의 역할을 하기도 한다.[9]

(1) 영사의 관사 등

1) 영사관사의 불가침

영사관사(영사관계에 관한 비엔나협약[10] 제1조 (j) 영사관사라 함은 소유권에 관계없이 영사기관의 목

---

9) 정인섭, 앞의 책, 521면.
10) 2019년 12월 현재 한국을 포함한 180개국이 당사국이다.

적에만 사용되는 건물 또는 그 일부와 그에 부속된 토지를 의미한다)는 본조에 규정된 범위 내에서 불가침이다(영사관계에 관한 비엔나협약 제31조 제1항). 접수국의 당국은, 영사기관장 또는 그가 지정한 자 또는 파견국의 외교공관장의 동의를 받는 경우를 제외하고, 전적으로 영사기관의 활동을 위하여 사용되는 영사관사의 부분에 들어가서는 아니 된다. 다만, 화재 또는 신속한 보호조치를 필요로 하는 기타 재난의 경우에는 영사기관장의 동의가 있은 것으로 추정될 수 있다(영사관계에 관한 비엔나협약 제31조 제2항). 따라서 경찰관은 총영사, 영사 또는 부영사의 사무소는 해당 영사의 청구나 동의가 있는 경우 외에는 이에 출입해서는 아니 된다(해양경찰청 범죄수사규칙 제187조 제2항). 경찰관은 총영사, 영사 또는 부영사의 사택이나 명예영사의 사무소 혹은 사택에서 수사할 필요가 있다고 인정될 때에는 미리 해양경찰청장에게 보고하여 그 지시를 받아야 한다(해양경찰청 범죄수사규칙 제187조 제3항).

다만 외교관의 개인주거와 달리 영사관원의 개인주거에 대하여는 불가침권이 인정되지 않는다.

2) 영사문서 등의 불가침

영사문서와 서류는 언제 어디서나 불가침이다(영사관계에 관한 비엔나협약 제33조). 따라서 경찰관은 총영사, 영사 또는 부영사나 명예영사의 사무소 안에 있는 기록문서에 관하여는 이를 열람하거나 압수하여서는 아니 된다(해양경찰청 범죄수사규칙 제187조 제4항). 다만 외교관의 개인서류 등과 달리 영사의 개인서류 등에 대하여는 불가침권이 인정되지 않는다.

(2) 영사관원 등

1) 영사관원의 신체 불가침

영사관원(영사관계에 관한 비엔나협약 제1조 (d) 영사관원이라 함은 영사기관장을 포함하여 그러한 자격으로 영사직무의 수행을 위임받은 자를 의미한다)은 중대한 범죄의 경우에 권한 있는 사법당국에 의한 결정에 따르는 것을 제외하고, 재판에 회부되기 전에 체포되거나 또는 구속되지 아니한다(영사관계에 관한 비엔나협약 제41조 제1항). 본조 1항에 명시된 경우를 제외하고 영사관원은 구금되지 아니하며 또한 그의 신체의 자유에 대한 기타 어떠한 형태의 제한도 받지 아니한다. 다만, 확정적 효력을 가진 사법상의 결정을 집행하는 경우는 제외된다(영사관계에 관한 비엔나협약 제41조 제2항).

영사관원에 대하여 형사소송절차가 개시된 경우에 그는 권한 있는 당국에 출두하여야 한다. 그러나 그 소송절차는 그의 공적 직책상의 이유에서 그가 받아야 할 경의를 표하면서 또한 본조 1항에 명시된 경우를 제외하고는 영사직무의 수행에 가능한 최소한의 지장을 주는 방법으로 진행되어야 한다(영사관계에 관한 비엔나협약 제41조 제3항).

2) 영사관원 등에 대한 형사재판권의 면제

영사관원과 사무직원(영사관계에 관한 비엔나협약 제1조 (e) 사무직원이라 함은 영사기관의 행정 또는 기술업무에 종사하는 자를 의미한다)은 영사직무의 수행 중에 행한 행위에 대하여 접수국의 사법 또는 행정당국의 관할권에 복종할 의무를 지지 아니한다(영사관계에 관한 비엔나협약 제43조 제1항). 따라서 직무수행과 관계없는 행위에 대하여는 재판권이 면제되지 않는다.

영사관원 또는 사무직원이 그 직무를 수행함에 있어서 행한 행위에 관해서는 관할권으로부터의 면제가 기한의 제한없이 계속 존속된다(영사관계에 관한 비엔나협약 제53조 제4항). 영사관원으로서의 특권과 면제는 개인적 권리가 아니라 파견국의 권리이므로 포기도 파견국만이 할 수 있다.[11]

3) 수사시 주의사항

경찰관은 임명국의 국적을 가진 대한민국 주재의 총영사, 영사 또는 부영사에 대한 사건에 관하여 구속 또는 조사할 필요가 있다고 인정될 때에는 미리 해양경찰청장에게 보고하여 그 지시를 받아야 한다(해양경찰청 범죄수사규칙 제187조 제1항).

Ⅲ. 미합중국 군대의 구성원

1. 군대의 구성원 등의 개념

(1) 합중국 군대의 구성원

합중국 군대의 구성원이라 함은 대한민국의 영역 안에 있는 아메리카 합중국

---

11) 정인섭, 앞의 책, 529면.

의 육군, 해군 또는 공군에 속하는 인원으로서 현역에 복무하고 있는 자를 말한다
(대한민국과 아메리카합중국간의 상호방위조약 제4조에 의한 시설과 구역 및 대한민국에서의 합중국 군대의 지
위에 관한 협정(이하 SOFA 협정) [발효일 1967. 2. 9.] [미국, 제232호, 1967. 2. 9.][12] 제1조 (가)).

(2) 군   속

군속이라 함은 합중국의 국적을 가진 민간인으로서 대한민국에 있는 합중국
군대에 고용되거나 동 군대에 근무하거나 또는 동반하는 자를 말하나, 통상적으
로 대한민국에 거주하는 자는 제외한다(SOFA 협정 제1조 (나)).

(3) 가   족

가족이라 함은 다음의 자를 말한다. ① 배우자 및 21세 미만의 자녀, ② 부모
및 21세 이상의 자녀 또는 기타 친척으로서 그 생계비의 반액 이상을 합중국 군
대의 구성원 또는 군속에 의존하는 자(SOFA 협정 제1조 (다))

2. 체포와 인도

(1) 즉시통고

대한민국 당국은 합중국 군 당국에 합중국 군대의 구성원, 군속 또는 그들의
가족의 체포를 즉시 통고하여야 한다. 합중국 군 당국은 대한민국이 재판권을 행사
할 제일차적 권리를 가지는 경우에 있어서 합중국 군대의 구성원, 군속 또는 그들
의 가족의 체포를 대한민국 당국에 즉시 통고하여야 한다(SOFA 협정 제22조 제5항 (나)).

(2) 구   금

대한민국이 재판권을 행사할 합중국 군대의 구성원, 군속 또는 그들의 가족
인 피의자의 구금은 그 피의자가 합중국 군 당국의 수중에 있는 경우에는 모든
재판절차가 종결되고 또한 대한민국 당국이 구금을 요청할 때까지 합중국 군 당

---

12) 조약이란 국제법 주체들이 국제법의 규율하에 일정한 법률효과를 발생시키기 위하여 체결한 국제적
    합의이다. 현실에서는 국제법 주체간의 합의를 가리키는 용어로 조약 외에 협약, 협정, 규약, 의정서
    등 다양한 용어가 사용되고 있는데, 어떠한 명칭으로 불리우든 위 정의에 합치되는 모든 합의가 국제
    법상 조약임에는 차이가 없다(정인섭, 앞의 책, 35면).

국이 계속 이를 행한다. 그 피의자가 대한민국의 수중에 있는 경우에는 그 피의자는 요청이 있으면 합중국 군 당국에 인도되어야 하며 모든 재판절차가 종결되고 또한 대한민국 당국이 구금을 요청할 때까지 합중국 군 당국이 계속 구금한다.

피의자가 합중국 군 당국의 구금하에 있는 경우에는 합중국 군 당국은 어느 때든지 대한민국 당국에 구금을 인도할 수 있으며, 또한 특정사건에 있어서 대한민국 당국이 행할 수 있는 구금 인도의 요청에 대하여 호의적 고려를 하여야 한다.

합중국 군 당국은 수사와 재판을 위한 요청이 있으면 즉시 대한민국 당국으로 하여금 이러한 피의자 또는 피고인에 대한 수사와 재판을 할 수 있게 하여야 하며, 또한 이러한 목적을 위하고 사법절차의 진행에 대한 장애를 방지하기 위하여 모든 적절한 조치를 취하여야 한다. 합중국 군 당국은 대한민국 당국이 행한 구금에 관한 특별한 요청에 대하여 충분히 고려하여야 한다. 대한민국 당국은 합중국 군 당국이 합중국 군대의 구성원, 군속 또는 가족인 피의자의 구금을 계속함에 있어서 동 당국으로부터 조력을 요청하면 이 요청에 대하여 호의적 고려를 하여야 한다(SOFA 협정 제22조 제5항 (다)).

제2항 (다)에 규정된 오로지 대한민국의 안전에 대한 범죄[13])에 관한 피의자는 대한민국 당국의 구금하에 두어야 한다(SOFA 협정 제22조 제5항 (라)).

3. 형사재판권

(1) 합중국 군 당국의 권리

1) 일반적 권리

합중국 군 당국은 합중국 군대의 구성원, 군속 및 그들의 가족에 대하여 합중국 법령이 부여한 모든 형사재판권 및 징계권을 대한민국 안에서 행사할 권리를 가진다(SOFA 협정 제22조 제1항 (가)).

2) 전속적 권리

합중국 법령에 의하여서는 처벌할 수 있으나 대한민국 법령에 의하여서는 처

---

13) 국가의 안전에 관한 범죄라 함은 다음의 것을 포함한다(SOFA 협정 제22조 제2항 (다)). ① 당해국에 대한 반역, ② 방해 행위(「사보타아지」), 간첩행위 또는 당해국의 공무상 또는 국방상의 비밀에 관한 법령의 위반

벌할 수 없는 범죄(합중국의 안전에 관한 범죄를 포함한다)에 관하여 전속적 재판권을 행사할 권리를 가진다(SOFA 협정 제22조 제2항 (가)).

(2) 대한민국 당국의 권리

1) 일반적 권리

대한민국 당국은 합중국 군대의 구성원, 군속 및 그들의 가족에 대하여 대한민국의 영역안에서 범한 범죄로서 대한민국 법령에 의하여 처벌할 수 있는 범죄에 관하여 재판권을 가진다(SOFA 협정 제22조 제1항 (나)).

2) 전속적 권리

대한민국 당국은 합중국 군대의 구성원이나 군속 및 그들의 가족에 대하여, 대한민국 법령에 의하여서는 처벌할 수 있으나 합중국 법령에 의하여서는 처벌할 수 없는 범죄(대한민국의 안전에 관한 범죄를 포함한다)에 관하여 전속적 재판권을 행사할 권리를 가진다(SOFA 협정 제22조 제2항 (나)).

(3) 형사재판권의 경합

1) 재판권에 대한 합중국 군 당국의 제일차적 권리

합중국 군 당국은 다음의 범죄에 관하여는 합중국 군대의 구성원이나 군속 및 그들의 가족에 대하여 재판권을 행사할 제일차적 권리를 가진다. ① 오로지 합중국의 재산이나 안전에 대한 범죄, 또는 오로지 합중국 군대의 타 구성원이나 군속 또는 그들의 가족의 신체나 재산에 대한 범죄, ② 공무집행 중의 작위 또는 부작위에 의한 범죄(SOFA 협정 제22조 제3항 (가))

2) 재판권에 대한 대한민국 당국의 제일차적 권리

기타의 범죄에 관하여는 대한민국 당국이 재판권을 행사할 제일차적 권리를 가진다(SOFA 협정 제22조 제3항 (나)).

3) 재판권행사의 포기

제일차적 권리를 가지는 국가가 재판권을 행사하지 아니하기로 결정한 때에는 가능한 한 신속히 타방 국가당국에 그 뜻을 통고하여야 한다. 제일차적 권리를 가지는 국가의 당국은 타방국가가 이러한 권리포기를 특히 중요하다고 인정하는 경우에 있어서 그 타방국가의 당국으로부터 그 권리포기의 요청이 있으면 그 요청에 대하여 호의적 고려를 하여야 한다(SOFA 협정 제22조 제3항 (다)).

4. 수사시 주의사항

사법경찰관은 주한 미합중국 군대의 구성원·외국인군무원 및 그 가족이나 초청계약자의 범죄 관련 사건을 인지하거나 고소·고발 등을 수리한 때에는 7일 이내에 한미행정협정사건 통보서를 검사에게 통보해야 한다(해양경찰수사규칙 제94조 제1항). 사법경찰관은 주한 미합중국 군 당국으로부터 공무증명서를 제출받은 경우 지체 없이 공무증명서의 사본을 검사에게 송부해야 한다(해양경찰수사규칙 제94조 제2항). 사법경찰관은 검사로부터 주한 미합중국 군 당국의 재판권포기 요청 사실을 통보받은 날부터 14일 이내에 검사에게 사건을 송치 또는 송부해야 한다. 다만, 검사의 동의를 받아 그 기간을 연장할 수 있다(해양경찰수사규칙 제94조 제3항).

Ⅳ. 외국의 군함 및 그 승무원

1. 외국의 군함

(1) 군함의 정의

군함이라 함은 어느 한 국가의 군대에 속한 선박으로서, 그 국가의 국적을 구별할 수 있는 외부표지가 있으며, 그 국가의 정부에 의하여 정식으로 임명되고 그 성명이 그 국가의 적절한 군적부나 이와 동등한 명부에 등재되어 있는 장교의 지휘 아래 있으며 정규군 군율에 따르는 승무원이 배치된 선박을 말한다(UN 해양법협약 제29조).

(2) 군함의 통항권

일반 선박은 UN 해양법협약 제17조(연안국이거나 내륙국이거나 관계없이 모든 국가의 선박은 이 협약에 따라, 영해에서 무해통항권을 향유한다)에 의해 무해통항권이 인정되지만, UN 해양법협약의 문리해석상 군함의 무해통항권에 관하여는 찬반양론의 해석이 모두 가능하다. 결국 이의 인정 여부는 국제사회의 실행에 맡겨져 있다고 보아야 할 것이다.[14] 따라서 무해통항권이 인정되는 것이 분명한 일반 선박과는 달리 군함의 무해통항에는 일정한 제한이 따르게 된다.

외국의 군함 또는 비상업용 정부선박이 영해를 통항하려는 경우에는 대통령령으로 정하는 바에 따라 관계 당국에 미리 알려야 한다(영해 및 접속수역법 제5조 제1항). 외국의 군함이 영해를 통항하려는 경우에는 그 통항 3일 전까지(공휴일은 제외한다) 외교부장관에게 당해 선박의 선명·종류 및 번호, 통항목적, 통항항로 및 일정 등의 사항을 통고해야 한다(영해 및 접속수역법 시행령 제4조)(사전통고).

(3) 군함의 재판권면제

국가는 타국법원의 관할권으로부터 면제를 향유한다는 관습국제법적인 성격의 주권면제론에 의하여 군함은 대한민국의 재판권으로부터 완전히 면제된다.[15] 따라서 경찰관은 외국군함에 관하여는 해당 군함의 함장의 청구가 있는 경우 외에는 이에 출입해서는 아니 된다(해양경찰청 범죄수사규칙 제185조 제1항). 경찰관은 중대한 범죄를 범한 사람이 도주하여 대한민국의 영해에 있는 외국군함으로 들어갔을 때에는 신속히 해양경찰청장에게 보고하여 그 지시를 받아야 한다. 다만, 급속을 요할 때에는 해당 군함의 함장에게 범죄자의 임의의 인도를 요구할 수 있다(해양경찰청 범죄수사규칙 제185조 제2항).

2. 외국군함의 승무원

경찰관은 외국군함에 속하는 군인이나 군속이 그 군함을 떠나 대한민국의 영해 또는 영토 내에서 죄를 범한 경우에는 신속히 해양경찰청장에게 보고하여 그 지시를 받아야 한다. 다만, 현행범 그 밖의 급속을 요하는 때에는 체포 그 밖의 수사상 필요한 조치를 한 후 신속히 해양경찰청장에게 보고하여 그 지시를 받아야 한다(해양경찰청 범죄수사규칙 제186조).

---

14) 정인섭, 앞의 책, 670–671면.
15) 정인섭, 위의 책, 242면.

제4절 **해양경찰 외사활동의 유형**

Ⅰ. 외사수사활동

1. 불법조업 외국어선의 단속

불법조업선박의 단속에 관한 국내법적 근거로 수산업법, 영해 및 접속수역법, 배타적 경제수역에서의 외국인어업 등에 대한 주권적 권리의 행사에 관한 법률 등이 있고, 국제법적 근거로는 UN 해양법협약, 한·중 어업협정, 한·일 어업협정 등이 있다.

(1) 내수에서의 단속

1) 내수의 범위

영해의 폭을 측정하기 위한 기선으로부터 육지 쪽에 있는 수역은 내수로 한다(영해 및 접속수역법 제3조).

2) 기선의 설정

가. 통상기선

영해의 폭을 측정하기 위한 통상의 기선은 대한민국이 공식적으로 인정한 대축척해도에 표시된 해안의 저조선으로 한다(영해 및 접속수역법 제2조 제1항).

나. 직선기선

지리적 특수사정이 있는 수역의 경우에는 대통령령으로 정하는 기점을 연결하는 직선을 기선으로 할 수 있다(영해 및 접속수역법 제2조 제2항). 영해의 폭을 측정함에 있어서 법 제2조 제2항의 규정에 따라 직선을 기선으로 하는 각 수역과 그 기점에는 달만갑, 호미곶, 화암추, 범월갑, 1.5미터암, 생도, 홍도, 간여암, 하백도, 거문도, 여서도, 장수도, 절명서, 소흑산도, 소국흘도, 홍도, 고서, 횡도, 상왕등도, 직도, 어청도, 서격렬비도, 소령도 등이 있다(영해 및 접속수역법 시행령 제2조).

3) 금지행위

내수에서의 불법조업은 조업선박이 국내선박이든 외국선박이든 수산업법의 적용대상이 된다. 총톤수 10톤 이상의 동력어선 또는 수산자원을 보호하고 어업조정을 하기 위하여 특히 필요하여 대통령령으로 정하는 총톤수 10톤 미만의 동력어선을 사용하는 어업을 하려는 자는 어선 또는 어구마다 해양수산부장관의 허가를 받아야 한다(수산업법 제41조 제1항).

아래는 중국어선이 내수에 들어와 불법조업을 한 사례이다.

> 관련기사 [내수에서의 외국인의 불법조업]
>
> 한강수역에서 불법조업을 하다 민정경찰에 나포된 중국어선 2척과 선원 14명을 인계 받은 인천해양경비안전서는 중국어선 2척의 선장 A씨(45)와 B씨(37)에 대해 「수산업법」 위반 혐의를 적용해 구속영장을 신청하기로 했다. 한강 하구에 민정경찰이 투입된 게 1953년 정전협정 체결 이후 처음이기도 하지만 이 지역에서 불법조업 중국어선을 나포한 것도 사실상 첫 사례이기 때문이다. B씨 등은 14일 오후 7시 10분께 인천시 강화군 교동도 남서방 10㎞ 지점에서 중립수역을 1.4㎞가량 침범해 불법조업을 한 혐의를 받고 있습니다. 그동안 해경은 「영해 및 접속수역법」 또는 「배타적 경제수역(EEZ)에서의 외국인 어업 등에 관한 법률」 위반 혐의를 적용해 중국 불법조업 어선을 처벌해왔다. 인천해경은 "불법조업 지점이 우리나라의 영해나 배타적 경제수역(EEZ)이 아닌 내수(내륙 안에 있는 수역)지역 이기 때문"이라고 밝혔다. 중국어선이 불법조업을 한 강화군 교동도 인근 한강 하구는 배타적 경제수역이나 우리 영해가 아닌 내수로 분류된다. 이들에게는 해경이 그동안 적용하던 「배타적 경제수역에서의 외국인어업 등에 관한 법률」이나 「영해 및 접속수역법」이 아닌 「수산업법」 위반죄가 적용됐습니다. 불법조업을 한 지점이 우리나라의 영해나 배타적 경제수역이 아닌 내수(내륙 안에 있는 수역)이기 때문입니다.
>
> 해경이 적용하기로 한 「수산업법」 제41조 제1항(무허가 조업)은 10t 이상의 동력어선이 근해어업을 할 경우 해양수산부장관의 허가를 받아야 하며 위반할 경우 3년 이하 징역 또는 3000만원 이하의 벌금형에 처해진다. 「영해 및 접속수역법」을 위반하면 5년 이하 징역이나 2억원 이하 벌금형이, 「배타적 경제수역(EEZ)에서의 외국인 어업 등에 관한 법률」을 위반했을 때에는 2억원 이하의 벌금이 가능하다. 해경 관계자는 "국내 선박이든 외국 선박이든 허가를 받지 않고 우리 근해에서 어업 활동을 하면 「수산업법」을 적용할 수 있다"면서 "「영해 및 접속수역법」보다는 처벌 규정이 약하지만 다른 방

안이 없다"고 말했다. 검찰 관계자는 "「수산업법」이 「영해 및 접속수역법」보다는 처벌
이 약하지만 벌금형만 규정된 「배타적 경제수역(EEZ)에서의 외국인 어업 등에 관한 법
률」보다는 세다"고 말했습니다(매일경제 2016. 6. 15; MBN 뉴스 2016. 6. 16; 연합
뉴스 2016. 6. 16).

(2) 영해에서의 단속

1) 영해의 범위

모든 국가는 이 협약에 따라 결정된 기선으로부터 12해리를 넘지 아니하는
범위에서 영해의 폭을 설정할 권리를 가진다(UN 해양법협약 제3조). 대한민국의 영해
는 기선으로부터 측정하여 그 바깥쪽 12해리의 선까지에 이르는 수역으로 한다.
다만, 대통령령으로 정하는 바에 따라 일정수역의 경우 - 예를 들면 대한해협의
경우 3해리 영해 설정 - 에는 12해리 이내에서 영해의 범위를 따로 정할 수 있다
(영해 및 접속수역법 제1조).

2) 금지행위

외국선박은 대한민국의 평화·공공질서 또는 안전보장을 해치지 아니하는 범
위에서 대한민국의 영해를 무해통항할 수 있다(영해 및 접속수역법 제5조 제1항). 외국선
박이 통항할 때 다음 각 호의 행위를 하는 경우에는 대한민국의 평화·공공질서
또는 안전보장을 해치는 것으로 본다(영해 및 접속수역법 제5조 제2항 본문). 1. 대한민국의
주권·영토보전 또는 독립에 대한 어떠한 힘의 위협이나 행사, 그 밖에 국제연합
헌장에 구현된 국제법원칙을 위반한 방법으로 하는 어떠한 힘의 위협이나 행사,
2. 무기를 사용하여 하는 훈련 또는 연습, 3. 항공기의 이함(離艦)·착함(着艦) 또는
탑재, 4. 군사기기의 발진(發進)·착함 또는 탑재, 5. 잠수항행, 6. 대한민국의 안전
보장에 유해한 정보의 수집, 7. 대한민국의 안전보장에 유해한 선전·선동, 8. 대
한민국의 관세·재정·출입국관리 또는 보건·위생에 관한 법규에 위반되는 물품
이나 통화(通貨)의 양하(揚荷)·적하(積荷) 또는 사람의 승선·하선, 9. 대통령령으로 정
하는 기준을 초과하는 오염물질의 배출, 10. 어로(漁撈), 11. 조사 또는 측량, 12.
대한민국 통신체제의 방해 또는 설비 및 시설물의 훼손, 13. 통항과 직접 관련 없
는 행위로서 대통령령으로 정하는 것

다만, 제2호부터 제5호까지, 제11호 및 제13호의 행위로서 관계 당국의 허가·승인 또는 동의를 받은 경우에는 그러하지 아니하다(영해 및 접속수역법 제5조 제2항 단서). 침해행위 중 제10호에 규정되어 있는 어로행위는 단서규정에 포함되지 않기 때문에 관계 당국의 허가·승인 또는 동의 여부와 관계없이 금지행위가 된다.

3) 필요한 명령이나 조치

외국선박(외국의 군함 및 비상업용 정부선박은 제외한다. 이하 같다)이 제5조를 위반한 혐의가 있다고 인정될 때에는 관계 당국은 정선·검색·나포, 그 밖에 필요한 명령이나 조치를 할 수 있다(영해 및 접속수역법 제6조).

(3) 접속수역 및 배타적 경제수역에서의 단속

1) 접속수역 및 배타적 경제수역의 범위

가. 접속수역

접속수역은 영해기선으로부터 24해리 밖으로 확장할 수 없다(UN 해양법협약 제33조 제2항). 대한민국의 접속수역은 기선으로부터 측정하여 그 바깥쪽 24해리의 선까지에 이르는 수역에서 대한민국의 영해를 제외한 수역으로 한다. 다만, 대통령령으로 정하는 바에 따라 일정수역의 경우에는 기선으로부터 24해리 이내에서 접속수역의 범위를 따로 정할 수 있다(영해 및 접속수역법 제3조의2). 대한민국과 인접하거나 마주 보고 있는 국가와의 영해 및 접속수역의 경계선은 관계국과 별도의 합의가 없으면 두 나라가 각자 영해의 폭을 측정하는 기선상의 가장 가까운 지점으로부터 같은 거리에 있는 모든 점을 연결하는 중간선으로 한다(영해 및 접속수역법 제4조).

나. 배타적 경제수역

배타적 경제수역은 영해기선으로부터 200해리를 넘을 수 없다(UN 해양법협약 제57조). 대한민국의 배타적 경제수역16)은 협약에 따라 「영해 및 접속수역법」 제2조

---

16) 대한민국은 협약에 따라 배타적 경제수역에서 다음 각 호의 권리를 가진다(배타적 경제수역 및 대륙붕에 관한 법률 제3조 제1항). 1. 해저의 상부 수역, 해저 및 그 하층토에 있는 생물이나 무생물 등 천연자원의 탐사·개발·보존 및 관리를 목적으로 하는 주권적 권리와 해수, 해류 및 해풍을 이용한 에너지 생산 등 경제적 개발 및 탐사를 위한 그 밖의 활동에 관한 주권적 권리, 2. 다음 각 목의 사항에 관하여 협약에 규정된 관할권, 가. 인공섬·시설 및 구조물의 설치·사용, 나. 해양과학 조사, 다. 해양환경의 보호 및 보전, 3. 협약에 규정된 그 밖의 권리

에 따른 기선으로부터 그 바깥쪽 200해리의 선까지에 이르는 수역 중 대한민국의 영해를 제외한 수역으로 한다(배타적 경제수역 및 대륙붕에 관한 법률 제2조 제1항). 따라서 영해는 포함되지 않지만, 접속수역은 배타적 경제수역에 포함된다.

2) 금지행위

가. 어업활동 금지

외국인은 배타적 경제수역 중 어업자원의 보호 또는 어업조정을 위하여 대통령령으로 정하는 구역(이하 "특정금지구역"이라 한다)에서 어업활동을 하여서는 아니 된다(배타적 경제수역에서의 외국인어업 등에 대한 주권적 권리의 행사에 관한 법률 제4조). 외국인은 특정금지구역이 아닌 배타적 경제수역에서 어업활동을 하려면 선박마다 해양수산부장관의 허가를 받아야 한다(배타적 경제수역에서의 외국인어업 등에 대한 주권적 권리의 행사에 관한 법률 제5조 제1항). 해양수산부장관은 제1항에 따라 허가를 하였을 때에는 해당 외국인에게 허가증을 발급하여야 한다(배타적 경제수역에서의 외국인어업 등에 대한 주권적 권리의 행사에 관한 법률 제5조 제2항). 제1항에 따라 허가를 받은 외국인은 허가를 받은 선박에 허가사항을 식별할 수 있도록 표지(標識)를 하여야 하며, 제2항의 허가증을 갖추어 두어야 한다(배타적 경제수역에서의 외국인어업 등에 대한 주권적 권리의 행사에 관한 법률 제5조 제3항).

나. 어획물 양륙 금지 등

외국인이나 외국어선의 선장은 배타적 경제수역에서 어획물이나 그 제품을 다른 선박에 옮겨 싣거나 다른 선박으로부터 받아 실어서는 아니 된다. 다만, 해양사고의 발생 등 해양수산부령으로 정하는 경우에는 그러하지 아니하다(배타적 경제수역에서의 외국인어업 등에 대한 주권적 권리의 행사에 관한 법률 제11조).

외국인이나 외국어선의 선장은 배타적 경제수역에서 어획한 어획물이나 그 제품을 대한민국의 항구에 직접 양륙할 수 없다. 다만, 해양사고의 발생 등 해양수산부령으로 정하는 경우에는 그러하지 아니하다(배타적 경제수역에서의 외국인어업 등에 대한 주권적 권리의 행사에 관한 법률 제12조).

3) 정선명령

검사나 대통령령으로 정하는 사법경찰관은 배타적 경제수역에서 다음 각 호의 어느 하나에 해당하는 불법 어업활동 혐의가 있는 외국선박에 정선명령을 할 수 있다. 이 경우 그 선박은 명령에 따라야 한다(배타적 경제수역에서의 외국인어업 등에 대한 주권적 권리의 행사에 관한 법률 제6조의2). 1. 이 법, 이 법에 따른 명령 또는 제한이나 조건을 위반한 혐의가 있다고 인정되는 경우, 2. 대한민국과 어업에 관한 협정을 체결한 국가의 선박이 그 협정, 그 협정에 따른 명령 또는 제한이나 조건을 위반한 혐의가 있다고 인정되는 경우

4) 대륙붕의 정착성 어종에 관계되는 어업활동에의 준용

대한민국의 대륙붕 중 배타적 경제수역 외측 수역에서의 정착성 어종(「해양법에 관한 국제연합협약」 제77조 제4항의 정착성 어종에 속하는 생물을 말한다)에 관련되는 어업활동 등에 관하여는 제3조부터 제13조까지의 규정을 준용한다(배타적 경제수역에서의 외국인어업 등에 대한 주권적 권리의 행사에 관한 법률 제14조 제1항).

5) 수산업법 등과의 관계

외국인이 배타적 경제수역에서 어업활동을 하는 경우에는 「수산업법」, 「양식산업발전법」 및 「수산자원관리법」에도 불구하고 이 법을 적용한다(배타적 경제수역에서의 외국인어업 등에 대한 주권적 권리의 행사에 관한 법률 제3조 제1항).

(4) 공해에서의 단속

공해는 연안국이거나 내륙국이거나 관계없이 모든 국가에 개방된다. 공해의 자유는 이 협약과 그 밖의 국제법규칙이 정하는 조건에 따라 행사된다. 연안국과 내륙국이 향유하는 공해의 자유는 특히 다음의 자유를 포함한다(UN 해양법협약 제87조 제1항). (a) 항행의 자유, (b) 상공비행의 자유, (c) 해저전선과 관선 부설의 자유, (d) 국제법상 허용되는 인공섬과 그 밖의 시설 건설의 자유, (e) 어로의 자유, (f) 과학조사의 자유

공해에서는 어로의 자유를 갖기 때문에 모든 국민은 공해에서 자유로이 어로행위를 할 수 있다. 따라서 해양경찰은 공해상에서의 어업활동을 단속할 권한이 없다.

2. 출입국사범에 대한 수사

(1) 입국사범

1) 입국절차

가. 원   칙

외국인이 입국할 때에는 유효한 여권과 법무부장관이 발급한 사증을 가지고 있어야 한다(출입국관리법 제7조 제1항). 외국인이 입국하려는 경우에는 입국하는 출입국항에서 대통령령으로 정하는 바에 따라 여권과 입국신고서를 출입국관리공무원에게 제출하여 입국심사를 받아야 한다(출입국관리법 제12조 제1항). 출입국관리공무원은 입국심사를 할 때에 여권과 사증이 유효할 것, 입국목적이 체류자격에 맞을 것 등을 심사하여 입국을 허가한다(출입국관리법 제12조 제3항).

지방출입국·외국인관서의 장은 부득이한 사유로 요건을 갖추지 못하였으나 일정 기간 내에 그 요건을 갖출 수 있다고 인정되는 사람에 해당하는 외국인에 대하여는 대통령령으로 정하는 바에 따라 조건부 입국을 허가할 수 있다(출입국관리법 제13조 제1항).

나. 예   외

(가) 출입국관리법에 따른 입국허용

다음 각 호의 어느 하나에 해당하는 외국인은 제1항에도 불구하고 사증 없이 입국할 수 있다(출입국관리법 제7조 제2항). 1. 재입국허가를 받은 사람 또는 재입국허가가 면제된 사람으로서 그 허가 또는 면제받은 기간이 끝나기 전에 입국하는 사람, 2. 대한민국과 사증면제협정을 체결한 국가의 국민으로서 그 협정에 따라 면제대상이 되는 사람, 3. 국제친선, 관광 또는 대한민국의 이익 등을 위하여 입국하는 사람으로서 대통령령으로 정하는 바에 따라 따로 입국허가를 받은 사람, 4. 난민여행증명서를 발급받고 출국한 후 그 유효기간이 끝나기 전에 입국하는 사람

법무부장관은 공공질서의 유지나 국가이익에 필요하다고 인정하면 제2항 제2호에 해당하는 사람에 대하여 사증면제협정의 적용을 일시 정지할 수 있다(출입국관리법 제7조 제3항). 대한민국과 수교하지 아니한 국가나 법무부장관이 외교부장관과 협의하여 지정한 국가의 국민은 제1항에도 불구하고 대통령령으로 정하는 바에 따라 재외공관의 장이나 지방출입국·외국인관서의 장이 발급한 외국인입국허가

서를 가지고 입국할 수 있다(출입국관리법 제7조 제4항).

(나) 제주특별자치도 설치 및 국제자유도시 조성을 위한 특별법에 따른 입국허용

「출입국관리법」 제10조에 따른 체류자격 중 관광·통과 등의 목적으로 제주
자치도에 체류하기 위하여 제주자치도의 공항 또는 항만으로 입국하는 외국인은
법무부장관이 정하여 고시하는 국가의 국민을 제외하고는 같은 법 제7조 제1항에
도 불구하고 사증 없이 입국할 수 있다(제주특별자치도 설치 및 국제자유도시 조성을 위한 특별
법 제197조 제1항).

법무부장관은 제197조에 따라 입국한 외국인 중 법무부장관이 정하여 고시하
는 국가의 국민이 대한민국의 다른 지역으로 이동하려는 경우에는 그 외국인의 신
청으로 체류지역 확대를 허가할 수 있다(제주특별자치도 설치 및 국제자유도시 조성을 위한 특별
법 제198조 제1항). 제1항에 따른 허가를 받은 외국인은 사증 없이 대한민국의 다른
지역에 체류할 수 있다(제주특별자치도 설치 및 국제자유도시 조성을 위한 특별법 제198조 제2항).

2) 입국금지 외국인

법무부장관은 다음 각 호의 어느 하나에 해당하는 외국인에 대하여는 입국을
금지할 수 있다(출입국관리법 제11조 제1항). 1. 감염병환자, 마약류중독자, 그 밖에 공
중위생상 위해를 끼칠 염려가 있다고 인정되는 사람, 2. 「총포·도검·화약류 등의
안전관리에 관한 법률」에서 정하는 총포·도검·화약류 등을 위법하게 가지고 입
국하려는 사람, 3. 대한민국의 이익이나 공공의 안전을 해치는 행동을 할 염려가
있다고 인정할 만한 상당한 이유가 있는 사람, 4. 경제질서 또는 사회질서를 해치
거나 선량한 풍속을 해치는 행동을 할 염려가 있다고 인정할 만한 상당한 이유가
있는 사람, 5. 사리 분별력이 없고 국내에서 체류활동을 보조할 사람이 없는 정신
장애인, 국내체류비용을 부담할 능력이 없는 사람, 그 밖에 구호가 필요한 사람,
6. 강제퇴거명령을 받고 출국한 후 5년이 지나지 아니한 사람, 7. 1910년 8월 29
일부터 1945년 8월 15일까지 사이에 다음 각 목의 어느 하나에 해당하는 정부이
지시를 받거나 그 정부와 연계하여 인종, 민족, 종교, 국적, 정치적 견해 등을 이
유로 사람을 학살·학대하는 일에 관여한 사람. 가. 일본 정부, 나. 일본 정부와
동맹 관계에 있던 정부, 다. 일본 정부의 우월한 힘이 미치던 정부, 8. 제1호부터
제7호까지의 규정에 준하는 사람으로서 법무부장관이 그 입국이 적당하지 아니하
다고 인정하는 사람

3) 금지행위

가. 출입국관리법에 따른 금지행위

누구든지 외국인을 불법으로 입국 또는 출국하게 하거나 대한민국을 거쳐 다른 국가에 불법으로 입국하게 할 목적으로 다음 각 호의 행위를 하여서는 아니 된다(출입국관리법 제12조의3 제1항). 1. 선박 등이나 여권 또는 사증, 탑승권이나 그 밖에 출입국에 사용될 수 있는 서류 및 물품을 제공하는 행위, 2. 제1호의 행위를 알선하는 행위

누구든지 불법으로 입국한 외국인에 대하여 다음 각 호의 행위를 하여서는 아니 된다(출입국관리법 제12조의3 제2항). 1. 해당 외국인을 대한민국에서 은닉 또는 도피하게 하거나 그러한 목적으로 교통수단을 제공하는 행위, 2. 제1호의 행위를 알선하는 행위

나. 제주특별자치도 설치 및 국제자유도시 조성을 위한 특별법에 따른 금지행위

제198조 제1항에 따른 체류지역 확대 허가를 받지 아니하고 대한민국의 다른 지역으로 이동한 자는 3년 이하의 징역이나 금고 또는 2천만원 이하의 벌금에 처한다(제주특별자치도 설치 및 국제자유도시 조성을 위한 특별법 제470조 제3항).

누구든지 제198조 제1항에 따른 체류지역 확대 허가를 받지 아니한 외국인을 대한민국의 다른 지역으로 이동시키거나 이를 알선해서는 아니 된다(제주특별자치도 설치 및 국제자유도시 조성을 위한 특별법 제199조 제1항). 누구든지 제198조 제1항에 따른 체류지역 확대 허가를 받지 아니한 외국인을 대한민국의 다른 지역으로 이동시킬 목적으로 선박·항공기 또는 그 밖의 교통수단이나 여권을 제공하여서는 아니 된다(제주특별자치도 설치 및 국제자유도시 조성을 위한 특별법 제199조 제2항). 누구든지 제198조 제1항을 위반하여 대한민국의 다른 지역으로 이동하였거나 이동하는 외국인을 은닉 또는 도피하게 하거나 그러한 목적으로 선박 등을 제공해서는 아니 된다(제주특별자치도 설치 및 국제자유도시 조성을 위한 특별법 제199조 제3항).

4) 상륙절차

가. 승무원상륙허가

출입국관리공무원은 다음 각 호의 어느 하나에 해당하는 외국인승무원에 대하여 선박 등의 장 또는 운수업자나 본인이 신청하면 15일의 범위에서 승무원의

상륙을 허가할 수 있다. 다만, 제11조 제1항 각 호(입국금지 외국인)의 어느 하나에 해당하는 외국인승무원에 대하여는 그러하지 아니하다(출입국관리법 제14조 제1항). 1. 승선 중인 선박 등이 대한민국의 출입국항에 정박하고 있는 동안 휴양 등의 목적으로 상륙하려는 외국인승무원, 2. 대한민국의 출입국항에 입항할 예정이거나 정박 중인 선박 등으로 옮겨 타려는 외국인승무원

나. 관광상륙허가

출입국관리공무원은 관광을 목적으로 대한민국과 외국 해상을 국제적으로 순회하여 운항하는 여객운송선박 중 법무부령으로 정하는 선박에 승선한 외국인승객에 대하여 그 선박의 장 또는 운수업자가 상륙허가를 신청하면 3일의 범위에서 승객의 관광상륙을 허가할 수 있다. 다만, 제11조 제1항 각 호(입국금지 외국인)의 어느 하나에 해당하는 외국인승객에 대하여는 그러하지 아니하다(출입국관리법 제14조의2 제1항).

다. 긴급상륙허가

출입국관리공무원은 선박 등에 타고 있는 외국인(승무원을 포함한다)이 질병이나 그 밖의 사고로 긴급히 상륙할 필요가 있다고 인정되면 그 선박 등의 장이나 운수업자의 신청을 받아 30일의 범위에서 긴급상륙을 허가할 수 있다(출입국관리법 제15조 제1항).

라. 재난상륙허가

지방출입국·외국인관서의 장은 조난을 당한 선박 등에 타고 있는 외국인(승무원을 포함한다)을 긴급히 구조할 필요가 있다고 인정하면 그 선박 등의 장, 운수업자, 「수상에서의 수색·구조 등에 관한 법률」에 따른 구호업무 집행자 또는 그 외국인을 구조한 선박 등의 장의 신청에 의하여 30일의 범위에서 재난상륙허가를 할 수 있다(출입국관리법 제16조 제1항).

마. 난민임시상륙허가

지방출입국·외국인관서의 장은 선박 등에 타고 있는 외국인이 「난민법」 제2조 제1호에 규정된 이유나 그 밖에 이에 준하는 이유로 그 생명·신체 또는 신체의 자유를 침해받을 공포가 있는 영역에서 도피하여 곧바로 대한민국에 비호를 신청하는 경우 그 외국인을 상륙시킬 만한 상당한 이유가 있다고 인정되면 법무

부장관의 승인을 받아 90일의 범위에서 난민임시상륙허가를 할 수 있다. 이 경우 법무부장관은 외교부장관과 협의하여야 한다(출입국관리법 제16조의2 제1항).

(2) 출국사범

1) 출국금지

법무부장관은 다음 각 호의 어느 하나에 해당하는 국민에 대하여는 6개월 이내의 기간을 정하여 출국을 금지할 수 있다(출입국관리법 제4조 제1항). 1. 형사재판에 계속 중인 사람, 2. 징역형이나 금고형의 집행이 끝나지 아니한 사람, 3. 대통령령으로 정하는 금액 이상의 벌금이나 추징금을 내지 아니한 사람, 4. 대통령령으로 정하는 금액 이상의 국세·관세 또는 지방세를 정당한 사유 없이 그 납부기한까지 내지 아니한 사람, 5. 그 밖에 제1호부터 제4호까지의 규정에 준하는 사람으로서 대한민국의 이익이나 공공의 안전 또는 경제질서를 해칠 우려가 있어 그 출국이 적당하지 아니하다고 법무부령으로 정하는 사람

또한 법무부장관은 범죄 수사를 위하여 출국이 적당하지 아니하다고 인정되는 사람에 대하여는 1개월 이내의 기간을 정하여 출국을 금지할 수 있다. 다만, 다음 각 호에 해당하는 사람은 그 호에서 정한 기간으로 한다(출입국관리법 제4조 제2항). 1. 소재를 알 수 없어 기소중지결정이 된 사람 또는 도주 등 특별한 사유가 있어 수사진행이 어려운 사람: 3개월 이내, 2. 기소중지결정이 된 경우로서 체포영장 또는 구속영장이 발부된 사람: 영장 유효기간 이내

2) 긴급출국금지

수사기관은 범죄 피의자로서 사형·무기 또는 장기 3년 이상의 징역이나 금고에 해당하는 죄를 범하였다고 의심할 만한 상당한 이유가 있고, 다음 각 호의 어느 하나에 해당하는 사유가 있으며, 긴급한 필요가 있는 때에는 출국심사를 하는 출입국관리공무원에게 출국금지를 요청할 수 있다(출입국관리법 제4조의6 제1항). 1. 피의자가 증거를 인멸할 염려가 있는 때, 2. 피의자가 도망하거나 도망할 우려가 있는 때

제1항에 따른 요청을 받은 출입국관리공무원은 출국심사를 할 때에 출국금지가 요청된 사람을 출국시켜서는 아니 된다(출입국관리법 제4조의6 제2항). 수사기관은 제1항에 따라 긴급출국금지를 요청한 때로부터 6시간 이내에 법무부장관에게 긴급

출국금지 승인을 요청하여야 한다. 이 경우 검사의 검토의견서 및 범죄사실의 요지, 긴급출국금지의 사유 등을 기재한 긴급출국금지보고서를 첨부하여야 한다(출입국관리법 제4조의6 제3항). 법무부장관은 수사기관이 제3항에 따른 긴급출국금지 승인 요청을 하지 아니한 때에는 제1항의 수사기관 요청에 따른 출국금지를 해제하여야 한다. 수사기관이 긴급출국금지 승인을 요청한 때로부터 12시간 이내에 법무부장관으로부터 긴급출국금지 승인을 받지 못한 경우에도 또한 같다(출입국관리법 제4조의6 제4항). 제4항에 따라 출국금지가 해제된 경우에 수사기관은 동일한 범죄사실에 관하여 다시 긴급출국금지 요청을 할 수 없다(출입국관리법 제4조의6 제5항).

(3) 출입국관리법 위반시 제재조치

1) 고   발

출입국사범에 관한 사건은 지방출입국·외국인관서의 장의 고발이 없으면 공소를 제기할 수 없다(출입국관리법 제101조 제1항).

2) 강제퇴거

지방출입국·외국인관서의 장은 이 장에 규정된 절차에 따라 제7조를 위반한 사람, 제11조 제1항 각 호의 어느 하나에 해당하는 입국금지 사유가 입국 후에 발견되거나 발생한 사람, 제12조의3을 위반한 사람, 제14조 제1항, 제14조의2 제1항, 제15조 제1항, 제16조 제1항 또는 제16조의2 제1항에 따른 허가를 받지 아니하고 상륙한 사람 등의 어느 하나에 해당하는 외국인을 대한민국 밖으로 강제퇴거시킬 수 있다(출입국관리법 제46조 제1항).

상륙허가를 받지 않고 선박에서 무단이탈한 외국인 선원은 강제퇴거의 대상이 됨과 동시에 형사처벌의 대상이 된다. 그러나 강제퇴거의 대상인 외국인인 경우는 통상 불입건하여 출입국관리사무소에 신병을 인계하고 강제퇴거 전 보호조치를 하는 것이 통상적인 절차이다.

3) 조사 및 보호

출입국관리공무원은 제46조 제1항 각 호의 어느 하나에 해당된다고 의심되는 외국인에 대하여는 그 사실을 조사할 수 있다(출입국관리법 제47조 제1항). 출입국관리공무원은 외국인이 제46조 제1항 각 호의 어느 하나에 해당된다고 의심할 만한 상당한 이유가 있고 도주하거나 도주할 염려가 있으면 지방출입국·외국인관서의 장으로부터 보호명령서를 발급받아 그 외국인을 보호할 수 있다(출입국관리법 제51조 제1항). 출입국관리공무원은 보호시설의 안전과 질서유지를 위하여 필요하면 피보호자의 신체·의류 및 휴대품을 검사할 수 있다(출입국관리법 제56조의5 제1항).

4) 출국권고

지방출입국·외국인관서의 장은 대한민국에 체류하는 외국인이 체류기간의 범위를 위반하는 등에 해당하면 그 외국인에게 자진하여 출국할 것을 권고할 수 있다(출입국관리법 제67조).

5) 출국명령

지방출입국·외국인관서의 장은 제46조 제1항 각 호의 어느 하나에 해당한다고 인정되나 자기비용으로 자진하여 출국하려는 사람 등에 해당하는 외국인에게는 출국명령을 할 수 있다(출입국관리법 제68조 제1항).

6) 출국정지

법무부장관은 제4조 제1항 또는 제2항 각 호의 어느 하나에 해당하는 외국인에 대하여는 출국을 정지할 수 있다(출입국관리법 제29조 제1항). 수사기관은 범죄 피의자인 외국인이 제4조의6 제1항에 해당하는 경우에는 출국심사를 하는 출입국관리공무원에게 출국정지를 요청할 수 있다(출입국관리법 제29조의2 제1항). 내국인에게 취할 수 있는 조치인 출국금지는 외국인에게는 취할 수 없다.

7) 형사처벌 및 과태료

출입국관리법을 위반한 자에 대해서는 출입국관리법은 제93조의2~제100조에 걸쳐서 형사처벌과 과태료에 관한 규정을 두고 있다.

8) 통고처분

지방출입국·외국인관서의 장은 출입국사범에 대한 조사 결과 범죄의 확증을 얻었을 때에는 그 이유를 명확하게 적어 서면으로 벌금에 상당하는 금액을 지정한 곳에 낼 것을 통고할 수 있다(출입국관리법 제102조 제1항). 지방출입국·외국인관서의 장은 조사 결과 범죄의 정상이 금고 이상의 형에 해당할 것으로 인정되면 즉시 고발하여야 한다(출입국관리법 제102조 제3항).

3. 밀항사범에 대한 수사

대한민국에서 대한민국 밖의 지역으로 출국하려는 국민은 유효한 여권을 가지고 출국하는 출입국항에서 출입국관리공무원의 출국심사를 받아야 한다. 다만, 부득이한 사유로 출입국항으로 출국할 수 없을 때에는 관할 지방출입국·외국인관서의 장의 허가를 받아 출입국항이 아닌 장소에서 출입국관리공무원의 출국심사를 받은 후 출국할 수 있다(출입국관리법 제3조 제1항).

밀항 또는 이선·이기한 사람은 3년 이하의 징역 또는 3천만원 이하의 벌금에 처한다(밀항단속법 제3조 제1항).[17] 밀항이란 관계 기관에서 발행한 여권, 선원수첩, 그 밖에 출국에 필요한 유효한 증명 없이 대한민국 외의 지역으로 도항하거나 국경을 넘는 것을 말한다(밀항단속법 제2조 제1호). 이선·이기란 대한민국 외의 지역에서 승선한 선박이나 탑승한 항공기로부터 무단이탈하거나 선장 또는 기장, 그 밖의 책임자가 지정한 시간 내에 귀환하지 아니하는 것을 말한다(밀항단속법 제2조 제2호).

밀항 또는 이선·이기한 사람으로서 재외공관에 자수 또는 귀환하였거나 밀항 또는 이선·이기에 착수하였다가 관계 수사기관이나 해당 선장 또는 기장, 그 밖의 책임자에게 자수한 사람은 형을 경감하거나 면제할 수 있다(밀항단속법 제6조 제1항).

4. 일반 형사사건 수사

UN 해양법협약은 원칙적으로 속지주의, 보호주의, 피해자 국적주의 등에 근거하여 연안국의 법으로 외국인을 처벌할 수 있는 경우에도 해양에서 발생한 외국선박 내의 범죄에 한해서는 장소에 따라 일정한 제한규정을 둠으로써 연안국의 법 적용을 배제하기도 한다.

1) 내수에서 발생한 범죄수사

가. 외국선박 내에서 발생한 승무원의 범죄

UN 해양법협약은 영해와 달리 내수에 있는 외국선박 내에서 발생한 형사사건에 대해서는 제한규정을 두고 있지 않다.

---

17) 이 법은 대한민국 국민이 적법한 절차를 밟지 아니하고 대한민국 외의 지역으로 도항하는 것을 방지함을 목적으로 한다(밀항단속법 제1조).

따라서 군함이나 비상업용 공선과 같이 국제법적으로 주권면제 법리가 적용되는 선박이 아닌 한, 스스로 내수로 입항한 외국 선박과 그 승무원은 대한민국 법의 적용대상이 된다. 그러나 항만국은 자국 이해가 관련되지 않는 선박 내부사항에 관하여는 관할권을 행사하지 않음이 관례이다. 선장이나 기국 영사의 요청이 없는 경우 항만국은 선박 내부에서 발생한 승무원 범죄가 항만국의 안전이나 공공질서에 영향을 미치지 않는 한 관할권의 행사를 자제한다.[18]

나. 외국선박 내에서 발생한 승무원 아닌 자의 범죄

승무원이 아닌 자의 범죄에 대하여는 항만국이 적극적으로 관할권을 행사하는 경향이다. 즉 선박 내에서 승무원 아닌 자의 범죄나 외부의 범인이 선박으로 도피한 경우에는 항만국이 개입한다. 단 불가항력으로 외국항구에 입항하게 된 선박에 대해서만은 항만국이 원칙적으로 관할권을 행사하지 않는다.[19]

2) 영해에서 발생한 범죄수사

영토와 달리 영해에 있는 외국선박 내에서 발생한 일반 형사사건은 UN 해양법협약에 근거하여 제한된 범위 내에서 수사가 이루어져야 한다. UN 해양법협약의 관련 내용은 다음과 같다.

가. 영해를 통항하고 있는 외국선박 내에서 통항 중에 발생한 범죄

연안국의 형사관할권은 오직 다음의 각 호의 경우를 제외하고는 영해를 통항하고 있는 외국선박의 선박 내에서 통항 중에 발생한 어떠한 범죄와 관련하여 사람을 체포하거나 수사를 수행하기 위하여 그 선박 내에서 행사될 수 없다(UN 해양법협약 제27조 제1항). (a) 범죄의 결과가 연안국에 미치는 경우, (b) 범죄가 연안국의 평화나 영해의 공공질서를 교란하는 종류인 경우, (c) 그 선박의 선장이나 기국의 외교관 또는 영사가 현지 당국에 지원을 요청한 경우, (d) 마약이나 향정신성물질의 불법거래를 진압하기 위하여 필요한 경우

따라서 경찰관은 대한민국의 영해에 있는 외국 선박 내에서 발생한 범죄로서 다음 각 호의 어느 하나에 해당하는 경우에는 수사를 해야 한다(해양경찰청 범죄수사규칙). 1. 대한민국 육상이나 항내의 안전을 해할 때, 2. 승무원 이외의 사람이나 대

---

18) 정인섭, 앞의 책, 664면.
19) 정인섭, 위의 책, 664면.

한민국의 국민에 관계가 있을 때, 3. 중대한 범죄가 행하여졌을 때

　　UN 해양법협약 제27조 제1항은 내수를 떠나 영해를 통항중인 외국선박 내에서의 체포나 수사를 목적으로 자국법이 허용한 조치를 취할 수 있는 연안국의 권리에 영향을 미치지 아니한다(UN 해양법협약 제27조 제2항).

　　제1항 및 제2항에 규정된 경우, 연안국은 선장이 요청하면 어떠한 조치라도 이를 취하기 전에 선박기국의 외교관이나 영사에게 통고하고, 이들과 승무원간의 연락이 용이하도록 한다. 긴급한 경우 이러한 통고는 조치를 취하는 동안에 이루어질 수도 있다(UN 해양법협약 제27조 제3항).

나. 외국선박이 내수에 들어오지 아니하고 단순히 영해를 통과하는 경우, 그 선박이 영해에 들어오기 전에 발생한 범죄

　　제12부(해양환경의 보호와 보전)에 규정된 경우나 제5부(배타적 경제수역)에 따라 제정된 법령위반의 경우를 제외하고는, 연안국은 외국선박이 외국의 항구로부터 내수에 들어오지 아니하고 단순히 영해를 통과하는 경우, 그 선박이 영해에 들어오기 전에 발생한 범죄와 관련하여 사람을 체포하거나 수사를 하기 위하여 영해를 통항 중인 외국선박 내에서 어떠한 조치도 취할 수 없다(UN 해양법협약 제27조 제5항).

3) 접속수역 및 배타적 경제수역에서 발생한 범죄수사

　　영해와 달리 접속수역 및 배타적 경제수역은 형법상 대한민국 영역에 해당되지 않는다. 따라서 접속수역 및 배타적 경제수역에 있는 외국선박 내에서 발생한 범죄의 가해자가 대한민국 국민인 경우에는 속인주의에 근거하여, 그 범죄가 대한민국 또는 대한민국 국민을 상대로 행하여진 경우에는 행위자가 외국인이더라도 보호주의 및 피해자 국적주의에 근거하여 행위자를 대한민국의 법으로 처벌할 수 있고, 그에 대한 수사도 가능하다.

　　대한민국의 접속수역에서 관계 당국은 다음 각 호의 목적에 필요한 범위에서 법령에서 정하는 바에 따라 그 직무권한을 행사할 수 있다(영해 및 접속수역법 제6조의 2). 1. 대한민국의 영토 또는 영해에서 관세ㆍ재정ㆍ출입국관리 또는 보건ㆍ위생에 관한 대한민국의 법규를 위반하는 행위의 방지, 2. 대한민국의 영토 또는 영해에서 관세ㆍ재정ㆍ출입국관리 또는 보건ㆍ위생에 관한 대한민국의 법규를 위반한 행위의 제재

　　그러나 접속수역 및 배타적 경제수역에서 발생한 범죄가 선박의 충돌 등과

관련이 있을 때에는 UN 해양법협약의 제한규정으로 인해 대한민국의 법으로 처벌하지 못하는 경우가 있다. UN 해양법협약은 "공해에서 발생한 선박의 충돌 또는 선박에 관련된 그 밖의 항행사고로 인하여 선장 또는 그 선박에서 근무하는 그 밖의 사람의 형사책임이나 징계책임이 발생하는 경우, 관련자에 대한 형사 또는 징계 절차는 그 선박의 기국이나 그 관련자의 국적국의 사법 또는 행정당국 외에서는 제기될 수 없다"(UN 해양법협약 제97조 제1항)고 규정하여 선박의 기국 또는 관련자의 국적국만이 이에 대한 형사관할권을 가진다고 명시하고 있다. 또한 UN 해양법협약 제97조 제3항은 "선박의 나포나 억류는 비록 조사를 위한 조치이더라도 기국이 아닌 국가의 당국은 이를 명령할 수 없다"고 규정하고 있다.

공해와 달리 접속수역 및 배타적 경제수역에서의 선박충돌 사고에 대하여는 UN 해양법협약에 별도의 규정이 없으나, 배타적 경제수역 제도상 별도의 규정이 마련되어 있지 않은 부분에 대하여는 공해의 법질서가 적용됨이 원칙이다. 따라서 배타적 경제수역에서의 선박충돌 사건에 대한 형사관할권에 관하여는 공해에 관한 조항(UN 해양법협약 제97조 제1항)이 적용된다.[20]

4) 공해에서 발생한 범죄수사

가. 원   칙

공해상의 선박은 기국의 배타적 관할권에 속한다. 즉 어떤 국가도 국제법상의 허용근거가 없는 한 공해상의 외국선박에 대해 관할권을 행사할 수 없다. 국제법상의 허용근거에는 속인주의, 보호주의, 피해자 국적주의 등이 있다.[21] 다만 공해상의 외국선박 내에서 발생한 외국인에 의한 범죄행위라고 하더라도, 그 범죄행위가 선박납치죄, 선박납치살인죄 등에 해당할 때에는 행위자가 대한민국 영역

---

20) 정인섭, 앞의 책, 700면.

21) 1996년 8월 2일 남태평양 공해상에 조업중이던 한국 원양어업회사 소유이나 온두라스 선적의 참치어선 페스카마 제15호에서 중국인(조선족) 선원에 의한 선상 반란이 발생하였다. 그 결과 한국인 선장을 포함한 한국인, 인도네시아인, 중국인 총 11명이 살해되었다. 이후 주동자들은 일본이나 한국으로 밀입국하기로 모의하고 귀환 중 일본 인근에서 표류하다가 일본 해상보안청 순시선에 의해 구조되었다. 일본은 조사 후 이 선박을 공해상으로 추방했다. 이 사건에 대하여는 선적국인 온두라스가 우선적인 관할국이나, 재판관할권의 행사 의사를 표시하지 않았다. 범인의 국적국인 중국 정부 역시 관할권 행사를 주장하지 않았다. 이에 실질적 선박관리국이자 가장 많은 피해자의 국적국인 한국의 해경이 공해상에서 예인하는 형식으로 선박과 선원을 인수했다. 그 후 주동자 1명은 사형, 나머지는 무기징역을 받았다(대법원 1997. 7. 25. 선고 97도1142 판결)(정인섭, 위의 책, 220-221면).

안에 있는 경우에 한해 그 행위자를 「선박 및 해상구조물에 대한 위해행위의 처벌 등에 관한 법률」에 의하여 대한민국의 법으로 처벌할 수 있다(선박 및 해상구조물에 대한 위해행위의 처벌 등에 관한 법률 제3조 제3호, 제5조~제13조). 또한 UN 해양법협약은 "선박이 어느 국가의 항구나 연안 정박시설에 자발적으로 들어온 경우 그 국가는 권한 있는 국제기구나 일반 외교회의를 통하여 수립된 적용가능한 국제규칙과 기준에 위반하여 자국의 내수, 영해 또는 배타적 경제수역 밖에서 행하여진 그 선박으로부터의 배출에 관하여 조사를 행하고 증거가 허용하는 경우에는 소송을 제기할 수 있다"(UN 해양법협약 제218조 제1항)고 규정하여 공해상에서 국제법상 금지된 배출행위를 한 외국선박이 국내로 입항한 경우 연안국은 자국의 피해여부와 관계없이 이를 조사하고 자국 법원에 소송을 제기하는 것을 허용하고 있다.

공해에 있는 군함과 국가가 소유하거나 운용하는 선박으로서 정부의 비상업적 업무에만 사용되는 선박은 기국외의 어떠한 국가의 관할권으로부터도 완전히 면제된다(UN 해양법협약 제95조, 제96조).

한편 공해에서 발생한 선박의 충돌 또는 선박에 관련된 그 밖의 항행사고로 인하여 선장 또는 그 선박에서 근무하는 그 밖의 사람의 형사책임이 발생하는 경우, 관련자에 대한 형사절차는 그 선박의 기국이나 그 관련자의 국적국의 사법 또는 행정당국 외에서는 제기될 수 없다(UN 해양법협약 제97조 제1항).

나. 예   외

(가) 해적체포 등

모든 국가는 공해 또는 국가 관할권 밖의 어떠한 곳에서라도, 해적선·해적항공기 또는 해적행위에 의하여 탈취되어 해적의 지배하에 있는 선박·항공기를 나포하고, 그 선박과 항공기내에 있는 사람을 체포하고, 재산을 압수할 수 있다. 나포를 행한 국가의 법원은 부과될 형벌을 결정하며, 선의의 제3자의 권리를 존중할 것을 조건으로 그 선박·항공기 또는 재산에 대하여 취할 조치를 결정할 수 있다(UN 해양법협약 제105조).

(나) 임 검 권

제95조와 제96조에 따라 완전한 면제를 가지는 선박을 제외한 외국선박을 공해에서 만난 군함(군용항공기, 정부 업무에 사용중인 것으로 명백히 표시되어 식별이 가능하며 정당하게 권한이 부여된 그 밖의 모든 선박이나 항공기 포함)은 다음과 같은 혐의를 가지고 있다는 합리

적 근거가 없는 한 그 선박을 임검하는 것은 정당화되지 아니한다. 다만, 간섭행위가 조약에 따라 부여된 권한에 의한 경우는 제외한다(UN 해양법협약 제110조 제1항, 제4항, 제5항). (a) 그 선박의 해적행위에의 종사, (b) 그 선박의 노예거래에의 종사, (c) 그 선박의 무허가방송에의 종사 및 군함 기국이 제109조에 따른 관할권 보유, (d) 무국적선, (e) 선박이 외국기를 게양하고 있거나 국기제시를 거절하였음에도 불구하고 실질적으로 군함과 같은 국적 보유

혐의가 근거없는 것으로 밝혀지고 또한 임검을 받은 선박이 그 혐의를 입증할 어떠한 행위도 행하지 아니한 경우에는 그 선박이 입은 모든 손실이나 피해에 대하여 보상을 받는다(UN 해양법협약 제110조 제3항).

(다) 추 적 권

외국선박에 대한 추적은 연안국의 권한 있는 당국이 그 선박이 자국의 법령을 위반한 것으로 믿을 만한 충분한 이유가 있을 때 행사할 수 있다. 이러한 추적은 외국선박이나 그 선박의 보조선이 추적국의 내수·군도수역·영해 또는 접속수역에 있을 때 시작되고 또한 추적이 중단되지 아니한 경우에 한하여 영해나 접속수역 밖으로 계속될 수 있다. 영해나 접속수역에 있는 외국선박이 정선명령을 받았을 때 정선명령을 한 선박은 반드시 영해나 접속수역에 있어야 할 필요는 없다. 외국선박이 접속수역에 있을 경우 추적은 그 수역을 설정함으로써 보호하려는 권리가 침해되는 경우에 한하여 행할 수 있다(UN 해양법협약 제113조 제1항).

추적권은 배타적 경제수역이나 대륙붕(대륙붕시설 주변의 안전수역 포함)에서 이 협약에 따라 배타적 경제수역이나 대륙붕(이러한 안전수역 포함)에 적용될 수 있는 연안국의 법령을 위반한 경우에 준용한다(UN 해양법협약 제111조 제2항). 추적권은 추적당하는 선박이 그 국적국 또는 제3국의 영해에 들어감과 동시에 소멸한다(UN 해양법협약 제111조 제3항). 추적당하는 선박이나 그 선박의 보조선이 또는 추적당하는 선박을 모선으로 사용하면서 한 선단을 형성하여 활동하는 그 밖의 보조선이 영해의 한계 내에 있거나, 경우에 따라서는, 접속수역·배타적경제수역 한계내에 또는 대륙붕 상부에 있다는 사실을 추적선박이 이용가능한 실제적인 방법으로 확인하지 아니하는 한, 추적은 시작된 것으로 인정되지 아니한다. 추적은 시각이나 음향 정선신호가 외국선박이 보거나 들을 수 있는 거리에서 발신된 후 비로소 이를 시작할 수 있다(UN 해양법협약 제111조 제4항).

추적권은 군함·군용항공기 또는 정부업무에 사용중인 것으로 명백히 표시되어 식별이 가능하며 그러한 권한이 부여된 그 밖의 선박이나 항공기에 의하여서만 행사될 수 있다(UN 해양법협약 제111조 제5항). 추적권의 행사가 정당화되지 아니하는 상황에서 선박이 영해 밖에서 정지되거나 나포된 경우, 그 선박은 이로 인하여 받은 모든 손실이나 피해를 보상받는다(UN 해양법협약 제111조 제8항).

II. 외사정보·외사보안활동

외사정보활동은 외국인, 해외동포, 주한 외국기관, 외국인과 관계 있는 내국인, 국내외 출입국자 등을 대상으로 정치, 경제, 사회, 문화 등 일반 첩보는 물론 외국인에 대한 반국가활동, 출입국관련 범죄, 국제성 범죄 등에 관련된 첩보를 수집, 작성 및 배포하는 활동을 말한다.[22] 외사보안활동은 외사동향관찰 및 방첩공작, 국제테러 첩보수집·분석·내사, 선박을 이용한 출국자 보안검색 및 입국자 외사보안활동 등을 말한다. 합법적인 외사정보 및 보안활동이라 하더라도 그 활동은 국제조약 및 국제관습법을 위반하지 않는 범위 내에서 이루어져야 한다.

인적 대상에는 외교사절, 주한미군, 군속 및 그 가족 등, 출입국관리법상의 장기체류자(91일 이상), 단기체류자(90일 이하), 불법체류자, 재외동포 및 해외거주 내국인, 관광객, 외국과 관련 있는 내국인, 외국공관·외국기관의 종사 내국인 및 종업원과 관광안내원, 국제조직범죄 단체원 및 테러조직원, 기타 항공기, 선박 등 승무원 중 상륙허가를 받은 자 등이 포함된다.

III. 국제협력을 위한 활동

1. 국제형사사법공조

(1) 공조의 의의

공조란 대한민국과 외국 간에 형사사건의 수사 또는 재판에 필요한 협조를

---

22) 김충남, 「경찰학개론」, 박영사, 2010, 560면.

제공하거나 제공받는 것을 말한다(국제형사사법공조법 제2조 제1호).

(2) 공조의 원칙

1) 조약우선의 원칙

공조에 관하여 공조조약에 이 법과 다른 규정이 있는 경우에는 그 규정에 따른다(국제형사사법공조법 제3조).

2) 상호주의 원칙

공조조약이 체결되어 있지 아니한 경우에도 동일하거나 유사한 사항에 관하여 대한민국의 공조요청에 따른다는 요청국의 보증이 있는 경우에는 이 법을 적용한다(국제형사사법공조법 제4조).

3) 쌍방 범죄성의 원칙

공조의 대상이 되는 범죄는 피요청국과 요청국 모두에서 범죄로 인정되는 경우에 한한다.

(3) 공조의 범위

공조의 범위는 다음 각 호와 같다(국제형사사법공조법 제5조). 1. 사람 또는 물건의 소재에 대한 수사, 2. 서류·기록의 제공, 3. 서류 등의 송달, 4. 증거 수집, 압수·수색 또는 검증, 5. 증거물 등 물건의 인도, 6. 진술 청취, 그 밖에 요청국에서 증언하게 하거나 수사에 협조하게 하는 조치

(4) 공조의 제한

다음 각 호의 어느 하나에 해당하는 경우에는 공조를 하지 아니할 수 있다(국제형사사법공조법 제6조). 1. 대한민국의 주권, 국가안전보장, 안녕질서 또는 미풍양속을 해칠 우려가 있는 경우, 2. 인종, 국적, 성별, 종교, 사회적 신분 또는 특정 사회단체에 속한다는 사실이나 정치적 견해를 달리한다는 이유로 처벌되거나 형사상 불리한 처분을 받을 우려가 있다고 인정되는 경우, 3. 공조범죄가 정치적 성격을 지닌 범죄이거나, 공조요청이 정치적 성격을 지닌 다른 범죄에 대한 수사 또는 재판을 할 목적으로 한 것이라고 인정되는 경우, 4. 공조범죄가 대한민국의 법률

에 의하여는 범죄를 구성하지 아니하거나 공소를 제기할 수 없는 범죄인 경우, 5. 이 법에 요청국이 보증하도록 규정되어 있음에도 불구하고 요청국의 보증이 없는 경우

(5) 공조의 절차

1) 외국의 요청에 따른 수사에 관한 공조

공조요청 접수 및 요청국에 대한 공조 자료의 송부는 외교부장관이 한다. 다만, 긴급한 조치가 필요한 경우나 특별한 사정이 있는 경우에는 법무부장관이 외교부장관의 동의를 받아 이를 할 수 있다(국제형사사법공조법 제11조). 외교부장관은 요청국으로부터 형사사건의 수사에 관한 공조요청을 받았을 때에는 공조요청서에 관계 자료 및 의견을 첨부하여 법무부장관에게 송부하여야 한다(국제형사사법공조법 제14조). 공조요청서를 받은 법무부장관은 공조요청에 응하는 것이 타당하다고 인정하는 경우에는 공조를 위하여 적절하다고 인정되는 지방검찰청 검사장 또는 고위공직자범죄수사처장에게 관계 자료를 송부하고 공조에 필요한 조치를 하도록 명하거나 요구 또는 수형자가 수용되어 있는 교정시설의 장에게 수형자의 이송에 필요한 조치를 명하여야 한다(국제형사사법공조법 제15조 제1항). 명령 또는 요구를 받은 검사장 또는 고위공직자범죄수사처장은 소속 검사에게 공조에 필요한 자료를 수집하거나 그 밖에 필요한 조치를 하도록 명하여야 한다(국제형사사법공조법 제16조).

2) 외국에 대한 수사에 관한 공조요청

검사 또는 고위공직자범죄수사처장은 외국에 수사에 관한 공조요청을 하려면 법무부장관에게 공조요청서를 송부하여야 하고, 사법경찰관은 검사에게 신청하여 법무부장관에게 공조요청서를 송부하여야 한다(국제형사사법공조법 제29조). 제29조에 따른 공조요청서를 받은 법무부장관은 외국에 공조요청하는 것이 타당하다고 인정하는 경우에는 그 공조요청서를 외교부장관에게 송부하여야 한다(국제형사사법공조법 제30조). 외교부장관은 법무부장관으로부터 제30조에 따른 공조요청서를 받았을 때에는 이를 외국에 송부하여야 한다. 다만, 외교 관계상 공조요청하는 것이 타당하지 아니하다고 인정하는 경우에는 이에 관하여 법무부장관과 협의하여야 한다(국제형사사법공조법 제31조).

2. 범죄인 인도

(1) 의   의

범죄인 인도란 해외에서 죄를 범한 피의자, 피고인 또는 유죄판결을 받은 자가 자국 영역으로 도피해 온 경우, 그의 재판이나 수감을 원하는 외국의 청구에 응해 해당자를 청구국으로 인도하는 제도이다. 국가가 외국의 범죄인 인도 요청에 응할 국제법상 의무는 없다.[23]

(2) 관   할

이 법에 규정된 범죄인의 인도심사 및 그 청구와 관련된 사건은 서울고등법원과 서울고등검찰청의 전속관할로 한다(범죄인 인도법 제3조).

(3) 원   칙

1) 조약우선의 원칙

범죄인 인도에 관하여 인도조약에 이 법과 다른 규정이 있는 경우에는 그 규정에 따른다(범죄인 인도법 제3조의2).

2) 상호주의 원칙

인도조약이 체결되어 있지 아니한 경우에도 범죄인의 인도를 청구하는 국가가 같은 종류 또는 유사한 인도범죄에 대한 대한민국의 범죄인 인도청구에 응한다는 보증을 하는 경우에는 이 법을 적용한다(범죄인 인도법 제4조).

3) 쌍방 범죄성의 원칙

대한민국과 청구국의 법률에 따라 인도범죄가 사형, 무기징역, 무기금고, 장기 1년 이상의 징역 또는 금고에 해당하는 경우에만 범죄인을 인도할 수 있다(범죄인 인도법 제6조). 범죄인 인도에는 많은 경비와 노력이 요구되므로 경미한 범죄인은 인도의 대상으로 삼지 말고 일반범죄라도 최소한 중요성은 있어야 한다는 원칙을 말한다.

---

23) 정인섭, 앞의 책, 958면.

4) 특정성의 원칙

인도된 범죄인이 다음 각 호의 어느 하나에 해당하는 경우를 제외하고는 인도가 허용된 범죄 외의 범죄로 처벌받지 아니하고 제3국에 인도되지 아니한다는 청구국의 보증이 없는 경우에는 범죄인을 인도하여서는 아니 된다(범죄인 인도법 제10조). 1. 인도가 허용된 범죄사실의 범위에서 유죄로 인정될 수 있는 범죄 또는 인도된 후에 범한 범죄로 범죄인을 처벌하는 경우, 2. 범죄인이 인도된 후 청구국의 영역을 떠났다가 자발적으로 청구국에 재입국한 경우, 3. 범죄인이 자유롭게 청구국을 떠날 수 있게 된 후 45일 이내에 청구국의 영역을 떠나지 아니한 경우, 4. 대한민국이 동의하는 경우

(4) 인도제한사유

대한민국 영역에 있는 범죄인은 이 법에서 정하는 바에 따라 청구국의 인도청구에 의하여 소추, 재판 또는 형의 집행을 위하여 청구국에 인도할 수 있다(범죄인 인도법 제5조). 그러나 다음의 사유에 해당하는 경우에는 일정한 제한이 따른다.

1) 절대적 인도거절 사유

다음 각 호의 어느 하나에 해당하는 경우에는 범죄인을 인도하여서는 아니된다(범죄인 인도법 제7조). 1. 대한민국 또는 청구국의 법률에 따라 인도범죄에 관한 공소시효 또는 형의 시효가 완성된 경우, 2. 인도범죄에 관하여 대한민국 법원에서 재판이 계속 중이거나 재판이 확정된 경우, 3. 범죄인이 인도범죄를 범하였다고 의심할 만한 상당한 이유가 없는 경우. 다만, 인도범죄에 관하여 청구국에서 유죄의 재판이 있는 경우는 제외한다. 4. 범죄인이 인종, 종교, 국적, 성별, 정치적 신념 또는 특정 사회단체에 속한 것 등을 이유로 처벌되거나 그 밖의 불리한 처분을 받을 염려가 있다고 인정되는 경우

2) 정치범 불인도

인도범죄가 정치적 성격을 지닌 범죄이거나 그와 관련된 범죄인 경우에는 범죄인을 인도하여서는 아니 된다. 다만, 인도범죄가 다음 각 호의 어느 하나에 해당하는 경우에는 그러하지 아니하다(범죄인 인도법 제8조 제1항). 1. 국가원수·정부수반 또는 그 가족의 생명·신체를 침해하거나 위협하는 범죄, 2. 다자간 조약에 따라

대한민국이 범죄인에 대하여 재판권을 행사하거나 범죄인을 인도할 의무를 부담하고 있는 범죄, 3. 여러 사람의 생명·신체를 침해·위협하거나 이에 대한 위험을 발생시키는 범죄

인도청구가 범죄인이 범한 정치적 성격을 지닌 다른 범죄에 대하여 재판을 하거나 그러한 범죄에 대하여 이미 확정된 형을 집행할 목적으로 행하여진 것이라고 인정되는 경우에는 범죄인을 인도하여서는 아니 된다(범죄인 인도법 제8조 제2항).

3) 임의적 인도거절 사유

다음 각 호의 어느 하나에 해당하는 경우에는 범죄인을 인도하지 아니할 수 있다(범죄인 인도법 제9조). 1. 범죄인이 대한민국 국민인 경우, 2. 인도범죄의 전부 또는 일부가 대한민국 영역에서 범한 것인 경우, 3. 범죄인의 인도범죄 외의 범죄에 관하여 대한민국 법원에 재판이 계속 중인 경우 또는 범죄인이 형을 선고받고 그 집행이 끝나지 아니하거나 면제되지 아니한 경우, 4. 범죄인이 인도범죄에 관하여 제3국(청구국이 아닌 외국을 말한다. 이하 같다)에서 재판을 받고 처벌되었거나 처벌받지 아니하기로 확정된 경우, 5. 인도범죄의 성격과 범죄인이 처한 환경 등에 비추어 범죄인을 인도하는 것이 비인도적이라고 인정되는 경우

(5) 청구국의 요청

법무부장관은 범죄인을 인도받은 청구국으로부터 인도가 허용된 범죄 외의 범죄로 처벌하거나 범죄인을 제3국으로 다시 인도하는 것에 관한 동의 요청을 받은 경우 그 요청에 타당한 이유가 있다고 인정될 때에는 이를 승인할 수 있다. 다만, 청구국이나 제3국에서 처벌하려는 범죄가 제7조 각 호 또는 제8조에 해당되는 경우에는 그 요청을 승인하여서는 아니 된다(범죄인 인도법 제10조의2).

(6) 인도심사절차

1) 외교부장관

외교부장관은 청구국으로부터 범죄인의 인도청구를 받았을 때에는 인도청구서와 관련 자료를 법무부장관에게 송부하여야 한다(범죄인 인도법 제11조).

2) 법무부장관 및 서울고등검찰청 검사장

법무부장관은 외교부장관으로부터 제11조에 따른 인도청구서 등을 받았을 때에는 이를 서울고등검찰청 검사장에게 송부하고 그 소속 검사로 하여금 서울고등법원에 범죄인의 인도허가 여부에 관한 심사를 청구하도록 명하여야 한다(범죄인 인도법 제12조 제1항). 검사는 제12조 제1항에 따른 법무부장관의 인도심사청구명령이 있을 때에는 지체 없이 법원에 인도심사를 청구하여야 한다(범죄인 인도법 제13조 제1항). 검사는 제12조 제1항에 따른 법무부장관의 인도심사청구명령이 있을 때에는 인도구속영장에 의하여 범죄인을 구속하여야 한다. 다만, 범죄인이 주거가 일정하고 도망할 염려가 없다고 인정되는 경우에는 그러하지 아니하다(범죄인 인도법 제19조 제1항).

3) 법원의 결정

법원은 인도심사의 청구에 대하여 다음 각 호의 구분에 따라 결정을 하여야 한다(범죄인 인도법 제15조). 1. 인도심사의 청구가 적법하지 아니하거나 취소된 경우: 인도심사청구 각하결정, 2. 범죄인을 인도할 수 없다고 인정되는 경우: 인도거절 결정, 3. 범죄인을 인도할 수 있다고 인정되는 경우: 인도허가 결정

(7) 외국에 대한 범죄인 인도청구

법무부장관은 대한민국 법률을 위반한 범죄인이 외국에 있는 경우 그 외국에 대하여 범죄인 인도 또는 긴급인도구속을 청구할 수 있다(범죄인 인도법 제42조 제1항). 검사 또는 고위공직자범죄수사처장은 외국에 대한 범죄인 인도청구 또는 긴급인도구속청구가 타당하다고 판단할 때에는 법무부장관에게 외국에 대한 범죄인 인도청구 또는 긴급인도구속청구를 건의 또는 요청할 수 있다(범죄인 인도법 제42조의3 제1항). 법무부장관은 제42조에 따라 범죄인 인도청구, 긴급인도구속청구 등을 결정한 경우에는 인도청구서 등과 관계 자료를 외교부장관에게 송부하여야 한다(범죄인 인도법 제43조). 외교부장관은 법무부장관으로부터 제43조에 따른 인도청구서 등을 송부받았을 때에는 이를 해당 국가에 송부하여야 한다(범죄인 인도법 제44조).

3. 국제형사경찰기구(인터폴)를 통한 공조

(1) 국제형사경찰기구(인터폴)의 소개

인터폴(Interpol)은 가맹 각국의 경찰이 상호 간에 주권을 존중하면서 국제범죄의 방지, 진압에 협력하기 위해 1956년 설립된 국제기구이다. 1914년 모나코에서 열린 국제경찰회의가 효시이며, 1923년 유럽 24개국으로 국제형사경찰위원회(ICPC)가 발족, 1956년에 현재와 같이 개조되었다. 인터폴의 정식명칭은 국제형사경찰기구(ICPO: International Criminal Police Organization)로 각국의 현행 법률의 범위에서, 그리고 세계인권선언의 정신에 입각해 모든 형사경찰당국 간 최대한 협조를 보장·증진하는 것에 그 설립목적을 두고 있다. 사무총국은 프랑스 리용시에 있고, 각 회원국은 사무총국 또는 회원국 간의 연락 및 협조요청에 주요한 창구가 되는 국가 중앙사무국을 설치·운영하고 있다. 인터폴은 100여개국에서 파견된 약 950여명이 근무하고 있는 전 세계적인 네트워크를 가진 치안협의체이다.

가입국은 2018년 현재 194개국이며, 우리나라는 1964년 제33차 베네수엘라 총회에서 가입했다. 현재 가입되어 있는 194개국이 매년 약 5,900만 유로의 재정적 지원을 하고 있다. 회원국의 숫자로 보면 193개 회원국을 보유한 UN보다 많아 세계에서 회원국의 수가 가장 많은 국제기구이다.

인터폴은 국제법상의 협정이 아니므로 강제수사권이나 체포권은 없다. 또 인터폴은 국제범죄자나 국경을 넘어 도망친 범죄자의 소재수사, 정보교환 등이 주된 일로서 정치·군사·종교 인종 문제 등에 관여하는 것은 금지되고 있다. 국제형사사법공조법에 의하면 주로 국제범죄의 정보와 자료교환, 전과조회, 사실확인과 수사 등에 대해서는 인터폴을 통해 협조요청이 가능하다.

인터폴은 자체 수사인력이 없으므로 엑스400이라는 통신망을 운영하는데, 이 네트워크는 전 세계 인터폴 가맹국의 중앙사무국과 연결되어 있다. 이러한 점에서 인터폴은 세계를 지키는 경찰이라기보다는 각국의 경찰을 연결하는 고리에 가깝다. 예를 들어 우리나라에서 해외 도피사범이 발생하면 이 네트워크를 통해 프랑스 리용의 사무총국과 입국 가능성이 높은 나라의 중앙사무국에 수배사실이 통보된다. 그러면 수배 사실을 통보받은 나라의 경찰이 수배자를 찾아내 체포한 뒤 우리나라 중앙사무국에 알려오고, 다시 우리나라로 신병을 인도하게 된다. 인터폴은 청해진 사고 이후 프랑스로 도피한 유○언의 차녀 유○나에 대해 적색수배령을 내렸고 그 후 프랑스 경찰이 그녀를 체포한 바 있다. 또한 2017년 1월에 적색수배령이 내려진 최○실의 딸 정○라가 덴마크 체류 중에 체포된 바도 있다.

인터폴은 회원국 분담금에 의해 운영되며, 한국은 인터폴에 경찰관 4명을 파견하고 있다. 파견된 경찰관들은 인터폴을 통한 공조 수사에 현지 코디네이터로 활동하고 있다.[24)]

(2) 국제형사경찰기구(인터폴)와의 협력

행정안전부장관은 국제형사경찰기구로부터 외국의 형사사건 수사에 대하여 협력을 요청받거나 국제형사경찰기구에 협력을 요청하는 경우에는 다음 각 호의 조치를 취할 수 있다(국제형사사법 공조법 제38조 제1항). 1. 국제범죄의 정보 및 자료 교환, 2. 국제범죄의 동일증명 및 전과 조회, 3. 국제범죄에 관한 사실 확인 및 그 조사

(3) 인터폴을 통한 국제수배

국제수배서의 종류 및 내용	
적색 수배(Red Notice) (국제체포수배서)	일반 형법을 위반하여 체포영장이 발부된 범죄인에 대하여 그 인도를 목적으로 발행
청색 수배(Blue Notice) (국제정보조회수배서)	수배자의 신원과 소재 확인을 위해 발행
황색 수배(Yellow Notice) (가출인수배서)	가출인의 소재확인 또는 기억상실자 등의 신원을 파악할 목적으로 발행
흑색 수배(Black Notice) (변사자수배서)	신원불상 변사체의 신원을 확인할 목적으로 발행
녹색 수배(Green Notice) (상습국제범죄자 수배서)	상습 국제범죄자의 동향 파악 및 범죄예방을 위해 발행
장물수배서	도난 또는 불법취득 물건·문화재 등에 대한 수배를 목적으로 발행
주황색 수배(Orange Notice)	폭발물 등 위험물에 대한 경고를 목적으로 발행, 테러·위험인물 경고

---

24) [네이버 지식백과] 인터폴 참조.

자주색 수배(Purple Notice) (범죄수법수배서)	새로운 범죄 수법·정보 공유의 목적으로 발행
인터폴-UN 수배서	인터폴과 UN 안전보장이사회가 협력하여 국제테러범 및 테러단체에 대한 제재를 목적으로 발행

제 7 장

해양경찰 오염방제론

제1절　해양오염방제의 개관

I. 해양오염의 의의

1. 개　　념

21세기 들어 세계는 해양의 무한한 잠재가치인 BLUE ECONOMY의 중요성을 인식하고, 다양한 해양환경 정책을 추진하고 있다. 하지만, 인류는 오래 전부터 식량을 구하기 위해 또는 선박이라는 운송수단을 활용하기 위해 해안을 주거지로 사용하면서 각종 오염물들을 해양에 배출시키고 있다.

해양오염은 해양에 유입되거나 해양에서 발생되는 물질 또는 에너지로 인하여 해양환경에 해로운 결과를 미치거나 미칠 우려가 있는 상태를 의미한다. 다양한 해양오염의 원인 중에서 선박에서 발생되는 오염원은 그 종류와 양에 있어서 육지에서 발생하는 오염원에 비하면 비교적 적다고 할 수 있다.[1] 선박에서 해양에 배출되는 오염원은 기름[2]을 비롯하여 유해액체물질 및 폐기물로 이루어지며, 최근

---

1) 김종선, 「해양경찰학」, 문두사, 2020, 748면.
2) 땅속에서 천연으로 나는 탄화수소를 주성분으로 하는 가연성 기름을 의미한다. 검은 갈색을 띤 액체인 천연 그대로의 것을 원유라고 하며, 이것을 증류하여 휘발유, 등유, 경유, 중유, 석유 피치, 아스팔

에는 선박으로부터 발생하는 대기오염물질도 새로운 규제대상에 포함하고 있다.

이와 같이 파괴된 해양환경은 먹이사슬에 유해한 작용이 나타나고 있으며, 그 피해는 인간에게까지 오고 있다.[3] 해상에서의 오염사고는 다량의 오염원이 일시에 일정한 해역을 오염시킬 수 있으며, 그 피해가 엄청나며 많은 인력과 막대한 방제비용을 들여도 완전한 제거작업이 어렵기 때문에 오랫동안 해양환경을 훼손시키는 주요 원인이 되고 있다.[4]

우리나라에서 해양의 환경 및 오염 관련 기관을 살펴보면, 해양수산부, 환경부, 해양경찰청, 해양환경관리공단[5] 등이 있다.

2. 해양오염방제 조직

해양에서의 오염방제를 위하여 해양경찰청에 해양오염방제국과 그 하부조직으로 방제기획과, 기동방제과, 해양오염예방과를 두고 있다. 지방청에는 해양오염방제과와 그 하부조직으로 방제계, 예방지도계 및 분석자원계(중부지방청, 서해지방청, 남해지방청)에 두고 있다. 해양경찰서의 경우 해양오염방제과와 그 하부조직으로 방제계, 예방지도계 및 기동방제계(부산해양경찰서, 울산해양경찰서, 여수해양경찰서)를 두고 있다.

해양오염방제국은 1977년 해양오염의 규제 및 방지를 위한 해양오염방지법이 제정된 이후 지속적으로 발전하고 있으며, 2019년말 현재 약 466명의 일반직 공무원이 근무하고 있다.[6]

트 등을 생산한다.

3) 해양경찰교육원, 「해양오염방제실무」, 해양경찰교육원, 2020, 13면.

4) 노호래 외, 「해양경찰학개론」, 문두사, 2016, 382면.

5) 환경부: 자연환경, 생활환경의 보전 및 환경오염방지에 관한 사무 등
   해양수산부: 해양환경에 관한 사무 등
   해양경찰청: 해양에서의 오염방제에 관한 사무 등
   해양환경관리공단: 해양환경의 보전·관리·개선 및 해양오염방제 등

6) 이태호·정봉규, 해양오염방제인력 증원이 해양오염 유출량 개선에 미치는 영향, 한국기계기술학회, 제22권 6호, 2020, 1191-1192면.

표 7-1 ❙ 해양오염방제 조직

본청		해양오염방제국	방제기획과, 기동방제과, 해양오염예방과
지방청	중부청, 서해청, 남해청	해양오염방제과	방제계, 예방지도계, 분석자원계
	기타 지방청		방제계, 예방지도계
경찰서	부산서, 울산서, 여수서	해양오염방제과	방제계, 예방지도계, 기동방제계
	기타 경찰서		방제계, 예방지도계

3. 해양오염의 발생 원인

(1) 하수오물(domestic sewage)

강, 하천 인근의 인구 밀접지역으로부터 배출된 하수오물은 강이나 하천 등을 통해서 바다로 유입된다. 하수오물이 바다로 유입되게 되면 해양생물은 폐기물에 존재하고 있는 병원균에 의해 전염될 가능성이 있으며, 유독물질에 의한 피해 외에도 대량의 유기물질이 해수 중의 용존산소를 고갈시킴으로써 생물을 질식사시키며, 적조현상을 발생시킨다.

(2) 산업폐기물(industrial wastes)

산업활동에 수반하여 발생하는 폐기물이다. 종이, 나무, 섬유, 고무, 금속, 유리, 광물질, 콘크리트 등의 쓰레기 및 동물의 분뇨·시체, 집진시설에 의해 포집된 분진, 슬러지, 폐유, 폐산, 폐알칼리, 폐플라스틱 등이 있다. 이와 같은 산업폐기물에는 대부분 산, 중금속, 주석 및 납 등의 비금속이 함유되어 있기 때문에 해양생물 및 수질에 매우 유독한 영향을 미친다.

(3) 준설토(dredge spoils)

항만이나 항로의 수심을 깊게 하고 항로를 유지하기 위해 물 밑에서 흙이나 모래를 파 올리는 준설작업을 통해 생기는 부산물을 준설토라고 한다. 대부분의 준설토에는 유기물, 기름, 영양염[7] 및 중금속 등이 심각하게 오염되어 있어 준설토를 외해에 투기하지 않고 연안 해역에 투기할 경우 연안역 오염의 원인이 된다.

(4) 석유탐사 및 생산(offshore oil exploration & production)

바다에서 석유 또는 천연가스 등의 탐사 및 생산 목적으로 해저 지각 속에 구멍을 뚫는 시추작업을 한다. 이와 같은 탐사 및 생산 과정에서 유독성 폐기물이 나오며, 이들 폐기물에는 기름, 중금속 및 유기물 등이 포함되어 있다.

(5) 기름오염(oil spill)

기름오염은 해양오염의 주요 오염원 중의 하나이다. 선박의 충돌, 좌초, 해난 및 탱크 세정, 밸러스트유 배출, 빌지 배출, 기름이송 및 주의태만에 의한 유출 등이 주요 원인이 된다. 해양사고로 인한 기름오염은 전체 기름 오염량의 많은 부분을 차지하지는 않지만 유출유가 한정된 해역에 집중되기 때문에 그 피해는 막대하다.

(6) 방사능 폐기물(radioactive wastes)

원자력시설이나 방사성물질을 다루는 작업장·실험실에서 나오는 폐기물로서 해양에 투기되는 방사능폐기물의 양이 증가하고 있다.[8] 해양에 투기된 저농도 방사능 폐기물은 안정된 상태를 유지하고 있지만, 만약 해수 중에 누출될 경우 해양의 물리, 화학, 지질학 등 모든 과정을 통해 순환하면서 인간에게 악영향을 끼친다.

(7) 열오염(thermal pollution)

화력발전소, 철강, 화학·석유·펄프 등의 산업에서 배출되는 온폐수(온배수)에 의해 수질이 악화됨에 따라 해양생물에 미치는 피해를 의미한다. 해양생물은 수온변화에 극히 민감하기 때문에 수온 상승으로 알의 산란, 어류의 이동, 산소부족 또는 해양생물의 죽음 등을 초래한다. 발전소 등 산업시설에 냉각수로 흡입된 해

---

7) 식물플랑크톤이나 해조류의 골격물질을 구성하고 그것들의 유기물질 합성에 제약요인이 되는 규산염(silicate), 인산염(phosphate), 질산염(nitrate), 아질산염(nitrite) 등을 총칭해서 영양염이라 한다.

8) 2011년 3월 11일 동일본 대진으로 후쿠시마 원자력발전소 원자로에서 노심용해가 이루어졌으며 일본 정부는 최소한의 냉각을 유지하기 위해 바닷물을 투입하였다. 이로 인해 원자력발전소에서 방사성물질이 해양으로 유입되었고 이는 해류를 통해 확산될 수 있는 점에서 초국경적인 환경피해를 야기할 수 있다(최봉석·구지선, "방사성물질에 의한 해양오염에 대한 국가책임", 환경법연구, 33권 1호, 2011, 2-3면).

수는 보통 11~22℃ 정도 데워져서 바다로 다시 유입되므로, 이로 인해 해양생물은 상당한 피해를 입을 수 있다.[9]

(8) 선박 폐기물(shipboard wastes)

선박에서 해양으로 투기되는 폐기물을 의미한다. 오물, 쓰레기, 기관실 및 선저에서 나온 폐유·폐기물 등이 있다. 선박의 항해 및 정박 중 발생하는 폐기물의 배출에 대해서는 MARPOL 부속서 5장에 있으며, 2013년 1월 1일부로 적용되고 있다.

(9) 선저 방오도료(anti-fouling paint)

수면 아래 선박 표면에 도장을 통하여 선체 표면의 해양생물의 부착을 방지하는 페인트에는 수은, 납, 구리화합물, 유기주석화합물 등의 유독성 중금속이 함유되어 있다. 선체의 표면에서 서서히 수중으로 방출됨에 따라 수중생물에게 악영향을 미치는 오염물질로 분류되면서 세계적으로 재래식 독성 방오도료의 사용을 제한하고 있다.

(10) 밸러스트수(ballast water)

선박에서는 공선으로 항해하기 위해 무게중심을 유지하는 밸러스트수를 적재한다. 선박은 다른 국가의 항만에 입항하여 화물의 적재를 위해 밸러스트수를 배출한다. 밸러스트수에 유해성 플랑크톤이나 박테리아 등이 포함되어 있어, 주변 해역의 토착 생태계를 교란시키는 등 해양오염을 일으키는 원인이 된다.

4. 해양오염에 영향을 미치는 환경요인

(1) 바   람

바람은 공기의 움직임으로 해상에서 해류와 파를 발생시키는 구동력이 된다. 바람은 해상에 유출된 기름을 이동시키고 상하 혼합되게 하며 오염방제 장비의 선택 및 작업과정에도 중요한 영향을 미친다.[10]

---

9) 해양경찰교육원, 앞의 책, 17면.

(2) 해　　류

해류는 바닷물의 일정한 흐름으로 일반적으로 해안에서 멀리 떨어져 흐르기 때문에 연안해역에서 발생한 유류오염에 큰 영향을 주지 않는다. 그러나 연안해역에서도 기상 요인 및 밀도차 등으로 인해 해류가 발생하기 때문에 해류도 해상에 유출된 기름의 이동에 어느 정도 영향을 미친다.[11]

(3) 조　　류

조류는 태양과 달 등에 의해 해면의 상·하 운동인 조석현상에 따라 일어나는 해수의 주기적인 흐름이다. 이와 같은 해수의 흐름은 유막을 이동시키며, 교대로 나타나는 고조 및 저조로 인한 조간대의 형성으로 유출유의 기계적 회수를 어렵게 하는 등 유류오염에 매우 중요한 요소이다.

(4) 파　　랑

파랑은 수면과 접하는 대기의 혼란, 즉 바람에 의해 생긴 수면상의 풍랑과 풍랑이 다른 해역까지 진행하면서 감쇠하여 생긴 너울을 말한다. 즉, 바다 표면이 위·아래로 움직이는 것으로 해양오염 발생시 방제자들의 안전을 위협하며, 방제선 등의 운항을 제한시킬 수 있고, 유회수기에 의한 유출유 회수를 어렵게 한다.

II. 해양환경관리법

1. 목　　적

「해양환경관리법」은 선박, 해양시설, 해양공간 등 해양오염물질을 발생시키

---

10) 우리나라는 지형적인 조건으로 계절풍의 영향을 받아 여름에는 남동·북동풍이 우세하고, 겨울철에는 동쪽의 해양과 서쪽의 대륙간 기압의 차이가 크게 되어 풍속이 강하고 반대로 여름철에는 풍속이 약하게 된다(윤영석, 한국 연안역에서의 해양유류오염사고에 대한 효과적 방제방법 선정기준에 관한 연구, 한국해양대학교 석사학위논문, 2005, 19면).
11) 1989년 3월 24일 알래스카의 프린스윌리엄즈 해협에서 발생한 엑슨발데즈(Exxon Valdez)호 기름유출 사고의 경우, 상당량의 유출유가 알래스카 해류를 타고 해안을 따라 수백km를 이동한 경우도 있다.

는 발생 원인들을 관리하고, 기름 및 유해액체물질 등 해양오염물질의 배출을 규제하는 등 해양오염을 예방, 개선, 대응, 복원하는 데 필요한 내용을 규정하고 있다. 이를 통하여 국민의 건강과 재산을 보호한다.

2 해양환경관리법상 용어의 정의

(1) 해양환경

해양에 서식하는 생물체와 이를 둘러싸고 있는 해양수, 해양지, 해양대기 등 비생물적 환경 및 해양에서의 인간의 행동양식을 포함하는 것으로서 해양의 자연 및 생활 상태를 의미한다.

(2) 해양오염

해양에 유입되거나 해양에서 발생되는 물질 또는 에너지로 인하여 해양환경에 해로운 결과를 미치거나 미칠 우려가 있는 상태를 의미한다.

(3) 배   출

오염물질 등을 유출·투기하거나 오염물질 등이 누출·용출되는 것을 말한다. 다만, 해양오염의 감경·방지 또는 제거를 위한 학술목적의 조사·연구의 실시로 인한 유출·투기 또는 누출·용출을 제외한다.

(4) 폐 기 물

해양에 배출되는 경우 그 상태로는 쓸 수 없게 되는 물질로서 해양환경에 해로운 결과를 미치거나 미칠 우려가 있는 물질[12]을 의미한다.

(5) 기   름

「석유 및 석유대체연료사업법」에 따른 원유 및 석유제품[13]과 이들을 함유하고 있는 액체상태의 유성혼합물 및 폐유를 의미한다.

---

12) 기름, 유해액체물질, 포장유해물질에 해당하는 물질을 제외한다.
13) 석유제품에서 석유가스는 제외된다.

(6) 선박평형수

선박의 중심을 잡기 위하여 선박에 실려 있는 물[14]을 의미한다.

(7) 유해액체물질

해양환경에 해로운 결과를 미치거나 미칠 우려가 있는 액체물질[15]과 그 물질이 함유된 혼합액체물질로서 해양수산부령이 정하는 것을 의미한다.

(8) 포장유해물질

포장된 형태로 선박에 의하여 운송되는 유해물질 중 해양에 배출되는 경우 해양환경에 해로운 결과를 미치거나 미칠 우려가 있는 물질로서 해양수산부령이 정하는 것을 의미한다.

(9) 유해방오도료

생물체의 부착을 제한·방지하기 위하여 선박 또는 해양시설 등에 사용하는 도료 중 유기주석 성분 등 생물체의 파괴작용을 하는 성분이 포함된 것으로서 해양수산부령이 정하는 것을 의미한다.

(10) 잔류성 오염물질

해양에 유입되어 생물체에 농축되는 경우 장기간 지속적으로 급성·만성의 독성 또는 발암성을 야기하는 화학물질로서 해양수산부령으로 정하는 것을 의미한다.

(11) 오염물질

해양에 유입 또는 해양으로 배출되어 해양환경에 해로운 결과를 미치거나 미칠 우려가 있는 폐기물·기름·유해액체물질 및 포장유해물질을 의미한다.

---

14) 그 물에 녹아 있는 물질 또는 그 물속에 서식하는 수중생물체·병원균을 포함한다.
15) 액체물질에서 기름은 제외된다.

⑿ **오존층 파괴물질**

「오존층보호를 위한 특정물질의 제조규제 등에 관한 법률」 제2조 제1호에 해당하는 물질을 의미한다.

⒀ **황산화물배출규제해역**

황산화물에 따른 대기오염 및 이로 인한 육상과 해상에 미치는 악영향을 방지하기 위하여 선박으로부터의 황산화물 배출을 특별히 규제하는 조치가 필요한 해역으로서 해양수산부령이 정하는 해역을 의미한다.

⒁ **휘발성유기화합물**

탄화수소류 중 석유화학제품, 유기용제 및 그 밖의 물질을 의미한다.

⒂ **선   박**

수상(水上) 또는 수중(水中)에서 항해용으로 사용하거나 사용될 수 있는 것(선외기를 장착한 것을 포함한다) 및 해양수산부령이 정하는 고정식·부유식 시추선 및 플랫폼을 말한다.

⒃ **해양시설**

해역의 안 또는 해역과 육지 사이에 연속하여 설치·배치하거나 투입되는 시설 또는 구조물을 의미한다.

⒄ **선저폐수**

선박의 밑바닥에 고인 액상유성혼합물을 의미한다.

3. 적용범위

해양환경관리법은 다음의 해역·수역·구역 및 선박·해양시설 등에서의 해양환경관리에 관하여 적용한다. 다만, 방사성물질과 관련한 해양환경관리[16] 및 해양오염방지에 대하여는 「원자력안전법」이 정하는 바에 따른다.

첫째, 영해 및 접속수역법에 따른 영해 및 대통령령이 정하는 해역[17], 배타적 경제수역, 환경관리해역, 해저광구 등이다. 둘째, 위의 해역·수역·구역 밖에서도 대한민국 선박에 의하여 행하여진 해양오염의 방지에 관하여는 이 법이 적용된다. 셋째, 대한민국 선박 외의 외국선박이 우리나라 해역·수역·구역 안에서 항해 또는 정박하고 있는 경우에도 법을 적용한다.[18] 셋째, 연료유 황함유량 기준 등의 규정에 따른 연료유의 황함유량 기준 및 연료유의 공급 및 확인 등의 규정에 따른 연료유의 품질기준에 관하여 「해양환경관리법」에서 규정하고 있다. 다섯째, 오염물질의 처리는 이 법에서 규정하고 있는 경우를 제외하고는 「폐기물관리법」, 「물환경보전법」, 「하수도법」 및 「가축분뇨의 관리 및 이용에 관한 법률」에서 정하는 바에 따른다. 여섯째, 선박의 디젤기관으로부터 발생하는 질소산화물 등 대기오염물질의 배출허용기준에 관하여 이 법에서 규정하고 있는 경우를 제외하고는 「대기환경보전법」이 정하는 바에 따른다.

4. 국제협력과의 관계

해양환경 및 해양오염과 관련하여 국제적으로 발효된 국제협약에서 정하는 기준과 「해양환경관리법」에서 규정하는 내용이 다른 때에는 국제협약의 효력을 우선한다. 다만, 「해양환경관리법」의 규정내용이 국제협약의 기준보다 강화된 기준을 포함하는 때에는 그러하지 아니다.

---

16) 연구·학술 또는 정책수립 목적 등을 위한 조사는 제외한다.
17) 대통령령으로 정하는 해역이란 다음 각 호의 해역을 말한다.
   1. 영해 및 접속수역법 제3조에 따른 내수
   2. 해양법에 관한 국제연합협약에 따른 대한민국의 해양환경의 보전에 관한 관할권을 갖는 해역
18) 다만, 제32조(선박 해양오염방지관리인), 제41조의3(선박에너지효율관리계획서의 비치 등)제2항부터 제5항까지, 제41조의4(선박연료유 사용량 등 보고 등), 제49조부터 제54조까지(해양오염방지검사증서 등의 유효기간), 제54조의2(에너지효율 검사), 제56조부터 제58조까지(해양오염방지검사증서 등의 유효기간), 제60조(재검사), 제112조(업무의 대행 등) 및 제113조(업무대행 등의 취소)의 규정은 국제항해에 종사하는 외국선박에 대하여 적용하지 아니한다.

Ⅲ. 해양오염물질의 특성

1. 의   의

해양에 유입된 다양한 오염물질은 해양환경과 생태계, 수산자원에 악영향을 끼치고 선박의 운항과 안전을 위협하는 등 국내·외적으로 심각한 문제를 야기시킨다. 따라서, 오염방제는 오염물질의 특성과 방제환경에 따라 매우 다양하게 이루어져야 한다. 특히 오염물질의 물리적·화학적 특성을 잘 파악하고 경시변화에 대비하여 방제활동을 실시해야 한다.[19]

2. 기   름

선박 추진기관에 사용되는 연료는 크게 액체연료와 가스연료로 구분할 수 있다. 다양한 장소에서 생산되는 원유들은 그 물리적·화학적 특성이 매우 다른 반면에, 많은 정제품들은 원유 생산지역과 상관없이 뚜렷한 특성을 갖는 경향이 있다. 정제과정에서 다양한 비율의 비경질성 유류(residue)와 경질성 유류를 혼합한 연료유(Intermediate, HFO)는 그 특성들이 상당히 다양하다.

(1) 기름의 종류별 특성

1) 원   유

원유는 지하의 기름층에서 채굴하여 가공을 거치지 않은 천연 그대로의 탄화수소혼합물이다. 즉, 정제되지 않은 자연 상태 그대로의 기름을 의미한다. 원유는 대부분이 탄소(C)로 이루어져 있으며 그 밖의 불순물도 섞여 있다. 원유가 해상에 유출될 경우의 특성은 다음과 같다. 중질원유가 해상 유출시 30~40% 정도가 증발되며, 에멀션(emulsion)이 형성되면 부피가 4~5배 정도 증가될 수 있다. 유출 후 기름의 온도가 낮아지면 점도와 비중이 증가하는 특성을 가지고 있다.

---

19) 충남연구원, 해양오염물질 발생원 모니터링 및 관리방안 수립 연구용역, 충청남도, 2019, 3면.

그림 7-1 | 원유의 분리

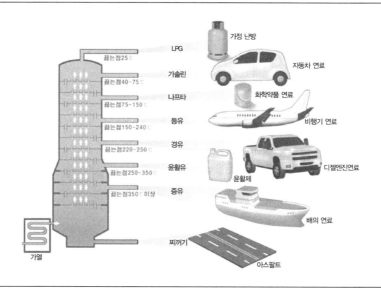

2) 경 질 유

원유를 정유탑에서 증류하면 끓는점에 따라 휘발유, 등유, 경유 등의 석유제품으로 구분되어 추출 가능하다. 탄소(C)수가 적으면 끓는점이 낮은 반면, 탄소수가 많으면 끓는점이 높다. 따라서 탄소수가 적은 LPG와 나프타가 낮은 끓는점에서 가장 먼저 추출이 되고, 중간 범위 끓는점에서는 경유와 등유가 나온다. 그리고 이 그룹을 경질유라고 한다.

3) 중 질 유

원유에서 경질유를 제외한 나머지를 중질유라고 하며 중유와 아스팔트 등이 여기에 해당된다. 이 중에서 '중유'는 '벙커유(B-C유)'라고도 부른다.[20] 벙커유는 증류잔사유(Residual Oils)를 주성분으로 석유제품 중 품질면에서 저급하다고 할 수 있다.

국내에서 선박연료유로 MF 60~460 범위를 사용하며, 보일러의 연료유는 저유황 벙커 C유, 고유황 벙커 C유 등을 사용하고 있다. 벙커 C유는 장기 지속성

---

20) 선박이나 항구에서 연료용 석유제품을 저장하는 용기를 '벙커'라고 부른 것에서 유래되었다.

기름으로 반드시 방제작업을 해야 하며, 하절기에는 고형화 되지 않으나 에멀션화되어 점도가 증가한다. 동절기에는 기온이 낮아져 고형화되는 경향이 있다.

구분	구성	용도
A중유	경유 90% + 소량의 잔류유	난방, 소형 내용기관에 이용
B중유	경유 50% + 잔류유 50%	최근 B중유는 생산하지 않음
C중유	소량의 경유 + 잔류유 90%	선박, 재강, 대형 보일러, 대형 내열기관 등에 이용

(2) 기름의 물리적 특성[21]

1) 비중(Specific Gravity)

비중은 물의 밀도와 기름의 밀도와의 비를 말하는 것이다. 기름의 밀도가 물보다 높으면 물에 가라앉으며, 낮으면 물에 뜨게 된다. 일반적으로 기름은 비중이 $1g/ml$ 이하로 담수($1g/ml$), 해수($1.03g/ml$)보다 비중이 같거나 낮다. 비중이 작은 기름은 휘발성분이 많고 점성이 약하며, 점착성이 낮아 매우 유동적이고 쉽게 에멀션화 되는 경향이 나타난다.

2) 점성(viscosity)

유체의 점성 정도를 나타내는 것으로 기름이 물위에서 퍼지는 성질에 영향을 준다. 또한 유회수의 어려움과 회수된 기름의 펌프이송에도 영향을 준다. 점도가 높은 기름은 흐르기 어려우며, 반면에 점도가 낮은 기름은 유동성이 매우 높다. 이와 같은 점도는 온도가 상승함에 따라 감소되는 특성을 가진다.

3) 휘발성(volatility)

휘발성은 온도에 따라서 기름의 증발 성질을 의미한다. 기름의 온도를 상승시킴에 따라 증발되는 성분의 분포를 의미한다. 따라서 증류특성은 기름의 휘발성을 대변하는 물리적 성질로 끓는점과 끓는 영역과 연관되어 있고 끓는점과 끓는 영역의 온도가 낮을수록 증발현상은 빨리 발생한다.

---

21) 해양경찰교육원, 앞의 책, 45-46.

4) 유동점(pour point)

유동점은 석유제품을 냉각했을 때에 유동 상태가 없어지는 온도를 의미한다. 유동점 이하의 온도에서는 반고체 상태가 되어 흐르지 않는다. 유동점에서 기름은 고화 또는 겔화되기 시작하며 원유의 일반적인 유동점은 -35∼+45℃ 사이에서 형성된다.

5) 표면장력(Surface Tention)

표면장력은 유체의 표면을 최소화하려는 힘이다. 점성과 같이 기름의 확산에 영향을 주며, 표면장력의 크기는 온도가 상승하면 감소하게 되어 유출유가 빨리 확산하게 된다.

6) 인화점(Flash Point)

인화되는 최저 온도를 의미한다. 가솔린 등의 경질유는 대기온도에서 인화될 수 있다. 반면, 중질유는 인화될 위험성은 거의 없으나, 방제작업 시 소각시키기가 어렵다. 인화점은 방제작업의 안전부분에서 매우 중요한 요소이다.

(3) 해상 유출유의 거동

유류는 해상에 유출됨과 동시에 다양한 형태의 거동이 발생하게 된다. 더불어, 기름물성의 경시변화[22]도 시작된다. 이와 같은 유출기름의 거동과 기름물성의 경시변화를 지속적으로 관측 및 예측하면서 적절한 방제활동계획을 세워야 한다.

1) 확산(spreading)

유류가 해상에 유출되면 퍼짐현상이 일어나며 이를 확산이라고 한다. 확산속도는 주로 유류의 정도와 유출량에 따라서 결정된다. 이때 기름은 얇은 층을 이루면서 엄청난 면적으로 퍼져 나가 유회수를 힘들게 한다. 보편적으로 기름의 종류에 따라 확산의 정도에 차이가 나타나며, 특히 기름의 점도가 낮으면 확산현상은 더 빠르게 나타난다.

---

22) 경시변화(經時變化)는 시간마다의 변화를 의미한다.

2) 이동(movement)

이동이란 조류와 바람에 의해 유출기름의 전체적인 흐름을 의미한다. 이와 같은 흐름을 파악하여 어느 지역이 주요 위험지역인지를 결정하며 우선방제대상을 결정하는 중요한 요소가 된다. 기름의 이동은 해수면의 이동에 따라 대부분 결정된다.

3) 증발(evaporation)

유출기름 중에 휘발 성분이 대기 중으로 증발하면 기름의 물성에 큰 변화가 일어나 다른 거동에 영향을 줄 수 있다. 원유나 경질기름은 유출 후 증발을 통해 잔류량이 상당히 감소하게 된다. 원유의 경우 만약 40% 가량이 증발하면 점도는 수천배 증가하게 되며 밀도는 약 10% 정도 상승하게 된다.

4) 분산(dispersion)

유출된 기름이 해수면의 유동상태 및 기름의 물성에 따라 작은 기름 알갱이 형태(20μm)로 물속으로 펴져나가는 현상이다. 유출된 기름에 인위적으로 분산제를 투입하여 분산시키는 방법도 있지만, 자연적으로 분산되는 현상은 수면기름의 소멸에 중요한 과정이다.

5) 에멀션화(emulsification)

에멀션은 서로 섞이지 않는 두 액체에서 발생하며, 특히 기름이 해수를 흡수하여 기름 안에 바닷물이 들어가는 현상을 의미한다. 이것은 기름 오염물의 양을 5배까지 증가시킬 수 있다. 삭은 물방울(10~25μm)이 기름 가운데 분산되어 유화상태로 안정화되어 유출기름의 체적이 크게 증가된다. 일단 유화된 기름은 회수 및 처리가 힘들어진다. 기름 중에 아스팔트나 레진 성분(약 8% 이상)이 기름 속에 미세한 물방울을 안정화 시키는 유화재로 작용하여 유화현상이 일어난다.

6) 용해(dissolution)

원유의 무거운 성분들은 해수에서 거의 용해되지 않는 반면에, 벤젠, 톨루엔 등 방향족 탄화수소류와 같이 가벼운 성분이 물에 녹는 것을 의미한다. 하지만, 이와 같은 성분은 휘발성이 매우 강하기 때문에 해수에 용해되는 것보다 10~ 1,000배나 빨리 증발되어 버리므로 유출유 제거에 중요한 풍화과정이 되지는 못한다. 다만, 이러한 용해작용으로 해수에 침투한 독성이 해양생물에게 작용할 수 있다는 점을 고려하여야 한다.

7) 침전(sedimentation)

일부 중질원유의 잔유물과 같이 비중이 1 이상인 경우를 제외한 대부분 비중이 1 이하인 기름이 해수 중의 침전입자나 유기물에 부착되어 가라 않는 현상을 말한다. 낮에 간신히 해수면에 떠 있는 기름도 밤이 되면 수중에 가려 앉는 경우가 있으며, 낮이 되어 수온이 상승하면 다시 부상하기도 한다.

수심이 얕은 해역에서는 기름에 부착될 수 있는 부유물질이 많아 침전되기 쉽고, 기름입자가 동물 플랑크톤에 섭취된 후 배설물에 섞여 침전되기도 한다.

모래사장에 밀려온 기름은 모래와 혼합되어 파도에 씻겨 나가면서 해저에 가라앉게 되는데, 심한 경우 파도에 의해 운반된 침전물이 기름과 섞여 퇴적되어 타르매트가 형성되며, 계절에 따라 침전물의 퇴적과 침식작용에 의해 이러한 기름층이 퇴적물 속에 파묻혀 버리기도 한다. 파도의 영향 등이 적은 해역의 해안은 미세한 입자의 침전물로 덮여있어 한번 기름이 밀려오면 상당 기간 머물러 남아 있게 된다.

8) 생물분해(biodegradation)

해수에는 기름혼합물의 물질대사가 일어날 수 있는 다양한 미생물이 함유되어 있다. 생물은 신진대사에 필요한 에너지원으로 탄소와 산소를 이용하여 기름을 분해한다. 미생물에 의한 분해는 미생물이 산소와 영양염류를 얻을 수 있는 기름이 있는 해수면의 경계면에서 이루어진다.[23] 이는 기름의 분산으로 기름의 표면적이 증가하면 분해가 더욱 활발히 이루어진다.

---

23) 해양경찰청, 앞의 책, 48면.

그림 7-2 | 해상에서의 유류의 변화

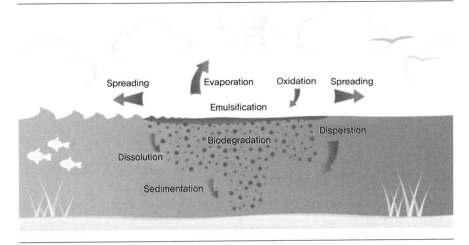

자료: ITOPF 홈페이지 참조.

Ⅰ. 해양오염방제를 위한 조치

1. 해양오염사고 방제체계

기름유출사고는 사람과 조직에 막대한 영향을 미치므로, 사고에 대한 대응은 다양한 의사결정들이 매우 신속하게 이루어져야 한다. 이에 따라 해양경찰청장은 해양수산부령으로 정하는 오염물질[24]이 해양에 배출될 우려가 있거나 배출되는 경우를 대비하여 해양오염의 사전예방 또는 방제에 관한 국가긴급방제계획을 수립·시행하여야 한다.

(1) 오염물질 배출에 대비한 예방 계획

해양경찰은 해상에서 오염물질이 배출될 것에 대비하기 위한 예방계획으로 ① 국가방제체제 및 대응조직의 구성과 운영, ② 해양오염 대비·대응을 위한 관계기관 등의 임무와 역할, ③ 방제장비, 자재 및 약제의 확보, ④ 해양오염 대비·대응을 위한 교육과 훈련, ⑤ 인접 국가 간 방제지원·협력체제의 구성과 운영, ⑥ 방제기술 전문가의 자문 및 지원, ⑦ 해양오염 방제를 위한 교육과 훈련 등에 대한 계획을 지속적으로 준비하고 있어야 한다(해양환경관리법 시행령 제44조).

(2) 오염물질의 배출시 방제조치 계획

해양경찰은 해상에 오염물질이 배출되었을 때, 방제조치를 계획하기 위하여 ① 국가가 행하는 긴급 방제조치의 범위, ② 오염현장, 상황조사, 방제방법 결정, 사고해역 지휘·통제 등 방제실행, ③ 방제장비, 자재 및 약제의 긴급 동원 및 지원, ④ 해상안전의 확보와 위험방지 조치, ⑤ 방제평가 및 방제종료의 기준 등 방

---

24) 해양수산부령으로 정하는 오염물질에는 기름, 유해화학물질 중 해양경찰청장이 정하여 고시하는 물질을 의미한다. "위험·유해물질"이란 유출될 경우 해양자원이나 생명체에 중대한 위해를 미치거나 해양의 쾌적성 또는 적법한 이용에 중대한 장애를 일으키는 물질로서 유해액체물질 및 포장유해물질과 산적으로 운송되며, 화재·폭발 등의 위험이 있는 액화가스류를 포함한 물질을 의미한다.

제조치와 관련하여 필요한 사항 등을 사전에 계획하고 있어야 한다(해양환경관리법 시행령 제44조).

2. 방제대응 조직 및 역할

해양수산부장관은 대규모 재난으로 행정안전부에 중앙재난안전대책본부가 설치될 경우 「재난 및 안전관리기본법」 제15조의2 규정에 따라 중앙 및 지역사고수습본부를 신속하게 설치·운영해야 한다.

(1) 방제대책본부의 설치

해양경찰청장은 해양오염사고로 인한 긴급방제를 총괄지휘하며, 이를 위하여 해양경찰청장 소속으로 방제대책본부를 설치할 수 있다. 해양경찰청장은 설치한 방제대책본부의 조치사항 및 결과에 대하여 해양수산부령[25]으로 정하는 바에 따라 해양수산부장관에게 보고하여야 한다.

(2) 방제대책본부의 구성 및 운영

방제대책본부의 장은 해양경찰청장이 되고, 그 구성원은 해양경찰청 소속 공무원 및 관계기관의 장이 파견한 자로 구성된다. 방제대책본부장의 임무는 다음과 같다(해양환경관리법 시행령 제45조). 첫째, 오염사고의 분석·평가 및 방제 총괄 지휘, 둘째, 인접 국가 간 방제지원 및 협력, 셋째, 오염물질 유출 및 확산의 방지, 넷째, 방제인력·장비 등 동원범위 결정과 현장 지휘·통제, 다섯째, 방제전략의 수립과 방제방법의 결정·시행, 여섯째, 해양환경 보전 및 과학적 방제를 위한 기술지원 및 자문을 위하여 관계 전문가로 구성된 방제기술지원협의회[26] 운영 등이 있다.

---

25) 해양오염사고 발생개요, 방제대책본부의 구성 및 운영에 관한 사항, 해양오염현황, 방제조치 현황 및 조치결과, 그 밖에 필요한 사항 등
26) 해양오염 방제기술지원협의회 운영규칙에 따라 해양 환경보전과 과학적인 방제에 필요한 기술적인 지원 및 자문을 위해 설치된 협의회이다.

그림 7-3 | 방제대책본부 조직도 및 담당 업무

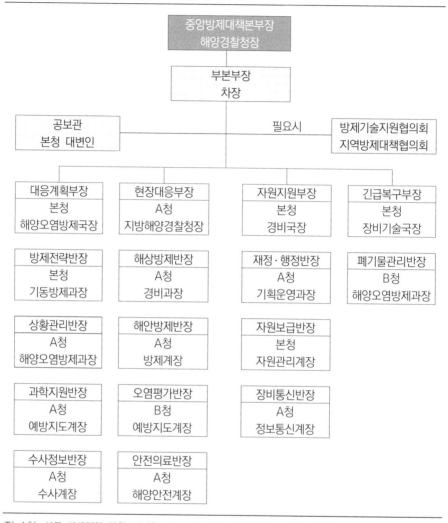

주) A청: 사고 발생해역 관할 지방청, B·C청: 사고 영향이 없는 인근 지방청
중앙방제대책본부의 구성 인원수는 40명 내외로 함
본청 기동방제지원팀은 대응계획부에, 지방청·해경서 기동방제지원팀은 현장대응부에 편성

(3) 방제대책본부의 설치 기준

해양경찰청장의 방제대책본부 설치 기준은 다음과 같다. 첫째, 지속성 기름이 10㎘ 이상이 유출되거나 유출될 우려가 있는 경우, 둘째, 비지속성 기름 또는 위험·유해물질이 100㎘ 이상이 유출되거나 유출될 우려가 있는 경우, 셋째, 위에

규정한 사고 이외의 경우라도 국민의 재산이나 해양환경에 현저한 피해를 미치거나 미칠 우려가 있어 해양경찰청장이 방제대책본부의 설치가 필요하다고 인정하는 경우 등이다.

표 7-2 ㅣ 방제대책본부의 설치 기준

구분	요건	직급
중앙방제대책본부장	지속성 기름이 500㎘ 이상 유출되거나 유출될 우려가 있는 경우	해양경찰청장
광역방제대책본부장	지속성 기름이 50㎘ 이상(비지속성 기름 또는 위험·유해물질은 300㎘ 이상) 유출되거나 유출될 우려가 있는 경우	지방해양경찰청장
지역방제대책본부장	지속성 기름이 10㎘ 이상(비지속성 기름 또는 위험·유해물질은 100㎘ 이상) 유출되거나 유출될 우려가 있는 경우	해양경찰서장

2. 국가긴급방제계획

국가긴급방제계획은 우리나라에서 발생하는 기름 또는 위험·유해물질 해양오염사고에 관계기관이 신속하고 효율적으로 상호 협조하는 법국가적 대응체제를 구축하는 것이 목적이다. 사고대비에서 방제조치, 피해조사 및 복구까지 오염사고 처리와 관련된 업무를 체계화함으로서 해양오염사고로 인한 피해를 최소화하고 국민의 건강과 재산을 보호하기 위한 활동이다.

(1) 개　념

해양경찰청장은 해양오염사고에 대한 방제업무를 총괄·지휘하고, 방제의무자의 빙제 조치만으로는 대규모 화산을 방지하기 곤란하거나 긴급방제가 필요하다고 인정하는 경우에는 방제조치를 해야 한다. 또한 광역시장·도지사, 시장·군수·구청장 또는 시설관리 행정기관의 장은 해안에 대하여 방제조치를 하여야 한다. 해양환경공단 이사장은 해양경찰청장의 지휘 또는 방제의무자와의 해양오염방제 대행계약에 따라 해양오염방제를 직접 수행하고 복구 등을 지원한다. 그리고 관계기관의 장[27])은 해양오염사고로 인한 피해를 최소화하고 효율적인 방제조치가 이루어질 수 있도록 주어진 임무와 역할을 수행하여야 한다.

(2) 긴급방제조치의 범위 및 대응수준

1) 긴급방제조치의 범위

해양오염사고 발생 시 국가는 다음과 같이 긴급방제조치를 취하여야 한다. 첫째, 방제의무자가 자발적으로 방제조치를 행하지 아니하거나 방제조치명령에 따르지 아니하는 경우, 둘째, 방제의무자의 방제조치만으로는 오염물질의 대규모 확산을 방지하기가 곤란하거나 관계기관의 요청 등 긴급방제가 필요하다고 인정되는 경우, 셋째, 재난 및 안전관리기본법 제3조 제1항의 재난[28]에 해당하는 해양오염사고가 발생한 경우 등이다.

2) 긴급방제조치의 대응수준

해양오염사고 긴급방제조치를 위한 대응 수준은 다음과 같다.

구분	내용
국가대응 (중앙방제대책본부)	전국 규모의 방제자원을 동원할 필요가 있는 경우로서, 국가적 또는 국제적 차원의 대응이 요구되는 해양오염사고
광역대응 (광역방제대책본부)	인접 해양경찰서의 관할 내의 방제자원을 동원할 필요가 있는 경우로서 인접 해양경찰서의 관할해역에 영향을 미치거나 지방해양경찰청 차원의 대응이 요구되는 해양오염사고
지역대응 (지역방제대책본부)	해양경찰서 관할 내의 방제자원으로 대응할 수 있는 해양오염사고

---

27) 대규모 해양오염사고가 발생하면, 해양경찰청, 해양수산부, 기획재정부, 과학기술정보통신부, 외교부, 법무부, 국방부, 행정안전부, 보건복지부, 환경부, 고용노동부, 국토교통부, 관세청, 경찰청, 산림청, 기상청, 소방청, 문화재청, 지방자치단체, 해양환경공단 등이 각각의 임무와 역할을 수행한다.

28) 재난이란 국민의 생명·신체·재산과 국가에 피해를 주거나 줄 수 있는 것으로서 다음 각 목의 것을 말한다.

가. 자연재난: 태풍, 홍수, 호우(豪雨), 강풍, 풍랑, 해일(海溢), 대설, 한파, 낙뢰, 가뭄, 폭염, 지진, 황사(黃砂), 조류(藻類) 대발생, 조수(潮水), 화산활동, 소행성·유성체 등 자연우주물체의 추락·충돌, 그 밖에 이에 준하는 자연현상으로 인하여 발생하는 재해

나. 사회재난: 화재·붕괴·폭발·교통사고(항공사고 및 해상사고를 포함한다)·화생방사고·환경오염 사고 등으로 인하여 발생하는 대통령령으로 정하는 규모 이상의 피해와 국가핵심기반의 마비, 「감염병의 예방 및 관리에 관한 법률」에 따른 감염병 또는 「가축전염병예방법」에 따른 가축전염 병의 확산, 「미세먼지 저감 및 관리에 관한 특별법」에 따른 미세먼지 등으로 인한 피해

(3) 광역긴급방제실행계획

광역긴급방제실행계획은 지방해양경찰청장이 소속 해양경찰서 관할 해역에서 발생되는 기름 또는 위험·유해물질 해양오염사고에 관계기관이 신속하고 효율적으로 상호 협조하는 범국가적 대응 체제를 구축하고 사고대비, 방제조치, 피해조사 및 복구까지 오염사고 처리와 관련 업무를 체계화하여 해양오염사고로 인한 피해를 최소화하고 국민의 건강과 재산을 보호하는 것이다.[29]

(4) 지역긴급방제실행계획

지역긴급방제실행계획은 해양경찰서장이 관할 해역에서 발생되는 기름 또는 위험·유해물질 해양오염사고에 관계기관이 신속하고 효율적으로 상호 협조하는 범국가적 대응 체계를 구축하고 사고대비, 방제조치, 피해조사 및 복구까지 오염사고 처리와 관련 업무를 체계화하여 해양오염사고로 인한 피해를 최소화하고 국민의 건강과 재산을 보호하는 것이다.[30]

II. 해양오염방제를 위한 조치

1. 해양오염물질 배출방지 개요

해양오염사고 발생시 유출 후 방제에서 사전 유출방지의 선제적 패러다임 전환으로 오염원인자가 신속·합리적으로 유출방지조치를 이행할 수 있도록 전문가 기술자문 제공 등 지원방안과 방제조치 미이행에 대비, 해양경찰이 대응 가능한 조치를 할 수 있도록 자체 역량 강화가 필요하다.

2. 오염물질이 배출되는 경우의 신고 의무자

기름, 위험·유해물질 및 폐기물 등의 오염물질 배출기준을 초과하는 오염물

---

29) 해양경찰교육원, 앞의 책, 15면.
30) 해양경찰교육원, 위의 책, 16면.

질이 해양에 배출되거나 배출될 우려가 있다고 예상되는 경우, 다음에 해당하는 자는 지체 없이 해양경찰청장 또는 해양경찰서장에게 이를 신고하여야 한다. 첫째, 배출되거나 배출될 우려가 있는 오염물질이 적재된 선박의 선장 또는 해양시설의 관리자,[31] 둘째, 오염물질의 배출원인이 되는 행위를 한 자, 셋째, 배출된 오염물질을 발견한 자 등이 있다(해양환경관리법 제63조).

3. 오염물질이 배출된 경우의 방제

배출기준을 초과하여 오염물질이 배출되는 경우의 신고의무자는 배출된 오염물질에 대하여 오염물질의 배출방지를 위하여 노력해야 하며, 배출된 오염물질의 확산방지 및 제거, 배출된 오염물질의 수거 및 처리를 해야 한다.

또한, 오염물질이 항만의 안 또는 항만의 부근 해역에 있는 선박으로부터 배출되는 경우, 다음에 해당하는 자는 방제의무자가 방제조치를 취하는데 적극 협조하여야 한다.

해양경찰청장은 방제의무자가 자발적으로 방제조치를 행하지 아니하는 때에는 그 자에게 시한을 정하여 방제조치를 하도록 명령할 수 있다. 만약 방제의무자가 방제조치명령에 따르지 아니하는 경우에는 직접 방제조치를 하고, 방제조치에 소요된 비용은 방제의무자가 부담할 수 있다. 이와 같이 직접 방제조치에 소요된 비용의 징수에 관하여는 「행정대집행법」에 따라 이행할 수 있다(해양환경관리법 제64조).

4. 오염물질이 배출될 우려가 있는 경우

선박의 소유자 또는 선장, 해양시설의 소유자는 선박 또는 해양시설의 좌초·충돌·침몰·화재 등의 사고로 인하여 선박 또는 해양시설로부터 오염물질이 배출될 우려가 있는 경우에는 오염물질의 배출방지를 위한 조치를 하여야 한다. 이 경우 방제의무자는 선박의 소유자 또는 선장, 해양시설의 소유자를 의미한다(해양환경관리법 제65조).

---

31) 이 경우 해당 선박 또는 해양시설에서 오염물질의 배출원인이 되는 행위를 한 자가 신고하는 경우에는 그러하지 아니하다.

5. 자재 및 약제의 비치

항만관리청 및 선박·해양시설의 소유자는 오염물질의 방제·방지에 사용되는 자재 및 약제를 보관시설 또는 해당 선박 및 해양시설에 비치·보관하여야 한다. 비치·보관해야 하는 자재 및 약제는 형식승인·검정 및 인정을 받거나, 검정을 받은 것이어야 한다(해양환경관리법 제66조).

비치·보관하여야 하는 자재 및 약제의 종류·수량·비치방법과 보관시설의 기준 등에 필요한 사항은 해양수산부령으로 정한다.

자재 및 약제를 비치해야 하는 선박 및 해양시설
선박(선박에서의 오염방지에 관한 규칙 제53조) - 총톤수 100톤 이상의 유조선 - 추진기관이 설치된 총톤수 1만톤 이상의 선박(유조선은 제외)
해양시설(해양환경관리법 시행규칙 제32조) - 오염물질을 300킬로리터 이상 저장할 수 있는 시설 - 총톤수 100톤 이상의 유조선을 계류하기 위한 계류시설

6. 방제선의 배치

선박 또는 해양시설의 소유자[32]는 기름의 해양유출사고에 대비하여 방제선 또는 방제장비 등을 해양수산부령으로 정하는 해역 안에 배치 또는 설치하여야 한다. 방제선 등을 배치하거나 설치하여야 하는 배치의무자는 방제선 등을 공동으로 배치·설치하거나 해양환경공단에게 위탁할 수 있다. 해양경찰청장은 방제선 등을 배치 또는 설치하지 아니한 자에 대하여 선박입출항금지 또는 시설사용정지를 명령할 수 있다.

선박 또는 해양시설로부터 오염물질이 배출되거나 배출될 우려가 있는 경우에는 배치의무자로 하여금 방제조치 및 배출방지조치를 하게 하여야 한다. 이 경우 배치의무자가 방제선 등을 공동으로 배치·설치하거나 해양환경공단에게 위탁

---

32) 선박 또는 해양시설의 소유자는 총톤수 500톤 이상의 유조선, 총톤수 1만톤 이상의 선박(유조선을 제외한 선박에 한한다), 신고된 해양시설로서 저장용량 1만kl 이상의 기름저장시설 중 하나 이상을 소유하고 있는 자이다.

한 때에는 공동 배치·설치자 또는 해양환경공단에 대하여 공동으로 방제조치 및 배출방지조치를 하게 하여야 한다(해양환경관리법 제67조).

7. 해양자율방제대의 운영

해양자율방제대는 2009년 지역 어민 중심의 어촌계자율방제대 운영을 시작으로, 2014년에 국민방제대로 개편되었다. 이후 2020년 해양경찰청장이 지역의 자율적인 해양오염방제 기능을 강화하기 위하여 어촌계에 소속된 어업인, 지역주민 등으로 해양자율방제대를 구성·운영하였다. 해양자율방제대 구성원은 역량강화를 위하여 교육·훈련을 실시할 수 있으며, 예산의 범위에서 해양자율방제대와 구성원에게 그 활동에 필요한 경비를 지급할 수 있다.[33]

또한, 해양자율방제대원이 해양오염방제 활동 등에 참여 또는 교육·훈련으로 인하여 질병에 걸리거나 부상 또는 사망한 경우에는 해양수산부령으로 정하는 바에 따라 보상금을 지급하여야 한다(해양환경관리법 제68조의2).

Ⅲ. 해양오염사고 대응

1. 오염군의 탐색

오염군 탐색은 해상에서 유출된 기름의 확산과 성상변화에 대한 예측 결과를 실제로 확인하고 오염범위와 위치를 평가하기 위해 이용된다. 대부분의 기름 유출사고에 효과적인 방제를 위한 중요한 요소이다. 항공기를 이용한 탐색은 해상에서의 작업선 배치와 작업통제, 오염가능성이 있는 해안선의 적절한 보호, 해안방제자원의 준비를 위한 정보를 제공할 수 있다.

(1) 항공탐색

항공탐색은 방제 초기 단계에서 최우선적으로 실행되어야 한다. 항공탐색 전

---

33) 해양경찰교육원, 앞의 책, 135면.

략과 관계기관 및 항공사와의 협력을 위한 세부사항은 긴급계획에 핵심적으로 포함되어야 한다. 항공기를 통한 탐색 이후 방제작업 계획 수립을 위한 회의에 사용된다.

(2) 선박, 차량 및 도보를 이용한 탐색

선박, 차량 및 관찰자의 도보를 이용한 오염군의 직접 탐색방법은 가장 정확하게 관찰이 가능하다는 장점이 있다. 그러나 확인 가능한 오염군의 범위가 상당히 제한적이라는 단점이 있으며, 항공탐색과 병행하여 실시하는 것이 가장 효과적인 방법이다.

2. 해상방제

(1) 의   의

해양에서 기름유출사고가 발생하면 당시의 상황을 종합해 해상 부유 유출유 처리를 위해 기계적으로 회수할 것인지, 자연적인 소멸을 기대할 것인지, 현장 소각할 것인지, 화학약재를 사용할 것인가에 대한 방법을 결정하게 된다. 각 방제방법은 나름대로 장·단점을 가지고 있으므로 각종 장비의 용도 및 특징을 파악해 최적의 방제방법을 선택해야 한다.

(2) 해상방제의 방법

1) 유회수기 사용

해상 또는 해안에 유출된 기름의 물리적, 화학적 특성을 변화시키지 않고 유출유를 회수할 수 있도록 고안된 기계장치를 말한다. 회수의 원리는 물과 기름의 비중 차, 기름의 점성 및 유동하는 특성을 이용한다.

유출유의 기계적 회수는 해면상의 기름을 오일 붐으로 한 곳에 포집한 후 유회수기로 회수해 저장탱크로 이송하는 방법을 말한다. 하지만, 고비용, 계속적인 물자지원, 기상 상태에 따른 작업 영향, 회수유의 처리방법 등의 문제가 발생할 수 있다.

표 7-3 ┃ 해상조건을 감안한 유회수기 및 회수시스템 선택

해상조건	유효한 유회수기	유효한 회수시스템
파고 1m 이상 조류 1kt 이상	300톤급 방제정(브러시)	VOSS
	쌍동선 방제정(브러시, 벨트)	V형
	140톤급 방제정(사이크로넷)	VOSS 방안강구
	트롤스키머, 트롤브러시	V형
파고 1m 미만 조류 1kt 미만	- 상기 유회수기 전체 - 이동용 유회수기(디스크, 스크루, 위어/디스크, 미나막스, 자항위어, 멀티, 드럼 등)	V형, U형, J형
항만, 해안가	이동용 유회수기(디스크, 스크루, 위어/디스크, 미나막스, 자항위어, 멀티, 드럼 등)	육상 또는 해상에 폐유저장용기 설치

출처: 해양경찰청, 「해양오염방제실무」, 2020, 59면.

2) 유흡착재 사용

유흡착재는 해상에 유출된 오염물질을 흡수 또는 흡착하여 회수하는 물질로서 유출량이 적거나 좁은 지역에서 회수기를 이용한 회수가 곤란한 경우, 양식장 및 산란장 등 민감해역에서 방제작업이 제한된 경우에 주로 사용한다. 기름을 회수할 때 유회수기 다음으로 많이 사용된다. 유흡착재는 흡착작용으로 기름을 표면에 붙게 하고, 흡수작용으로 기름이 그 내부 속으로 침투하게 한다. 유흡착재는 유회수기 사용이 곤란한 장소에서 기름을 제거하고자 할 때나 오염방제작업 과정의 마지막 단계에서 사용된다. 흡착재는 반드시 기름 위에 투하하여 사용하고 기름이 흡착된 흡착재는 반드시 다시 걷어서 폐기물로 처리해야 한다.

3) 유처리제 사용

유처리제에 의한 분산처리 방법은 물리적인 수거가 불가능한 경우에 오염에 민감한 지역의 피해를 사전에 대응하기 위하여 사용되는 방제작업으로 유출사고로 인한 생태계의 피해를 감소키시고 예측되는 각종 위험을 최소화하려는데 그 사용목적이 있다. 유처리제는 반드시 사전계획에 따라 사용해야 하며 일반형은 원액 그대로를 분무하듯이 살포해야 한다. 선박, 헬기 또는 항공기에 살포붐 등 살포장치를 설치해 살포한다.

4) 현장 소각

현장 소각이란 오염해역의 수면에 있는 유출유를 현장에서 태우는 것을 말한다. 유출유는 해안에서도 태울 수 있지만, 해양환경에 더 많은 문제가 야기되므로

보통 해상에서 실시한다. 점화방법으로는 불꽃 점화기 점화방식, 레이저 점화방식, 공중 점화방식 등 세 가지가 있다.

5) 화학약재 사용

유회수기 등 기름의 회수와 현장 소각에 의한 기름제거방법 외에 침강제, 유겔화제 및 유화방지제 같은 화학약재를 유막에 적용시키는 방법과 미생물을 이용해 기름을 분해시키는 생물학적 방법을 사용한다.

▸ 점도가 높은 기름에 유처리제 사용   ▸ 유출된 경우에 디스크 스키머로 방제

3. 해안방제

(1) 계획 및 실행

1) 해안방제체계

해안에 부착된 기름은 해역관리청에서 방제 조치한다. 해역관리청에서 해안오염사고 대비 사전 방제조직 구성, 방제자원 확보 및 대응계획을 수립·운용한다. 해양오염사고 발생 시 해역관리청은 방제대책본부(해양경찰서)와 협력해 해안 부착유 방제작업을 수행한다.

2) 방제조치계획 수립

해안 부착유는 그 해안을 관할하는 지방자치단체 또는 항만관리청에서 필요한 조치계획을 수립·시행한다. 그리고 해안방제실행계획은 지역방제실행계획과 내용이 상충되지 않도록 수립해야 한다.

⑵ 방제방법

1) 벌크 기름의 제거와 기름으로 오염된 쓰레기 처리

가. 펌프, 진공트럭 및 유회수기

차량의 접근이 가능한 해안가에 상대적으로 고요한 수면 위에 부유 중인 기름은 펌프나 진공트럭으로 회수할 수 있으며 수심의 깊이가 충분하다면 유회수기 사용도 가능한다. 해안 인근에 오일펜스를 이용하여 기름을 모으고 흡수호스가 장착된 위어식 유회수기를 사용하면 기름 회수시 물의 양을 줄일 수 있어 효율적이다.

나. 기계적 회수

점도가 높은 기름, 끈적한 에멀션, 또는 반고체성 기름은 굴착기 등을 이용하여 바다에서 직접 제거한다. 물의 양을 최소화하기 위한 숙련된 작업이 필요하다. 만약 수중 기계작업을 할 경우 조석과 해저 지형도에 대한 사전 숙지가 필요하다. 습지 해안에서 중장비를 사용하는 것은 기름 덩어리를 제거하여 다른 지역으로 이동하는 것을 방지하는 것과 회복에 긴 시간이 소요될 수 있는 저질 손상과의 균형이 필요하다.

다. 수작업 수거

인력을 이용한 기름회수는 오염이 심한 모든 종류의 해변에 적용가능하고 특히 민간 지역이나 차량접근이 불가능한 곳에서 유용하다. 인력에 의한 방제작업은 기계 단독으로 이용하는 것보다 효율적이며 오염되지 않은 물질 수거를 최소화할 수 있다. 수작업이 노동집중적인 방법일 수도 있으나, 인력에 의한 방제작업에 의해 전반적으로 빠르게 회복되는 경향이 있으며, 결과적으로 해안의 지질에 물리적인 영향을 덜 주게 된다.

라. 플러싱(flushing)

플러싱은 압력이 낮은 다량의 물로 고인 기름이나 침하된 기름을 해안선에서 씻어내는 작업이다. 침전물에 갇혀 있는 기름의 제거와 민감 해안으로부터 기름을 제거하는데 이용할 수 있다.

마. 파도세척

파도세척은 자연 정화과정이며, 모래, 자갈, 조약돌 해안에 적용할 수 있다. 조간대의 파도 에너지는 해변 오염물질을 제거하고 바다로 확산 시킨다. 파도세척은 플러싱의 원리와 비슷하지만 파도의 자연에너지에 의해 이루어지기 때문에, 다량의 물과 펌프를 이용하는 것 보다 더 큰 플러싱 효과를 얻을 수 있다.

2) 해안방제의 후기 단계에서 사용되는 기술

가. 고압세척

고압세척은 일반적으로 단단한 저질표면에 사용되지만 자연적 정화가 충분하지 않거나 다시 안정되기까지 너무 시간이 오래 걸리는 경우 또는 시각적으로 쾌적한 환경으로 보여질 것이 요구되는 경우에 이용한다. 이 기술은 상업적으로 이용되는 지역의 부두 안벽의 기름을 제거하기 위한 방법으로 사용된다. 장비의 이용 가능성, 기름의 점성에 따라 고온 또는 저온의 물을 이용할 수 있으며, 고온은 점성이 높은 기름을 제거하는데 사용된다.

나. 갈기·써레질

모래 또는 조약돌 해변에서 벌크 상태의 기름과 두꺼운 유층을 제거하고 나면 해변에 차량이 지나간 자리의 저질에 기름이 혼입된 지역과 같이 일부 경비한 오염이 남아 있는 것이 있다. 이 단계에서는 농기계를 이용하여 갈기 또는 써레질을 반복적으로 시행함으로서 경미하게 오염된 침전물로부터 기름을 제거할 수 있다.

다. 모래 거르기·비치 클리너

해안방제 이후에도 직경이 50mm 또는 이보다 작은 타르볼, 오염된 기름덩어리가 여전히 남아 있다. 비치 클리너는 해변 오염물질, 기름으로 오염된 부유물, 모래 또는 타르볼을 수거할 수 있도록 고안되었다. 일반적으로 이 장비는 해변을 따라 이동하면서 미리 정해진 깊이로 표면 오염물질을 제거하며 스크린을 진동하거나 회전하면서 오염물질들을 수거한다.

라. 갯닦기

바위나 자갈로 이루어진 해안으로 접근이 어려워 고압세척 또는 다른 장비를 사용할 수 없는 경우 손으로 기름을 제거하는 것이 유일한 방법이다. 경미한 오염에서 중간정도로 오염된 기름에 대해 갯닦기로 제거할 수 있다.

마. 생물정화제

생물정화제는 이산화탄소, 물 및 바이오매스와 같이 기름에 포함된 단순한 화합물질의 생물분해를 촉진시키는 과정이다. 좀 더 자세히 설명하자면, 생체조직 활성화는 영양제 및 미생물처리이고 씨앗뿌리기는 기름을 분리하기 위해 특별히 선택된 미생물을 추가하는 것이다.

바. 자연방제

시간이 지남에 따라, 대부분의 해안은 기름의 풍화와 분해로 자연적으로 정화된다. 자연적 제거 과정의 핵심은 침식, 침전, 응집, 광산화 및 생물분해이다. 자연에 노출된 해안은 3개월 이내에 대부분의 기름이 제거된다.

(3) 해안오염 평가

해안오염 평가를 위해서는 먼저 부착유량을 추정해야 한다. 해안 부착유의 양을 정확히 추정하는 것은 매우 어렵다. 노출된 암석 해안에서는 기름이 모이는 구멍이나 갈라진 곳이 많으므로 특히 방제작업이 곤란하다. 그러나 적당한 해안 방제조직을 만들고 작업에 요구되는 인력을 명확히 파악하려면 대략적이라도 유량을 추정하는 것이 바람직하다.

두 번째로 오염해안의 조사가 필요하다. 전반적인 오염의 정도는 먼저 해당 지역의 항공 감시를 통해 눈으로 평가할 수 있다. 기름의 영향을 받은 해안의 대표적인 부분에 대해서는 실제로 현장답사에 의해 오염된 지역에 대해 좀 더 상세한 평가를 할 수 있다. 기름 오염 정도가 다르거나 또는 해안의 특성이 다른 곳에서는 이러한 평가작업을 반복하지 않으면 안 된다. 동시에 해안의 조사는 화학분석에 필요한 시료를 확보하고 진입로나 방제작업의 실행 가능성을 확인한다.

(4) 방제 종료

1) 종료 시기

기름유출사고는 단지 해양환경 뿐만 아니라 지역 내 경제활동 및 여가활동을 포함한 해양이 사회에 제공하는 혜택을 받을 수 있는 모든 분야에 영향을 미칠 수 있기 때문에 환경적 요인을 모두 분석해 적절한 시기를 선정해야 한다.

2) 판단기준

방제작업을 종료하기 위해서는 해양환경의 생태학적, 인간의 활용성 및 계절적 다양성까지 고려해 다음과 같이 사안별로 세밀히 평가해야 한다. 첫째, 환경적으로 민감한 자원에 어떤 피해를 줄만한 기름이 남아 있는가, 둘째, 해안의 여가활동에 시각적, 쾌적성을 방해하는가, 셋째, 경제활동을 방해하거나 중단시킬 위험이 있는가, 넷째, 작업을 계속해도 환경적, 비용 측면에서 유리한가 등이 있다.

3) 종료절차

오염 해안별로 적절한 방제방법이나 방제 종료 시기 결정 등의 기술적인 문제를 해결하기 위해 해안오염평가제도(SCAT: Shoreline Cleanup Assessment Technique)를 운영한다. 해안오염평가제도는 관계기관 대표자들로 구성된 해안오염평가팀을 구성·운영하는데 해양경찰청 및 지방자치단체, 오염행위자, 보험사, 환경단체, 지역주민 대표 등 이해관계자들이 포함된다.

해안오염평가팀은 오염사고 초기부터 오염된 해안 전체를 조사해 해안별 오염상태에 따라 적절한 방제방법을 제시하고 방제작업 상태를 주기적으로 평가해 방제작업이 일정 수준에 이르면 방제대책본부에 방제작업 종료를 권고하고 방제대책본부는 해안오염평가팀의 권고안을 검토해 최종적으로 방제 종료를 결정한다.

4. 폐유·폐기물 처리

(1) 저장·운반·처리

1) 폐유·폐기물 임시저장용기

가. 드 럼 통

기름을 가득 채우면 운반하기 곤란하므로 약 80% 정도 채운다.

나. 간이저장용기

회수 폐유 저장용으로 제작한 사각 또는 원형의 이동 용기 등이 있다.

다. 저장웅덩이

폐유저장용기 부족 및 많은 양의 폐기물이 발생할 경우 오염 해안 인근에 웅덩이를 파고 기름이 혼합된 폐기물을 임시 저장한다.

라. 폐유 및 폐기물 운반차량

작업장 내의 차량이 외부로 운행할 경우 도로가 오염되므로 작업장 내 차량과 이부 운행 차량을 철저히 통제한다.

마. 도서지역 폐기물 처리

도서지역 폐기물은 차도선에 굴삭기(poclain)를 싣고 해안에 접안시켜 반출, 시급히 반출해야 될 폐기물은 헬기를 이용해 반출한다.

바. 비닐 포대

20ℓ 정도의 플라스틱 포대로 폐기물을 담을 때는 묶을 여분을 남겨두고 햇볕에 장기간 노출되면 손상되므로 그 이전에 처리한다. 기름에 반응이 없는 재질을 선택해야 하며, 마대와 이중으로 사용하는 것이 일반적이다.

2) 폐유 및 폐기물의 분리, 처리방법

가. 액상 폐유

액상 폐유는 중력으로 분리하며 탱크 아래 물을 배출한다. 재생 또는 소각처리를 한다.

나. 고상 폐유

고상 폐유는 쓰레기 제거를 한다. 재상 또는 소각처리를 한다.

다. 모래 혼합 폐유

모래 혼합 폐유는 오연된 모래 분리방법으로 분리한다. 소각처리 및 매립으로 통해 처리한다.

라. 자갈 혼합 폐유

자갈 혼합 폐유는 경질유와 유치리제로 처리하며 세척 분리한다. 폐유소각처리 및 자갈을 원상 복원한다.

마. 쓰레기 혼합 폐유

액상과 고상으로 분리하며 액상은 유조차 고상은 폐기물 운반차로 분리한다. 액상은 재생 또는 소각하며 고상도 소각처리한다.

3) 방제자원 재사용 및 재활용

가. 방제자재 사용상 유의점

유흡착재나 유처리제 등은 유출량에 맞게 적정량을 사용해야 폐기물 발생량을 줄이고 환경영향을 최소화할 수 있다.

나. 수거 폐기물 분리 보관

폐기물은 수거할 때부터 액상과 고상으로 분리 수거해 최종 처리한다.

다. 방제 작업 물품의 재사용

방제작업자가 착용하는 작업복, 장화, 장갑 및 작업 도구들도 사용한 후에는 폐기되어 많은 폐기물을 발생시킨다. 방제 작업 물품들을 최대한 재사용해 폐기물의 발생을 억제하는 것이 중요하다.

5. 해양오염 방제비용

해양경찰서에서는 기름 및 위험·유해물질 등 오염물질의 배출방지 및 방제조치를 하였을 경우 방제 및 오염 예방조치에 소요된 비용[34]을 납부의무자에게 청구해야 한다. 방제조치로 인하여 멸실된 기계·기구와 소비된 물품의 가격에 상당하는 금액과 방제조치를 위하여 사용된 기계·기구의 수리비 및 임차료, 선박의 운항비·인건비 등을 종합적으로 계산한다.[35]

방제조치 등이 종료된 날로부터 90일 이내에 방제조치에 소요된 비용을 산출하여 방제비용 산정위원회를 통해 심의하여야 한다. 다만, 소송 등으로 인해 방제비용 확정이 장기화되거나, 소송으로 법원에서 방제비용을 확정한 경우 또는 방제비용 납부 의무자 및 보험사와의 협의 등이 90일 이상이 소요될 것으로 예상되는

---

34) 방제비용은 해양환경 보전 및 활용에 관한 법률 제8조, 해양환경관리법 제64조, 제65조, 유류오염손해배상 보장법 제2조 등에 명시되어 있다.
35) 해양경찰교육원, 앞의 책, 83면.

경우는 방제비용 산정위원회 심의를 해당사유가 종료될 때까지 보류할 수 있다.

6. 방제작업자의 보건 및 안전관리

바다에서 기름유출사고가 발생하면 그 피해는 해안생태계뿐만 아니라 지역주민들에게도 피해를 주게 된다. 원유에 포함된 유해성분은 주로 벤젠, 톨루엔, 에틸벤젠, 자일렌 등과 같은 휘발성유기화합물(VOCs), 다환방향족탄화수소(PAHs), 그리고 중금속 등으로 보고되고 있다. 유출된 원유의 제거는 방제작업을 통하여 이루어지며, 이때 경찰, 군인, 공무원, 지역주민 자원봉사자 등 많은 인력이 필요하다.

방제작업자(참여자)들은 원유에 포함된 많은 독성 물질에 노출되어 신경계질환, 피부질환, 외상과 같은 급성 건강 영향이 발생할 수 있어 사회적 관심이 높아지고 있다.

III. 주요 방제장비 · 자재 및 약재

1. 유회수기(oil skimmer)

(1) 유회수기의 개념 및 구성

유출유 회수 작업의 궁극적인 목적은 최대한 합리적이고 경제적인 방식으로 기름을 포집하는 것이다. 유회수기는 해상에 유출된 기름을 흡입 또는 흡착방식으로 수거하는 장비이다. 유회수기를 선택할 때에는 여러 요소를 고려해야 한다. 그 중 가장 중요한 요소는 유출유의 점성도 및 흡착력, 그리고 바다 상태 및 해상쓰레기의 상태이다.

기름을 회수하는 원리는 물과 기름의 비중차, 기름의 점성 및 유동하는 특성 등을 이용해 유출된 기름을 회수한다. 유회수기는 동력부 · 회수부 · 이송부(펌프와 호스)로 구성[36]되어 있으며, 회수유 저장장치, 유출유 포집장치, 원격조정장치, 자항

---

36) 동력부: 유회수기를 구동할 수 있는 동력을 발생하는 부분이다.

회수부: 기름을 회수하는 부분으로 유회수기의 종류를 구분하는 기준이 된다. 회수부는 해상에서 뜰 수 있는 충분한 부력제를 갖추어야 한다.

이송부: 회수부에서 회수한 기름을 저장탱크로 이송하는 부분으로서 펌프와 호스 및 커플링으로 구

장치, 호스 릴 등을 추가로 설치가 가능하다.

(2) 유회수기의 종류 및 특성

1) 흡착식 유회수기

흡착식 유회수기는 기름의 점성을 이용하는 것으로서, 친유성 소재로 만들어진 디스크, 브러시, 드럼, 몹, 벨트를 유출유가 부유하는 해면에서 회전시켜 유출유가 친유성 소재에 달라붙게 한다. 이후 수면 위로 올라온 친유성 소재를 긁어내거나 짜내어 수집통에 모아 이송펌프를 사용하여 저장용기로 이송한다. 유출유의 점도에 따라 회수율을 높이기 위하여 흡착성 소재의 형태를 다르게 한다. 디스크형 스키머에는 평디스크, T－디스크형이 있으며, 브러시형 시키머는 체인형, 디스크형, 드럼형 스키머가 있다.

▸ 디스크 유회수기

▸ 브러시 유회수기

2) 위어식 유회수기(스크루 스키머)

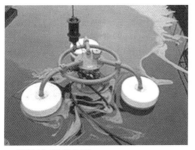

▸ 위어식 유회수기

위어식 유회수기는 물과 기름의 비중차를 이용하는 것으로서, 위어(weir)의 상단을 유출유와 수면 사이에 위치시켜 기름이 위어의 상단을 넘어 수집통으로 흘러가도록 유도하고 이송펌프를 사용하여 저장 용기로 이송한다. 위어의 맥동을 최소화하기 위해 스크루형 이송펌프를 사용하여 고점도유 회

성된다.

수가 가능하나 위어 높이를 유수 경계면에 맞추기 위한 조정이 어려운 반면 토출
양정이 우수하여 기름 이적용도로도 활용 가능하다.

3) 유도식 유회수기

컨베이어 벨트와 같은 장비를 선체에
고정하여 고점도의 기름이나 기름이 묻은
폐기물을 걷어 내는 형태이다. 선체가 앞
으로 이동해야 회수가 가능하며, 흡착식
유회수기가 일반적으로 기름을 물 아래로
묻어 들어가는 것과 반대로 유도식은 물위
로 걷어 올리는 형태이다.

▸ 유도식 유회수기

4) 진공식 유회수기

진공식 유회수기는 진공청소기와 같은 원리로
진공탱크를 형성하고 진공탱크로 유출유가 유입되
도록 유도하여 회수한 후 진공탱크의 진공을 해제
하여 회수된 기름을 저장하는 용기로 이송한다.
파도에 취약하여 해상보다 해안청소에 유리하다.

▸ 진공식 유회수기

5) 원심분리식 유회수기

기름의 비중을 이용하여 기름과 물의 회오리
가 발생하는 챔버 내부로 유입시켜 비중차에 의
하여 물은 챔버 하부로 배출되고 기름은 챔버 상
부에 모아진다. 상부에 모아진 기름은 이송펌프
를 이용하여 저장탱크로 이송하는 방식의 회수기
이다.

▸ 원심분리식 유회수기

2. 방제자재 및 약재[37)

(1) 오일펜스(oil fence)

해양에 유출된 오염물질의 확산을 방지하고, 해양환경 민감해역을 보호하며, 확산된 오염물질을 포집하기 위하여 오일펜스를 사용한다. 오일펜스는 그 사용 용도에 따라 크기·구조·용도 등을 다양하게 제작·사용하고 있다.

▸ 오일펜스를 이용하여 성공적으로 포집한 경우

1) 종 류

가. 커텐형 오일펜스(스커트가 유연한 재질로 구성)

(가) 고 형 식

사고선박 주위 및 사고위험해역에 장기간 설치가 가능하며, 주로 연안 및 항만에서 사용하고 있으며 발포성 부력재를 내장하고 있다. 고형식의 장점으로는 가격이 저렴하고, 파손저항이 우수하다. 반면, 단점으로는 부피가 커서 공간을 많이 차지한다.

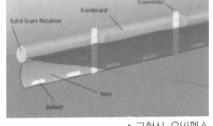
▸ 고형식 오일펜스

(나) 강제 팽창식

사고 발생 후 초동조치를 위한 긴급 설치시에 사용되고 있으며, 중·대형으로 조류와 파도가 있는 해역에서도 사용이 가능하다. 부력체에 공기를 강제 주입하는 방식이다. 강제 팽창식의 장점으로는 부피가 작아 보관과 운송에 유리한 반

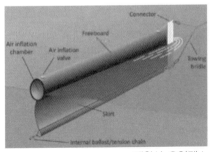
▸ 팽창식 오일펜스

---

37) 해양환경관리법 시행규칙 제66조.

면, 단점으로는 공기주입으로 인해 전장속도가 느리며, 부력체에 파공이 발생할 시 침강될 우려가 있다.

㈐ 자동 팽창식

사고 발생 후 초동조치를 위한 긴급 설치시 용이하며, 중·대형으로 조류와 파도가 있는 해역에서 사용이 가능하다. 팽창식 스프링이 내장되어 있다. 자동 팽창식의 장점으로는 신속한 전장이 가능하다. 반면, 외피 파공시 침강될 우려가 있다.

▶ 자동 팽창식

나. 펜스형 오일펜스(스커트가 고정되거나 판넬로 구성)

사고위험 해역에 영구적으로 오일펜스 설치가 가능하며, 주로 해양시설, 취수구 주변에 설치한다. 펜스형 오일펜스는 방유벽 양쪽에 고형부력체 부착 부피가 크기 때문에 보관이 어려우며, 포집 성능은 우수한 반면, 유연성이 떨어져 조류와 파도에 취약하다.

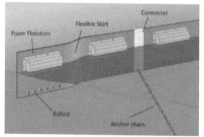
▶ 펜스형 오일펜스

다. 특수목적용 오일펜스

㈎ 해 안 용

평평한 갯벌이나 모래사장에서 운용이 가능하며 조석간만의 차가 큰 평평한 해안가에서도 사용이 가능하다. 튜브 3개(공기 1개, 물 2개)를 겹쳐서 만들어지며, 부피가 크고 가격 또한 고가라는 단점이 있다.

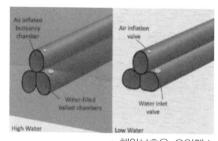
▶ 해안보호용 오일펜스

(나) 내 화 용

해상에서 현장 소각목적으로 사용되며 외해에서도 운용이 가능하다. 내화용 부력체를 내장하고 있으며, 유출유 포집·예인용으로 사용이 가능하나, 가격이 고가이다.

▶ 내화용 오일펜스

(다) 넷 트 형

해상에서 중질유, 유화된 기름, 타르볼 및 기름 묻은 유흡착재 수거시 활용된다. 비교적 구입이 용이하고 가격이 저가이다.

(2) 유흡착재

흡착재는 해상에 유출된 오염물질을 흡수 또는 흡착하여 회수하는 물질로서 유출량이 적거나 좁은 지역에서 회수기의 사용이 곤란한 경우, 양식장 및 산란지 등 민감해역에서 방제작업이 제한된 경우에 주로 사용한다.

1) 유흡착재의 종류

가. 벌크식 유흡착재 매트형

매트형은 사각형의 시트 모양이며, 폐쇄된 해역 또는 좁은 해역에서 소량의 회수작업에 이용된다. 포집된 오염물질 위에 직접 투하하여 흡착한다.

▶ 매트형

나. 롤 형

롤형은 폭이 약 0.5~1m의 흡착재를 약 50m 정도 길이로 감아 놓은 것으로 해안선, 해양, 좁은 해역에 대량으로 오염물질이 유입될 시 사용한다.

▶ 롤형

다. 쿠션형

쿠션형은 가로, 세로를 일정한 크기로 베개처럼 흡착재를 많이 내장한 형태이다. 점도가 높은 기름이나 두꺼운 유층이 있을 때 유용하다.

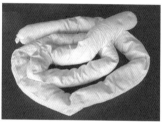

▶ 쿠션형

라. 붐형 및 로프형

붐형 및 로프형은 3~10m 붐 모양으로 연결되어 오일펜스 대체용으로 설치하거나 오일펜스 내부에 설치하여 포집된 오염물질을 흡착한다.

▶ 붐형   ▶ 로프형

마. 기타 제품

⑺ 겔화형 내장제

유겔화제를 내장한 유흡착재로 분말형 젤화제와 화학적인 반응을 일으켜 흡수된 기름이 겔(gel) 상태로 된다.

⑷ 오일 스네어

바위·자갈 및 TTP 사이의 기름을 제거할 때 사용할 수 있다.

⑸ 천연물질

볏짚, 가마니, 건초, 마대, 대패밥, 머리카락 등을 흡착재 대용으로 사용할 수 있다.

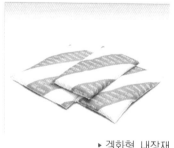

▶ 겔화형 내장재   ▶ 오일 스네어

(3) 유처리제

1) 유처리제의 사용목적

유처리제에 의한 분산처리방법은 해상에서 발생하는 각종 유출사고시 물리적인 수거가 불가능할 경우에 오염에 민감한 지역의 피해를 사전에 대응하기 위하여 제한적으로 사용되는 유출유 방제방법이다. 유출사고로 인한 생태계의 피해를 감소시키고 예측되는 각종 위험을 최소화하려는데 그 사용목적이 있다.

2) 유처리제 작용원리

유처리제는 해상에 유출된 기름을 미립자화하여 유화분산시켜 해수와 섞이기 쉬운 상태를 만들어 자연정화작용을 촉진하는 것이다. 박테리아에 의한 미생물 분해, 일조에 의한 증발산화작용 등을 통해 기름을 소멸시키는 것이며, 그 자체가 기름을 소멸시키거나 중화하여 다른 것으로 변화시키는 것은 아니다. 유처리제는 종류 및 제조사에 따라 구성성분 및 제조비율에 다소 차이가 있으나, 주성분은 용제 약 70%, 계면활성제 약 30% 등으로 되어 있다.

3) 유처리제의 사용

유처리제가 기름오염사고의 대응전략이 되는 경우, 응급계획은 유처리제 사용과 살포에 대한 사전승인절차와 신속 대응을 위한 자원조달에 대한 명확한 정책적 판단을 가지고 있어야 한다. 유처리제 사용시기의 결정은 환경영향 평가를 수행한 후 지역적 특성에 따라 해상에서의 분산 처리효과를 고려하여 최적 살포시간을 선택하여 사용해야 한다. 유처리제의 사용 지침이 적용되는 해역에서는 어떠한 환경적인 위해도를 야기시키지 않아야 한다.

유처리제 살포 가능 해역을 지역방제실행계획 및 방제정보지도에서 확인하고 분산 기간대인 점도 2000cSt 이내에 있는 유출유는 현장지휘관 재량으로 살포를 결정할 수 있다. 유처리제 살포 억제지역 및 고려해역에서는 순수환경 이득분석 및 방제기술지원협의회 등의 자문을 받아 방제대책본부장 또는 해양경찰서장이 살포를 결정할 수 있다.

Ⅰ. HNS의 의의

1. HNS의 개념

HNS는 위험·유해물질(Hazardous and Noxious Substances)로 유출될 경우 인간과 해양생명체에 중대한 위해를 미치거나 중대한 장애를 일으키는 물질을 의미한다. HNS는 액체위험물, 고체위험물, 포장위험물의 3가지 형태로 구분되지만, 그 종류가 약 6,500여 종에 이르며 성질 및 위험도가 물질별로 상이하여 이를 일률적으로 관리하기는 어렵다. HNS의 해상물동량은 전체 해상물동량의 약 50%를 차지하고 있다.[38]

국제해사기구(IMO)가 제정·관리하는 모든 협약·규칙 등에서 위험하거나 해로운 물질로 규정하고 있는 물질을 모두 포함한다. 우리나라에서는 「해양환경관리법」 제61조에 따라 사고 우려가 높고 유해성이 높은 물질을 지정·고시하여 관리하고 있으며, 현재 68종의 물질이 중점관리 HNS로 지정하고 있다.

HNS협약에 따른 구분

위험물질(dangerous goods)	유해물질(harmful substances)
LNG, LPG, 폭죽, 유연탄 등	황산, 자일렌, 톨루엔, 벤젠, 액화 암모니아, 나프타 등

2. HNS의 기본 특성

위험·유해물질은 신체 또는 재산상의 손실 및 해양환경에 나쁜 영향을 미칠 수 있는 다양한 물리적·화학적 특성을 가지고 있다. 따라서 화재로 인한 폭발사

---

38) 유류 및 화학물질 취급시설이 있는 울산·여수·부산·태안 등 4개 지역에 입·출항한 위험물운반선은 총 10만여 척으로 전체 위험물운반선의 약 78%에 해당한다(해양경찰청, 앞의 책, 91면).

고 시 대형 재난으로 발전할 가능성이 있다. 또한 해상에서 유출된 위험·유해물질은 발암성 및 특성을 가지게 되어 장기적으로 해양생태계를 교란시킬 수 있다.

그림 7-4 ㅣ 특성별 HNS의 분류

자료: https://conpaper.tistory.com/29053, 검색일 2021. 04. 22.

HNS의 특징

HNS의 특징을 살펴보면, 첫째, 독성이다. 살충제, 염료 등으로 사용되기 때문에 삼키거나 흡입, 피부에 접촉시 사망 또는 중상을 일으킬 수 있다. 둘째, 고인화성이다. 페인트, 접착제 등으로 발화원에 의한 화재의 위험성을 갖고 있다. 셋째, 부식성이다. 황산, 질산, 배터리 등으로 피부나 급속표면에 부식을 일으킬 수 있다. 마지막으로 한경오염성이다. 농약, 해양오염물질 등으로 수생환경을 오염시킨다.

II. HNS의 위험성

1. HNS의 위해성

해상에서 유출된 HNS는 그 특성에 따라서 화재 및 폭발 등의 위험성이 매우 높다. 특히 HNS의 연소 시에는 치명적인 연소가스가 발생하여 위험하다. 또한 물과 반응하여 연소·폭발할 수도 있으며 인간이 인지하지 못하는 독성이 강한 무색 무취의 화학물질도 있기 때문에 항상 노출에 유의해야 한다.

HNS 사고 시 위해성 결정 요소

---

1. 얼마나 많은 양이 유출되고 있는가?
2. 유출에 두 가지 이상의 화학물질이 포함되어 있는가?
3. 유출이 일시적인가, 지속적인가?
4. 화학물질의 물리적 특성은 무엇인가?
5. 어떠한 경로를 통하여 인체에 감염되는가?
6. 노출의 정도가 얼마나 심하며 노출기간은 어느 정도인가?
7. 진행단계는 어디에 있으며, 어떠한 형태로 변화되고 있는가?
8. 현재의 기상조건은 어떤 상태인가?

---

2. HNS의 해상거동 형태

(1) 5대 거동 형태

해상유출 HNS의 5대 거동 형태로 나타난다. 가스(gas), 증발(evaporation), 부유(floater), 용해(dissolver), 침전(sinker)의 형태는 한 가지로 나타날 수도 있지만, 여러 가지가 동시에 발생할 수도 있다.

HNS 해양사고가 발생하면 위험·유해물질 사고대응정보집, 안전디딤돌 앱, 물질안전보건자료(MSDS) 등 각종 자료를 통하여 HNS의 물질정보와 사고 발생시의 대응방법을 알 수 있다. 특히 물질의 거동특성은 증기압, 밀도, 용해도의 3가지 인자로 확인할 수 있다.[39]

---

39) 해양경찰청, 앞의 책, 97면.

(2) 결정인자

HNS 거동 특성 결정인자는 증기압, 밀도, 용해도가 있다. 첫째, 증기압은 액체 또는 고체가 증발하는 압력, 증기가 액체나 고체와 동적 평형상태에 있을 때의 포화 증기압(단위 mmHg, kPa 등)을 의미한다. 둘째, 밀도는 단위 체적당 질량(물질의 질량/물질의 체적)이며, 셋째, 용해도(%)는 '(용질의 무게/포화용액의 무게)×100'을 의미한다.

(3) 산적 및 포장물질 거동 특성

일반적으로 액체 또는 기체 형태의 위험·유해물질은 선적 상태로 운송이 되며, 고체 형태는 포장상태로 운송이 된다. 이렇게 선적 및 포장 형태의 HNS가 해양으로 유출 될 시 G, GD, E, ED, F, FD, FE, FED, D, DE, S, SD로 총 12가지의 거동 특성을 가지고 있다.[40] 포장물질은 PF, PI, PS 등 총 3가지의 거동 특성을 가지고 있다.[41]

그림 7-5 ┃ SEBC의 거동특성

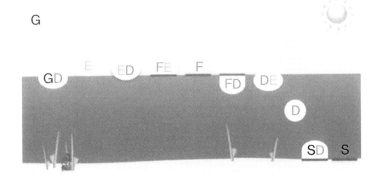

자료: ITOPF 홈페이지 참조.

---

40) G: Gas(가스), GD: Gas/Dissolver(가스/용해물질), E: Evaporator(증발물질), ED: Evaporator/ Dissolver (증발/용해물질), F: Floater(부유물질), FD: Floater/Dissolver(부유/용해물질), FE: Floater/ Evaporator (부유/증발물질), FED: Floater/Evaporator/Dissolver(부유/증발/용해물질), D: Dissolver(용해물질), DE: Dissolver/Evaporator(용해/증발물질), S: Sinker(침전물질), SD: Sinker/Dissolver(침전/용해물질)
41) PF: Package Floater(포장 부유물질), PI: Package Immersed Intermediator(포장 반 잠수 물질), PS: Package Sinker(포장 침전물질)

3. 물질식별 방법

HNS는 사고 시 탱크 및 용기 등에 부착된 분류표시나 선적서류를 보고 물질 정보를 확인할 수 있다.

(1) NFPA 위험성 코드

NFPA704라고 불리는 이 코드는 미국방재협회(National Fire Protection Association) 에서 위험물질의 특성과 잠재적인 위험성을 나타내는 사분형 숫자 코드시스템으로 응급상황에서 위험물질에 대해 신속히 대응하기 위하여 만들어졌다.

그림 7-6 ┃ NFPA 코드 및 표시 사례[42]

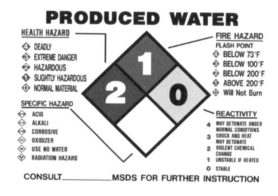

(2) 위험물 등급 표지

해상에서 운송되는 위험물의 표지를 나타내는 것으로 해상인명안전협약(SOLAS) 제7장 A면 제2규칙에는 위험물의 등급이 규정되어 있다. 위험성에 따라 제1급부 터 제9급까지 9가지 등급으로 분류하고 있다.

---

42) 위의 붉은 부분은 화재위험성, 왼쪽의 청색 부분은 건강 위험성, 오른쪽은 반응성, 그리고 아래 백색 부분은 특수위험반응을 나타낸다. 백색을 제외한 나머지 부분은 0등급에서 4등급까지 총 5단계로 구 분되며, 등급의 숫자가 높을수록 위험한 물질이다.

그림 7-7 | 위험물의 물류 및 표찰

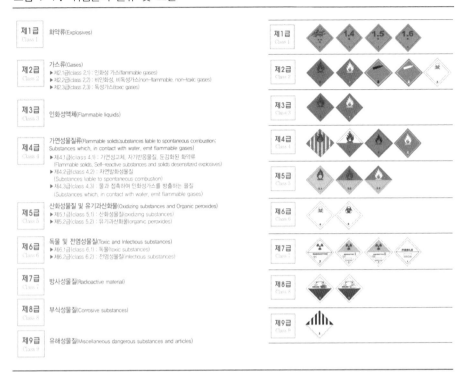

자료: 해양수산부, 국제해상위험물 규칙(IMDG Code) 소개.

3. GHS 경고표지

GHS(Globally Harmonized System of Classification and Labelling of Chemicals)란 화학물질의 분류 및 표지에 관한 국제조화시스템을 말하며, 이러한 시스템은 전세계적으로 화학물질의 위험유해성에 관한 분류와 표지의 통일된 시스템을 제공하기 위하여 개발되었다.

그림 7-8 ┃ GHS 경고표지

Ⅲ. HNS 사고의 대응

HNS 사고의 대응은 바다에 유출된 특정 화학물질의 양과 위험에 의해 초래되는 위험에 비례해야 한다. 제품의 부피와 포장은 대응과정에 영향을 미친다.

1. 물질정보의 확인

위험·유해물질사고 발생 시 물질정보 확인 없이는 어떠한 비상대응 활동도 수행하기 어렵다. 육상에서는 용기의 포장이나 차량정보를 통해 비교적 용이하게 초기정보를 입수할 수 있지만, 해상에서는 여의치 않은 경우가 많이 발생한다. 해상에서의 물질종류 확인방법으로는 선박운항 정보를 확인하거나 입·출항지 정보를 확인하여 물질정보를 알 수 있다.

2. 사고지역의 통제

HNS 사고시 경계구역을 선정하여 선박의 입출항 방지, 조업 선박의 접근 예방, 육상으로 가스 이동시 주민들에게 안내 및 정보를 통해 인명 및 환경피해를 최소화 한다.

(1) 사고 초기 사고지역 통제사항

사고지역의 통제사항으로 첫째, 사고 현장의 입·출항 선박에 대한 통제 등 안전관리를 한다. 정확한 정보가 없다면 가능한 이격거리를 크게 한다. 둘째, 사고지역으로 출입하는 모든 인원에 대한 출입통제와 보호지침 적용여부를 확인하고 출입기록을 유지한다. 셋째, 응급환자 구조를 위한 구조요원의 보호 및 장비의 오염방지 대책을 마련한다. 넷째, 사고유형에 따라 대응활동의 우선순위를 결정하되 승무원 구조, 화재 진압 등의 물리적 위험성이 존재할 경우 위험요소를 우선 제거한다. 마지막으로 사고부위에 대한 가능한 범위 내 응급조치를 실시한다.

(2) 경계구역의 설정

1) 위험구역(Hot zone)

사고현장의 인접지점으로 신체, 생명에 직접적 영향을 주는 지역으로 완전한 개인보호장비 착용 후 전문요원이 활동하는 지역

2) 준위험지역(Warm zone)

인체 또는 환경에 잠재적 영향이 있는 지역으로 안전지역과 위험지역의 완충지대로써 위험성에 대비해 적절한 개인보호장비 착용 후 활동해야 하며 인체 및

장비제독소가 위치하는 지역

3) 안전지역(Cold zone)

준위험지역보다 원칙적으로 풍상 지역에 위치하며 현장지휘관, 지원시설 등의 배치가 가능한 안전한 지역

3. 사고대응 요령

(1) 가스 및 증발

가스나 증발하는 액상의 HNS 유출은 유독성이 있거나 대기 중에서 폭발혼합물을 형성하는 증기구름을 생성할 가능성이 있다. 결과적으로 사고선의 선원, 대응요원, 인근 인구 밀집지역에 잠재적으로 건강과 안전에 영향을 미칠 수 있다. 따라서 독성, 부식성, 가연성이 있는 증기가 인구밀집 지역으로부터 멀어질 수 있도록 사고선을 이동시켜야 한다. 이후 증기구름을 가라앉히기 위해 물분사와 폼을 이용하여 증기구름을 멈추거나 편향시키는 방법이 있다.

(2) 용   해

선박으로 이동되는 화학물질의 상당부분은 수용성 물질이다. 바다에 유출된 용해 화학물질은 확산층이 사고지점에서 멀어질수록 확대되며 농도가 감소한다. 많은 용해물질은 눈에 보이지 않고 빠르게 확산한다. 이는 수층에서의 농도를 모니터하는 것이 수월치 않음을 의미한다. 용해된 화학물질을 봉쇄하여 수거하는 방법은 극도로 제한되어 있다. 이는 확산과 희석이라는 자연적 과정을 촉진하는 방법이 이러한 화학물질에 대응하는 유일한 방법이 될 수도 있다.

(3) 부 유 물

부유성 화학물질은 점성이 높거나 낮은 액체이거나 심지어 고체가 될 수도 있다. 화학물질 유출이 높은 증기압을 가진다면 빠르게 증발해서 수면 확산막 위에 증기구름을 만들 것이다. 많은 부유성 물질들은 기름과 유사한 방법으로 수면 유막을 형성하면서 해수면으로 확산될 것이다. 하지만, 기름과 달리 부유성 물질은 수면에서 관찰되지 않을 수도 있다.

4. HNS 방제장비

(1) 기본 방제장비

HNS 사고가 발생한 경우의 기본 방제장비로는 가스탐지기(복합가스탐지기, 유해가스검지기, VOC측정기 등), 개인보호장구(화학 보호복, 냉각조끼 등), SCBA 호흡장구(방독면, 내화학 보호장갑 및 장화 등), 샘플링 장치(해수 샘플러, 대기 샘플러 등)가 있다.

(2) 소방 및 증기 억제장비

소방방제선은 선박의 화재나 해상의 화재를 소화시키는 특수 선박이며, 소방작업복은 강한 열이나 호스에서 뿜어져 나오는 수증기로부터 신체를 보호한다. 또한 약제에는 폼약제, 고분자흡수제 등이 있으며, 살포장치로는 약제살포기, 이동식 소화약제분사시스템 등이 있다.

(3) 유출물질 회수장비

유출물질 회수장비로는 HNS용 붐 및 회수기, 집유형 약제살포장치, 임시저장탱크, HNS 여과장치 등이 있다.

(4) 기타 방제장비

인원이나 장비의 제독을 위한 제독샤워실, 제독약제, 방수방폭 통신기기, 훈련용 보호복 등이 있다.

개인보호장구(PPE)

Level A는 가장 높은 수준의 피부와 호흡기 보호장구로서 가스·증기로부터 신체를 보호할 수 있는 캡슐형 보호의복과 양압형 SCBA 혹은 SAR[13]의 호흡기보호구를 사용하며, 부츠, 머리보호구, 통신장비 등을 착용한다.

Level B는 가장 높은 수준의 호흡기보호와 약간 낮은 수준의 피부보호를 위한 장구로서 양압형 SCBA 혹은 SAR의 호흡기보호구를 사용하며, 보호의복은 내화학성이어야 하지만 가스나 증기가 목, 손목을 통해 들어올 수도 있다.

Level C는 낮은 수준의 호흡기보호와 Level B 수준의 피부보호를 위한 장구로서 화학물질이 어느 정도의 농도로 존재하는지 알려진 상태에서 사용되며 피부로 흡수되는 위험은 없는 경우에 사용한다.

Level D는 호흡기보호구가 불필요하며 피부를 특별히 보호할 수준이 아닌 지역에서 사용한다. 통상 안전모, 보호안경, 안전화, 보호앞치마 등으로 구성되어 있는 일반적인 작업복 수준이다.

Ⅳ. HNS 관련 국내·외의 법규44)

HNS의 국제적인 해상운송은 선박의 안전과 해양환경보호를 위하여 제정된 국제협약에 따라야 한다. 해상인명안전협약(SOLAS)과 해양오염방지협약(MARPOL 73/78)은 각각 안전과 환경보호를 위한 두 개의 커다란 토대를 제공한다. 또한, 국내에 제정된 법률로는 해양환경보호를 위한 「해양환경관리법」이 있으며, 위험물 해상운송과 관련된 법규로는 「선박안전법」 및 「선박의 입항 및 출항 등에 관한 법률」이 있다.

1. 해상인명안전협약(SOLAS)

해상인명안전협약은 1912년 1,400여 명의 승선원이 사망한 타이타닉 침몰사고를 계기로 선박의 안전에 관한 통일적인 원칙과 기준을 설정함으로서 해상에서의 인명안전을 증진시킬 목적으로 제정되었으며 선박항행에 관한 통일된 규칙, 복원성, 소화설비 및 선박구조 등 총 12개의 장으로 구성되어 있다. 특히 제7장에서 위험물의 운송을 A·A−1·B·C·D편으로 나누었으며, A편은 포장위험물, A−1편은 산적고체위험물, B편은 산적액체위험물, C편은 액화가스류, D편은 방사성물질에 대해 다루고 있다.

---

43) SCBA: 자기공기공급식 호흡기보호구, SAR: 외부공기공급식 호흡기보호구.
44) 이하의 내용은 해양경찰교육원(2020)의 「해양오염방제실무」 교재와 김종선(2020)의 「해양경찰학개론」을 참고하여 작성되었다.

SOLAS 제7장(위험물 운송)				
포장위험물	선적고체위험물	산적액체위험물	액화가스	방사성물질
Part A	Part A-1	Part B	Part C	Part D
IMDG Code (국제해상위험물 코드)	IMSBC Code (국제해상고체산 적화물)	IBC Code (국제산적화학물 질코드)	IGC Code (국제가스 운송선 코드)	INF Code (핵연료 등 국제코드)
MARPOL 부속서 Ⅲ (포장유해물질오 염방지규칙)		MARPOL 부속서 Ⅱ (산적유해액체물 질오염방지규칙)		
포장유해물질(해 양환경관리법 제2조 제8호) "위험물 선박운송 및 저장규칙 제2조 제1호"		유해액체물질 (해양환경관리법 제2조 제7호 X류, Y류, Z류, OS류 등)		

2. 해양오염방지협약(MARPOL 73/78)

해양오염방지협약은 1967년 124,000여 톤의 원유가 유출된 토리캐넌호 좌초 사고를 계기로 선박으로 인한 모든 형태의 해양오염을 규제하기 위하여 제정되었으며, 기름, 산적유해액체물질, 포장유해물질, 오수, 폐기물, 대기오염물질 등 총 6개의 부속서로 이루어져 있다.

이 중 부속서 Ⅱ(산적유해액체물질)와 부속서 Ⅲ(포장유해물질)에서 위험·유해물질(HNS)에 대해 설명하고 있다.

부속서 Ⅱ(산적유해액체물질)의 물질에는 유해액체물질 탱크 세정수도 포함되며, 해상에서 산적상태 액체위험화학물질을 안전하게 운송하기 위한 국제기준인 IBC Code(국제산적화학물질코드)에 대해 자세히 다루고 있다. 부속서 Ⅲ(포장유해물질)의 규정은 포장형태의 유해물질을 운송하는 모든 선박에 적용되고 여기에서의 유해물질은 IMDG Code(국제해상위험물코드)에서 해양오염물질로 확인되는 물질을 말한다.

3. 해양환경관리법

「해양환경관리법」은 해양오염방지협약(MARPOL 73/78)의 국내이행 법률로 해양환경의 훼손 또는 해양오염으로 인한 위해를 예방하고 깨끗하고 안전한 해양환경을 조성하여 국민의 삶의 질을 높이는 데 이바지함을 목적으로 한다. 이 법에서는 유해액체물질 및 포장유해물질과 산적으로 운송되며 화재·폭발 등의 위험이 있는 물질(액화가스류 포함)을 포함하고 있다.

해양환경관리법 시행규칙에서는 국가긴급방제계획에 포함되어야 할 오염물질에 위험·유해물질(HNS)을 포함하고 있으며, 현재 해양경찰청 고시로 (68종45))이 지정되어 있다. 선박에서의 오염방지에 관한 규칙에서는 유해액체물질은 X, Y, Z, 기타물질(OS),[46] 잠정평가물질로 구분하여 별표를 통해 각 물질목록을 상세하게 지정하고 있다.

4. 선박안전법

「선박안전법」은 선박의 감항성 유지 및 안전운항에 필요한 사항을 규정함으로써 국민의 생명과 재산을 보호함을 목적으로 한다. 이 법은 화물의 적재·고박방법 등에 관한 사항 및 산적화물의 운송방법에 대해 규정하고 있으며, 위험물의 운송에 관한 사항을 정하고 있다. 그리고 위험물 안전운송 교육과 위험물 관련 검사·승인의 대행기관에 대해 기술하고 있다.

5. 선박의 입항 및 출항 등에 관한 법률

「선박의 입항 및 출항 등에 관한 법률」은 무역항의 수상구역 등에서 선박의 입·

---

45) 화학물질 연간 해상물동량 10만톤 이상 28종, 유해액체물질 X, Y, Z류 40종.
46) X류: 해양자원이나 인간의 건강에 심각한 위험을 끼치는 액체물질로서, 해양환경에 배출을 금지한다.
  Y류: 해양자원이나 인간의 건강에 위해를 끼치거나 해양의 쾌적성 또는 해양의 이용에 위해를 끼치는 액체물질로서, 해양환경에 배출되는 질과 양을 제한한다.
  Z류: 해양자원이나 인간의 건강에 경미한 위해를 끼치는 액체물질로서, 해양환경에 배출되는 질과 양은 엄격하게 제한되지 않는다.
  OS류: 기타물질은 X, Y, Z류에 들지 않는 물질로서 해양자원이나 인간의 건강, 해양의 쾌적성 또는 해양의 이용에 위해를 끼치지 않는 것으로 간주한다.

출항에 대한 지원과 선박의 안전 및 질서유지에 필요한 사항을 규정함을 목적으로 한다. 용어의 정의에서 "위험물"이라 함은 화재·폭발 등의 위험이 있거나 인체 또는 해양환경에 해를 미치는 물질로서 해양수산부령이 정하는 것을 말하며, 무역항의 수상구역 등으로 위험물 반입시 신고 및 하역 시 자체안전관리계획 등에 관해 규정하고 있다. 또한 위험물 취급 시의 필요한 안전조치 사항 등을 규정하고 있으며, 이 법에 따라 산적액체위험물을 취급하는 위험물 안전관리자의 교육을 위하여 교육기관을 지정·고시할 수 있다.

I. 해양오염방지 관련 협약

1. 선박으로부터 해양오염방지를 위한 국제협약(MARPOL 73/78)

선박으로부터 운송되는 기름, 유해액체물질 및 분뇨와 선박 자체 내에서 음식물찌꺼기로 인한 오염방지를 위해 MARPOL 1973 협약이 1972년 11월 2일 국제해사기구에서 채택되었다.

연안국가들이 준수가 어려운 협약의 규제사항을 부분적으로 완화하는 내용으로 보완하여 새롭게 마련된 것이 MARPOL 1979 의정서이었으며, 1978년 2월 17일에 채택되어 1988년 10월 2일 부속서 I 부터 연차적으로 국제사회에 발표가 되었다.

(1) 협약의 본문

본 협약의 적용범위는 당사국의 국기를 게양할 자격이 있는 모든 선박, 당사국의 권한 하에 운영되고 있는 선박에 적용이 된다. 다만, 군함, 해군, 보조함 또는 국가가 소유하거나 운항하는 기타 선박으로서 현재 비상업적 용도에만 사용되는 선박에는 적용하지 않는다.

부속서 I, II, IV, VI에 규정된 사항은 최초검사, 정기검사를 실시하고, 최초검사와 정기검사 때에는 국제기름오염방지증서(IOPP), 국제오염방지증수(IPP), 국제오수오염방지증서(ISPP), 또는 국제대기오염방지증서(IAPP)를 각각 발급한다.

(2) 주요 부속서의 내용

1) 부속서 I (Pollution by Oil): 선박으로부터 배출되는 기름에 의한 오염을 방지하기 위한 규정으로 모든 선박에 적용된다.

2) 부속서 II (Pollution by Noxious Liquid Substances in Bulk): 유해액체물질을 운송하는 선박에 대한 규정으로 해양생물 혹은 인간의 건강에 위해 혹은 유독한 영향을 끼칠 수 있는 물질을 A류 유해액체물질부터 D류 유해액체물질로 구분하고

있다.

3) 부속서Ⅲ(Pollution by Harmful Substances Carried by Sea in Package Ships):
포장된 형태 및 화물 컨테이너, 포터블랭크 등에 담겨 해상으로 운송되는 유해물
질에 대한 규정으로 유해물질에 대한 포장, 표시 및 표찰, 서류작성, 적부방법, 적
재수량 제한에 관한 사항을 규정하고 있다(화물컨테이너 규제).

4) 부속서Ⅳ(Pollution by Sewage from Ships): 분쇄 및 소독한 하수를 배출하기
위해서는 육지로부터 4해리 이상의 거리에서만 가능하고, 분쇄 및 소독하지 않은
하수는 12해리 이상의 거리에서만 배출이 가능하다.

5) 부속서Ⅴ(Pollution by Garbage from Ships): 각종 쓰레기로 인한 오염을 방
지하기 위한 규정으로 지정된 특별해역에서는 음식찌꺼기만 배출이 허용된다. 화
물받침(Dunnage) 및 포장재료는 육지로부터 25해리 이상, 음식찌꺼기는 12해리 이
상의 거리에서 배출이 가능하다.

6) 부속서Ⅵ(Air Pollution from Ships): 총톤수 400톤 이상 또는 총 설치동력
1,500kw 이상의 선박은 최초검사, 정기검사, 중간검사, 불시검사를 받아 대기오
염방지증서(황산화합물, 질산화합물, 휘발성유기화합물, 오존층 파괴물질 및 온실가스 배출 규제)를 발급
받아야 한다.

2. 폐기물 투기에 관한 협약(런던협약, 19/2 LC)

폐기물 및 기타 물질의 해양투기로 인한 해양오염 예방을 위하여 1972년 폐
기물 및 그 밖의 물질투기에 의한 해양오염방지에 관한 국제협약(Convention on the
Prevention of Marine Pollution by Dumping of Wastes and Other Matter)이다.[47]

이후 런던협약에 의한 해양투기 제한을 더욱 강화하기 위해 런던협약 1996의
정서가 채택되었다.

---

47) 김종선, 앞의 책, 801-803면.

3. 선박유해방오시스템의 규제에 관한 협약(AFS Convention 2001)

선박의 수면 아래 부분에 해초류 및 조개류가 부착되는 것을 방지하기 위하여 사용되는 방오도료가 연안 생태계에 나쁜 영향을 미치는 것이 확인되었다. 이를 규제하기 위하여 '2001 선박의 방오시스템의 사용규제에 관한 국제협약(AFS Convention 2001)'이 채택되어 2008년 9월 17일에 발표되었으며, 우리나라는「해양환경관리법」에 그 내용을 수용하여 2008년 10월 24일에 국내 발효되었다.

4. 선박 밸러스트수 관리 협약(BWM Convention 2004)

연간 30억 내지 50억 톤의 바닷물이 다른 나라로 평형수에 의해 옮겨지고, 약 7000여종의 해양생물이 평형수와 함께 이동하는 것으로 추정된다. 밸러스트수가 선박에 의해 이동하여 타 지역으로부터 운반되어온 미생물이 토착 해양미생물을 파괴하는 심각성을 인식하여 이를 방지하기 위한 '선박 밸러스트수 관리 협약(BWM Convention 2004)'이 채택되었으며, 우리나라는 2009년 9월 10일에 수락하였지만, 아직 국제적으로 발효되지 않았다.

Ⅱ. 해양오염방제 관련 협약

1. 기름오염 대비·대응 및 협력에 관한 국제협약(OPRC 1990)

OILPOL 54(International Convention for the Prevention of the Sea by Oil, 1954)의 채택으로 해양에서 기름오염사고는 상당히 줄어들었다. 하지만, 기름을 제외한 그 밖에 다른 유해성 오염물질에 대한 높아진 관심과 함께 1973년 11월 국제해사기구(IMO)에서 선박으로부터 발생하는 화학 및 포장물질, 오수 및 폐기물 등의 오염방지를 위해 국제협력을 채택하고 이것을 수정한 의정서를 1978년에 채택하였다.

협약의 주요 내용을 살펴보면, 협약 당사국은 유류오염사고에 대비하고 대응하기 위해 협약 및 부속서의 규정에 따라 모든 적절한 조치를 취해야 하며 주요 내용은 다음과 같다.

① 선박 및 해양시설에 당국의 승인을 받은 유류오염 비상계획 비치
② 유류오염사고 보고 및 통보 조치
③ 유류오염사고 대비·대응을 위한 국가·지역방제체제 구축 및 방제에 관한 책임당국 지정 등 국가제도 확립(국가긴급방제계획 수립·시행 등)
④ 방제인력, 방제기자재 등 국가 간 신속 이동에 필요한 조치
⑤ 유류 오염 대비·대응에 관한 양자 간, 다자간 협정체결 노력 등

2. 북서태평양보전실천계획(NOWPAP)

북서태평양보전실천계획(Northwest Pacific Action Plan)은 유엔개발계획(UNEP)이 연안 및 해양환경의 지속적 이용이 가능한 관리를 목적으로 한 지역해(地域海) 프로그램을 운영하면서 시작되었다.

1991년 5월 UNEP 제16차 집행이사회 기간 중 한국, 북한, 일본, 중국, 러시아 5개국 대표가 모여 북서태평양지역협력프로그램을 추진키로 합의하였으며, 1994년 9월 서울에서 제1차 정부간회의를 개최, 활동계획(Action Plan)을 채택함으로서 정식으로 출범하였다. 북서태평양 해양 환경을 보호하기 위한 인접국간 협력 강화를 목적으로 한 NOWPAP은 정부간 회의 개최, 회원국간 정보 공유, 해양오염 공동 대응 등의 업무를 맡고 있다.

3. 위험·유해물질 오염 대비·대응 및 협력에 관한 국제협약(OPRC/HNS Protocol 2000)

기름 이외의 위험·유해물질에 의한 오염사고에도 대비를 위한 국제적 협력체제가 필요함을 인식하여 위험·유해물질에 의한 오염사고의 대비·대응 및 협력에 관한 의정서를 2000년 3월 15일에 채택하여 2007년 6월 14일에 국제적으로 발효되었고 우리나라는 2008년 1월 11일에 가입하였다.

협약의 주요내용을 살펴보면, 첫째, 위험유해물질 오염 비상계획서와 보고절차를 선박에 비치, 둘째, 항구 및 위험유해물질 취급시설은 비상계획을 비치, 셋째, 오염사고가 다른 당사국에 영향이 있는 경우 통지 의무, 넷째, 대비 및 대응을 위한 국가적, 지역적 제도 확립, 다섯째, 오염방제에 있어서 국제협력, 연구·

개발, 기술협력 등이 있다.

4. 해양오염 공해상 해상개입(Intervention 69, 73 Protocol)

1967년 유조선 토리캐넌호가 영국 남부해안에 좌초되어 적재유 12만톤이 유출된 사고를 계기로 공해상 관할권의 문제를 해결하기 위해 1969년 채택되어 1975년 5월 6일 발효되었다. 우리나라의 경우 1996년 8월 8일 배타적 경제수역법이 공포됨에 따라 주변해역은 공해상의 개념이 없어져 협약에 가입하지 않고 있다.

주요 내용을 살펴보면, 첫째, 공해상 사고가 자국에 위험 우려시 연안국은 필요한 방제조치가 가능하며, 오염원 제거를 할 수 있는 권리를 부여, 둘째, 연안국의 의무는 선박의 기국과 사전 협의, 선주 사전 통보, IMO 전문가 사전 협의, 셋째, 연안국은 최소한의 조치만 가능, 필요시 기국은 손해배상 청구 가능, 넷째, 부속서에 분쟁 발생 시 조정·중재 절차 수록 등이 있다.

III. 해양오염피해 보상 관련 협약

1. 유류오염 손해보상 민사책임에 관한 의정서(CLC Protocol 1992)

1967년 발생한 토리캐넌호 사고를 계기로 유류오염 사고시 선주에게 방제비용, 어류·수산물 피해, 환경피해 등 사후 구제의 필요성이 제기되었으며, 1992년 선주의 책임한도액 인상을 내용으로 하는 의정서가 채택되었다. 우리나라는 1997년 3월 7일에 가입하였고 1998년 5월 16일에 발효되었다. 또한, 이 협약을 국내법으로 수용하기 위해 「유류오염손해배상보장법」이 제정되었다.[48]

---

48) 협약의 보상 책임제한 금액
  1) 5,000톤 미만은 451만 SDR
  2) 5,000톤 ~ 140,000톤은 451만 SDR + 634 SRD/톤
  3) 140,00톤 이상은 8,977만 SDR
  SDR(special drawing right): 국제통화기금에서 국제유동성을 인출 할 수 있는 권리

2. 유류오염 손해보상을 위한 국제기금 의정서(FC Protocol 1992)

유류오염 손해보상 민사책임에 관한 의정서의 책임한도를 초과하는 경우, 화주의 분담금으로 마련된 국제기금에 의해 추가적으로 보상하기 위해 이 의정서가 채택되었으며, 우리나라는 1997년 3월 7일에 가입하여 1998년 5월 15일에 국내 발효되었다. 한편 유럽국가들을 중심으로 보상한도액을 더욱 확대한 2003 유류오염 추가 손해보상을 위한 국제기금 의정서가 채택되었다.

3. 해양오염보상 추가기금 협약(Supplementary Fund)

1999년 에리카호, 2002년 프레스티지호 사고를 계기로 FC 92 보상범위를 초과하는 대규모 유류오염사고 발생시 충분한 손해보상을 위한 국제기금 금액의 상향이 대두되었다. 이에 2003년 추가기금 협약이 채택되었으며, 2005년 3월 3일에 국제발효가 되었다. 우리나라는 2010년 5월 6일에 가입하여 2010년 8월 6일에 국내발효가 이루어졌다. 추가기금 협약의 내용은 92Fund 협약과 동일하되 최대보상액이 7억 5천만 SDR이 되었다.

4. 벙커유 오염피해 보상에 관한 협약(Bunker Convention 2001)

일반선박들이 대형화됨에 따라 이들 선박의 연료유 유출사고로부터 발생하는 오염사고의 피해도 커지게 되자, 2001 선박연료유 피해 민사책임에 관한 국제협약이 채택되어 74개국이 가입되었으며 우리나라도 2009년 11월 28일에 국내 발효되었다.

표 7-4 ㅣ 해양환경관련 분야별 협약의 송류

분야	협약명	협약명(국문)
해양오염 방지	MARPOL 73/78	1973년 선박으로부터 해양오염방지를 위한 국제협약 및 1978년 의정서
	LC Protocol 1996	런던협약 의정서
	AFS Convention 2001	선박유해방오시스템의 규제에 관한 국제협약
	BWM Convention 2004	선박 밸러스트수 관리 협약

	OPRC 1990	기름오염 대비·대응 및 협력에 관한 협약
해양오염 방제	OPRC/HNS Protocol 2000	위험·유해물질 오염사고 대비·대응 및 협력에 관한 의정서
	INTERVENTION Protocol 1969	유류오염 시 공해상 개입에 관한 의정서
해양오염 피해보상	CLC Protocol 1992	유류오염손해 인사책임에 관한 의정서
	FC Protocol 1992	유류오염 손해보상을 위한 국제기금 의정서
	BUNKER Convention 2001	벙커유 오염 피해 인사책임에 관한 국제협약
	HNS Convention 1996	위험·유해물질 운송 관련 피해에 대한 책임 및 보상에 관한 국제협약

참고문헌

강용길 외, 「경찰학개론」, 경찰공제회, 2010.

강욱 외, 「경찰경무론」, 경찰대학, 2014.

경찰실무교재편찬위원회, 「경찰실무」Ⅱ, 경찰공제회, 2017.

경찰실무교재편찬위원회, 「경찰실무」Ⅲ, 경찰공제회, 2017.

김경락, "육상경찰과 해양경찰의 직무와 관할의 범위에 관한 법적 검토", 「법학논집」, 제33권 3호, 2013.

김남진·김연태, 「행정법」Ⅱ, 제17판, 법문사, 2013.

김동희, 「행정법」Ⅰ, 제24판, 박영사, 2018.

김동희, 「행정법」Ⅱ, 제24판, 박영사, 2018.

김상호·신현기 외 7인, 「경찰학개론」, 법문사, 2006.

김종선, 「해양경찰학」, 문두사, 2020.

김창윤 외 27인 공저, 「경찰학」, 제3판, 박영사, 2018

김충남, 「경찰학개론」, 제4판, 박영사, 2010.

김하열, 「헌법강의」, 제2판, 박영사, 2020.

남완우, "중국 국가해양국과 국가해경국의 관계", 샤브샤브뉴스, 2016. 11. 21.

남재성 외, 「경찰행정학」, 2013.

노명선·이완규, 「형사소송법」, 제5판, 성균관대학교출판부, 2017.

노호래 외, 「해양경찰학개론」, 문두사, 2016.

노호래, "해양경찰사 소고: 한말 개항장의 감리서와 경무서를 중심으로", 「한국경찰연구」, 제10권 2호, 2011.

문경환·이장무, 「경찰정보학」, 제3판, 박영사, 2019.

박균성, 「행정법론」(하), 제17판, 박영사, 2019.

박균성·김재광, 「경찰행정법」, 제3판, 박영사, 2016.

박성수·김우준, "자치경찰제도의 도입에 따른 해양경찰의 역할 변화에 관한 연구", 한국지방자치연구, 제10권 4호, 2009.

박주상, "해양경찰의 조직개편에 관한 탐색적 연구", 사회과학연구, 2011.

순길태, 「해양경찰학개론」, 대영문화사, 2017.

순길태, 「해양경찰학개론」, 박영사, 2021.

신동운, 「간추린 형사소송법」, 제12판, 법문사, 2020.

신동운, 「형사소송법」, 제5판, 법문사, 2014.

신현기 외, 「경찰학사전」, 법문사, 2012.

우상욱, "경찰의 정치적 중립과 국민적 인식 조사 연구", 경기대학교 박사학위논문, 2016.

우정열, "경찰행정 경영시스템 구축 사례", 한국산업경영시스템학회, 2004.

유종해, 「현대조직관리」, 박영사, 2015.

이상만, 중국해경법 시행의 의미와 과제, IFES 브리프, 2021.

이상인, "해양경찰의 자치경찰제 도입 가능성 연구", 서울시립대학교 석사학위논문, 2009.

이운주, 「경찰학개론」, 경찰대학, 2003.

이은모·김정환, 「형사소송법」, 제8판, 박영사, 2021.

이재상·조균석·이창온, 「형사소송법」, 제10판, 박영사, 2021.

이종수 외, 「새행정학」, 대영문화사, 2014.

이주원, 「형사소송법」, 제3판, 박영사, 2021.

이황우 외, 「경찰인사행정론」, 법문사, 2019.

이황우, 「경찰행정학」, 법문사, 2019.

임도빈, 「행정학: 시간의 관점에서」, 박영사, 2020.

정인섭, 「신국제법 강의」, 제10판, 박영사, 2020.

정재황, 「신헌법입문」, 제4판, 박영사, 2014.

정형근, 「행정법」, 제9판, 피앤씨미디어, 2018.

조호대, "우리나라 해양경찰의 교육훈련 개선방안에 관한 연구", 한국공안행정학회보 제15호, 2003.

최선우, "개화기 근대 해양경찰의 등장과 역사적 함의", 한국해양경찰학회보 제4권 2호, 2014.

최선우, 「경찰학」, 도서출판 그린, 2017.

최응렬, 「경찰조직관리론」, 박영사, 2018.

해양경비안전교육원, 「해양범죄수사」, 2017.

해양경비안전교육원, 「해양정보(보안)」, 2017.

해양경찰교육원, 「해양오염방제실무」, 해양경찰교육원, 2020.

해양경찰교육원, 해양경찰 뿌리 찾기 학술세미나, 2019.

해양경찰청, 「2020 해양경찰 백서」, 2020.

해양경찰청, 「2020 해양경찰 실무교재(5. 수사정보 실무)」, 2020.

해양경찰청, 「해양경찰법 해설서」, 2019.

해양경찰청, 「해양경찰학개론」, 2020.

허경미, 「경찰학」, 제9판, 박영사, 2021.
허경미, 「경찰행정법」, 법문사, 2003.
홍정선, 「경찰행정법」, 제3판, 박영사, 2013.
홍정선, 「신경찰행정법입문」, 제2판, 박영사, 2021.
홍정선, 「행정법원론」(상), 제28판, 박영사, 2020.
홍정선, 「행정법원론」(하), 제28판, 박영사, 2020.

미국 해양경비대 홈페이지: http://www.history.uscg.mil/
일본 해상보안청 홈페이지: http://www.kaiho.mlit.go.jp/
중국 해경국 홈페이지: http://www.ccg.gov.cn/
한국해양경찰학회 홈페이지 http://www.maritimepolice.kr/

찾아보기

저자 약력

박주상(목포해양대학교 해양경찰학부 교수)

중부대학교 경찰행정학과 행정학사
동국대학교 대학원 경찰행정학과 경찰학석사
동국대학교 대학원 경찰행정학과 경찰학박사

대통령소속 군의문사 진상규명위원회 전문위원
대구예술대학교 경찰행정학과 교수
경찰청 치안정책 평가위원

현 국립 목포해양대학교 해양경찰학부 교수
현 서해지방해양경찰청 징계위원회 위원
현 광주지방법원 목포지원 민사조정위원
현 서해지방해양경찰청 해양치안협의회 위원
현 입법고시 출제위원
현 해양경찰공무원, 경찰공무원 채용시험 출제 및 면접위원
현 전남목포경찰서 집회·시위자문위원
현 한국해양경찰학회 편집위원장
현 한국치안행정학회 부회장 및 편집위원장
현 한국민간경비학회 부회장
현 한국경찰학회 이사
현 한국공안행정학회 이사

주요 논문
수상레저활동 안전관리 개선방안에 관한 연구, 한국민간경비학회보, 2020.
항만보안 특수경비원의 조직공정성이 직무태도에 미치는 영향, 한국해양경찰학회보, 2017.
해양경찰공무원의 역할관련 요인이 조직유효성에 미치는 영향, 한국치안행정논집, 2017.

김경락(제주대학교 해양산업경찰학과 교수)

건국대학교 법학과 법학사
중앙대학교 대학원 법학과 법학석사
중앙대학교 대학원 법학과 법학박사

한국경찰학회 편집위원
한국민간경비학회 편집위원
한국해사법학회 편집위원
한국비교형사법학회 이사
제주특별자치도 자치경찰공무원 인사위원
경찰간부후보생 채용시험 형법과목 출제위원
경찰공무원(순경) 채용시험 형법과목 출제위원
제주지방해양경찰청 보통징계위원회 징계위원
유기천교수기념사업출판재단 2018년도 해외연구보조비 지원사업 선정
제주대학교 해양과학대학 부학장 및 해양산업경찰학과 학과장
미국 하와이주립대학교 로스쿨 방문교수

현 국립 제주대학교 해양산업경찰학과 교수
현 제주지방검찰청 형사조정위원회 조정위원

현 서귀포해양경찰서 보통징계위원회 징계위원
현 해양경찰교육원 교육발전자문위원
현 중앙법학회 상임이사
현 한국부패학회 연구윤리위원
현 한국해양경찰학회 편집위원

주요 논문
공갈죄와 뇌물수수죄의 성립관계, 한국부패학회보, 2021.
개정 형사소송법상 수사기관이 작성한 공범자의 피의자신문조서의 증거능력, 형사법의 신동향, 2020.
주거침입죄의 침입의 의미, 법학논총, 2018.

윤성현(해양경찰청 기획조정관)

한양대학교 법학과 법학사
한양대학교 대학원 법학과 법학석사
미 일리노이대학교 로스쿨 법학석사(LLM)
동국대학교 대학원 경찰행정학과 경찰학박사
서울대학교 과학기술 최고위과정 수료(제27기)
국가고위정책과정 수료(제23기)

행정고등고시 합격(제39회)
법무부 법무연수원 교수
해양경찰청 법무·조직팀장
해양경찰청 기획담당관·운영지원과장·발전전략기획단장·국제협력담당관·국민안전처 장비기획과장
미 코스트가드(제9지방청) 직무연수

완도해양경찰서장
서해지방해양경찰청 안전총괄부장
제주지방해양경찰청장
해양경찰교육원장
해양경찰청 본청이전추진단장
해양경찰청 수사정보국장
UN 마약위원회 한국대표단
해양경찰청 채용시험 출제위원·면접위원
해양경찰청 승진시험 출제위원장
대통령직속 수사권개혁 후속추진단 전문위원

현 해양경찰청 기획조정관
현 한국경찰학회 부회장
현 한국해양경찰학회 이사

주요 논문
한국적 해양정보체계(K-MDA) 구축을 위한 시론적 연구, 한국경찰학회, 2021.
국민을 위한 해양경찰 수사혁신방안－경검 수사권 조정을 앞두고, 한국해양경찰학회, 2019.
인공지능(AI) 기술을 활용한 스마트 해양경찰 구축방안, 한국해양경찰학회, 2018.

개정판
해양경찰학개론

초판발행	2018년 2월 28일
개정판발행	2021년 7월 30일
지은이	박주상 · 김경락 · 윤성현
펴낸이	안종만 · 안상준
편 집	장유나
기획/마케팅	조성호
표지디자인	박현정
제 작	고철민 · 조영환
펴낸곳	(주) **박영시**
	서울특별시 금천구 가산디지털2로 53, 210호(가산동, 한라시그마밸리)
	등록 1959. 3. 11. 제300-1959-1호(倫)
전 화	02)733-6771
f a x	02)736-4818
e-mail	pys@pybook.co.kr
homepage	www.pybook.co.kr
ISBN	979-11-303-1318-4 93350

정 가   36,000원